| | | | |
|---|---|---|---|
| 16 | 3 | 2 | 13 |
| 5 | 10 | 11 | 8 |
| 9 | 6 | 7 | 12 |
| 4 | 15 | 14 | 1 |

COLEÇÃO
TODOS OS
CANTOS

Stella Caymmi

# DORIVAL CAYMMI

O MAR E O TEMPO

*Prefácio de Jairo Severiano*

editora 34

EDITORA 34

Editora 34 Ltda.
Rua Hungria, 592 Jardim Europa CEP 01455-000
São Paulo - SP Brasil Tel/Fax (11) 3811-6777 www.editora34.com.br



Edição conforme o Acordo Ortográfico da Língua Portuguesa.

Capa, projeto gráfico e editoração eletrônica:
*Bracher & Malta Produção Gráfica / Mariana Leme*

Índice onomástico:
*Julia Mota*

Revisão:
*Wendell Setúbal*
*Nina Schipper*

1ª Edição - 2001, 2ª Edição - 2014

CIP - Brasil. Catalogação-na-Fonte
(Sindicato Nacional dos Editores de Livros, RJ, Brasil)

Caymmi, Stella, 1962
C386d Dorival Caymmi: o mar e o tempo /
Stella Caymmi; prefácio de Jairo Severiano —
São Paulo: Editora 34, 2014 (2ª Edição).
616 p. (Coleção Todos os Cantos)

ISBN 978-85-7326-554-5

Inclui bibliografia e discografia.

1. Música popular brasileira - História
e crítica. I. Caymmi, Dorival, 1914-2008.
II. Severiano, Jairo. III. Título. IV. Série.

CDD - 780.92

DORIVAL CAYMMI
O mar e o tempo

## Parte III (1947-1956)



## Parte IV (1956-1983)



## Parte V (1984-1998)

## Anexos

*para minha mãe, Nana*

“O que tem de ser tem muita força”
(Luís da Câmara Cascudo)

Odeon
R. João Alfredo, 50
Districto Federal
Transoceanic
Trading Company
INDUSTRIA
BRASILEIRA
(6310)
Veroton
NOITE DE TEMPORAL
DORIVAL CAYMMI
acomp. de Violões por
ROGERIO GUIMARÃES, LAURINDO DE
ALMEIDA e DILERMANO REIS
11850 b
RESERVADOS TODOS OS DIREITOS DE REPRODUCÇÃO DESTE DISCO, INCLUSIVE PELO RADIO
6310

Prefácio

# O BAIANO DORIVAL, UM ARTISTA DE MUITAS ARTES

A voz era diferente, o acompanhamento de violão, também, e, o que mais me impressionou, o cantor era compositor e só cantava canções de sua autoria. Canções que falavam de coisas da Bahia, do mar, das praias e do povo: "nas sacadas dos sobrados/ da velha São Salvador/ há lembranças de donzelas/ do tempo do imperador..." ou "dez horas da noite/ na rua deserta/ a preta mercando/ parece um lamento..." ou, ainda, "o mar/ quando quebra na praia/ é bonito... é bonito...". Foi assim que, no final de 1941, aos 14 anos, eu conheci a música de Dorival Caymmi. Na ocasião, ele realizava uma temporada na rádio de minha cidade, a Ceará Rádio Clube.

Detalhe importante: as músicas cantadas nessa temporada, relativas tão-somente aos anos iniciais de sua carreira, já eram de alta qualidade, nada ficando a dever às que viriam depois. São cerca de 15 composições, entre as quais os futuros clássicos "O Mar", "É Doce Morrer no Mar", "A Jangada Voltou Só", "Você Já Foi à Bahia?", "O Que É Que a Baiana Tem?", "A Preta do Acarajé" e "Roda Pião". Dessas, as três primeiras são canções praieiras, as duas seguintes sambas sacudidos, inspirados no samba de roda, e as duas últimas composições desenvolvidas sobre motivos folclóricos. Na verdade, um repertório que apresenta três das principais vertentes da obra caymmiana — as vertentes baianas.

Isso mostra que ao chegar ao Rio, o jovem Dorival já era um compositor pronto para a glória, com obras-primas no baú. Mais adiante, integrando-se à vida carioca, sem perder a baianidade, ele criaria a quarta vertente, a dos requintados sambas-canção. Aliás, requintados como já eram as músicas que compunha em outros gêneros. Impressionando pela simplicidade da linguagem utilizada, suas composições têm letra e melodia muito bem trabalhadas, com cada palavra se casando com as notas adequadas aos efeitos desejados, num exercício de paciência perfeccional. Daí, a decantada lentidão de seu método de compor, em parte responsável pela fama de preguiçoso que o persegue.

Um produto desse método — que levou anos para ser concluído — é a obra-prima "João Valentão", que sintetiza diversos aspectos do estilo caymmiano: emprega o ritmo de samba, no caso, em dois andamentos; explora a temática praieira; tem como protagonista uma figura inspirada na vida real, o pescador Carapeba; e, finalmente, sem prejuízo do lirismo, possui uma letra meio pictórica, influência do pintor que coexiste com o poeta, o cantor e o compositor Dorival Caymmi.

Um intuitivo, dotado de excepcional musicalidade, ele ouviu desde cedo Debussy, Fauré, Mozart, Bach e Gershwin, apreciou os refrões pitorescos de Sinhô, encantou-se com o folclore fantástico de sua terra e, no campo da literatura, enfronhou-se nos escritos de Neruda, Drummond, Manuel Bandeira e dos dois Jorges, o Amado e o Guillén. Sem imitar ninguém, reelaborou todas essas influências e criou o seu estilo original e único. Não tendo antecessores, nem sucessores, imprimiu sua marca inconfundível em tudo o que fez: do brejeiro "Acontece Que Eu Sou Baiano" ou da divertida "Maracangalha" à melancólica "Saudade da Bahia"; da suave "A Mãe d'Água e a Menina" ao desesperado "Só Louco" ou à trágica "A Jangada Voltou Só".

Um dos inspiradores da moderna canção brasileira, mestre Caymmi não se filia a nenhuma corrente, escola ou modismo. Sua música independe do tempo, soando atual em qualquer época, como soava nos anos 50, quando foi incorporada pelos cultores da bossa nova. É absolutamente atemporal.

Mas Dorival Caymmi, apesar de se confessar um janeleiro inveterado, não criou sua obra vendo o tempo passar na janela. Viveu a vida movimentada de um ídolo popular, com as peripécias nem sempre agradáveis que impõe uma carreira artística. Enfim, construiu uma rica biografia, que agora é transformada em livro pela neta Stella.

Filha de Nana Caymmi e de seu primeiro marido, o médico venezuelano Gilberto José Aponte Paoli, Stella Teresa Aponte Caymmi — na Venezuela o sobrenome do pai vem antes do da mãe — é a primeira neta de Dorival e Stella Maris, nascida em Caracas, em 3 de outubro de 1962. Afinada e sabendo cantar, como todos os Caymmi, Stellinha preferiu ser jornalista, formando-se na Escola de Comunicação Social da PUC do Rio de Janeiro. Ouvinte atenta, desde criança, das relembranças do avô, Stellinha resolveu em 1991 escrever a sua biografia. Para isso, contando com a colaboração entusiasmada do biografado, passou a realizar uma copiosa sequência de depoimentos, que se estendeu até o início de 2001. São dezenas de horas gravadas com as recordações desse artista de memória privilegiada, capaz de descrever com minúcias de historiador os fatos que vivenciou ao longo das últimas oito décadas.

A autora, porém, não se contentou apenas com as palavras do depoente. Entrevistou sua família inteira: a mulher Stella Maris, os filhos, os netos, a irmã Dinahir, a madrasta Ursulina — última mulher de Durval, pai de Dorival — e um numeroso grupo de amigos como Jorge e Zélia, João Ubaldo, Carybé, Caetano, Millôr, Tônia Carrero, Braguinha, Mário Lago... Além disso, percorreu livros, revistas e jornais, registrando o que de maior interesse aconteceu na vida do país no século XX.

De tudo o que ouviu e anotou, Stellinha fez esta obra, importante não somente para os admiradores de Caymmi, mas para todos os que se interessam por música popular. Escrito num estilo simples, cordial, bem-humorado, o livro conquista o leitor pela maneira como mostra e explica o biografado, suas artes e os muitos personagens e episódios que integram sua vida. Tem até mesmo, pode-se afirmar, o sabor de um romance popular: baiano, na primeira parte, que conta a infância e a mocidade do herói; carioca e cosmopolita, na segunda, que trata de sua maturidade.

*Jairo Severiano*

# INTRODUÇÃO

"São 18h29 de quarta-feira, 6 de novembro de 1991. Rua Souza Lima, Copacabana, Rio de Janeiro, Brasil."

Com essas palavras formais — bem ao gosto do meu avô, que ama a precisão —, num cantinho da casa, eu começava este ambicioso projeto de escrever a biografia de Dorival Caymmi. Ambicioso, por várias razões. A importância do artista para a música popular brasileira é a razão mais óbvia. A segunda, não tão óbvia, é que não é uma tarefa fácil se transformar uma jornalista em biógrafa. Por mais que se encontrem semelhanças em ambas as atividades — e são muitas —, uma biografia não pode ser comparada a uma reportagem. Uma biografia é para sempre, a reportagem é para já (ou, como querem os editores, para ontem). A reportagem, tendo completado sua missão de informar, está fadada ao esquecimento próprio da comunicação de massa, com sua velocidade esmagadora. A biografia é um documento histórico. Seu destino é a memória. A terceira razão, que dá a dimensão da minha responsabilidade, é que não se trata apenas de contar a vida de um gênio da música popular, rica em acontecimentos, mas uma daquelas vidas que contêm em si toda uma época. Época que não volta mais. Por essas e por outras, uma responsabilidade e tanto.

Para quem imagina que por eu ser neta de Caymmi meu trabalho foi muito facilitado, eu responderia: "Sim e não". Vamos a eles:

— Sim, porque eu tive acesso ilimitado ao biografado (quando não vinha tia Alda ou Cristiane com o recado "Sua avó disse que é pra você parar agora que seu avô tem de lanchar!" — normal) e a todo o seu acervo, sem censura alguma. É bem verdade que vovô não entendia por que eu precisava consultar as suas agendas! Mas aí minha maravilhosa avó vinha em meu socorro.

— Sim, porque praticamente vivi minha vida toda ao lado dele e testemunhei muitos dos acontecimentos que relato neste livro.

— Sim, porque de modo geral as pessoas que eu procurei durante a pesquisa foram muito receptivas, e reconheço que isso se deve em grande parte ao carisma do meu avô.

— Não, porque passei noites em claro (e não foram poucas) para estabelecer o caminho do meio entre a neta e a autora de uma biografia. Pois até aquele instante, no meu relacionamento com ele, eu era neta, antes de ser jornalista. E a partir daquele momento, eu precisaria ser escritora — ou biógrafa — em primeiro lugar, sem deixar de ser neta. Deixar de ser neta seria impossível. Podem acreditar, não foi fácil.

— Não, porque conhecê-lo como neta (amá-lo, reconhecer seus estados de humor, suas qualidades e defeitos na convivência diária, saber do que gosta e do que não gosta...) é inteiramente diferente de conhecê-lo nas perspectivas da sua família, dos seus fãs, seus amigos, seus patrões, seus críticos, seus colegas, seus pesquisadores, da mídia. E eu fui surpreendida muitas vezes por esse imenso caleidoscópio. Inúmeras vezes, escrevendo este livro, refleti sobre a sensação demiúrgica que um autor tem sobre seu biografado. A verdade é que a gente passa a se sentir meio dona dele, íntima, como se ele fosse uma personagem sua. Temos a sensação de que conhecemos todos os seus segredos. Sensação enganosa, pois a alma humana é insondável. Nem psicólogo dá conta. Só Deus mesmo.

— Não, porque um biógrafo que não seja da família por mais envolvido que esteja, e se emocione, e se identifique com as venturas e desventuras do seu biografado, dificilmente viverá o sofrimento de um mergulho psicanalítico, atávico mesmo, que deixa o teclado do computador (perdoe a falta de poesia!) banhado em lágrimas. A emoção de sentir a existência dos seus antes mesmo de fazer parte do cenário. Uma viagem no tempo. Quando isso acontecia, eu chorava, e incomodava os amigos mais íntimos e até os não tão íntimos. Roberto Drummond, solidário, me mandou um recado pela minha amiga Rejane Guerra: "Faça uma biografia afetiva". Tudo bem, mas como? Mamãe — Nana Caymmi para quem não sabe —, muito objetiva, me telefonava perguntando: "E aí, já chegou no 'Era uma vez...'?". Eu morria de rir. Um pouco de nervoso, é verdade. No final, recuperava a objetividade — o que às vezes requeria algum tempo — e continuava.

Foi uma aventura e tanto. Valeu a pena, mas... confesso, doeu do princípio ao fim. Não que eu não tenha me divertido. Mas acho que os números explicam a minha aflição. Com mais de cinquenta livros para consultar, somados às quarenta agendas, laboriosamente preenchidas por Dorival Caymmi entre as décadas de 60 e 90, aos 22 cadernos (cada um com duzentas páginas de recortes de jornais e revistas dos anos 30 até os dias de hoje), às cerca de quinhentas correspondências (com Jorge Amado e Tom Jobim, como seus remetentes mais constantes), às aproximadamente 3 mil fotografias (não me atrevi a contar), à mesma quantidade de elementos iconográficos de todo tipo (cartazes e programas de shows, anotações, pinturas, anúncios etc.), aos discos e às letras de suas composições — que foram revisadas uma a uma por Caymmi —, além de cerca de 2 mil laudas de entrevistas em estado bruto (resultado da transcrição de mais de oitenta horas de gravações com o biografado e quarenta com outros entrevistados; sem mencionar as entrevistas que não foram gravadas, que contam, no mínimo, mais de uma centena). Eu tentava na maior parte das vezes não me afogar em meio às informações. A esta altura, o leitor solidário estará se perguntando quantas vezes eu não chorei de desespero. Muitas vezes, em meio ao mar de dados e ao tempo que se esgotava, eu mais parecia uma personagem de filme do Almodóvar, à beira de um ataque de nervos. Graças a Deus, não cheguei a tanto.

Vamos falar do prazer. Ao longo de três anos de dedicação exclusiva, eu respirei Dorival Caymmi e seu tempo, a ponto de me sentir contemporânea — ao menos em alma — e amiga de personagens geniais e encantadores de sua época, como Zezinho, Pedro Rego, Jorge Amado, Zélia Gattai, Millôr Fernandes, Samuel Wainer, Carlos Lacerda, Otávio Malta, Carybé, Nancy Bernabó, Theófilo de Barros Filho, Carmen Miranda, Almirante, Braguinha, Antônio Maria, Fernando Lobo, Haroldo Barbosa, Rubem Braga, Di Cavalcanti, Tônia Carrero, Carlinhos Guinle, Cândido Portinari, Chatô, Odorico Tavares, Vinicius de Moraes, Tom Jobim, João Gilberto, Clóvis Graciano, e tantos outros. Alguns eu sequer conheci. Mas aprendi a amá-los.

Pude avaliar o que deve ter sido essa geração maravilhosa, pela convivência que tive, já adulta, com Jorge Amado — que conhecia desde criança —, ao entrevistá-lo para este livro. Compreendi instantaneamente a irmandade de Caymmi e Jorge, concebidos no mesmo útero baiano. Eles são personalidades harmônicas e complementares — no primeiro predominando a contemplação e no segundo, a ação. Jorge era um gozador nato, divertidíssimo, dono de uma inteligência afiada, amoroso ao extremo e grávido de sensualidade. Tratou-me como trataria a meu avô; conversou o que conversaria com ele sem a menor cerimônia, com a intimidade que só décadas de amizade permitem. Deu-me um livro erótico de presente, quando fomos a sua livraria predileta em Paris. Decerto queria que eu compreendesse o que ele queria dizer com uma "biografia erótica", como ele decretou que seria a minha. Para enfatizar a lição, me levou junto com Zélia, Paloma, Pedro, Cecília e Mariana a um restaurante chinês e divertiu-se a rodo com o meu espanto ante uma taça de saquê, cujo fundo era uma cena pornográfica. Me deu a taça de presente. Nunca me diverti tanto. Me fez lembrar uma viagem de ônibus à Bahia em que meu avô me contava tintim por tintim — eu tinha sete anos — como eram feitos os bebês. Quando minha avó Stella, mineira que só ela, olhou-o reprovadora, era tarde demais. Foi cômico. Para Jorge não havia hiato entre o avô e a neta, nem eu o senti. Era como se prosseguíssemos algo muito antigo. Eu o desfrutei o quanto pude. Com naturalidade, adotou-me como neta e eu a ele como avô. Maroto como ele só, me enrolou descaradamente durante uma semana inteira para dar a entrevista — a segunda —, quando eu fui de Lisboa a Paris especialmente para isso. Arranquei-a a fórceps, tenho Zélia por testemunha. Por conta disso, ganhei uma citação num texto seu sobre o amigo: "Stellinha, tua biógrafa, força da natureza desatada em maremoto!". Força da natureza era ele!

Outra oportunidade maravilhosa que este livro me proporcionou foi a de poder registrar, através de relatos de meu avô e sua irmã Dinahir, hoje com 83 anos, tanto quanto fosse possível, a história dos nossos antepassados. É impressionante a qualidade da memória tanto de um quanto de outro. Ambos se lembram de detalhes inacreditáveis, sem os quais seria impossível reconstituir a infância e a adolescência de Dorival Caymmi com tantos fatos esclarecedores, além de episódios importantes envolvendo as personagens da época. Meu avô faz do exercício da memória um estilo de vida. Um escritor não poderia almejar mais: um biografado que lembra de sua vida na íntegra, com uma riqueza incrível de fatos relevantes, de uma honestidade comovente, guardando consigo, ao longo dos seus 87 anos de vida, absolutamente tudo o que era importante — entre objetos, papéis, fotos —, com o cuidado de um pesquisador obsessivo (que pesquisador não o é?). A música para ele é o registro, a memória, da sua inspiração e percepção das coisas em forma de sons e imagens feitas de palavras. Foi dessa maneira que preservou a Bahia da sua infância. Está tudo em sua obra. Sua fala saborosíssima, farta em frases impagáveis, de um humor tão especial, que explica, pelo menos em parte, a verdadeira paixão que provocava em seus amigos — sem falar no efeito devastador que produzia nas mulheres —, procurei preservar aqui. O charme deste mulato sestroso, típico representante da Boa Terra Bahia, que sabe o segredo da harmonia, capaz de prosseguir amigo de inimigos confessos, como Jorge Amado e Carlos Lacerda ou Chatô e Samuel Wainer, sem hipocrisia, procurei reproduzir com fidelidade. Uma vocação para a diplomacia cotidiana, cujo segredo é a lentidão. Ele respeita o tempo das coisas e sabe que o tempo tudo cura e tudo apara. Certo dia, me fez um elogio, digno do Itamaraty: "Minha neta, você tem os defeitos necessários para uma boa convivência".

*Stella Caymmi*
Rio de Janeiro, outubro de 2001

P.S.: Jorge, não chega a ser uma biografia erótica, como você gostaria. Não pegava bem. A não ser, claro, que fosse você a escrevê-la, com aquele linguajar baiano, tão cantado, com aquela picardia, que só você — meu avô do coração — soube recriar com tanta arte. Mas, não se preocupe, na que me atrevi a escrever tem pimenta para tudo quanto é lado. Jorge, que saudades de você...

# Parte I (século XIX-1938)

< Bahia de São Salvador: panorama da Cidade Baixa de Salvador, por volta de 1870 — a Boa Terra que recebeu Enrico Caimi, vindo da Itália, não era muito diferente da que seu bisneto Dorival Caymmi viria a descrever em suas canções.

## Prólogo
## A FUGA

Valeriano subiu a Ladeira do Carmo apressado. Sua tarefa era ingrata. Respirou fundo, nervoso, deixando para trás os antigos casarios. Pensando bem, preferia que Durval e Virgínio não o tivessem metido em tamanha encrenca. Que missão espinhosa contar a Dona Saloméa e ao senhor Henrique Caymmi o que seu filho e seu futuro genro — isso, sim, piorava ainda mais as coisas — tinham feito! Amigos? Pois sim!

— Dona Saloméa? — perguntou tão logo Lilina abriu a porta. Lilina era uma das oito irmãs de Ioiô, como o amigo Durval, único filho varão de seu Henrique, era chamado na intimidade.

— Como vai, Valeriano? E Durval e Virgínio, não vieram contigo? — cumprimentou Lilina sorridente, buscando os outros com os olhos. A essa altura as irmãs de Durval o rodeavam curiosas. Dona Saloméa, atraída pelo burburinho das filhas, apareceu no alto da escada.

— Entre, entre, meu filho. E então, Valeriano, Ioiô e Virgínio não estão contigo? — perguntou a dona da casa — Eles foram cedinho à missa na Catedral e até agora não retornaram. Henrique não gosta de atraso no horário do almoço, não sabe? — completou a senhora.

Valeriano constrangido não sabia por onde começar.

— Afinal o que aconteceu, meu rapaz? — falou Henrique pela primeira vez, notando que havia algo de errado.

— Bom dia, senhor Henrique — alongou-se Valeriano, pouco à vontade. — A verdade é que Durval e Virgínio não foram à Catedral. Eles embarcaram hoje cedinho para o Rio de Janeiro — disse sem muito tato. — A esta hora já estão no navio rumo à Capital. Eles me pediram...

Foi um Deus nos acuda. Antes mesmo de Valeriano terminar a frase, Iazinha, noiva de Virgínio, deu um grito caindo no chão desacordada. Um rebuliço. Umas gritavam, outras, tal e qual Zinha, caíam feito fruta madura, em meio a exclamações de incredulidade e pânico. Àquela altura as explicações ficaram para mais tarde. Dona Saloméa precisou se sentar. Henrique foi à cozinha providenciar alho, um santo remédio para momentos como esse. Alho nos pulsos e vinagre nas narinas levantavam defunto. Não foi fácil conter todo aquele alvoroço de saias. Valeriano, desajeitado, mais atrapalhava que ajudava. Finalmente os ânimos serenaram, e o rapaz voltou a ser o centro das atenções.

— Afinal, Valeriano, que história é essa? — perguntou o chefe da casa, assumindo o controle da situação.

— Senhor Henrique — tornou o rapaz mais diplomático —, seu filho e Virgínio sempre quiseram conhecer a Capital. Vinham sonhando com a viagem há tempos. Faziam planos. — Em voz mais baixa, completou em tom de cumplicidade — São solteiros... tinham um dinheirinho guardado e não tiveram coragem de contar antes, com receio de o senhor não permitir. Logo estarão de volta. É só um passeio...

— Entendo — disse Henrique mais para si mesmo. Pragmático, lembrou-se — Que explicação darei a Sinhá? E sua mãe, Dona Joaquina, o que ela não vai pensar dessa atitude tresloucada de seu futuro genro? Meu filho está noivo, Valeriano, noivo! — De repente, interrompeu suas divagações e exclamou bem-humorado — E você, Valeriano, por que não aproveitou e foi junto?

# 1.
# A BAHIA TEM UM JEITO QUE NENHUMA TERRA TEM

"Ninguém é rio cheio que eu não possa atravessar"
(Aurelina Cândida Soares)

Para alívio da noiva Sinhá e sossego de toda a família Caymmi, Durval voltou da boemia em terras cariocas são e salvo. Não antes de conhecer a Capital e o High-Life, no número 49 da rua do Lavradio, no Centro do Rio. A fonte do pecadilho de Durval, a famosa casa noturna, existia desde o século XIX, apresentando espetáculos de variedade. Inicialmente Teatro High-Life Nacional, ficou conhecido apenas como High-Life. Em 1901, foi rebatizado como High-Life Folies Bergères e, finalmente, transformou-se em Folies Bergères, homônimo do conhecidíssimo cabaré francês. Mas de nada adiantava tanto troca-troca no nome: o High-Life era o High-Life. Lá, Durval e Virgínio Ferreira, seu futuro cunhado, se divertiram entre lundus e cançonetas, provando saborosas petisqueiras da sua alardeada "cozinha mágica", e, é claro, se deleitando com suas atrizes, que atendiam pelos apelidos sugestivos de "a Endiabrada", "a Graciosa" ou "a Mignone".

Como tudo acabou bem, a aventura virou lenda. Sinhá, a maior interessada, encarou tudo como uma simples despedida de solteiro. Tanto que o casal não demorou a marcar a data do casamento, que aconteceu num sábado, em 27 de novembro de 1909. Sinhá já estava na perigosa idade dos 28 anos — Durval estava com 31 —, e, se não fosse o noivado, corria o risco de ser chamada de solteirona, supremo terror das donzelas casadoiras. Já não era sem tempo. Só de namoro foram nove anos, além do noivado, que durou mais três. Haja espera. Não seria uma ida ao Rio de Janeiro que iria abalar um compromisso tão antigo.

O que Sinhá não contava era que, a despeito da mudança de estado civil, o gosto do marido pela boemia continuasse inalterado. Nada que prejudicasse o seu desempenho como profissional e pai de família. Isso não. Durval Henrique Caymmi sempre viveu debaixo de princípios muito rígidos de educação. Mas a própria Salvador, com seus encantos, sua índole festeira — e festa era o que não faltava —, suas normas afrouxadas pela convivência das raças negra, branca e índia, com costumes tão diferentes, com o tipo manemolente que surge da mistura das raças, atenuava e muito qualquer tentativa de rigidez.

Henrique Caymmi, pai de Durval, era um homem severo. Um dos sete filhos do italiano Enrico Balbino Caimi com a portuguesa Maria da Glória — que chegaram ao Brasil em meados do século XIX —, Henrique, assim como seus irmãos, foi criado à europeia. Não havia mistura. Em seu corpo corria o mais puro sangue mediterrâneo. Quando Durval completou 14 anos, ganhou do pai um par de botas e a ordem, em alto e bom som: "Faça-se homem!". Era a última coisa que dava ao filho, fez questão de deixar bem claro. Pode parecer excessivo, mas Henrique apenas repetiu o que seu pai fez com ele na mesma idade.

Saloméa, esposa de Henrique, não levou muito a sério a decisão do marido, e continuou mimando seu único filho varão, no meio da sua legião de filhas. Uma legião composta de oito donzelas, o que impunha a preocupação angustiante de casá-las. Não ia ser fácil, bem sabia ela. Afinal, tirando a profissão do magistério, mulher era feita para casar. As irmãs de Ioiô se chamavam Dulcina (Zinha), Brasilina (Lilina), Waldeltrudes (Gugu), Elvira (Iaiá), Fortunata (Bilu), Minervina (Vivina), Palmira (Pequena) e Isaura. Com nove mulheres a mimá-lo, fica claro por que a resolução do pai não pegou. Ioiô conseguia o que queria da mãe. Nem por isso deixou de absorver os ensinamentos paternos. Seguindo seus passos, entrou para o funcionalismo público. Foi ser funcionário da Alfândega baiana. Era um trabalho a um só tempo burocrático e policial. Sua atividade o obrigava a fiscalizar os navios que aportassem na Baía de Todos os Santos. Nessas ocasiões, vestia farda e usava arma. A vantagem é que sempre estava por dentro das novidades vindas de fora. E Durval era um curioso...

## 2.
## DO TEMPO DO IMPERADOR

"O tempo acaba a fama e a riqueza,
O tempo, o mesmo tempo de si chora"

(Camões)

Henrique, dos seus irmãos, não era o mais bem-sucedido da família. Antônio se tornara advogado e teve êxito na carreira política. Francisco era um jornalista conceituado, de "cor liberal", do jornal *Diário da Bahia*, e dono de uma instituição de ensino. Ele criou O *Corisco*, semanário "que narrava os acontecimentos da sociedade de Ondina". Maria Isabel, chamada Bóca, casou-se com Adalberto Pereira e foi viver no bairro da Saúde. Henrique trabalhava no funcionalismo público estadual, num cargo burocrático inexpressivo. Para complicar, suas relações com a família estavam estremecidas, pois se casara contra a vontade dos pais. Imagine se naquela época iriam aceitar uma nora mestiça... Não importava que a nora fosse educada por uma família portuguesa desde o nascimento, usando inclusive seu sobrenome. Havia entre os dois barreiras sociais e raciais consideradas intransponíveis. Numa sociedade ainda estruturada em trabalho escravo, o casamento entre brancos e mulatos era um verdadeiro escândalo. E com Henrique e Saloméa certamente não foi diferente, já que ela não era considerada uma "moça de boa origem". Para a rejeição, bastava a cor da pele. Ainda assim, Henrique, alvo como a neve e com os bonitos olhos azuis, não resistindo aos encantos de sua eleita, casou-se com Saloméa de Souza, que jamais foi aceita pela família do marido. Se pudessem imaginar que dessa mistura nasceria, duas gerações à frente, um dos mais importantes compositores do país, sua atitude talvez fosse outra. Mas a História não anda para trás.

Os Caymmi tinham um certo ar de nobreza. Talvez justificado. O italiano Enrico Balbino Caimi, bisavô de Dorival, teria desembarcado na Baía de Todos os Santos, no início da segunda metade do século XIX, vindo num navio italiano. Casou-se, assim que chegou, com Maria da Glória, uma portuguesa, imigrante como ele. Da vida dos dois jovens antes de se conhecerem e se instalarem na Bahia pouco se sabe. É certo que a Bahia que os recebeu não era muito diferente da Bahia que seu bisneto,

Dorival Caymmi, seu descendente mais famoso, viria a descrever nos versos de suas canções.

É possível que já no desembarque de Enrico, ou pouco tempo depois, a grafia italiana do sobrenome Caimi tenha se transformado em Caymmi, provavelmente pelas mãos de um funcionário aduaneiro responsável pelo controle de entrada de estrangeiros no país. Um novo nome numa terra nova. Deu-lhe sorte. Se for considerado o que está relatado no *Dicionário genealógico Cronalanza*, Caimi é uma antiga família do norte da Itália — concentrada principalmente em Milão —, cujo primeiro membro a receber um título, o de conde, foi Giacomo Felippo Caimi, milanês de nascimento, em 3 de junho de 1530, pelo duque Francesco de Sforza II. Segundo o *Cronalanza*, "a família Caimi é oriunda da Alemanha"; há também indicações de que a origem possa ser árabe. Outro descendente também chamado Giacomo, nascido em 1558, tornou-se marquês e duque de Force. Mas nem todos os Caimi procedem desse ramo mais preeminente, já que a família se espalhou por toda a Itália, com muitas ramificações. Caso contrário, por que a necessidade de cruzar o Atlântico numa viagem arriscada para recomeçar em outras terras? Espírito de aven-

Novo Mundo, novo nome: o italiano Enrico Caimi e a portuguesa Maria da Glória, bisavós paternos de Dorival — quando Enrico chegou ao Brasil, no início da segunda metade do século XIX, teve a grafia de seu sobrenome alterada para "Caymmi".

Mistura de raça: os olhos azuis de Henrique Caymmi se apaixonaram pela mulata Saloméa de Souza — um casamento contra a vontade da família.

tura? Pode ser. Talvez ele fosse de um ramo da família empobrecido pelas guerras que assolavam a região. Entretanto é preciso considerar que, diferentemente da maioria dos seus conterrâneos, que vinham para cá no escuro tentar a sorte, Enrico veio na condição de estrangeiro contratado pelo governo da Bahia.

Enrico foi um entre muitos italianos atraídos para o enorme mercado de trabalho do chamado Novo Mundo. Esses imigrantes começaram a entrar maciçamente no Brasil, a partir de 1870, atraídos pelos incentivos da política imperial e de governos provinciais, carentes, como de resto todo o Brasil escravocrata, de mão de obra especializada. Em 1880, o país já recebia anualmente 50 mil italianos. A principal porta de entrada era o porto de Santos, em São Paulo, mas também chegavam aos portos do Rio de Janeiro, Bahia e Pernambuco.

Com experiência na construção civil, talvez com formação em engenharia, Enrico, quando chegou a Salvador, foi trabalhar na construção do Elevador Lacerda, cuja função era ligar a chamada Cidade Baixa à Cidade Alta, com uma torre conhecida como Parafuso perfurando a Ladeira da Montanha. Inaugurado em 8 de dezembro de 1872, recebeu inicialmente o nome de Elevador Hidráulico da Conceição. Em 1896, mudou de nome para homenagear seu construtor, o engenheiro baiano Antônio Lacerda. Somente em 1930 o elevador, que até hoje é considerado uma construção arrojada, foi eletrificado. Antes movia-se a vapor. A vista é das mais lindas de Salvador. Impossível não imaginar Enrico extasiado com a beleza do lugar que escolheu para viver.

Não deve ter sido difícil para o italiano se orientar na cidade. Os baianos, para simplificar a vida deles mesmos e de quem os visita, dividiram a cidade em Baixa, Média e Alta, em razão de um relevo variado de montanhas, montes, vales e baixadas. "A Cidade Baixa está a uns quatro metros acima do nível do mar. A Alta encontra-se a cerca de 70 metros e a Média, em diferentes elevações e compreendida entre as duas outras" — explica Carlos Torres, no guia turístico *Bahia: cidade feitiço*. É por esse motivo que a cidade é repleta de ladeiras, planos inclinados e elevadores. "As ladeiras são responsáveis pela beleza das pernas das baianas" — acrescenta a artista plástica Elisa Galeffi.

Enrico não se limitou à cidade de Salvador. Trabalhou no interior da Bahia na construção de pontes, feitas de estrutura metálica, o que sugere sua qualificação. Mas fixou residência com Maria da Glória na capital, onde criou seus sete filhos, todos baianos: Francisco (Chico), Henrique Balbino, Antônio Silvestre (Inô), Maria Isabel (Bóca), Maria da Glória, Eduardo e Nana. Só não abriu mão do desejo de morrer em sua terra. Quando enviuvou, voltou para a Itália e lá morreu.

## 3.
# AI, IOIÔ

"Meu Sinhô do Bonfim pode inté se zangar"
("Linda Flor (Ai Ioiô)", Henrique Vogeler, Luiz Peixoto e Marques Porto)

Durval, pai de Dorival, nasceu mulato e charmoso. A mistura afro--europeia foi na medida certa. Bonito, andava numa elegância chibante.[1] Era festeiro. Ninguém dançava um maxixe como ele. "Virgínio Ferreira era companheiro de papai nas festas. Eram farristas juntos, frequentavam salões de dança. Imagine que eram peritos em dançar valsa em cima de uma única tábua de lado a lado do salão, eram pés de ouro, né?" — conta orgulhoso Dorival. E do mesmo modo que frequentava as festas católicas com fervor, Durval não perdia as festas e os atabaques do candomblé. "Também era de festa de cumeeira, samba de umbigada para bater o chão da casa nova do amigo pobre" — acrescenta o filho. Adorava o São João. A festa e o santo. Tudo começou com uma promessa de uma tia italiana ao santo quando teve *sete couros*, uma doença terrível nos pés, que quase o levou aos 5 anos. O santo o salvou. Mas, acima de tudo, adorava um rabo de saia. E como tinham saias as baianas...

E por falar em baianas e saias, meses antes de Durval e Sinhá se casarem, precisamente em 9 de fevereiro, nascia, em Marco de Canaveses, no interior de Portugal, a cantora Carmen Miranda. Curiosamente, anos mais tarde, através da composição "O Que É Que a Baiana Tem?", do filho do casal, Dorival Caymmi, a portuguesa divulgaria a baiana para o mundo, com o seu traje típico (verdade que bem estilizado), que Durval tanto apreciava.

A verdade é que Ioiô levou a mulher ao limite da paciência. Não que ele não fosse discreto. Mas, por mais que tentasse disfarçar, nada escapava aos olhos espertos de Sinhá. Sinhá, apelido de Aurelina Cândida Soares, que de cândida não tinha nada, avisou, mas o marido não prestou a suficiente atenção. "Durval, ninguém é rio cheio que eu não possa atravessar", costumava repetir. Apesar de conhecê-la fazia tantos anos, Dur-

[1] Orgulhoso, altivo, soberbo.

val não estava preparado para os contra-ataques de Sinhá. "Certa vez" — lembra Dinahir, sua filha caçula, hoje com 83 anos — "papai resolveu guardar uma maleta antiga de couro, dessas que abrem no meio, no armário onde funcionava a despensa, e guardou a chave embaixo do travesseiro. Mamãe, desconfiada, não dormiu naquela noite. Esperou papai adormecer, pegou a chave e foi investigar a tal maleta. Nela encontrou um pijama novo em folha, um chinelo de mulher, enfeitado com arminho, e uma bata. Mamãe não conversou. Foi na sala buscar sua caixa de costura, pegou a tesoura mais afiada e pacientemente cortou tudo bem miudinho. Nem a sandália escapou. Guardou tudo novamente na maleta e recolocou-a na despensa." Quando Durval acordou, encontrou a chave no mesmo lugar e de nada desconfiou. Banhou-se, tomou seu café da manhã como sempre, pegou a maleta e foi para a Alfândega para mais um dia de trabalho. Ao retornar para casa no fim do dia não se atreveu a tocar no assunto. Estava dado o recado.

O início do casamento não foi dos melhores. Durval foi viver com os sogros, Álvaro Ernestino Soares e Joaquina Mamede de Aragão Soares. Como diz a sabedoria popular, "quem casa, quer casa". No entanto, Durval, embora muito insatisfeito com a situação, não tinha ainda condições de se manter. No período em que viveram lá, de 1909 até 1911, Aurelina engravidou duas vezes. Porém, os filhos Hildebrando e Maria de Lourdes não sobreviveram. "Eles nasceram enforcados no cordão umbilical" — explica Dinahir. A morte das crianças entristeceu ainda mais o casal. "Papai, que era muito devoto, fez uma promessa a Deus para que os próximos filhos não morressem. Prometeu que todos teriam nomes com a inicial 'D', de Deus" — continua Dinahir. Deus atendeu às preces de Durval. Deraldo, o primeiro a vingar, nasceu frágil, de sete meses. Aurelina temeu perder mais esse filho, mas não tinha com o que se preocupar. Quando Deraldo Caymmi nasceu, em 5 de novembro de 1912, o casal já tinha alugado uma casinha na rua do Bângala, 77 — hoje rua Luiz Gama —, onde também nasceu o quarto filho do casal, Dorival Caymmi, em 30 de abril de 1914, às 22h50. O avô Henrique, do lado paterno, e Tia Pipi, apelido de Maria da Piedade Soares, irmã de Sinhá, batizaram Dorival na Igreja de Santana. Sinhá Fausta, como era conhecida Mafalda, amiga da família, foi sua madrinha de representação, como, aliás, de todos os filhos do casal. Seus tios Alcides Soares e Firmino Santos acompanharam Durval ao cartório e assinaram a certidão como testemunhas. A promessa deu mesmo certo. Em 6 de agosto de 1916, nasceu Dinah e, em 5 de abril de 1918, nasceu Dinahir. Todos os filhos

Ioiô e Sinhá: os pais de Dorival — o charmoso e farrista Durval Caymmi e a decidida Aurelina Cândida Soares, sempre de olho nas escapadelas do marido.

do casal foram "aparados" por Dona Quinquinha, a mesma parteira que "aparou" Durval. "Tenho uma lembrança vaga de que ela se chamava Henriqueta. Sempre de vestido marrom, como rapadura, de anquinhas" — revela Dorival. Depois a família teve uma breve passagem pelo Campo da Pólvora, 6. "Foi lá que engatinhei. Eu ia até a casa da Rosa, vizinha de mamãe, que avisava: 'Sinhá, Dorival está aqui!'". O mais prodigioso é Caymmi se lembrar do dia em que Dinahir nasceu, e — pasmem — ele tinha apenas 4 anos.

Jorge Amado escreveu com muita precisão sobre as raízes do futuro compositor: "Trazendo nas veias sangue negro e italiano, nascido à beira do mar da Bahia — a Bahia que é a *cellula mater* do Brasil, onde a mestiçagem determinou e determina as linhas mestras da cultura nacional —, fez-se o intérprete da vida popular, o bardo cantor das graças, do drama e do mistério da terra e do homem baiano". Na literatura, Jorge compreendeu como ninguém a miscigenação do povo baiano, expressando-a com imenso talento. Ele enxerga em Caymmi "o próprio povo do Brasil em sua voz mais pura, em sua melodia mais profunda e eterna". Como se nele fossem condensadas todas as tendências da miscigenação brasileira, e alardeasse a vitória dessa mesma miscigenação nele, na sua obra e no seu canto.

Quando as meninas nasceram, o casal já morava na rua Direita da Saúde, 29. "Eu me lembro que tinha uma roça de Seu Queiroz, mamãe ficava na janela e nós íamos brincar, os quatro" — lembra Dinahir. Do-

REPUBLICA DOS ESTADOS UNIDOS DO BRASIL

REGISTRO CIVIL

DE PESSOAS NATURAIS DO

MUNICIPIO DO SALVADOR — ESTADO DA BAHIA

SUB-DISTRITO DE SANTANA

CARTORIO: FORUM RUI BARBOSA, 2.º ANDAR

CERTIDÃO DE NASCIMENTO

JOSÉ AUGUSTO MOITINHO

OFICIAL

FIRMA EM TODOS OS TABELIÃES DA CAPITAL
RIO — ROCHA E MONTAGNA — RUA DO ROSARIO

CERTIFICO que no livro n. 14 ás fls. 181 consta o registro n 106 do nascimento de Dorival Caymmi ocorrido em trinta de abril mil novecentos e quatorze às dez e cincoenta da noite horas, à rua do Bangalô, numero setenta e sete de côr mestiça do sexo masculino

Filiação de Durval Caymmi natural de Bahia e Aurelina Soares Caymmi natural de Bahia

avós paternos Henrique Balbino Caymmi, Salomiá de Souza Caymmi

e maternos Alvaro Ernestino Soares, Joaquina Mamede de Aragão Soares

Foi declarante o pai do registrando

e serviram de testemunhas Firmino Santos, Alcides Soares

Registrado em primeiro de Maio de 1914 pelo escrivão de então Aquiles Marcos da Conceição.

Eu, ... escrivão subscrevi

O referido é verdade e dou fé.

Bahia, 9 de junho de 1953

OFICIAL DO REGISTRO CIVIL

D de Deus: a certidão de nascimento e um retrato de Dorival Caymmi com 6 meses de idade (no alto, à direita) — seus pais mantiveram a promessa de batizar os filhos sempre com nomes iniciados pela letra D, tradição que seria mantida pelo compositor baiano.

rival completa: "A roça servia também para a gente fugir — jogar bola, empinar arraia, subir em árvore, caçar com badogue, atiradeira, apanhar fruta: araçá, cajá, abacate, mamão". Ainda sobre a infância: "Costumavam cantar pra gente pequenininho 'dandá pra ganhar tem tem'. E aí depois vinha aquele grito: 'Andou!'. 'Dandá' era uma imitaçãozinha do jeito da criança dizer 'andar'. 'Tem tem' era vintém. Um humorista baiano engraçadíssimo, Zé Trindade, costumava chamar mulher bonita assim: 'Dandáááá!'" — lembra Dorival rindo. Sobre esse período Caymmi escreveu:

> "O silêncio naquela época e sobretudo naquela rua devia ser de ouvir cair um lenço. Uma festa na casa de Seu Brim, o vizinho, enchia de sons alegres, 'ohs' de surpresa, gritinhos e gargalhadas gostosas, o piano do afamado Rogaciano tocando para os dançarinos. A graça nas conhecidas vozes das filhas do Seu Brim: Celina, Olga e Nonó. Dos filhos de Seu Brim: Atílio e Pequeno. E as saudações. Eram um som forte e marcante que iria ecoar por todo um ano na nossa Saúde de noites de miste-

riosos silêncios. Só furavam esse bendito silêncio as freguesas da noite. A do acarajé. A da pipoca com coco, fubá de milho, amendoim torrado e também cozido, barigudim: — 'tem barigudim, tem coco hoje...'; — 'Olha a Flor da Noite...'. Eu nasci no Bângala, mas queria mesmo ser aparado na Saúde."

Dorival e Deraldo, maiorzinhos, foram estudar com Adalgisa, uma parente de Durval, numa escola improvisada em casa. "Eu era entregue a ela pela janela" — conta Dorival. Logo depois, foram estudar no Colégio Batista, na rua Seabra, por indicação de Misael do Nascimento, colega de repartição de Durval na Alfândega da Bahia. Estudaram lá apenas um ano. Durval, muito zeloso na educação de seus filhos, percebeu que o ensino deixava muito a desejar. Foram para um colégio agregado ao prédio da Escola de Belas Artes. "Me lembro do nome da professora, da palmatória, de ficar de joelhos como castigo, das sabatinas com direito a 'bolo', tudo isso eu me recordo desse colégio. E o nome da professora, que era incrível: Maria Porcina Caçador de Medeiros. Ela era uma megera, com um coque assim, um cocó como chamava na Bahia, uns óculos de grau fortes, uma mulher fortíssima. Usava um vestido marrom, comprido, um avental, com um chaveiro do lado e uma palmatória do outro" — relembra o compositor a figura temida. Ainda vivia um sofrimento a mais. No refeitório havia um cartaz com o corpo humano em tamanho natural, típico das aulas de Biologia, com todos os órgãos à mostra. Dorival não conseguia comer a merenda. Cada vez que olhava para o cartaz sentia o estômago embrulhar. "Era um negócio asqueroso. Então, quem comia minha merenda eram Antônio Bispo Rocha, ao meu lado, e sua irmã Alaíde, que eram meus colegas" — conta Caymmi.

Em casa, Dorival convivia com as chamadas mulheres de saia, que eram agregadas à família. Eram ex-escravas, ou filhas delas, que preferiam continuar morando com aqueles que as criaram. O menino era atraído por aquelas baianas, de veste africana, com cheiro de fumo de mascar ou cheiro de patchuli. "Elas usavam galho de arruda atrás da orelha ou pano da Costa nas têmporas para tirar dor de cabeça. Tudo isso eu conheci ao vivo na minha casa, na vivência familiar. Eu ouvia histórias infantis contadas por elas em que o linguajar era entre o português e o iorubá, o nagô" — rememora Dorival, que viveu vestígios de uma Bahia ainda colonial.

Salvador levou muito tempo vivendo intimamente sua própria vida. O processo de urbanização demorou a chegar, o que permitiu à cidade, como numa incubadora, amalgamar e absorver tradições desembocadas ali, que em outras cidades do Brasil se perderam, ou não se fixaram com tanta força no imaginário do povo.

A Bahia, ao contrário, não se pode conceber sem essas tradições, fruto da sabedoria popular que encontrou uma forma de incorporá-las ao seu dia a dia. O compositor aproveitou muito da tradição oral da sua cidade, principalmente de origem africana, e suas letras são a prova disso. "O oral exercita a memória e guarda a poética da coisa. Tem mais duração. Uma coisa que você raciocina tem uma fixação melhor que talvez na leitura. Na leitura você perde um pouco, você pode pular. Mas a memória não trai você. A parte oral você segura bem, porque tem o som, tem o mistério que também provoca, que incita a buscar, a fazer sua própria imagem, sua dedução" — ensina Caymmi. As vendeiras, com seus pregões em linguagem nagô, lhe causaram profunda impressão. Em um trecho de "A Preta do Acarajé", descreve:

Dez horas da noite
Na rua deserta
A preta mercando
Parece um lamento

Iê abará!

Na sua gamela
Tem molho cheiroso
Pimenta-da-Costa
Tem acarajé

Ô acarajé ecô olalai ô
Vem benzê-ê-em
Tá quentinho!

As histórias das pretas da sua infância foram motivos de composições como "História pro Sinhozinho" que, segundo o compositor, "possuía um refrão que eu jamais esqueci". Dorival Caymmi virou uma espécie de colecionador informal de pregões e refrões de cantigas africanas. Um trecho de "História pro Sinhozinho" (ou "Tia Nastácia") traz esse refrão preferido do compositor:

Sinhá Zefa vai murmurando
Histórias para ninar...
Peixe é esse, meu filho?
Não, meu pai
Peixe é esse, e "mutum manguenem"
É a coca do mato "guenem guenem"
Suê filho — ê...
Toca ê marimba — ê...

"A velha, de colo quente, que canta quadras, que conta história para ninar" é um trecho que descreve a primeira infância de Dorival. "Tinha uma sobra de escravos, duas ou três pessoas que se agregaram à família e não saíram mais, e enfeitavam muito a minha infância. Eram 'mulheres de saia', que fora da Bahia chamam de 'as baianas'. Andam de saia e torço, que é o turbante, com contas, aqueles correntões, anáguas engomadas, com uma estamparia bonita das roupas, pano da Costa no ombro. Eram senhoras idosas quando eu conheci: Sinhá Inocência e Sinhá Teresa, ligadas à minha bisavó Quirina, mãe de Vovó Joaquina, da parte de mamãe" — relata Caymmi. Ele ainda se lembra de Sinhá Afra e da madrinha Sinhá Fausta. Sem falar nos meninos de recado que serviram em sua casa: "Como menino de recado por lá por casa passaram José Comprido, Reginaldo e José de Sinhá Maria, que lavava a nossa roupa na fonte e tinha mais duas filhas que brincavam com as minhas irmãs" — acrescenta.

A essas influências africanas somavam-se outras não menos importantes. A família numerosa — além das oito irmãs de Durval, havia os seis irmãos de Sinhá — gostava de festa. Havia pelo menos uns quatro pianos espalhados pelas casas dos parentes. Saraus eram comuns. Sinhá gostava de cantar. "Mamãe sim, mamãe era cantora de área doméstica, mas todo mundo falava: 'Ah, Sinhá, a Sinhá canta muito bem!'" — comenta Dorival. O mais festeiro da família era o Tio Nonô, como era chamado Álvaro Benvindo, um dos irmãos de Sinhá. Nos saraus tocavam ao piano valsas, modinhas, operetas e árias de ópera. Dorival lembra que as tias gostavam de tocar modinhas de famosos seresteiros como Cândido das Neves e Catulo da Paixão Cearense, que era maranhense no final das contas. Durval, além do piano, tocava violão e bandolim. "Era cantor de 'Marta', uma velha modinha que lhe deu muito cartaz" — lembra Dorival. A recitação de poesia nos saraus era um dos seus pontos altos. Seu pai gostava muito de recitar Gonçalves Dias, Castro Alves, Casimiro de Abreu. Tudo em tom solene, em meio a um silêncio sepulcral. Era moda na época. Em geral, alguém fazia o fundo ao piano. Gostava também de Albino Forjaz de Sampaio (ídolo do cantor Moreira da Silva), autor de "Palavras Cínicas" — uma poesia de humor muito citada pelos machões da época. Mas uma das prediletas de Durval era "A Velhice do Padre Eterno", de Guerra Junqueiro, que impressionou Dorival ainda menino.

Isso sem falar das festas da Bahia, um encanto, sempre ao ar livre e ao alcance de todos. Tinha festa para o ano inteiro. A primeira a acontecer era a festa de Nosso Senhor dos Navegantes, no primeiro dia do ano. Após a missa, a imagem de Nosso Senhor dos Navegantes, da Igreja de Boa Viagem, era levada por mar para a Basílica Menor da Conceição da Praia, numa galeota toda ornada especialmente para a ocasião, seguida por uma procissão de barcos. Junto à imagem de Nosso Senhor dos Navegantes ia a de Nossa Senhora da Conceição. Em volta das igrejas acontecia a festa de rua, com suas barracas de comidas típicas, com as baianas em seus trajes de festa, a capoeira ao som do berimbau. A Baía de Todos os Santos ficava repleta de todos os tipos de embarcações. A cidade parava para assistir. Essa festa se mantém até os dias de hoje. Caymmi eternizou-a no samba "Festa de Rua", em que a descreve em poucas palavras com incrível precisão:

Cem barquinhos brancos
Nas ondas do mar
Uma galeota a Jesus levar

Meu Senhor dos Navegantes
Venha me valê!
Meu Senhor dos Navegantes
Venha me valê!

A Conceição da Praia
Está embandeirada

> De tudo quanto é canto
> Muita gente vem
> De toda parte vem um baticum de samba
> Batuque, capoeira e também candomblé
> O sol está queimando
> Mas ninguém dá fé

Seguiam-se as festas de Reis e do Nosso Senhor do Bonfim, ambas ainda em janeiro. O carnaval era empolgante. Na Semana Santa as festas eram solenes e impressionantes. Mas o que encantava mesmo Dorival eram as festas juninas. Santo Antônio, celebrado a 13, São João, 24, e São Pedro, 29, faziam do mês de junho o preferido de Dorival e de toda a criançada. Mas o menino tinha um motivo a mais para gostar das festas de junho. Durval, desde o começo do ano, se preparava meticulosamente para elas. Guardava fogos coloridos de sinalização de navios especialmente para esses dias e comprava papéis de seda, igualmente coloridos, para confeccionar balões, que só ele sabia fazer. Certas recordações de Caymmi — e não se está discutindo aqui sua veracidade — lembram o pai quase mitológico que Carlos Heitor Cony descreveu em seu livro magistral *Quase memória*. O pai de Cony, contemporâneo de Durval, era aquele que ao dormir dizia: "Amanhã farei grandes coisas". Durval tinha um pouco desse espírito. Deraldo, Dorival, Dinah e Dinahir iam ao delírio com os balões e ajudavam o pai a fazê-los. Nos anos 50, Caymmi escreveu sobre essa época:

> "O mês de junho aqui é o mês mais festeiro do ano. Aqui na Bahia. Começa com as trezenas de Santo Antônio. É do nosso uso fazer rezas cantadas em casa em louvor ao santo das moças; a reza é sempre tirada por uma velha beata que mantém a harmonia do conjunto:
>
> 'Glorioso Santo Antônio,
> Santo soberano
> Viestes ao mundo
> Depois de um ano'
>
> ... e mantém o respeito com tenebrosas olhadas evitando assim que algum elemento abusado substitua o 'depois de um ano' por 'num aeroplano', o que acontece sempre, desde que

me entendo por gente. Na casa de pobre depois da reza tem é samba mesmo. Samba de rebolado e acompanhado de palmas. Aí é que é bom. Em geral quem samba é mulher. Samba cantado em coro e com umbigada:

> 'Moinho da Bahia queimou
> Queimou
> Deixa queimá...'"

Os folguedos eram ainda mais bonitos na casa de Durval. Dona Sinhá preparava a ceia típica com todo o esmero. "O segredo de São João é o poder de penetração e cordialidade, essa beleza que ainda tem. Portas abertas. Você entrava na casa de todo mundo. E havia um grande respeito. Comia a canjica de São João, prato típico, comia do bolo de São João, bebia jenipapo, dançava, saudava a dona da casa, agradecia e saía. Gente que você nem conhecia. Passavam assim duzentas, trezentas pessoas na sua casa, sem roubar nada, só comiam. E a fartura e a limpeza? A cada cinco casas, uma fogueira na rua. Toda a cidade aberta, já pensou o que é isso? É impensável!" — empolga-se Caymmi ao recordar.

Sobre a Saúde, esmiuçou detalhes num escrito de 1987, com um texto que namora o lírico:

> "Da nossa casa, olhando da janela para o lado esquerdo, víamos o princípio da rua — que já começava torta. Lá a lateral esquerda da igreja que dá frente para o Largo da Saúde. Vinha a rua até a altura do 22 — casa do Tio Inô e Tia Iaiá —, aí defronte do lindo sobrado de fachada azulejada começava o Beco das Hóstias, que acaba no Jenipapeiro, rua aladeirada que nos dias de hoje ainda acolhe remanescentes de Caymmi daquela área. E vem vindo a rua Direita da Saúde, curva um pouco para a direita e, antes de terminar no Jogo de Lourenço, nossa rua se despede, nas esquinas do Beco da Agonia, que começa ali no fim da Saúde e acaba na Poeira. O Jogo do Lourenço é o fim da Saúde, meio alargada, aí a rua sobe um pouco e acaba no Caquende, onde passava o bonde de Nazaré. Um enorme flamboyant acolhia, aos domingos, uns jogadores de dominó sobre um tapete de pétalas vermelhas."

O compositor aproveita para descrever um pouco mais a sua gente: "O jeito expansivo era muito da raça negra: a gargalhada, a fala alta, gritada de um lado para o outro da rua. Uma vendeira vinha com um tabuleiro na cabeça, além de mercar, que já é uma maneira de descontrair, gritar, ela já falava para a outra que ia lá do outro lado, sem a cerimônia do passante. Ela conversava aos gritos: 'Como vai, comadre?'. Essas eram as mulheres de saia, essas baianas que usavam ainda os trajes africanos, cantadas por aí". O compositor aponta diferenças entre o baiano e o carioca: "O baiano nunca chama você num canto para contar anedota do português como o carioca. O baiano é um capadócio, que gosta de dizer o chamado deboche, o sotaque com aspas, falar indiretamente, dizer expressões inesperadas como 'baiano burro nasce morto' — ditado antigo. Isso é o baiano urbano. O homem pobre mas com aparência limpa, com o chapéu de banda, roupa branca de linho ruim, de má qualidade, um brim grosseiro, mas procurando uma pose, uma postura de gente boa. Isso era o homem comum, o homem de rua".

## 4.
## LADEIRA DO CARMO

> "Yo soy yo y mi circunstancia"
> (Ortega y Gasset)

Em 1925, a família se muda para a Ladeira do Carmo, 35, um sobrado alugado de Seu Gil Ferreira. Próximo, ficava o Pelourinho — hoje Patrimônio da Humanidade — com seus sobrados coloniais e sua memória da escravatura. Em geral, os sobrados tinham suas frentes ornadas com azulejos portugueses e sacadas de ferro batido. Caymmi cantou tais sobrados em "Você Já Foi à Bahia?", que evocava tempos imemoriais, especialmente no trecho a seguir:

> Nas sacadas dos sobrados
> Da velha São Salvador
> Há lembranças de donzelas
> Do tempo do imperador

A primeira providência do casal ao mudar foi matricular os meninos Dorival e Deraldo, com 11 e 13 anos, no Colégio Olímpio Cruz, para continuarem o primário. Os responsáveis eram os professores Júlio e Edmundo Olímpio Cruz. Na lista de chamada, Dorival e Deraldo eram, respectivamente, Caymmi 8 e Caymmi 9. Já Dinah e Dinahir foram para o Colégio Emília Lobo, na Cruz do Pascoal, também próximo dali. Não havia colégios mistos na época. "Nós entrávamos às 8 horas da manhã, saíamos ao meio-dia, almoçávamos, voltávamos à 1 hora para o colégio e saíamos às 3 horas" — Dinahir descreve a rotina da semana. Lembra Dorival: "Na sala tinha um quadro-negro, tinha umas citações para chamar a atenção dos alunos. Mas, antes disso, tinha uma 'bonita' palmatória pendurada, com um furo no meio. Segundo a lenda colegial, botando um piolho dentro daquele buraco, quando batesse com aquilo na mão da gente, rachava. Eu acreditei nisso. Todo mundo tinha medo de apanhar, levar bolo. E eu apanhei. Eu fiz uma manifestação poética improvisando uma rima, um versinho, aproveitando a pororoca, na aula de Geografia. Vocês já podem imaginar! Com pororoca eu fiz o verso, mas eu achei tão bonito que declamei. Aí o professor disse: 'Seu Caymmi 8!'. Eu levantei assustado: 'Pois não, Seu Júlio'. Ele disse: 'Quem te ensinou isso aí?'. E eu: 'Não, e tal...'. Sem jeito! Eu era guri. Ele disse: 'Então, faz o favor, entre na sala já'. E me deu seis bolos. Quer dizer, o poeta começou logo mal" — diz revirando os olhos, maroto. Nesse caso, bem que ele mereceu os seis bolos, pois era uma enorme obscenidade a tal da rima, impublicável. Para a época então, nem se fala. Apesar de uma ou outra estripulia, no geral, Dorival era bem tímido, ao contrário de Deraldo, que era muito brincalhão e extrovertido. As meninas Dinah e Dinahir eram dóceis e tranquilas.

Da sacada do sobrado em que moravam, viam o Convento do Carmo e a Igreja da Ordem Terceira do Carmo. Belíssimos exemplos do estilo barroco, os dois edifícios foram mais tarde tombados pelo Patrimônio Histórico Nacional. O sobrado era todo em tábuas corridas, calafetadas com estopa e breu. Tinha dois quartos amplos, um para o casal e outro para as crianças. Da sala de jantar, via-se o galinheiro que Durval havia construído no quintal. A sala de estar era grande, com três janelões. "Dorival fez um desenho lindo da Igreja das Caridades e na parede caiada do galinheiro ele desenhou um galo perfeito. As pessoas se admiravam da habilidade dele. Ele gostava muito de desenhar e aprendeu sozinho" — relata Dinahir. "A Igreja das Caridades eu fiz no caderno. Copiei com tal fidelidade que meu pai ficou observando" — relembra Caymmi, que na época já dava mostra do seu talento para a pintura e o desenho. Dorival via o Convento e a Igreja das Caridades do fundo da casa. Na parte térrea do sobrado vivia uma outra família, e ainda tinha uma loja, que durante muito tempo serviu de açougue. O quintal e o porão, no entanto, eram de uso exclusivo da família Caymmi. A casa contava ainda com um sótão e um sobre-sótão, de onde se tinha uma bela visão do mar. Nem é preciso dizer que esta era a parte da casa que mais atraía Dorival. Aliás, até hoje Dorival Caymmi é um amante de janela. Sempre adorou ver as belezas através delas e observar as gentes.

Na escola, Dorival gostava especialmente das aulas de História Natural. O encanto era que eram dadas ao ar livre, no bonito jardim da escola. "O professor dava aos sábados uma aula de Botânica mostrando o que a gente via nos livros: os insetos, as plantas, as flores. Uma aula caminhada, distraída" — conta Dorival. Todas as crianças sempre se sujam muito, mas Dorival era o terror das lavadeiras. Punha tudo no bolso, pedrinha, flor, minhoca, o que achasse digno de interesse. "Eu tenho o fascínio do chão. Eu sou um homem que olha muito pro céu, por instinto.

A turma da infância: um esguio Dorival (aos 10 anos de idade) entre as irmãs Dinahir e Dinah, Deraldo (à direita) e o amigo Zezinho (atrás) — desde pequeno, Dorival alternava brincadeiras de rua com horas de introspecção dentro de casa, quando se entretinha com seus lápis e cadernos de desenho.

Contemplação de praia vazia pra mim é um preenchimento natural. E olhar o chão assim... aí, eu andava cutucando, examinando isso de perto. Encontrava uma folha, um cisquinho, umas terrinhas, caquinhos de louça, lixazinha de caixa de fósforo, um palitozinho de cera, que antigamente se usava palito de fósforo de cera. E encontrava bombinha de lança-perfume jogada, de outro carnaval, encontrava continhas e coisas assim, encontrava as maiores bobagens, tudo que tinha jeito curioso, uma pedrinha, eu metia no bolso e furava, né?" — revela Caymmi, que até hoje gosta de guardar bobagens numa misteriosa maleta de couro amarela. Não era à toa que as aulas de História Natural o fascinavam.

Em compensação, os recitativos que a professora o obrigava a fazer lhe incutiram inicialmente um terror pela poesia. "Eu era um fracasso" — confessa Dorival. "Quando a professora vinha" — prossegue ele — "se dirigindo a mim 'Seu Caymmi 8, levante-se. Recite esse trecho de Raimundo Corrêa, Casimiro de Abreu ou Gonçalves Dias', era terrível". Mas com o tempo ele foi perdendo a vergonha e chegou a fazer umas "trovazinhas" no caderno das meninas. Mas a paixão pelo desenho foi tanta que nasceu nele o desejo de estudar essa matéria. Tempos depois, aos 15 anos, chegou a matricular-se por um ano no curso de desenho da Escola de Belas Artes da Bahia. Na ocasião reproduziu, usando carvão sobre papel Canson, a cabeça do Davi de Michelangelo. Os caricaturistas de revistas cariocas — J. Carlos, Guevara e Théo — o empolgavam. Mas, bem antes disso, já era tão bom desenhando que ensinava aos alunos menores, a pedido do professor, no Colégio Olímpio Cruz. Seus lápis prediletos eram os Faber números 1 e 2, que custavam 200 réis cada um. "Fiz meu primeiro retrato a lápis, Faber número 2, de uma menina da família posando" — conta o baiano, que não se lembra do nome da sua modelo. Depois retratou vários amigos. E continua: "Minha caligrafia era tão boa que meus colegas pediam para eu copiar para eles os hinos Nacional e o da Bandeira. Me diziam: 'Te dou dois bilhetes de matinê e você copia para mim o meu hino'. Então eu ia às matinês do Cinema Jandaia por conta da minha caligrafia". Certa vez o professor, que estudava Medicina, pediu que ele copiasse um ponto de aula para ele. Seu pai ficou admirado. Durval, aliás, não facilitava. "Meu pai tomava nota de todo o nosso movimento de vida, de onde a gente andava, o que fazíamos. Tínhamos que explicar tudo em casa, eu e meu irmão Deraldo" — conta Caymmi.

Luiz Rosado, seu primo por parte de mãe, filho da Tia Pipi e do Tio Antonino Rosado, iniciou Dorival na literatura. Emprestava os romances de José de Alencar, *Os sertões* de Euclides da Cunha, os livros de Alexandre Herculano, Machado de Assis, Eça de Queiroz, que Dorival lia avidamente. "A *Antologia nacional*, de Carlos de Laet, e a *Seleção literária*, de Fausto Barreto, eram a minha paixão" — revela o compositor. Durval lia a Bíblia para os filhos e era muito religioso. Dorival tinha predileção pela leitura do Eclesiastes, do Antigo Testamento. Domingo era dia de missa no Bonfim e de levar as crianças para pedir a bênção aos avós. Quando não assistiam à missa no Bonfim, assistiam na Igreja do Carmo, vizinha à sua casa, ou na Igreja de Santo Antônio. Afinal, igreja é o que

Trezentas e sessenta e cinco igrejas: a Igreja do Senhor do Bonfim da Bahia tal como Dorival conheceu e frequentou na sua infância.

não falta na Bahia. "A gente vivia perto de umas 38 igrejas" — conta o compositor. Dorival, de tanto escutar que havia uma igreja para cada dia da semana, anos mais tarde já vivendo no Rio de Janeiro, compôs o samba "Trezentas e Sessenta e Cinco Igrejas", que diz:

Trezentas e sessenta e cinco igrejas
A Bahia tem
Trezentas e sessenta e cinco igrejas
A Bahia tem

Numa eu me batizei
Na segunda eu me crismei
Na terceira eu vou casar
Com a mulher
Que eu quero bem
Se depois que eu me casar
Me nascer um bacuri
Vou-me embora pra Bahia, vou

Vou batizar no Bonfim
Mas se for me parecendo
Que os meninos vão nascendo
Por cada uma igreja que tem lá
Sou obrigado a comprar minha passagem
Pra voltar pra cá, não é?

A fé católica foi crescendo em Dorival. Ele percebia nos pais a consciência de um ser superior e, ao mesmo tempo, a força interior que isso lhes dava. "Aí apareceu para mim Deus. O que justificou entender o quarto de santos com três nichos. Na casa da minha avó, três nichos; lá em casa, dois. Muito bem esculpidos, com Nossa Senhora do Parto, naquele quarto onde nasceu minha irmã Dinahir". E completa: "E o som de Deus na família: 'Deus te acompanhe!', 'Deus lhe abençoe!', 'Vá com Deus!', 'Deus há de abrir seus caminhos, para que você possa caminhar para um futuro bonito!'. E era Deus em toda parte. Deus apareceu de uma forma diferente para mim, como uma força maior, merecendo respeito, tirar o chapéu, benzer, ajoelhar. Está aí meu encontro com Deus, a ideia de Deus como força superior. Na leitura, eu ia comparando com o que via, e o que eu vi dentro do clima mais baiano possível foi a presença da religião negra, o linguajar mesclado com o português, o linguajar afro, linguajar nagô, tudo mesclado".

# 5.
# CAYMMI E O MAR

> "Deram-me, quando criança/ Uma estrela-do-mar/
> E eu guardei dela a esperança/ De durar"
>
> (*As horas de Katharina*, Bruno Tolentino)

Da casa dos seus avós paternos, na Cidade Alta, Dorival via o mar, glorioso. "Do fundo da casa, do sótão, a gente via a Baía de Todos os Santos, o mar de Itaparica, via aquela amplidão aberta. Eu via todo o cais do porto" — explica Caymmi, revivendo a maravilha que era a Salvador de sua época. No domingo, a caminho da casa dos avós Henrique e Saloméa, a família passava em Amaralina, quando o menino aprendeu a amar o mar. "Aquele mar batendo forte, bonito. O coqueiral e o vento nos coqueiros" — conta Caymmi como se ainda o sentisse. Já o banho de mar era mais raro. Moravam na Cidade Alta, longe da praia. Tio Nonô, no veraneio, levava os sobrinhos para sua casa de praia em Itapagipe, onde tomavam o "banho salgado" no Porto da Lenha, no Porto do Bonfim. Mas a ligação de Dorival com o mar começou mesmo antes de nascer. Explico. Sua mãe passou toda a gravidez nas praias da ilha de Itaparica, comendo peixe e gozando do clima ameno da ilha. Curiosamente, Caymmi guarda a memória da primeira vez que viu o mar: "Foi na casa de minha madrinha, Tia Pipi [Maria da Piedade], irmã de mamãe, que morava na casa da Ladeira do Papagaio, 3, no Rio Vermelho. Subi num monturo para alcançar o alto do muro e ver o mar. Escorreguei com o peito do pé num caco de vidro, o que me abriu um talho no dedo polegar direito". Foi da casa dos avós que Dorival e seus irmãos viram, em 1922, a grande queima de fogos em comemoração ao Centenário da Independência e o voo histórico de Gago Coutinho e Sacadura Cabral, a primeira travessia aérea do Atlântico Sul. Uma festa inesquecível.

Dorival não esquece de uma aventura em que se meteu, que saiu pela culatra. Quando foi, escondido do pai, com Ovídio Mendonça Aranha, um portuguesinho colega do colégio, para Barra de Pojuca, um lugar bem distante de Salvador. A ideia era voltar no carro do pai de Ovídio, que estava lá numa oficina. Foram de carona num caminhão de mudança, debaixo de uma soleira de matar. Chegando lá, se esbaldaram. Passea-

Postais da Bahia: a vista das torres da Igreja da Ordem Terceira do Carmo, da Matriz da rua do Paço e do Convento do Carmo (acima), e os planos da Cidade Alta e da Cidade Baixa, revelam a privilegiada relação de Salvador com o mar — registrada nestas lembranças enviadas a Dorival por seu amigo Zezinho.

ram, tomaram banho de rio, comeram peixe frito. Quando foram procurar o automóvel para voltar, o chofer já havia partido. "Ficamos a ver navios. Vimos uma árvore perto do trem que passava e resolvemos deitar ali e dormir". Mas um caseiro, amigo do pai de Ovídio, viu os meninos e ofereceu acomodações para aquela noite. Na manhã seguinte, bem cedinho, colocou-os no trem. Dorival não sabia como iria explicar a noite dormida fora de casa. "Não sei por que papai perdoou, talvez pelo jeito aventureiro do negócio" — reflete Caymmi.

O grande amigo de Dorival não foi nenhum colega de escola. Foi seu vizinho José Rodrigues de Oliveira, chamado Zezinho, que tinha a mesma idade de Dorival, 11 anos, e morava numa casa mais humilde, do outro lado da Ladeira do Carmo. Zezinho era um dos seis filhos de Seu André, motorneiro de bonde. Seu André era viúvo e tinha dois filhos adultos: Antoninho, que estava no Tiro de Guerra, e Celina, que era costureira e chapeleira. Depois deles vinham Zezinho, Bárbara (Biluca), Mariinha e Luiz. As duas famílias, Caymmi e Oliveira, se aproximaram. Mas, amizade para toda a vida foi a de Zezinho e Dorival. Tinham muitas afinidades e passavam o tempo livre juntos, percorrendo as ladeiras de Salvador, suas ruas e becos. Iam juntos às festas de largo e do candomblé, às feiras de Salvador, e dividiam a paixão pela música, cinema e literatura. Quando descobriram que podiam frequentar a Biblioteca do Estado, não saíram mais de lá.

Eram fãs das revistas de cinema e do rádio. Tentavam imitar os ídolos da época ao som do violão de Dorival, que estava aprendendo a tocar. Mas sem ligar para a precariedade do acompanhamento do amigo, Zezinho e os companheiros Antônio Maltês, Eduardo Peres e Maurílio, se divertiam cantando os sucessos do momento. O rádio vivia a fase inicial da chamada Época de Ouro, o período mais fecundo da música popular brasileira. Tiveram a sorte de, em sua geração, ouvirem talentos como os cantores Mario Reis, Francisco Alves, Sylvio Caldas, Carmen e Aurora Miranda, Gastão Formenti, o conjunto Bando da Lua, entre outros, interpretarem composições de Ary Barroso — que viria a ter uma participação involuntária, mas decisiva, no início da carreira de Dorival Caymmi —, Noel Rosa, Ismael Silva, Braguinha — outra figura importante no princípio da vida profissional do baiano —, Orestes Barbosa, entre muitos.

"Dorival era tranquilo. Ele não gostava de jogo de bola, negócio de empinar arraia. Deraldo era maluco por pipa, mas Dorival não. Ele era mais de livros, recortes de cantores americanos, aquele negócio de or-

Época de Ouro: nos anos 30, os amigos Antônio Maltês, Dorival Caymmi
e Fernando Pedreira mantinham-se sempre atualizados com
os últimos sucessos dos grandes artistas do rádio.

questra, sempre foi muito chegado à música, desenho. Ele ficava em casa, não dava trabalho. Saía, passeava, ia visitar os parentes" — descreve Dinahir. O pai achava graça do temperamento sossegado do filho e, não se sabe por que cargas d'água, costumava dizer: "Esse menino parece americano". Não podia estar mais longe da verdade. Dorival acha que era porque gostava muito de cinema americano. Sobre a mãe, ele acrescenta: "Mamãe achava Deraldo muito ativo, atirado, não parando quieto em casa. 'Já Dorival, esse é muito preguiçoso, um pamonha'" — imitando a mãe. E explica: "Eu passava horas lendo tudo o que podia. Eu tinha várias coleções de revistas. Meu pai, que sabia das minhas predileções, quando queria me castigar, pegava minhas revistas, botava no colo e rasgava ao meio algumas. Aquilo me matava". Caymmi ainda se lembra de uma divergência dos pais a seu respeito: "Mamãe disse um troço que desagradou a meu pai: 'Durval, esse menino tem gênio tão bom, dá para padre. Você tem que botar ele no seminário'. Papai respondeu: 'Na minha família não entra padre nem soldado!'. E a mamãe não teve a ventura de me ver de batina". Seu Durval tinha um gênio daqueles. Uma história que diverte a família há gerações pode exemplificar melhor. Dinahir, menina ainda, tinha um gato que um dia avançou nela. Durval, irado, pegou o animal pela cabeça e zuniu o pobre longe. O gato deve estar voando até hoje.

Dorival e Zezinho também se divertiam fazendo gazetilhas, isto é, folhetins. Antônio Maria, num artigo de 1951, mencionou esta brincadeira de infância dos dois meninos "que escreviam histórias impossíveis de um tal personagem, Arrolho, corredor de mundos e cidades". Caymmi se lembra de cor alguns trechos, como o que transcrevo a seguir:

> Era meia-noite
> Quando Arrolho, O Perdido
> Chegou à cidade dos Pés Juntos

Antônio Maria advertiu que "essa cidade dos Pés Juntos, encontrada nas aventuras de Arrolho, não é a mesma que tem a significação universal de morada dos mortos. Era um mundo novo, o primeiro nome que condizia com o sonho de Arrolho, O Perdido". Foram centenas as gazetilhas criadas pelos dois meninos que, infelizmente, se perderam. Caymmi ainda se lembrou de uma feita por Zezinho:

> Eu estava triste e tristonho
> Na hora em que as palmeiras
> Se cobriam do suor do céu.

Grandes amigos: de pijama em Itapuã, no verão de 1934,
os inseparáveis Zezinho e Dorival — graças a essa amizade descontraída,
Caymmi cantaria, anos depois, pela primeira vez no rádio.

6.

# CAYMMI E SEU VIOLÃO

"E uma nova poesia desceu do céu, subiu do mar"
("Sorriso", Manuel Bandeira)

Dorival aprendeu a tocar violão sozinho. Seu pai tinha um violão e um bandolim napolitano, cheio de fitas, que ficava exposto na sala de visita. Durval tinha ciúme de seu violão, que encomendara por 18 mil-réis à loja A Guitarra de Prata, no Rio de Janeiro. O que ele não desconfiava é que o filho costumava pegá-lo escondido. Até que um dia seu pai o flagrou tentando tocar o samba "Tatu Subiu no Pau", sucesso de Eduardo Souto, de 1923, já mostrando inclinação por temas folclóricos. "Eu botei o dedo assim e fui passando para lá e para cá e harmonizou: 'Tatu subiu no pau, é mentira de mecê/ tatu subiu no pau, é mentira de mecê/ lagarto ou lagartixa isso sim que pode sê'. Quando eu estava no violão proibido de papai, ele me pegou de surpresa: 'Quem mandou você pegar o violão? Aliás, você está tocando errado, você tá tirando pitada, não está tocando violão. Não é pra isso. E aqui você não está completando o tom. Você precisa botar esse dedo, porque você tá botando só em cima, nas duas cordas para completar o tom. Aqui é o dó maior, você bota o dedo aqui'. Quando ele acabou de dar essa lição, por instinto, eu já estava dominando o dó maior. Aí foi 'Tatu Subiu no Pau' completo" — relata Dorival risonho.

Quem tocava um violão para ninguém botar defeito era Cici, Alcides Soares, o irmão de Sinhá mais chegado a Durval. "Era boêmio, gostava de uma bebidinha e não se envergonhava de tocar violão" — revela o sobrinho. Dorival adorava quando o tio participava dos saraus em casa tocando um chorinho atrás do outro. Era um excelente solista de choro. Quando percebeu o interesse do sobrinho pelo instrumento, deu-lhe algumas dicas: "Peraí, o relativo é lá menor. Durval não te ensinou. Você acabou de tocar o dó maior e passa para o lá menor. Agora tem a terceira, tem a falsa, antes da terceira tem a falsa, você vai fazer. Quando seu pai puder, compra um método para você. Pelo método é só você olhar e tocar" — lembra Dorival. "Ah! Não deu outra!" — prossegue o compositor em meio às lembranças — "Eu juntei o dinheiro do método de Canhoto e comecei a tocar". Canhoto era o apelido do célebre violonista Américo Jacomino, autor de "Abismo de Rosas". "Meu pai teve que suportar as pitadas um bocado de tempo, até eu aprender a tirar o arpejo. E assim aprendi. E Zezinho foi no bandolim dele e começou a fazer um centro maluco, sem tom, sem nada. Eu fazia em ritmo de samba, e ele fazia o centro. E fomos para o porão da casa, para a gente fazer um rasqueado lá embaixo, para não incomodar ninguém, nem ser pego de surpresa" — conclui.

Mas o pai seguiria estranhando o modo de seu caçula tocar. "Acontece que eu preferia sempre a harmonia alterada, porque descobri, depois que fiz muita coisa de orelhada, que a harmonia realmente pode ser exótica, com as sétimas, as nonas, a inversão de acordes. Deve ser instintivo, porque desde pequeno acho que o som deve ter outra beleza, além do acorde perfeito. Foi assim que tive sorte na música. Papai dizia que não estava certo, porque o meu arpejo, a maneira que eu puxava as cordas do violão, não levava os dedos certos. Eu puxava as cordas de uma raspada só, com um dedo, o que tecnicamente era considerado errado. Mas, nesse sistema, embora errado, consegui tirar os acordes que sentia instintivamente" — explica Dorival.

Às vezes Durval ameaçava: "Meu violão está sendo muito usado aqui, hein! Quero ver se quebrarem!". O violão era o de menos, Durval devia era temer pelo bandolim nas mãos de Zezinho, que fazia miséria. Certo dia, Dorival chamou o amigo, empolgado. Pegou o violão e antes de tocar, pediu: "Escuta isso aqui e veja o que você acha". E cantou:

Lá no sertão nasce a vida e a alegria no coração
Lá no sertão nasce a vida e a alegria no coração
Nosso amor nasceu pelo São João,
Na roda brejeira, na fogueira ao soluçar de um violão
Lá no sertão nasce a vida e a alegria no coração
Nosso amor morreu, com ingratidão,
Cinzas de amor e de fogueira, tristezas no meu coração
Lá no sertão nasce a vida e a alegria no coração
Lá no sertão nasce a vida e a alegria no coração

Com essa toada, chamada de "No Sertão", de versos ingênuos, toscos, influenciados pelas letras rebuscadas da época, nascia o compositor Dorival Caymmi. Hoje Dorival analisa: "Era cheia de lugar-comum, uma composição de modinheiro".

O despertar de Dorival para a música aconteceu bem antes. Na casa de número 27, na rua Direita da Saúde, morava a família Campos França. Ele não se esquece: "Tinha uma moça chamada Lídia e seu irmão menor, Augusto. Eles ouviam música na vitrola de corda, passagem do gramofone para a eletrola. Ouvi uma melodia que me tocou profundamente, 'Élégie', de Jules Massenet. Melodia que guardei e repetia. Eu tinha 4 anos. Foi um despertar violento com 'Élégie', que me provocava um sentimento pungente, uma melancolia. Parece que chorei, mas eu era tão pequeno, meu Deus". Mais tarde no colégio, Caymmi teve uma coleguinha que lhe despertou o desejo de fazer uma canção. "Era uma menina do colégio chamada Irlanda Dorzee Dantas, que provocou em mim uma coisa como uma ejaculação espontânea, que sai e não dá para segurar. Surgiu em mim uma coisa que eu não entendia. Depois descobri que era uma mistura de música com letra. Quis fazer, mas me faltou potência, não sabia como. Estava nascendo o compositor popular."

O cinema atraía Dorival tanto quanto a música. Os meninos costumavam colecionar os fotogramas de seus ídolos, pedacinhos do filme. "Eu tinha cachaça por revista de cinema: *Para Todos...*, *A Cena Muda*, *Selecta*, *Cinearte*. Tive a melhor coleção de Rodolfo Valentino num caderno inteiro. E perdi. Eu andava tão colado com ela que eu botei na cintura e desci por um atalho que dava para a rua do Pilar, com Zezinho e mais outro companheiro. Não sei explicar, mas eu voltei, bati o caminho todo e não achei mais, alguém deve ter apanhado no caminho e fugiu. Era a melhor coleção. Até invejada. Eu perdi o entusiasmo com a perda da minha coleção" — conta o compositor. Gostava de ouvir música erudita, que escutava tocar nos pianos da família. Sentia-se inclinado sobretudo pela música de Debussy, Ravel e Bach. Começou a gostar de *jazz* e *blues* desde o final dos anos 20. Não tinha discos, mas os escutava em casa de amigos, já cativados pelos gêneros americanos. Escutava com prazer os pianistas Jelly Roll Morton e Fats Waller, o cantor Louis Armstrong, além de grandes orquestras americanas como as de Benny Goodman, Count Basie, Glenn Miller, Tommy Dorsey. Nessa época, estava empolgado com o arranjo de Fredy Grove para "Rhapsody in Blue", de George Gershwin, executada pela orquestra de Paul Whiteman. Incentivado por Zezinho, compôs um fox-trot que homenageia a sua paixão, "No Cinema", inédita até hoje:

> Garota bonita da cor de Iracema
> Que vai ao cinema às duas da tarde

Que fala em Ramón, que fala em John
Mas que não fala em mim
Garota morena quisera ser fita
Famosa bonita falada em inglês
Para olhares só pra mim [bis]
É sempre assim
Foges de mim
Saltas de amor em amor
Qual borboleta de cor violeta
Salta de flor em flor[2]

[2] "Ramón" e "John" são referências a Ramón Novarro, que tornou-se o galã da vez depois da morte de Rodolfo Valentino, e John Gilbert, outro ator famoso, paixão de Greta Garbo, com quem contracenou. O fox de Caymmi também foi intitulado "Garota Bonita" e "Iracema Morena".

## 7.
## NUNCA MAIS

"Mas as coisas findas,/ muito mais que lindas,/ essas ficarão."
("Memória", Carlos Drummond de Andrade)

Em 1927, a família Caymmi sofreu um grande baque. Cansada da infidelidade do marido, Sinhá decidiu se separar de Durval, uma atitude impensável para a época, chocando toda a família. "Mamãe só se separou depois que vovó Joaquina morreu. Ela jamais daria esse desgosto à mãe" — conclui Dinahir. "Eu era muito pequena. Ele não era mole, gostava de namorar. Acho que foi ciúme. Ele fazia 'pernoite' no trabalho, e aproveitava" — confirma a caçula de Sinhá. "Mamãe contou uma ocasião pra gente que ele saiu um dia: 'Ah! Vou dar um passeio com Dorival'. Quando ele voltou, ela perguntou a Dorival: 'Onde você foi?'. 'Ah! Mamãe, eu fui numa casa, tinha uma moça, na casa tinha um cachorro, tinha um papagaio', e tinha umas coisas de que ele gostava. Ela não sabia quem era, mas calculou" — continua Dinahir. Dorival reconhece: "Itapuã, para ele, era o lugar das farras, das peixadas de três, quatro dias, o que comprometia seriamente a felicidade conjugal".

Durval ficou possesso com a decisão da mulher, mas Sinhá não deu o braço a torcer. Tirou até o Caymmi do sobrenome, voltando a usar o nome de solteira, Aurelina Cândida Soares. Ela passou a viver da pequena pensão que seu pai deixou, além de costurar para fora, ofício que fazia muito bem. Dinahir ouviu dizer na época que seu pai alegava que tinham feito contra ele um trabalho de candomblé. Disseram que ele chegou a se consultar com o Pai Jubiabá, que depois virou personagem de Jorge Amado. O Pai Jubiabá teria dito que não havia jeito de desfazer o feitiço. Que era coisa muito antiga, que as pessoas envolvidas já estavam mortas. Com trabalho ou sem trabalho, Sinhá largou Durval e foi morar com sua irmã Fredesvinda, que todos tratavam por Vivi.

As crianças se abateram muito com a separação. Mas não se atreviam a perguntar além do que lhes era contado. Elas ficaram com Durval, que procurou manter as coisas dentro da rotina a que estavam acostumadas. De qualquer maneira, Sinhá não abandonou os filhos. Ela estava lá todos os dias, enquanto Durval estava no trabalho, cuidando deles,

O avô materno de Dorival: Álvaro Ernestino Soares, em retrato do século XIX — após o casamento, o namorador Durval Caymmi morou por alguns anos, na mesma casa, sob a vigilância do sogro.

desde a manhã até à noitinha, quando voltava para a casa da irmã Vivi. "Nós sabíamos onde ela estava e íamos atrás. E papai sabia que ela ia lá pra casa e sempre dizia: 'Vocês têm de amar a sua mãe'" — conta Dinahir. "Mamãe, de cabelo preso pros dois lados, com dois cocós. Avental sobre a saia, bata ampla, roupas claras" — descreve Dorival.

A presença do Tio Nonô nesse período difícil da separação dos pais serviu para amenizar a situação das crianças. Ele costumava aparecer no sobrado da Ladeira do Carmo e levava todo mundo para a sua casa, onde vivia com sua esposa, que tinha o curioso apelido de "Amor". A pobre se chamava Eutália, razão suficiente para preferirem o apelido. "'Amor' era um apelido lindo" — considera o compositor. No carnaval, a casa de Nonô e Amor era uma festa. Eles moravam perto de Durval. Bastava subir a Ladeira do Pelourinho, virar à direita e estavam na rua Maciel de Cima, num sobrado enorme, de dez quartos. Deraldo, Dorival, Dinah e Dinahir se esbaldavam. Dos janelões do sobrado, a família acompanhava os folguedos do carnaval de camarote. "Algumas famílias, quando tinham dinheiro, alugavam bondes para enfeitar, que saíam com as

Álbum de família: Aurelina (terceira da esquerda para a direita) e Joaquina Mamede de Aragão (no centro, de vestido escuro), respectivamente mãe e avó de Dorival Caymmi — Sinhá só concretizou a decisão de se separar do marido, algo quase impensável para os costumes da época, após a morte da mãe.

moças dançando. Tinha aqueles corsos de automóvel, passando na rua, com carro aberto, capotas arriadas. Nós jogávamos confete e serpentina neles. Era muito bom" — descreve Dinahir. Isso sem falar nos cordões que desfilavam pelas ruas com todo tipo de fantasia. "Havia lindas baianas, com aquelas saias engomadas, farfalhando. Uma beleza" — continua Dinahir.

Sinhá costumava fantasiá-los. Costurava uma combinação e por cima colocava a fantasia. Naquele carnaval de 1928, teve a pachorra de fazer rosetas recortadas da caixa do cigarro Yolanda, que trazia na embalagem o retrato de uma moça. As crianças juntaram um monte daquelas caixinhas, Sinhá franziu as rosetas e decorou com elas as saias das meninas. Durval, nem é preciso dizer, adorava o carnaval. Encomendava especialmente para a festa três caixas de lança-perfume — duas com seis frascos de 60 ml para as crianças e a outra com a mesma quantidade de frascos, só que bem fininhos, de 30 ml, para seu próprio uso. Dorival se encantava com o carnaval e tinha a permissão do pai para sair. Aproveitava e se embrenhava pelas ruas, becos e ladeiras de Salvador, atrás de diversão. "Andar a pé sempre foi uma coisa boa na Bahia. O que assustou o pedestre foi o veículo" — analisa Caymmi. Ia com Zezinho para o Largo da Sé. "Na praça tinha um coreto, uma banda que tocava maxixe. Vinha um cara desempenado e tirava uma mulata daquela e dançava, fazia um parafuso, vinha embaixo, botava um lenço no pescoço, chapéu panamá virado de lado, dava um balão. No maxixe, você via aquelas saias rodadas no ar. Era o sujeito dançando maxixe. Ah! O carnaval era lindo" — relata o baiano, para depois acrescentar, em tom de crítica: "pernosticamente deixaram de chamar de Largo da Sé para virar Praça da Sé. Para imitar São Paulo. Aquelas bobagens".

A vocação da cidade para o carnaval era evidente. Toda a população se envolvia e as iazinhas vinham do Recôncavo Baiano para as festas da capital. Mesmo fora do carnaval, a Bahia, dominada pela forte devoção religiosa, sempre tinha as festas de largo. E nelas, e mais ainda no carnaval, todas as classes sociais estavam presentes, sem alardear diferenças. "O carnaval era um grande encontro sem discriminações. E isso era muito bonito" — comenta orgulhoso Dorival. A grande diferença do carnaval daquela época, em relação aos dias atuais, era o caráter familiar da festa. O Brasil parava para cantar os sucessos carnavalescos como "Amar a Uma Só Mulher" (Sinhô), "Ai Eu Queria" (Pixinguinha e Augusto do Amaral), "Caridade" (Sebastião Santos Neves e Anísio Mota), "A Malandragem" (Alcebíades Barcelos e Francisco Alves) e "Eu Fui no Mato, Crioula" (J. Gomes Júnior). Esta última, uma marcha divertida, empolgava Dorival e seus irmãos, que a cantavam:

Eu fui no mato, criola
Cortar cipó, criola
Eu vi um bicho, criola
De um olho só
Não era bicho, criola
Não era nada, criola
Era uma velha, criola
Muito assanhada

Foi no ano de 1928, alguns meses depois, que sambistas do Estácio de Sá, no Rio, fundaram a Deixa Falar, a primeira escola de samba carioca, que já nos primeiros anos tinha predileção pela fantasia de baiana.

De olho no samba: empunhando violão e cavaquinho, Dorival e Zezinho posam de cantores, acompanhando os sucessos do carnaval — uma brincadeira que foi se tornando cada vez mais séria...

Quando as tropas que combateram em Canudos regressaram ao Rio, muitos soldados trouxeram consigo baianas, com quem se uniram durante a guerra, que fora longa. Vinham sobretudo de Favela, um morro no arraial de Canudos, no interior da Bahia. Foi assim que o antigo morro da Providência, no Rio, passou a ser conhecido como Favela, nome que mais tarde foi estendido ao conjunto de moradias pobres em morros cariocas. Muitos pesquisadores atribuem a essas baianas radicadas no Rio uma das influências que levaram à criação do samba. A verdade é que se o samba nasceu no Rio, a casa era de uma baiana. Ou seja, se não criaram o samba, participaram no tempero. É certo que o primeiro samba de sucesso foi feito na casa da baiana Ciata, mais conhecida como Tia Ciata, na rua Visconde de Itaúna, no centro do Rio, num dos muitos regabofes que aconteciam por lá, onde não faltava música. O samba era "Pelo Telefone", de Donga (Ernesto dos Santos) e Mauro de Almeida — conhecido como "Peru dos Pés Frios" —, seus autores oficiais, gravado em 1917. Tinha uma letra irreverente que encantou o país, fazendo sucesso no carnaval do ano seguinte:

O chefe da folia
Pelo telefone manda me avisar
Que com alegria
Não se questione para se brincar...

Mas a versão que ficou tinha uma dose a mais de picardia:

O chefe da polícia
Pelo telefone mandou me avisar
Que na Carioca
Tem uma roleta para se jogar...

A propósito das diferenças entre o samba carioca e o baiano, e o seu próprio estilo de fazer samba, Caymmi comentou, numa entrevista ao crítico e jornalista Tárik de Souza, em 1972:

> "Nos contatos com a vida musical do povo baiano, nos festejos, consegui tirar, por instinto, uma fórmula pessoal, em torno do samba de rua. Esse tipo corridinho, mexidinho, de 'quando você se requebrar caia por cima de mim', sabe? Aquele jogo de palavras com música, uma maneira muito local, condicionada naquele ambiente negro, mestiçado, do azeite de dendê, das festas da Conceição da Praia, da Ribeira. Isso aliado à voz do povo, sem alto-falante, aquele tipo de som puro, solto, era uma música em estado puro. Já o samba carioca tem uma forma especial, uma malícia de ritmo que obedece a um sincopado que nada tem a ver com o remelexo do samba baiano."

# 8.
# UM PEQUENO APRENDIZ

"Atento ao sábio e ao sonho, confiante na estrada, eu caminho"
("Cotidiano", *O mapa do acaso*, José Enrique Barreiro)

Se faltavam tios do lado paterno, o mesmo não ocorria do lado dos Soares. Sinhá tinha quatro irmãos: Ioiô (Deodoro), Cici (Alcides), Domingos e Nonô (Álvaro Benvindo). "Do lado de mamãe, tinha duas tias: Maria da Piedade, Tia Pipi, que é minha madrinha, e Fredesvinda, que era Tia Vivi. Chamá-la de Fredesvinda diariamente era uma tarefa" — conta Caymmi. Tio Nonô, o mais querido da criançada e o mais chegado à irmã, sempre esteve por perto. Talvez fosse porque, com a morte de seu pai, havia assumido a chefia da família. Durval o chamava de cigano, pois se dedicava a muitas atividades diferentes. Era ourives, assim como Domingos, porém se destacou mais que o irmão. "Chegou à perfeição de ser sondado pela Caixa Econômica para ser especialista e avaliador de joias, era um craque" — explica Dorival. Era muito procurado também para autenticar antiguidades. Estava sempre muito bem vestido, fumando um vasto charuto. "Era cantor, sem estilo, sem compasso, meu pai o criticava por isso" — revela o sobrinho.

Percebendo o interesse do caçula de Durval pelo seu ofício, descrevia as restaurações de santos e como trabalhava a madeira. Na sua casa, um sobrado de três andares, tinha sua oficina no térreo, onde o menino o visitava sempre. Lá ele mantinha dois ajudantes, mas Dorival fazia questão de colaborar e recolhia o lixo do chão, com fragmentos de platina, ouro, que voltavam a ser fundidos. Foi lá que viu pela primeira vez um balangandã. "Um dia ele estava com uma joia sofisticadíssima em cima da bancada. Era uma peça com várias coisas penduradas: cachinho de uva, uma figa, um dedo, uma pinha, um pinhão, um caju, um boneco, uma criança. Aí tinha um correntão que entrava na parte de cima, que segurava aquela penca. Eu disse assim: 'Que coisa bonita, meu Tio Nonô!'. Ele disse assim: 'Isso é o chamado balangandã'" — descreve Caymmi. Seu tio explicou mais: "O balangandã, essas mulatas do partido-alto usavam na cintura. Este, por exemplo, é de prata" — mostrando a peça ao sobrinho — "Mas existe de ouro". E, para fascínio do menino, foi a

No quintal de Tio Nonô: Sinhá e os filhos Dinahir, Dorival, Deraldo e Dinah, na casa de Nonô e Amor, em 1934 — os tios eram muito queridos, e apoiaram a família após a separação de Sinhá e Durval.

uma gaveta e retirou dela um deslumbrante balangandã todo em ouro. "A palavra não me saiu da cabeça. Eu voltei à investigação do balangandã, eu vi gravuras dos livros de antiguidades, dos homens da fotografia, que varejavam o Brasil, ou de Debret" — relata o compositor. Tio Nonô contava rindo a Dorival: "Quem não tem balangandãs, não vai ao Bonfim". "Isso era um ditado da época" — prossegue Caymmi enquanto revela seu processo de criação — "Eu escrevi a palavra balangandãs, e saboreei". E foi urdindo na cabeça a forma de autenticar a mulata de saia, a vendeira do amendoim cozido, do amendoim torrado, do fubá de milho, a crioula do mingau.

As tias de Dorival eram um caso à parte. Eram dez. Algumas se dedicaram ao magistério, outras se tornaram exímias costureiras. Muitas não casaram — permaneceram solteiras Minervina, Elvira, Palmira e Fortunata. Casaram-se Isaura com Joaquim, Waldeltrudes com Valentim Campos, Brasilina com José de Souza Adão e Dulcina com Virgínio Ferreira. Mas inesquecíveis eram os ataques que as tias davam, assegura Dorival. Ele, Deraldo e Djalma — filho de Tia Iazinha (Dulcina Caymmi) e

Virgínio Ferreira, parceiro de Durval na famosa aventura ao Rio — eram volta e meia convocados para socorrê-las. "Carregar não podia, cada matrona daquela pesava no barato 80, 90 quilos. Era uma mão de obra. Alho no pulso era um santo remédio. Às vezes, elas gostavam e repetiam o ataque com mais ênfase. Tinha umas velhas boas de ataque, mas as moças também não faziam por menos" — comenta Dorival.

Quando alguém na família falecia, era costume fazer o velório em casa. As tias Palmira (Pequena), Elvira (Iaiá) e Fortunata (Bilu) costumavam dar ataques terríveis, e muitas vezes todas ao mesmo tempo. Era um corre-corre. Tinha um arsenal separado especialmente para essas ocasiões, que consistia em água de melissa, dente de alho para esfregar nos pulsos, vinagre e calmantes. "Nós tínhamos na família uma velha beata chamada Estefânia, parentesco do lado de mamãe, que era perita em velórios, sabia as rezas todas para encomendar o defunto. Ele chegava novinho no céu, sem pecados. Estefânia tinha uma cara de um bicho alado, uma mistura de águia velha com morcego. Era um morcegão" — relembra Caymmi. Havia empresas especializadas em preparar a casa para o velório. Costumavam pregar na porta da frente uma coroa de ferro para assinalar que havia um velório naquela casa, que seguia toda iluminada noite adentro. Os passantes se benziam. O compositor acrescenta: "Desde criança me acostumei a ver aqueles defuntos. Aí as mães falavam: 'Olha, porque é a última vez que você vê sua tia'. Aquela cara branca no caixão. Isso era muito natural. Lá no fundo corria uma comidinha, uma bebidinha. Tinha frequentador de velório profissional que só ia pra comer do bom".

Dorival sentiu especialmente a morte de seu avô e padrinho, Henrique. Eram muito ligados. Já no fim da vida, enxergando mal, Henrique gostava de voltar à repartição para rever velhos amigos, e seu afilhado e neto o acompanhava. Ele havia se aposentado em 1927. Dorival ia buscá-lo duas vezes por semana, quando as filhas o aprontavam para sair. Desciam juntos, devagarinho, a Ladeira do Pelourinho, enfrentavam ainda a Ladeira do Taboão sem pressa, pegavam o Elevador Lacerda, que era bem próximo do antigo trabalho de Henrique Caymmi. O baiano se recorda do avô com nitidez: "Ele vivia em casa metido num pijama tipo dólmã, com a gola fechada em cima, um chapéu de feltro, com o laço de fita atrás, que era uma característica dele". Henrique, que faleceu de complicações cardíacas, com 82 anos, logo depois de uma cirurgia, deixou os dólmãs e o chapéu de herança para Dorival. "Eu fiquei penalizado quando vovô morreu" — relembra o neto.

Passeio na orla: Dorival caminha ao lado de três amigas de veraneio em Itapuã, nos anos 30 — o encantamento de Caymmi com o mar, e com as mulheres, tem uma longa história.

## 9.
## AÍ O TEMPO VIROU

"Os cavaleiros fazem o indizível para mostrar o brio de suas cavalgaduras"
(*As sete portas da Bahia*, Carybé)

De repente, o susto. Vizinha de onde morava a família Caymmi, havia uma delegacia. O delegado Pedrito, como era conhecido Pedro Gordilho, acabou amigo de Durval. Num final de tarde, o delegado foi visitá-lo. Pedrito estava apreensivo com as notícias que chegavam da Capital. Havia o perigo de uma revolução. E aconselhou: "Caymmi, passe um mês fora com a família até que a situação se acalme". Um amigo de Durval veio em seu socorro. Era Isaías, colega da Alfândega, que tinha uma casa grande para abrigar seus catorze filhos, na Ladeira do São Gonçalo, no Rio Vermelho, um bairro à beira-mar. Foi toda a família para a casa de Isaías — para quem tinha catorze filhos, o que significavam mais quatro crianças? —, que os recebeu com mãos largas. Para os meninos, a temporada no Rio Vermelho foi como tirar férias fora de época. Durval deixou a chave do porão para o delegado Pedrito se esconder caso fosse necessário. Na pressa, não puderam pensar no galinheiro, deixado ao deus-dará. Era a Revolução de 1930.

Foi por essa época que Dorival ouviu pela primeira vez falarem em comunismo. Muito sussurrado, porque não se podia nem pensar nisso, quanto mais proferir em voz alta. "O delegado Pedrito era terrível, perseguia comunistas, fechava candomblé, dava em freiras se fosse preciso. O povo já tinha um assobio para avisar lá no beco da Carne-Seca que ele estava por perto" — relata Caymmi. A melodia do assobio tinha até letra, tal a fama de mau do delegado: "Cadê você/ simbora/ ói eu aqui/ vamo simbora/ que o Pedrito vem aí". Durval tampouco simpatizava com o comunismo. "Já viu o que eles inventaram agora? Comunismo! Quer dizer, você é o proprietário, tem a sua casa, tem a sua despensa, aí vem um sujeito, se apossa disso e leva embora! Pode ser isso?!" — bradava Durval para os filhos.

Quando, dali a alguns anos, já em 1935, os comunistas se insurgiram em Pernambuco, no Rio Grande do Norte e no Rio de Janeiro, Durval resolveu tomar precauções, apesar da tentativa de golpe ter sido sufocada pelo governo. "Meu pai vivia trancando portas, às dez horas fechava tudo. A parede de casa era assim, um negócio que tinha verdadeiras escrituras dele: 'Hoje, nove e meia da noite todo mundo em casa'" — conta Dorival. Seu Durval tinha a mania da ordem do dia escrita na parede. Para isso ele usava lápis crayon. Quando não tinha mais espaço para escrever, ele mandava pintar a parede e recomeçava outra vez, em letra legível e bonita.

Mas foi Pedro Rego quem ensinou a Dorival uma visão prática do comunismo. "Pedro Rego, que ficava ali pelo Terreiro de Jesus, varejando os estudantes de Medicina, era um embiritado, um maluco, um tipo de rua, meio filósofo. Ele criou a teoria do nosso, o *Nossismo.*" Certa vez, Dorival estava acompanhado de um amigo estudante de Medicina, quando Pedro Rego, que já tinha cabelos brancos, mas conservava uns olhos travessos, declarou: "Acabei de nossificar 5 mil-réis". O *Nossismo* queria dizer que se algo pertence tanto a você quanto a mim, então é nosso. Ou como resumia seu criador: "O que é meu, é seu, é nosso". "Eu sempre achei linda essa teoria do Pedro Rego. Ele sabia que todo estudante tem mesada, e o melhor lugar para praticar o *Nossismo* era nas mesadas" — analisa o compositor. A verdade é que Pedro Rego não tinha nada de seu e não queria nada dos outros exclusivamente. Mas que o delegado não o ouvisse!

A delegacia povoava a imaginação de Dorival. "Uma noite, chegou uma patrulha da cavalaria trazendo homens humildes, embora bem vestidos, e uns apetrechos de candomblé: atabaques, bacias, adereços e coisas assim. Arrasaram e apreenderam tudo. A polícia perseguia o candomblé, a religião negra" — descreve o baiano. E acrescenta uma história curiosa envolvendo sua mãe: "Um preso, uma vez, fugiu pulando um muro altíssimo da delegacia para o meu quintal, e mamãe deu fuga. Ele se ajoelhou e disse: 'Eu estou fugindo da delegacia, por favor, me deixa fugir'. Ela deixou passar. Fui aprendendo com a família que costumava comentar: 'Apreenderam', 'Deram um abafa num candomblé'. Tratavam um ritual de religião sagrado como coisa criminosa, alegando que fazia barulho, incomodava. Em geral, candomblé sempre foi fora de portas, uma expressão antiga, fora do âmbito urbano, e não incomodava. O candomblé se instalava numa roça: o Procópio, a Mãe Menininha, em Brotas, a Olga de Alaketu, o Jubiabá. Meu pai era um baiano autêntico que frequentava as festas do candomblé, apesar de católico".

A política do café-com-leite, que alternou Minas Gerais e São Paulo no poder durante a República Velha (1889-1930), veio abaixo com a Revolução de 30. O presidente Washington Luís lançou a candidatura de Júlio Prestes, outro paulista, que acabou sendo eleito em 1º de março de 1930. Isto causou uma dissidência política que uniu Minas, Rio Grande do Sul e Paraíba. Os três estados, formando a chamada Aliança Liberal, haviam lançado o gaúcho Getúlio Vargas como candidato da oposição. O assassinato de João Pessoa, presidente da Paraíba e candidato a vice na chapa de Vargas — mesmo que por motivos alheios à política nacional, cometido por seu desafeto João Dantas —, foi usado para tornar insustentável a posse de Júlio Prestes. A Aliança capitalizou o acontecimento a seu favor. Naquele tempo, havia um intervalo de pouco mais de oito meses entre a eleição (1º de março) e a posse do Presidente da República (15 de novembro). Nesse meio tempo, a oposição se organizou com outros setores insatisfeitos com o rumo dos acontecimentos políticos. A revolução explodiu em 3 de outubro. Washington Luís, que se recusava a renunciar, foi deposto por uma junta militar e Getúlio assumiu o poder em novembro, já que era o líder maior do movimento vitorioso. Apesar de alterar bastante o panorama político nacional, dissolvendo inclusive o Congresso Nacional, aparentemente tudo voltava ao normal em Salvador e no resto do país. Apenas aparentemente, porque, pouco tempo depois, Vargas nomeou o tenente Juracy Magalhães, ativo participante da Revolução de 30, interventor do estado da Bahia.

Durval voltou para casa e, exceto pela ausência das galinhas e da pata de estimação de Dinahir — a menina ficou desconsolada —, tudo parecia bem. Mas não era exatamente assim. A primeira surpresa foi dar com o Colégio Olímpio Cruz fechado e os meninos sem aula. Logo depois, Durval soube que a permissão que o colégio obtivera para virar ginásio fora cancelada. Justamente quando Deraldo e Dorival começariam a cursá-lo. Nos primeiros tempos da Revolução, Durval tentou sem sucesso matriculá-los em outra escola. Enquanto não decidia o que fazer, deixou Dorival no Olímpio Cruz, ajudando o professor Júlio com os alunos menores.

Apesar da incerteza, ele não desejava deixar os meninos à toa, sem ter o que fazer. Matriculou Dorival num curso de Inglês, com o professor Maxwell, que usava o método Berlitz, na Associação dos Empregados do Comércio. Aconselhado por um amigo da Alfândega, também o inscreveu num curso de Matemática com o pomposo nome de Extração Mercantil, já de olho numa colocação para o filho no serviço público. Dorival odiava estudar Matemática. Ainda fazia um curso de datilografia, na escola da Remington. Não satisfeito, Durval conseguiu-lhe ainda uma colocação no jornal *O Imparcial*, para trabalhar na remessa das assinaturas, através do filho de Bernardes, um colega seu. A bonita caligrafia de Dorival ajudou-o a conseguir o emprego e ainda lhe assegurou um aumento. "Devo ter sido eficiente, porque com dois meses eu fui aumentado de 60 para 90 mil-réis. E ganhando um dinheiro meu, que levava para casa e dava a papai, que me mandava então fazer roupa no Cícero, o alfaiate. Fui tomando aquele gosto pela individualidade, pelo autodomínio, pela autolocomoção na vida" — comenta Caymmi.

Foi em *O Imparcial* que se apaixonou pelo jornalismo, pelo ambiente de redação, e começou a sonhar com a profissão. *O Imparcial*, na época de sua inauguração, em 1918, "anunciava-se como um órgão de defesa dos interesses do comércio", tendo sido Lemos Brito seu primeiro diretor. Na época em que Dorival passou pelo jornal, seu diretor era Henrique Câncio. "Quando eu chegava de manhã n'*O Imparcial*, já via um movimento. Eram bobinas que entravam, acumuladas naquela parte baixa do jornal, aquele prédio antigo. Ou chegando grupos de macacão, podiam ser pessoas como Seu Esmeraldo, enfim, homens que faziam a tipografia do jornal" — recorda Caymmi, com uma memória que impressiona pelos detalhes. E prossegue, tirando do baú a imagem que guardou: "Tinha o Severiano, linotipista pernambucano, um sujeito adorável, tido como um dos melhores do Brasil. A linotipo era uma máquina moderna de composição, porque tudo era tipo de caixa. E já veio o advento da máquina de escrever, apesar do uso muito privativo ainda. Era da chefia, de um possível diretor. Havia o gerente, esporrentíssimo, Seu Ariston, porque eu fiquei amigo do filho dele, Walter da Silveira. Ele largava as aulas e vinha para o emprego — o que o deixava danado — conversar sobre cinema comigo". Mas não estava lá o amigo que faria pela vida inteira, Jorge Amado, que passou pela redação de *O Imparcial* em 1927. Eles não se cruzaram. Àquela altura, Jorge já havia partido para o Rio de Janeiro, quando começou a conviver com a nova geração literária e a se envolver com a política.

Dorival ficou especialmente atraído pelo movimento da madrugada do jornal. Movimento para botar o jornal na rua. As conversas animadas entre os jornalistas que varavam a noite na redação. Um deles se chamava Alcides Soares, homônimo do seu tio. O repórter policial era Dermival Costa Lima, de Santo Amaro da Purificação, que fez mais tarde uma carreira brilhante no rádio e foi um dos baluartes da televisão em São Paulo. O problema era que Dorival não podia trabalhar naquele horário. Sua atividade não era tão atraente, mas ele gostava. "Eu conheci o arqui-

Música em família: os irmãos Dorival, Dinahir, Dinah e Deraldo na casa da rua Nova do Silva, no bairro do Barbalho, em Salvador — o jovem Dorival chegou a sonhar com uma carreira na imprensa, trabalhando no jornal *O Imparcial*, mas ao mesmo tempo não conseguia largar o violão.

vo, fui aproveitado lá. Conheci dois rapazes, Yorik e Walter Bernardes, com quem fiz amizade. Eu tinha rapidez na escrita, boa caligrafia e habilidade em fazer aqueles papeizinhos, passar goma arábica, para colar nos jornais que seriam mandados para o interior, pelo correio" — conta Caymmi. Algumas vezes trabalhou como copidesque, corrigindo o texto antes de ir para a impressão. Apesar de ser um bom jornal, *O Imparcial* não gozava da popularidade do jornal *A Tarde*. É Caymmi quem comenta: "O grande respeito jornalístico era com o *Diário da Bahia*. Mas *A Tarde*, o povo costumava dizer: '*A Tarde* deu!'. Se *A Tarde* deu não tinha contestação. O povo criou a frase: 'Se *A Tarde* deu é porque é verdade!'".

A família mudou-se, em 1931, para a rua Nova do Silva, no bairro do Barbalho, perto da Fortaleza do Barbalho. "Essa casa tinha dois quartos grandes, tinha uma sala de jantar, uma sala de visita, um corredor, um pátio bem grande, tinha banheiro, a cozinha era assim puxada para fora, para a área, o banheiro e a privada eram separados da casa" — descreve Dinahir. Eram instalações alugadas, pois Durval, com seus proventos, não podia comprar uma casa. Nada que os impedisse de viver bem. Não havia carestia. Esta era uma palavra que estava fora do cotidiano das pessoas daquele tempo. Segundo Dorival, com o que seu pai ganhava "dava para tirar o excedente do uso do homem da família, que se chamava o dinheiro no bolso, sabendo o que ia consumir de padaria, de açougue, de armazém durante o mês". E explica: "Você aliava o dinheiro àquela coisa do consumo, sabendo com certeza que não tinha instabilidade na moeda, sem ter noção disso. O hábito era tão seguro que ainda se usava comprar mensalmente com uma caderneta que ia para o padeiro, para o açougueiro, para o vendeiro do secos e molhados, e pagava no fim do mês".

## 10.
## SAUDADE DE ITAPUÃ

> "Uma vida não basta ser vivida, precisa ser sonhada"
> (Mario Quintana)

Nem tudo era trabalho ou estudo para Dorival. Tinha Itapuã — essa é a grafia atual do bairro —, um manancial de inspiração para o jovem compositor. Em 1931 não eram muitas as opções para se chegar na longínqua praia de Itapuã. Ia-se a cavalo. Os mais dispostos iam a pé. Mas havia o caminhão de Seu Lisboa, um português que fazia o abastecimento das únicas casas comerciais da região, uma do Seu Pio e outra do Seu Chico. Vendiam víveres para a pequena população da colônia de pescadores e, eventualmente, para os veranistas. Antoninho, o irmão mais velho de Zezinho, gostava de veranear em Itapuã, um verdadeiro paraíso. Alugava a casa simples de pescadores por três meses, de dezembro a fevereiro. Levava toda a família e seus amigos, aí incluídos os irmãos Dorival e Deraldo. Dorival era um adolescente de estatura mediana, já que seu pai também não era alto, muito magro e mulato. Seus olhos castanhos guardam até hoje um quê de melancolia. Risonho, discreto e afável, o que prosseguiu sendo por toda a vida.

Suas experiências em Itapuã alimentariam sua imaginação por décadas a fio e povoariam sua criação com personagens fascinantes, que vivem em suas canções praieiras, que por si só já bastariam como obra fundamental da música brasileira. Caymmi, inconfundível no seu estilo, puro como água da nascente, sem antecedentes que o influenciassem. O pesquisador Jairo Severiano é ainda mais radical: "Caymmi é único, não tem antecessores, nem deixa herdeiros. Mesmo seus filhos não são caymmianos, são inteiramente jobinianos. Ele esgotou a temática do mar. Qualquer canção praieira feita depois dele é lugar-comum".

Investigando a riqueza dos motivos abordados em sua obra praieira, encontra-se um universo muito próprio, toda uma mitologia, com seus dramas eternizados em temas ancestrais, personagens como a sereia celebrada neste trecho de "Itapoã":

Sereia morena
Vem toda manhã
Se banha nas águas
De Itapoã...

Mais adiante, a canção fala da Mãe d'Água, que aparece numa pedra no meio do mar. "Ela é uma sereia toda enfeitada de coisas douradas e prateadas. Eu sei que ela para ali. Em Itapuã, embaixo, a pedra tem um buraco. Quando a maré enche ou vaza e bate ali, dá um ronco. Eu ficava noites esperando o ronco da pedra até que eu ouvi a onda da maré de enchente fazendo aquele som. Depois vim a saber que Itapuã, no vocabulário indígena, quer dizer literalmente pedra que ronca" — afirma Caymmi.

Itapuã significa, mais exatamente, cabo de pedra ou pedra erguida. É possível perceber em seu relato a crença naqueles fatos todos que lhe contavam ou aqueles que presenciou. Dificilmente teria composto com tanta força criativa se esta não fosse acompanhada de uma forte crença, se não estivesse o compositor embebido completamente pelo mar de histórias que vivenciou nos seus lendários veraneios em Itapuã. Tal como nos contos de fadas, ouvidos na infância, é preciso mais que nunca acreditar. A crença é que dá vitalidade à criação. Impossível separá-las.

"Fui pela primeira vez a Itapuã no caminhão de Seu Lisboa. Era aquele paraíso, andava de canoa, via cardume. Aquele coqueiral e aquela quantidade de coco imensa. Você dizia assim: 'Vamos no Justiniano'. Chegava lá, entrava naquela roça de coqueiral, dizia assim: 'Arranja um coco aí pra gente'. Ele subia no coqueiro, jogava lá de cima meia-dúzia de cocos de primeira. Vinha logo cortando o coco, abrindo e a gente virando na cara. Então, o veraneio aí passou a ser encantador. Eu passei a amar o mar. Via a gente de lá com roupas simples, chapéu de palha, aquelas agulhas de tecer rede, tudo feito por eles mesmos. Fui me acostumando e vendo a poesia do mar, aquele processo de puxar rede, comer o peixe da hora, muito xaréu, porque o peixe congelado era considerado abominável na época" — explica Caymmi. Foi a partir dessas vivências que fez o samba "Pescaria (Canoeiro)", em que relata com incrível economia de palavras — que faria inveja ao melhor dos publicitários — a atividade do pescador:

Ô canoeiro, bota a rede
Bota a rede no mar
Ô canoeiro, bota a rede no mar

Cerca o peixe, bate o remo
Puxa a corda, colhe a rede
Ô canoeiro, puxa a rede do mar

Vai ter presente pra Chiquinha
E ter presente pra Iaiá
Ô canoeiro, puxa a rede do mar

Louvado seja Deus, ó Meu Pai
Louvado seja Deus, ó Meu Pai

O mesmo se pode dizer de "O Vento", no trecho em que descreve mais uma vez a pescaria, com uma expressão simples, mas que revela uma fina elaboração:

Vento que dá na vela
Vela que leva o barco
Barco que leva a gente
Gente que leva o peixe
Peixe que dá dinheiro
Curiman

A Lagoa do Abaeté, próxima da praia de Itapuã, também era frequentada pelo grupo de amigos. Diferente do imaginário solar da praia, o Abaeté era povoado de mistérios e perigos. A origem do nome era indígena e o significado, lagoa tenebrosa, não dava margens a dúvida. "Toda aquela areia branca em volta que escorria por uma água escura, misteriosa" — descreve Caymmi. Mas havia riscos concretos, como a possibilidade de contrair malária. Os veranistas eram advertidos para evitar o Abaeté. Mas Dorival não resistia. "O Abaeté ficou mais gravado em mim. As lavadeiras diziam que havia um baticum que se ouvia de noite, uma batida, que tinha lá um candomblé mal-assombrado debaixo da lagoa, e tinha bichos, fantasmas e coisas assim de histórias fantásticas para assustar crianças e passou para nós veranistas também" — relembra Dorival. Toda essa atmosfera Caymmi transmite com perfeição na primeira parte de "A Lenda do Abaeté":

No Abaeté tem uma lagoa escura
No Abaeté tem uma lagoa escura

Mar à vista: Dorival (o primeiro à esquerda), Deraldo (penúltimo à direita) e amigos, entre coqueiros — os veraneios em Itapuã estão na base do imaginário caymmiano do mar e dos pescadores.

Arrodeada de areia branca
Arrodeada de areia branca
Ô de areia branca
Ô de areia branca

De manhã cedo
Se uma lavadeira
Vai lavar roupa no Abaeté
Vai se benzendo porque diz que ouve
Ouve a zoada do batucajé
Ô do batucajé
Ô do batucajé
Ô do batucajé

Foram muitos os veraneios de Dorival em Itapuã, sempre com a família de Zezinho. O naturismo entre os rapazes estava muito em voga e Dorival e seus amigos chegaram a praticar o nudismo nas areias brancas do Abaeté. Era uma época de doce leviandade e namoricos. Dinahir, irmã de Dorival, chegou a namorar Dolival — com "L" mesmo —, filho de Seu Lisboa.

Com o tempo, foi ficando mais fácil chegar lá. "Seu Figueiredo, o homem da limpeza pública, veraneava em Itapuã e começou a estimular. Colocaram um ônibus aos sábados e domingos, o que garantiu o veraneio. Tinha também o ônibus do Chico Mãozinha, dono da linha de ônibus que trazia um grupo variado de jovens. A turma gostava de violão, de cantar — as meninas cantavam muito — e a gente acompanhava, fazia aqueles choros, saía em noite de lua para a praia, namorando, brincando" — completa Dorival. Lembra ainda das crianças barrigudinhas, da igrejinha, do esqueleto de um baleeiro antigo.

Chegavam a cometer a façanha de saltar do bonde em Amaralina, bairro à beira-mar em Salvador, tirar a roupa no ponto final, com a roupa de banho por baixo, embrulhavam tudo, penduravam numa vara e encaravam a distância até Itapuã a pé. "Um pescador que nos conhecia nos convidava para sua casa e dizia 'deitem vocês aqui, tem umas esteiras, fiquem à vontade'. Eu dormia na varanda. Eu desconhecia tudo isso até meus 17 anos, essa vida rústica. Tudo que vivia fora dali era urbano. O Bento eu conheci em Itapuã, e virou personagem das minhas canções" — relata o compositor. "Que é que Bento fez?" — perguntava. E os pescadores contavam: "Ele bebe agora. Mas se lembra quando en-

Areia branca: Dorival (o primeiro à esquerda) e seus amigos Eduardo Peres, Dolival Lisboa, Fernando Pedreira, Zezinho e Deraldo (com uma garrafa de batida) praticam o naturismo na Lagoa do Abaeté, em 1936.

calhou o *Pedro II*, do Lloyd Brasileiro?". Dorival não lembrava. Contaram então que não havia escafandrista que conseguisse fazer a bravura. "E sabe quem fez o serviço? O Bento. Bento mergulhou levando o cabo que passava a corrente por baixo dum navio daquele porte encalhado, defronte da praia de Itapuã" — contavam cheios de orgulho, incentivados pelo interesse sincero dos rapazes. Dorival e Zezinho olhavam Bento cheios de admiração. Ele é um dos personagens da canção "A Jangada Voltou Só":

A jangada saiu
Com Chico Ferreira e Bento
A jangada voltou só...

... Bento cantando modas
Muita figura fez
Bento tinha bom peito
E pra cantar não tinha vez...

Outro que também despertava o interesse era Cirilo. "Era um negro, bem posto de físico, bom pescador e pau pra toda obra. Ele tinha um jeito engraçado pra fazer o boi" — recorda o baiano — "no dia do Bumba-Meu-Boi, do rancho do boi nas festas de Reis. Ah! Só tem um homem pra isso: é Cirilo. Tinha ainda o Carapeba, com nome de peixe, atleta, que me levou a fazer 'João Valentão'". Dorival ficou amigo de Aurelino, filho de Carapeba, que, como se viu, inspirou um de seus sambas mais famosos. "João Valentão" não costuma ser considerada uma canção praieira, a não ser no *songbook* do compositor — até porque pertence ao gênero dos sambas-canção, da chamada fase urbana ou carioca —, mas trata do descanso do pescador, o reverso do seu trabalho. Para Caymmi, o samba é praieiro em sua raiz.

E assim muitas histórias, muitas canções. A história da criança que estava sentadinha à beira da praia, de repente sumiu, e a mãe e todos em volta puseram-se a procurar feito loucos, até que surgiu a explicação de que a Mãe d'Água tinha levado a menina. Como num passe de mágica, a criança reapareceu no mesmo lugar. Essa é a história que Caymmi canta em "A Mãe d'Água e a Menina". Ou quando relata o medo das intempéries em "Noite de Temporal", sua primeira canção praieira. Ou ainda, em "Milagre", onde diz ter buscado "nos símbolos cristãos do peixe, do pescador, da Semana Santa e do milagre a base para compor esta canção".

Caymmi viveu experiências importantes naqueles veraneios, que o marcaram para sempre. Entre elas, o drama da morte no mar. É o compositor quem relata: "Numa pesca dessas, saiu um barco à noite. Eu era veranista e houve aquele burburinho, aquele movimento, 'Oia, tá correndo o mau tempo lá fora'. De fato, houve um mau tempo com raios, trovões. Ninguém dormiu e eu também não, esperando o resultado. De manhã, um boato: 'O barco de fulano virou e acho que morreu gente lá'. Até que veio a notícia. Levavam lençóis pra praia, pro lugar onde eu fui. Um corpo deu depois sozinho e o outro foi visto e arrastado pra dentro de um bote e trazido pra praia. Então foram dois dias de angústia no lugar e você sentia as dores das mulheres... dos velhos".

Talvez nada seja tão perfeito e completo quanto "História de Pescadores", que nas suas cinco canções sintetiza a vida dos pescadores, dando-lhe dimensão atemporal, quase metafísica. A vida e a morte dos pescadores funcionam como uma alegoria da vida de todos nós. A sensação que se tem ao ouvi-la é de que não pertence a ninguém. Tem a força das canções folclóricas que perduram sem seus criadores. Décadas depois

Caymmi confessou que seu maior desejo era fazer "Ciranda, Cirandinha", outra grande alegoria da vida. "Uma coisa que se perca no meio do povo" — como gosta de dizer. Ama tanto a música, que deseja para ela a autonomia completa. Muitos poderiam dizer que o compositor conseguiu. Sobre qual das canções praieiras é a melhor, talvez fosse mais inteligente ficar com o conjunto. Mas, a se considerar a opinião do próprio Dorival, a música que escolheu para representar sua obra tempos depois foi "O Mar" — feita em Itapuã, em 1937 —, com os famosos versos que parecem ondular, num vaivém, em nossos ouvidos:

O mar
Quando quebra na praia
É bonito... é bonito...

Ensaiando no quintal: no conjunto Três e Meio — com Deraldo (no surdo), os irmãos Zezinho (no bandolim) e Luiz (o "Meio", no pandeiro) —, Dorival (no violão, agachado, segundo à esquerda) ganhou seu primeiro cachê como músico na Rádio Sociedade de Salvador, em 1935.

# 11.
# PERAMBULANDO PELAS RÁDIOS DA BAHIA

> "Vem correndo pro meu sonho escutar"
> ("Zabelê", Gilberto Gil e Torquato Neto)

A mais nova mania de Dorival e Zezinho era o rádio, a grande novidade tecnológica da época. Uma tarde, perambulando pelas ruas de Salvador, deram com um sobrado na avenida Sete, com uma tabuletazinha indicando "Rádio Clube da Bahia". Avistaram uma escada e, não resistindo, subiram. Encontraram um rapaz de estatura mediana, muito gentil, chamado Vivi, que se apressou a mostrar as instalações simples da rádio. "Na sala tinha apenas um microfone de pedestal e uns armários. Numa outra, tinha uma discoteca, uma coisa desarrumada, já é o feitio de rádio" — reconhece o compositor, prosseguindo —, "ele mostrou aquilo tudo e de repente disse assim: 'Vocês fazem alguma coisa, cantam? Este rapaz — e apontou um rapaz num canto — ainda agora pouco tocou. Se quiser, acerta com ele, experimente a voz'". Zezinho, que não queria cantar, disse: "Cante você, Dorival". Foi nesse clima de informalidade que ele cantou pela primeira vez no rádio. Como não havia gravador na época, Dorival não tinha a menor ideia de como era a sua voz. "E aí, gostou?" — perguntou a Zezinho. "Sua voz é igual à do Francisco Alves" — garantiu empolgado o amigo. Vivi não cometeu os mesmos exageros, mas convidou-os para que voltassem no domingo.

Volney de Barros Castro, o dono da emissora, um sulista loiro, meio estrábico, era um capitão do Exército, apaixonado por rádio. Era um patriota, e tinha sempre uns pequenos textos de exaltação ao Brasil e coisas do gênero, que fazia veicular pela rádio. Ele mesmo os lia, pois não havia locutor na Rádio Clube. Aliás, como bem lembra o compositor, era ele para tudo: "Ele corria para lá e botava o disco e corria para o microfone". A emissora tinha um único anúncio comercial, o do remédio Urodonal. A penúria era tanta que, nos três anos em que Dorival frequentou a rádio, ela teve de mudar três vezes de endereço. Da avenida Sete a emissora foi para a Ladeira da Palma para, logo em seguida, mudar para a Mangueira. Certa vez, Dorival passou por lá e Volney pediu-lhe ajuda: "Caymmi, fica falando alguma coisa aí, você fala enquanto eu boto os discos". Então, o baiano lia uns cartõezinhos com dizeres tais como "Sirva a Pátria, não esqueça". Tudo muito informal.

A partir daí, ir à rádio virou uma cachaça. Todos os domingos, Dorival estava lá, levando outros amigos. "Todo mundo que tinha uma habilidadezinha vinha se encostando para cantar no rádio. A família ouvia em casa e dava opinião: 'Você estava ótimo!', 'Você não foi tão bom assim'. Uma graça!" E acrescenta: "Nunca houve uma voz feminina aí. Havia um preconceito já em termos de que moça de família, mulher, não entrava em rádio". Mas havia exceções. Numa ocasião, ele e Dinahir, sua irmã caçula, cantaram, na Rádio Clube, "Inquietação", samba de Ary Barroso, sucesso em 1935.

Num domingo, Dorival foi acompanhado ao piano por Mendel Azoulbel, um pernambucano de passagem por Salvador, que lhe confidenciou que iria partir para o Rio de Janeiro no navio que se encontrava atracado no cais. Foi uma primeira semente que despertou no jovem o desejo de fazer o mesmo. Mas tudo não passava de um sonho.

Dois outros acontecimentos marcaram Caymmi naquele comecinho dos anos 30. O filho de Seu Damião e Dona Fininha, vizinhos do compositor, um estudante de Medicina, ao ouvi-lo cantar em casa, levou-o na casa da professora de canto Amanda Costa Pinto, que morava em Brotas, um bairro de Salvador. A professora classificou a voz de Caymmi como baixo-cantante e o convidou para cantar nas três missas solenes que aconteciam anualmente na Igreja da Conceição da Praia, em maio, mês de Maria. "Fiquei impressionado quando ela disse aos outros: 'A voz desse menino dá para o *Kyrie* direitinho'. Foi assim que nas três missas eu solei o *Kyrie*" — recorda o cantor. Participavam também das missas uma banda militar, o coro da igreja e outros solistas, entre eles a soprano Sônia Rodrigues. Dorival chegou a ter dois meses de aula com Amanda Costa Pinto, fazia escalas acompanhando o piano e leituras para emissão de voz e dicção. Sobre esses estudos, ele comenta: "Aprendi a usar a voz, a respirar, inspirar, valorizar as palavras, noções que depois eu tentei aperfeiçoar sozinho".

O segundo acontecimento Dorival Caymmi compartilhou com Zezinho. Foram juntos ao Cinema Jandaia assistir a Carmen Miranda, em temporada na cidade. O Cinema Jandaia ficava na Baixa dos Sapateiros — "e não 'Baixa do Sapateiro', como Ary Barroso chamou um dos seus maiores sucessos" —, Caymmi faz questão de esclarecer. A razão do nome era óbvia. No local havia uma grande concentração de sapateiros. Carmen cantava entre duas sessões. A temporada aconteceu em 1932 e a cantora vinha na esteira do estrondoso sucesso de "Pra Você Gostar de Mim", de Joubert de Carvalho, mais conhecida do público como "Taí", que a tornou famosa no Brasil inteiro, a partir do lançamento da marchinha em 1930. "Como não havia microfone, Carmen, que tinha uma voz pequena, não foi aplaudida à altura do que merecia. Tanto que ela convocou Almirante às pressas, que veio do Rio para salvar a temporada. Ele veio, fez umas graças no palco, tocou pandeiro, cantou com ela..." — relembra Caymmi.

No palco, acompanhando Carmen desde o início da turnê, que a levaria ainda a Pernambuco, estavam também o violonista e compositor baiano — e seu descobridor — Josué de Barros com o filho Betinho (Alberto Barros), também violonista. Caymmi recorda a música que mais gostou na apresentação de Carmen. Foi a marcha de carnaval "Good-Bye", de Assis Valente, que seria sucesso no ano seguinte. Caymmi gostou especialmente da letra que criticava a mania de falar inglês dos jovens da época, influenciados pelo cinema americano. Isso agradou ao espírito crítico e sempre atento do compositor baiano.

Dorival e seus amigos frequentavam a Guarani e a Milano, as mais importantes casas de música de Salvador, em busca das novidades que vinham do Rio, para chegar na frente das rádios. Assim, quando as rádios divulgavam a canção, eles já a estavam cantando. Além da Rádio Clube, Dorival participava de programas na Rádio Comercial e na Rádio Sociedade. A Rádio Comercial era dirigida por um pernambucano, conhecido como Dr. Lyra, que costumava realizar sorteios, porque sabia que isso atraía o público. "Ele tinha uma máquina de bater palma curiosíssima, era de folhas de couro. A gente acabava de cantar e ele corria lá depressa e metia a mão na manivela da máquina e dava a impressão que tinha gente aplaudindo: taca-taca-taca. Eu sempre sonhei em ser herdeiro daquela máquina de bater palma" — revela Dorival. A Rádio Sociedade da Bahia, por ser do Estado, tinha mais condições. Na sua programação havia concertos, cantores amadores, meninos prodígios e anúncios. "O primeiro anúncio de Toddy foi feito nessa estação, nos anos 30, numa pergunta no ar assim: 'Toddy, o que será Toddy?'. Então ficou um tempo essa pergunta no ar" — recorda o baiano.

Esganados, Caymmi e seu grupo iam às três rádios no mesmo domingo. "Foi quando surgiu a ideia de montar um conjuntinho para o carnaval, o Três e Meio, à maneira do Bando da Lua. A gente fazia o treino, organizava o repertório" — explica Dorival. O Três e Meio cantava o repertório de Francisco Alves, Carmen e Aurora Miranda, Aracy de Almeida, Aracy Cortes, Noel Rosa, Sylvio Caldas, Luiz Barbosa, Moreira da Silva, além de versões de canções americanas. Caymmi é quem explica o curioso nome do conjunto: "Zezinho, no cavaquinho, Deraldo, no tambor, e eu, no violão, formávamos o Três e Meio. O meio era Luiz, o irmão menor de Zezinho, que fazia o ritmo no pandeiro".

Outros amigos se agregavam nas farras, como Eduardo Peres, Maurílio e Maltês, que também moravam no Barbalho, na Quitandinha do Capim. O amigo Dodô (Adolfo do Nascimento) chegou a sugerir que Dorival fizesse um furo no violão e pusesse um alto-falante dentro da caixa do instrumento para que o som tivesse um alcance maior. Já era uma sementezinha do que viria a ser o trio elétrico no carnaval baiano, uma invenção do mesmo Dodô e de Osmar Macedo, em 1950 — inicialmente, o trio elétrico usava um velho Ford 1929, conhecido como Fobica, equipado com dois alto-falantes. Mas o rapaz não quis saber de fazer furo em seu violão. Se fizesse, talvez antecipasse em alguns anos o pau elétrico, a chamada guitarra baiana. "No carnaval, nós saíamos com uma roupa escolhida pra todos: calça branca, camisa azul-marinho, sapato branco, chapeuzinho de metal, essas coisas do carnaval. Um dos amigos, que trabalhava no jornal *A Tarde*, dava notas: 'Aos domingos, na programação da Rádio Comercial, o conjunto Três e Meio'." Na rádio, o locutor repetia o lugar-comum para apresentá-los "De passagem pelos nossos estúdios...". O grupo chegou a ter certa notoriedade e por várias vezes ganhou as páginas dos jornais em pequenas notas, como a publicada no *Estado da Bahia*: "O grupo regional Três e Meio continua em plena forma, sob a orientação de J. Rodrigo de Oliveira, que está organizando um programa para o dia 30, comemorando o aniversário de D. Caymmi".

Numa dessas idas à rádio, Caymmi cantou "Adeus", um samba-canção muito maduro para os seus 18 anos, tanto na letra quanto na melodia, fruto de suas primeiras desilusões amorosas:

> Adeus
> Vivo sempre a dizer, adeus
> Adeus
> Pois não posso esquecer, adeus
> Inda me lembro de um lenço
> De longe acenando pra mim
> Talvez com indiferença
> Sem pena de mim

Corso na Bahia: em conversíveis alugados, Dorival (sentado no banco traseiro), Deraldo (segundo à esquerda) e seus amigos saíam devidamente paramentados — camisa azul-marinho, calça e sapatos brancos, chapeuzinho de metal — para brincar e tocar no carnaval de Salvador nos anos 30.

Adeus
Quando olho pro mar, adeus
Adeus
Quando vejo o luar, adeus
Tudo o que é belo na vida
Recorda o amor que perdi
Tudo recorda uma vida feliz
Que vivi

Ai... adeus
Ai... adeus
Palavra triste que recorda uma ilusão
Uma tristeza guardo em meu coração
E a saudade a me martirizar

No meu peito já veio morar
Só pra me ver chorar

Incrível é notar como este samba-canção, feito na adolescência de Dorival, antecipa em quase duas décadas a safra dos chamados sambas urbanos do compositor — e a época dos sambas-canção, nos anos 50 —, como "Marina", "Só Louco", sambas-canção de harmonias mais modernas. É importante que o leitor observe o quanto "Adeus" já traz dos elementos característicos da chamada moderna música brasileira.

No carnaval todos rateavam para alugar carros conversíveis, e rumavam para a Casa Milano ou Casa Guarani, que ficavam abertas, e faziam uma apresentação na porta. "Aí iam passando aqueles sócios de emergência, compravam uma roupa, alugavam seu automóvel e entravam no corso. Era uma brincadeira, sem pensar em profissionalismo" — conta Dorival. Apesar disso, o Três e Meio, por conta da desenvoltura de Zezinho, um cavador de primeiríssima qualidade, chegou a fazer algumas apresentações. Uma delas aconteceu na Associação dos Empregados do Comércio, quando promoveram a coroação da Rainha do Carnaval. Ainda se apresentavam em festinhas e, se não houvesse cachê, não tinha problema, eles cantavam de graça mesmo. Por timidez, Dorival ainda não cantava suas composições. Só mesmo os mais íntimos sabiam que o rapaz compunha. Como a marchinha "Lucila", por exemplo, daquela época:

Lucila, meu bem
Lucila vamos pra farra [refrão]
Enquanto seu pai cochila, meu bem

Domingo é nosso
Segunda também
Terça-feira de nós dois
Vamos esquecer as mágoas, meu bem
Hoje, amanhã e depois

Num domingo de 1935, Dorival, com 21 anos, recebeu seu primeiro cachê pela Rádio Sociedade. A rádio dispunha de 40 mil-réis para o grupo, que a essa altura já contava com mais gente, como Fernando Pedreira — mais tarde locutor de rádio — e Luiz Paraguassu — futuro correspondente do jornal *O Globo*, na Bahia. No meio, estava o baiano

Humberto Porto, que viria a ser conhecido no Rio principalmente pela sua composição de maior sucesso, "A Jardineira", em parceria com Benedito Lacerda, segunda colocada no concurso de marchas de carnaval em 1939. O Três e Meio permanecia com sua formação original, o que não o impedia de receber amigos para participações. Tudo era farra!

Vez ou outra, apareciam em Salvador artistas da capital. Foi assim que Dorival Caymmi conheceu o cantor Léo Vilar e o violonista Gilberto Martins. A dupla se apresentou em cabarés e nas rádios. "Léo cantava e fazia o ritmo no chapéu de palha junto do microfone, que era a moda. Faziam aqueles efeitos de tirar o som junto do microfone, mexer na fita com a unha, fazer ritmo, cada um inventava uma bossa" — descreve. Quem inventou a bossa de usar o chapéu de palha como "instrumento" foi Luiz Barbosa, *O Chevalier do Samba*. Léo Vilar viria mais tarde a reencontrar Caymmi no Rio de Janeiro, no início da década de 40, já como líder do conjunto Anjos do Inferno, que gravou várias composições do baiano, lançando algumas inéditas.

Por sua vez, Gilberto Martins foi ganhando a confiança do Dr. Lyra, dono da Rádio Comercial, e acabou por se tornar seu braço direito. Foi ele quem instituiu o cachê no rádio baiano. O violonista carioca descobriu no rádio sua verdadeira vocação. Sobre Gilberto Martins, Caymmi comenta: "Ele era um homem de propaganda muito importante. Tanto que acabou no Rio, onde foi diretor da Rádio Tupi, diretor-comercial e artístico. Muito hábil, fez ligações e trabalhou em agências como a Standard Propaganda. A passagem de Gilberto Martins por Salvador organizou o rádio". Foi ele quem pagou o primeiro cachê individual de 10 mil-réis de Dorival Caymmi na emissora. Emissora que sua família escutava, principalmente os programas domingueiros, pelo American Bausch, aparelho receptor recém-comprado por Durval. Além da programação local, ouviam também as rádios cariocas Mayrink Veiga e Nacional, as preferidas.

Algum tempo depois, o filho de Durval teve uma bela surpresa. O bonde estava fazendo a curva na altura da Prefeitura e do Café das Meninas quando Dorival, que ia no estribo, viu um sujeito que era a cara do cantor Sylvio Caldas conversando com Léo Vilar. Olhou melhor e concluiu que era mesmo Sylvio Caldas. "Eu o conhecia dos retratos nas revistas" — revela Caymmi. "Aí, saltei do bonde em movimento. Nunca o fizera antes. Já viram: depois de umas voltas no corpo, sem equilíbrio, sem 'bossa', fui me estancar na parede do café. Pensei: 'Estou todo arrebentado!'. E a vergonha? Não liguei. Peguei moral, me endireitei e fui ao

MINISTERIO DA GUERRA

(1) 6a. R. M. (1) 11a. C. R.

CERTIFICADO DE RESERVISTA DE 2ª CATEGORIA

Nº 29968 (5)

Certifico que o cidadão Dorival Caymmi (1)
da classe de 1914, (1) declarado rservista de 2ª categoria pelo T. G. n. 284, (1)
E. I. M. n. , (1) em que se matriculara a 31 de Dezembro de 1934 (1)
e em cujo exame realizado a 4 de Outubro de 1935 (1) obteve grau regular (1)

A) Identificação

Filho de Durval Henrique Caymmi (1)
e de D. Aurelina Soares Caymmi (1)
Natural de Estado Bahia (1)
Municipio S. Salvador (1)
Cidade (lugar) (1)
Data de nascimento 30 Abril 1914 (1)
Especialidade (1)
Vacinado? sim Lê? sim Escreve? sim (1)
Profissões sucessivas (1)
Outras notas (1 e 2)

Fotog. tirada em (1)

Côr parda (1)
Cabelo crespo (1)
Olhos cast. escuros (1)
Altura 1m.66 (1)
Nariz grande (1)
Rosto oval (1)
Boca regular (1)
Sinais particulares não tem. (1)

(Assinatura do reservista) (4)

B) Mobilização

Data em que se fez reservista 4 de Outubro de 1935 (1)
Vai residir em S. Salvador (1)
(Cidade e, si possivel, rua e número)

Em caso de mobilização deverá apresenta-se
Cidade (lugar) Salvador (3)
Ao Centro de Mobilização n. (3)
No dia de mobilização (3)

(2) Bahia, 14 de Fevereiro de 1936
(Ass.) Pertolino de Almeida, 2º Ten. Inspetor Regional do T. G. (2) Interino

Foi registado nesta C. R.
(3) Bahia, 12 de Fevereiro de 1936
(Ass.) Enrico Alves do Banho, Ten. cel. Chefe da 11a C. R.

OBSERVAÇÕES:

A) Êste certificado poderá ser substituido pela caderneta correspondente.

B) Em caso de mobilização o reservisa deverá apresentar-se á autoridade local (civil, si aí não houver guarnição militar), afim de obtr meio de transporte até o lugar do Centro de Mobilização que lhe foi atribuido.

NOTAS — (1) Preenchido pelo instrutor do T. G. ou da E. I. M.
(2) Preenchido pelo inspetor regional do T. G.
(3) Preenchido pelo chefe da Circunscrição e Recrutamento.
(4) Preenchido pelo reservista.
(5) Número de ordem dado pelo Estado-Maior do Exército.

12688

Reservista nº 284: Dorival entrou para a reserva no Tiro de Guerra de Salvador em 4 de outubro de 1935, após cumprir o serviço militar, comparecendo ao quartel diariamente com uma farda emprestada por seu primo Djalma.

Léo." Sylvio estava em trânsito pela Bahia, com a companhia de revistas de Jardel Jércolis. Seu navio ficaria algumas horas atracado ao porto. "À noite, na Rádio Comercial do Dr. Lyra, ouvi calado o monstro falar e cantar, bem de perto. Fascinado, eu examinava a figura: a maneira de falar, a ginga, o aspecto simpático, o sorriso e os dentes bonitos. Foi Sylvio quem ensinou a esses todos aí como é que se canta" — conclui.

No dia 31 de dezembro de 1934, Dorival Caymmi se apresentou ao serviço militar, no chamado Tiro de Guerra. O compositor baiano lembra que durante o ano de 1935 serviu o Exército das 19 às 23 horas, de segunda a sexta, voltando para casa toda noite. No fim de semana, participava de marchas e exercícios. Como não tinha farda, usou emprestada a do primo Djalma, filho de Iazinha e Virgínio Ferreira — o mesmo que fugira com seu pai para o Rio de Janeiro, no tempo de solteiro —, que havia feito o Tiro de Guerra no ano anterior. Após o período passado no jornal *O Imparcial*, o rapaz ficou sem saber o que fazer, inquieto quanto ao futuro, desconfiando de que na Bahia não seria fácil uma colocação profissional que o atraísse e que o tornasse independente. Zezinho procurou ajudar o amigo. Trabalhando como despachante na aduana, arranjava uns bicos para Dorival. Mas nem ele mesmo ficou muito tempo nessa atividade. Zezinho tinha talento para o comércio e logo arranjou um emprego de vendedor.

Caymmi fazia planos. Queria terminar o ginásio interrompido no Colégio Olímpio Cruz, com a Revolução de 30, e em seguida pretendia fazer os exames preparatórios para ingressar na Faculdade de Direito. Porém, infelizmente, não conseguiu vaga no Ginásio da Bahia. Foi em meio a essa incerteza que seu primo Luiz Rosado tirou da cartola o que parecia ser a solução. "Ele e meu pai me estimularam a fazer um concurso para escrivão de coletoria de impostos em Irecê, no interior" — adianta Dorival. Foi o que fez. Prestou o concurso em 1936, passando em segundo lugar, e ficou aguardando a nomeação.

No carnaval do mesmo ano, Caymmi participou de um outro concurso bem mais animado. Dermival Costa Lima organizou um concurso de sambas e marchas de carnaval, promovido pelo jornal *O Imparcial*, em parceria com a Rádio Comercial, para estimular os compositores da Bahia. O concurso se chamava Ouça e Julgue e era patrocinado pelas casas Ao Dedal de Ouro, Fruto G. Dias, Byington e Cia., e Casa Milano. Dorival inscreveu o samba "A Bahia Também Dá", cuja letra, ele mesmo reconhece, é bem à moda carioca de compor da época:

Tá chegando o carnaval
E a macacada tem
Tem que se alistar
Jacaré e Liberdade
Curva Grande, Pau Miúdo
Tá na hora de enfezar

Já formei o meu cordão
E tá cheinho de mulata
A cadência é violão

N. 6691
(Dado no Tribunal Regional)

TÍTULO DE ELEITOR

ESTADO DA BAÍA

1ª zona Capital
Domicilio eleitoral Conceição da Praia
Número de ordem da inscrição 10217
Data da inscrição no cartório 31 de Agosto de 1934

NOME E SOBRENOME DO ELEITOR (por extenso)
Dorival Caymmi

Qualificativos
Filiação Durval Henrique Caymmi
Naturalidade Brasileiro
Idade anos — Data do nascimento 30 de Abril de 1914
Estado civil Solteiro
Profissão auxiliar do commercio

Dorival Caymmi
ASSINATURA DO ELEITOR

O presente titulo é expedido de acôrdo com o Código Eleitoral da República e em cumprimento ao despacho do Presidente do Tribunal Regional de Justiça Eleitoral do Estado da Baía e recebeu o número ........ aos ........ dia do mês de ........ do ano de mil novecentos e trinta e ........

Diretor da Secretaria

CARIMBO

Fórmula dactiloscópica

Polegar direito

Título de eleitor: Dorival ouviu falar pela primeira vez de comunismo durante a Revolução de 30 — nunca imaginaria que, anos depois, teria vários amigos no Partido, e chegaria até a compor um hino de campanha para Luiz Carlos Prestes.

E a ba...
E a bateria é lata

Pra formar o meu cordão
Mandei vir gente lá do Curuzu
Tem morena do Japão
E até...
E até lá do Matatu

Bem na frente do cordão
Tem um nego de beiçola a batucá

Escrevi no Estandarte:
A Ba...
A Bahia também dá

"Macacada" e "enfezar" eram gírias cariocas, mas não faltava no samba uma boa dose de bairrismo, considerando que Jacaré, Liberdade, Curva Grande e Pau Miúdo eram bairros de Salvador. A música terminava ufanista: "a Bahia também dá". Mas nada disso importou muito quando Dorival ganhou o primeiro lugar, com 2.667 votos dos leitores — que eram enviados em cupons publicados no próprio jornal. Mais de mil votos separavam Dorival do segundo lugar, "Mulata Decente", de Antônio Maltês, que recebeu 1.617 votos. Caymmi ainda tirou o terceiro lugar, com a marcha "Lucila", com 882 votos. O resultado foi publicado no jornal em 17 de fevereiro de 1936. Foi uma farra, e ele voltou para casa com o sugestivo prêmio: um abajur de cetim lilás.

Foi em 1937 que ele e Zezinho descobriram, numa das suas andanças às livrarias em busca de novidades, um livro que viria a se tornar a bíblia da saúde de Dorival por toda a vida. Trata-se de *Conservai a mocidade*, do Dr. Victor Pauchet, editado pela Civilização Brasileira, naque-

Bíblia da saúde: "A repetição dos atos forma o hábito, o hábito forma o caráter, o caráter forma o destino" — são ensinamentos do livro *Conservai a mocidade* (*Restez jeune*), do médico francês Victor Pauchet (1869-1936), que Caymmi procuraria pôr em prática ao longo de sua vida, reservando ao menos uma hora por dia para a meditação.

le mesmo ano. Exemplar que o compositor tem até hoje. Além das explicações gerais incluindo o funcionamento do sistema glandular, que ele chama de usinas, o livro dá conselhos variados, tais como: "Mastiga tudo, mesmo os mingaus e o leite"; "A boca é o único órgão digestivo sob o domínio da vontade"; "Carne pouca, pouco chocolate, pouco chá, pouco café, pouco vinho". Ou ainda: "Não merendes às 17 horas, nem ceies à meia-noite". Além disso, Pauchet dava cores aos humores e recomendava ao leitor evitar a todo custo os sentimentos escuros. "A repetição dos atos forma o hábito, o hábito forma o caráter, o caráter forma o destino", ensina o autor. O bom humor de Caymmi é cultivado com muita autodisciplina. Ainda hoje, Caymmi reserva ao menos uma hora por dia para meditar, como recomenda o livro.

## 12.
## FAÇA-SE HOMEM

"Toda reserva popular é uma herança do homem"
(Mário Cravo)

Para garantir o dinheiro do fim do mês, Dorival foi nas águas de Zezinho e resolveu entrar para o comércio. "Ele era vendedor nato. Eu era otário, não tinha jeito para vender. Então, tocou a mim vender fio, cordão para amarrar embrulho de pão, embrulho na venda, na padaria. Quando eu ia oferecer, eles diziam assim: não interessa. Eu não tinha bossa para oferecer" — confessa Caymmi. Zezinho, que, pela própria natureza de vendedor, era insistente, virou-se para o amigo e ofereceu: "Quer experimentar vender um negócio para a firma Bandeira Duarte?". E tratou de convencê-lo. "Era bebida, mas uma bebida visivelmente falsificada. A gente ficava querendo experimentar, mas não ousava abrir. Eu ia para um bairro aqui e daqui a pouco encontrava o Zezinho colocando a mercadoria dele: 'Como vai a bebida?', ele perguntava. 'Nada', respondia eu. Mostruário pesado, garrafa cheia pesando. Eu estava levando aquele mostruário como o diabo. Tinha gim, jenipapina — a única bebida séria, tirada do jenipapo, fruta da terra —, e imitações de bebidas estrangeiras, como o vinho português Quinado. Ele fazia imitação no rótulo para enganar os otários. Foi isso que estourou na minha mão para vender" — justifica Dorival. Insatisfeito com a carreira recém-começada, assim que encontrou Zezinho, trataram de se consolar bebendo o mostruário. Não conseguiram dar conta sozinhos e chamaram uns pedreiros de uma obra próxima. Ao chegar na firma, Dorival declarou em alto e bom som, arrastando a língua — motivado pelos tragos a mais: "Seu Mariano, minha carreira está encerrada!". Ainda tentou a vida pintando tabuletas para o comércio, mas isso também não vingou. Foi em 1937 que Caymmi ganhou um violão do amigo. Zezinho comprou na Casa Guarani um Giannini por 120 mil-réis, sem capa. Com capa era mais caro.

Infelizmente, não havia mais nenhuma perspectiva de trabalho em Salvador para Dorival. Desempregado, a única luz no fim do túnel era ser nomeado para o serviço público em Irecê. Mas a situação era desanimadora. Soube por seu primo Luiz Rosado que muitos estavam "entrando pela janela", isto é, eram nomeados sem concurso, na base do "pistolão". Era um Brasil não muito distante do Brasil de hoje, apesar da passagem do tempo. Ao cabo de dois anos de espera, Dorival já não via mais razões para acreditar na sua nomeação.

"Só foi nomeada gente escolhida pelos graúdos. Essa decepção acelerou minha vinda para o Rio de Janeiro" — conta o compositor que na época, em 1938, ficou muito abatido e descrente com o governo. Se, ao contrário, tivesse sido nomeado, teria seguido carreira e provavelmente chegaria a prefeito de algum lugar, o topo da carreira pública no interior. Um primo descortinou para ele um futuro desanimador: "Você ia meter uma porção de filhos numa tabaroa lá do interior, amarrar uma vaca leiteira no fundo do quintal. Acabaria virando um tabaréu muito ruim e nunca mais saía de lá. Daí pra trás".

Em seu íntimo, o desejo de ir para a Capital Federal ganhava cada vez mais força. Achava que no Rio de Janeiro teria mais chances de conseguir trabalho. Poderia realizar os estudos preparatórios para cursar a Faculdade de Direito. Não conseguia enxergar alternativa. Tinha um senso aguçado das possibilidades que tinha na Bahia. Ingressava no serviço público, entrava para o Banco do Brasil ou tentava fazer carreira na Magalhães e Cia., uma firma de importação e exportação. Tudo muito difícil, muito concorrido. Se não estivesse tão aflito, a pergunta que vivia martelando na cabeça — "O que é que eu vou fazer na Bahia?" — dava até samba. Lembrava-se de Dermival Costa Lima e Erick Cerqueira, locutor de rádio, que foram para a Capital com o mesmo intento. Quem sabe eles não poderiam lhe arranjar um bico na imprensa? E, por fim, o fascínio pela aventura do pai com Tio Virgínio no Rio de Janeiro, no passado, só vinha reforçar sua decisão.

Ruminou essas ideias ainda um tempo, até decidir. Procurou seu pai, que teve dúvidas em deixar o filho partir. Durval sabia que em Salvador as possibilidades de trabalho eram poucas. Um jovem precisa ter um ofício, ganhar a vida, fazer-se homem. Mas mesmo assim relutava. Foi então que encontrou o amigo Baby Soares, no Bar Pirangi, e confidenciou-lhe suas apreensões. Baby argumentou a favor da ida de Dorival. Durval balançou, mas não se convenceu. Resolveu dividir com a mulher, de quem estava separado havia onze anos. "Pé que não anda não dá topada, Durval!" — aconselhou Sinhá, dando sinal verde para a viagem.

Decisão tomada, a questão que se colocava era de natureza prática. Era preciso arranjar dinheiro para o filho se manter nos primeiros meses. Além disso, preocupava-se com os perigos da Capital. Precisava de 500

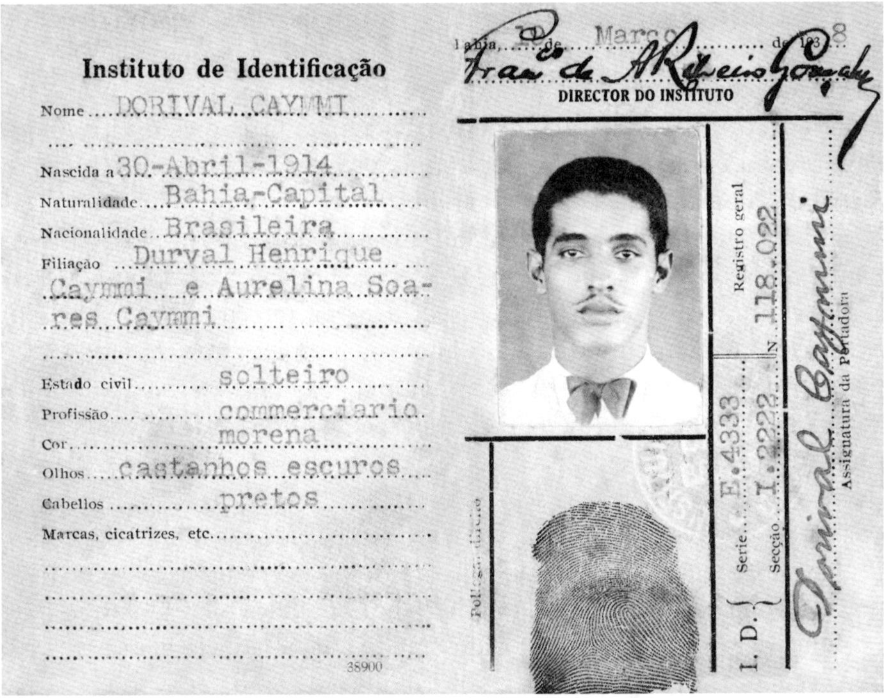

Instituto de Identificação

Nome DORIVAL CAYMMI

Nascida a 30-Abril-1914

Naturalidade Bahia-Capital

Nacionalidade Brasileira

Filiação Durval Henrique Caymmi e Aurelina Soares Caymmi

Estado civil solteiro

Profissão commerciario

Cor morena

Olhos castanhos escuros

Cabellos pretos

Marcas, cicatrizes, etc.

38900

DIRECTOR DO INSTITUTO

Registro geral N. 118.022

I. D. Serie E.4333 Secção I.2222

Assignatura do Portador

Em busca de uma profissão: a carreira de "comerciário" de Dorival teve vida curta, mas ficou registrada em sua carteira de identidade de 1938.

mil-réis e não sabia de onde tirar. Comentou com Troech, um colega de repartição, bem mais moço que ele, sobre suas dificuldades. Não acreditou quando, dias depois, o rapaz disse que seu sogro emprestaria a Durval o dinheiro de que precisava. O rapaz em casa sempre elogiava seu colega de trabalho, o quanto o ajudava com sua experiência, e comentou com o sogro o problema que o amigo atravessava. Este resolveu ajudar. Coisas do destino. O céu parecia — ou seria o mar? — querer Dorival Caymmi no Rio de Janeiro.

Com os 500 mil-réis, Durval comprou uma mala nova para o filho, na rua do Taboão, dando-lhe o restante. Durval não contou ao jovem que pedira dinheiro emprestado. Décadas mais tarde, nos anos 60, em um almoço oferecido por Carlos Coqueijo, ministro do Trabalho, a amigos juristas, Caymmi conheceu o sogro de Troech, que brincou com ele, dizendo ter influência em sua vida. Mas estávamos nos preparativos da viagem...

José Brito Pitanga, sobrinho de Vivi (Fredesvinda Soares), irmã de Sinhá, que morava no Rio de Janeiro, foi avisado para receber Dorival na cidade e tomar conta do primo. A mãe de Pitanga, que morava no interior, conforme seus filhos atingiam a idade para fazer o ginásio, os mandava para a cunhada Vivi tomar conta. Vivi era casada com seu irmão Firmino e, como o casal não tinha filhos, o arranjo funcionava bem. Dali, um a um seguiam para o Rio de Janeiro para tentar a vida. Pitanga não poderia negar esse pequeno favor à tia. Durval providenciou a passagem no navio *Itapé*. "Comprei seu lugar na terceira classe. Mas, ao embarcar, você procure o capitão que é meu amigo, que ele passa você para a primeira classe" — orientou seu pai. Caymmi avisou a seus amigos da partida e convidou-os para a despedida no cais. Ele conta como foram as despedidas em casa:

> "Houve um certo silêncio, um temor entre as mulheres da família. Despedidas daqui e dali. Fui me despedir da parteira que me trouxe ao mundo, Dona Quinquinha. Dona Quinquinha debruçava na janela, velhíssima, vetusta, aquela figura.
>
> — Dona Quinquinha, sou eu, filho de Sinhá com Ioiô — digo eu.
>
> — Ah! Meu filho, o que é que foi? — ela perguntou.
>
> — É que eu estou indo morar no Rio de Janeiro — expliquei.
>
> — Ah é? Então que Deus te acompanhe!"

Embarcou no dia 1° de abril, o dia da mentira. Deve ter sido por isso que, excetuando Zezinho, nenhum amigo apareceu, pensando que fosse piada. Levava a mala e o violão bem embrulhado, disfarçado para não comprometê-lo. Durante a despedida, seu pai deu-lhe um presente para ser aberto no navio e um sem-número de recomendações. De Zezinho, o amigo de todas as horas, ganhou o livro *Três poetas de sua vida*, de Stefan Zweig, para ler durante a longa viagem de três dias até a Capital. Quando o *Itapé* apitou avisando da hora do embarque, o coração de Dorival Caymmi diminuiu dentro do peito. Era chegada a hora. Se naquele instante lhe revelassem que da próxima vez que pisasse em solo baiano seria na condição de um compositor famoso e respeitado, certamente devolveria entre gargalhadas: "1° de abril!".

* * *

A bordo do *Itapé*, Caymmi não enjoou. Quando abriu o presente do pai, a surpresa: uma caixa de charutos. Riu. Pensou que ele não soubesse que fumava. Não dava mesmo para enganar seu pai. No navio, dividiu o tempo lendo, chupando laranja e sondando o destino sobre seu futuro. Pensava que faria 24 anos dali a poucas semanas. O que viria a seguir, ninguém sabia. Ao contrário da recomendação do pai, não procurou o capitão para passar para a primeira classe. Sentia-se perfeitamente bem entre a gente simples da terceira classe. Não tocou no violão, que precisava chegar disfarçado ao Rio. Mal sabia ele que naquele humilde embrulho estavam todas as respostas... "E por fim a esperança, que é a meninice do mundo."[3]

[3] *Esaú e Jacó*, Machado de Assis.

# Parte II (1938-1947)

< Um sonhador: Dorival Caymmi, recém-chegado ao Rio de Janeiro, na cobertura do edifício de *A Noite*, em 1938 — no auditório da Rádio Nacional, que ficava no mesmo prédio, o compositor via de perto os ídolos de sua juventude.

# A CHEGADA

"Pé que não anda não dá topada"
(Aurelina Cândida Soares Caymmi)

José Brito Pitanga corria apressado na direção do cais do porto, na esperança do *Itapé* ter chegado atrasado naquela segunda-feira, 4 de abril de 1938. Caso contrário, estava lascado. Eram pouco mais de 7 horas da noite, hora prevista para o navio chegar. O cais do porto não era para principiantes e Dorival não estava acostumado com as manhas da Capital. Zé Brito prometera a Tia Vivi que ajudaria o rapaz e ela o cobrira de recomendações. Não podia falhar.

Lá estava ele. Magro, mulato, com 1,66 m de altura, modesto e asseado. Ao seu lado, uma mala de tamanho médio e um pacote grande e quadrado. "Dorival!" — chamou. Dorival aliviado se aproximou de Zé Brito, recebendo um forte abraço do primo, a quem não via fazia muitos anos. Entre notícias apressadas dos parentes da Bahia, Zé Brito apanhou a mala. "Como você conseguiu desembarcar com tanta bagagem?" — perguntou. "Um português ajudou-me, mas me cobrou caro, 5 mil-réis" — contou Caymmi espantado. "Um atraso de dez minutos e olha o resultado: roubado mal desembarcaste!" — resmungou o culpado Pitanga. Trataram de sair rápido dali.

Moreno sestroso: desde que desembarcou no Rio de Janeiro com seu violão embrulhado (para não passar por malandro), Dorival exerceu um forte fascínio sobre as mulheres, como registra a atriz Tônia Carrero, que o conheceu nos anos 40: "O mulherio ficava louco com ele".

# 13.
# EU CHEGUEI LÁ

"Andando devagar eu atraso o final do dia"
("Andarilho", Manoel de Barros)

José Brito Pitanga, ou simplesmente Pitanga, como era conhecido, levou Dorival para a pensão de Dona Julieta, uma portuguesa, na rua São José, número 35, no Centro do Rio, onde hoje está o Terminal Rodoviário Menezes Côrtes. Foram de táxi e Dorival se surpreendeu quando o chofer carregou sua bagagem até o segundo andar onde ficaria seu quarto. "Ah, se fosse na Bahia!" — pensou. Seriam muitas as diferenças que o rapaz encontraria entre Salvador e o Rio de Janeiro. A estadia com direito a refeições custaria ao baiano 175 mil-réis por mês.

A pensão, além dos hóspedes que abrigava, abria para o almoço, quando ficava bastante movimentada. Os hóspedes eram, na sua maioria, estudantes e profissionais em início de carreira, provenientes de outros estados, principalmente do Nordeste. Dorival assistia a tudo aquilo com os olhos da primeira vez. "Faça-se homem!" — a frase pronunciada por seu avô Henrique para seu pai Durval ecoava vez por outra em sua mente. "Agora, eu estou senhor da minha vida" — concluiu para si mesmo.

Seu quarto, no segundo andar, era bem simples. "Tinha uma cama com as costas para um janelão enorme, uma mesa ligeiramente bichada, um armário, um colchão 'lindo' amarrado com barbante, encostado num canto"— descreveu irônico Dorival, anos mais tarde. Ao acordar no dia seguinte, deu com Pitanga. "Como é, dormiu bem?" — perguntou o primo. Em seguida, desandou a explicar a rotina da pensão. Pitanga, natural de Maracás, no interior da Bahia, trabalhava na clínica do Dr. Gouveia, especializada em operações gastrointestinais, localizada na mesma rua São José. Era um sujeito muito simpático e de muitos amigos. Não pôde mostrar o Rio para Dorival, pois já estava no horário do batente. Dorival teve que se virar sozinho. Seu primeiro passeio foi pelas redondezas. Pegou a avenida Rio Branco e entrou na avenida Chile, que lhe lembrou Salvador. Notou a elegância do carioca. Os homens sempre de gravata e as mulheres seguindo a moda ditada pelos filmes americanos. Sua adoração pelas mulheres vinha de longe. "Gosto tanto de mulher que quando nasci, olhei pra trás" — repetia brejeiro nas entrevistas que viria a dar depois, para divertimento dos jornalistas.

Apesar de tímido fazia amigos com facilidade. Foi conhecendo aos poucos algumas pessoas que transitavam pela pensão. Apegou-se logo ao acreano José Lago da Rocha, seu vizinho de quarto, um sujeito muito discreto, de poucas palavras e ar afável, que trabalhava no *Jornal do Commercio*. O quarto de Rocha ficava bem defronte ao restaurante Timpanas, no térreo, e ao alfaiate Nicolas, no segundo andar. Edgar de Carvalho, um cearense simpático, foi outro que caiu no agrado de Dorival. Amigo de José Brito, Edgar era publicitário e mais tarde seguiria a carreira política, tornando-se vereador. Foi ele quem arrumou para o amigo baiano um bico no jornal *A Nota*, para escrever reclames publicitários e pequenas notas. Tinha ainda um xará de seu pai, Durval de Melo Alvim. Além deles, funcionários da construtora Pires e Santos, dos Correios e da Sul América iam sempre almoçar na pensão, e diversos deles ficaram seus amigos. Sem esquecer os irmãos Moacir e Maciel, que trabalhavam numa confeitaria chique na Cinelândia. "Debruçado na sacada, eu, atento, olhava as famílias que iam aos sábados e domingos a caminho das barcas" — relembra Dorival.

Dona Julieta tinha três filhas. Altair e Nadir eram solteiras e ajudavam no trabalho da pensão. A terceira filha, Darcy, casada com Martins, vivia no terceiro andar com o marido e os filhos, Zequinha e Silvinho. Altair casou-se mais tarde com Edgar de Carvalho. Mas não eram as únicas mulheres da pensão. Havia a manicure Shirley Temple, uma mineirinha de Juiz de Fora, que agradou em cheio a Dorival. Seu apelido, dado pelo baiano, era devido à sua semelhança com a atriz americana. Dorival assanhou-se todo pela loirinha, que correspondia com entusiasmo a seus arroubos, embaixo da escada da pensão. "Fiquei com uma pena quando ela voltou para Juiz de Fora!" — lamenta Dorival. Os rapazes da pensão gostavam de uma estripulia. Imagine o leitor que fizeram um buraco no banheiro para ver as moças na intimidade. "Era o banheiro mais furado do mundo. A gente subia na cadeira e espiava no buraco que um virtuose em voyeurismo fez na parede e olhava as mulheres tomando banho, abaixando para pegar o sabonete. Aquela coisa gloriosa. Tinha um camarada, que era do clube dos espiões, mas que dizia: 'Agora não vale espiar porque minha mulher está tomando banho'" — recorda-se Caymmi.

Costumava andar à noite. Batia a avenida Rio Branco até a Praça Mauá. "Eu ia sentir o cheiro do mar ali na Praça Mauá" — lembra o compositor. Muitas canções que trouxe incompletas da Bahia foram terminadas nas andanças noturnas pelo centro do Rio. "O Que É Que a Baiana Tem?", "A Preta do Acarajé", "O Mar" e "A Lenda do Abaeté" estavam entre essas músicas. Não precisava do violão para compor. A avenida Rio Branco à noite era um deserto só, mas não oferecia o menor perigo. E o baiano deixava-se andar com seus sonhos e melodias. "Sentia uma solidão distraída, vislumbrando de longe a Cinelândia, vazia, perdida na noite" — acrescenta. Décadas mais tarde, lembrando-se dos primeiros tempos no Rio de Janeiro, afirmou ter um caso de amor com a avenida Rio Branco, com quem dizia-se amigado. "Era um local em que o lazer, o descanso, a contemplação, a farra, o papo era ainda cultuado um pouco à maneira francesa de fim de século" — recorda o escultor baiano Mário Cravo.

O comércio fechava às sete da noite. O movimento, que ao longo do dia se concentrava nas ruas do Ouvidor, Gonçalves Dias e Sete de Setembro, passava para as imediações da Lapa, para a Galeria Cruzeiro, onde hoje está o Edifício Avenida Central, e para a Cinelândia, onde havia as confeitarias da moda e os cinemas. Caymmi preferia suas andanças solitárias ao burburinho da Lapa.

Certo dia, chegando na pensão, soube que tinha um recado com um número de telefone e a recomendação de que não deixasse de ligar. Disseram-lhe — uma voz de moça — que havia uma carta de *Shirley* para ele. Quando foi buscar a tal da carta no endereço que lhe deram, encontrou uma jovem que o levou direto para o seu quarto. Imaginem o espanto do baiano quando a moça tirou a roupa. "E a carta?" — perguntou o rapaz zonzo. "Não tem carta, não. *Shirley*, que é da minha cidade, falou muito bem de você e me deu vontade de te conhecer", respondeu sem cerimônia. E foram tratar de outros assuntos. Tempos depois, essa mineirinha o indicou para outra amiga, e de indicação em indicação o baiano ia fazendo a festa, descobrindo que tinha um fraco por mineiras.

Escrevia para a família contando suas impressões da Capital — bem, nem todas, claro! — e ia até o correio da Panair enviá-las. Quando chegava uma carta da Bahia, sentia vontade de chorar de saudades. Seu pai, uma vez, mandou numa carta uma nota de 10 mil-réis. "Eu estava duro. Foi a glória" — lembra o compositor.

* * *

A paixão pela rádio estava viva, mas não ousava pensar seriamente nessa possibilidade de trabalho. Costumava ir à Rádio Nacional e à Rádio Mayrink Veiga assistir aos programas de auditório, encantado com as novidades. Por vezes, conta o compositor, "subia no edifício de *A Noite*, no auditório da Rádio Nacional, para ver meus artistas preferidos de perto".

Na época, "Camisa Listrada", de Assis Valente, "Na Baixa do Sapateiro", de Ary Barroso — ambas na voz de Carmen Miranda — e "Pastorinhas", de João de Barro, o Braguinha, em parceria com Noel Rosa, interpretada por Sylvio Caldas, estavam entre as músicas que mais faziam sucesso. Mas havia um samba de Noel que fazia igual sucesso na voz de Aracy de Almeida, e que influiria na vida amorosa de Caymmi alguns meses depois: "Último Desejo".

Sobre "Camisa Listrada", o compositor deu um depoimento importante: "Ary Barroso, já imitando, fez no ano seguinte 'Camisa Amarela', com o mesmo estilo de Assis Valente. Para se ver que foi um negócio armado, Ary fez uma indústria, já combinado com o camiseiro que botou camisa amarela para vender em toda parte. 'Camisa Listrada' foi uma coisa espontânea do Assis". Sobre seu conterrâneo, Caymmi acrescenta: "Assis Valente já tinha feito para o Natal, aproveitando a ideia: 'Anoiteceu/ o sino gemeu/ a gente ficou feliz a rezar' [canta]. Todo ano um compositor tinha uma música para o Natal. Isso começou com Assis Valente. Ele inaugurou".

O compositor encontrou a Capital em plena ressaca política depois da implantação do Estado Novo, em 10 de novembro de 1937. Quando o baiano planejava sua vinda para o Rio de Janeiro, imaginou votar nas eleições previstas para o fim de 1938, quando concorreriam à Presidência da República José Américo de Almeida, candidato oficial, Plínio Salgado, candidato dos integralistas, e Armando de Sales Oliveira, candidato que representava os interesses de São Paulo. Mas o golpe de Getúlio não deixou dúvidas quanto ao que viria a seguir: repressão, censura e controle das instituições democráticas. O lema do ditador era bastante eloquente: "Para os amigos, tudo. Para os inimigos, a lei".

Em fins da década de 30, ainda sobrevivia um forte preconceito contra o violão. Caymmi tratava de esconder o seu, com medo de ser tomado por malandro ou coisa pior. Mas não conseguiu manter seu pacote misterioso por muito tempo. Certo dia, José Lago da Rocha, seu vizinho de quarto, olhou bem para o pacote e disparou: "Isto é um violão, não é?". Ato contínuo, pegou o embrulho e o bateu contra a testa, e veio o som comprometedor do instrumento. Sem fazer caso do ar espantado de Dorival, abriu cuidadosamente o embrulho — de um papel que costumava ser usado para embrulhar macarrão — enquanto dizia que já havia "arranhado" um pouco o violão, mas que não tocava fazia tempo. Começou a tocar uma peça dificílima, para surpresa do baiano, lendo uma partitura, num método italiano, que havia buscado em seu quarto. "Eu fiquei vidrado" — recorda o compositor. José Lago da Rocha tornou-se um amigo especial, um conselheiro nas horas difíceis. Paternal, Rocha procurava sempre saber se tudo ia bem com o amigo, a quem chamava de *Príncipe* — curiosamente, a cantora Isaurinha Garcia, anos mais tarde, o chamaria de *Príncipe Indiano*. Era ele ainda quem apontava quem o baiano devia evitar entre os que frequentavam a pensão. Anos mais tarde, Caymmi soube que José Lago da Rocha tinha se retirado para a Companhia de Jesus. Tornou-se jesuíta.

Certamente, Adolph Grünebaum não estava entre as pessoas que Caymmi tinha de evitar, segundo Rocha. O hóspede era um judeu alemão, aparentava uns 80 anos e tinha uma lojinha colada à pensão, onde fazia gravuras em objetos de vidro. Era um tipo curioso. Passava o dia com um charuto grosseiro, fumando sempre. Mas quando se punha a descrever uma quermesse ou uma festa de cidade do interior, falava qual criança. Seu Adolph vivia rindo. Seu filho, advogado em Manhattan, estava longe de imaginar a vida modestíssima do pai. Dorival se encantava com ele. Certa feita, o filho mandou um presente para o alemão. O baiano se condoeu com as dificuldades do pobre em liberar na Alfândega a encomenda. Para no fim descobrirem que se tratava de gravatas caríssimas, presente inútil para um simples gravador.

Em pouco tempo, todos da pensão sabiam do violão de Caymmi. Por fim, a história do violão foi parar nos ouvidos de Pitanga, que se apressou em convencer o primo: "Dorival, aqui é terra do rádio e do futebol. Não perca seu tempo com outras coisas" — aconselhou. Por trabalhar na área médica, Pitanga conhecia o baiano Assis Valente, que era protético, com um amplo laboratório no Largo da Carioca, 9. Assis era seu amigo e, ainda por cima, lhe devia uns cobres. Preocupado em ajudar Caymmi, pediu a Assis que o recomendasse a César Ladeira, na Rádio Mayrink Veiga. O autor de "Camisa Listrada" não vacilou em atender seu pedido. "'Pezado' César", escreveu no cartão de visita do consultório — brincando com a obesidade do amigo —, e prosseguia pedindo uma audição para o jovem compositor.

Na época, a Mayrink Veiga era a melhor emissora do Rio de Janeiro: os melhores programas, o melhor *cast*. Esperançoso, Dorival Caymmi procurou o famoso radialista, diretor-artístico da rádio e um dos melhores *speakers* que o Brasil já teve. Ladeira foi muito atencioso com o rapaz

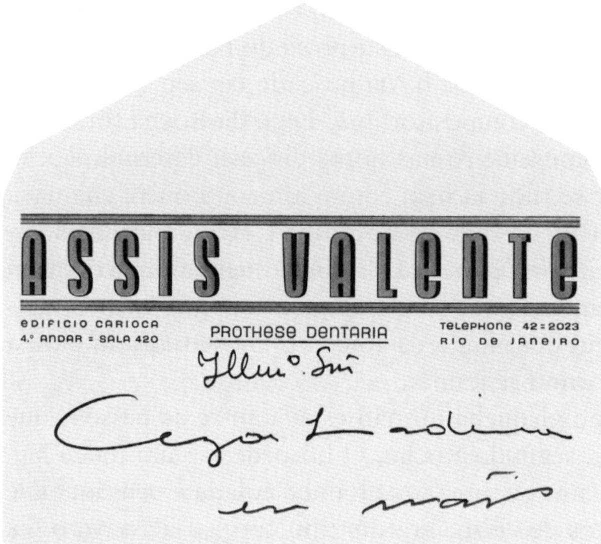
ASSIS VALENTE

EDIFICIO CARIOCA
4.º ANDAR = SALA 420

PROTHESE DENTARIA

TELEPHONE 42-2023
RIO DE JANEIRO

Illm.º Snr

Cezar Ladeira

em mãos

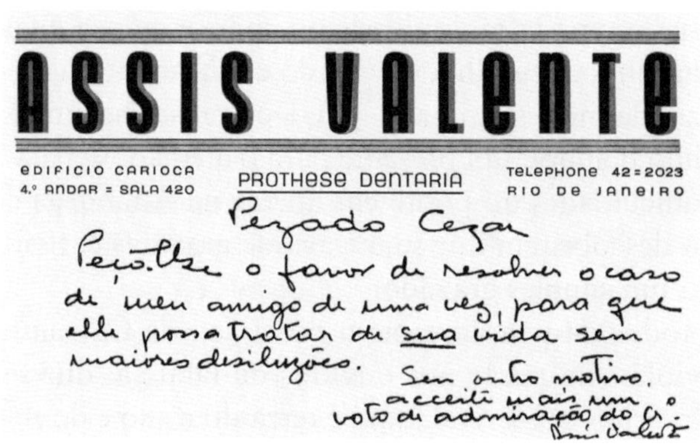
ASSIS VALENTE

EDIFICIO CARIOCA
4.º ANDAR = SALA 420

PROTHESE DENTARIA

TELEPHONE 42-2023
RIO DE JANEIRO

Pezado Cezar

Peço-lhe o favor de resolver o caso de meu amigo de uma vez, para que elle possa tratar de sua vida sem maiores desilusões. Sem outro motivo, aceite mais um voto de admiração do

Assis Valente

O protético Assis Valente: José Brito Pitanga conseguiu que o autor de "Camisa Listrada" recomendasse Dorival a César Ladeira. Assis o atendeu de imediato, escrevendo um bilhete em que brinca com a obesidade do famoso radialista: "Pezado César, peço-lhe o favor de resolver o caso de meu amigo de uma vez, para que ele possa tratar de *sua* vida sem maiores desilusões. Sem outro motivo, aceite mais um voto de admiração do Assis Valente" — mas não foi desta vez que o diretor da Mayrink Veiga contratou Caymmi.

baiano, que cantou "No Sertão" para o radialista, que riu muito da brincadeira de Assis, mas acabou por despachá-lo com a manjada alegação da falta de recursos para novas contratações. Foi um cochilo feio deixar escapar o jovem talento. Dorival saiu de lá cabisbaixo e preocupado com o aluguel da pensão que iria vencer, pois seu dinheiro havia acabado.

Luperce Miranda, famoso bandolinista pernambucano, de quem o compositor se aproximou num programa de auditório dias depois como um simples fã, viu-o naquele estado e procurou saber qual era o problema. Dorival então fez um desabafo e confessou sua intenção de desistir de tudo e voltar para a Bahia. "Nunca diga isso. Você está chegando agora. Você vai ver, logo supera isso e vai vencer, porque tem valor" — animou o músico. Dorival sempre foi grato por estas palavras, ditas com sinceridade e na hora em que mais precisava.

Pitanga, incansável, não desanimou com o episódio da Mayrink. Como sabia da experiência de Caymmi no jornal *O Imparcial*, na Bahia, procurou seu amigo e conterrâneo Edgar Pereira, da revista *O Cruzeiro*, que pertencia aos Diários Associados, de Assis Chateaubriand, o Chatô. Edgar, que trabalhava como paginador na revista, mandou que Caymmi passasse lá para conversar com ele, e veria o que podia fazer pelo amigo.

Antes disso, Dorival Caymmi teve uma bela oportunidade, que, se não resolveu seus problemas financeiros, devolveu-lhe a autoconfiança. Já entrosado nas modas cariocas, o compositor frequentava o Café Nice, onde encontrava os amigos, fazia outros e via seus ídolos do rádio de perto. Foi assim que conheceu Ubirajara Nesdan. Ficaram amigos, e, certa vez, Nesdan o pegou cantarolando. O baiano confessou que "compunha, cantava e tocava um violãozinho". Nesdan era amigo de Lamartine Babo, famoso compositor e radialista, que na época tinha um programa chamado *Clube dos Fantasmas*, na Rádio Nacional. Numa noite de poucas atrações para o programa que ia ao ar à meia-noite, Lamartine e Nesdan estavam matutando sobre quem chamar para que o programa não saísse uma xaropada, quando Nesdan se lembrou de Caymmi. Lamartine nem piscou e convocou Cid Prado para levá-lo de carro à pensão do baiano, que seria a salvação daquela noite. Cid Prado estava sempre por perto. Ele, fã incondicional de Lamartine, era um homem de posses, dirigia um laboratório, que tinha no Elixir Jataí Prado seu principal produto. Estacionaram em frente ao número 35 da rua São José. Chamaram a atenção do guarda da rua, que se aproximou para indagar se eram hóspedes. Já estava disposto a barrá-los, quando reconheceu Lamartine Babo, de quem era fã.

Na pensão não houve problemas. Como havia luzes ainda no quarto de Caymmi, Dona Julieta prontamente foi chamá-lo. Ao saber do que se tratava, o baiano, que estava só de calça, tratou de vestir a camisa rápido, pegou o violão e foi com eles para a Praça Mauá. No Rio de Janeiro, nos primeiros tempos da consolidação do rádio no Brasil, a maioria das coisas se resolvia na informalidade. E com Caymmi não foi diferente. De repente, estava cantando no programa de um dos radialistas mais populares de então, além de compositor de sucesso, famoso pelas composições carnavalescas e sambas-canção. Em pleno ar, Lamartine brinca, como era de seu costume, com a sua atração da noite:

— Como você se chama? — perguntou Lamartine.

— Dorival Caymmi — respondeu de pronto o jovem baiano.

— Cay-em-mi — Lamartine falou acentuando bem o 'mi' — É musical. Caymmi é de mi! — concluiu rindo.

Naquela noite, Dorival Caymmi cantou "Noite de Temporal", com seu vozeirão característico, apesar de ser bem franzino na época. A canção deve ter causado estranheza em Lamartine, por sua melodia impressionista, seus acordes incomuns e pela dramaticidade da letra:

> É noite... É noite...
> Ê lamba ê... Ê lambá...
> Pescador não vá pra pesca
> Pescador não vá pescá
> Pescador não vá pra pesca
> Que é noite de temporá...

"Isso é meia-noite mesmo!" — exclamou o radialista, fazendo referência a um outro programa seu, *O Clube da Meia-Noite*, que fizera antes na Rádio Mayrink Veiga. Sobre a canção, Caymmi explica: "Em 'Noite de Temporal', minha primeira canção praieira, procurei tocar acompanhado pelo toque de berimbau de capoeira. Sempre pus esses elementos, por isso meu violão era diferente".

Apesar da hora tardia, o programa gozava de boa audiência. Parentes da Bahia o ouviram e escreveram para Dorival parabenizando-o pela apresentação. Convidados por Assis Valente, Pitanga e o primo foram a uma apresentação de artistas na Casa do Dentista. Pelo palco passaram, além de Assis, Moreira da Silva, Luiz Americano, Déo Maia, Léa Coutinho e Apollo Correia. O jovem baiano pouco a pouco ia se acostumando com a vida carioca.

## 14. REVISTA *O CRUZEIRO*

"Madrugou, madrugou/ A mancha branca do sol"
("Bom Dia", Gilberto Gil e Nana Caymmi)

Revigorado com os últimos acontecimentos, Dorival foi ao encontro de Edgar Pereira na revista *O Cruzeiro*, na rua 13 de Maio, no Centro, tão perto da pensão que ele foi a pé, sentindo o cheiro das amendoeiras. Estava muito elegante e discreto. Vestia um terno sóbrio, com gravata, e calçava sapatos Clark com furinhos. Atravessou a avenida Chile, pegou a avenida Rio Branco, saiu em frente ao Café Nice, passou pelo Café Metrópole, viu à esquerda o Cinema Parisiense e o Café Belas Artes. Passou rapidamente pelo Teatro Municipal e entrou na rua 13 de Maio.

O rapaz se surpreendeu com as instalações modestas para uma revista tão importante. Comparou a revista a uma baleia: grande para o público, mas sua redação, tal e qual a garganta da baleia, era mínima. Eram duas salas de no máximo vinte metros quadrados. Foi recebido por um funcionário que já estava preparado para a sua chegada: "Você é o recomendado pelo Zé Brito Pitanga, não é?" — perguntou. "Sou eu" — respondeu Caymmi. Foi convidado a sentar e aguardar um pouco. Um menino de 13 anos, no máximo, manuseava uma prova heliográfica numa mesa no canto da sala. Era Millôr Fernandes, que começava na revista como auxiliar e que viria a ser uma das grandes atrações de *O Cruzeiro*, com a seção *Pif-Paf*, de duas páginas, por 25 anos seguidos. Millôr lembrou que, enquanto esperava por Edgar, Caymmi se aproximou de sua mesa, comentando jocosamente: "Você ainda vai encher essas páginas com muito retrato meu". O cartunista acrescenta: "Era um rapaz magrinho, com um ar meio petulante, meio manemolente". Os repórteres começaram a chegar. O jornalista de cinema Pedro Lima foi logo pendurando o paletó no cabide, ao lado da sua mesa de trabalho. Em seguida, chegou o diretor da revista, Antônio Pinto Nogueira de Accioly Netto, que permaneceu no posto por trinta anos. Tão logo Accioly Netto soube que Dorival era o recomendado de Pitanga, foi lhe falar: "O Pitanga disse que você tem pretensões a desenhista?" — perguntou à queima-

-roupa. "É verdade sim. Tenho até as penas *Speed Ball*" — Caymmi não se fez de rogado.

Mas quem definiria mesmo a situação de Dorival Caymmi seria Edgar Pereira, que chegou um pouco depois. Conversaram. Caymmi falou do seu desejo de trabalhar na revista, desenhando. "Mas o Pitanga me disse que você canta, faz música, toca violão, não é verdade?" — inquiriu Pereira, olhando-o fixamente. Caymmi não pôde negar. Pereira tinha muita intimidade com Pitanga e namorava Nadir, uma das filhas de Dona Julieta, que Pitanga havia namorado também nos seus tempos de pensão. No fim quem casou com Nadir foi mesmo o Pitanga. Afinal, o que Dorival não sabia era que o primo tinha pedido ao Pereira que o convencesse a trabalhar no rádio. Pitanga não podia estar mais certo. "Olha, quer saber de uma coisa? Eu tenho um amigo metido com rádio que vai resolver seu caso, quer ver?" — perguntou Pereira. Sem esperar resposta, consultou uma lista colada no armário em frente à sua mesa, correu o dedo até a letra "T", foi direto ao telefone e, quando a ligação se completou, pediu para falar com Theófilo de Barros Filho, na Rádio Tupi. Dorival assistiu, curioso, Pereira falar ao telefone: "Theófilo? É o Pereira. Escuta, tem um baiano aqui do meu lado, recomendado por um amigo meu, que canta, toca e faz as músicas dele. Posso mandá-lo pra você? Quando? Quarta?" — olhou para Dorival, que confirmou com a cabeça — "Tá bom, quarta-feira está ótimo". Em seguida, escreveu num papel o nome completo de Theófilo, o endereço da Rádio Tupi no Santo Cristo, avisando ao compositor a hora em que deveria estar lá, duas e meia da tarde, para fazer um teste. E que não esquecesse de levar o violão.

Millôr já circulava pelo centro do Rio e adorava: "Eu conheci essa vagabundagem toda de música ali. Só nunca vi Noel Rosa, mas todos os outros eu vi ali. Mais adiante tinha, onde é hoje o Edifício Avenida Central, o Hotel Avenida. Foi uma pena que eles o tivessem demolido... Drummond tem um belo poema sobre o Hotel — 'Vai Hotel Avenida, vai convocar teus hóspedes no plano da outra vida'.[4] Isso você tem de botar, o Hotel Avenida você tem de botar". Pronto Millôr, taí como você me ordenou. "Ele pegava toda a quadra e, por dentro, debaixo, tinha duas ruas. Ali se chamava Galeria Cruzeiro. A famosa Galeria Cruzeiro" — descreveu o cartunista.

[4] Poema "A um hotel em demolição", do livro *A vida passada a limpo*.

# 15.
# RÁDIO TUPI

"Pobre de quem acredita na glória e no dinheiro para ser feliz"
("Saudade da Bahia", Dorival Caymmi)

Caymmi saiu da revista *O Cruzeiro* zonzo e com uma preocupação a mais: como chegar na Rádio Tupi com um violão sem capa? Mais uma vez Pitanga veio em seu socorro. Foram juntos pedir a capa emprestada a Assis Valente. Infelizmente, a capa era curta, os ilhoses não fechavam, revelando o braço do instrumento. Mas não havia tempo nem dinheiro para outra. Na quarta-feira, um Caymmi envergonhado e apreensivo pegou o bonde Praia Formosa, procurando disfarçar com a mão a capa curta do seu violão. Não imaginava o quanto sua vida iria mudar.

A Tupi, prefixo PRG-3, funcionava num barracão do Santo Cristo, bairro do Rio de Janeiro próximo ao Centro. Os corredores fervilhavam num burburinho típico de emissora de rádio. Theófilo de Barros Filho, um alagoano boa-praça, excelente jornalista, levou-o para seu escritório. Pediu licença por uns instantes e saiu. Próximo dali, esperavam para um teste também a dupla Henricão e Otília. No corredor, Barros Filho encontrou Isaac Feldman, maestro da orquestra da rádio, a quem convidou para ouvir o teste de Dorival Caymmi. O interessante é que o compositor só foi saber da participação de Feldman na década de 1990, ou seja, mais de cinquenta anos depois. O maestro entrou em contato com o compositor em seu refúgio em Minas para surpreendê-lo com esse dado a mais sobre o episódio: "Foi um telefonema afetuoso. Isaac Feldman me contou que a pedido de Theófilo foi ouvir meu teste, assim como quem não quer nada, aparecendo no escritório, sem eu saber que era coisa combinada" — relata o baiano. Naquela tarde decisiva de 1938, o compositor cantou "Noite de Temporal" e "No Sertão". "Você tem voz educada" — comentou o produtor, perguntando a seguir se ele havia estudado canto. Caymmi negou. "Foi você quem fez essa letra?" — tornou a perguntar. "A letra e a música" — Caymmi apressou-se em esclarecer.

Theófilo ficou tão impressionado que foi buscar nada mais nada menos que Assis Chateaubriand em pessoa para ouvi-lo. Sem desconfiar de quem era aquele senhor de terno cinza, Caymmi se soltou mais ainda nessa segunda audição. "Cantei 'Promessa de Pescador' e fiz um rebuliçozinho no escritório de Theófilo" — lembrou o compositor. Chateaubriand, impressionado com o jovem baiano, repetiu várias vezes com sua voz carregada de sotaque: "Seu Theófilo, o senhor é um gênio, este homem é um telúrico, é um homem da terra, um poeta... Quantos anos você tem?". "Vinte e quatro" — respondeu Dorival Caymmi boquiaberto, ao perceber quem era aquele sujeito moreno, atarracado, com o cabelo repartido do lado e pose de rico. Era o proprietário dos Diários Associados, um império da comunicação, que incomodava os poderosos do país. "Mas Seu Theófilo, ele é um menino, ele tem que ficar na Taba" — ordenou Chateaubriand, referindo-se aos Diários Associados. Caymmi à essa altura estava nas nuvens.

Ao conversar com Theófilo sobre a sua contratação, descobriu que as coisas não eram bem assim. O produtor abriu o jogo: "A Tupi não tem condições de lhe oferecer um contrato. Façamos o seguinte: você receberá 30 mil-réis de cachê por cada apresentação e eu arranjo para você se apresentar duas vezes por semana, quartas e sextas-feiras. Você pode estrear na festa junina da rádio, no dia 24 de junho, agora. Que tal?". Caymmi, conforme Theófilo falava, ia do inferno ao céu. Quando o produtor terminou de falar, ele já tinha chegado à soma de 240 mil-réis. "A pensão tá salva!" — foi a única coisa que pensou, sem sequer cogitar na fama ou na profissão que estava abraçando. Theófilo fez o baiano prometer que não cantaria em lugar nenhum até a sua estreia. Saiu de lá flutuando. Era capaz de abraçar cada pessoa que encontrasse pelo caminho. Mal cabendo em si, pensou: "Agora, sou um homem do rádio".

Caymmi contou as horas para o dia 24 de junho de 1938, o dia da tão sonhada estreia. A festa junina aconteceu numa quinta-feira, no quintal do barracão do Santo Cristo. Estava lá o elenco da Tupi em peso: as meninas do Quarteto Tupã, Herivelto Martins, Dalva de Oliveira, entre muitos. Nessa época, tudo era ao vivo, sem nenhum recurso de gravação. De repente, começou a chover e a festa foi transferida às pressas para o barracão da rádio. Caymmi cantou "Noite de Temporal", que havia agradado tanto a Theófilo de Barros quanto ao Dr. Assis. Quando terminou de cantar, Carlos Frias, *speaker* da Rádio Tupi, anunciou: "O cantor que acabaram de ouvir encontra-se à disposição dos interessados à rua São José, 35, 1° andar". "Eu achei graça naquilo, ser anunciado como uma mercadoria" — lembrou Caymmi. Theófilo chamou-o num canto e explicou: "Você tem muita qualidade, tem futuro pela frente. A gente anuncia por uma questão de consciência. Alguém escuta e te chama. Mas a nossa combinação está de pé: duas apresentações por semana, a 30 mil-réis cada. Mais não podemos pagar". O mais surpreendente era ele ser compositor e cantor das suas músicas. Nos anos 30 e 40, era raríssimo um compositor interpretar suas próprias músicas.

Foram muitos os telefonemas para a rádio naquela noite querendo saber quem era o artista que acabara de cantar, incluindo profissionais curiosos. Entre os que ligaram, estavam o cantor Jorge Fernandes — que fazia grande sucesso com "Meu Limão, Meu Limoeiro", do folclore —, o compositor Waldemar Henrique e sua irmã, a cantora Mara Costa Pereira, todos profissionais profundamente ligados ao folclore brasileiro. "O folclore é uma das coisas mais sólidas do canto popular" — afirmou Caymmi, em entrevista a Paulo Mendes Campos, para a *Revista da Música Popular* (1953).

Mas a noite ainda traria mais surpresas. Na hora de receber seu cachê, constatou que a situação financeira da rádio era da mais pura penúria. A quantia de 30 mil-réis foi rateada entre Theófilo, que compareceu com a maior parte, os *speakers* Carlos Frias e Manoel Barcelos, o jornalista Francisco Rizzini e pasmem: o dono do botequim defronte entrou com 5 mil-réis, para o bem da música popular.

Glória mesmo foi chegar à pensão e encontrar Dona Julieta alvoroçada: "Seu Dorival, eu ouvi o senhor cantando no rádio, o senhor é um artista!". "Para a senhora ver, Dona Julieta..." — respondeu um tanto vexado. Com os demais pensionistas não foi diferente, curiosos para saber como eram os outros artistas. Mas a cabeça de Dorival Caymmi fervilhava. A prioridade era preparar um repertório para as próximas apresentações e terminar algumas canções que trouxera iniciadas da Bahia, anotadas em seu caderno. Sentiu o gostinho do sucesso quando viu seu retrato — "eu com uma cara de idiota" — em jornal. Comprou vários exemplares de *O Jornal* e mandou para a família e amigos na Bahia. "Eu não disse que você ia longe!?" — cumprimentou José Lago da Rocha. Pitanga estava satisfeito com o rumo dos acontecimentos. Precisava acompanhar um paciente numa viagem e ficou bem mais tranquilo em deixar as coisas encaminhadas.

Quando Caymmi foi pedir a Dona Julieta para esperar um pouquinho o pagamento de junho, ficou surpreso ao saber que o primo havia deixado pago seis meses de aluguel adiantados. Não podia crer em tamanha delicadeza. Logo vieram notícias de Salvador, parentes e amigos que haviam escutado a sua apresentação. Mas a carta de seu pai continha uma ordem clara: "Corte esse cabelo, Dorival!", no que foi imediatamente obedecido, num barbeiro parente de Martins, genro de Dona Julieta. O que Seu Durval ignorava era que até ali não havia dinheiro para cortar a "capoeira", termo que o pai gostava de usar. Em casa, a lei era cortar de quinze em quinze dias. Junto, vieram recortes de jornais que publicaram sua estreia. Um deles, na coluna Radiomania, em 22 de julho, apresentou uma nota com direito a foto: "Dorival Caymmi venceu no Rio. Está cantando na Tupi, do Rio, produções de sua autoria, sobre a vida dos praieiros baianos". Em *O Imparcial* — onde trabalhou — saiu uma matéria completa. A foto ostentava a legenda "Dorival Caymmi, o nosso vitorioso *crooner*". E o jornalista profetizava:

> "Dorival Caymmi, senhor de uma voz belíssima, com verdadeiro senso artístico, inteligente e instruído, é alguém capaz de consagrar-se definitivamente, enaltecendo nossa radiofonia que, positivamente, possui artistas de valor. É o que sempre temos evidenciado. Dorival Caymmi é mais um vitorioso, fadado ao triunfo."

O compositor baiano entrou para o mundo do rádio no auge do período que o pesquisador Ary Vasconcelos batizou de "Época de Ouro". Tal denominação não foi à toa. São três os fatores que tornaram o período de 1929 a 1945 tão importante para a música brasileira: a consolidação do samba e da marchinha; a chegada ao Brasil de vários inventos — radiodifusão, gravação eletromagnética do som, gramofone eletrificado, microfone, cinema falado — e, o mais decisivo, o aparecimento de uma geração de músicos, compositores e cantores de imenso talento, que só iria se repetir décadas mais tarde, no período dos festivais (1965-1972). Entre muitos, destacaram-se: os cantores Francisco Alves, Carmen e Aurora Miranda, Mario Reis, Almirante, Carlos Galhardo, Marília Batista, Sylvio Caldas, Augusto Calheiros, o conjunto Bando da Lua, Aracy Cortes, Vicente Celestino; os compositores Ary Barroso, Noel Rosa, Assis Valente, Braguinha, Custódio Mesquita, Vadico, Lamartine Babo, Joubert de Carvalho, Ismael Silva, Orestes Barbosa, Pixinguinha; os músicos Radamés Gnattali, Benedito Lacerda, Carolina Cardoso de Meneses, Luperce Miranda. Caymmi fez parte da segunda fase da Época de Ouro (1937-1942), junto com os compositores Lupicínio Rodrigues, Ataulfo Alves, Geraldo Pereira, Wilson Batista, J. Cascata, Herivelto Martins; os cantores Aracy de Almeida, Isaura Garcia, Orlando Silva, Carmen Costa, Nelson Gonçalves, Ademilde Fonseca, Ciro Monteiro, Déo (Ferjalla

Perfil de um compositor: após ter seu talento reconhecido por Theófilo de Barros Filho e Assis Chateaubriand em uma audição na Rádio Tupi, o jovem Caymmi passaria a investir de fato em sua carreira artística.

Rizkalla); os músicos Jacob do Bandolim, Garoto, Laurindo de Almeida, Luiz Gonzaga, Raul de Barros, Edu da Gaita, Claudionor Cruz, Dilermando Reis. Uma geração talentosa que colocou a música brasileira entre as melhores do mundo. E coube ainda a Dorival Caymmi ser um dos artistas mais famosos da última fase da Época de Ouro (1942-1945).

Mal tinha esquentado na Rádio Tupi, foi procurado, em agosto, pelo baiano Dermival Costa Lima, amigo do tempo do jornal *O Imparcial*, Erick Cerqueira (*speaker*) e Eduardo Brown — uma verdadeira comissão baiana — para levá-lo para a Rádio Transmissora (PRE-3) com o argumento de que os baianos tinham que ficar todos juntos. Mas o argumento decisivo foi o oferecimento de um cachê de 200 mil-réis mensais para duas apresentações por semana e 50 mil-réis por domingo, num programa patrocinado pelo Dragão, chamado *Meia Hora do Dragão*. A proposta era irrecusável. Significava 400 mil-réis limpinhos na sua mão. Tudo combinado de boca, na maior informalidade, sem nenhum contrato. Na semana seguinte, mudou-se da Tupi para a Rádio Transmissora — localizada na rua do Mercado —, sem afetar em nada sua amizade com Theófilo de Barros Filho. No *cast* estavam artistas como Marília Batista, Dircinha Batista, Manoel Reis, Ciro Monteiro, Antenógenes Silva, Bilu e Eugênio Martins com o seu regional, entre outros.

Mas antes aconteceu um fato inusitado. Fato que ficou em segredo, guardado na gaveta, literalmente, por mais de 60 anos. Numa tarde, Dorival encontrou-se com Chatô, que pediu para lhe falar em particular. O compositor esperava por tudo, menos ouvir a proposta de uma parceria. Chatô não era imune, como a maioria dos brasileiros, à música. Mostrou-lhe um trecho do samba que havia composto e pediu ao baiano que o completasse. "Até pode ser que a música não fosse propriamente de Chateaubriand, vamos dizer que ele tivesse recolhido um motivo folclórico na beira do mar, em Itacuruçá, onde ele gostava de passar as férias. É possível" — analisa o compositor. Caymmi atendeu ao pedido, mas jamais revelou a parceria para não ser chamado de puxa-saco do patrão. "Segura Don Don", título que Dorival Caymmi deu à parceria inusitada, é um samba de roda, com letra jocosa, à moda baiana. Chatô fez:

> Segura Don Don
> Não deixe a caçamba virar
> Segura Don Don
> Não deixe a caçamba virar
>
> Virou virou
> Lá no meio do mar
> Virou virou
> Lá no meio do mar

E Caymmi completou:

> Don Don me ajude aqui
> Não me deixe a caçamba virar
> Don Don me ajude aqui
> Não me deixe a caçamba virar

Joguei minha rede
Na praia de Itacuruçá
A caçamba virou
Porque você não quis me ajudar

No dia 2 de outubro de 1938, Caymmi participou da programação especial de domingo, da Rádio Transmissora, junto com Catulo da Paixão Cearense, Ciro Monteiro, Antenógenes Silva, Dircinha Batista e outros artistas da emissora. Pouco depois, a cidade seria sacudida pela chegada, em 21 de novembro, de um ídolo hollywoodiano muito admirado por Caymmi: era Tyrone Power, causando furor por essas bandas.

Mas nem tudo era alegria para Dorival e sua família naquele ano. Seu irmão Deraldo faleceu repentinamente. Foi um duro golpe. Um mês antes de ele embarcar para o Rio, em março, o irmão havia viajado para Tiririca, no interior da Bahia. Apaixonara-se por uma moça de lá que lhe contou da realidade da cidadezinha, em que as crianças não tinham sequer professor. "Eu vou aparecer por lá, quem sabe não vou ensinar um pouco?" — prometeu Deraldo. E foi o que fez. Em menos de dois meses, o rapaz contraiu malária e morreu no dia 2 de junho de 1938, com apenas 26 anos. A família só foi comunicada no dia 11. As dificuldades de transportes de Tiririca a Salvador eram muitas, e a notícia demorou a chegar, pegando todos de surpresa. Não houve sequer funeral. Sem poder estar em Salvador para apoiar à família, Dorival Caymmi teve que viver sozinho a dor da perda do irmão — uma morte tão prematura. Reduzido a único varão da família, ele tinha mais uma razão para lutar e vencer em terras cariocas. Lembrava do pai recitando a "Canção do Tamoio", de Gonçalves Dias, nos saraus da sua infância: "Não chores, meu filho;/ não chores, que a vida/ é luta renhida,/ viver é lutar./ A vida é combate,/ que os fracos abate,/ que os fortes, os bravos,/ só pode exaltar". E foi em frente.

*Brazilian Bombshell*: "O Que É Que a Baiana Tem?", incluída de última hora no musical *Banana da Terra*, tornou-se a maior atração do filme — o primeiro sucesso de Dorival Caymmi contribuiria decisivamente para fazer deslanchar a carreira internacional de Carmen Miranda.

# 16.
# *BANANA DA TERRA*

"Onde há música, não pode haver coisa má"
(*Dom Quixote*, Cervantes)

Dorival Caymmi tornou-se o sócio número 26 da Associação Brasileira de Rádio (ABR), nos primeiros dias de sua fundação. Procurava acompanhar as novidades da profissão mantendo-se informado. Mas novidade mesmo lhe aconteceu numa tarde de sábado, na Rádio Nacional, quando o cantor e compositor Newton Teixeira lhe fez um convite tentador: "Você quer ouvir sua voz gravada?". Caymmi, que nunca havia ouvido sua voz numa gravação, ficou empolgado. Apressou-se em pegar o violão e acompanhou-o ao estúdio da Sonofilmes, que ficava na avenida Venezuela, próximo ao cais do porto. Misteriosamente, o mar sempre está por perto de Caymmi. Encontrou-se com Moacir Fenelon e Braguinha na técnica. Caymmi, instruído por Teixeira, se posicionou ao microfone e cantou "O Mar". "Canta aquela da baiana!" — pediu Braguinha ansioso. Prontamente, o baiano entoou "O Que É Que a Baiana Tem?", para agradar o amigo.

Mal chegou à pensão naquele dia, Almirante lhe telefonou. "Amanhã, estou passando aí para irmos à casa de Carmen Miranda." Dorival ficou mudo com a perspectiva de conhecer a estrela. Almirante havia assistido a uma participação do baiano na Rádio Transmissora quando se conheceram. No dia seguinte ao telefonema, Almirante e Caymmi rumaram para a Urca. A cantora vivia numa bela casa na avenida São Sebastião. Ela os recebeu com muita simpatia. "Carmen estava de *short* com camisa amarrada na cintura e um belo lenço na cabeça" — lembrou o baiano. Antes que se desse conta, já estava com o violão nos braços com Carmen lhe pedindo que tocasse "O Que É Que a Baiana Tem?". "Agora sim, Almirante, ao vivo é outra coisa" — comentou animada, interrompendo o samba pelo meio. Caymmi surpreso, interrogou Almirante com os olhos. Este se apressou em explicar que no dia anterior tinham usado um pretexto para gravar um teste do samba para que Carmen pudesse aprovar. Estavam correndo contra o tempo. Queriam a canção para o filme *Banana da Terra*, da Sonofilmes, cujas filmagens estavam muito atrasadas. Curiosamente, alguns musicais tinham divertidos nomes de frutas. Além de *Banana da Terra*, haveria *Laranja da China* e *Abacaxi Azul* — este último produzido e dirigido também por Wallace Downey, uma produção conjunta entre a Sonofilmes e a Cinédia, de 1944, que também contou com um samba de Caymmi, "Vestido de Bolero".

Ainda nessa noite de domingo, em casa de Carmen, conheceu Aloysio de Oliveira, um dos integrantes do Bando da Lua, que contava também com Hélio Jordão Pereira, Vadeco (Osvaldo de Morais Eboli), Ivo Astolf e os irmãos Afonso, Armando e Stênio Osório. Aloysio foi outro importante amigo de Caymmi, influindo decisivamente um na carreira do outro nas décadas seguintes, sobretudo nos anos 60. "Era um homem bonito, alegre, elegante e discreto" — descreveu Caymmi. "Consta que ele era o namoradinho de Carmen na época, mas era uma coisa discreta, para não desapontar os fãs dela" — adianta. Com Aloysio veio Braguinha. Carmen conversava com Dorival Caymmi, acompanhados de perto por Almirante. "Essa música é exatamente o que eu quero. Precisamos combinar de você voltar aqui para me ajudar a entender a letra." "Estamos de acordo, Caymmi?" — interrompeu Almirante. Não preciso dizer que Caymmi concordou. Só mesmo um louco para perder uma oportunidade como aquela. E não era o caso. Como não tinham tempo a perder, dali foram todos para os estúdios da Tupi fazer a sonorização do filme. Almirante deixara os demais músicos de sobreaviso. Bastou, portanto, dar alguns telefonemas e reunir todos para a gravação. Apesar de não aparecer no filme, embora muitos garantam equivocadamente o contrário, Dorival Caymmi cantou na sonorização, solando uma parte do samba. Quando Caymmi cantava de cá: "... Tem torço de ouro tem", com muita bossa, Carmen respondia: "E que mais?", como se não tivessem feito outra coisa na vida a não ser cantar juntos. Tudo havia dado certo naquele dia, e saíram todos em verdadeira torcida do estúdio.

O que Almirante não contou para Dorival Caymmi é que Ary Barroso já havia sido contratado para ceder dois números, "Boneca de Piche" (parceria com Luís Iglesias) e "Na Baixa do Sapateiro", para Carmen cantar no filme *Banana da Terra*, com lançamento previsto para antes do carnaval de 1939 e distribuição da Metro-Goldwyn-Mayer do Brasil. Braguinha, Mário Lago, J. Rui e Alberto Ribeiro eram os autores do roteiro e encarregados de toda a produção — cenários, figurino, canções e artistas. O musical teria a participação de artistas do rádio como Dircinha e Linda Batista, Aurora Miranda, Carlos Galhardo, Orlando Silva, Oscarito. "A Jardineira", "Sei Que É Covardia", "Mas...", "A Tirolesa", entre outras, estavam entre as músicas escolhidas. J. Rui era o diretor do filme. Os cenários e figurinos estavam prontos quando Ary Barroso soltou a bomba: queria 10 contos de réis, o dobro do combinado, para autorizar suas canções para a película. E sumiu. Ninguém o encontrava. Por certo não queria negociar. O produtor Wallace Downey, um americano que vivia no Brasil havia pelo menos dez anos, considerou absurda a pretensão de Ary Barroso e recusou pagar o que o compositor pedia.

A produção ficou maluca atrás de duas novas músicas que substituíssem as de Ary de modo que não fosse necessário alterar o cenário. Foi uma verdadeira operação de salvamento. Alberto Ribeiro foi o primeiro a lembrar de Caymmi, recebendo a aprovação imediata de Braguinha e Almirante, segundo o pesquisador Jairo Severiano. Caymmi confirma essa versão. A ideia era substituir "Na Baixa do Sapateiro" por "O Que É Que a Baiana Tem?", um samba de roda estilizado, tipicamente baiano, que Ribeiro ouvira na rádio. Mário Lago confirmou: "Downey chamou Alberto Ribeiro e Braguinha para fazerem as músicas que substituiriam as de Ary Barroso. Alberto disse a Downey — falando de 'O Que É Que a Baiana Tem?' — 'existe uma música sobre a Bahia que é especial'". Mário Lago se lembra perfeitamente do dia em que eles conheceram o compositor baiano: "Fomos assistir na Rádio Transmissora à estreia da Orquestra do Fon-Fon (Otaviano Romero Monteiro), que era um grande saxofonista. Ficamos fascinados, eu, Alberto Ribeiro e Almirante com Caymmi. Todo mundo gostou. Caymmi bateu, valeu. No que cantou, estourou e seguiu em frente. Formou-se um círculo incrível em torno de Caymmi".

Aloysio de Oliveira resumiu o significado do que veio a seguir: "Este incidente mudou definitivamente o destino de três pessoas: o de Caymmi, o da Carmen e o meu. O Caymmi conheceu o seu primeiro sucesso, partindo para muitos outros. A Carmen se apresentou vestida pela primeira vez de baiana no Cassino da Urca logo a seguir e foi contratada para a Broadway. E eu, com o Bando da Lua, que se apresentou pela primeira vez junto com a Carmen no Brasil, também parti para os Estados Unidos. Graças ao Ary Barroso". Mais tarde, quando soube de toda a história, Caymmi se impressionou: "Eu soube depois e fiquei embaraçado, porque era o extremo, eu, um anônimo, e Ary Barroso, a glória da música popular". Na verdade, há uma imprecisão no depoimento de Oliveira. Um pouco antes do filme, em dezembro de 1938, Carmen já havia se apresentado de baiana cantando "Na Baixa do Sapateiro" no Cassino da Urca — na plateia estava Tyrone Power e sua noiva Annabella, que se tornaram amigos da cantora. Comentaram que ela teria condições de fazer sucesso em Hollywood. O que se pode dizer é que até ali o traje da baiana era apenas decorativo e, a partir do samba de Caymmi, tornou-se parte indissociável da personalidade artística da *Pequena Notável*. Abel Cardoso Júnior, em seu livro *Carmen Miranda: a cantora do Brasil*, esclarece: "De 1930 a 1939, a 'baiana' não existiu para Carmen, se bem que tal imagem sobre a cantora se formasse". O pesquisador se refere ao fato de temas baianos aparecerem com frequência no repertório de Carmen Miranda.

Voltando ao *Banana da Terra*: para substituir "Boneca de Piche", usaram a marcha "Pirulito", de João de Barro (pseudônimo de Braguinha) e Alberto Ribeiro, nas vozes de Carmen Miranda e Almirante, como seria originalmente. Ignorando a enormidade que iria ganhar Ary Barroso mesmo antes de ele aumentar seu cachê, Caymmi aceitou feliz os 100 mil-réis que lhe foram oferecidos. Alguns amigos o aconselharam a pedir mais, mas ele não quis abusar da sorte, consciente de que a sua carreira estava apenas começando. Dorival sempre foi assim. Jamais teve pressa.

Almirante, *A Maior Patente do Rádio*, título que sempre o acompanhou, tinha um programa de muito sucesso na Rádio Nacional, chamado *Curiosidades Musicais*. Ele e Braguinha tinham sido do Bando de Tangarás, conjunto musical desfeito em 1931. Braguinha trabalhava também na produção de discos e musicais para o cinema. O cinema estava em franco crescimento e, justamente naquele ano, recebia um reforço considerável, com Getúlio Vargas sancionando a lei de proteção ao filme nacional, estabelecendo a obrigatoriedade de exibição de pelo menos um filme brasileiro por ano em cada cinema. Em 1946, com o presidente Eurico Gaspar Dutra, esse número aumentaria para três. Natural que os profissionais do rádio se dedicassem também ao cinema, especialmente aos musicais.

Almirante foi ainda um dos mais importantes pesquisadores da música brasileira, cujo acervo seria, décadas mais tarde, a base do Museu da Imagem e do Som, no Rio de Janeiro. Em sete anos de Rádio Nacional, criou nove programas, entre os mais importantes do período. Almirante propôs a Caymmi conversarem sobre outros assuntos do interesse de ambos. O radialista fez muitos elogios às músicas do baiano e combinou um encontro para o dia seguinte. No encontro, o radialista lhe fez duas propostas. A primeira pretendia que Caymmi colaborasse com seu programa *Curiosidades Musicais* com os costumes e folclore da Bahia. A segunda,

## PROGRAMA de DEZEMBRO da "RADIO NACIONAL"

| HORARIO | SEGUNDA-FEIRA, 12 | TERÇA-FEIRA, 13 | QUARTA-FEIRA, 14 | QUINTA-FEIRA, 15 | SEXTA-FEIRA, 16 | SABADO, 17 | DOMINGO, 18 |
|---|---|---|---|---|---|---|---|
| 18,00 ás 18,30 | NOVOS DE 38 | | | | | | CHA' DANSANTE DO SABONETE TABARRA |
| 18,30 ás 18,45 | Melodias Orq. Salão | Orq. Carioca | Operetas Orq. Vienense | Melodias Orq. Salão | Celeste Aida | Eduardo Patané Tipica Corrientes | |
| 18,45 ás 19,00 | Nabor Dias | Valsas americanas All Stars | Ernani de Barros | Nuno Roland | Mauro de Oliveira c/ Tipica Corrientes | Nabor Dias | |
| 19,00 ás 19,15 | Orq. Carioca | Nena Robledo | Orq. Carioca | Nena Robledo | Irmãos Tapajoz | Almirante | |
| 19,15 ás 19,30 | Nuno Roland | Bando da Lua | Irmãos Tapajoz | Dorival Caymmi | Vida Pitoresca e Musical dos Compositores com Lamartine Babo oferta EUCALOL "Custodio Mesquita" | Nena Robledo | |
| 19,30 ás 19,45 | Mauro de Oliveira c/ Tipica Corrientes | Camisaria Progresso apresenta "Agora conta você" — Certame de anedotas | Orlando Silva | Bando da Lua | | Orlando Silva | |
| 19,45 ás 20,00 | Orq. de Concertos | | Rose Lee | Lendas Orientais | Orq. Vienense | Bob Lazy All Stars | |
| 20,00 ás 20,30 | HORA DO BRASIL | | | | | | Concurso musical Raio - K |
| 20,30 ás 21,00 | | | | | | | Celeste Aida e Ernani Barros c/ Orq. de Salão |
| 21,00 ás 21,15 | All Stars Bob Lazy | Bob Lazy | Concurso musical Raio - K | Bando da Lua | Caixa de Perguntas BY - SO - DO | Lojas Brasileiras Almirante | EM BUSCA DE TALENTOS |
| 21,15 ás 21,30 | Urodonal - Nuno Roland c/ Orq. Dansas | Dorival Caymmi | | Urodonal - Nuno Roland c/ Orq. Dansas | Irmãos Tapajoz | Nena Robledo | |
| 21,30 ás 21,45 | Curiosidades musicais com Almirante oferta de EUCALOL "Afinal, que é plagio?" | Armazens Brasil Bando da Lua | Orlando Silva | Casa José Silva André Filho | Orq. Carioca | Orlando Silva | |
| 21,45 ás 22,00 | | Nena Robledo | Irmãos Tapajoz | Dorival Caymmi | Mauro de Oliveira c/ Tipica Corrientes | Eduardo Patané Tipica Corrientes | |
| 22,00 ás 22,15 | Orq. Vienense | Tearto a Retalho com Mesquitinha, Ismenia dos Santos, Violeta Ferraz e outros. | Paginas Esquecidas com Ismenia dos Santos, Abigail Maia, Celso Guimarães, Ernani de Barros. | Bebé SAGO Nena Robledo | TEATRO EM CASA | Dorival Caymmi | Ernani Barros |
| 22,15 ás 22,30 | Mauro de Oliveira c/ Tipica Corrientes | | | Teatro a Retalho Mesquitinha, V. Ferraz | | Bob Lazy | Celeste Aida |
| 22,30 ás 22,45 | Romeu Ghipsman com Orq. Concertos | Mhuro de Oliveira com Tipica Corrientes | Maria Clara Romeu Ghipsman com Orq. Concertos | Ida Melo Romeu Ghipsman com Orq. Concertos | | Sirva-se da eletricidade | Ida Melo Romeu Ghipsman com Orq. Concertos |
| 22,45 ás 23,00 | | Bob Lazy All Stars | | | | Orq. de Salão | |

Estreando em horário nobre: grade da programação da Rádio Nacional reproduzida em *A Noite Ilustrada*, de 6 de dezembro de 1938, já com a presença do novo contratado Dorival Caymmi — no concurso musical *Raio K em Busca de Talentos* (à direita, aos domingos), ele conheceria a cantora Stella Maris, sua futura mulher.

e mais importante, que fosse para a Rádio Nacional com um contrato de três meses, com pagamento mensal de 700 mil-réis, mais publicidade em *A Noite*, *Noite Ilustrada* e *Carioca*. "Encontrei uma pessoa muito simpática, afável e amiga" — contou Caymmi a respeito de Almirante, de quem se tornou grande amigo. "Entre o peso da Rádio Nacional e o da Rádio Transmissora, não pude vacilar" — continuou. O músico assinou contrato com Oduwaldo Cozzi, diretor da Rádio Nacional, de quem se tornou amigo.

Caymmi mal podia acreditar na sua sorte. Em junho estava na Tupi, em agosto na Transmissora, e no dia 13 de novembro já assinava contrato com a Rádio Nacional. Afinal, para quem chegara no início de abril, sem nenhuma perspectiva profissional definida, ser disputado por três rádios da Capital era muito mais do que jamais sonhara na Bahia. Porém, só se deu conta da sua ascensão quando a *Revista Carioca*, de rádio e cinema, publicou uma foto sua, um inquestionável sinal de prestígio. No jornal *A Noite*, de 14 de novembro, uma segunda-feira, foi noticiada a sua contratação, com detalhes da sua estreia:

> "Para a sua estreia que terá lugar amanhã à noite, Dorival Caymmi mereceu da direção artística da PRE-8 carinho especial, pois todas as músicas de seu primeiro quarto de hora [às 21 horas] foram orquestradas pelo maestro Radamés Gnattali, com espírito harmônico moderno. Contando com o acompanhamento do conjunto carioca..."

Para um dos seus programas, Almirante combinou com Gnattali fazer um coro especial. Caymmi lembra: "O coro foi feito por Paulo Tapajós, que tinha uma voz de tenorino, eu, cantando como baixo-cantante, Nuno Roland, o primeiro cantor da Rádio Nacional, e mais um cantor, que não era artista, que tinha voz de baixo. Entrávamos os quatro cantores juntos, um quarteto excelente. Fazíamos os coros moderníssimos que Radamés escrevia". Era uma participação especial, pois cada um fazia o seu número individual no programa.

Era uma segunda-feira quando Carmen Miranda ligou para o compositor deixando a pensão inteira maluca. Foi assunto para semanas. Caymmi, muito encabulado, era comentado por todos. No dia seguinte, Carmen foi buscá-lo com seu carro conversível azul, com motorista, causando um frenesi que se estendia da rua São José até o Café Nice, onde muitos pescoços se esticaram curiosos para saber quem era o acompanhante de Carmen Miranda. "Ela usava um lenço esvoaçante na cabeça e uns óculos meio fumê" — recorda Caymmi. Dali foram primeiro ao ateliê de J. Luiz, figurinista da *Fon-Fon*, revista muito popular na época. Timidamente, Caymmi procurou explicar o traje típico da baiana — torço, pano da Costa, bata rendada, balangandãs — para o figurinista, que foi criando uma concepção estilizada, apropriada para o filme.

Curiosamente, "O Que É Que a Baiana Tem?" complementava a descrição que Ary Barroso fazia no samba "No Tabuleiro da Baiana", um dos seus maiores sucessos nos anos 30, na voz da mesma Carmen Miranda, em dueto com Luiz Barbosa. Se Ary descrevia o conteúdo do tabuleiro da baiana, Caymmi esmiuçava seu traje. A típica baiana fascinava o imaginário do povo do Sudeste e Carmen não ignorava o fato. Sobre o samba que fazia, Caymmi fez questão de explicar: "A música típica brasileira é samba. E o samba na Bahia era um estilo de samba de mote e glosa, é você abrir um estribilho e o outro responder. É o samba de umbigada, samba de rua, com influência portuguesa e africana".

"O Que É Que a Baiana Tem?" foi completada no Rio de Janeiro pela necessidade que Caymmi sentiu de explicar para os cariocas o que era a mulher baiana típica. "Quando eu estava no Rio, quis qualificar a baiana. Fiz 'O Que É Que a Baiana Tem?' para explicar para um povo estranho ao meu o que era uma baiana" — conta o compositor. Não imaginava que se veria envolvido naquela reviravolta com Carmen Miranda, Almirante e Braguinha. Enquanto acompanhava a cantora, lembrava como tudo havia começado:

> "Eu pensei comigo: 'Meu Deus! Eu tenho aqui tudo armado: tem torço de seda, tem; tem brincos de ouro, tem'. Eu fui armando por aí, a crioula com a roupa de dia de festa. Quer dizer, o chamado turbante, que na Bahia se chamava de torço. Era o pano da Costa, que no Rio chamariam de xale. Mandava-se vir da costa d'África. 'Correntes de ouro, tem', uns correntões que eu tinha visto no Tio Nonô, que Mãe Menininha usava. E aí vem: 'Tem pano da Costa, tem'. Depois, embaixo do pano da Costa: 'A bata rendada, tem, pulseira de ouro, tem', a mão na frente. 'Tem saia engomada, tem, sandália enfeitada, tem'. Eu podia botar anáguas, mas não dava. E fui urdindo, fazendo a formação do tipo vestido. Até aquela sandaliazinha que fica com o calcanhar meio de fora, com aquele salto fino. É o charme pisar na rua com aquele calçado. E um verdadeiro milagre."

Desejando que o baiano opinasse sobre uns tecidos argentinos que havia comprado recentemente, Carmen levou-o à casa de sua costureira, mulher do compositor Vicente Paiva, que, com Luiz Peixoto, comporia mais tarde "Disseram que Voltei Americanizada" e "Voltei Pro Morro". O que mais impressionou Caymmi foi a simplicidade da cantora. Foram juntos ainda à avenida Passos, no Centro da cidade, comprar os componentes para montar um balangandã. Na concepção final, a cantora vestiu uma saia de veludo, nas cores dourada, verde e rosa-claro, com listras em diagonal, com uma pequena bata do mesmo tecido, deixando a barriga à mostra e um "pano da Costa" diáfano e brilhante, além de muitos colares no pescoço, frutas na cabeça e balangandãs nos braços. "Lamentavelmente o filme era em preto e branco, pois a roupa tinha um colorido lindo" — lembra Dorival. Aliás, os balangandãs iam dar o que falar a partir da estreia do filme, sendo objeto de curiosidade de jornalistas e discussões acadêmicas de pesquisadores. Para o povo, era uma palavra da moda.

Carreira meteórica: ainda no ano de sua chegada ao Rio, 1938, Dorival assinou um contrato de três meses com a prestigiosa Rádio Nacional. Trazendo na bagagem a cultura de suas origens, Caymmi marcou fortemente o imaginário do país com as figuras do seu cancioneiro, como a baiana, com seus "balangandãs".

Caymmi deu muitas entrevistas para explicar o significado de balangandã. Havia lançado a palavra. "Balangandã era uma joia antiquíssima das negras chiques, negras do partido-alto da Bahia. Era uma corrente usada na cintura por cima da saia. Às vezes corria a cintura em duas voltas. Era uma penca com amuletos, promessas, muitas delas feitas em ouro ou marfim. Era para quem podia. As negras do partido-alto eram baianas que tinham proteção de homens ricos. Chegavam na Igreja do Bonfim ou da Misericórdia com um menino levando uma cadeirinha de ajoelhar para a hora da reza" — explicou inúmeras vezes Dorival. Jorge Amado observou que, graças ao samba, a palavra "voltou novamente, por assim dizer, a incorporar-se ao dicionário das palavras vivas... e até discussão de filólogos ela provocou...".

E como provocou. O pesquisador Abel Cardoso Júnior, biógrafo de Carmen Miranda e Francisco Alves, foi incansável em buscar a origem da palavra. Em seu artigo "Origem do termo balangandã", de 14 de junho de 1987, explicou que a maioria dos dicionários concorda com a origem onomatopaica da palavra. "Isto é, o som do vocábulo procura reproduzir seu barulho quando é movimentado" — explica Cardoso Júnior. A palavra teria ainda as variantes "barangandã" e "berenguendém". O pesquisador, todavia, não concorda com esta hipótese. E explica por quê:

> "Entendo que balangandã não possui o menor traço onomatopaico. Simplesmente vem de 'balangar', que é o mesmo que balançar, ainda em uso, por exemplo, nas antigas regiões paulistas de linguajar caipira. Logo, 'balangandã' é o penduricalho de cintura (depois passou a ser do pulso etc.) que balança. De estranhar que nos dicionários balangar às vezes vem logo imediatamente a balangandã e, salvo melhor juízo, ninguém, antes deste despretensioso aprendiz de Etimologia, se 'abalangou' a notar derivação tão evidente! Quanto a berenguendém e barangandã, são corruptelas de pronúncia da palavra balangandã, muito própria dos negros velhos da Bahia e dos negros em geral..."

Luís da Câmara Cascudo, em seu *Dicionário do folclore brasileiro*, ainda assinala outra variação, também dita onomatopaica:

> "Igualmente fixaram Macedo Soares e Manoel Querino, este ajuntando a forma 'balançançam', tipicamente onomatopaica. O vocábulo irradiou-se pela Bahia, onde o objeto se tornou popular: 'Quem não tem balangandãs/ não vai ao Bonfim!' diz uma cantiga."

Alheio ao furor filológico que provocara, Caymmi vivia seu conto de fadas. O compositor passou a frequentar a casa de Carmen Miranda. Mas, ao contrário de outros colegas que não tinham acesso ao interior da casa, restritos a uma saleta reservada para seus encontros de trabalho, o baiano era recebido como pessoa amiga. Num desses encontros, combinaram que o compositor seria seu ponto na filmagem: à medida que Carmen fosse cantando "O Que É Que a Baiana Tem?", o baiano apontaria a parte do vestuário descrita em cada verso. Almirante contou a Abel Cardoso Júnior que pediu ao compositor que aumentasse a letra, para que houvesse mais detalhes no traje para Carmen apontar. Almirante teria dito ao pesquisador que num encontro com o compositor em sua casa, na presença de Ilka, sua mulher, o restante da letra saiu na hora. Mas o autor nega essa versão. "Almirante não me pediu para aumentar a música. Ela estava pronta. Eu a terminei na rua São José" — esclarece Dorival Caymmi, para não haver dúvidas em torno de "O Que É Que a Baiana Tem?". Segue a letra original do samba:

O que é que a baiana tem?
Que é que a baiana tem?

Tem torço de seda, tem!
Tem brincos de ouro, tem!
Corrente de ouro, tem!
Tem pano da Costa, tem!
Tem bata rendada, tem!
Pulseira de ouro, tem!
Tem saia engomada, tem!
Sandália enfeitada, tem!
Tem graça como ninguém...
Como ela requebra bem...

Quando você se requebrar
Caia por cima de mim
Caia por cima de mim
Caia por cima de mim

O que é que a baiana tem?
Que é que a baiana tem?

Só vai no Bonfim quem tem...
Só vai no Bonfim quem tem...

Um rosário de ouro
Uma bolota assim
Quem não tem balangandãs
Não vai no Bonfim
Oi, não vai no Bonfim
Oi, não vai no Bonfim

Carmen e Caymmi foram além da mera camaradagem entre colegas de profissão. Tornaram-se amigos e confidentes. Numa noite, na varanda da casa da cantora, conversaram. "Caymmi, sabe de uma coisa: eu estou completando dez anos de atividade. Eu vou mudar de vida, vou me casar com Aloysio" — confessou Carmen sem imaginar que o sucesso de "O Que É Que a Baiana Tem?" viraria sua vida de cabeça para baixo.

Finalmente chegou o dia da filmagem. Era o quarto musical de Carmen Miranda com Wallace Downey, quinto da sua carreira. Antes havia filmado *A Voz do Carnaval* (1933), *Alô, Alô, Brasil* (1935), *Estudantes* (1935) e *Alô, Alô, Carnaval* (1936), sem contar um primeiro, semidocumentário, chamado *Carnaval Cantado* de 1932. Em *Banana da Terra*, o cenário originalmente feito para ambientar "Na Baixa do Sapateiro", de Ary Barroso, se adequava perfeitamente para o número com o samba de Caymmi. Era um cenário de casario, com uma lua cheia, coqueiro e lampião. Havia uns rapazes em cena fazendo figuração em torno da cantora. Muitos juram que o baiano está entre eles. Estão enganados. Nem Caymmi nem o Bando da Lua participaram da filmagem — apesar de a voz dele e de Almirante estarem bem nítidas no coro, feito na gravação. A participação do compositor foi bem outra. Caymmi postou-se em frente à cantora, para lhe servir de ponto. Empolgado, sugeriu meneios a Carmen, revirando os olhos com malícia — gesto carregado de picardia que o público do compositor mais tarde iria reconhecer como uma de suas marcas registradas. Caymmi lembra que a cantora, brejeiríssima, incorporou facilmente, com sua índole teatral, todos aqueles trejeitos emprestando-lhes um charme todo especial. Agora só lhe restava esperar o carnaval para ver que bicho que dava.

Foi Moacir, um companheiro da pensão, quem o introduziu no carnaval carioca de 1939. Era uma sexta-feira e Caymmi estava em seu quarto, ouvindo os sinais do carnaval vindos da avenida Rio Branco. Moacir, que havia largado a confeitaria, chegou do banco, seu novo emprego, e trocou o terno por um saiote de fazenda quadriculada com um bustiê do mesmo tecido. Como sua janela dava para a janela do baiano, separados somente pela área interna da pensão, Caymmi acompanhava a movimentação sôfrega de Moacir com a maior atenção. Este, tão logo avistou seu vizinho, gritou: "Vamos embora". "Pra onde, Moacir?" — devolveu Caymmi. "Pra Galeria, pro carnaval, pra fuzarca, homem!" — disse Moacir rebocando o baiano, que ainda resistia dizendo não estar preparado. Moacir achou por bem calibrar o rapaz no bar em frente e foram para a zorra. Caymmi saiu pela avenida Rio Branco com seu companheiro. Antes, perguntou que fantasia era aquela que o amigo usava. "É tirolesa" — respondeu um Moacir gaiato. E caíram na boemia cantando sucessos de carnaval. "O carnaval fazia uma vida social ampla e sem discriminações. Unia todas as facetas, todas as classes sociais em quatro dias de pândegas, em que você não procurava saber de nada" — reflete o baiano. A propósito, "Tirolesa" era uma marchinha que pegou naquele carnaval, de autoria de Paulo Barbosa e Oswaldo Santiago.

A Bahia não era um tema novo na música brasileira. Só no repertório de Carmen Miranda havia várias canções que tratavam de temas baianos: "No Tabuleiro da Baiana" (Ary Barroso, 1936), "Baiana do Tabuleiro" (André Filho, 1937), "Quando Eu Penso na Bahia" (Ary Barroso e Luiz Peixoto, 1937) em dueto com Sylvio Caldas, "Na Bahia" (Herivelto Martins e Humberto Porto, 1938), "Na Baixa do Sapateiro" (Ary Barroso, 1938), "Nas Cadeiras da Baiana" (Portelo Juno e Leo Cardoso, 1938), para citar algumas. Mas Caymmi não trouxe apenas uma temática de apelo popular, pois além de suas letras trazerem aspectos e usos da vida baiana desconhecidos do resto do Brasil, como balangandãs ou os pregões das baianas, sua música era inteiramente diferente do que se ouvia no rádio de então, absolutamente original.

Não é exagero dizer que Caymmi, ao desembarcar no Rio de Janeiro, trouxe a Bahia na bagagem. A novidade da sua música não passou despercebida a quem entendia do assunto. Outros sambas podiam apresentar a Bahia como tema, mas nenhum trazia a música típica da Bahia. Um exemplo disto é "O Que É Que a Baiana Tem?", uma estilização do samba de roda da Boa Terra, brejeiro, sensual, razão do seu sucesso.

Apesar do próprio Almirante achar que *Banana da Terra* era um filme muito deficiente, ao estrear bateu todos os recordes de bilheteria do Cine Metro-Passeio, na Cinelândia. Em carta a Braguinha, Almirante relata que, em apenas três dias, nos onze cinemas em que foi apresentado, o filme rendeu 208 contos de réis. Era um bom dinheiro. Caymmi, ao término da sessão de estreia, no Metro-Passeio, em 10 de fevereiro de 1939, posicionou-se próximo da saída para ouvir a opinião do público. "Eu tive a felicidade de ouvir mais de uma pessoa dizer: 'Esse filme só tem uma coisa que presta: aquela música que Carmen Miranda está cantando'. Foi a glória!" — recorda Dorival. "A gente esperava a reação do público. Hoje, infelizmente, se usa manipular o público. A graça era que você confiava na rua. Vinha um e dizia: 'Rapaz, essa música vai pegar no carnaval'. Essa expressão 'pegar no carnaval' era o povo cantar espontaneamente. As gravadoras começaram a investir em discos com antecedência para competir com outras gravadoras. Os compositores agiam. Chegou até um sistema meio criminoso: o sujeito ia para a rádio trabalhar o discotecário: 'Bota o meu disco, corta esse aí'. 'Não, esta aqui está programada pelo sucesso que está fazendo' — o sujeito explicava. Aí o camarada pegava um prego e discretamente riscava o disco. Quer dizer, um jogo baixo" — continua Dorival Caymmi.

Para se ter uma ideia do sucesso do samba, basta ler a reportagem publicada em *O Globo* de 17 de fevereiro: "O celuloide nacional *Banana da Terra* vem obtendo êxito sem precedentes na sala do Metro-Passeio. Há duas coisas pelo menos ótimas: a dança do 'Pirulito' e o formidabilíssimo samba de Carmen Miranda 'O Que É Que a Baiana Tem?', cujo autor o programa não determina, e que é o grande, o grandíssimo samba deste ano. Se o 'Pirulito' apresentado por Almirante e Carmen é uma deliciosa invenção, o samba da baiana representa qualquer coisa de notável, novo, expressivo". A música realmente chamou a atenção. No cartaz, Carmen Miranda aparecia vestida de baiana, mas nem o nome de Caymmi nem o nome do seu samba constava da peça promocional, embora constassem "Jardineira", "Sem Banana Macaco se Arranja", "Não Sei se É Covardia", "Pirulito", "Amei", "Eu Vou" e "Menina do Regimento". Tudo leva a crer que a produção não contava com o sucesso de "O Que É Que a Baiana Tem?".

O mercado de música funcionava de maneira bem mais folgada que hoje, quando tudo é planejado nos mínimos detalhes. "Não se fazia lançamento. Havia honestidade nesse tempo, não se promovia nada. Sabe quem promovia? A própria obra, ela é que se fazia. A imprensa apenas se valia do seguinte: noticiava que uma determinada canção estava na boca do povo, de tão boa que era. Mas não tinha gente, promotores, empregados especiais para divulgar, não havia isso que há hoje. Hoje há uma máquina. Naquele tempo não, era espontâneo. Não se pagava ninguém para divulgar. Ela saía e ia para o coração do ouvinte espontaneamente. Ele ligava o rádio e... 'Olha que belezinha!', estava tocando. Não era um locutor te malhando, malhando, malhando, como hoje se faz, essas porcarias, e gasta-se uma fortuna, investem em bagulho. E no fim ninguém canta, e quando canta, dá prejuízo" — desabafa Caymmi.

Transocceanic
Trading Company
INDUSTRIA
Odeon
R. João Alfredo, 50
Districto Federal
BRASILEIRA
(6023)
O QUE É QUE A BAHIANA TEM
Samba typico bahiano
(Dorival Caymmi)
CARMEN MIRANDA
e DORIVAL CAYMMI
com acomp. Regional
11710 a
RESERVADOS TODOS OS DIREITOS DE REPRODUCÇÃO DESTE DISCO, INCLUSIVE PELO RADIO
6023

## 17.
## O COLOMBO DOS BALANGANDÃS

> "Porque não há sonho mais lindo do que sua terra, não há!"
> ("João Valentão", Dorival Caymmi)

Em 27 de fevereiro de 1939 aconteceu o impensável para um garoto de 24 anos que não tinha ainda completado um ano que chegara ao Rio de Janeiro: gravar com Carmen Miranda. Carmen ligou para Caymmi de São Paulo. "Caymmi, seu samba é sucesso absoluto aqui em São Paulo. Vamos gravá-lo" — decidiu a cantora. Num disco de 78 rotações da gravadora Odeon ficou eternizado aquele encontro com "O Que É Que a Baiana Tem?" (lado A) e "A Preta do Acarajé" (lado B). Acompanhando-os, estava o regional da Mayrink Veiga. "Garoto, Laurindo de Almeida e outros músicos da Mayrink, uns quatro. E Antonio Sergi no pistom" — recorda Dorival. Sobre a participação do pistonista de São Paulo, o compositor comenta: "Sergi viu aquele remelexo todo, pensou logo em rumba — na rumba, o forte é o pistom — e deu aquele molho caribenho à gravação". Caymmi acha que isso descaracterizou um pouco o samba.

O próximo passo da carreira meteórica de Dorival Caymmi foi ser convidado por César Ladeira, na época diretor da emissora, para integrar o elenco da Rádio Mayrink Veiga. O convite era consequência direta do sucesso de "O Que É Que a Baiana Tem?". A Mayrink era a rádio mais importante no momento. Carmen Miranda, sua estrela maior, estava lá desde 1933. O baiano, diante disso, decidiu sair da Rádio Nacional. A revista *Fon-Fon*, em 1° de abril de 1939, noticiava: "Dorival Caymmi, uma grande descoberta de Carmen Miranda, também é mais um exclusivo da Mayrink Veiga". Era o artista do momento. Acertada a sua transferência, Ladeira pediu que o compositor esperasse a volta de Carmen, que estava em férias, para estrear com ela. O que aconteceu em 14 de março no programa das 18 às 20 horas. "Foi um negócio que deu muita inveja. Ninguém me conhecia. Diziam assim: 'Esse cara chegou outro dia, olha como ele já está'. E eu não era metido a sebo" — comenta o compositor. Foram publicadas, algumas vezes, notas que aludiam ao incômodo que o sucesso do compositor causava, como a que citava: "Hão de estar zarros os medalhões, com o sangue novo. Não hão de ter gostado da entrada triunfal de Dorival Caymmi". No mesmo programa em que estreou, estavam Sylvio Caldas, Cândido Botelho, Maria Amorim, Garoto e Cordas Quentes, Barbosa Júnior, Jararaca e Zé do Banjo. O *speaker* era o próprio César Ladeira. Às 20 horas entrava a *Hora do Brasil*. Das 21 às 22 horas, o programa retornava. Em seguida, vinha o rádio-teatro *A Lenda das Lágrimas*, de Carlos Medina.

Carmen Miranda, por sua vez, ganhou impulso novo na carreira com a repercussão de sua presença em *Banana da Terra*, cantando o samba de Caymmi. Para ele, "Carmen reatou a popularidade que tinha com 'Pra Você Gostar de Mim', de Joubert de Carvalho". Essa marchinha de 1930, também conhecida como "Taí", ainda teve fôlego para ser uma das mais tocadas nos carnavais até os dias de hoje.

César Ladeira era famoso pelos títulos que dava aos artistas: Carlos Galhardo, *O Cantor que Dispensa Adjetivos*; Carmen Miranda, *A Pequena Notável*; Francisco Alves, *O Rei da Voz*; Sylvio Caldas, *O Caboclinho Querido*. Impagável foi o título que deu ao pianista Nonô (Romualdo Peixoto), *O Chopin do Samba*. Com o compositor baiano, saiu-se com Dorival Caymmi, o *Colombo dos Balangandãs*, e acrescentou outro mais tarde: *O Homem que Mandou o Samba para os Estados Unidos*.

Toda essa reviravolta era muito mais do que pretendia o compositor nos seus sonhos mais loucos. Ser lançado por Carmen Miranda era sinônimo de consagração. Mas a vida sabe ser generosa. Tudo o que Carmen propiciou a Caymmi, a baiana de Caymmi proporcionou em dobro — ou muito mais — a Carmen.

Tudo aconteceu na temporada de Carmen Miranda no Cassino da Urca, nos dias que antecederam o carnaval de 1939. O cachê de Carmen subiu devido ao grande sucesso do samba de Dorival Caymmi. Almirante aproveitou e conseguiu um dinheiro extra para o baiano. "Cada vez que ela cantasse, saíam cem mil-réis para mim. 'E o que é que eu vou fazer com essa dinheirama?', me perguntava feliz" — recorda o compositor. Aloysio descreve o Cassino em *De banda pra lua*, seu livro de memórias: "O palco do *grill-room* era equipado com uma cortina móvel de grandes espelhos e as orquestras apareciam em elevadores e plataformas também móveis. Os artistas comiam num salão especial onde o jantar custava dois mil e quinhentos réis".

O grito de guerra *A, E, I, O, Urca*, criado especialmente por César Ladeira para a casa do mineiro Joaquim Rolla, anunciava mais uma noite de grandes atrações. Carmen, vestida de baiana pelo artista plástico Gilberto Trompowsky, brilhava cantando "O Que É Que a Baiana Tem?",

Passe disputado: Dorival, Carmen Miranda e Assis Valente na Mayrink Veiga, em 1939 — Caymmi não pôde recusar o convite de César Ladeira para transferir-se para a rádio mais importante do momento.

acompanhada pelo Bando da Lua, quando chamou a atenção de Lee Schubert, grande produtor norte-americano, dono da Select Operating Corporation, que administrava metade dos teatros da Broadway. Junto com a estrela Sonja Henie, patinadora do cinema, e Marc Connelly, Schubert desembarcara do Transatlântico *Normandie*, no Rio de Janeiro, para passar quatro dias. Sonja, encantada com Carmen, foi presenteada pela cantora com um traje de baiana. Schubert estava tentado a levar aquela cantora brejeira — embora ele não pudesse entender o que isso significava —, ardida como pimenta, originalíssima, para a Broadway, mas ainda tinha dúvidas se a cantora agradaria ao público americano. Sonja deu o empurrãozinho que faltava e ainda no Rio de Janeiro tiveram, a bordo do *Normandie*, Schubert e Carmen, as primeiras conversas que resultariam no contrato assinado em 27 de março seguinte.

"A Urca foi meu trampolim. Nessa época, nem sonhava em vestir uma baiana... Acontece que eu tinha de me apresentar cantando 'O Que É Que a Baiana Tem?' e a letra da música explicava que ela tinha isto, tinha aquilo, coisas que a minha fantasia precisava ter. Então pedi ao Trompowsky que desenhasse uma baiana para mim. Foi a minha primeira fantasia. Era branca, com uma barra preta e um Pão de Açúcar ao lado. Para completá-la, comprei na avenida Passos uns colares de mil e quinhentos réis e duas cestinhas de sete mil-réis. Sentindo o sucesso que a originalidade da vestimenta e a beleza da música brasileira fariam nos Estados Unidos, Sonja Henie — a madrinha do meu sucesso — insistia tenazmente com Schubert para me contratar. Ele não queria, mas acabou vencido pela perseverança da minha amiga, e de um dia para o outro eu me vi em palcos americanos, cercada de aplausos por todos os lados" — disse Carmen à revista *O Mundo Ilustrado* de 29 de dezembro de 1954.

De fato, a cantora embarcou, no dia 4 de maio de 1939, para os Estados Unidos, levando consigo o conjunto Bando da Lua, para assegurar o acompanhamento fiel dos sambas que interpretava. Antes, porém, dá um presente a Caymmi, gravando em 29 de abril, na véspera do seu aniversário, mais um samba de roda do baiano, "Roda Pião", cantando com ele e o Conjunto Odeon — Luperce Miranda (cavaquinho/bandolim), Tute (Arthur de Souza Nascimento, violão), Nonô (Romualdo Peixoto, piano), Esmerino Cardoso (trombone), Walfrido Silva (bateria) e Djalma Guimarães (trompete). O disco foi lançado em agosto seguinte. Tudo mais que perfeito. Para Carmen e para Caymmi. O compositor ainda teve a alegria de saber que Josephine Baker, famosa atriz americana, em temporada no Cassino da Urca, cantou "O Que É Que a Baiana Tem?", naquele mesmo ano. Muitos veículos da imprensa noticiaram que a cantora acrescentou o samba ao seu repertório depois de sua volta a Paris. Em entrevista ao jornal *Estado da Bahia* (15/7/1939), perguntaram se ele estava satisfeito com a vitória, ao que ele respondeu bem-humorado: "Eu, nem tanto. Minha família está muito mais. Imagine que inauguraram meu retrato, grande, na sala de visitas e convidaram todos os vizinhos".

César Ladeira estava no Broadhurst Theatre, no dia 19 de junho de 1939, na estreia de Carmen Miranda na Broadway. "O público a recebe entusiasticamente. Aliás, acolhe-a, quando Carmen começa 'O Que É Que a Baiana Tem?', com um silêncio angustiante, silêncio que demonstra interesse pela artista do Brasil que lhe é apresentada e que pode transformar-se numa grande vitória ou num fracasso decisivo. E Carmen vence" — relata Ladeira vibrante numa crônica para a Rádio Mayrink Vei-

O brilho das estrelas: capa da partitura de "O Que É Que a Baiana Tem?" — a carreira de Caymmi alça voo ao lado da *Pequena Notável*.

ga. A partir daí, *A Pequena Notável* se torna Carmen Miranda *Brazilian Bombshell*, e toma os Estados Unidos de assalto.

Já famosa na América do Norte, a artista reconheceu com humildade, fato raro em celebridades, o papel dos compositores no seu sucesso. "Sei que contribuí bastante para a divulgação da música popular brasileira no estrangeiro. Mas, também, a verdade é que tive muita sorte. Em primeiro lugar, tive sorte por ter sido a primeira a trazer números como 'Tico-tico', 'Mamãe Eu Quero', 'Cai, Cai', 'O Que É Que a Baiana Tem?', 'Na Baixa do Sapateiro', 'No Tabuleiro da Baiana', e tantos outros para os Estados Unidos" — declarou a cantora a um repórter. Em 26 de dezembro, a cantora gravou "O Que É Que a Baiana Tem?", em dueto com

"Brazilian Nuts": partitura com a letra do compositor norte-americano Al Stillman para a melodia de "O Que É Que a Baiana Tem?", de Caymmi.

Aloysio de Oliveira e o Bando da Lua, seu primeiro 78 rpm nos Estados Unidos, contratada pela gravadora Decca. No ano seguinte, The Mills Brothers — o famoso grupo vocal norte-americano, que ao longo de sua carreira de mais de seis décadas venderia 50 milhões de discos e exerceu enorme influência sobre o Bando da Lua — também gravaram o samba. Foi a primeira vez que um grupo estrangeiro gravou Caymmi no exterior. A versão, feita por Al Stillman, não tem nada a ver com a letra original e acabou se transformando numa propaganda da castanha brasileira, com o nome de "Brazilian Nuts":

> A song came out of Brazil,
> Called "Baiana Tem"
> It means: "Has somebody got something I have not"
> But who the devil knows how the Latin goes

Of “Baiana Tem”
The melody is the same
But they changed the name

A package for a penny
Who’ll buy some Brazilian Nuts?
Who’ll try some Brazilian Nuts?
Ay! Ay! Those Brazilian Nuts,
They really are quite the nuts
Try one and you’ll buy many
They’re full of delicious meat
They’re sweet and they’re good to eat
Come on, give yourself a treat
And try some Brazilian Nuts
They’ve got that certain flavor
You wanna wonderful thing
That gives you plenty of zing?
Just give a penny to me
And get your vitamin E!
So do yourself a favor
And buy some Brazilian Nuts

Do I make my livin’?
By sellin’ Brazilian Nuts
By yellin’ Brazilian Nuts
Try shellin’ Brazilian Nuts
I’m tellin’ ya they’re the nuts
It’s time that you were givin’
A package to dear mama
A package to dear papa
And one for your baby, ah!
She loves those Brazilian Nuts
The doctor says they’re dandy:
A certain medical guy
Whose name is Anthony Glutz
Tells everybody to try
Those South American nuts
So have your money handy
And buy some Brazilian Nuts...

A, E, I, O, Urca: Caymmi e o poeta Manuel Bandeira (à esquerda), Samuel Wainer (atrás de Caymmi), Otávio Malta e Emil Farhat (à direita, na segunda mesa) no Cassino da Urca — o baiano se integrava ao mundo cultural carioca.

# 18.
# QUINDINS

> "Eu vou por outras terras/
> que meu amor já se foi/ nas ondas verdes do mar"
> (*Mar morto*, Jorge Amado)

Em meio às novidades de sua vida profissional, Caymmi foi fazendo amigos, principalmente entre o pessoal da imprensa, a maioria comunista. Conheceu Osório Borba, Carlos Lacerda — ainda na esquerda no período —, Samuel Wainer, Moacyr Werneck de Castro, Otávio Malta, Danilo Bastos, Noel Nutels, Remi Fonseca, Brício de Abreu, Emil Farhat, Graciliano Ramos e aquele que viria a se tornar mais que amigo, um irmão para a vida toda, Jorge Amado. Jorge, na época, era redator-chefe das revistas *Dom Casmurro* e *Diretrizes*. Ambos tinham afinidades profundas. Imaginem que Jorge com apenas 11 anos escreveu uma redação cujo título era "O Mar" e, a partir daí, seu professor, vendo seu talento, o incentivou para a literatura.

Era nos finais de tarde que a turma se reunia no Bar da Brahma, na Galeria Cruzeiro. Combinaram certo dia passar o fim de semana em Quindins, sítio de Carlos Lacerda, em Vassouras, no estado do Rio de Janeiro. "Quindins interpretado à mineira por Ary Barroso, que faz dos quindins o dengo" — lembra Caymmi: "Tinha acabado de conhecer Jorge Amado, apresentado não me lembro por quem — nem ele — no meio do caminho entre o Café Belas Artes e o Café Nice. Jorge era casado com Matilde Garcia Rosa e já tinha uma filha chamada Lila, Eulália Dalila Amado, que morreria prematuramente pouco tempo depois". Lacerda, o compositor conhecia das suas andanças com a turma da imprensa que frequentava os mesmos bares que os artistas de rádio. Assim como Danilo Bastos, que era da revista *Dom Casmurro*, de Brício de Abreu. Este último, segundo Caymmi, "era um homem de imprensa e da diplomacia, um apaixonado, que alimentava uma plêiade de novos jornalistas com pequenos vales". Ele era o único que tinha dinheiro. Os demais estavam sempre "a perigo". Danilo enveredou pelo teatro e casou-se com a atriz Dercy Gonçalves. Samuel Wainer e Otávio Malta também eram da *Diretrizes*. O baiano adianta: "Do Malta diziam à boca pequena que era o melhor secretário de jornal que existia. Um riso adorável, uma calma e,

O círculo se amplia: Jorge Amado, Samuel Wainer, Dorival Caymmi, Bluma Wainer, Vitor Pentagna, Sara Catá e Brício de Abreu no Cassino da Urca, em 1939 — Jorge e Dorival se tornariam mais que amigos, verdadeiros irmãos.

para o trabalho que fazia, um milagreiro". É o próprio Caymmi quem relata o fim de semana:

> "Pegamos um trem. Quindins. Um lugar agradável, uma casa bonita, de fazenda... À noite, na varanda — uma varanda alta — ocorreu a nós uma brincadeira. Não sei quem teve a ideia de fazer uma cantiga. Samuel tentou entrar com um verso ali, uma frase, uma coisa qualquer, mas não colou. A censura era entre eles, os letristas. Eu entrei com a melodia logo fácil e dei a partida na letra: 'Aqui o teu corpo nos meus braços'. Aí entrou Jorge: 'Nossos passos pela estrada, nossos beijos pela noite, e a lua'. Quando cantei 'Aqui...' eu estava com Quindins na cabeça, a ideia do lugar e de sua beleza. Ocorreu tudo ao mesmo tempo. A gente nunca soube direito de quem partiu cada frase, se foi Malta, Samuel, Jorge ou Lacerda. Mas tem um pedaço que é bem Carlos Lacerda: 'Nosso amor adolescente poderá recomeçar'. Todos davam palpites, mas os autores da

letra mesmo foram Jorge Amado e Lacerda. O título 'Beijos pela Noite' foi posto depois. Jorge era o escriba da letra."

A canção, uma seresta, por fim ficou pronta. Jorge Amado compôs:

Aqui
O teu corpo nos meus braços
Nossos passos pela estrada
Nossos beijos pela noite
E a lua

Pelos campos minha amada
Pelos bosques, pelas águas
Acompanha o nosso amor

Carlos Lacerda continuou:

Hoje já passado tanto tempo
Pela noite escura e triste
Pelas frias alamedas
A chuva apaga a marca dos teus passos
No caminho abandonado
A saudade é o meu luar

Um dia sentirás a mocidade
No teu corpo fatigado
Da saudade dos caminhos
E então sob a lembrança dos meus beijos
Nosso amor adolescente
Poderá recomeçar

Os amigos brincavam com a parte que Carlos Lacerda fez. "É bem a cara dele" — troçavam. Caymmi prossegue em suas reminiscências: "Era o grupo mais adorável que poderia se reunir. Ziloca, mulher de Lacerda, muito jovem, com Serginho, que peguei no colo. Ziloca na realidade se chamava Dona Letícia. Uma conversa muito atual, piadas de um, cochichos sobre literatura, sobre música. A atração musical era eu. Eu que fazia o clima. Cantei todas as canções que sabia. Nunca constou que entre os figurantes daquela noite tivesse alguma vocação musical. Nunca vi o Malta — pessoa do meu coração — cantar nem no carnaval! Outro que nunca ouvi cantar nem ouvirei jamais: Jorge Amado, que não canta, não assobia, não dança e fica danado se a gente diz. Lacerda tampouco era chegado. Mas com umas quatro cachaças, todo mundo canta. Então eu tive um corozinho. Bebíamos umas batidinhas, sucos — Jorge sempre foi muito chegado a um suco de frutas. Quando se dormia muito tarde, eram duas horas da madrugada. Não passava disso. Ritmo de fazenda. Foi um encontro memorável". Caymmi continua: "De repente, surgiu um negócio que me deu um choque: começaram a chamar Carlos Lacerda de 'cor-de-rosa'. A maioria do grupo era 'vermelho', de esquerda. E não perdoava Lacerda por, logo em seguida, trabalhar na revista *O Observador Econômico*, do Valentim Bouças, um capitalista! Lacerda mudou de opinião. Mudou". Mas a canção ficou. Pensaram em gravá-la, o que nunca fizeram. A canção só foi finalmente gravada em 1994, por Danilo e Simone Caymmi, num disco comemorativo dos 80 anos do compositor.

* * *

De tanto conviver com jornalistas, Caymmi teve seu dia de homem de imprensa. Numa roda de bar no Amarelinho, a maioria jornalista, em meio ao chope e muito papo, Brício de Abreu lhe propôs que escrevesse para a edição comemorativa de *Dom Casmurro*, usando termos antigos. O assunto era seu conhecido, música. Era uma simples nota, mas que deveria noticiar um fato ligado à música do século XIX. Como naquela época não havia disco ainda, só música impressa para piano e outros instrumentos, Caymmi recorreu a Carlos Lacerda, com quem tinha muita afinidade: "Carlos, como é que eu vou fazer uma nota dessas, que tenha forma de um assunto daquela época?". Então veio a aula: "Você dá um salto ali defronte, na Biblioteca Nacional, procure um jornal da época, veja uma notícia ligada à música e faça uma nota" — instruiu Lacerda. "Eu saí dali feito um louco, fui à biblioteca, tomei informações, procurei saber da época e encontrei a joia: era uma reportagem sobre a demonstração para Dom Pedro II da descoberta de Edison, a música gravada num cilindro que reproduzia a voz humana" — confessa Caymmi. Feita a nota, foi mostrá-la para o jornalista. "Perfeito. Pode mandar para a redação" — disse Lacerda para um Caymmi radiante. "Fiz uma nota e saiu bonita. Pequena e boa" — revela o baiano, que, para o alívio dos fãs, desistiu da carreira de jornalista.

## 19.
## EDIFÍCIO SOUZA

"Éramos uma mistura de demônios e santos, orgulhosos do nosso talento."
(*À mesa do Vilariño*, Fernando Lobo)

Enquanto todos os acontecimentos profissionais iam arrastando para a fama um Dorival Caymmi completamente extasiado, Theófilo de Barros Filho passava por um problema prosaico. Precisava encontrar alguém para dividir as despesas do apartamento em que vivia na rua do Passeio — o aluguel custava 400 mil-réis —, pois o amigo Antônio Correia, que dividia anteriormente o apartamento com ele, voltara para o Piauí e o deixara na mão.

Procurou o baiano para saber se estaria interessado em se mudar para o Edifício Souza. Caymmi, que se não estava rico em 1939 já não contava vinténs, aceitou na hora. Nesse meio tempo, a pensão havia sido transferida para a rua do Carmo, 43, no Centro também, e ele preferiu continuar pagando o aluguel do quarto — mesmo depois de sua mudança — para continuar fazendo as refeições lá e manter o vínculo com os amigos que havia feito. Paulo Gracindo, um desses amigos, morava numa pensão próxima à sua, e também fazia as refeições na pensão de Dona Julieta. O baiano mudou-se para a rua do Passeio, Edifício Souza, apartamento 1.005. "Aí apareceram os penetras: Antônio Maria e Fernando Lobo, às escondidas. Pediam comida na pensão em meu nome e no de Theófilo e penduravam a conta" — entrega Caymmi, lembrando dos episódios engraçados do famoso edifício.

Chamar o Edifício Souza de famoso não é exagero. Antônio Maria dedicou parte da sua coluna Pernoite, publicada na revista *Manchete*, ao prédio. "Pela janela, a Baía de Guanabara entrava que era uma beleza, com seus navios e barcaças, seus raros vasos de guerra e aqueles cargueiros cinzentos, que mugiam dentro da bruma, nas tardes de cerração. Nossa vida era espiar o mundo e a janela era tudo" — escreveu na coluna. Maria e Fernando Lobo, recém-chegados de Pernambuco, numa dureza de dar dó, viviam pedindo guarida no apartamento. Quando Caymmi e Theófilo saíram de lá — este último foi para o Nordeste escrever para *O Cruzeiro* —, ambos foram seus herdeiros até serem despejados por uma arruaça envolvendo a polícia e uma certa senhorita que guardava uma grande semelhança física com Bette Davis.

Enquanto viveu no Edifício Souza, Caymmi costumava dar seu passeio matinal pelas imediações. Gostava de acordar cedo. Assistia aos últimos sinais da agitada noite na Lapa. Andava pelo parque, acompanhava o despertar da cidade, os comerciantes abrindo suas lojas. Já havia na cidade muitos automóveis transitando. "Mas ninguém buzinava sem razão" — comenta Caymmi. Depois do passeio, pedia o café por telefone no restaurante do Mestre Valentim, na esquina da rua do Passeio com a rua das Marrecas. "Ao faxineiro do prédio, eu pagava 10 mil-réis para cuidar do nosso apartamento, porque Theófilo também não tinha tempo de arrumar, assear o banheiro, deixar desinfetado. Eu tinha esses escrúpulos. E, ocasionalmente, a gente podia levar uma garotazinha lá e aí estava tudo limpo" — conta o baiano. Almoçava no Angrense ou no próprio Mestre Valentim e, se desse vontade, pegava uma sessão de cinema, sua paixão. Vez por outra, ia a uma confeitaria da Cinelândia ou andava um pouquinho e entrava na Confeitaria Colombo, na Gonçalves Dias, uma rua muito chique.

Outra paixão que trouxera da Bahia era frequentar bibliotecas, e ficou maluco com a Biblioteca Nacional e com o Museu Nacional de Belas Artes. Às vezes ensaiava à tardinha. Mas em geral tinha bastante tempo disponível, pois seu horário na rádio era sempre à noite. Aproveitava para curtir as expressões típicas que saíam espontâneas da boca dos cariocas: "Segura o homem"; "Tá com tudo e não tá prosa", "Sossega Leão", que alimentavam a música popular ou eram alimentadas por ela. Uma delícia aos seus ouvidos. Acontecia às vezes de encontrar bem cedo o pintor Augusto Rodrigues, seu vizinho do apartamento 1.010, que o convidava para um banho de mar. Iam à praia das Virtudes, na avenida Rio Branco, em frente ao obelisco. "Ah, você acorda cedo para ir à praia, Augusto?" — perguntou Dorival. "Nada, estou chegando da rua agora" — respondeu o artista, que tinha o hábito de acordar de madrugada para trabalhar. Na época, Augusto Rodrigues trabalhava como chargista para a imprensa. Na casa do pintor nunca faltavam comida e bebida, razão pela qual Fernando Lobo e Antônio Maria, que viviam no maior aperto, não saíam de lá. Mas se Caymmi quisesse encontrá-los para um papo bastava aparecer na sinuca, que ficava em cima do Cinema Palácio, e achava todo mundo: Villa-Lobos, Osório Borba, Joel Silveira, Aidano do Couto Ferraz, Brício de Abreu, Guilherme Figueiredo, Genolino Amado e Evandro Pequeno. Uma turma de peso.

## 20.
## MUDANÇAS NO AR

"Longe fui lembrar/ do eterno uma presença antiga"
("Da Antiga", Danilo Caymmi e Ana Terra)

Caymmi viveu no Rio de Janeiro a década de transição do ambiente cultural carioca, a década de 40. Com a influência da cultura americana chegando para ficar, com seu cinema, sua música e todos os modismos que traziam, pouco a pouco o comportamento do carioca foi mudando, e o restante do Brasil seguia a reboque da Capital. Este processo foi muito acelerado com a entrada do Brasil na Segunda Guerra Mundial e a intensificação da política de "boa vizinhança" no pós-guerra. O principal objetivo era assegurar o domínio cultural americano por estas bandas — e em toda a América Latina, afinal —, de modo a evitar flertes com outras ideologias, como os que Getúlio Vargas e seu Estado Novo tiveram com Mussolini e Hitler no início da guerra. A política econômica do Estado Novo era arrojada. Guilherme Guinle — tio de Carlinhos, figura que se tornaria importante na vida de Dorival — assumiu a presidência da Comissão Executiva do Plano da Siderúrgica Nacional, em março de 1940. Em julho, o Eximbank em Washington liberou o financiamento para a obra. Em 31 de janeiro de 1941, foi implantada a Companhia Siderúrgica Nacional (CSN), em Volta Redonda, no Estado do Rio de Janeiro, passo importante no processo de industrialização do país. Em 7 de agosto de 1942, o Brasil entrou na guerra, o que alterou a vida do brasileiro, que passou a conviver com blecautes, racionamentos e notícias constantes do conflito.

Se quando Caymmi chegou ao Rio o quente eram os cabarés da Lapa e os teatros de revista da Praça Tiradentes, poucos anos depois as boates de Copacabana, íntimas e pequenas, passaram a ser sinônimo da vida noturna carioca, que teve em Antônio Maria seu mais talentoso cronista e frequentador. Esse processo chegou ao auge nos anos 50. O Brasil "Joujoux e Balangandãs" não existia mais, ou melhor, perdera a força. A influência francesa na nossa cultura diminuíra consideravelmente e temas africanos já não despertavam tanta curiosidade no público, fascinado pelos musicais americanos, pelas vozes de Bing Crosby e Frank Sinatra, pelos passos de Fred Astaire e Gene Kelly, pela beleza de Rita Hayworth e Ava Gardner. As *big bands* norte-americanas invadiam as rádios e rapidamente começaram a aparecer orquestras brasileiras montadas nos mesmos moldes, como a do maestro Carioca; a Tabajara, de Severino Araújo; a de Oswaldo Borba; a do maestro Fon-Fon, de Otaviano Romero Monteiro; a de Napoleão Tavares e Seus Soldados Musicais.

Mas o compositor se encantava sobretudo com a elegância do carioca. "Era um negócio esplêndido. Era indispensável aquele linho, aquela casimira inglesa de primeira categoria, o bonito corte das roupas, o chapéu importado de boa qualidade, o chapéu de feltro, a capa para os dias de chuva, de gabardine fina, os sapatos da Casa Clark, da Polar, que não eram apenas uma marca, eram uma nota de elegância vinda com o atrativo da criatividade, da criação inglesa e francesa para os sapatos. O sapato da mulher tinha que ter o toque francês, o sapato do homem tinha que ter o toque inglês, por excelência" — detalha com gosto o baiano, que conheceu um Rio bem mais glamouroso. "Quinta-feira era o dia chique da cidade. Você denominar o 'dia chique' de uma cidade é lindo, não é?" — acrescenta.

Caymmi viveu essas experiências sem perder sua brasilidade, absorveu com originalidade as mudanças dos ventos dos costumes e os incorporou à sua obra, numa nova fase musical: a das canções urbanas. Canções como "Marina" (1947), "Saudade" (1948), esta em parceria com Fernando Lobo, "Nunca Mais" (1949), as primeiras da sua fase urbana, caíam como uma luva nessa nova época da boemia carioca. A qualidade de suas músicas permanecia a mesma. Continuava um compositor absolutamente original. Alguns pesquisadores chegam a considerar a fase das canções urbanas de Caymmi melhor que a das canções praieiras, apesar de esta última ser mais marcante. "Um gênero musical que não existe" — apressou-se em esclarecer Luís da Câmara Cascudo, a propósito da expressão criada pelo compositor baiano na tentativa de classificar suas próprias músicas.

Na fase urbana, por outro lado, soube captar os anseios de uma época, e de uma classe média que aspirava a uma vida próxima do que lhe era apresentado nos filmes, e colocá-los em canções. Em tempos de pós-guerra, em meio às ameaças de bomba atômica, importava desfrutar o aqui e o agora. Era exatamente esta geração que ouvia Dorival Caymmi. O interessante é que Caymmi não esgotou jamais a fase praieira. Como as ondas do mar, ele estava sempre beijando as areias da praia. Em 1985, já com seus 71 anos, brindou seu público com a inédita marchinha "A

Hotel Avenida: o edifício, sede da famosa Galeria Cruzeiro e ponto de encontro de artistas e intelectuais cariocas desde os anos 20, seria demolido na década de 50 — um acontecimento simbólico para uma época de grandes transformações no Rio de Janeiro e no país.

Mãe d'Água e a Menina". Tem total liberdade de compor, como demonstrou no samba-valsa "... Das Rosas", no fado "Francisca Santos das Flores" e na cantiga de ninar "Acalanto".

No início da sua carreira, entre 1938 e 39, surgia a figura do intermediário para suas apresentações, principalmente em clubes e festas, estas geralmente nos fins de semana. Não era propriamente um empresário. Era um indivíduo que aparecia nos corredores das rádios cercando o artista para convidá-lo para apresentações e ganhava um percentual em cima do cachê. Dorival Caymmi passou a se apresentar então em clubes como o Tijuca Tênis, Fluminense, Flamengo, entre outros, além de festas particulares. Na época, seu cachê regulava em torno de 500 mil-réis. Mas o trabalho também podia aparecer sem intermediário. Naquele tempo, imperava a informalidade. Em abril de 1939, Caymmi assistia a uma peça no Teatro Carlos Gomes, na Praça Tiradentes, em que atuava Procópio Ferreira (pai da atriz Bibi Ferreira), o mais famoso ator brasileiro, quando Luiz Peixoto — seu amigo e mais tarde primo, quando se casou com uma parente do baiano — o abordou: "Procópio quer que você faça um número no intervalo do espetáculo dele". Sentindo-se honrado, o compositor não hesitou e atendeu ao pedido do ator. Não estava só. Homenageando Procópio estavam o fadista Manoel Monteiro, a cantora Sylvinha Mello, entre outros. No dia seguinte saiu um artigo no jornal relatando o fato e dando destaque a Caymmi já no subtítulo. Funcionaria como uma boa divulgação se o jornalista de *A Pátria* não o tivesse chamado de "Norival Caimmy". Bem ao gosto da época, sapecou-lhe o título de *O Creador de Rythmos*. E acrescentou suas impressões: "Mas que acento de ternura, que misto de saudades e melancolia nesses ritmos que apesar de tão nossos, tão de nossa gente, nos pareciam tão estranhos e tão novos".

Caymmi passou a ser chamado também para cantar em espetáculos teatrais, principalmente no encerramento das peças, o que era muito comum. Ele se apresentava com seu violão. "Eu tinha um repertório pequeno, mas aguentava 45 minutos, uma hora de espetáculo" — explica o compositor. Era muito raro haver o contrato para selar um acordo de show, em geral as coisas aconteciam de boca mesmo. É que a tal da palavra de honra ainda tinha o seu valor. Entretanto, quando Dorival gravou seu primeiro disco — com Carmen Miranda — pela Odeon, a gravadora tratou de assegurar em contrato mais seis. O baiano se assustou. E não era para menos: numa das cláusulas ele se comprometia a gravar seis discos de sucesso em dois anos. Em cada 78 rotações cabiam duas músicas, uma em cada face. Ser obrigado a fazer seis músicas de sucesso por ano era uma responsabilidade muito grande. Não dá para prever uma coisa dessas. Caymmi ainda tentou argumentar com o diretor: "Senhor Strauss, o senhor nunca vai ter de mim os seis sucessos anuais, porque eu me sinto incapaz de garantir isso". Ouviu do diretor uma resposta otimista: "Você faz, você tem talento". O compositor retrucou uma vez mais: "Eu conheço a minha capacidade de trabalho e meus limites de talento". E hoje analisa: "Eu fiquei muito amedrontado com contratos com gravadoras, embora ser exclusivo de uma companhia desse um certo prestígio, não há dúvida, artista exclusivo e tal da Odeon, da Victor, da Columbia". Ele sequer foi ouvido. Acabou por assinar, mas saiu dali angustiado.

## 21.
## *JOUJOUX E BALANGANDÃS*

"O talento absolve seu portador dos maiores pecados"
(Paulo Francis)

Houve um acontecimento na segunda metade daquele ano de 1939 que acabou por abrir a Caymmi as portas da alta sociedade carioca. A moda dos balangandãs atravessou o ano e foi bater no palco do Teatro Municipal, no espetáculo beneficente organizado por Dona Darcy Vargas, a primeira-dama da República. A renda iria para a Cidade das Meninas e a Casa do Pequeno Jornaleiro, duas entidades que assistiam crianças pobres. O espetáculo, de dimensões ambiciosas, com mais de 280 amadores da sociedade e alguns poucos profissionais atuando, chamava-se *Joujoux e Balangandãs*, nome da composição de Lamartine Babo — uma marchinha — feita especialmente para a ocasião e sob a influência dos balangandãs lançados por Caymmi. Seu diretor, o escritor Henrique Pongetti, auxiliado por Léa Azeredo da Silveira, o classificou como uma *féerie* (espetáculo deslumbrante) em dois atos, apresentando as influências francesa e africana na cultura brasileira. Basicamente o que se viu foram esquetes e números de canto e dança. Tudo feito com inegável bom gosto, chegando inclusive a reproduzir no cenário gravuras de Debret e Rugendas.

Não se pretendia chamar profissionais para participar do espetáculo, exceto Mario Reis, que também pertencia à chamada fina flor da sociedade carioca, cantando "Joujoux e Balangandãs" em duo com Mariah — cantora amadora, mais tarde senhora Maurício Joppert —, o barítono Cândido Botelho (intérprete de Villa-Lobos), cantando "Aquarela do Brasil", e o maestro Radamés Gnattali, dirigindo a orquestra. Caymmi foi chamado para auxiliar Lucília Noronha Barroso do Amaral a ensaiar "O Mar". Lucília era esposa de Miguel Barroso do Amaral, tio de Zózimo, jornalista que marcaria, algumas décadas depois, o colunismo social no Brasil. Quando Lucília, uma linda dama da alta sociedade carioca, declarou não se encontrar em condições de enfrentar a empreitada, Dona Darcy interveio pessoalmente. "Se Lucília está tendo dificuldade, podia o senhor mesmo cantar?" — convidou a primeira-dama, que acompa-

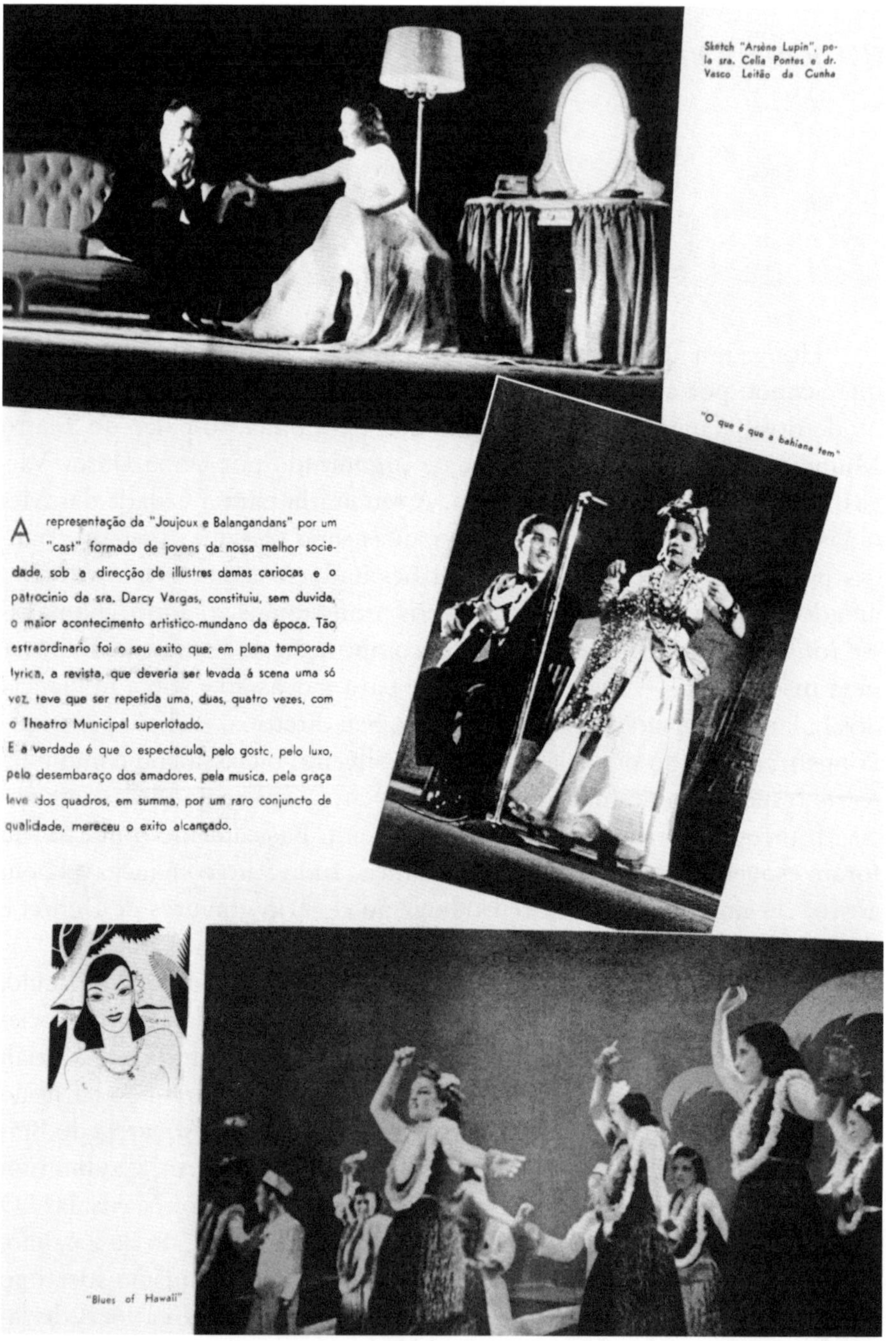

Sketch "Arsène Lupin", pela sra. Celia Pontes e dr. Vasco Leitão da Cunha

"O que é que a bahiana tem"

A representação da "Joujoux e Balangandans" por um "cast" formado de jovens da nossa melhor sociedade, sob a direcção de illustres damas cariocas e o patrocinio da sra. Darcy Vargas, constituiu, sem duvida, o maior acontecimento artistico-mundano da época. Tão estraordinario foi o seu exito que, em plena temporada lyrica, a revista, que deveria ser levada á scena uma só vez, teve que ser repetida uma, duas, quatro vezes, com o Theatro Municipal superlotado.

E a verdade é que o espectaculo, pelo gostc, pelo luxo, pelo desembaraço dos amadores, pela musica, pela graça leve dos quadros, em summa, por um raro conjuncto de qualidade, mereceu o exito alcançado.

"Blues of Hawaii"

Caymmi *black-tie*: no espetáculo beneficente *Joujoux e Balangandãs*, Dorival cantou "O Mar" e "O Que É Que a Baiana Tem?", em quadro que foi registrado pela revista *Ilustração Brasileira*, de setembro de 1939.

nhava atentamente os ensaios com os filhos Getúlio e Alzira. "Então, eu fui na costureira e improvisou-se uma roupa de pescador. Arranjou-se um cenário para a ocasião, aproveitando-se o cenário de infinito que estava lá no Municipal, colocaram uma linha de bailarinas da Dona Clara Korte, professora de dança para jovens da sociedade. Ela improvisou um balé ali para fingir ondas. E eu vinha de pescador, me apoiava numa canoa do cenário e cantava 'O Mar'. E depois cantei 'O Que É Que a Baiana Tem?', apenas com o violão e uma menina cantando comigo a parte feita por Carmen Miranda" — recorda o compositor baiano. O cenário da encenação de "O Mar" foi concebido por Gilberto Trompowsky e Fernando Valentim.

As apresentações aconteceram nos dias 28 e 30 de julho e prosseguiram em 4, 11 e 16 de agosto. A repercussão do evento foi grande. O jornal *O Globo*, de 21 de julho, trouxe estampadas, em destaque na primeira página, duas fotografias em que aparecem as bailarinas que encenaram "O Mar". A legenda cita a "lindíssima canção de Dorival Caymmi". Numa das apresentações, o baiano conheceu Dom João de Orleans e Bragança, que fez figuração em um dos cenários que reproduzia Debret. Outro que participou do espetáculo foi o futuro ministro Vasco Leitão Cunha. O baiano se lembra das presenças, na estreia, de Leopoldo Modesto Leal, Lourdes Rosemburgo, Rosinha Mendonça Lima, esposa do ministro Mendonça Lima, da Viação e Obras Públicas, o prefeito Henrique Dodsworth, além de Getúlio e Dona Darcy Vargas, é claro. "Antônio Callado, anos depois, me contou que também estava lá pelos bastidores fazendo a reportagem do espetáculo" — completa. A plateia tinha a oportunidade de ver na vitrine do *foyer* do teatro uma exposição de balangandãs autênticos, peças antigas do tempo da escravatura, algumas de ouro e prata, que pertenciam a colecionadores. Se pairasse alguma dúvida sobre o sucesso que a palavra vinha obtendo ao longo de todo o ano de 1939, tal exposição em local tão nobre como o Teatro Municipal do Rio de Janeiro a dissiparia por completo.

"A sociedade me recebeu muito bem. Eu não era frequentador, mas era uma pessoa requisitada para festas, tive relacionamentos bons. Imagine que depois daí teve uma noite em que eu estava na Rádio Mayrink Veiga e chegou um homem muito elegante, de maneiras finas, de trato, declinou o nome e disse ser da firma Lowndes & Sons, que era uma firma importante, com um convite para que eu passasse o fim de semana em Petrópolis, na região serrana do Rio, para cantar para a condessa de Paris e toda a Família Imperial" — conta Caymmi, sem disfarçar o orgu-

Visita a Getúlio: Dorival Caymmi (à esquerda, de gravata borboleta), em audiência da Associação Brasileira de Compositores e Autores, com Vargas, em 7 de janeiro de 1939 — Caymmi compôs algumas canções com o então presidente da ABCA, Oswaldo Santiago, como forma de fortalecer a recém-criada associação. Algumas destas parcerias permanecem inéditas até hoje.

lho. De fato, eles traziam um convite de Dom Pedro de Orleans e Bragança para uma audição especial no Palácio Grão-Pará, em Petrópolis.

Se como espetáculo *Joujoux e Balangandãs* foi um sucesso, como filme deixou o produtor Adhemar Gonzaga, dono do estúdio Cinédia, de cabelo em pé. Alugados por dez dias — a partir de 26 de agosto — a preço de custo para Dona Darcy Vargas, a fim de colaborar com as obras assistenciais da primeira-dama, os estúdios foram ocupados por mais dois meses, prejudicando toda a programação da Cinédia daquele semestre. Na direção estava Amadeu Castelaneta. O filme, com 75 minutos de duração, finalmente foi lançado no Rio, em 1º de dezembro, nos cinemas São Luís, Odeon, Roxy e América. Pouco depois, no dia 4, aconteceu a estreia em São Paulo, nos cinemas Art-Palácio, Rosário e Odeon (Sala Vermelha). O *Jornal do Brasil* de 2 de dezembro publicou a crítica de Mário Nunes, que tentou salvar o filme pedindo indulgência do público, argumentando com o amadorismo do elenco, mas sem deixar de apontar suas falhas: falta de ligação entre os quadros, falta de dinamismo, som deficiente. Mas nem tudo foi ruim: elogiou a fotografia, os cenários e a seleção musical.

Em setembro de 1939, Dorival Caymmi lançou seu primeiro disco solo, pela gravadora Odeon, com "Rainha do Mar" e "Promessa de Pescador", que não alcançaram o sucesso de "O Que É Que a Baiana Tem?". "Já encontrei dificuldades para agradar meu público na linha do sucesso que eu vinha fazendo" — assinala o compositor. Como não obteve a repercussão esperada pela gravadora, teve o contrato rescindido. Poderia soar estranho, mas saiu dali aliviado. "Nunca mais eu fiz contrato com ninguém" — declara o compositor, se referindo às gravadoras. Dorival Caymmi tinha — e tem! — o seu próprio tempo de acontecer e uma natural resistência a qualquer coisa que quebrasse o seu ritmo.

"Eu tinha vocação de homem livre e fiz de tudo para não ter contrato de obrigação com disco" — explica Caymmi. "Logo depois consegui fazer dois discos avulsos pela Columbia" — continua. Não foi difícil, pois lá estava Braguinha como diretor-artístico, que tratou de aproveitá-lo, sem pressões ou contratos. No dia 7 de novembro de 1940, gravou "O Mar", em duas versões. Para o jornalista e crítico de música Luís Antônio Giron, as modulações de "O Mar" são "um dos marcos iniciais da liberdade harmônica na música popular brasileira". A Columbia passou a se chamar Continental, ainda sob a direção artística de Braguinha. "Depois desses dois discos, eu, sem contrato, fiquei zanzando por aí. Gostava muito de viajar. O que me prendia era o rádio. O rádio é que me mantinha" — relembra Caymmi, que editava suas músicas com a E. S. Mangione, com sede em São Paulo, dirigida por Vicente Mangione na filial do Rio de Janeiro.

Em 1940, saiu um disco do compositor em que ele interpretava "Essa Nega Fulô", uma canção de Oswaldo Santiago em cima do famoso poema de Jorge de Lima. O 78 ainda saiu com o selo Columbia. No mesmo ano, também cantou "Navio Negreiro", de Sá Róris, J. Piedade e Alcir Pires Vermelho. Raríssimas vezes, em toda a sua carreira, Caymmi interpretou em disco canções que não fossem suas. Apesar de ser um excelente cantor, limitou-se quase que exclusivamente a cantar sua própria obra. Na outra face do 78 rotações da Columbia, Caymmi gravou "Balaio Grande", em parceria com Oswaldo Santiago.

Santiago presidia a Associação Brasileira de Compositores e Autores (ABCA), fundada em 1938. Até aquela época, a arrecadação dos direitos autorais era feita por um departamento dentro da SBAT (Socieda-

UNIÃO BRASILEIRA DE COMPOSITORES

Fundada em 22 de Junho de 1942

Sêde: RIO DE JANEIRO, Brasil

TITULO DE SOCIO FUNDADOR

*O Presidente da "União Brasileira de Compositores", de acordo com o artigo 4.º dos Estatutos vigentes, confére ao sr.* DORIVAL CAYMMI, *de nacionalidade* Brasileira, *signatario da ata de* 22 de Junho de 1942, *o titulo de* **Socio Fundador,** *com os direitos e deveres previstos na constituição social.*

*Rio de Janeiro,* 2 de Junho de 1947

Presidente

Secretario

Lutando pelos direitos da profissão: título de Dorival Caymmi como sócio-fundador da União Brasileira de Compositores.

de Brasileira de Autores Teatrais). A SBAT não queria largar o osso — pura força de expressão, pois havia muita carne ali. Mas os compositores estavam se assumindo como classe profissional e resolveram abrir uma sociedade independente. No entanto, não foram todos os compositores da SBAT que entraram na ABCA.

Dorival Caymmi lembra que Santiago o pressionava a fazer parcerias. A finalidade era fortalecer as editoras da ABCA, em face das grandes editoras, depois que assumiu a presidência da Associação. Além de "Balaio Grande", a parceria mais conhecida dos dois, e "Seu Defeito É Não Ter" — gravada por Dircinha Batista em 1941 —, compuseram os sambas "Sem os Carinhos Teus" e "Eu Quero Amar" e a marcha "Até

Reunião da UBC em 1943: da esquerda para a direita, Wallace Downey, Braguinha, Alberto Ribeiro e, de branco, na outra ponta, Antônio Almeida — o parceiro de Caymmi em "Doralice", "O Que É Que Eu Dou?" e "Tem Dó". Logo atrás, em pé: Ciro de Souza, Dorival Caymmi, Hoche Ponte (de perfil), Cristóvão de Alencar ao lado de Oswaldo Santiago, Dalva de Oliveira, Sá Róris, Vicente Mangione e Dunga (apoiado no balcão). Na terceira fila: Gadé, Mário Rossi, Felisberto Martins, Armando Vieira Marçal, Roberto Martins e Aníbal Cruz.

as Pedras da Rua". As três últimas músicas, compostas entre 1940 e 1941, permanecem inéditas até hoje.

Caymmi foi um incansável lutador pelos direitos autorais na música brasileira. Ele foi um dos fundadores da União Brasileira dos Compositores (UBC), em 22 de junho de 1942. A verdade é que esta é a data oficial, pois a fundação aconteceu um mês antes, em 22 de maio, numa reunião informal dos compositores no Bar Alpino, na rua Gustavo Sampaio, no Leme. Nessa ocasião, um grupo de compositores decidiu sair da SBAT e se juntar à ABCA formando a UBC. A formalização da nova sociedade foi possibilitada pela intercessão de Israel Souto, representante do DIP (Departamento de Imprensa e Propaganda), que autorizou o funcionamento da nova sociedade arrecadadora. A UBC representou uma importante etapa na defesa do direito autoral dos compositores, cada vez mais conscientes dos seus direitos.

A UBC começou modesta, numa pequena sala com três máquinas de escrever Remington, como lembra Caymmi: "Tudo foi alugado com muito sacrifício, graças à dedicação de Mário Lago, Oswaldo Santiago, Ary Barroso, Braguinha, Alberto Ribeiro, Lamartine, e tantos outros colegas". E acrescenta: "Todos nós entramos com dinheiro. Tudo isso para poder ter acesso à defesa do nosso direito. Era a luta pela garantia moral das gerações que viriam depois. Mas houve toda sorte de aborrecimentos por aí". De fato, novas divergências levariam, em 9 de abril de 1946, a uma nova cisão no seio da UBC, provocando a criação pela ala dissidente de uma nova sociedade arrecadadora, a SBACEM, Sociedade Brasileira de Compositores e Editores (mais tarde Escritores) de Música. O primeiro presidente da UBC foi Ary Barroso, que não completou seu mandato, sendo substituído por Alberto Ribeiro, então vice-presidente.

Entre as metas da nova sociedade estava a criação de uma tabela única de cobrança de direitos autorais para todas as sociedades, só alcançada em 1944. Na ocasião, o Sindicato de Empresas de Diversões entrou com um mandado de segurança contra a tabela única que foi cassado pelo Supremo Tribunal Federal. Em seguida, começaram os estudos no Ministério do Trabalho para a criação do Instituto de Assistência e Seguro Social dos Trabalhadores Intelectuais. Tudo debaixo de muita luta dos pioneiros pela defesa dos direitos autorais no Brasil.

* * *

Era preciso trabalhar. Em 12 de outubro de 1940, uma quinta-feira, Dorival Caymmi retornou ao palco do Teatro Municipal. Dessa vez, convidado para cantar num espetáculo promovido pela Liga de Defesa Nacional em homenagem à Marinha brasileira, no "Dia do Mar". Participaram do espetáculo Radamés Gnattali e a pianista Carolina Cardoso de Meneses ("Fantasia Brasileira", de Radamés Gnattali); Pixinguinha ("Carinhoso", do próprio Pixinguinha, letra de Braguinha); Nuno Roland e os Irmãos Tapajós ("Na Baixa do Sapateiro"); Quarteto Tupã e Waldemar Henrique ("Boi-Bumbá", de Waldemar Henrique) e Cândido Botelho ("Aquarela do Brasil", de Ary Barroso).

# 22.
# STELLA MARIS

> "Quem inventou o amor não fui eu, não fui eu,/
> Não fui eu, não fui eu, nem ninguém"
> ("Nem Eu", Dorival Caymmi)

Aos domingos, Caymmi frequentava o auditório da Rádio Nacional, que ficava no 22º andar do edifício do jornal *A Noite*. Uma tarde, assistindo ao *Raio K em Busca de Talentos*, um programa de calouros, uma loira de olhos verdes, alta e bonita, chamou sua atenção. Raio K, marca de um inseticida, era o patrocinador do programa. Apostou consigo mesmo que a caloura iria cantar um fox americano. Cumprimentou alguns colegas e acomodou-se no auditório. Não conseguia tirar os olhos da moça, hipnotizado. O programa estava na etapa final. Todos os candidatos já haviam participado das eliminatórias e tirado 5, a nota máxima. Silvino Neto, grande humorista da época além de compositor, pai do comediante Paulo Silvino, o mineiro José Mauro e Celso Guimarães eram os apresentadores e redatores do programa. O júri era para ninguém botar defeito. De altíssimo nível. Faziam parte os maestros Radamés Gnattali, Leo Peracchi (casado com a cantora Lenita Bruno) e ainda Eduardo Patané, Romeu Ghipsman — que viria a se tornar um grande amigo de Caymmi —, Jaime Marchewski, todos músicos da orquestra da Rádio Nacional. Finalmente, chegou a vez da cantora se apresentar acompanhada pelo Regional de Dante Santoro, formado por Santoro (flauta), Carlos Lentine (violão), Valdemar (cavaquinho) e Joca (pandeiro). "Caí para trás ao ouvi-la cantar 'Último Desejo', de Noel Rosa. Morri de emoção" — revela o compositor.

Ao término da apresentação, foi atrás de Haroldo Barbosa para saber quem era aquele "avião", que ainda por cima cantava Noel divinamente bem. "Ela se chama Stella Tostes" — informou Haroldo. Logo que o último calouro se apresentou, Caymmi não aguentou esperar pelo resultado e correu para os bastidores para saber da colocação da cantora. Quando soube que ela tinha vencido, ficou orgulhoso como se a vitória fosse dele. Pena que o baiano não teve coragem de sequer cumprimentá-la, deixando passar a oportunidade de conhecê-la pessoalmente.

Paixão à primeira vista: Stella Maris em início de carreira cantando na Rádio Tupi, em 1938 — Dorival se impressionou com a beleza e a voz da jovem artista.

Stella nasceu no dia de Reis, 6 de janeiro de 1922, em São Pedro de Pequeri, um pequeno povoado de Minas Gerais. Com 6 meses de idade se mudou com os pais, Cândido de Aguiar Tostes e Zulmira Tostes, e seus oito irmãos — Ruth, João, Maria, Madalena, Irene (Linda Jambo), José, Helena e Antonio —, para o Rio de Janeiro. Uma curiosidade: os Tostes descendem de Hipólita Jacinta Teixeira de Melo, a única mulher, segundo pesquisadores, envolvida na Inconfidência Mineira, casada com Francisco Antônio de Oliveira Lopes. Seu Candinho, como costumava ser chamado o pai de Stella, era fazendeiro na região da Zona da Mata, cuja cidade mais importante era Juiz de Fora. Havia perdido tudo em jogos e mulheres. Na esperança de se recuperar financeiramente, resolveu tentar a sorte na Capital. "Eu nunca me esqueci de uma frase que meu avô Candinho costumava dizer: 'A primeira porretada mata a cobra'" — comenta Nana, filha de Caymmi.

Stella, na verdade, se chama Adelaide Tostes, nome que jamais usou, a não ser para assinar documentos. Ninguém na família jamais ousaria chamá-la Adelaide. O motivo não era nada edificante. Seu Candinho nunca foi o melhor dos maridos, mas quando nasceu Stella, sua caçula, cometeu um ato inominável. Logo que soube que Zulmira havia tido uma menina, correu ao cartório e registrou-a como Adelaide, nome de uma grande paixão. De nada adiantou tal absurdo, pois Zulmira jamais permitiu que a chamassem assim.

A vida dos Tostes no Rio de Janeiro foi bastante difícil. Stella começou a trabalhar muito cedo. Com 14 anos já estava no comércio. Mas gostava mesmo era de cantar. Sempre que podia, frequentava as rádios com as amigas, participando dos programas de calouros, e, aos poucos, foi se profissionalizando. Cantou nas rádios Cajuti e Transmissora. "Virei cantora profissional na Rádio Guanabara e comecei a ganhar um cachezinho" — relembra Stella. A cantora Emilinha Borba também começava na mesma rádio, naquele período. "Nós duas, como éramos principiantes, cantávamos tarde" — continua a mineira. Stella era acompanhada pela violonista Ivone Rebelo. "Ela era uma grande violonista e fazia o favor de me ensaiar e me ensinar o repertório, pois eu não lia partitura" — comenta Stella. "Eu costumava cantar versões de canções americanas e o repertório mais antigo de Sylvio Caldas, que ele já não cantava mais, além de canções de Noel como 'Pra Que Mentir?' e 'Último Desejo'" — completa. "Fui muito incentivada pela minha irmã Linda [apelido de Irene Tostes], que vivia na época com Moreira da Silva" — conta. Linda era muito ligada ao pessoal do teatro e adorava ouvir Stella cantar.

Stella e sua amiga Flora Matos participavam de coros em gravações de disco. Mas as chances de fazer um solo eram raras. "Para ouvir minha própria voz numa gravação, eu tive a felicidade de Antenógenes Silva me notar no coro." De fato, ao ouvi-la durante uma gravação na Odeon, em 15 de maio de 1939, Antenógenes convidou-a para fazer um solo na valsa "Saudade Profunda", parceria dele com Ernani Campos. Antenógenes Silva, um acordeonista respeitadíssimo, viria a ser reconhecido como um dos melhores do mundo. "Ele me deu uma estrofe para cantar, eu ouvi minha voz e gostei" — relembra Stella. Atualmente as facilidades tecnológicas são tantas, que não passa pela cabeça das pessoas a enorme difi-

Estrela do mar: Adelaide Tostes (à direita, com sua irmã Helena) sempre usou o nome de Stella, acrescentando o "Maris" por sugestão de César Ladeira — um nome artístico perfeito para o gosto de Caymmi.

culdade para o cantor daquela época poder ouvir sua própria voz numa gravação, algo tão prosaico hoje em dia. O curioso é que Dorival e Stella gravaram seus discos de estreia com um intervalo de poucos meses. A propósito do disco da cantora, o pesquisador Abel Cardoso Júnior comenta: "Quando escutei, fiquei impressionado. Ela canta uma vez só, mas é o que basta. É uma voz muito doce. Tive um amigo, o escritor Waldemar Iglésias Fernandes, já falecido, que foi fã de Stella Maris a vida inteira, desde que a ouviu na Mayrink Veiga. Nunca a esqueceu".

Uma tarde, em fins de 1938, Stella acompanhou Ivone Rebelo a um teste que a violonista faria na Rádio Mayrink Veiga. Antes passou no escritório dos editores Mangione e Filhos para pedir uma partitura e ensaiá-

-la com Sátiro de Melo, o pianista da casa e compositor atuante, que lhe prestava esse pequeno favor. De lá, seguiu com Ivone para o teste. Estavam na emissora os violonistas Laurindo de Almeida e Garoto, além do diretor-artístico, César Ladeira. Havia mais umas cinco pessoas, entre instrumentistas e cantores, para a avaliação. Stella Tostes, com uma partitura na mão, chamou a atenção de Ladeira. "Você está inscrita?" — perguntou o radialista. Stella negou. "Então, para que é a partitura em sua mão?" — perguntou ele. "Eu peguei para aprender" — explicou a cantora, intimidada. "Você quer tentar?" — ofereceu ele. "Mas eu não sei a letra de cor" — avisou a moça. "Não faz mal" — simplificou Ladeira, taxativo, já avisando Laurindo e Garoto para acompanhá-la. Stella, que era muito tímida, se aproximou com a partitura. Interpretou "Tudo Cabe Num Beijo", de Carolina Cardoso de Meneses e Oswaldo Santiago. Resultado: foi a única contratada naquela tarde. "Foi uma honra — eu já tinha essa consciência — ser acompanhada por dois grandes violonistas brasileiros" — reconhece a cantora, que para chegar até ali sofreu injustiças e decepções.

Por ser menor de idade — tinha apenas 16 anos, o que não aparentava com 1,71 m de altura —, foi preciso que seu pai fosse conversar com César Ladeira e Edmar Machado, diretor-geral da emissora e genro de Antenor Mayrink Veiga, o dono da rádio. Naquela época, Candinho já trabalhava na polícia civil como investigador, e, na assinatura do contrato, não usou meias palavras para exigir cuidados especiais com a sua caçula. Foi uma chuva de recomendações e ameaças. Só saiu tranquilo quando Ladeira assegurou que cuidaria pessoalmente de sua filha. Como seguro morreu de velho, Stella, quando ia à Rádio Mayrink Veiga, era acompanhada da mãe, Zulmira, e da irmã, Helena. No dia da estreia de Stella, Carmen Miranda passava pelo corredor próximo ao estúdio em que a jovem cantora ensaiava com a orquestra. Curiosa, Carmen perguntou quem era ela. Soube então que se tratava de uma novata que estrearia às 18h30, um horário de baixa audiência. Carmen, tal e qual uma fada madrinha, cedeu generosamente a Stella seu horário das 21 horas, o horário nobre da emissora. Poucos seriam tão generosos num ambiente tão competitivo. Mas Carmen era assim.

A estreia de Stella aconteceu em 15 de novembro de 1938, quando a cantora foi acompanhada pelo pianista argentino Heriberto Leandro Muraro, que chegou ao Brasil em 1932 e ficou conhecido como *O Incrível Muraro*, pelas proezas que realizava ao piano. Em 18 de novembro de 1938, a iniciante participou do programa de Carmen Miranda, junto

ATTRACÇÕES da sua P.R.A-9...

OUTRAS das innumeras attracções da sua PRA-9:

STELLA MARIS, depois de cantar um dos seus foxes envolventes, acaricia o microphone que é o seu namorado numero um...

NENA ROBLEDO, num sambinha bem carioca, enfeitado pela "bóssa instrumental" de Luiz Americano, Tute, Pixinguinha, Garoto e Laurindo — um conjunto regional de se lhe tirar o chapéo...

OS Pinguins, "o trio atacante da sua PRA-9", atacando com estylo um dos curiosos numeros do seu repertorio variado... A sua PRA-9 não descansa...

No topo: Stella Maris, já com *status* de estrela da Mayrink Veiga, e seus colegas na emissora — a cantora Nena Robledo, o incrível regional com os feras Luiz Americano, Tute, Pixinguinha, Garoto e Laurindo de Almeida, e o trio Os Pinguins.

com Carlos Galhardo e a dupla Alvarenga e Bentinho — Alvarenga e Ranchinho, a dupla habitual, haviam brigado. Stella Tostes deu lugar a Stella Maris, *Uma Estrela que Nasce*, nome escolhido por César Ladeira, num momento de clarividência. O nome Stella Maris (estrela do mar) não poderia ser mais adequado para a futura esposa de Dorival Caymmi, o eterno amante do mar. A jovem cantora agradou e passou a receber cartas de fãs de todo o Brasil. "Falua", de Braguinha e Alberto Ribeiro, "Favela", de Roberto Martins e Waldemar Silva, do repertório de Sylvio Caldas, uma versão de "Ma Rêverie", de Claude Debussy, além de versões de fox-trotes americanos, integravam o seu repertório. Como era muito bonita, fez publicidade para o creme de beleza Dagelle. Tinha uma promissora carreira pela frente.

Na Mayrink Veiga, Stella conviveu com diversos artistas famosos. Aracy de Almeida — adjetivada por César Ladeira de *O Samba em Pessoa* —, Pixinguinha, Carlos Galhardo e Sylvio Caldas foram alguns dos seus colegas. Aracy, volta e meia, a convidava, junto com Pixinguinha, para almoçar no restaurante Tupã, próximo à rádio. "Fui ganhando pouco. Dava para eu me vestir, vestir mamãe e Helena. Mas não dava para comer fora. Aracy costumava me convidar. Ela era uma criatura dificílima, mas gostava de mim" — relembra Stella. A jovem cantora não pôde manter por muito tempo os sucessos antigos de Sylvio Caldas em seu repertório. Ao retornar à Rádio Mayrink Veiga, Sylvio voltou a cantá-los. "Ele se incomodou comigo e tomou o repertório de volta" — comenta Stella Maris.

Em 18 de agosto de 1939, Stella e Flora Matos fizeram parte do coro da primeira gravação de "Aquarela do Brasil", de Ary Barroso, na voz de Francisco Alves, com arranjo de Radamés Gnattali, pela Odeon. "Dá para identificar perfeitamente a voz de Stella" — garante Dorival. Aliás, trata-se de um casamento perfeito entre música e arranjo, em que a introdução do arranjo se incorporou definitivamente à música. Ademais, foi o baterista Luciano Perrone quem pediu a Radamés, ao escrever para os instrumentos de sopro, que o fizesse em ritmo de samba, para facilitar sua vida. E foi o que o maestro fez e o resultado não podia ser melhor: grandiloquente e contagiante. Com "Aquarela do Brasil" era lançada uma nova espécie de samba, o chamado samba-exaltação, que se prestava aos interesses do nacionalismo da ditadura de Vargas, dizem alguns, o que não era certamente a intenção de Ary Barroso.

A essa altura, Caymmi, deixando a timidez de lado, já dera um jeito de ser apresentado à loira. Insistiu à exaustão para que o compositor Al-

D. Stella,
eu gosto
um bocado
da "senhora".
"Seu" Caymmi.

De cantada em cantada: a "grande intérprete do fox-trot americano" acabou se rendendo aos encantos do charmoso baiano, casando-se com ele ainda em 1940. O namoro não passou despercebido pela imprensa, que logo noticiava: "Tivemos notícia de um princípio de romance entre Dorival Caymmi, autor de 'O Que É Que a Baiana Tem?', e Stella Maris, elemento do *cast* da Rádio Mayrink Veiga".

cir Pires Vermelho os apresentasse. Stella estava apaixonada na época por um certo Aloísio, mas não resistiu à corte do baiano. Esperto, Dorival tratou de pedir permissão ao pai da moça, Seu Candinho, para namorá-la. Não foi fácil enfrentar o sogro, que além de policial tinha 1,94 m de altura. E os irmãos de Stella não eram diferentes: todos muito altos. Caymmi não se deixou intimidar. Afinal, como diria o baiano anos depois no samba-canção "Nem Eu", "quem inventou o amor não fui eu". Ele encarou tudo por Stella. E não esperou muito para pedi-la em casamento. No dia 4 de março de 1940, fez o pedido no portão de sua casa. O período de noivado também foi curtíssimo, menos de dois meses. Caymmi queria casar logo e escapar da vigilância dos homens da família

Tostes. Na época, era costume namorar no portão, sob estrita vigilância. E o namoro era considerado uma preliminar, assim como o noivado, para o casamento. Servia como uma carta de intenções. Todo domingo lá ia o baiano fagueiro ver sua Stella, na casa 6 de uma vila situada na rua Conde de Leopoldina, número 480, em São Cristóvão. O romance não ficou em segredo por muito tempo. Em 15 de setembro, saiu na coluna Vanguarda: "Tivemos notícia de um princípio de romance entre Dorival Caymmi, autor de 'O Que É Que a Baiana Tem?', e Stella Maris, elemento do *cast* da Rádio Mayrink Veiga".

Noivo de Stella Maris, Caymmi foi motivo de gozação por parte de Jorge Amado. Trazia o retrato da namorada na carteira e o escritor descobriu. Fez um alvoroço no Bar da Brahma: "É a noiva dele. Caymmi tá noivo" — repetia aos gritos com a foto nas mãos, constrangendo o noivo discreto. Foi forçado pela turma a descrever a moça. "Dê o relatório" — ordenaram os amigos liderados por Jorge, cujo divertimento principal era espicaçá-lo. "Aí eu caí na asneira de dizer que namorava Stella, que a conheci no rádio, no programa de calouros, que ela cantou e eu era um assistente de ouvido, ficava na plateia" — relata o compositor. "Fui obrigado a apresentar a noiva. Ficou combinado que eu levaria Stella para a casa de Jorge Amado, que ia fazer um vatapá chamado 'quede a noiva?'. O vatapá saiu, e estava aquele pessoal todo" — prossegue.

O vatapá "quede a noiva?" — serviram ainda uma frigideira, outro prato típico da Bahia — aconteceu num sábado, na Urca, onde Jorge vivia com a família. A farra foi completa e Stella foi apresentada à turma: os anfitriões, Carlos Lacerda e Ziloca com Serginho, Moacyr Werneck de Castro, Emil Farhat, Theófilo de Barros Filho, Samuel e Bluma Wainer, Remi Fonseca, Otávio Malta, entre outros. "Cheguei lá e apresentei: 'Aqui está minha namorada'. Aquele 'avião'. Loira, usando uma rede no cabelo, um vestido estampado, a cintura bem acentuada. Muito bonita. Como era de esperar, ela fez sucesso" — recorda o compositor. Caymmi teve de pedir licença aos seus futuros sogros para levar Stella. Ao saberem que se tratava de Jorge Amado — já consagrado com os romances *Suor*, *Cacau*, *O país do carnaval*, *Jubiabá*, *Mar morto* e *Capitães da areia* — permitiram a ida da filha ao tal vatapá. Se Seu Candinho, como era chamado pelo futuro genro, soubesse que sua filha estava com a nata do comunismo, não teria facilitado tanto assim. Daquela vez, Seu Candinho cochilou na vigilância. E assim a futura senhora Dorival Caymmi foi aprovada com louvor pela turma do marido. O almoço transcorreu em verdadeira e festiva esbórnia.

Em agosto ainda, houve um grande show no Cassino da Urca, chamado *Urca's Balangandãs*, com Grande Otelo, Cândido Botelho, Silvinha Melo (cantora) e Lis Gauty (cantora francesa). Mais uma demonstração da força do samba de Caymmi. No réveillon, o compositor se apresentou no Cassino Atlântico, junto de grandes atrações tais como Sylvio Caldas, Dircinha Batista, Cartola e a Escola de Samba Estação Primeira de Mangueira — a escola que Dorival Caymmi adotou desde que chegou ao Rio.

No carnaval de 1940, Caymmi fez questão de receber em seu apartamento, no Edifício Souza, a família de sua noiva. Fez o possível para agradá-los. Improvisou um recipiente com gelo para a cerveja e o refresco. Providenciou uma ceia. Da janela, viam os folguedos e foliões de carnaval na rua do Passeio. A família o considerava um bom partido para a caçula dos Tostes. "Malmequer" (Newton Teixeira e Cristóvão Alencar), "Ó Seu Oscar" (Wilson Batista e Ataulfo Alves), "Pele Vermelha" (Haroldo Lobo e Milton de Oliveira), "Dama das Camélias" (Braguinha e Alcir Pires Vermelho) foram alguns dos sucessos de carnaval daquele verão carioca.

Pouco tempo depois, Dorival envergou um terno e foi solenemente pedir a mão de Stella Maris a Dona Zulmira e Seu Candinho. Marcaram a data. Os noivos decidiram casar somente no civil, por motivos financeiros. Nem Dorival nem a família da noiva tinham condições de custear um casamento religioso, com tudo o que isso envolve: vestido, convidados, festa.

Um mês antes de casar, Stella tomou uma decisão que deixou o noivo desconcertado. Pediu ao pai que desfizesse o contrato com a Rádio Mayrink Veiga, pois não queria mais cantar. "Quem leu *A estrela sobe*, de Marques Rebelo, terá uma noção do que era o meio do rádio naquele tempo. As coisas não eram diferentes do que eram para Leniza Maier [a personagem principal do livro]. Era preciso se submeter a coisas sórdidas. Por isso naquele tempo eu só tive um disco gravado, com 'Saudade Profunda', a valsa de Antenógenes Silva. Eu era muito jovem na época e me assustei" — explica Stella. Caymmi jamais desrespeitou a decisão da futura mulher, mas pagou o pato, pois não havia quem se convencesse de que não fora ele o responsável pela sua decisão. Alguns o consideravam um machista, certos de que Caymmi forçara Stella a abandonar a carreira. Chegavam a cobrar por que ele havia tirado Stella Maris do rádio. Foi um inferno. "O maior fã que eu tive foi Caymmi. Dorival não queria mesmo que eu deixasse de cantar, sem sacanagem. Tanto que nas festas

"Quede a noiva?": Caymmi (de braços abertos, na foto 1) foi intimado a apresentar Stella (sentada, com Lila no colo, filha de Jorge Amado e Matilde, na foto 3) aos amigos — no vatapá na casa de Jorge Amado (de camisa listrada, à direita, na foto 4), na Urca, reuniram-se Samuel Wainer (à direita, na foto 1), Carlos Lacerda (abaixo à direita, na foto 2), Ziloca (com as mãos na cabeça, na foto 4) e o filho Serginho (no ombro de Samuel Wainer, na foto 2), Moacyr Werneck de Castro (apoiado no parapeito, à direita na foto 2), Emil Farhat (de bigode, agachado na foto 1, ao lado de Dorival), Theófilo de Barros Filho (olhando para Serginho Lacerda na foto 2), Otávio Malta (de óculos, ao centro na foto 1), César, irmão de Bluma Wainer (à esquerda, na foto 2), James Amado e Augusto Rodrigues (ambos atrás de César, na foto 2), Suzana, futura mulher de Augusto Rodrigues (de vestido branco), entre outros.

1

2

3

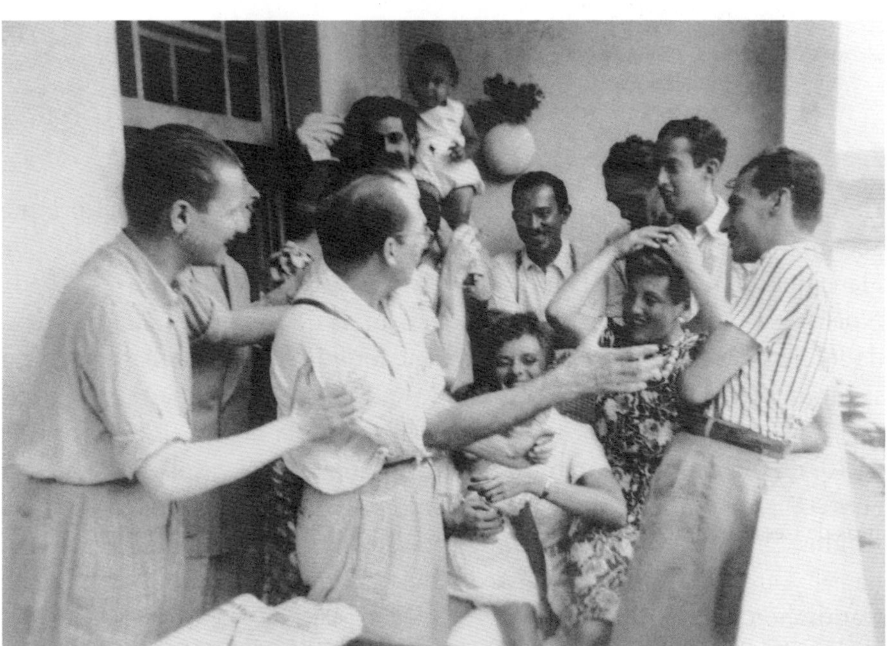

4

Decisão surpreendente: mesmo com uma promissora carreira pela frente, Stella Maris decidiu abandonar a profissão para se dedicar ao casamento. Aqui aparece emprestando sua beleza a um anúncio da revista *PRA-9*.

ele fazia questão que eu cantasse e os amigos também. Ele sempre me acompanhava ao violão e cantávamos juntos 'Linda Flor (Ai Ioiô)', de Henrique Vogeler, Luiz Peixoto e Marques Porto, e 'Último Desejo', de Noel Rosa" — defende Stella. Mas, por mais que Caymmi falasse a verdade, não acreditavam nele. A explicação era simples: Stella preferia a segurança da vida familiar à competição do meio artístico.

Casaram-se em uma terça-feira, às 14 horas do dia 30 de abril de 1940, no dia em que Dorival Caymmi completava 26 anos. Stella estava com 18 anos. Quem realizou a cerimônia foi o Dr. Plínio Ferreira da Cunha, 12º Juiz de Paz, na sala dos casamentos do edifício do Pretório, na 14ª Circunscrição do Registro Civil. Caymmi não sabe por que Seu Candinho o registrou como escritor na certidão. Talvez o sogro considerasse a profissão mais respeitável. Constam também no documento Jorge Amado e Samuel Wainer — que chegou atrasado, vindo do jornal — como testemunhas. Jorge se autointitulou padrinho de Stella e sempre alardeou o fato pelo mundo afora.

Não tiveram lua de mel pelas mesmas razões por que não puderam se casar no religioso. Faltava grana. Caymmi costuma contar um fato divertido. Ele não usava cueca. Foi aconselhado pelos amigos a comprar. Comprou então três. "Stella nem notou" — diverte-se o compositor. Foram viver num imóvel recém-alugado na rua Mearim, no apartamento

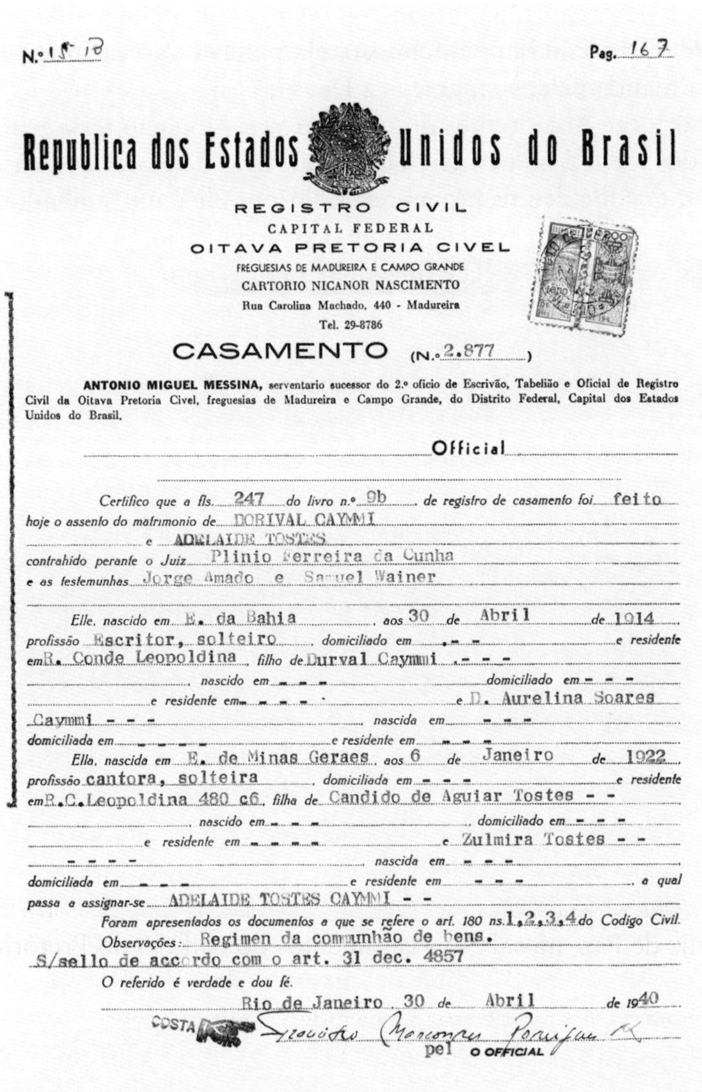

N.º 1ʃ 12 Pag. 167

Republica dos Estados Unidos do Brasil

REGISTRO CIVIL
CAPITAL FEDERAL
OITAVA PRETORIA CIVEL
FREGUESIAS DE MADUREIRA E CAMPO GRANDE
CARTORIO NICANOR NASCIMENTO
Rua Carolina Machado, 440 - Madureira
Tel. 29-8786

CASAMENTO (N.º 2.877)

**ANTONIO MIGUEL MESSINA,** serventuario sucessor do 2.º oficio de Escrivão, Tabelião e Oficial de Registro Civil da Oitava Pretoria Civel, freguesias de Madureira e Campo Grande, do Distrito Federal, Capital dos Estados Unidos do Brasil.

Official

*Certifico que a fls.* 247 *do livro n.º* 9b *de registro de casamento foi* feito *hoje o assento do matrimonio de* DORIVAL CAYMMI *e* ADELAIDE TOSTES *contrahido perante o Juiz* Plinio Ferreira da Cunha *e as testemunhas* Jorge Amado e Samuel Wainer

*Elle, nascido em* E. da Bahia, *aos* 30 *de* Abril *de* 1914, *profissão* Escritor, solteiro, *domiciliado em* - - - *e residente em* R. Conde Leopoldina, *filho de* Durval Caymmi - - - *nascido em* - - - *domiciliado em* - - - *e residente em* - - - *e* D. Aurelina Soares Caymmi - - - *nascida em* - - - *domiciliada em* - - - *e residente em* - - -

*Ella, nascida em* E. de Minas Geraes, *aos* 6 *de* Janeiro *de* 1922, *profissão* cantora, solteira, *domiciliada em* - - - *e residente em* R.C.Leopoldina 480 c6, *filha de* Candido de Aguiar Tostes - - *nascido em* - - - *domiciliado em* - - - *e residente em* - - - *e* Zulmira Tostes - - - - - - *nascida em* - - - *domiciliada em* - - - *e residente em* - - - , *a qual passa a assignar-se* ADELAIDE TOSTES CAYMMI - -

*Foram apresentados os documentos a que se refere o art. 180 ns.* 1, 2, 3, 4 *do Codigo Civil.*

*Observações:* Regimen da communhão de bens. S/sello de accordo com o art. 31 dec. 4857

*O referido é verdade e dou fé.*

Rio de Janeiro, 30 *de* Abril *de* 1940

COSTA [assinatura] pel O OFFICIAL

Presente de aniversário: a certidão de casamento de Dorival e Stella, tendo como testemunhas Jorge Amado e Samuel Wainer — Caymmi (registrado pelo sogro com a profissão de "escritor") casou-se no dia em que completou 26 anos, em 30 de abril de 1940.

202 do nº 220, no Grajaú, Zona Norte do Rio de Janeiro. Caymmi conseguira que Romeu Ghipsman, amigo da Rádio Nacional, fosse seu fiador. Suas despesas mensais, na época, somavam Cr$ 3.080,70, como escreveu em seu caderno de anotações. Só o aluguel era Cr$ 1.140,00.

Sobre Stella, Fernando Lobo deu um depoimento para a biografia *Caymmi som imagem magia*, de Marília Barboza e Vera de Alencar: "A vida do Caymmi sem Stella seria muito engraçada: um vagabundo que tocava violão no meio da rua. Stella é aquela mulher que, se ele ganhava 50 mil-réis, ela roubava 35. Grande mulher, minha comadre Stella. Ela, que é uma pessoa desorganizada, organizou o Caymmi. Stella a vida toda mandou nele. Ele saía da linha, teimoso, ela puxava. No carinho ou na porrada. Ela manda nele, sim, graças a Deus".

O padrinho Jorge Amado me contou certa vez: "Ele não teria feito nem um terço do que fez, se não tivesse tido ao lado dele Stella Maris, que o sustentou, que lhe deu os pés na terra. Porque ele é um sonhador, está no ar, ele é um ser muito especial, muito extraordinário, preguiçoso, vive da amizade, da ternura. E ela é que amarrou Caymmi".

# 23.
# ARTISTA DE CINEMA

"Garota morena quisera ser fita/ Famosa bonita falada em inglês"
("No Cinema", Dorival Caymmi)

Quando Caymmi se casou, seu contrato com a Mayrink já havia terminado. Porém, não ficou desempregado por muito tempo, indo para a Rádio Nacional, onde permaneceu por dois anos, com salário inicial de 1 conto e 200. Estreou em 13 de maio de 1940. Um dos seus patrocinadores era Lord Club, uma marca de cigarros. Sua ida para a Nacional aconteceu no mesmo ano em que a emissora foi encampada pela União no governo de Getúlio — no dia 8 de março —, com Gilberto de Andrade nomeado para dirigi-la. Paradoxalmente, a encampação da Nacional (PRE-8), longe de prejudicá-la, deu-lhe condições invejáveis, colocando-a em pouco tempo na liderança do mercado com um *cast* incrível. A Rádio Nacional alcançou o "Himalaia dos índices de audiência", como costumava dizer Paulo Tapajós, da antiga dupla Irmãos Tapajós, e importante radialista, que foi diretor-musical da emissora, e de quem Caymmi gostava muito. Quando a Nacional começou a se desfazer do seu elenco musical, privilegiando na sua programação as radionovelas, Caymmi retornou à Tupi, mas logo depois preferiu trabalhar "avulso", com ele mesmo gosta de dizer.

Seis meses depois, no dia 15 de setembro, a rádio comemorava seu quarto aniversário de fundação em grande estilo — a data certa era 12 de setembro, mas optaram por comemorar no domingo, quando a emissora presenteou seus ouvintes com catorze horas de programação especial. Ao longo do dia, houve um desfile dos melhores programas da PRE-8: *Os Arranjos Modernos de Radamés* — quando o maestro Radamés Gnattali libertou a música brasileira do acompanhamento dos regionais, passando a escrever arranjos para orquestra; *Vida Pitoresca e Musical dos Compositores da Nossa Música Popular*, apresentado por Lamartine Babo; *Curiosidades Musicais*, com Almirante; e *Ondas Sonoras*, que naquela noite teve a participação de Dorival Caymmi, Lamartine Babo, Braguinha, Alcir Pires Vermelho e Alberto Ribeiro.

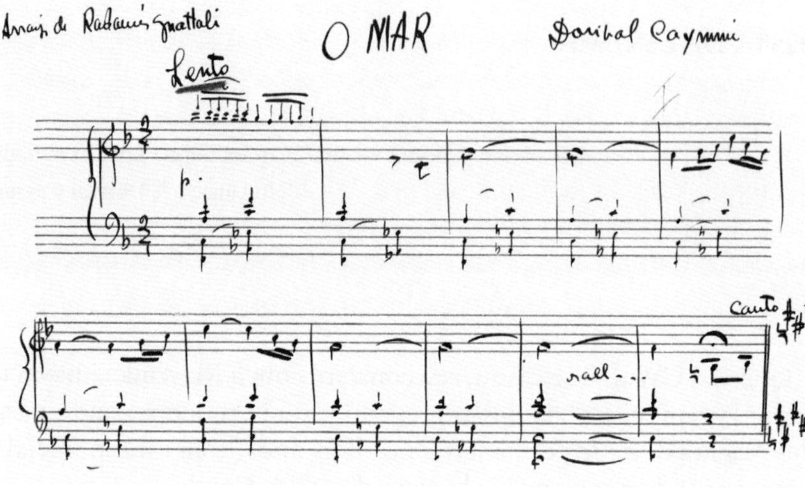


Arranjos modernos: partitura de Radamés Gnattali para "O Mar", de Dorival Caymmi — em maio de 1940, Caymmi estreou novamente na Rádio Nacional, onde o maestro marcava presença com suas orquestrações arrojadas.

O período que Caymmi passou na Rádio Nacional proporcionou ao compositor conviver com Haroldo Barbosa, de quem se tornou grande amigo. Barbosa começou como discotecário e técnico de som da emissora para logo se dedicar a diversas atividades, como a redação de programas, locução e composição musical. Criou uma série de programas humorísticos, lançando nomes como Chico Anísio e Sérgio Porto, o Stanislaw Ponte Preta, além de se tornar mais tarde um excelente compositor. Caymmi sempre pôde contar com Haroldo e vice-versa. Se um estivesse apertado de dinheiro, o outro emprestava. Sua filha, Maria Carmen Barbosa, seguiu a carreira do pai, escrevendo com muito sucesso para a televisão e o teatro. Mais tarde, essa dupla fraterna tornou-se uma trinca inseparável, com a entrada em cena de Fernando Lobo. Oduwaldo Cozzi foi outro amigo que fez no tempo da Nacional.

Ainda em 1940, o Bando da Lua voltou ao Brasil para gravar dois discos pela Columbia. Gravaram "Samba da Minha Terra", música inédita de Caymmi, alcançando enorme sucesso. Foi a última gravação do grupo no país. Não há quem não conheça a famosa estrofe "Quem não gosta de samba/ bom sujeito não é/ é ruim da cabeça/ ou doente do pé", que repetiu o sucesso com a gravação dos Novos Baianos em 1973, e, antes disso, em 1961, numa interpretação genial de João Gilberto.

Não foi só o Bando da Lua que regressou ao Brasil. Carmen Miranda voltou com o grupo ao país em grande estilo para uma temporada de descanso de dois meses. Sofreu uma enorme decepção. A famosa frase "sucesso no Brasil é ofensa pessoal", que Tom Jobim diria décadas mais tarde, com certa amargura, a seu próprio respeito, se aplicaria ao episódio do infeliz retorno de Carmen.

Na chegada, no dia 10 de julho, uma quarta-feira, tudo parecia correr como nos filmes de Holywood. A bordo do navio *Argentina*, a cantora desembarcou na Praça Mauá, esperada por uma verdadeira multidão de fãs e amigos. Caymmi estava lá. "Eu estava no cais do porto com os amigos, Almirante estava comigo, outros locutores da rádio também estavam conosco. Todo mundo a procurar um lugar bom para esperá-la. Ela desceu com as cores do Brasil, verde e amarelo, com aquele torço na cabeça, tudo feito para agradar o povo. Ela, quando me viu, disse 'Caymmi!'. Minha mulher ouviu pelo rádio, em casa" — recorda o compositor.

Na segunda-feira seguinte, dia 15, Carmen Miranda, acompanhada do Bando da Lua, fez um espetáculo beneficente para a Cidade das Meninas, obra assistencial da primeira-dama Darcy Vargas, no Cassino da Urca. Na plateia estava a fina flor da sociedade carioca. Cada um ali tinha desembolsado 110 mil-réis para ouvir Carmen. Infelizmente, para a cantora, que ainda por cima estava gripada, a plateia já estava de antemão envenenada contra ela. Cantou "South American Way", de Jimmy McHugh e Al Dubin, e a plateia aplaudiu friamente. "Cantamos juntos 'O Que É Que a Baiana Tem?' e o gelo foi maior ainda" — conta Aloysio de Oliveira. Definitivamente, não era a recepção que ela esperava depois de um ano de ausência. Inconformada com as críticas de que estava americanizada, que tinha desnacionalizado o samba, encomendou um novo repertório. Muitos malhavam Carmen. Costumavam dizer que ela estava "muito besta", "metida a prosa", "cheia do dinheiro". Além disso, havia também a ciumeira do público brasileiro pelo fato de a imprensa americana muitas vezes considerar Carmen portuguesa. Vários sambas foram compostos para responder às críticas que a cantora vinha recebendo. A maior parte deles era da dupla Luiz Peixoto e Vicente Paiva: "Disso É Que Eu Gosto", "Voltei Pro Morro" e o divertido "Disseram Que Voltei Americanizada". Este último, com uma letra saborosíssima, voltava a mencionar os balangandãs: "Disseram que eu voltei americanizada/ com o burro do dinheiro/ que estou muito rica/ que não suporto mais o breque do pandeiro/ e fico arrepiada ouvindo uma cuíca/ E disseram que com as mão estou preocupada/ e corre por aí, eu sei, certo zum-zum/ que já não tenho molho, ritmo, nem nada/ e dos balangandãs já nem existe mais nenhum". Os balangandãs ainda aparecem no samba "Diz Que Tem", de Vicente Paiva e Aníbal Cruz, gravado pela cantora, em 2 de setembro de 1940: "Ela diz que tem, diz que tem/ tem o cheiro de mato, tem o gosto de coco/ tem samba nas veias, tem balangandãs". Repare o leitor que o letrista usa o verbo "ter" com frequência, um achado de Caymmi que dá força rítmica ao samba "O Que É Que a Baiana Tem?".

Carmen aproveitou o período passado no Rio de Janeiro para gravar dez músicas pela Odeon. Em 6 de setembro, gravou um samba de Caymmi, "O Dengo", acompanhada pelo Conjunto Odeon, que já havia gravado com ela "Roda Pião". O lado B do 78 rotações trazia "É Um Quê Que a Gente Tem", samba de Ataulfo Alves e Torres Homem. "O Dengo" era perfeito para a brejeirice de Carmen e uma resposta à pergunta do seu sucesso anterior "O Que É Que a Baiana Tem?":

> É dengo, é dengo, é dengo, meu bem
> É dengo que a nega tem
> Tem dengo no remelexo, oi meu bem
> É dengo que a nega tem...

O disco foi lançado em abril do ano seguinte, sem a presença da cantora, que, insegura com o clima hostil que encontrou aqui, já tinha retornado aos Estados Unidos e levaria catorze anos para regressar ao país. Ao contrário do desembarque apoteótico — enganoso, enfim —, no dia 2 de outubro, data de sua volta para os Estados Unidos, pouca gente foi se despedir de Carmen, talvez pelo horário marcado para o navio zarpar, meia-noite. Além de familiares, estava lá a trinca de *Banana da Terra*, Almirante, Braguinha e Caymmi. Quando saíram dali, tristes com a partida de uma amiga tão querida, Caymmi contou uma grande novidade para os amigos: "Stella está grávida". E foram comemorar.

No Cinema São Luiz, em 8 de novembro de 1940, Caymmi assistiu à estreia de *Pureza*, filme inspirado no romance homônimo de José Lins do Rego — que escreveu os diálogos —, dirigido por Chianca de Garcia, com Procópio Ferreira, Sarah Nobre e Conchita de Moraes no elenco. O filme era da Cinédia e Adhemar Gonzaga foi o produtor. O compositor tinha um interesse especial em estar ali naquela noite. Afinal, ele fizera a música do filme, com orquestração de Radamés Gnattali, executada pela orquestra de Luciano Perrone. O convite para que Caymmi participasse da película — ele aparece numa cena ao violão — partiu de Fernando de Barros, assistente de direção e responsável pela maquiagem do elenco.

A filmagem começou em 20 de março. "Eu entrei e fiz uma pontinha. Eu faço um cantor, mas fiquei feliz da vida" — conta Caymmi, um apaixonado por cinema desde garoto. "Essa ponta é interessante. É um cabaré nordestino. Tem um camarada que está de perfil, com um chapéu na cabeça, e toca um resto de canção ao violão. Daí a câmera faz uma panorâmica. O camarada sou eu" — conclui o compositor. Caymmi cantava em cena a modinha "Vem ao Luar", que havia feito aos 16 anos, em Salvador. Ele recorda o momento exato em que a compôs: "Fiz 'Vem ao Luar' perto da farmácia — me lembro bem —, que ficava na rua onde morava minha prima Didi [Doralice], filha de Tio Nonô e Tia Amor. Eu estava passeando pela rua e veio a melodia com letra e tudo. Eu era garoto". A letra tem o romantismo próprio da época:

Vem ao luar
Escutar minha alma cantar
Em murmúrios de amor
Bem sei que toda essa harmonia
Trará toda a alegria
Que nasce com a morte da dor
Vem junto a mim
Ver brilhar a luz da esperança
De um amor refulgente.
Verás que em nosso amor
Jamais haverá mal
Dor deprimente
E tu, amor, triunfarás

*Pureza* ganhou o primeiro lugar na classificação do Departamento de Imprensa e Propaganda do governo. O DIP fora criado em 1939, substituindo o antigo Departamento de Propaganda, com a função de controlar os meios de difusão e intensificar a propaganda do governo Vargas. Um órgão de censura, no fim das contas. A respeito do filme, o jornalista Raimundo Magalhães Júnior, em crítica para o jornal *Diário da Noite*, publicada em 7 de novembro, embora o elogie, considera que "a realização, de um modo geral, não deu à sua obra [de José Lins do Rego] o apuro, a moldura artística que ela merece". Já Mário Nunes, do *Jornal do Brasil*, uma semana depois, escreve que "*Pureza*, como cinema, é o melhor filme feito até hoje entre nós". Em 1977, *Pureza* foi recuperado por Alice Gonzaga, filha do produtor.

Orlando Silva lançou em 1940, com grande sucesso, uma valsa de Otávio Gabus Mendes, José Marcílio e Déo, de nome "Súplica". Essa canção esteve sempre no repertório informal de Caymmi, uma das suas preferidas. Cantava-a em casa, e só uns poucos privilegiados, além da família, puderam ouvi-la na sua voz. Costumava acordar as netas adolescentes entoando essa canção em Rio das Ostras, nem sempre com sucesso. Em 13 de junho de 1940, Errol Flynn, famoso ator americano, em visita ao país, surpreendeu ao cantar "O Que É Que a Baiana Tem?" quando dava uma entrevista para um jornal brasileiro. Para um amante de cinema como Caymmi, foi uma consagração a mais.

# 24.
# DE VOLTA À BOA TERRA

"Flor da Bahia/ É flor que ninguém arranca/ Quando o amor é maior"
("Flor da Bahia", Dori Caymmi e Paulo César Pinheiro)

Dorival não estava em casa quando nasceu sua primeira filha, Dinahir. Stella teve um parto difícil. Entrou em trabalho de parto três dias antes, mas a menina só nasceria às 10 da noite, em 29 de abril de 1941. Na época se paria em casa, com o auxílio de parteira. Quase que Dinahir nasce no dia do aniversário do pai, dia 30. Zenaide, vizinha do casal, estava ao lado de Stella quando nasceu a menina. Viúva do brigadeiro da Aeronáutica Bezerra Cavalcanti, Dona Zenaide tornou-se uma amiga de todas as horas e, mais tarde, virou comadre, quando batizou Danilo, o terceiro filho do casal.

Naquele dia, véspera de seu aniversário, Caymmi não pôde deixar de cumprir seus compromissos profissionais. Lucila Noronha, a mesma que fora escalada para cantar "O Mar" no espetáculo *Joujoux e Balangandãs* e que foi substituída pelo baiano, ofereceu uma recepção — a pedido do Itamaraty, em sua residência na Fonte da Saudade, Zona Sul do Rio de Janeiro — ao ator Douglas Fairbanks Jr., filho do famoso ator americano do cinema mudo. O astro veio ao Brasil no intercâmbio informal estabelecido pela "política da boa vizinhança" do governo americano. O compositor, contratado para cantar para o ilustre convidado, esbanjava elegância. Encomendara ao seu alfaiate um *smoking* e um *summer jacket* para ocasiões assim. "Botei um *smoking* e fui. Carolina Cardoso de Meneses estava tocando. Francisco Alves, assessorado por David Nasser, jornalista muito competente, queria furar a festa para cantar, porque marcava ponto para ele. Fora da casa tinha gente querendo pular o muro. Nessa área eu fui muito marcado pelos medalhões da música popular brasileira da época, fui invejado e sabotado" — lamenta o compositor. Caymmi não se esqueceu de um artigo de David Nasser, em que o jornalista afirmava que Carmen Miranda cantara "O Que É Que a Baiana Tem?" de cara amarrada. "O que é um acinte. Só para tirar a força do sucesso" — comenta o baiano. Em 5 de dezembro de 1941, o jornal O *Imparcial*, de Salvador, publicou uma reportagem extensa a respeito do compositor — em que o jornalista, identificado apenas pelas iniciais W. L., afirma que o baiano fazia uma sociologia sentimental da Bahia — e comentava o assunto:

> "Por circunstâncias inexplicáveis, encontram uma exposição surda, por parte de certos *broadcasters* 'cariocas e alguns provincianos'. E é o que há de mais triste. Não se compreende como um artista da estirpe de Caymmi encontre combate no seio de seus camaradas, que devem ter nele um motivo de grande orgulho."

Caymmi se aborreceu ainda com o silêncio a respeito da sua importância no episódio que levou Carmen Miranda aos Estados Unidos, omissão cometida por muitos ainda hoje. "Todo mundo tinha interesse em ter uma música colocada no mundo e o veículo era Carmen Miranda. Então preferia dizer assim: 'corta o Caymmi', não é? Corta o adversário que a gente aí tem uma chance" — comenta um Caymmi tranquilo. "É muito brasileiro esse negócio de omitir o autor das coisas" — critica. Mas nem todos omitiam, justiça seja feita. O jornalista e radialista Alziro Zarur — futuro fundador da Legião da Boa Vontade — escreveu uma nota em que afirmava, com certo exagero, que "se não houvesse balangandãs, torço de seda, e se não houvesse Dorival Caymmi, não haveria Carmen Miranda, nem seu sucesso nos Estados Unidos".

A verdade é que Caymmi tinha uma postura reservada — fruto da sua criação na Bahia e do seu temperamento tranquilo —, diferente do comportamento do artista de rádio carioca que, em geral, se exibia nas ruas, nos cafés, nos lugares famosos. Muitas vezes, achavam que tal comportamento era soberba do baiano, por se crer superior. Não podiam estar mais longe da verdade. Perguntassem a Braguinha, Jorge Amado, Aloysio de Oliveira, Fernando Lobo, Antônio Maria ou aos inúmeros amigos que Dorival Caymmi foi fazendo ao longo do seu caminho e saberiam da sua índole reservada, seu humor sutil, sua brejeirice baiana e total ausência de ambições. O cantor Cauby Peixoto, que foi um fenômeno do rádio, explica: "O rádio não tem nada a ver com arte. O Caymmi se afastou por causa da mediocridade do meio. Não era preconceito — ele é simples, simpático e humilde demais pra isso. A gente é que não aguenta".

Mas a vida continuava. Em junho, o casal recebeu uma carta da irmã de Dorival. "Foi com grande satisfação que recebemos a notícia de

30, data do seu natalício, o telegrama do nascimento da nossa bonequinha. Ainda fiquei mais entusiasmada pelo prazer que você e a Stella me deram. De dar o meu nome à sua pequena. Foi uma grande surpresa para nós" — escreveu Dinahir. Mas a "bonequinha" de Caymmi e Stella não seria Dinahir por muito tempo. A menina, com um temperamento muito forte desde muito cedo, logo que aprendeu a balbuciar as primeiras palavras, decidiu que se chamaria Nana. E só atendia quando chamada assim. Foi para ela que Caymmi fez "Acalanto", que se tornou a cantiga de ninar mais conhecida do Brasil quando passou a encerrar as atividades da Rádio Tupi e depois da TV Tupi.

Muitos anos depois, em 24 de setembro de 1952, Caymmi, contratado para cantar na festa do décimo aniversário de casamento do casal Maria da Graça e Benedito Anselmo Pierotti Filho, em Laranjeiras, cantou "Acalanto" e a filha mais nova do casal bocejou no meio da apresentação. "Eu me lembro que todos os convidados riram muito quando Dorival, ao terminar 'Acalanto', disse que essa era a intenção da música, causar sono" — lembra Graça Pierotti. "Theófilo de Barros Filho foi quem sugeriu o título da canção. Ao me ouvir cantá-la, disse: 'Acalanto é um título bonito para essa música'" — relembra o compositor. Caymmi, impressionado com o desgaste de Stella com a neném, compôs uma cantiga que a fizesse dormir para que a mãe pudesse descansar. O baiano partiu de um refrãozinho do folclore muito conhecido no Nordeste, o "Boi da Cara Preta", e fez uma bela cantiga de ninar, diferente de tudo o que tinha feito até então, que embalou gerações de brasileiros, com uma letra rica em lirismo:

É tão tarde
A manhã já vem
Todos dormem
A noite também
Só eu velo
Por você, meu bem
Dorme, anjo
O boi pega neném

Lá no céu
Deixam de cantar
Os anjinhos
Foram se deitar

Mamãezinha
Precisa descansar
Dorme, anjo
Papai vai lhe ninar

Boi, boi, boi,
Boi da cara preta
Pega essa menina
Que tem medo de careta [refrão]

O parto de Nana deixou sequelas em Stella. Na época, acreditava-se que a grávida devia se alimentar por dois, e não havia a menor preocupação com dietas ou cuidados com a alimentação. O resultado foi que a menina nasceu com mais de quatro quilos. A mãe teve de ser operada do períneo na Santa Casa da Misericórdia. Causou preocupação entre as freiras o fato de Stella não ser casada na igreja. As religiosas tanto fizeram, que convenceram Caymmi e Stella a tornarem a se casar, desta vez no religioso, na capela da própria Santa Casa, no dia 12 de maio de 1942. Agora, não pairava nenhuma dúvida de que estavam casados, diante dos homens e diante de Deus.

"É Doce Morrer no Mar" e "A Jangada Voltou Só" foram lançadas pela Columbia em 1941. "É Doce Morrer no Mar", uma parceria com Jorge Amado, nasceu, em 1940, num almoço de São João — santo da devoção de seu pai, Durval, e que parece gostar de Caymmi —, na casa do coronel João Amado de Faria, pai do escritor, em Vila Isabel. Uma turma boa estava reunida ali para comemorar a data. Moacir Werneck de Castro, Otávio Malta, Clóvis Graciano, Érico Veríssimo estavam presentes, além de Jorge e Dorival com suas esposas. "Nesse almoço aí, estava-se lendo, brincando, recitando, fazendo coisas e tal, cantando, aí eu disse: 'Tem aí no *Mar morto* uma citação de música que eu vou musicar'" — relata Caymmi. O romance de Jorge havia sido publicado em junho de 1936, pela José Olympio. Era o romance sobre os mestres de saveiros da Bahia. O baiano continua: "Então, veio a ideia: vamos fazer um concurso e todo mundo aqui vai participar. Eu comecei: 'É doce morrer no mar, nas ondas verdes do mar'. Propus a eles: 'Para escolher, escrevam três versos, três trovas, para eu encaixar no estribilho, porque eu vou fazer a música'. Jorge então sentou-se e completou um verso que já constava do livro: 'A noite que ele não veio/ foi de tristeza pra mim/ saveiro voltou sozinho...'. Eu acrescentei 'Triste noite foi pra mim', para fechar a quadrinha — Jorge tinha feito um verso errado — e um 'foi' repetido no verso 'foi de tristeza pra mim', para casar na melodia. Todas as ideias boas foram de Jorge, mas eu tive de consertar, completar a letra e tal" — comenta Caymmi. No livro, além de "É doce morrer no mar", havia outros versos que foram aproveitados na canção, como "ele se foi afogar" e "nas ondas verdes do mar". O compositor assegura: "Cada verso desse sofreu uma pequena modificação, mas dentro do espírito que Jorge escreveu, do espírito do *Mar morto* e do espírito sobretudo de 'É Doce Morrer no Mar'". Jorge ainda fez os versos:

> Saveiro partiu de noite, foi
> Madrugada não voltou
> O marinheiro bonito
> Sereia do mar levou

Caymmi ainda revela um fato interessante: "Os versos de Érico Veríssimo ficaram sem efeito em função da melodia e do que requeria a canção. Jorge estava mais senhor da situação". Ora veja o leitor, eles podiam se dar ao luxo de cortar um verso do grande Érico Veríssimo. Que fartura! Terminaram a toada naquela mesma tarde. Amado publicou, em março de 1941, seu novo livro, *ABC de Castro Alves*, com ilustrações de Santa Rosa, pela Editora Martins, e o dedicou aos amigos Dorival Caymmi, Otávio Malta, Samuel e Bluma Wainer. Uma grande homenagem e sinal de apreço.

O ano de 1941 foi muito bom para Caymmi. O compositor ainda faria sucesso com dois sambas inéditos, interpretados pelo conjunto Anjos do Inferno: "Requebre que Eu Dou um Doce" e "Você Já Foi à Bahia?", lançados num disco de 78 rotações pela Columbia. Nesse ano, o conjunto vocal e instrumental já estava na sua segunda formação: Moacir Bittencourt e Filipe Brasil (violões), os irmãos Antônio (pandeiro) e José Barbosa (violão tenor), Milton Campos (pistom nasal) e Léo Vilar (cantor), que substituía o cantor Oto Alves Borges, que saíra do grupo em 1936. Aliás, Léo Vilar era um antigo conhecido de Caymmi, pois havia estado na Bahia no tempo em que o compositor perambulava pelas rádios de Salvador. Curioso é que, antes do baiano, o cantor vivera um namoro rápido com Stella, com direito a serenata na janela. O fato é que o conjunto voltaria a gravar muitas vezes sambas de Caymmi. A atração que o compositor exercia sobre os conjuntos vocais foi analisada pelo crítico Luís Antônio Giron, que afirmou que Caymmi, desde o início, se afastou da "quadratura do samba e da canção porque adotou o único método que tinha à disposição: o modalismo, típico da música afro-baiana". E finaliza: "Talvez por se esquivar ao quadrado, tenha sido adotado pelos grupos vocais dos anos 40, como os Anjos do Inferno, que tentavam a fusão do samba brasileiro com o *swing* norte-americano. O contorno afro aproximou de viés o estilo de Caymmi ao jazz. Daí ele soar tão cosmopolita desde a estreia". Para completar a maré de sorte, a cantora Dircinha Batista — uma das mais populares da época — gravou, pela Odeon, "Seu Defeito É Não Ter", uma parceria sua com Oswaldo Santiago.

Em agosto, um acontecimento agitaria o meio cultural carioca. Walt Disney desembarcou no Rio de Janeiro para acompanhar de perto a estreia do seu filme *Fantasia*, no Cine Pathé-Palace. Veio também pesquisar temas brasileiros para *Alô, Amigos*, sua produção seguinte, em que apareceria pela primeira vez o personagem de animação Zé Carioca, o papagaio verde-amarelo. Para isso trouxe em sua equipe os desenhistas Jack Miller, Herbert Ryman, Webb Smith e sua secretária, a jornalista Grace Moore, que ficaram hospedados no Copacabana Palace. Esse era o motivo oficial. Segundo analistas da época, Disney era mais um dos embaixadores culturais enviados pelo governo americano para fortalecer os laços com o Brasil e mantê-lo ao seu lado no conflito mundial que sangrava a Europa. "Eu conheci Walt Disney quando ele veio acompanhar a dublagem dos seus filmes. Eu, Nuno Roland e Paulo Tapajós participamos. Os atores dublaram as falas e nós cantamos as versões das músicas para o português, em geral em coro, mas tinha também pequenos solos" — recorda Caymmi. Disney mandou dos Estados Unidos um presente para o compositor por uma portadora que o localizou através de Haroldo Barbosa. Era uma chapa do filme autografada, que o baiano emoldurou e conservou com o maior carinho e admiração.

Nessa ocasião Dorival foi convidado por João Duma, proprietário da Ceará Rádio Clube, para fazer uma temporada de dois meses na emissora. Caymmi tinha sido apresentado a Duma por Almirante, no Rio de Janeiro, quando o cearense fora contratar Dermival Costa Lima para dirigir sua rádio. Ainda oferecia mais quinze dias de contrato na Rádio Clube de Pernambuco. Viu na viagem ao Ceará a oportunidade de dar a Stella a lua de mel que ela merecia. "Deixamos Nana, com 5 meses, sob a guarda da mãe de Stella, minha sogra, Dona Zulmira. Ficaram lá em casa ela e Seu Candinho, meu sogro, Cândido de Aguiar Tostes. Ele ficou à frente da casa. Deixei tudo em ordem e viajei levando Stella. Então fo-

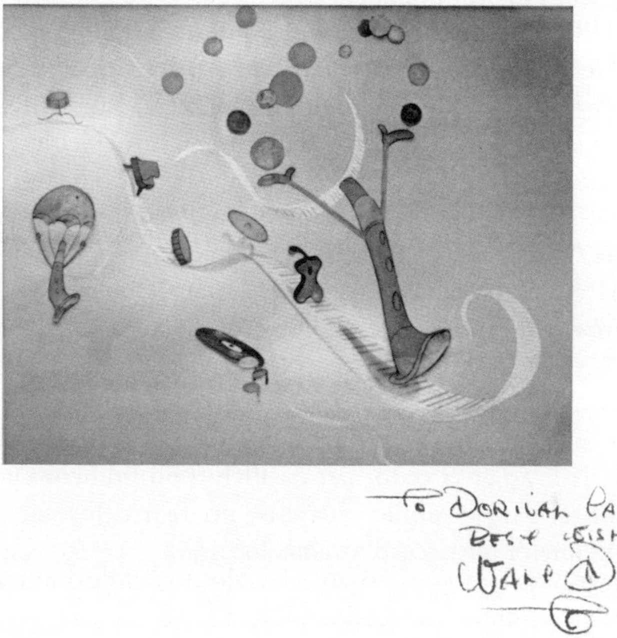


Política da boa vizinhança: desenho autografado do filme *Fantasia* presenteado a Dorival Caymmi — o primeiro encontro com Walt Disney aconteceu durante as dublagens de seus filmes no Brasil, que contaram com a participação do baiano.

mos até Fortaleza, no Ceará, ficamos ali uns dois meses, em pleno movimento de guerra" — relata Caymmi. A viagem aconteceu em fins de setembro, de navio — outro Ita do Norte, o *Itanajé*, que levou nove dias para atracar na cidade. Foram recebidos pomposamente pela Mimosa Orquestra. Costa Lima, já no cargo de diretor da rádio, também os esperava. Antes, porém, o navio atracou por dois dias em Salvador, dando a Caymmi a oportunidade de apresentar Stella a seus pais, familiares e amigos, que não o viam desde 1938. Durval, que residia no Jenipapeiro, ofereceu um almoço à sua nora, quando Stella conheceu Sinhá, a mãe de Dorival. Comeram um escaldado de peru, prato predileto de Durval. Foi uma correria para dar conta de toda a família, que desejava rever o parente agora famoso e conhecer Stella.

No Ceará, Stella e Caymmi permaneceram os dois meses do contrato. Em Fortaleza, Dorival foi convidado a fazer um curta-metragem, pelo DIP. "Iniciaram-se, ontem, em Mucuripe, os trabalhos de filmagem do *short* do DIP, dirigido por Lourival Fontes, casado com a bela poetisa Adalgisa Nery. Dorival transformado em um autêntico pescador dos 'verdes mares bravios'" — publicou um jornal local. Rui Santos era o câmera do filme e Henrique Pongetti, o mesmo do espetáculo *Joujoux e Balangandãs*, fez o roteiro baseado em uma canção do baiano, "A Jangada Voltou Só". Além de cantar, Caymmi atuava no filme como um jangadeiro cearense. "Stella ficava assistindo à filmagem na praia de Iracema. Eu vestia uma roupa de pescador, botava aquele chapéu de couro pintado de tinta grosseira" — conta o compositor. Bethsaida, filha de um pescador da colônia local e professora primária, fez o papel de mocinha no filme. O compositor foi a principal atração da reinauguração da Ceará Rádio Clube em sua nova fase, no dia 17 de outubro de 1941. Fez questão de "assistir ao ensaio do *cast* da PRE-9 no Edifício Diogo" e ainda deu um recital para o público cearense no Teatro José de Alencar, contando na primeira parte com artistas locais.

Dorival e Stella tiraram umas férias, ou melhor, a esperada lua de mel, tão logo as filmagens terminaram. Estavam no Hotel Excelsior, na rua Guilherme da Rocha, no centro de Fortaleza, perto da Praça do Ferreira, quando fizeram amizade com o casal Frota, William e Aline, que se apegou muito a Stella e decidiu hospedá-los em sua casa quando a esposa de Caymmi teve uma indisposição. William era dono de um cartório e tinha um casal de filhos, William e Stella, xará da cantora. Jairo Severiano recorda-se da passagem de Dorival pela sua terra: "Ele se sentia como se estivesse na Bahia. Logo se enturmou com a fina flor da boemia da cidade. Era visto com frequência nos bares da Praça do Ferreira". Orlando Silva esteve com eles, quando de passagem por Fortaleza, patrocinado pelo remédio Urodonal, voltando logo para o Rio de Janeiro. Antes, o *Cantor das Multidões* e Caymmi se apresentaram num espetáculo beneficente para as crianças de um orfanato administrado por irmãs de caridade.

"Stella estava com muitas saudades de Nana e quis regressar. Eu tinha assumido compromissos em Pernambuco e Alagoas, não podia voltar" — relembra Caymmi, que, apesar das saudades da filha, se sentia em casa no Ceará. Foram para Recife e lá ele conseguiu um lugar para Stella

Galã de cinema: Dorival, no papel de um pescador, contracena com Bethsaida, filha de um jangadeiro local, diante da câmera de Rui Santos, no curta-metragem baseado em "A Jangada Voltou Só", de Caymmi, realizado em Mucuripe, Ceará, em 1941.

no navio *Itaité* e pediu aos amigos Jararaca e Ratinho, que estavam a bordo, vindos de temporada em Belém, para tomarem conta dela durante a viagem. Eles tinham acabado de se apresentar na cidade.

Depois que Stella se foi, a viagem para Caymmi não foi mais a mesma. Mas precisava cumprir seu contrato com a Rádio Clube de Pernambuco. Saiu do hotel onde estava, que lhe trazia recordações da mulher, na intenção de se hospedar no Grande Hotel. Mas não teve sorte. Não havia vagas, repleto que estava o hotel de oficiais americanos, devido à guerra. O baiano foi parar num bar, de mala e cuia, e lá ficou até que fechasse, esperando o quarto que o pernambucano da recepção do hotel lhe prometera. As perspectivas não eram boas. Estava no bar, do lado de fora, quando o Pão da Tarde, um cordão de carnaval, passou com uma banda "envenenada" atraindo a população. Ainda não era carnaval, mas o Pão da Tarde estava arrecadando fundos para o seu desfile carnavalesco. A banda tocava um frevo rasgado, gostoso, roubando a melancolia de Caymmi e devolvendo-lhe a animação. De repente, no meio do cordão o compositor entreviu uma mulata de fechar o tempo. Ela não era real, era divina. Perfeita, ela dançava o frevo. "O bloco trajava roupas comuns, mas ela se destacava" — afirma o artista. O cordão seguiu seu curso, mas Caymmi ficou maturando suas impressões. E ali, na solidão da madrugada, nasceu "Dora", inspirada na musa do Pão da Tarde. "Tudo me veio na hora, no sereno, na rua. A melodia, a divisão dos versos, o tempo, aquela situação conhecida" — comenta o compositor. "Dora" saiu quase inteira naquela mesma noite:

> Dora, rainha do frevo e do maracatu
> Dora, rainha cafuza de um maracatu
> Te conheci no Recife dos rios
> Cortados de pontes
> Dos bairros, das fontes coloniais
>
> Dora! Chamei
> Ô Dora! Ô Dora!...
> Eu vim à cidade pra ver meu bem passar
> Ô Dora...
> Agora no meu pensamento
> Eu te vejo requebrando
> Pra cá... ora pra lá...
> Meu bem

Turnê nordestina: Caymmi foi a grande estrela na reinauguração da Ceará Rádio Clube de Fortaleza, em 17 de outubro de 1941. Depois, Dorival ainda se apresentaria em Recife e Maceió, fazendo uma parada de quatro meses em sua cidade natal, Salvador.

Os clarins da banda militar
Tocam para anunciar:
Sua Dora agora vai passar
Venham ver o que é bom!
Ô Dora, rainha do frevo e do maracatu
Ninguém requebra nem dança
Melhor do que tu
Ô Dora! Ô Dora!...

O poder descritivo de suas letras o torna um compositor único. Faz pensar o que aconteceria se cada estado deste país pudesse dispor de um Caymmi para descrevê-lo em canção. Bahia, Recife e Rio de Janeiro tiveram esse privilégio. Em "Dora", Caymmi descreveu a cidade de Recife com o mesmo poder de síntese e beleza de "Você Já Foi à Bahia?".

Em Recife, se apresentou na PRA-8, "a serviço das grandes Organizações Peixe, em 1º e 2 de dezembro", publicou o jornal *Pequeno*. Encontrou-se com Antônio Maria, que aproveitou para levá-lo à usina de cana-de-açúcar da sua família, em Cachoeira Lisa, próximo da capital. "Uma fazenda-modelo, muito bonita, muito gostosa. Eu trouxe um gato angorá, presente da irmã dele, que me deu a carta de *pedigree*. Ela criava gatos. A mãe, Dona Diva, só chamava Antônio Maria de 'Tomba'. Ele estava lá fazendo a Rádio Clube de Pernambuco" — relembra Dorival. E prossegue contando a odisseia do gato, que levou para o Rio depois de viajar com ele até a Bahia: "Fiquei sentidíssimo, porque quando eu saí do Grajaú, onde o Mingo ficava muito à vontade, ele fugiu".

O compositor seguiu para Maceió, apesar das dificuldades em conseguir transporte, a fim de cumprir sua agenda de trabalho. Foi de mala, gato e cuia. De início, não teve sorte. O contratante devia ser inexperiente, pois não havia público para a sua apresentação num cinema local. Não houve propaganda. Foi um verdadeiro fiasco. Nem viu a cor do dinheiro. Tudo parecia perdido quando a sorte virou. Por acaso, encontrou um colega do Rio, José Renato, alagoano e locutor da Rádio Nacional, que viera visitar o pai enfermo. "Ele tinha força suficiente em Alagoas e fizemos um outro espetáculo. E esse encheu o teatro. Com essa grana, rachamos" — conta o cantor. Mas a imprensa não deixou de registrar sua passagem pela cidade. A *Gazeta de Alagoas*, que o chamou de "O homem que mandou o samba para os Estados Unidos" — título dado originalmente por César Ladeira —, em 18 de dezembro publicou:

"Ontem, a nossa cidade conheceu-o no palco de um cinema, cuja direção não teve o cuidado de preparar a audição agradável para o seu público. Isso dizemos porque nem uma pessoa sequer da direção da empresa teve a gentileza de apresentar o artista ao nosso público. E o resultado foi o que se viu. Um artista de reconhecido cartaz, ouvido sem o protocolo natural dos espetáculos musicais, nem tampouco, pelo menos, com um amplificador capaz de aumentar o volume das canções interpretadas, para que os assistentes saboreassem melhor o gosto das nossas mais bonitas músicas típicas. Hoje, Dorival Caymmi voltará a cantar para os apreciadores da sua música. Cantará no Cinema Rex, sendo apresentado pelo nosso conterrâneo José Renato, da PRA-3."

De Alagoas, Caymmi seguiu para a Bahia. Saíra anônimo, voltava famoso. Foi impossível conter as homenagens, e os compromissos profissionais, muito bem-vindos, aliás, pipocavam. Fez três espetáculos ao ar livre e mais três programas na Rádio Sociedade da Bahia. Todos os seus compromissos foram patrocinados pela prefeitura da cidade. Wilson Lins, jornalista e político, que se tornou um grande amigo de Caymmi, auxiliou o prefeito Durval Neves da Rocha, pessoalmente empenhado em homenagear o baiano que tanto orgulho dava ao povo de sua terra. Em artigo sobre Caymmi para *O Imparcial* (24/12/1941), Lins escreveu: "Nesses quatro anos de atividade artística, ele fez mais pela Bahia que os *bureaux* de propaganda".

A estada do compositor em sua terra natal não passou em brancas nuvens. O reencontro com o amigo de infância Zezinho foi uma alegria só. Mas não parou por aí. "As festividades do retorno de Caymmi foram organizadas por mim. Promovi um recital no Guarani. Para vocês sentirem como esse povo baiano é preguiçoso, embora ele já estivesse famoso, nós tivemos uma certa dificuldade para passar os bilhetes" — conta Wilson Lins. O artista realizou uma temporada ainda no Palace Hotel, além de se apresentar em praça pública para o povo baiano na tradicional Noite de Reis, véspera de 6 de janeiro — dia de Reis —, no secular Largo da Lapinha.

A ideia era passar uma semana em Salvador, mas Dorival acabou ficando quatro meses. "Quase não volta. Stella ficou assustadíssima. Ele foi recebido como herói, fez shows em outros lugares, em Feira de Santana" — continua o jornalista. Havia um fã ardoroso de Caymmi, o ins-

O filho pródigo: a irmã Dinahir, Dorival, o pai Durval e a caçula Dinah, no porto de Salvador, pouco antes de Caymmi embarcar de volta ao Rio de Janeiro, em 1942. Era a primeira vez que ele visitava a família depois que se tornara famoso.

petor Tanajura, que patrocinava verdadeiras farras para a turma do famoso baiano, que àquela altura já tinha aumentado, além de Zezinho e o próprio Wilson Lins. "O Tanajura mandava nos buscar no táxi do Inglês, um crioulo que cobrava 15 mil-réis pelo serviço. Apesar dos 15 mil-réis, o Inglês participava da pesca do xaréu, da comida, da farra e da cantoria. O inspetor Tanajura pagava tudo. Nessas farras, tinha uma mulata linda, cor de mel, chamada Berenice, que andou sendo candidata a musa de Dorival Caymmi. Mas Stella não precisa ter ciúmes. Eu acho que a Stella nunca precisou ter ciúmes. Por coincidência foi aí que ele fez o samba 'Doralice'" — entrega Wilson Lins. Caymmi desmente fraternalmente o depoimento do amigo. No maior jogo de empurra, ele diz que quem namorava Berenice era o próprio Wilson Lins. Confirma, entretanto, ter feito em Salvador a primeira parte de "Doralice". Visitou a redação de *O Imparcial*, quando foi convidado a dar uma longa entrevista. Quem haveria de dizer que aquele menino, com boa caligrafia, que trabalhou nas assinaturas do periódico, se tornaria um astro de rádio da capital? Perguntado sobre a constância do mar entre seus temas musicais, respondeu:

> "Há uma explicação racional do fato. Até 1937 — a história é recente — costumava veranear em Itapuã. Como um contemplativo e um curioso das melodias dolentes dos jangadeiros e pescadores, aprendi com estes simples a toada de minha música, que interpreto ao violão e dramatizo no verso, fazendo-a conhecida. Por uma questão — seria bairrismo? — de sinceridade preferi não negar a cor local dessa música."

Finalmente, Caymmi decidiu voltar para o Rio de Janeiro, a tempo de participar do primeiro aniversário da filha, em 29 de abril, e de comemorar o seu com a mulher, que, diga-se de passagem, não gostou nada da sua demora. De fato, não foi nada fácil convencê-la das dificuldades de transporte, devido ao chamado "esforço de guerra" — tremendo "esforço de guerra"! —, que dava preferência aos militares em trânsito. No dia 30, além do aniversário do compositor, o casal completaria dois anos de casamento.

Stella tinha um gênio difícil, mas Caymmi muitas vezes não cooperava. O problema se resumia numa palavra, mas no plural: mulheres. Com a fama, Caymmi era muito assediado e não sabia resistir a mulher. "Eu não tenho jeito mesmo" — confessou certa vez ao amigo Marcelo Machado. Jorge Amado é um antigo defensor de Stella e colecionador dos constrangimentos de Caymmi, que até surra já levou. Mas o artista tinha uma arma eficiente: jamais comentava seus casos com quem quer que fosse. E negava, negava sempre. Mesmo quando se encontrava em situações comprometedoras.

* * *

Enquanto isso, Dorival seguia compondo novos sambas. Os Anjos do Inferno voltariam a gravar o compositor naquele mesmo ano. Dois sambas inéditos, "Vatapá" — um samba-receita na opinião do autor — e "Rosa Morena", foram lançados com sucesso pelo grupo, mais uma vez em disco da gravadora Columbia. Não era a primeira vez que cantavam um dos pratos mais conhecidos e saborosos da culinária baiana. Em 1906, Paulino Sacramento fizera uma composição para a revista *O Maxixe*, de João Foca (Baptista Coelho) e Don Xiquote (Bastos Tigre),

De volta ao lar: Dorival Caymmi regressa à sua casa do Grajaú,
trazendo presentes para Stella e a filha Nana. Registrado na
revista *A Cena Muda*, em 22 de setembro de 1942.

apresentada no Teatro Carlos Gomes. Tratava-se também de um maxixe--receita:

> O vatapá, comida rara
> É assim, Iaiá, que se prepara
> Você limpa a panela bem limpa
> Quando o peixe lá dentro já está
> Bota o leite de coco, o gengibre
> A pimenta da Costa e o fubá
> O camarão torradinho se ajunta
> Ao depois da cabeça tirada...

Seria divertido preparar o vatapá seguindo a receita de cada um e ver qual fica mais saboroso. Ou melhor dizendo, com qual se faz um vatapá. Caymmi também na sua receita procurou ensinar os ingredientes na ordem certa. Não falta nenhum. Ainda acrescenta uma pimentinha extra de sensualidade quando sugere — explorando o duplo sentido — a necessidade de "uma nega baiana que saiba mexer", acrescentando picardia ao "molho":

> Quem quisé vatapá, ô
> Que procure fazê
> Primeiro o fubá
> Depois o dendê
>
> Procure uma nega baiana, ô
> Que saiba mexê
> Que saiba mexê
> Que saiba mexê
>
> Bota castanha de caju
> Um bocadinho mais
> Pimenta malagueta
> Um bocadinho mais
> Amendoim, camarão
> Rala um coco
> Na hora de machucar
> Sal com gengibre e cebola, Iaiá
> Na hora de temperar

Não para de mexê, ô
Que é pra não embolar
Panela no fogo
Não deixa queimar
Com qualquer 10 mil-réis e uma nega, ô
Se faz um vatapá
Se faz um vatapá
E que bom vatapá

Outra iguaria da sua terra, indispensável no acompanhamento do vatapá — quando é feito com milho, pois quando é com leite, faz uma gostosa sobremesa —, inspirou Caymmi a compor "Acaçá", que num trecho abusa da sensualidade da baiana em sua letra.

Acaçá de milho bem-feito
E o jeito?
E o modo dela mercar?
Sorrindo com dentes alvos
A bata caindo do ombro
Caindo pro peito
Acaçá de milho bem-feito
E o jeito?
E o modo dela mercar?

Bem-feito é o acaçá de leite
Bem-feito é o acaçá
Bem-feito é o corpinho dela
Bem-feito como acaçá

Amante do cinema, Caymmi teve a oportunidade de conhecer Orson Welles. Ficou empolgado em cantar para o diretor de *Cidadão Kane*. Welles veio ao Brasil, em fevereiro de 1942, para dirigir *It's All True* (*Tudo É Verdade*) — em que acumulava as funções de diretor, roteirista e produtor —, que ficou inacabado, quando a RKO Radio Pictures, uma das empresas que produziam o filme, resolveu fazer filmes de guerra e mandou sua equipe retornar aos Estados Unidos com todo o equipamento. Welles estava disposto a prosseguir com as filmagens com apenas três assistentes, mas o material filmado até ali foi considerado "material de guerra" e acabou por ser enviado também aos Estados Unidos. Essa é

É tudo verdade: com o mapa do Brasil ao fundo, Dorival canta para Orson Welles, que estava no Brasil iniciando as filmagens de *It's All True*, em 1942. O filme, que permaneceu inacabado, contaria com canções de Caymmi em sua trilha sonora.

uma das explicações. Outra é que o famoso diretor foi demitido devido aos gastos exorbitantes que fez, além dos excessos com mulheres e bebida. O entusiasmo de Welles pelo Brasil parecia genuíno, via no país uma riqueza de temas que poderiam se tornar excelentes argumentos para cinema. Caymmi não resistiu quando ficou frente a frente com Orson Welles e pediu-lhe o autógrafo, que guarda até hoje. "Ele ia aproveitar músicas minhas para a trilha" — revela o compositor.

* * *

Com uma situação econômica um pouco melhor, o casal recebeu Dinahir, a irmã caçula do compositor, para morar com eles. Dinahir viveu com o casal até 1945, quando se casou com o bancário João da Silva. "Ela fazia um bolo de aipim ao sabor da Bahia, dava para sentir a presença tanto do sal quanto do coco" — recorda Dorival. A baiana se deu muito bem com a cunhada, apesar dos temperamentos tão diferentes. Dinahir era uma discrição só. Suave, mal se ouvia sua voz. A mineira era totalmente espontânea e não media palavrões para se expressar. "Stella era muito ciumenta. Eu me lembro que eles foram a uma festa na casa da avó da Suely. Acho que era em Vila Isabel que morava a mãe dessa vizinha nossa, portuguesa. Quando chegaram em casa, tarde, eu só vi os talos de uns cravos de Petrópolis cor-de-rosa que ela usava — se usava muito. Ela sapecou aquilo nele, que só chegou com os talos, vieram brigando de lá" — lembra Dinahir. O motivo da briga, conta Stella, era uma tal de Orminda, mais conhecida como "Chinesa", que dava em cima de Dorival, que, por sua vez, facilitava. Dinahir acrescenta: "Às vezes, os colegas também tomavam conta, não sabe? Quando diziam 'Stella está aí!', ele já saía por outra porta. Ele era convidado pra tanta festa e ficava na moita: 'vou trabalhar'" — entrega a irmã. Seu amigo Marcelo Machado confirma: "Ele não era flor que se cheire e a sorte que ele dava com mulher era uma loucura. Simplesmente taravam, queriam agarrar mesmo, era impressionante. E ele comia as que pudesse. Ele gostava da Stella, mas era tanta mulher, que era difícil resistir".

Recentemente, num almoço em casa de Machado, o compositor se divertiu com as histórias que Zezinho Gueiros contou do tempo de seu pai, Nehemias Gueiros, quando era advogado de Chateaubriand. Certa vez, Chatô comentou com Nehemias: "Todo mundo tem fama de comedor, mas é só fama. Você sabe quem come tudo o que é mulher?" — Chatô apontou Caymmi e continuou, com admiração — "Esse menino, Dorival Caymmi, come todo mundo!". E Chatô entendia do assunto.

Só mesmo Stella para enfrentar o assédio das mulheres sobre Caymmi. Nem a presença da mulher do compositor inibia as admiradoras. Certa vez, alguns anos mais tarde, foram juntos assistir a uma peça, Stella não lembra se foi *Da Necessidade de Ser Polígamo* ou *A Garçonnière do Meu Marido*, de Silveira Sampaio, no Teatro de Bolso — inaugurado em 1949 —, na Praça General Osório, em Ipanema. No fim do espetáculo, Caymmi desceu aos camarins na frente para cumprimentar os artistas. Quando Stella foi ao encontro do marido, deparou-se com uma cena de tirar do sério a esposa mais liberal. Uma mulata enlaçava o baiano com a sua echarpe e se divertia em puxá-lo para si num jogo de sedução, para quem quisesse ver. Stella não fez por menos: "Meti o pau nela" — confessa a cantora. "Stella era de porrada" — confirma o compositor sem se abalar. Pelo visto a temática de Sampaio — que além de autor, ator, di-

Dorival Caymmi, *Autorretrato*, 1944, óleo s/ tela, 40 x 29 cm — pintura datada de 14 de janeiro.

retor e produtor de teatro era médico dos filhos do casal — não sensibilizou Stella. A cantora, para compensar as escapadas do marido, enchia a casa com a família. Os pais, o irmão Zé, a cunhada Ivone e as irmãs Helena e Madalena, seus prediletos, estavam sempre lá. "Se houvesse anticoncepcional na época, ele era corno" — Stella confessa, em seu estilo despudorado.

Em setembro, Stella e Caymmi receberam uma notícia preocupante. O baiano estava no quarto, em frente a um espelho, pintando atentamente seu primeiro quadro a óleo, um autorretrato. Foi quando um amigo contou-lhe, por telefone, que Jorge Amado havia sido preso, ao desembarcar em Porto Alegre, no dia 8, vindo de uma temporada em Buenos Aires. O escritor foi enviado para o Rio de Janeiro, onde foi solto, para logo depois ser obrigado a viajar para Salvador, onde permaneceu confi-

 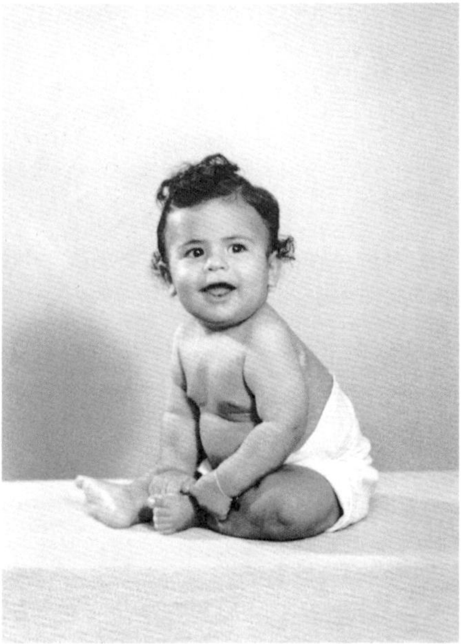

Nana e Dori: batizada com o nome da tia Dinahir, a primogênita de Stella e Dorival só atendia se a chamassem de Nana. Dorivalzinho, o segundo filho, que nasceria em agosto de 1943, foi batizado com o nome do pai, e ficaria mais tarde conhecido como Dori.

nado em casa. Dorival não esteve com o amigo. Dali para a frente a vida de Jorge Amado seria cada vez mais acidentada pela sua luta política no Partido Comunista, que acabaria por levá-lo a um longo exílio. Em busca de notícias de Amado, amigos ligavam para Caymmi, que sabia menos ainda.

Depois de casado, o compositor passou a ser requisitado pelos amigos para uma função inesperada. Theófilo de Barros Filho, Fernando Lobo e Haroldo Barbosa tinham uma curiosidade. "Todo mundo me consultava para saber se casamento era bom" — diverte-se Caymmi ao lembrar, e continua: "Eu dizia que por um lado era bom, mas por outro... Aí contava tudo e a gente ria. Stella sempre foi malcriada, respondona, xingadora. Mas meus amigos gostavam muito dela". Se mexessem então na sua cria, Stella virava uma fera. "Por causa de Nana, ela armou um frege tão grande na rua com umas velhas, vizinhas, que reclamaram que minha filha fazia barulho. Bastava Stella aparecer na calçada para elas fugirem em pânico. Morriam de medo de Stella" — relembra Caymmi. Nana, com quase 2 aninhos, já aprontava. Ela pedalava um velocípede no corredor do prédio e batia com força no portão da garagem. Fazia isso seguidas vezes sem parar — daí a reclamação do barulho, provavelmente — até que um dia o portão se abriu. Nana não titubeou, seguiu pela rua afora no seu velocípede, atravessando a rua Mearim, no cruzamento com a rua Professor Valadares, e já estava passando pelo botequim do Seu Pinho, onde havia um ponto de táxi, quando foi alcançada pelo pai apavorado. Apesar de um problema ou outro, seus amigos não podiam negar que o compositor estava satisfeito com a vida de casado, e, influenciados ou não, foram um a um se casando também. Em dezembro, entre uma confraternização e outra de final de ano, Caymmi contou à turma a grande novidade: "Stella está grávida!".

Animado com seus avanços na pintura, o compositor pintou durante todo o ano de 1943. O tempo que tinha disponível ele reservava para pintar, uma paixão desde a sua infância. Continuava se apresentando em clubes e festas, viajando vez ou outra. O trabalho noturno era muito desgastante para Caymmi, que sempre preferiu o dia à noite. Era uma vida dura. Seu pai chegou a escrever, aconselhando-o a diminuir o ritmo fatigante do trabalho na noite. Chegava em casa quando as pessoas "normais" estavam acordando para mais um dia pela frente. Ossos do ofício. Quase não fazia viagens de longa distância devido à guerra. Com a dificuldade de transporte, era sempre uma incógnita saber se conseguiria chegar a tempo para uma apresentação. Era melhor não arriscar. Fazia shows em São Paulo e Minas Gerais, além do interior do estado do Rio. Antônio Maria transformou em crônica as viagens a São Paulo, que fez com alguns de seus amigos queridos, entre eles Dorival Caymmi, Millôr Fernandes e Rubem Braga. Para Maria, "de um jeito ou de outro, a Rio-São Paulo ainda é uma grande inspiradora".

Desde que o Brasil entrara na Segunda Guerra Mundial, em 7 de dezembro de 1942, quando teve navios afundados por submarinos alemães, a oferta de shows havia diminuído consideravelmente, forçando o casal a economizar. Com mais um filho a caminho, Caymmi cavava o que podia. Não regateava. Era a chamada economia de guerra. A população enfrentava blecautes constantes, filas nas padarias, armazéns e açougues. Os produtos estavam mais caros e mais difíceis de encontrar. Havia racionamento e mercado-negro. Foi um período de sacrifícios. Sacrifícios inclusive de brasileiros: 25 mil soldados, integrantes da FEB (Força Expedicionária Brasileira) e da FAB (Força Aérea Brasileira), foram lutar nos campos da Itália, quase todos despreparados para o conflito que iriam enfrentar.

*Show da Vitória*: Dorival Caymmi, Dalva de Oliveira, Linda Batista, Aimée de Hereen e o acrobata Vic, durante a excursão promovida por Assis Chateaubriand, em julho de 1943, ao Norte e Nordeste, na época da Segunda Guerra Mundial.

Por iniciativa dos Diários Associados — leia-se Assis Chateaubriand —, em julho, uma caravana composta de artistas da Rádio Tupi e do Cassino da Urca, chefiada por Theófilo de Barros Filho, diretor-superintendente da Rádio Tupi, visitou, em missão patriótica, as bases militares brasileiras para levar um grande espetáculo musical a soldados americanos e brasileiros aquartelados no Norte e no Nordeste do país — Belém, Recife e Natal. O espetáculo recebeu o pomposo nome de *Show da Vitória*. Pelo número e importância dos artistas dá para avaliar a maravilha que foi reuni-los no mesmo palco. Além de Dorival Caymmi, estavam Linda Batista, Cristina Maristani, Alvarenga e Ranchinho, Grande Otelo, Sylvio Caldas, Pedro Celestino, incluindo bailarinos, acrobatas, palhaços, humoristas e outros. Ary Barroso viajou com a missão de animar o show, o que por si só garantia o sucesso da empreitada. O elenco embarcou num quadrimotor do tipo Abaitará, cedido gentilmente pela companhia de navegação aérea Cruzeiro do Sul.

Caravana aérea: o grupo de artistas que embarcou num quadrimotor para entreter os pracinhas brasileiros e norte-americanos sediados em Belém, Recife e Natal. Da esquerda para a direita, agachados: o comediante Badu, Caymmi e o locutor Carlos Frias. Em pé: Alvarenga, Ranchinho, Linda Batista (no centro, de chapéu escuro), Pedro Celestino, a menina Teresa Chateaubriand de mãos dadas com Ivonete Miranda, Herivelto Martins (fazendo o "V" da Vitória), Theófilo de Barros Filho (de óculos escuros) e, atrás, Nilo Chagas.

Em agosto, o compositor recebeu uma carta de sua irmã Dinah que o deixou apreensivo. Sua mãe, que anos antes tivera impaludismo, não estava nada bem. Dinah não escondia sua preocupação com o estado de Sinhá. Dorival gostaria de ter ido ao encontro da mãe em Salvador, mas além do problema dos transportes, Stella estava para dar à luz a qualquer momento. Dito e feito, Dorival Tostes Caymmi nasceu às 9 da manhã, no dia 26 de agosto de 1943, na Casa de Saúde São Jorge, na rua Leopoldo 110, no Andaraí. Da mesma forma que a vida dá, a vida tira. Assim, dias depois do nascimento de Dorivalzinho, como já era chamado o primeiro filho homem do compositor, em 4 de setembro, Sinhá faleceu aos 62 anos, devido a complicações no fígado. Infelizmente, não chegou a conhecer nenhum de seus netos.

A vida continuava quando uma tarde Chatô procurou Caymmi para lhe fazer uma proposta. Queria que o compositor fizesse uma gravação de "Acalanto", que havia se tornado uma das preferidas do empresário, para encerrar a programação de todas as suas emissoras de rádio. Como era típico com Assis Chateaubriand, não se falou em dinheiro. Muito provavelmente ele achava que Caymmi deveria se sentir honrado. A gravação aconteceu em 1943 mesmo, com a participação do Coro dos Apiacás, dirigido por Dona Lucília Guimarães Villa-Lobos, primeira mulher do famoso maestro e compositor, e da cantora Stella Maris. Stella só voltaria a gravar nos anos 60, no disco que reuniria sua família e Tom Jobim.

Foi nessa mesma ocasião que Caymmi procurou alguns amigos para discutir um desejo antigo. O baiano estava pensando seriamente em estudar música. Achava que não poderia ser um músico completo se não soubesse ler partituras. Esperava ser incentivado. Surpreendeu-se quando Villa-Lobos e Radamés Gnattali o dissuadiram da ideia. Temiam que Caymmi perdesse sua espontaneidade de compositor popular. Em vista disso, ele desistiu até dos estudos que havia começado a fazer em casa por conta própria. Afinal, um conselho de um Villa-Lobos e de um Radamés não podia ser ignorado. Caymmi então recolheu o seu chapéu e foi tratar de compor do jeito que estava acostumado. No dia 19 de novembro de 1943, quinze amigos se juntaram para lhe dar um violão Di Giorgio, numa cerimônia noticiada pelo *Diário da Noite*. Entre eles, estavam Fernando Lobo, Sylvia e Leônidas Autuori — segundo Caymmi os prováveis autores da ideia —, Carlos Frias, Theófilo de Barros Filho, S. Justi, além de Chatô, que fez um discurso solene na ocasião. A partir daí, o compositor passou a colecionar assinaturas no seu instrumento.

Sua carreira caminhava bem. Os Anjos do Inferno gravaram "Tem Dó", feita em parceria com Antônio Almeida, Alberto Ribeiro e Braguinha, mais uma vez pela Columbia. "Foi uma brincadeira nossa. E aí o Braguinha ficou doido para gravar pela Columbia" — conta Dorival, que vivia momentos de galã, causando verdadeiro furor entre as fãs. Ao estrear, em 17 de abril de 1943, na Rádio Tupi de São Paulo, celebrado como *O Cantor dos Mares do Norte*, causou um prejuízo inesperado para o estúdio, depois de praticamente fechar a rua. O *Diário de S. Paulo* do dia seguinte noticiava:

> "O grande autor e intérprete criador de 'O Mar', 'Abaeté', 'Sodade Matadera' e tantas outras maravilhosas páginas mu-

Autógrafo de Chatô: Assis Chateaubriand assina o violão presenteado por amigos a Caymmi, observado por Theófilo de Barros Filho e Teresa, em 1943. O instrumento com as assinaturas de amigos e personalidades se tornaria uma das marcas registradas do baiano.

sicais, teve comprovada a sua enorme popularidade em São Paulo, com uma grande multidão que foi aplaudi-lo no auditório da PRG-2. Foi de tal forma o interesse do público em conhecer o novo cartaz das Lãs Sams, famoso principalmente pela sua criação 'O Que É Que a Baiana Tem?', que algumas dezenas de 'fãs', não se conformando com o fato de já estar completamente lotado o auditório, num assomo do mais culminante entusiasmo, puseram abaixo a porta principal dos estúdios da G-2."

* * *

O casal se mudou do apartamento para uma pequena casa na mesma rua Mearim, no número 178. Dispunham de um quintal e de um barracão nos fundos para guardar o que não cabia na casa de dois quartos. Buscando liberar mais espaço, Stella guardou o pequeno acervo que acumulou em sua curta carreira no barracão. Foi com enorme desapontamento que descobriu, tempos depois, ter perdido tudo, com a umidade e as traças. Nada se salvou entre cartas de fãs, propagandas, partituras e reportagens que guardara. Stella ficou desolada.

No final do ano, alugaram uma casa para o veraneio em São Pedro de Pequeri, em Minas Gerais, cidade onde nasceu a mulher de Caymmi. A casa antes fora uma cadeia. Provavelmente por não ter a quem prender, resolveram alugar o imóvel. Stella, pragmática, não ligava muito para o fato. Seu Candinho e Dona Zulmira costumavam acompanhar a filha, além de Dinahir e Wilher, filho de Ruth, irmã mais velha de Stella. Tia e sobrinho tinham a mesma idade. Quando precisava ir ao Rio para uma apresentação, Dorival ia e voltava de trem. Pegava o trem às 6 horas na estação Leopoldina, no Rio, e ao meio-dia já estava na cidade, a tempo do almoço. Para provar que nem sempre as coisas progridem, o trem foi desativado e, para se chegar hoje à cidade, onde Caymmi e Stella têm uma casa, é preciso enfrentar quilômetros de uma estrada não asfaltada. A família passou dois meses em Pequeri. Caymmi aproveitou a tranquilidade do local para pintar. Pintou um autorretrato e a Igreja São Pedro, onde a mulher foi batizada. Em 31 de julho, um terceiro quadro seu, "Vila Pequeri", mal ele havia terminado, foi comprado à força. "Um certo engenheiro Rocco viu o quadro. Gostou, deixou um cheque e fugiu com ele" — revela Caymmi.

# 25.
# JANGADEIROS

> "Mas, é preciso que se resguardem a dignidade humana,
> a poesia e a inteligência dos que fazem as noitadas"
> ("Aquela noite sem ventura", Antônio Maria)

A vida noturna no Rio de Janeiro tinha muitas opções. O jogo era permitido e cada cassino apresentava um espetáculo mais grandioso que o outro. O Cassino da Urca era muito procurado. Havia também o Cassino Atlântico, próximo do Forte Copacabana. Mas nada poderia se igualar à elegância do cassino do Copacabana Palace. Os cassinos mantinham, no mínimo, duas orquestras se revezando em seus salões. O mercado para músicos não podia ser melhor. Os estrangeiros endinheirados acabavam vindo para o Rio, fugindo da guerra que assolava a Europa. Não raro, famosos atores hollywoodianos vinham passar uma temporada na cidade. Para não perdê-los para Buenos Aires, os produtores se esmeravam nas atrações. Davam preferência aos artistas estrangeiros como Jean Sablon, Pedro Vargas, Marta Eggerth, Jan Kiepura, John Boles, Adelina Garcia, Josephine Baker (a *Vênus de Ébano*), Elvira Rios, Tito Guizar, Libertad Lamarque, entre outros. A explicação de Caymmi para isso era simples: "Não há comparação. Você entra num auditório de rádio, senta e vê o artista nacional. Naquele tempo você via seu artista predileto até na rua". O artista estrangeiro gerava mais expectativa e atraía um público mais sofisticado. A imprensa reclamava constantemente da ausência de espetáculos de artistas nacionais nos cassinos, principalmente no Copacabana Palace. Mas isso estava para mudar.

Nada, em termos profissionais, pode se comparar ao ano de 1944 na carreira de Dorival Caymmi. O baiano firmou naquele ano sua posição de *showman* em espetáculo memorável. O barão Von Stuckart, diretor-artístico do Copacabana Cassino Teatro, do Copacabana Palace, telefonou-lhe marcando um encontro no hotel. A surpresa do compositor foi enorme ao saber que o barão o queria como atração principal do espetáculo daquela temporada no *grill-room* do Cassino. Caribé da Rocha, assistente do barão, tratava da parte financeira. Caymmi, se sentindo com força, fez seu preço: "Eu só canto, Caribé, se me pagarem 1 conto de réis por dia e mais o táxi para me levar em casa". A moeda brasileira, desde maio de 1942, era o cruzeiro. Mas ela custou a pegar. Caymmi, como a maioria do povo, tinha dificuldade em falar mil cruzeiros. Insistia em dizer 1 conto de réis. O barão queria tanto o compositor que seu assistente nem tentou regatear preço. O baiano mal podia acreditar que iria estrelar, sozinho, por dois meses, um show no *grill-room* do Copacabana Palace, um verdadeiro templo da elegância do Rio de Janeiro. Os preparativos para a produção de *Jangadeiros* — título do espetáculo cujo tema era centrado nas canções praieiras do compositor — tomaram todo o tempo de Caymmi. A casa colocou seu elenco fixo à disposição do artista: Carmen Costa, Quatro Ases e Um Coringa, Nuno Roland e Nelson Gonçalves, entre outros. Sem falar, é claro, das inúmeras coristas. O espetáculo custou a pequena fortuna de 2 mil contos de réis a Otávio Guinle, dono do cassino. O repertório era exclusivamente de composições do baiano. O amigo Radamés Gnattali ficou responsável pelos arranjos e regência da orquestra, com a nata dos músicos da época. O convite era todo em letras douradas.

Mas nem tudo eram flores para Caymmi. O espetáculo causou muita inveja. Algumas pessoas se perguntavam: "Por que Caymmi vai cantar no Copacabana Palace, onde Chico Alves nunca cantou, o Sylvio nunca cantou?". O baiano comenta: "Sylvio Caldas quis cortar meu caminho. Procurou o barão se dizendo melhor do que eu para fazer o show. Ele se ofereceu para cantar por 600 mil-réis (600 cruzeiros), que eu rejeitei". Felizmente, o barão manteve Dorival Caymmi e ofereceu um papel menor para Sylvio Caldas no espetáculo. É o próprio compositor quem comenta: "Sylvio não conseguiu me barrar e ficou como figurante, o que foi ruim para ele. Ele entrava, mal vestia uma roupa e fazia assim [cantando]: 'O que é que a baiana tem? O que é que a baiana tem?', e saía. Uma figura importante da música popular brasileira se prestou a esse papel! E ganhava 600 mil-réis por noite, que perdia no jogo". A despeito desse episódio, Caymmi e Sylvio Caldas tornaram-se grandes amigos. Anos mais tarde, era possível ver o *Caboclinho Querido*, excelente cozinheiro, muito à vontade na cozinha de Stella fazendo uma peixada para toda a família. O espetáculo foi um grande sucesso, com casa cheia todos os dias. Seu salário na Rádio Tupi pulou de 1.800 para 4.500 cruzeiros.

Foi nessa ocasião que Caymmi conheceu Carlinhos, jovem empresário da família Guinle. Segundo Stella, foi quando Caymmi caiu na esbórnia para valer. A mulher do compositor se refere "carinhosamente" às moças que acompanhavam Carlinhos como "as putas internacionais".

Parceria a bordo: no *Laffitte*, veleiro do amigo Carlinhos Guinle, Caymmi tocava seu violão, embalando os encontros do parceiro com suas belas namoradas.

De fato, Carlinhos gostava das *starlets*, mas não mais que seu irmão, o *playboy* Jorginho Guinle. Caymmi recorda que enquanto Jorginho gastava o dinheiro, Carlinhos trabalhava e multiplicava os bens da família. Quanto à desconfiança de Stella, não se pode recriminá-la. Haja drible para aproveitar este efeito colateral da fama. A verdade é que Caymmi muitas vezes ajudava o amigo a conquistar uma moça mais arredia, acompanhando-o com seu violão a bordo do *Laffitte*, iate de Carlinhos, para fazer o clima. Mas, inegavelmente, o que uniu Carlinhos e Caymmi foi uma grande amizade. Tinham em comum, entre outras coisas, o amor pelo mar. A afinidade era tanta que Carlinhos se tornou o parceiro mais frequente, ao menos oficialmente, em sua obra, junto com Jorge Amado, apesar das más línguas que concordavam com Stanislaw Ponte Preta. Sérgio Porto, seu nome verdadeiro, fazia uma gozação com a dupla, dizendo que na parceria Caymmi entrava com letra e música e o playboy com o whisky. Juntos assinam sete canções: "Sábado em Copacabana", "Valerá a Pena", "Não Tem Solução", "Tão Só", "Ninguém Sabe", "Você Não Sabe Amar" e "Nesta Rua Tão Deserta", as duas últimas também em parceria com Hugo Lima, amigo que fazia parte da roda de Guinle. Com Jorge Amado, seu segundo parceiro em número de canções, Caymmi fez seis: "Beijos pela Noite", "É Doce Morrer no Mar", "Cantiga de Cego", "Modinha para Tereza Batista", "Canto de Obá" e "Retirantes" (além do "Hino da Campanha de Prestes").

Recentemente, Caymmi confessou: "A verdade é que Carlinhos não fez nenhuma dessas músicas. Eu queria mesmo era homenageá-lo". O mais provável na questão da participação ou não de Guinle nas composições de Caymmi é o milionário ter entrado com uma ideia aqui, outra ali. O que não impediu o baiano de ter sido duramente criticado pelo novo gênero de composições a que passou a se dedicar, principalmente em fins dos anos 40 e ao longo de toda a década seguinte. Acostumados com seus sambas de roda, tipicamente baianos, e canções praieiras, houve quem estranhasse. Caymmi era muito moderno nas suas melodias e nem todos percebiam sua originalidade nas chamadas canções urbanas, na verdade sambas-canção. O jornalista de São Paulo Arnaldo Câmara Leitão, em sua coluna Rádio Show, escreveu um duro artigo com o título "O outro Caymmi". Vale a pena reproduzir um trecho:

> "... Outra particularidade, tristemente notória no atual Caymmi, são alguns de seus últimos sambas. Parece que as aristocráticas boemias, em que o compositor tem andado de tempos para cá, estão influindo negativamente em sua produção. Dorival Caymmi está se afastando do povo. Mormente os sambas-canções tipo dos feitos em parceria com o milionário Guinle, românticos, sofisticados e burgueses, traduzem um estado mental suficiente e acomodado, completamente ao inverso daquele que gerou páginas admiráveis, já integradas em definitivo no melhor cancioneiro nacional, que narram a luta e o sofrimento do nordestino do mar e da cidade. Mas, claramente, esse será o tributo pago às reportagens publicitárias valorizadoras, ao champanha e whisky das mansões confortáveis, aos cruzeiros marítimos de iate etc. Ou será que um dos até agora compositores populares máximos do país atingiu o saturamento criador?"

Se o crítico, quando estava escrevendo, soubesse o que viria a ser a moderna música brasileira na segunda metade do século XX, certamente ficaria horrorizado. Mas Câmara Leitão joga luzes sobre a atração da esquerda por Caymmi. Sabemos a explicação que o baiano — que nunca teve maiores interesses por política, ao menos não no sentido de uma militância regular — dava para ter tantos amigos vermelhos. Era muito simples: as melhores cabeças estavam lá. Mas e o interesse da esquerda por ele? Jorge Amado cansou de repetir incontáveis vezes, desde que o conheceu, que se ele fosse compositor teria feito as canções de Caymmi, e se Caymmi fosse escritor teria escrito seus romances. A identificação de Amado por Caymmi sempre foi enorme, a ponto de toda vez que um livro seu era adaptado para teatro, cinema ou televisão, exigir composições do compadre. Mas não se enganem, tal fato se deve mais à temática baiana de suas músicas, e à capacidade de representar a Bahia de uma época, em que o estado conservava ainda puros costumes e crenças típicos daquela terra, do que a qualquer conteúdo político. Os pescadores das canções de Caymmi não são marginalizados como alguns dos personagens de Jorge, insatisfeitos e com forte potencial revolucionário. No universo de Caymmi, seus personagens estão perfeitamente adequados e felizes. É um mundo idealizado, atemporal, harmônico. Lírico, se quiserem. Não há nenhuma pretensão de atuar aí como intelectual orgânico. Ao contrário, há um forte conteúdo religioso, em que a convivência das crenças está devidamente apaziguada.

A crítica de Câmara Leitão demonstra as dificuldades de uma geração diante das modificações — não só na música — que o Brasil e o mundo vinham sofrendo. Um mundo cansado de guerras e em busca do tempo perdido. O Brasil mais que nunca vinha num esforço de modernização crescente, principalmente industrial, que logicamente se refletia na cultura. A classe média urbana crescia e se mostrava dócil à influência americana. O Brasil entrava numa fase de prosperidade, o que dificultava o avanço de ideais revolucionários. A esquerda ainda teve que engolir um duro golpe, com Vargas retornando ao poder democraticamente, pelo voto. A propósito do whisky que parecia incomodar tanto a Câmara Leitão, ele talvez não soubesse que a mesma marca de whisky que rolava com Carlinhos Guinle, rolava nas reuniões de esquerdistas famosos. Afinal, ninguém é de ferro.

Para completar a maré de sorte de Caymmi, naquele ano de 1944 é lançado *Serenata Boêmia* (*Greenwich Village*), o sétimo filme de Carmen Miranda, nos Estados Unidos, pela Fox. Na película, a cantora, que contracena com Don Ameche, Vivian Blaine, William Bendix, Emil Rameau, entre outros, interpreta mais uma vez "O Que É Que a Baiana Tem?". Naquele ano, a Fox lançou ainda mais dois filmes com a estrela brasileira, *Quatro Moças Num Jeep* (*Four Jills in a Jeep*) e *Alegria, Rapazes* (*Something For the Boys*).

Todo mundo achou, incluindo o próprio Dorival, que ia entrar numa grana firme por conta do filme. Aloysio de Oliveira animou-o com boas novas: o samba era um fenômeno nos Estados Unidos, sua baiana era uma febre, seus adornos influenciaram os costureiros da Quinta Avenida, e eram vistos espalhados pelas vitrines de Nova York. "Uma das mais importantes lojas de Nova York, a *Saks Fifth Avenue*, dedicou todas as suas vitrines aos lançamentos da moda baseada na baiana de Carmen" — escreveu Oliveira em suas memórias, e acrescentou — "E as joalherias passaram a criar pulseiras e colares de fantasia *à la* balangandãs. Caymmi nunca poderia ter imaginado que a letra de 'O Que É Que a Baiana Tem?' viria a ser exposta nas vitrines da Quinta Avenida".

Caymmi foi se empolgando. O que o compositor não contava era com o labirinto dos interesses de mercado que iria enfrentar a seguir. A Fox pagou ao compositor mil dólares pelo uso do samba no filme. Foi aí que começou a confusão. "Veio o editor da música em papel se achando com direitos especiais sobre a música. A gravadora se achava com direitos também. E eu fiquei inocente no meio de profissionais competentes, estrangeiros e conhecidos no Brasil, ligados aos Estados Unidos, já negociando. Porque eles estavam fazendo a oferta de mil dólares, que naquele tempo representava um dinheirão. Me marcaram e queriam me acionar. Diziam que eu cedi o mesmo direito a duas empresas, para a gravadora Odeon e para a 20th Century Fox" — relata o artista. Infelizmente, a gravadora tinha razão. A verdade é que havia uma cláusula de letrinhas miúdas no contrato com a Odeon, assinado na empolgação da gravação do samba com Carmen Miranda, que dizia respeito a "rolos e películas". Não houve conversa. A gravadora acionou a 20th Century Fox. O baiano se viu de repente no meio de uma "briga de cachorro grande". "Caymmi, rolos e películas é cinema" — alegou um funcionário da Odeon. Sobrou, como sempre, para o lado mais fraco. No caso, o lado mais fraco era o próprio compositor, que, dos mil dólares, só viu a cor de 250, uma ninharia. E hoje confessa: "Fiquei muito amedrontado com contratos com companhias gravadoras. Quem tirou partido foram eles. A Odeon e a Fox entraram em acordo, trocaram interesses financeiros, e não precisavam me dar satisfação. Então eu tive medo de assinar contrato com

A Bahia na moda: Assis Valente, Josué de Barros e Dorival Caymmi, três baianos importantes na vida de Carmen Miranda — o impacto da imagem da cantora nos Estados Unidos foi tal, que a moda da baiana chegou até às vitrines da Quinta Avenida, em Nova York.

disco". Para completar seu desgosto, a imprensa mencionava o filme, Carmen Miranda, mas somente uns poucos jornalistas citavam o seu nome. Caymmi se sentia sonegado.

* * *

O DIP resolveu implicar com a letra de um samba do baiano, "Vestido de Bolero". A letra original dizia:

> Se o casaco for vermelho
> Todo mundo vai usar
> Saia verde e amarela
> Todo mundo vai gostar.

O censor do DIP cismou com o vermelho. Achou que misturar as cores da bandeira com vermelho era uma alusão ao comunismo, confusão na certa. "Convidou-o", então, a mudar as cores. "O Departamento não só controlava a imprensa e as diversões como também procurava interferir na criatividade dos artistas, através de 'conselhos' e 'sugestões'" — explica o pesquisador Jairo Severiano, autor de *Getúlio Vargas e a música popular*. O compositor, que não tinha nenhuma intenção panfletária quando fez a letra, deixou o casaco vermelho e trocou a "saia verde e amarela" por "saia verde, azul e branco". Finalmente a música foi liberada. O engraçado é que verde, azul e branco também são cores da nossa bandeira, sem a força do verde e amarelo, claro. A liberação do samba, bem ao estilo brejeiro da Bahia, tão ao gosto dos Anjos do Inferno, permitiu ao conjunto gravá-lo, além de outro samba inédito de Caymmi, "Acontece Que Eu Sou Baiano", pela gravadora Continental, em 1944.

Mas nada podia derrubar o seu bom humor. O baiano estava em alta mesmo. Tanto que a nova produção da Disney, *The Three Caballeros*, exibido naquele ano, recebeu no Brasil o título de uma canção sua, *Você Já Foi à Bahia?*. No filme, o samba de Caymmi era apresentado inicialmente numa versão instrumental e depois entrava interpretado por um conjunto vocal. Outras músicas entraram na trilha do desenho: "Na Baixa do Sapateiro", com o nome de "Bahia" — como é chamado o samba no exterior —, e "Os Quindins de Iaiá", ambas de Ary Barroso e interpretadas por Aurora Miranda, irmã de Carmen; e "Pregões Cariocas", de Braguinha, que entrou como música incidental. Por trás desta produção estava Aloysio de Oliveira, que, desligado do seu trabalho com Carmen Miranda, fazia parte da equipe dos estúdios Disney. No ano anterior, fora exibido outro filme de Walt Disney, *Saludos Amigos*, com o título brasileiro de *Alô, Amigos*, tudo dentro do espírito da política da boa vizinhança.

Nesse meio tempo, Jorge Amado — já liberado em seu direito de ir e vir —, vindo da Bahia, apareceu para visitar seu amigo e sua afilhada de casamento. O escritor havia terminado *São Jorge dos Ilhéus*, seu último romance, e veio tratar com a Livraria Martins Editora o seu lançamento. Contou-lhes seu plano de escrever uma peça sobre o poeta Castro Alves, a convite da atriz Bibi Ferreira — que pretendia encená-la, o que jamais aconteceu pois a companhia teatral se desfez em junho. Jorge passou por São Paulo e voltou para a Bahia, onde escreveu *Bahia de Todos os Santos*, um guia da cidade de Salvador. Em dezembro, o casal soube que o amigo havia se separado de Matilde. O que Caymmi não podia imaginar era que lhe estava reservada uma participação especial no segundo casamento de Jorge Amado.

Problemas com a censura: a picardia baiana de Dorival Caymmi, tão ao gosto dos Anjos do Inferno, confundiu o censor do DIP, que implicou com o "casaco vermelho" da letra de "Vestido de Bolero". Uma segunda versão da música, finalmente liberada, seria gravada em 1944 pelo conjunto, no lado B do 78 rpm com o samba "Acontece Que Eu Sou Baiano".

Os Caymmi no Leblon: Dori, Stella e Nana na Praça Antero de Quental, em 1946, quando se mudaram para o novo apartamento da rua Bartolomeu Mitre.

Em 31 de maio de 1945, Stella e Caymmi se mudaram para o apartamento 202 da rua Bartolomeu Mitre, 330, no Leblon. Finalmente, o compositor poderia aproveitar mais o mar do Rio de Janeiro. Nana tinha 4 anos e Dori era um bebê de 1 ano e meio. Dinahir foi com eles. As crianças brincavam na Praça Antero de Quental, que na época tinha uma única árvore. A vida no bairro era muito melhor e Stella podia conviver mais com os amigos de Caymmi. Na verdade, era a primeira vez que ela tinha uma vida social. No Grajaú, ficava muito isolada e as crianças ainda eram muito pequenas. O que não impediu Nana de começar seus estudos de piano aos 4 anos com Aída Gnattali, irmã de Radamés.

A praia aproximava as pessoas, tornava tudo muito espontâneo. O casal convivia com uma ótima turma, da qual faziam parte Carlos e Mariinha Thiré — posteriormente conhecida como a atriz Tônia Carrero —, que viviam em Ipanema, com o futuro ator Cecil Thiré ainda bebê, a francesa Lili, Bernardo da Caixa Econômica, Yara Vaz e o marido, conhecido como Tarzan, Eduardo Rigolon e Déa, Joaquim Rocha Santos e a mulher, Rany, funcionária da Columbia Pictures. Era uma turma grande e animada. Um amigo do peito do casal era Antônio Maria. É Stella quem recorda: “Antônio Maria vivia com Lígia Andrade, que era dada a muita etiqueta. Ela fazia a dieta dele, que era imenso de gordo. Mas ele virava-se pra ela e dizia: ‘Vou dar um pulo no Caymmi’. Chegava lá em casa, tudo o que tinha sobrado do jantar ele esquentava com uma colher de manteiga na frigideira e comia”. O jornalista, em crônica de 9 de janeiro de 1952, escreveria sobre esse período de Caymmi no Leblon:

> “Antigamente na pátria Leblon, uma das coisas melhores do mundo era ficar no Bar do Costa, o Clipper, e beber o scotch mais gostoso do mundo. Lá estava o Jimmy, quase sempre vinha o Rocha. Caymmi chegava e sentava ao lado. Era o melhor papo da margem do Atlântico.”

No dia 23 de março, Caymmi teve uma agradável surpresa. Recebeu um telegrama de Carmen Miranda e Jean Sablon, endereçado à Rádio Nacional, onde o compositor seguia se apresentando semanalmente, que dizia: “Estamos aqui em Hollywood pensando em você. Saudades e beijos”. Foi uma alegria. Logo em seguida, Stella levou o maior susto de sua vida. Ela havia levado Nana e Dori à praia. O menino estava tranquilamente fazendo um castelo na areia quando uma onda enorme o levou.

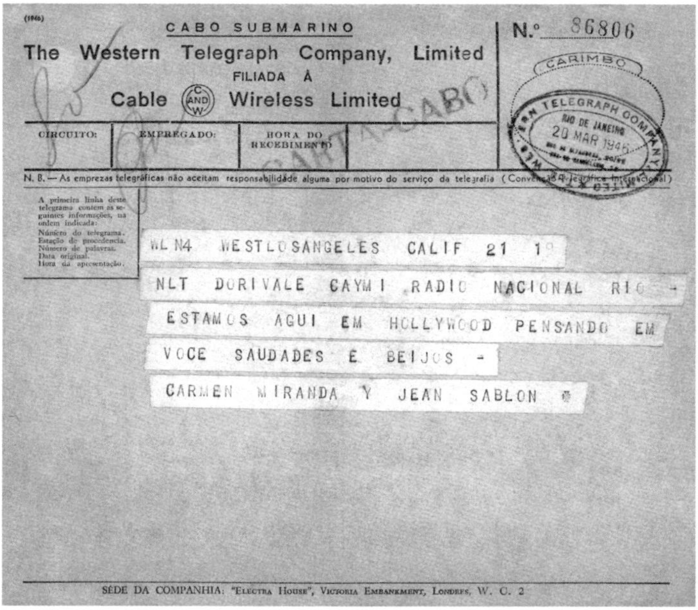

CABO SUBMARINO
The Western Telegraph Company, Limited
FILIADA À
Cable and Wireless Limited
N.º 86806
CIRCUITO: | EMPREGADO: | HORA DO RECEBIMENTO

WL N4 WESTLOSANGELES CALIF 21 1
NLT DORIVALE CAYMI RADIO NACIONAL RIO
ESTAMOS AGUI EM HOLLYWOOD PENSANDO EM
VOCE SAUDADES E BEIJOS
CARMEN MIRANDA Y JEAN SABLON

SÉDE DA COMPANHIA: "ELECTRA HOUSE", VICTORIA EMBANKMENT, LONDRES, W. C. 2

Lembranças de Hollywood: telegrama de Carmen Miranda e Jean Sablon enviado de Los Angeles para Dorival, em março de 1946 — a grande cantora nunca se esqueceu da importância e do carinho de Caymmi ao longo de sua carreira.

Ao perceber o que havia acontecido, Stella, que era excelente nadadora, mergulhou e começou a procurá-lo no fundo do mar, mantendo os olhos bem abertos dentro d'água, controlando seu desespero. Quase que a Mãe d'Água levou seu filho. Mas, graças a Deus, ela o encontrou, já roxo da falta de ar. Essa foi por pouco.

O casal Sylvia e Leônidas Autuori — ela, redatora, produtora e apresentadora de rádio, ele maestro — fazia parte da turma do Leblon, apesar de morarem na Urca. Davam festas memoráveis, em que reuniam a nata da música, da literatura e do jornalismo carioca. Pixinguinha, Jean Manzon, João da Baiana, Fernando Lobo, Antônio Maria, Francisco Mignone, Millôr Fernandes, entre muitos outros, costumavam frequentar a animada residência do casal. Sem mencionar a presença de nomes importantes das artes plásticas como Portinari, Vittorio Gobbis, Armando Balloni. O compositor americano Aaron Copland, em passagem pelo Brasil, esteve em algumas dessas reuniões. Era uma versão mais moderna

Flagrante: esboço de Stella e Dorival Caymmi por Armando Balloni — todos frequentavam a casa de Sylvia e Leônidas Autuori, ponto de encontro que reunia a nata das artes e do jornalismo.

Turma da Zona Sul: na casa de Leônidas Autuori, em 1944 — Millôr e Dorival Caymmi (no chão), Fred Chateaubriand, Fernando Lobo e o anfitrião (sentados), Sylvio Autuori, Ovidio Grottera, Jean Manzon, Dante Autuori e pessoa não identificada (em pé).

dos salões do século XIX. Tudo o que acontecia no Rio, na área cultural, pelo menos, passava obrigatoriamente antes pela casa dos Autuori. Era uma verdadeira central de novidades. O casal, tempos depois, se mudou para Belo Horizonte e a festa acabou. É bom lembrar que Sylvia Autuori era a famosa Tia Chiquinha, personagem que apresentava um programa infantil de muito sucesso, além de ter gravado discos da personagem.

No sábado de manhã, o encontro era no Veloso, famoso bar de Ipanema, inaugurado naquele ano, na rua Montenegro, 49-A — atual Vinicius de Moraes —, esquina com a rua Prudente de Morais, onde Helô Pinheiro, que passava a caminho do mar, inspirou Tom e Vinicius a compor "Garota de Ipanema", em 1962. Depois da caminhada na praia, o chope no Veloso era de lei. Tônia Carrero esbanjava beleza a bordo de sua bicicleta, deixando os marmanjos de queixo caído. Numa de suas mesas espalhadas pela calçada, Caymmi podia estar conversando com um grupo formado por Franklin de Oliveira, Rubem Braga, o publicitário Jimmy Abercrombie, casado com Ruth, e o artista plástico e fotógrafo Yllen Kerr. Conversava-se sobre tudo. O papo podia ir do intelectual à última patifaria de um deles — de preferência daquele que não estivesse presente.

Tônia Carrero lembra de Caymmi nessa época. "Ele era lindo, não tinha um fio de cabelo branco, cantava com aquele violãozinho — violãozão — assim. E olhava para os cantos. O mulherio ficava louco com ele, a mulherada adorava. Caymmi tinha uma sensualidade, ele requebrava com o violão, mexendo os quadris tranquilamente. Tinha gente que dizia assim: 'Caymmi não é bicha, não?'. Era brincadeira de quem chegava e não conhecia. E ele comia as mulheres todas. Stella sofria. Mas ele não largava aquela Stella de jeito nenhum" — comenta a atriz. Carlos Thiré, marido de Tônia, e Caymmi eram muito amigos. Thiré era publicitário e trabalhava na agência Walter Thompson. "Falavam sobre pintura. Uma das razões do Thiré ter ido para a Europa estudar pintura foi conversar com Caymmi: 'Nós temos que ir lá, estudar lá, ver uns livros'. Jimmy, Thiré e ele conversavam demais sobre pintura. E, como você vê, ele é muito interessado em pintura até hoje. Pinta e pinta bem" — lembra Tônia. De fato, em 1947, Carlos Thiré e a mulher foram viver em Paris e nessa oportunidade a atriz estudou teatro. "Eu sei todas as músicas dele. Treinei muito fazer drama com a jangada que saiu com Chico Ferreira e Bento, de 'A Jangada Voltou Só'. Isso tocava na alma do Cecil, criança ainda. Ele chorava" — revela Tônia Carrero. Foi nesse período que Dori surpreendeu os pais fazendo um contracanto perfeito à melodia de "Casinha Pequenina" — belíssima modinha lançada em 1906 por Mário Pinheiro, de autor desconhecido —, que a mãe estava cantando na cozinha: "Tinha um coqueiro do lado que, coitado, de saudades já morreu". Dorival e Stella se entreolharam imediatamente reconhecendo o nascente talento musical do filho.

Outro ponto de encontro no Leblon, da turma mais família, em geral os casais, era o Bar Bibi. Uma das diversões, segundo Caymmi, além do chope gelado e dos beliscos, era jogar *morfético*, uma espécie de pôquer de dados. Foi na porta do Bar Bibi, aliás, que, dois anos depois, nasceu um dos grandes sucessos do compositor, "Saudade da Bahia", cuja letra foi escrita num papel pardo de embrulho sobre uma mesa do bar.

Musa inspiradora: com traços precisos, Caymmi retratou neste desenho de 1945 a personalidade forte e decidida de sua mulher, Stella.

Mas foi só em 1957, ou seja, uma década depois, que o público pôde conhecer o samba, já que Caymmi o havia engavetado por considerá-lo melancólico, sentimento que sempre rejeitou em si próprio. Imagine o leitor quantas músicas o compositor não terá rejeitado ao longo da sua vida por sua exigência estética elevada, considerando o seu talento indiscutível e sua obra enxuta.

No Leblon, a pedida no fim de semana era levar as crianças ao Bar Colúmbia para tomar sorvete, com a mocidade do bairro toda por ali. Tranquilamente, Caymmi podia esbarrar com o casal amigo Elsie e Orígenes Lessa, autor do romance *O feijão e o sonho*, que trabalhava com publicidade, passeando pelo bairro. Aproveitavam, Orígenes e Caymmi, para botar o papo em dia. Falavam um pouco sobre tudo, de política a literatura. O compositor fazia amigos com muita facilidade, cultivava uma erudição que não era comum encontrar num músico popular daquela época. Seu interesse por aprender e se informar não tinha limites. Além de pintar, lia, a ponto de manter uma conta com um livreiro — cuja livraria ficava no centro da cidade — durante os anos 60, que fornecia para ele o que havia de melhor. No bairro, teve oportunidade de conviver com personagens importantes do meio intelectual carioca.

O ponto final do bonde 13-Ipanema era no Bar 20, na divisa com o Leblon. "Você sabe o que é entrar num bonde de terno e gravata porque sabe que o bonde está limpo?" — provoca o compositor. Muitas vezes, quando não tinha um carro para levá-lo para casa, Caymmi pegava o bonde em plena madrugada e tinha que se virar atrás de um táxi que o levasse até a avenida Bartolomeu Mitre. Antônio Maria, no início de sua crônica "Roteiro Leblon", escreveu: "Se Caymmi não fosse preguiçoso como uma procissão, ninguém melhor que ele para escrever esta história. Ninguém sabe e sente tanto quanto ele o que acontece do posto de gasolina do Jardim de Alá à pedra onde o hotel está encravado". Maria não podia estar mais certo. Não importa onde Caymmi viva, ele se envolve com o lugar profundamente.

* * *

A guerra finalmente acabou. As tropas brasileiras regressaram da Itália. E no Brasil se encerrava mais um ciclo histórico. O país vivia agora um imenso paradoxo. Como conciliar a imagem do governo que participa da guerra em defesa da democracia com o governo autoritário e repressor, como era a ditadura Vargas? As ideias liberais se difundiam rapidamente no Exército, espinha dorsal do Estado Novo. Forças contrárias ao regime ganhavam cada vez mais espaço, conforme a guerra ia chegando ao fim. Impossível para o governo controlá-las. Getúlio Vargas foi deposto pelo Exército — pelo general Góes Monteiro —, após uma longa ditadura. Eurico Gaspar Dutra venceu as eleições para presidente naquele ano, mas Getúlio, mesmo na sombra — o ex-presidente estava em São Borja, sua terra natal, no Rio Grande do Sul, para onde se retirou —, continuava sendo um peso pesado da vida política do país. Para a atividade de Caymmi, porém, o presidente Dutra iria se mostrar nefasto logo adiante.

## 26.
## SEDUÇÃO MUSICAL

"Tudo já foi dito. E cada vez é mais perigoso repetir"
(*A Bíblia do Caos*, Millôr Fernandes)

Às vésperas de completar 67 anos, Durval, pai de Dorival, anuncia o seu casamento para 7 de abril de 1945. Caymmi não pôde comparecer à cerimônia que uniu seu pai à sua segunda mulher, Ursulina Lopes, em Salvador. Mas não se surpreendeu com a decisão do pai, pois desconfiava que aquele relacionamento vinha de longe. Desejava que o pai fosse feliz.

O compositor viajava com frequência para São Paulo. Com uma vida noturna sofisticada, o mercado de trabalho para os artistas não podia ser melhor. Caymmi passou a fazer longas temporadas em casas noturnas da cidade, além das apresentações em rádio. Costumava ficar hospedado no apartamento de Clóvis Graciano, que não admitia que o amigo ficasse em hotel. Jorge Amado morava num apartamento na Praça Júlio Mesquita. Quem conta é a escritora Zélia Gattai: "Jorge tinha ido para lá fazer campanhas pelos aliados, para fazer campanha pela liberação dos prisioneiros políticos, pela anistia política, sobretudo Prestes, que estava preso há muitos anos e devia ser liberado. Então era aquele movimento enorme e eu também trabalhava lá".

Foi nessa ocasião que Dorival Caymmi prestou um favor inestimável ao amigo. Jorge estava perdidamente apaixonado pela paulista Zélia Gattai, que, na época, estava casada. Numa festa, armou um clima romântico à custa de Caymmi para se declarar. Pediu ao amigo que cantasse — pois tinha melhor voz que ele, naturalmente — o samba "Acontece Que Eu Sou Baiano" para a amada.

Zélia confirma: "Dorival Caymmi esteve envolvido diretamente no meu namoro com Jorge. Porque por mais mal-afamado que o Jorge fosse, considerado o maior mulherengo de todos os tempos, um Barba-Azul como dizia Oswald de Andrade — que o chamava de Barba-Azul da linha justa —, Rasputin, eu era uma dessas admiradoras incondicionais. Mas eu sabia disso tudo e por isso tinha um pé atrás. De herói para namorado tinha um passo muito grande. As mulheres se chegavam ao Partido

Durval e Ursulina: Durval Caymmi e Ursulina Lopes (à direita na foto, ao lado de Zulmira, mãe de Stella) oficializaram sua união em 1945, mas Dorival não pôde comparecer ao segundo casamento do pai, realizado em Salvador.

por causa dele e se ofereciam. A festa era de simpatizantes do Partido. Choviam mulheres, que tanto faziam cerco para 'Seu' Jorge Amado como para 'Seu' Dorival Caymmi. Stella que não me ouça, mas aquele mulherio...". E prossegue até o momento em que Jorge a leva até onde estava o compositor tocando o seu violão: "Aí, Jorge cochichou qualquer coisa no ouvido do compadre, ele olhou para mim, balançou a cabeça como quem diz muito bem e cantou 'Acontece Que Eu Sou Baiano'":

Acontece que eu sou baiano
Acontece que ela não é

Mas tem um requebrado pro lado
Minha Nossa Senhora
Meu Senhor São José

Há tanta mulher no mundo
Só não casa quem não quer
Por que é que eu vim de longe
Pra gostar desta mulher?

"Jorge" — explica a escritora continuando o relato — "apertou o meu braço com olho de peixe morto e disse: 'Tô fisgado'. Foi Dorival Caymmi o cupido". Tudo isso acontecendo em meio aos convidados. Com Caymmi dando esse empurrãozinho, não seria Zélia que iria resistir à cantada. A verdade é que a paulista já estava interessada pelo escritor fazia tempo, ele é quem custou a se dar conta. Mas que Caymmi ajudou, ajudou. E dali para a frente nada separaria Zélia de Jorge. Juntos, eles enfrentaram perseguições, exílio e graves dificuldades financeiras ao longo da vida em comum. Foram companheiros da vida inteira.

Na festa houve um episódio envolvendo Caymmi e o físico pernambucano Mário Schenberg — teórico das estrelas supernovas —, que Jorge Amado explora com muita picardia. O compositor, na casa de Maurício Goulart, em São Paulo, estava sendo muito assediado por fãs pedindo autógrafos, insistindo para que cantasse, querendo ver de perto o fa-

Cupido moreno: a pedido de Jorge Amado, Caymmi cantou "Acontece Que Eu Sou Baiano" para Zélia Gattai, ajudando o amigo escritor a fisgar sua futura mulher.

moso violão no qual o compositor colecionava assinaturas famosas. Uma aporrinhação para quem só queria relaxar com os amigos. Foi quando decidiu sair dali, e o violão representava um estorvo. No meio da confusão, viu Mário Schenberg, entregou-lhe o violão dizendo "Segura aí, gordo!", e se mandou.

Se verdadeira, a cena deve ter sido hilária. Mas Caymmi assegura que é tudo invenção do escritor, "dado a essas patifarias". Na sua versão dos fatos, o físico se ofereceu para segurar seu violão enquanto ele dava alguns autógrafos. "Mário Schenberg saiu muito convicto carregando aquele violão, diante naturalmente de professores e de gente ilustre de todo tipo. Eu não disse 'segura aí, gordo', porque seria uma falta de respeito" — argumenta o artista. Convenhamos, história por história, a de Jorge é muito mais divertida. Caymmi se defende: "Eu e Carybé sempre fomos alvos das histórias de Jorge".

Jorge Amado e Zélia se casaram no dia 8 de julho de 1945. Já que oficialmente não podiam se unir, pois a lei não permitia, Caymmi foi nomeado padrinho, assim como o escritor o fôra no seu casamento com Stella. Zélia e Jorge foram ao Rio recepcionar o escritor chileno Pablo Neruda, que veio ao Brasil para participar da campanha de Luiz Carlos Prestes ao Senado, pelo Partido Comunista, que gozava de um período de legalidade. Na época, Caymmi perdeu a oportunidade de pedir o autógrafo do grande poeta. Vinte e um anos depois, no entanto, pôde realizar seu desejo. Foi em 1966, quando o compositor voltou a rever Neruda, que estava hospedado em casa de Rubem Braga. O baiano não resistiu. Foi em casa buscar seu *Dom Quixote*, de Cervantes, para receber tão ilustre assinatura. No exemplar já constavam autógrafos da nata da poesia brasileira, obtidas também em casa de Rubem Braga, num almoço em torno do poeta Mario Quintana. Caymmi ficou doido, pois na mesma sala estavam Manuel Bandeira, Carlos Drummond de Andrade, Vinicius de Moraes e Paulo Mendes Campos, entre outros. "Depois disso, não mancharia meu *Dom Quixote* nem com o meu nome" — exagera o músico. O baiano ainda se lembra de uma confissão que Neruda fez a ele: "No me gusta que en la lengua portuguesa llamen 'feira' a los días de la semana: segunda-feira, terça-feira, quarta-feira...". A propósito do poeta, restou um mistério que o compositor nunca desvendou, nem esqueceu: "Onde Rubem Braga enfiou o Neruda?". Ele sabia que a casa do amigo ficava sempre aberta para quem quisesse ir, mas o seu quarto era sagrado, ninguém nunca dormiu lá. Era lá que escrevia. Da sua cama, Rubem Braga via o mar. E o mistério jamais foi desvendado.

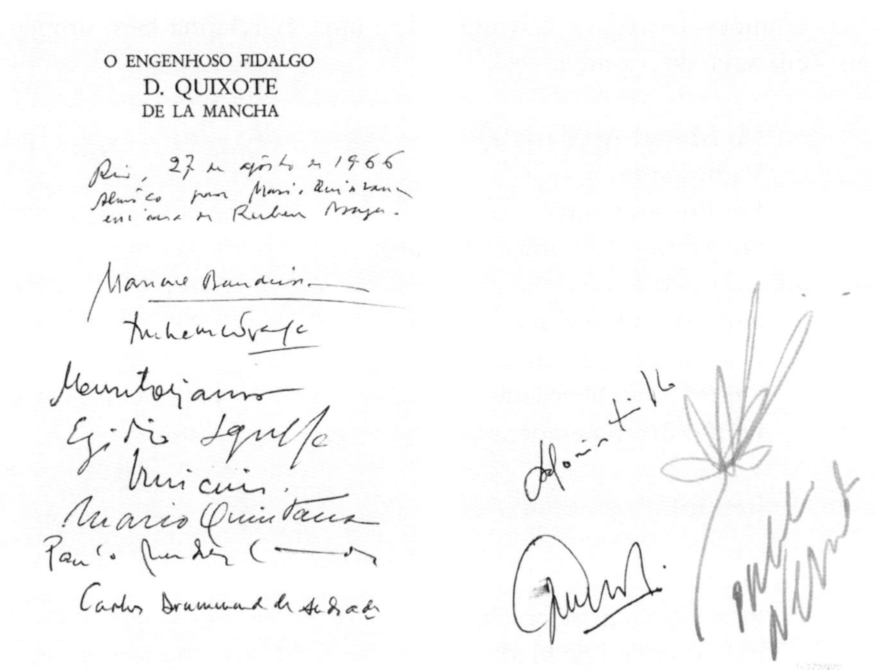


Vinte e um anos depois: o exemplar de *Dom Quixote*, de Caymmi, com autógrafos ilustres — Manuel Bandeira, Rubem Braga, os jornalistas Mauritonio Meira e Egídio Squeff, Vinicius de Moraes, Mario Quintana, Paulo Mendes Campos e Carlos Drummond de Andrade, Adonias Filho, Jorge Amado, e, enfim, a assinatura do grande poeta chileno Pablo Neruda, que só seria obtida pelo baiano muitos anos após o primeiro encontro em 1945.

O compositor não escapou de participar da campanha eleitoral de Prestes ao Senado e, de quebra, da campanha do próprio Jorge por uma cadeira de deputado federal. Foi cooptado na casa do pintor Clóvis Graciano, quando passava uma nova temporada em São Paulo. Jorge Amado também estava lá. Graciano, Amado e outros membros do Partidão planejavam a campanha de Prestes. Haveria comícios importantes em São Miguel Paulista, Piracicaba e Campinas. Foi quando Graciano teve a ideia de Caymmi fazer o hino da campanha. “Eu fiz naquela noite mesmo” — conta o compositor. Jorge fez a letra. Zélia, que estava presente à reunião, comenta: “Dorival Caymmi não era um homem político, nunca foi. Ele era um amigo. Então, Jorge, naquele entusiasmo das passeatas e das reuniões, carregava Caymmi". Era uma marchinha bem simples, que Zélia sabe de cor até hoje:

(Ai Maria! Ai Maria!)[5]
Vamos votar
Em Prestes votar
No Partido Comunista [refrão]

Para todos terem terra
E o pão de cada dia
Para o povo liberdade
Para o Brasil democracia

[refrão]

Ordem e tranquilidade
Progresso e democracia
Para o povo igualdade
O Partido é o nosso guia.

Algum tempo depois, Prestes o procurou em casa, no Leblon, mas Caymmi estava fazendo show na boate Monte Carlo, e perdeu a oportunidade de conhecê-lo. "Lamentei muito, porque eu queria trazê-lo a minha casa, e dizer: Prestes esteve aqui" — confessa Caymmi. O que ele não sabe é que Stella não fez muita força para que Dorival encontrasse Prestes. Ela temia pelas implicações políticas desse encontro e resolveu preservar o marido.

Mas não houve jeito. A verdade é que Caymmi acabou se envolvendo para valer na campanha de Luiz Carlos Prestes: acompanhou Clóvis Graciano e Jorge Amado aos comícios e chegou a discursar para operários em São Miguel Paulista. "Falei, e o padre vinha com a procissão imensa para acabar com o comício. O padre vinha cantando assim: 'Da nossa fé, ó Virgem, o brado abençoai', para tumultuar o comício" — relembra o compositor.

[5] Trecho acrescentado depois por Jorge Amado.

Amigos de esquerda: Clóvis Graciano, autor deste esboço de Caymmi, foi quem convenceu o baiano a realizar o hino da campanha de Prestes, que então se candidatava a senador pelo Partido Comunista, juntamente com Jorge Amado, candidato a deputado federal — os dois foram eleitos.

Jorge Amado e Prestes foram eleitos. Já Caymmi passou a ser perseguido pela polícia. "Eu estive na polícia. Eu, Portinari, Carlos Drummond de Andrade. Fui inquirido na polícia" — conta. Jorge — sempre ele! — colocou o compositor na delegação baiana do I Congresso dos Escritores, no Teatro Municipal, em São Paulo. Para Jorge Amado, o fato de Dorival Caymmi não ser escritor era um detalhe sem a menor importância. Ainda mais que Amado fora eleito na ocasião vice-presidente do Congresso. Seus participantes, ao final, fizeram uma manifestação contra a ditadura estado-novista, o que resultou na prisão de Jorge Amado e Caio Prado Jr., logo libertados. Caymmi não poderia estar mais comprometido. Por conta disso, logo que voltou ao Rio de Janeiro foi chamado à delegacia e interrogado por Cecil Borer, conhecido por sua truculência. Seu Candinho, sogro de Dorival, que também era da polícia, o acompanhou preocupadíssimo, mas não pôde presenciar o encontro. Um amigo de José Tostes, cunhado de Caymmi, também policial, apelou para Zezé, um amigo comerciante com contatos "fortes" na polícia. Zezé ficou por ali apadrinhando o encontro. Quer dizer, Caymmi estava bem assessorado. Na verdade, Borer queria saber da sua participação em outro episódio.

> "— O senhor esteve na Reunião da Floresta? — perguntou o policial, se referindo a uma famosa reunião de comunistas.
>
> — Não, senhor — respondeu Caymmi, apreensivo.
>
> — Mas aqui tem um retrato seu — retrucou Borer apontando uma fotografia.
>
> — Aqui, não. Mas na outra fotografia sou eu, sim — disse Caymmi apontando para uma fotografia do congresso.
>
> — Mas o senhor é comunista — disse Borer, mais afirmando que perguntando.
>
> — Eu não sou do Partido Comunista — foi a vez de Caymmi exclamar.
>
> — Não quer ser lobo, não lhe vista a pele — respondeu o astuto policial."

A respeito desse episódio, o compositor explica: "Eu me integrei sempre com o que havia de mais intelectual aqui no Rio, e forçosamente tinha que cair no Partido Comunista, porque a maioria em evidência eram todos comunistas. Era um comunismo atuante. Não era radical, não era um comunismo de fancaria. Era um negócio idealista, com ideias muito bonitas para o desenvolvimento da cultura do povo. Minha 'envolvência' não era política, era apenas uma 'envolvência' de amigo, de admirador, e lidava com intelectual, publicidade, rádio, comunicação, que era a minha profissão, cantor e compositor. E lidando com o que eu gostava: imprensa. Gostava não, gosto". Certa vez, foi publicada uma lista do que o compositor gostava e do que não gostava. Entre as coisas de que não gostava, estava: "de qualquer gênero de política". No final, graças a Deus, nada aconteceu a Caymmi. Mas sua convocação à polícia foi uma clara advertência quanto às suas amizades e seu envolvimento com o Partido Comunista. "Meu pai, que era investigador da polícia civil, ficou apavorado com o nosso relacionamento com pessoas do Partido Comunista" — contou Stella, que se viu em apuros com Seu Candinho.

Ela foi à Reunião da Floresta com o marido. "Foi muito bonito, discursos e mais discursos, e eu que sou comilona, enquanto eles falavam..." — diverte-se Stella ao contar. E adianta mais detalhes: "Prestes presente, a polícia de olho, e meu pai da polícia sabendo tudo, ele queria me afastar desse pessoal todo".

Com a eleição de Eurico Gaspar Dutra para a Presidência da República, em 2 de dezembro, parecia que o processo de redemocratização era para valer. No entanto, alguns analistas políticos alertavam para sinais evidentes de continuísmo. Para isso, bastava verificar que os partidos que apoiaram Dutra foram criados por Vargas, eminência parda que comandava a política nacional. O forte controle estatal sobre a economia não mudou. Mas havia uma boa notícia: os compositores viram-se livres do famigerado DIP.

A vida continuava. Ainda em 1945, Caymmi lançou "Dora" — gravada em 18 de junho — e "Peguei um Ita no Norte", pela Odeon. Mas os lançamentos não pararam por aí. Os Anjos do Inferno lançaram "Doralice" — samba inédito do compositor em parceria com Antônio Almeida — gravado em 10 de agosto pela RCA Victor. O Trio de Ouro (Herivelto Martins, Nilo Chagas e Dalva de Oliveira) lançou "História pro Sinhozinho", pela Odeon. E Os Trovadores lançaram "Lá Vem Formosa", pela Continental. A propósito, "Doralice", cuja primeira parte fora iniciada na Bahia, foi terminada com Antônio Almeida num café, na esquina das ruas Gonçalves Dias e Ouvidor, no Rio.

"Foi Antônio Almeida quem sugeriu trocar Berenice por Doralice, para lembrar Dora" — revela Caymmi, sem perceber que acabara de confessar a verdadeira musa do samba. Se Berenice namorou Dorival Caymmi ou Wilson Lins em sua passagem por Salvador, não sabemos, mas que ela inspirou o samba "Doralice", não há dúvida. Outra curiosidade envolve "Lá Vem Formosa", também iniciado na Bahia, e que jamais foi gravado por Caymmi, que esqueceu completamente o samba — que tem um começo tipicamente baiano e termina carioca, com a parceria de Alberto Ribeiro. "O titular do samba era o conjunto Os Trovadores, por isso não gravei" — explica o baiano. O samba não entrou na primeira edição do *Cancioneiro da Bahia*, em 1947, e tampouco foi lembrado no *songbook* do compositor, produzido por Almir Chediak, publicado em 1994. Caymmi dá detalhes: "Fiz a primeira parte de 'Lá Vem Formosa' na Bahia, ainda moço, antes de vir para o Rio, e não terminei. Mostrei para Alberto Ribeiro, que achou o samba ótimo. Ele me disse: 'Vou fazer a segunda parte'. E trouxe o samba pronto". Praticamente inédito, pois não houve regravações, o samba tem uma letra maliciosa. A primeira parte, de Caymmi, diz:

> Quando você passa
> Todo mundo diz:
> Lá vem formosa, vem formosa
> Com seu vestidinho todo azul
> E laço cor-de-rosa, cor-de-rosa

E Alberto Ribeiro completou:

> Pequei em pensamento
> Quando vi você passar
> Pequei
> Porém quem é que ao lhe ver não vai pecar
> Você tem um incêndio
> Queima tudo num olhar
> Pequei e quero confessar

Naquele ano Stella Caymmi fez sua última participação ao vivo na Rádio. Foi no programa *Rádio Almanaque Kolynos*, da Rádio Nacional. Stella cantou "Acalanto", com Caymmi e grande orquestra, para um musical escrito por José Mauro. "Desse programa eu fiz parte, a convite de Almirante, em 1° de março de 1945" — conta a esposa de Caymmi.

Ainda em 1945, Caymmi viu o que se tornaria o filme da sua vida. Era *Brief Encounter* (*Desencanto*), do diretor David Lean, com Celia Johnson, Trevor Howard e Stanley Holloway. O roteiro era de Noel Coward. A música, de Rachmaninoff. O baiano saiu impactado com a delicadeza dos sentimentos representados na tela. O roteiro é uma boa pista para se entender a vida amorosa do compositor. O filme foi indicado ao Oscar. "Apesar disso, eu perguntava às pessoas: 'Você viu esse filme?'. 'Não, não vi', me respondiam" — reclama o compositor. Ele conta o prazer que sentiu quando descobriu, ao ler numa entrevista, que Mário Peixoto, autor do filme *Limite* — marco do cinema de vanguarda no Brasil —, considerava *Brief Encounter* um dos seus filmes prediletos.

* * *

As viagens a São Paulo continuavam, entrando pelo ano seguinte. Não pensem os leitores que na capital paulista tudo se resumia a trabalho e política. Também não me refiro às mulheres, que estavam sempre por perto. Refiro-me ao "Clubinho". Ou melhor, o Clube dos Artistas e Amigos das Artes. O nome era pomposo — por isso o apelido de "Clubinho" —, mas o resto era pura informalidade. A informalidade esteve presente desde a sua criação. A turma era comunista — como sempre — e, conforme se lembra Caymmi, frequentava uma livraria na rua Barão de Itapetininga. O dono, pintor gaúcho conhecido como *Barros, O Mulato*, cedeu uma parte do espaço para o bar, que recebeu o nome inicial de Clube dos Artistas, com direito a letreiro na porta. "Mas logo se vendo que não havia dinheiro para manutenção, incorporou-se um capitalista notório, 'miliardário', que era o Ciccilo [Francisco] Matarazzo, um homem de dinheiro, né? Chamamos ele para sócio. E ele aceitou. Sem cor política, sem nada. Então, fundado o Clube dos Artistas, alguém lembrou: 'Mas como, se está Ciccilo Matarazzo?'. Logo apareceu a solução: 'Bota então Clube dos Artistas e Amigos da Arte. E que amigos da arte? Era o Ciccilo" — diverte-se Caymmi.

Não podia ser melhor. Literatura acompanhada de um bom whisky, servido por Aldo, um garçom contratado para cuidar do bar. "Tinha aquelas senhoras políticas, militantes, aquelas moças, todas intelectuais, um ambiente muito agradável, na livraria" — completa Caymmi. Mas a turma não podia ser melhor, a maioria de pintores, escultores e arquitetos: Clóvis Graciano (presidente do Clubinho), Rebolo Gonsales, Zanini, o economista Caio Prado Jr., Volpi, o jornalista Mário Martins, Pancetti. O movimento cresceu tanto que o "Clubinho" mudou-se para o subsolo do Edifício Esther, na Praça da República. Para angariar dinheiro para a manutenção do clube, inventaram uma programação cultural. Pancetti chegou a expor no local, lembra Caymmi, que também fez um show para ajudar.

"Eu me lembro que Rebolo quando fazia um discurso era infernal, levava uma hora. Ninguém aguentava" — recorda o jornalista Joel Silveira, frequentador do clube quando calhava de ir a São Paulo. Outro frequentador bissexto foi Millôr Fernandes. "Eu ia com Antônio Maria. Lembro que encontrei lá Vinicius de Moraes, Sérgio Buarque de Holanda, Rubem Braga, essa turma" — rememora o cartunista. E que turma.

Segundo Caymmi, o clube ainda mudou uma vez mais. Dessa vez, para o edifício do Instituto dos Arquitetos de São Paulo. "O Clubinho foi a glória" — resume o compositor. Mário Cravo é mais crítico: "O Clube dos Artistas era um tipo de boemia um pouco 'intelectualoide'. Um local em que artistas e intelectuais se encontravam pela noite paulista.

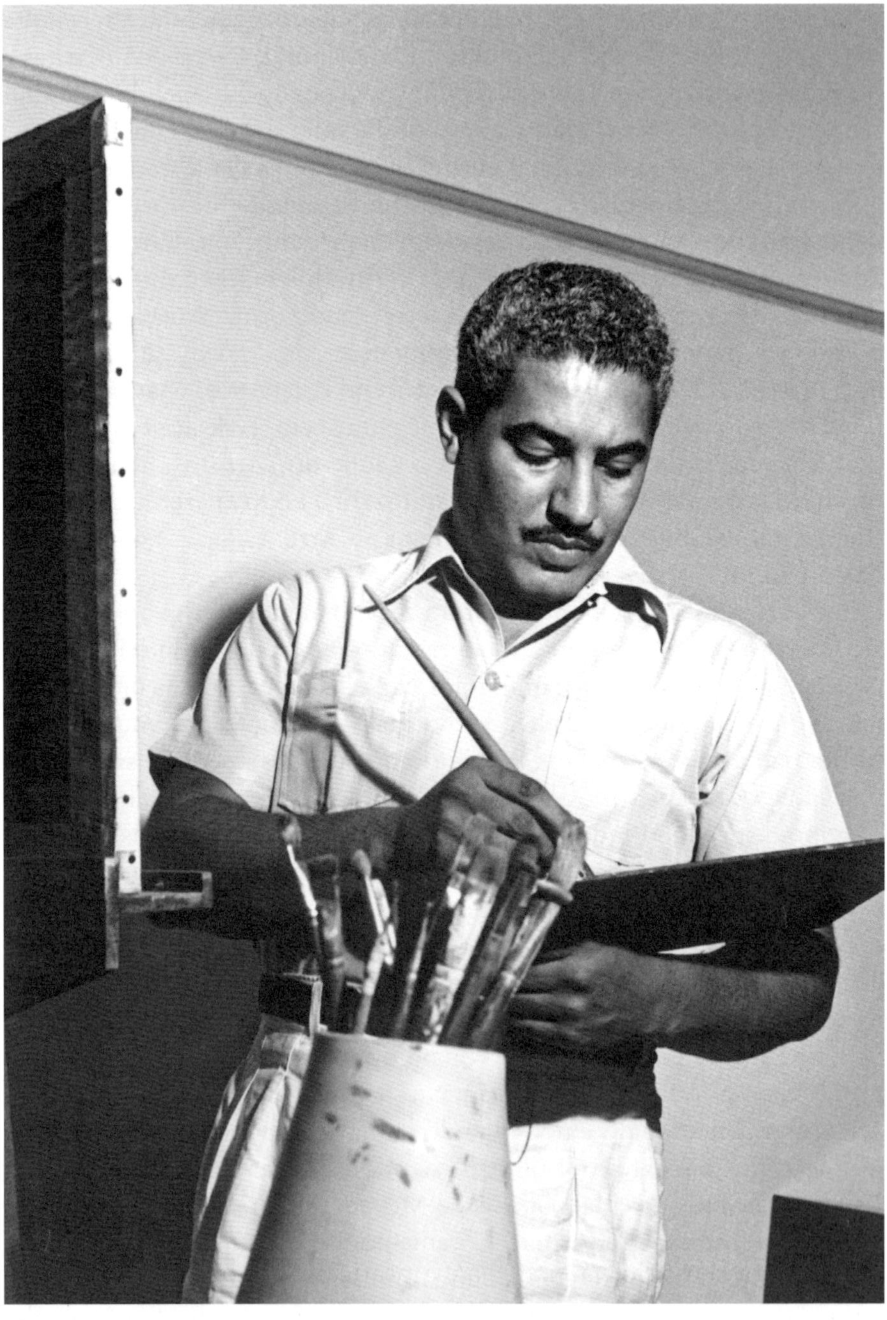

Entre telas e pincéis: o amor pela pintura é uma constante na vida de Dorival — o convívio com artistas como Volpi, Rebolo, Pancetti e Graciano, no Clube dos Artistas e Amigos das Artes (conhecido como "Clubinho"), em São Paulo, estimulou ainda mais sua crescente atividade de pintor.

Discutia-se arte". James Amado acrescenta: "Havia um clube dos artistas organizado por Sérgio Milliet. Foi uma coisa anterior ao Clubinho, feita para brincar Carnaval e fazer festas".

Mas 1946 ainda traria graves preocupações. Nana, a filha de Dorival e Stella, contraiu meningite. Muito novinha, com apenas 5 anos, por pouco não morreu. Adoeceu brincando na Praça Antero de Quental com duas irmãs, cujo pai havia falecido do mesmo mal. Dori teve de ir para a casa de Nair e Dr. Rui Dias de Oliveira, amigos e vizinhos de porta na Bartolomeu Mitre. Dr. Rui, que era dentista, indicou Dr. Rafael de Souza Paiva, que tratou de Nana com antibióticos, novidade na época, e prosseguiu sendo o pediatra de todas as crianças da família, incluindo os futuros netos do casal. Graças a Deus e à penicilina (caso contrário eu não existiria!) — isolada em 1941 por Florey e Chain, a partir da descoberta de Alexander Fleming, em 1928 — a menina se salvou. Porém, sofreu muito com o tratamento doloroso a que foi submetida. Ainda teve de ficar muitos meses sem brincar com Xuxuta (Maria Eugênia Stein, atual coordenadora do Centro de Memória da Academia Brasileira de Letras) e Gabizinha, filhas de Nadir e Dr. Rui. Stella, que havia decidido não ter mais filhos, fez a promessa de engravidar caso a filha se salvasse. Caymmi já exibia a cabeleira branquinha por essa época. Para mim, ele ficou grisalho em razão desses momentos difíceis. Mas ele garantiu que era comum na família os homens ficarem grisalhos prematuramente. Não me convenceu.

* * *

Naquele ano mesmo, Jorge Amado comprou um sítio em Nova Iguaçu, batizado de Peji de Oxóssi, que significa altar do orixá da caça. A partir de 4 de fevereiro, iniciou seus trabalhos como deputado, no Palácio Tiradentes, fechado desde 1937. Nada que pudesse atrapalhar suas atividades literárias. O escritor estava escrevendo o romance *Seara vermelha*, além de supervisionar a adaptação para o teatro de *Terras do sem fim*, feita por Graça Mello. Mas "cortou um dobrado" com Caymmi, que chamou para com ele fazer a trilha da peça. O músico nunca foi de compor por encomenda. O jeito encontrado por Jorge foi levá-lo com a família para seu sítio, já em 1947, e praticamente obrigá-lo a compor. "Caymmi ficou lá enclausurado, ele tinha de compor. Jorge ia para a Câmara e quando voltava de noite queria ver o trabalho dele" — recorda Zélia. E continua: "Nana loirinha e Dori pequenininho. Eu me lembro de Caymmi num caramanchão. De tarde, ele sentava com Dori, cantando 'por um carinho teu, minha cabrocha, eu vou até a Irajá, que me importa que a mula manque, eu quero é rosetar'". Era "Eu Quero Rosetar", de Haroldo Lobo e Milton de Oliveira, marchinha lançada no carnaval daquele ano, logo censurada sob a alegação de imoralidade — rosetar tinha um significado chulo. O período de clausura de Dorival foi de 7 a 19 de março. Nem foi tanto assim.

As instalações do sítio eram precárias, num lugar sem nenhuma infraestrutura, sem condução, e Zélia naturalmente estranhava. "Do que Jorge ganhava como deputado, porque o Partido ficava com tudo quase, ele só ficava com 1 conto e 500 para pagar tudo; só dava para pagar o táxi" — alega Zélia. Foi uma época de muito aperto financeiro. Os direitos autorais dos livros "não eram lá essas coisas", segundo a escritora. Mas havia uma razão mais forte para estarem ali. É o compositor quem explica: "O sítio tinha uma posição estratégica porque a situação do Partido era irregular. Se eu dissesse a um policial no centro da cidade que fosse fazer uma diligência em Caxias, ele coçava a cabeça, achava que era muito longe...". Como o sítio ficava no alto de uma colina em meio a um laranjal, laranja era o que não faltava. O sítio vizinho era de um alemão. Jorge Amado não resistiu a pregar uma peça no amigo. É Zélia quem conta o diálogo:

> "— Mas que coisa esse alemão, que miserável! — Jorge jogou verde.
>
> — Miserável por quê? — perguntou Caymmi, caindo feito um patinho.
>
> — Por quê? Você não sabe que ele vive com uma mulata lindíssima, uma mulher maravilhosa, corpo escultural, uma coisa formidável — mentiu descaradamente o escritor.
>
> — É? Mas eu nunca vi! — exclamou o compositor interessado.
>
> — Ninguém vê, porque ele a tranca em casa e só solta às 5 horas da manhã. Às 5 horas da manhã ela tem ordem de sair para tomar ar lá fora, até que o sol começa a aparecer e ele: 'Xô pra dentro!' — sustentou a história o escritor, muito sério, e não falou mais nada."

Zélia continua o relato: "Isso o Jorge contou num dia. No dia seguinte, 5 horas da manhã, está Seu Dorival Caymmi andando ali, olhando para ver se surpreendia a mulata, que não existia, sair da toca. Foi uma temporada gostosa. Ele ficava na rede, comia, tocava também, tomava anotações, trabalhava sim, tanto é que ele fez todas as músicas". Stella também se lembra do período: "Para mim era um veraneio, para ele era um trabalho". Mas o dinheiro estava curto também para o lado de Caymmi. Para compensar o jantar minguado, completavam com o que conseguiam comprar num botequim próximo.

Jorge Amado tinha razão. Em seu sítio, Caymmi compôs as canções para a adaptação em teatro de *Terras do sem fim*. Sua estadia rendeu as canções "Cantiga de Cego", "Retirantes" e "Canto de Obá", compostas especialmente para a peça. Convenhamos, para quem tem uma média de duas músicas por ano, foi um recorde! "Canto de Obá" não tinha nem esse nome nem a letra com que se tornou conhecida. No lugar do trecho atual — "Meu pai Xangô/ é meu pai Xangô/ é meu pai" — na peça a letra era "Pai Jeremias/ o meu pai de santo/ meu pai". Mais tarde, Jorge Amado fez uma letra, uma espécie de oração a Xangô, pedindo proteção para Caymmi e toda a sua família. Trabalho cumprido.

# Parte III (1947-1956)

< "Bahia" de Guanabara: Dorival Caymmi, no veleiro de Carlos Guinle — já integrado à elite cultural da sociedade carioca, o compositor iniciava a safra de suas canções urbanas, com "Saudade", "Marina" e "Nunca Mais".

## 27.
## PESCADOR DE FOLCLORE

"Andei por andar, andei/ E todo caminho deu no mar"
("Quem Vem Pra Beira do Mar", Dorival Caymmi)

Fernando Lobo e Antônio Maria seguiam fazendo parte da convivência do casal Stella e Dorival. Com Fernando, o baiano compôs "Saudade", um samba-canção gravado em 1947 por Orlando Silva, *O Cantor das Multidões*, pela Odeon. No dia 3 de janeiro, Antônio Maria, que se encontrava em Salvador desde o ano anterior, escreveu a Caymmi uma carta saborosíssima. Vale a pena ler um trecho do humor de Maria, bem ao gosto do compositor:

> "Escrevo-lhe, roubando tempo dos outros, quando poderia estar trabalhando para o ilustre Dr. Chateaubriand. Mas não há de ser nada. Não sabe o 'ilustre passageiro' que chegou a minha *big* radiovitrola, com mudança para 12 discos etc. O gramofone de Odorico [Tavares], numa atitude muito natural de pudor, está mudo, conservando apenas sua atitude de pobre e feio adorno. Grandes gravações foram compradas e pena que o Caymmi e sua quadrilha não passassem conosco o Natal e o Ano Bom. [...] A garrafa de Black Label está lá pela metade, esperando um Caymmi ou um farrapo humano qualquer que a queira sorver. [...]
>
> Seu pobre e desterrado amigo."

Na época, Stella ficou apreensiva com a excessiva dedicação do marido à pintura, receando que ele abandonasse a música, ou a colocasse em segundo plano, e as dificuldades financeiras que poderiam advir dessa atitude. Jorge Amado, com sua costumeira franqueza, interveio na vida do compadre dizendo-lhe, com todas as letras, ser contra sua "dedicação exagerada aos pincéis". Ele contava com a autodisciplina desenvolvida por Caymmi a partir dos preceitos de Dr. Victor Pauchet, no livro *Conservai a mocidade*, que trazia sempre consigo. Pintar só lhe fazia bem. Jorge e Stella podiam respirar tranquilos.

Pintando e pintando: Dorival Caymmi executando o retrato do amigo e médico Alfredo Viana Filho — preocupados com a grande dedicação de Caymmi aos pincéis, Stella e Jorge Amado chegaram a achar que ele fosse abandonar a carreira musical. Ao fundo, retratos de Nana e Dori.

O presidente Eurico Gaspar Dutra, empossado em 30 de janeiro de 1946, exatos três meses depois de sua posse, em 30 de abril, assinou o decreto que proibia o jogo no país. Dorival Caymmi fazia 32 anos nesse dia. A decisão do presidente mudou o panorama artístico do Rio de Janeiro e do Brasil. Com uma "canetada" obrigou todos os cassinos a encerrarem suas atividades e, como consequência, deixou muitas centenas de pessoas desempregadas, incluindo todos os artistas — músicos, atores, cantores, dançarinos — que tinham nos shows de cassino sua principal fonte de renda. Além de tudo, foi um golpe mortal na noite carioca. Dutra havia cedido a pressões de setores conservadores da sociedade, entre eles a Igreja Católica, que tinha na esposa do presidente, Carmela Dutra, mais conhecida como Dona Santinha, uma fiel defensora da proibição.

Caymmi se refugiou na pintura quando a demanda por seus shows diminuiu, fato que se repetiu com a maioria dos artistas no período. Ao menos até que a vida noturna carioca, e brasileira, se adaptasse aos novos tempos.

O compositor se animou, em 1947, quando finalmente estreou *Terras do sem fim* — a peça cuja trilha compôs "a muque" no sítio de Jorge Amado —, no Teatro Ginástico, no Rio. Baseada no romance homônimo de Jorge Amado, adaptado para o teatro por Graça Mello, com Zigmunt Turkow na direção, a peça tinha um elenco de primeira categoria. Entre os atores estavam Ziembinski, Cacilda Becker, Maria Della Costa, Ruth de Souza, Jardel Filho e Sandro Polônio. Os cenários eram do paraibano Santa Rosa, poeta e desenhista, ilustrador de vários livros de Amado.

Mas não foi só Orlando Silva a cantar Dorival Caymmi em 1947. "Marina", um dos seus sambas-canção que, junto com "Saudade", apontaria para uma nova fase do compositor, a das canções urbanas, teria no mesmo ano quatro gravações. Fato — como bem salientaram Jairo Severiano e Zuza Homem de Mello, no livro *A canção no tempo* — que derrubava o tabu existente entre as gravadoras que impedia que mais de um intérprete gravasse a mesma canção. O cantor Francisco Alves, *O Rei da Voz*, se renderia à beleza de "Marina" gravando-a originalmente pela Odeon, além dos cantores Dick Farney, pela Continental — que fez a gravação mais famosa e que vivia nos EUA, de onde retornaria no ano seguinte —, Nelson Gonçalves, pela RCA Victor, e do próprio Caymmi, que quis dar a sua versão à canção.

"Marina" rendeu histórias engraçadas. Muitos anos depois, Caymmi se viu em apuros quando em um show seu foi abordado por um sujeito bastante alcoolizado que se dizia o marido de Marina e disposto a uma boa briga. Mal sabia ele que a fonte de inspiração de Caymmi para compor "Marina" não poderia ser mais inocente. Um dia, seu filho Dori se aborrecera com ele e sapecara-lhe um "tô de mal com você". Caymmi, um pesquisador de joias sonoras do cotidiano, não podia deixar passar tamanho achado. E assim nasceu "Marina", pelo final: "Desculpe,/ Marina morena,/ mas eu tô de mal,/ de mal com você". Difícil mesmo foi convencer o "marido" de Marina de que a história era verdadeira. O jeito foi apelar para a turma do "deixa disso".

A gravação que Caymmi fez do samba-canção, em 11 de julho de 1947, foi uma história à parte, que comprova mais uma vez a sua constante modernidade. É ele mesmo quem conta:

Graça Mello

# OS COMEDIANTES ASSOCIADOS

*APRESENTAM*

*O ROMANCE DE* JORGE AMADO

## "TERRAS DO SEM FIM..."

ADAPTAÇÃO TEATRAL DE **GRAÇA MELLO**

**PEÇA EM 3 ATOS E 20 QUADROS** ENCENAÇÃO E DIREÇÃO DE **ZYGMUNT TURKOW**

Cenários de **SANTA ROSA**. — Execução de **SANDRO**

MUSICAS DE **DORIVAL CAYMMI**

Jorge Amado

*PERSONAGENS POR ORDEM DE ENTRADA:*

Cancioneiro Popular ........ *Tito Fleury*
Coronel Horacio da Silveira ........ *Ziembinsky*
Ester ........ *Maria Della Costa*
Dr. Virgilio ........ *Sandro Polloni*
Maneca Dantas ........ *Labanca*
Felismina ........ *Ruth de Souza*
Velho Antonio ........ *Wallace Vianna*
1.º Trabalhador ........ *Valdir Moura*
2.º Trabalhador ........ *Josef Guerreiro*
Sinhô Badaró ........ *Tito Fleury*
Juca Badaró ........ *Jardel Filho*
Don'Ana Badaró ........ *Margarida Rey*
Negro Damião ........ *Aguinaldo Camargo*
Viriato ........ *Magalhães Graça*
Firmo ........ *Valdir Moura*
Tonico Borges ........ *Jackson de Souza*
Dr. Jesse ........ *Magalhães Graça*
Dona Zefinha ........ *Yara Izabel*
Professora ........ *Nieta Junqueira*
Azevedo ........ *David Conde*
Margot ........ *Cacilda Becker*
Nhôzinho ........ *Josef Guerreiro*
Totonio ........ *Valdir Moura*
Raimunda ........ *Ruth de Souza*
Argemiro ........ *Josef Guerreiro*
Pai Jeremias ........ *Jackson de Souza*
Capanga ........ *Wallace Vianna*
Meirinho ........ *Valdir Moura*
Juiz ........ *Jardel Filho*
Promotor ........ *Tito Fleury*
Escrivão ........ *Josef Guerreiro*

**Negros, Capangas, Soldados, Jurados.**
Assistente-Direção: LABANCA. — **Diretor-** Montagem: SANDRO. — Assistente Técnico: DAVID.
Chefe Contra-Regra: VALDIR MOURA. — Chefe Maquinaria: ROMANO. — Chefe Eletricista: ELIAS.
Guarda-roupa : NIETA.

*COLABORAÇÃO DO TEATRO EXPERIMENTAL DO NEGRO*

**AÇÃO — MUNICIPIO E CIDADE DE ILHÉUS — PRINCIPIOS DO SECULO XX — BAHIA**



Grande elenco: baseado na obra de Jorge Amado, *Terras do Sem Fim* estreou no teatro com Maria Della Costa, Ziembinski e Cacilda Becker, entre outros; os cenários eram de Santa Rosa, e as músicas de Dorival Caymmi. Jorge praticamente "obrigou" Caymmi a compor as músicas para o espetáculo, deixando-o isolado em seu sítio.

"Aconteceu que eu fiz 'Marina'. Fui para a Victor e disse: 'Quero gravar essa música'. Disseram: 'Canta aí. É uma beleza!'. Eu avisei: 'Não quero botar regional com flauta. Bastam dois violões, um cavaquinho, um bandolim e um pandeiro. Tem um rapaz que toca na Rádio Mauá, mas não tem chance, não tem oportunidade. Ele é um instrumentista solitário, que toca bandolim'. Era o Jacob do Bandolim, um virtuoso, que trabalhava numa Vara de Justiça ali perto. Fiz amizade com ele. Na família de minha mulher tinha pessoas apaixonadas por ele, como meu cunhado José Tostes, que sempre me avisava: 'Olha, não esquece de ligar na Rádio Mauá, que Jacob vai tocar hoje'. Era uma rádio sem grande audiência. 'Marina' foi um negócio assim: Jacob abria com uma introdução muito refinada, eu cantava 'Marina', com ele fazendo aquele floreio, dois violões, o Dino Sete Cordas [Horondino Silva] e o Meira [Jaime Florence] e Canhoto II [Waldiro Frederico Tramontano] no cavaquinho, um pandeiro e um reco-reco. No contrabaixo, Tarzan. Eu eliminei da gravação o aspecto comum do regional. Ficava muito igual. Então, eu fiz assim: tira a flauta, tira o instrumento de sopro, saxofone, não bote excesso de ritmo, de bateria, surdo ou qualquer coisa exagerada. Deixa um pandeiro discreto, bota um cavaquinho para fazer o ritmo, e bote para colorir Jacob do Bandolim. Aí foram no Palácio da Justiça e apanharam o Jacob na hora. A gravação de 'Marina' foi feita assim. Me cobram essa gravação para ser relançada em CD. Desconfio que a própria fábrica mandou dar fim na matriz, ou reciclou, ou botou fora. Uma vez o Tom Jobim disse numa nota de imprensa que soube que pegaram matrizes minhas e jogaram fora, foram fundidas."

Para compensar, a partir dos discos de 78 rotações, muitas reedições em LP e CD foram feitas — não tanto quanto se deveria. É claro que nesse caso há perda da qualidade na passagem de um meio a outro. Quanto à participação de Jacob do Bandolim na gravação de "Marina", não foi a primeira vez que o músico entrou no estúdio, já tendo participado de outras gravações. Ocorre que, na época, não havia a preocupação de dar os créditos — como hoje em dia se faz nas capas ou nos encartes dos discos — aos músicos que participavam de uma gravação. Caso que se repete com a gravação de "Marina", por Caymmi, pela RCA Victor, em cujo disco não constam os nomes dos músicos que participaram.

Para colaborar com a UBC, ou melhor, para "fazer repertório", como os compositores costumavam falar, Caymmi terminou de compor com Antônio Almeida um samba que havia começado na Bahia, "O Que É Que Eu Dou?", que foi gravado por Jorge Veiga na Continental.

Caymmi volta a descrever a baiana, no samba "Lá Vem a Baiana", lançado junto com "Marina". Na descrição de sua conterrânea, ele exalta seus encantos na arte de seduzir:

Lá vem a baiana
De saia rodada
Sandália bordada
Vem me convidar

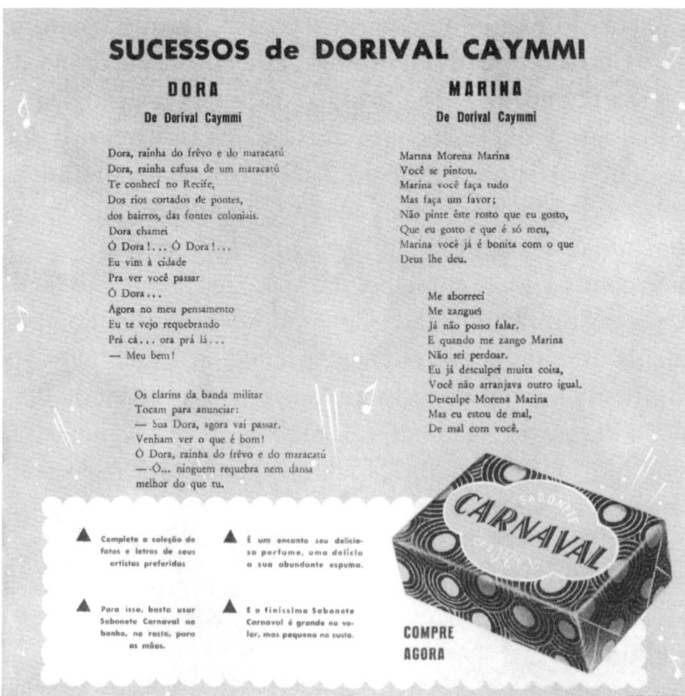


O sucesso de "Marina": o samba-canção foi gravado, em menos de um ano, por quatro intérpretes diferentes, quebrando um tabu da época. O destaque da gravação do próprio Caymmi foi a participação, a seu convite, de Jacob do Bandolim — o grande instrumentista era ainda praticamente desconhecido em 1947.

Para sambar
Mas eu não vou

Lá vem a baiana
Coberta de contas
Pisando nas pontas
Achando que eu sou
O seu Ioiô...

Para fechar com chave de ouro um ano que veio devagar, mas que depois engrenou, houve um empurrãozinho dos amigos Jorge Amado e Clóvis Graciano, numa de suas inúmeras idas a São Paulo, por conta do seu contrato com a Rádio Tupi, que lhe rendia 10 mil cruzeiros mensais de salário, registrado na carteira de trabalho. Eles convenceram Dorival Caymmi a fazer um livro com suas canções, que foi editado pela Livraria Martins Editora, a mesma do escritor. O livro tem prefácio do próprio Amado e ilustrações de Clóvis Graciano. "Eu fiz em manuscrito tudo quanto é letra e passei para a Martins, ali no centro de São Paulo" — explica o compositor.

O livro recebeu o nome encantador e brasileiríssimo de *Cancioneiro da Bahia*. E pensar que hoje em dia se opte pelo termo *songbook*, tendo um nome tão bonito e saboroso em nossa própria língua para designar um livro de canções... O compositor conta que o nome *Cancioneiro* surgiu de uma conversa informal entre os três na casa de Clóvis Graciano e Aparecida, esposa do pintor, em São Paulo. Levavam Caymmi para o circuito de festas. "Foi numa dessas festas, em outra época, que eu conheci Oswald de Andrade — amigo de Di Cavalcanti, casado com Noêmia — e fiquei sabendo de muita coisa da Semana de Arte Moderna de 1922" — relata o baiano.

E para que ninguém mais tenha dúvidas sobre o *Cancioneiro da Bahia*: os comentários, atribuídos no livro a Caymmi, na verdade, saíram do punho do autor de *Mar morto*, a partir de depoimentos de Caymmi e da sua própria imaginação. Assim como o escritor também colaborou com a divisão ora temática (canções do mar, mais tarde designadas canções praieiras), ora obedecendo a gêneros musicais (sambas) da obra de seu compadre. Essa é a razão das imprecisões na caracterização de suas canções que Antonio Risério, em seu livro *Caymmi: uma utopia de lugar*, aponta no *Cancioneiro*, atribuindo a confusão a Caymmi. A boa vontade de Jorge Amado é mais que evidente, mas ele definitivamente

Caymmi por Di: Dorival Caymmi (de branco, no centro) em temporada na boate Mocambo, em São Paulo, entre Noêmia e Di Cavalcanti — que decorou a casa com motivos inspirados na obra do baiano. Carlão Mesquita, do jornal *O Estado de S. Paulo*, está sentado à direita na fotografia.

não é do ramo e, afinal, nunca pretendeu ser. O compadrio dos dois fez com que cada um se sentisse com plena liberdade de opinar no trabalho do outro. Mas Jorge era o que mais se metia, pela força de seu temperamento. Além disso, o escritor sabia como ninguém lidar com a famosa preguiça do compositor baiano.

Ainda assim enfrentaram problemas. Tiveram que se contentar em apresentar no *Cancioneiro da Bahia* apenas um pequeno trecho das partituras de cada canção, pois, na época, os direitos eram todos das editoras de música, que não tinham interesse em perder a exclusividade na impressão das canções. "Para essas pautas de música, já no Rio, eu procurei um copista de música na rádio" — conta Caymmi, que não se lembra se foi Aldo Taranto ou Roger, ou ainda um terceiro copista quem fez a transcrição das músicas para a pauta. E prossegue: "Pelo direito autoral só podiam entrar até quatro compassos para ilustrar musicalmente, para saber de que música se tratava. Quando a música ainda não tinha editora, eu colocava a canção por inteiro, mas são raras no livro. Ficou tudo pronto muito rápido. Entreguei as letras, até a mais recente, e o livro foi para a oficina. Clóvis foi entregando as ilustrações e Jorge fez um prefácio em cima da perna, coisa que não deu trabalho". Caymmi recebeu seu primeiro exemplar em 8 de novembro.

Em 1947, o artista contava em sua obra (número oficial) 62 canções. Trata-se do número de canções que consta na primeira edição do *Cancioneiro da Bahia*. Parece pouco, mas seria praticamente metade de toda sua obra. Obra reconhecidamente pequena e perfeita, como uma pérola. Melhor dizendo: um baú de pérolas. Entre elas, além das já mencionadas até aqui, Caymmi já havia composto "Dois de Fevereiro", "Rainha do Mar", "Sereia", "Afoxé", "Peguei um Ita no Norte", "Roda Pião", "Eu Fiz uma Viagem", "Balaio Grande", "Melodia do Meu Bairro", "A Vizinha do Lado", "Requebre que Eu Dou um Doce", "Rosa Morena", entre outras. No livro, as canções de Caymmi estão classificadas como Canções do Mar, Sobre Motivos do Folk-lore, Cantigas do Folk-lore Bahiano (com essa grafia) e Sambas. O livro é um dos precursores dos cancioneiros de compositores. Na orelha do *Cancioneiro* — provavelmente escrita pelo próprio Amado — está dito:

> "Talvez este seja o primeiro caso de se reunir em livro, numa edição feita com esmero e com todos os cuidados da arte gráfica, a obra musical de um compositor popular. Ocorre porém que Dorival Caymmi, *Cantor das Graças da Bahia*, é além de um inspirado músico, um verdadeiro e legítimo poeta..."

E acrescenta um pouco mais à frente:

> "Jorge Amado, o grande romancista, chamou-o, certa vez, o Castro Alves redivivo, o Castro Alves da música popular. Na verdade, muitas afinidades existem entre um e outro. E, mais recentemente, Pablo Neruda, o altíssimo poeta chileno, por sugestão das composições de Caymmi, visitou a Bahia e lá, numa oração de amor à terra de Jubiabá, afirmou que aquele cantor, 'com voz doce e profunda, leva sua saudade da Bahia por todo o céu do Brasil'..."

Jorge Amado, no prefácio, já salienta a importância de "O Mar" no conjunto da obra de Dorival Caymmi. Apesar de ver conotações sociais na obra de seu conterrâneo, ele nega seu envolvimento político através das composições:

> "Enternecido poeta dos pescadores. Chegando aí à obra-prima como 'O Mar'. Não creio na arte pela arte e eis que esse compositor tampouco o crê. Não que seja interessadamente social ou político. Mas o social — e mesmo o político — se impõe sobrando da dor em torno, da miséria em derredor. A vida difícil dos pescadores lhe fornece suas melhores composições."

Bem há nisso tudo um certo exagero. Compreensível, sem dúvida. Jorge Amado é um admirador eterno das canções do amigo. E não lhe poupa elogios. Porém, a beleza da letra não a torna poesia, gênero da literatura que prescinde de qualquer apoio além da língua materna, como ensina o poeta Bruno Tolentino. Uma canção de qualidade associada intrinsecamente a uma bela letra inspirada, de modo que não se possa conceber uma sem a outra, tem um imenso valor, sem que para isso ela tenha de mudar de categoria e virar poesia. Caymmi é um letrista inspirado, com letras excelentes, lapidadas com o rigor de um ourives. Às vezes deixa de ser um ourives da canção, para ser um garimpeiro na beira do rio, em busca não da palavra certa — esta não lhe basta —, mas da palavra exata. Para ele, a perfeição se confunde com a exatidão. Exatidão profundamente enraizada na vida. Nada de abstrações. Nem sentimentalismos. Não tem maiores teorias sobre o que faz.

Em sua opinião, a música popular — a verdadeira, não a pseudomúsica popular — é aquela que o povo canta espontaneamente na rua. O segredo para ele é o seguinte: se o gari cantarolar uma canção enquanto varre as ruas, a música é popular. Ou a lavadeira, como as que lavavam roupas às margens do Abaeté. "Não sou cortejador de massas, mas adoro a opinião do povo" — disse certa vez.

Há nele, além do imenso talento — muitos usam a palavra genialidade —, a junção da inspiração com a extrema atenção. Dorival Caymmi está sempre atento. Não é à toa que adora uma janela. É um observador nato. Um "curtidor" do cotidiano. Curte coisas que em geral as pessoas sequer notam — sente um prazer especial em acompanhar um animal em suas andanças ou o comportamento aparentemente banal de uma criança. Inúmeras vezes, quando compõe, a letra e a música da canção vêm

Precursor dos *songbooks*: capa do *Cancioneiro da Bahia*, de 1947, com ilustração de Clóvis Graciano — o livro, que registrava 62 composições de Dorival Caymmi, contou com a participação de Jorge Amado, o verdadeiro autor dos comentários à obra presentes na edição.

juntas. Não precisa do violão para compor, raramente compõe nele, preferindo ouvir suas canções na sua imaginação. Tem uma memória admirável. Querem seu segredo? Ele não tem pressa. E lhe sobra paciência. Aquela busca pacífica e confiante de quem sabe que encontrará o que procura. "Descobri também aos poucos a função exata da canção" — explicou, anos mais tarde, ao poeta Paulo Mendes Campos, em entrevista à *Revista da Música Popular*, em 1953, em que Caymmi discorreu livremente sobre pintura, literatura e música. "Quando ele pega o violão a música já está pronta" — revela sua companheira Stella.

Sérgio Milliet — grande ensaísta, além de crítico literário e de artes plásticas — publicou crítica do *Cancioneiro da Bahia*, no jornal *O Estado de S. Paulo* (27/11/1947): "O cantor baiano, que conquistou o grande público, mas também bom número de intelectuais, sabe principalmente escolher seu repertório. No folclore da 'boa terra' é que ele o tem encontrado mais amiúde. O tema principal é desenvolvido pelo compositor com exata compreensão do espírito de sua terra, com uma simpatia que nada esquece e uma acuidade que seleciona sem hesitações o mais característico". Para Milliet, a obra é "indiscutivelmente útil", pois são registrados "certos momentos regionais e mestiços que talvez venham a desaparecer dentro em pouco". Flávio Cavalcanti escreveu, em Mundo Social (19/12/1947), sua coluna dominical no jornal carioca *A Manhã*, que o livro já havia se esgotado em São Paulo.

Antes mesmo do lançamento da obra, Jorge Amado, que não acreditava em deixar nada para amanhã, já providenciava sua entrada na Associação Brasileira de Escritores. Em um bilhete datado de 12 de novembro, com o timbre da Câmara dos Deputados, o escritor explica:

> "Caymmi: Aí segue tua carteira de sócio da Associação Brasileira de Escritores, que recebi ontem. Paguei a carteira e a mensalidade, ficarás me devendo. Como vai o livro? Manda-me dois exemplares. Não te esqueças de dar ao Paulo Mendes. Como vai de temporada? Um abraço do teu amigo Jorge"

Sobre a ABE, o compositor recorda: "Era uma entidade muito olhada pela polícia como um grupo de esquerda. Tanto que na instalação de uma eleição, na Associação Brasileira de Escritores, entrou o escritor José Lins do Rego, nosso amigo, que protestou contrariamente, fez um comício lá dentro, brigou. Ele protestava contra a organização, contra o sistema da votação, contra alguma coisa de caráter político. Era uma eleição que ocorria ali dentro da sessão".

O ano ainda trouxe mais uma novidade para Caymmi. A família iria crescer. Stella engravidou do seu terceiro filho. Enquanto isso havia outra criação a caminho. Só que artística.

## 28. PAIXÃO ANTIGA

"O meu corpo em maresia/ transpira o cheiro dos peixes"
(*Olhar obtuso*, Sandra Teixeira)

Jorge Amado preparava uma surpresa para Dorival Caymmi: estava escrevendo o argumento de *Estrela da Manhã* para o cinema, e havia definido um papel de destaque para o amigo: de ator. Inicialmente, o filme seria dirigido por Mário Peixoto. Caymmi recorda que Mário desistiu de dirigir o filme porque outros roteiristas haviam adulterado o roteiro original.

*A Cena Muda*, revista de cinema, em 17 de abril de 1948, cobriu, numa ampla reportagem recheada de fotos, a filmagem de *Estrela da Manhã* na Restinga da Marambaia, litoral da cidade do Rio de Janeiro. O diretor da película foi o médico Oswaldo Marques de Oliveira, mais conhecido como Jonald. No elenco, Dorival Caymmi, Paulo Gracindo e Dulce Bressane — estreando no cinema aos 18 anos — formavam o triângulo amoroso. A produção contava ainda com a atriz italiana Dóris Duranti, além dos atores Nelson Vaz, Ambrósio Fregolente, João Péricles e Nelly Brasil. A fotografia é de Rui Santos, que também assina o roteiro com Jonald. "Quando disse a Jorge Amado que eu era o 'Galã Rústico' do filme, ele caiu morto" — Caymmi diverte-se ao contar. O apelido pegou. E Caymmi estava animadíssimo com a oportunidade. Afora participações musicais em filmes, ele sempre estivera do lado de cá da tela. A história do filme gira em torno de uma colônia de pescadores que sofre uma séria epidemia. O médico — personagem de Gracindo — chega ao lugarejo para resolver o problema, mas acaba se envolvendo com a namorada do pescador, personagem do baiano, que leva a pior. "Gracindo entrou na história só pra me cornear" — comenta o compositor. No filme, os melhores momentos são quando Dorival canta, ao violão, "Nunca Mais" e "O Bem do Mar", ainda inéditas. Radamés Gnattali é o responsável pelos arranjos. O compositor não chega a comprometer o filme com a sua atuação, mas não convence como ator. O filme demoraria a estrear, o que aconteceu no dia 24 de agosto de 1950, nos cinemas Metro, do Rio e de São Paulo, com boa repercussão. Um outro projeto ci-

Galã rústico: Dulce Bressane, Paulo Gracindo e Dorival Caymmi contracenam no filme *Estrela da Manhã*, de Oswaldo Marques de Oliveira, lançado em 1950, baseado em argumento de Jorge Amado. As filmagens ocorreram em 1948 na Restinga da Marambaia, no Rio de Janeiro.

nematográfico naufragou, também sobre a obra de Jorge Amado. José Carlos Burle não conseguiu acabar *Mar Morto* para a Atlântida. Se terminado, tinha tudo para ser um grande filme. A fotografia era de Rui Santos. O elenco tinha Maria Della Costa, Aguinaldo Camargo, Sadi Cabral, Iracema Vitória, Sandro Polônio e Osvaldo Loureiro. A música era de Caymmi, que também participava da película como ator.

Àquela altura, Danilo, seu terceiro filho, já estava com quase 6 meses. O menino nasceu na Casa de Saúde Maternidade Leblon, na rua General Artigas, nº 1, esquina com a avenida Delfim Moreira, em 7 de março de 1948, num domingo, às 18h10. Os amigos Fernando Lobo e Eduardo Rigolon acompanharam Caymmi no registro do menino, assinando-o como testemunhas. Dessa vez, Caymmi e Stella escolheram de comum acordo o nome do caçula, mas por razões diferentes. Stella foi motivada pelo personagem da opereta *Viúva Alegre*, o príncipe Danilo. Caymmi foi mais longe: "O que me atraiu foi um personagem de um filme russo, logo no pós-guerra, chamado Danilov". O filme era *A Flor de Pedra*, de Aleksandr Ptushko. "O personagem Danilov era um menino que, influenciado por uma lenda russa, que conta existir uma flor de pedra em certo lugar da floresta, sai em sua busca. E ele encontra a flor de pedra. É lindo o filme. É a maneira de se procurar o sonho, encontrar o sonho, realizar o sonho" — explica Dorival.

Nana compôs "Dorme, Neguinho" para ninar o irmão recém-chegado. Caymmi foi ao Bar e Restaurante Colúmbia comprar vinho, champanhe e cigarros para a comemoração.

Danilo iria protagonizar uma perigosa aventura ainda bebê. Sua babá costumava sair com ele para passear à tarde. Dizia que ia à pracinha e, em vez disso, pegava o ônibus Central-Leblon, para namorar o motorista. E dava voltas e voltas pela cidade com o bebê. Um dia, o casal brigou e a moça, ao saltar intempestivamente do veículo, foi jogada contra a murada da Niemeyer, se machucou e andou um trecho toda ensanguentada, com Danilo entre os braços, quando providencialmente foi vista por Antônio Maria. Maria, que estava à janela de seu apartamento que dava para o mar, no finalzinho do Leblon, reconheceu Danilo: "Não é o filho de Caymmi e Stella?" — comentou preocupado com Lígia, sua mulher na época. Apressou-se em descer e levá-los ao hospital. Por sorte, a moça não sofreu maiores danos e Danilo estava intacto, sem um arranhão. Levou-os para casa sãos e salvos.

Aquele ano começara com preocupações. Helio Silva conta na coleção *Os Presidentes*: "Jorge Amado foi expulso da Câmara dos Deputados, como seus companheiros da bancada comunista, em janeiro de 1948". O Partido Comunista fora proscrito pelo presidente Dutra. Jorge e Zélia tiveram sua casa invadida por agentes do DOPS (Departamento de Ordem Política e Social) que apreenderam livros, arquivos e fotografias. Jorge partiu para Paris, e logo depois Zélia o seguiu com o primeiro filho dos dois, João Jorge, ainda recém-nascido. Mas o casal não teria sossego por muito tempo, tendo de deixar Paris em 1950, novamente por motivos políticos.

Pequenas alegrias compensavam as nuvens sombrias. Em 29 de janeiro, Nana, com sete anos, compôs "O Céu É Azul", música e letra. Os pais babaram. Um mês depois fez "Vaga-lume Voou". Até hoje Caymmi canta "O Céu É Azul":

O céu é azul
O mar também
Casaram os dois
E o amor foi bem

Caymmi seguia com o seu trabalho e lançou em abril desse ano "A Lenda do Abaeté", pela RCA Victor. No lado B, gravou "Saudade de Itapoã". Ambas fizeram muito sucesso, mas houve problemas na gravação de "Saudade de Itapoã". Contra a sua vontade, que desejava se acompanhar na faixa, teve que se submeter ao acompanhamento de dois violões em ritmo de samba-canção. Ficou bom, mas Caymmi estava seguro de que sozinho ao violão faria muito melhor. Lançou ainda, pela mesma gravadora, "Cantiga" e "Sodade Matadera". Esta última foi feita a par-

Vida doméstica: em meio à linha dura do governo Dutra, que pôs na ilegalidade o Partido Comunista, interveio nos sindicatos e proibiu o jogo nos cassinos, Caymmi encontra sossego em casa, ao lado de Nana, Dori, Stella e o pequeno Danilo, que nasceu em 7 de março de 1948.

tir de um tema recolhido no interior de Minas Gerais por Almirante: "Ai, sodade/ ai, sodade/ ai, sodade matadera/ condo eu caço e qui num acho/ meu benzim em minha bêra". Caymmi conta como se arranjou para emoldurar um lamento tão tristonho: "Fiz um samba bem 'corridinho', à moda baiana". De fato é um samba de roda bem típico da sua terra, entremeado pelo refrão melancólico. A letra conta uma infeliz história de amor:

No cercado da cancela
Ia me encontrar com ela
Eu passava a tarde inteira
Um bandão de tempo a nós se olhá
Ai, ai, ai, ai

Ela era bonitinha
Ela era engraçadinha
Eu chamava ela "Coisinha"
Mas pro povo dela era Mariá
Ai, ai, ai, ai

No cercado da cancela
Encontraram eu e ela
Não gostaram do namoro
Faz um ano que levaram Mariá
Ai, ai, ai, ai [bis]

O cercado da cancela
Hoje tá sem eu e ela
Tô morrendo de saudade
Pra vivê sem ela custa a acostumá
Ai, ai, ai, ai [bis]

"Chateaubriand ficou doido com a frase 'Pra vivê sem ela custa a acostumá', que eu também gosto muito" — revela Caymmi. E conclui: "O bonito é registrar a fala do povo". Na entrevista a Paulo Mendes Campos para a *Revista da Música Popular* o compositor afirmou: "O folclore é uma das coisas mais sólidas do canto popular". A propósito dos temas folclóricos, usados com frequência por Caymmi, houve quem

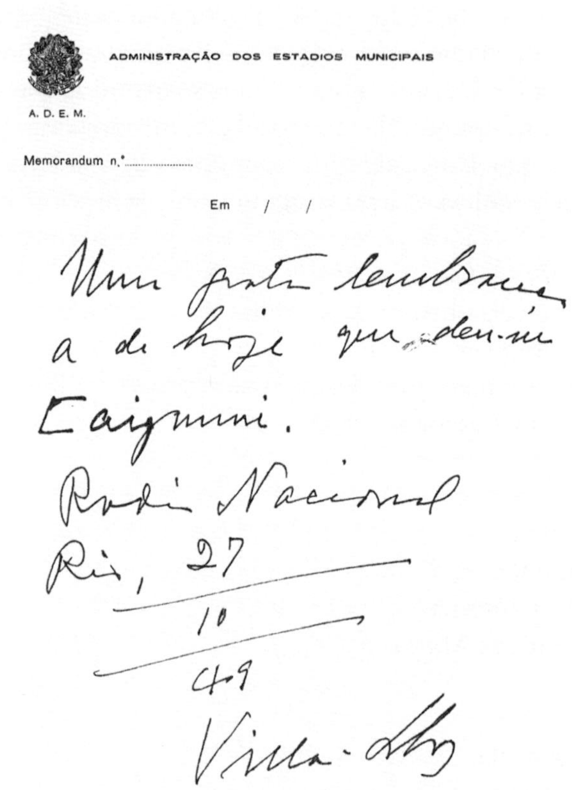
ADMINISTRAÇÃO DOS ESTADOS MUNICIPAIS

A. D. E. M.

Memorandum n.°

Em / /

Uma grata lembrança
a de hoje que deu-me
Caymmi.
Radio Nacional
Rio, 27/10/49
Villa-Lobos

Erudito e popular: o diálogo entre Caymmi e Villa-Lobos foi importante para os dois compositores, que sempre manifestaram profundo respeito por nosso folclore musical.

visse esse procedimento com maus olhos, como um demérito. Vale a pena conferir um trecho da entrevista que o compositor deu a Pedro Bloch, publicada em 26 de outubro de 1963, na *Manchete*:

> "— Caymmi, muita gente crê na lenda do seu 'aproveitamento do folclore baiano'. Eu acho que o folclore baiano é que explora você. É verdade?
>
> — Pedro, vou lhe dizer uma coisa que ainda não disse. Você está repetindo o que Villa-Lobos me falou um dia: 'Você, Caymmi, está criando o folclore musical baiano. Suas canções são bonitas demais'. E me explicou minha música. Eu não aproveito a peça folclórica. Um pregão, um jeito, um grito, um ponto, uma maneira me servem de ponto de partida..."

Outras atividades o ocupavam. Foi como delegado da UBC — junto estavam Oswaldo Santiago, José Maria de Abreu e Manoel Cavalcanti — que participou do Congresso Internacional de Compositores e Autores, sediado em Buenos Aires, onde permaneceu de 8 a 30 de outubro de 1948. Um pouquinho antes, em 1° de setembro, comprara uma radiovitrola Zenith Cobra, na Casa Waldeck, à prestação.

Em 1949, "Nunca Mais" é lançado por Lúcio Alves, pela Continental. O samba-canção inédito de Caymmi — executado nas rádios com grande sucesso — caiu como uma luva para o timbre aveludado do cantor, considerado moderno na época. "Lúcio Alves participou, começando sua carreira, do *Raio K em Busca de Talentos*, o mesmo programa de calouros da Rádio Nacional de que eu participei e ganhei" — relembra Stella. Lúcio Alves gravou o samba-canção num disco de 78 rpm, mas um ano antes, em 1948, a Columbia, após nove anos de pesquisa, apresentara ao mercado americano o *long-play* de 33 1/3 rotações por minuto. A Philco, na mesma época, lançou o aparelho que reproduziria o novo disco. Ivon Curi, muito amigo do casal Caymmi, ganhou a inédita "Adeus", gravada pela Continental, ainda em 78 rotações. Jean Sablon, famoso cantor francês, também gravou uma inédita do baiano, o samba "Por Quê?".

"Faça uma música para mim, para eu lançar em primeira mão" — pediu Jean Sablon a Caymmi. Os dois estavam na praia do Arpoador, a preferida do francês. "Eu frequentava um botequim no Arpoador, onde paravam artistas e intelectuais, amigos de Sablon, um nome internacional" — explica o compositor. A amizade entre eles florescera ao longo da temporada que ambos fizeram no cassino do Copacabana Palace. "Ele entrava às 22 horas e eu à meia-noite. Mas também nos encontrávamos na praia" — acrescenta o baiano. Numa dessas, o cantor fez o pedido. "Eu comecei ali mesmo 'Rio de Janeiro...'" — cantarola Caymmi, e prossegue — "Aí pensei: 'vou botar a Bahia porque sou baiano'". Sablon ganhou "Por Quê?", que, de quebra, homenageava as duas cidades e os boêmios do Arpoador:

> Rio de Janeiro e a Bahia do Bonfim
> Mais uma saudade que ficou dentro de mim, ai
> Quase não saio de lá, por quê?
> Quase fico preso lá, por quê?
> Quase fico pra morar, por quê?

Noites cariocas: Dorival e Jean Sablon (de camisa escura e lenço no pescoço) no Club 36 — o cantor francês recebeu de Caymmi um samba inédito, que gravaria em 1949 com português impecável: "Por Quê?", homenageando o Rio de Janeiro e a Bahia.

Porque fui lá pra ver
Ver as morenas de Copacabana
Todos os dias de toda semana
Se o coração agora não me engana

Tô com vontade de voltar pra lá, por quê?
Quase não saio de lá, por quê?
Quase fico preso lá, por quê?
Quase fico pra morar, por quê?

Porque fui lá pra ver
Joguei peteca na beira da praia

Eu vi baiana rebolando a saia
Eu vi boêmios no Arpoador

Com vocação pra ser trabalhador, por quê?
Quase não saio de lá, por quê?
Quase fico preso lá, por quê?
Quase fico pra morar, por quê?

Mas se Deus quiser
Sei que algum dia vou voltar
Se for Carnaval no Bola Preta vou brincar, ai
Com um pandeiro na mão, pois é
Vou entrar na confusão, pois é
Vou puxar muito cordão, pois é
O Carnaval é bom

Ver outra vez minha Copacabana
Pois a saudade no meu peito é mato
Se o coração agora não me engana
Quase não saio de lá, por quê?
Quase fico preso lá, por quê?
Quase fico pra morar, por quê?

O interessante é que Sablon gravou o samba em português, com uma pronúncia impecável, em *Jean Sablon — Souvenir Album*, LP de dez polegadas, lançado em 1949, pela Decca americana. Apesar disso, Carl Sigman consta como coautor — no caso, da versão para o inglês — nos créditos do samba, em que o cantor francês é acompanhado de Paul Baron e sua orquestra. Sigman é um letrista americano muito conceituado, autor de "All To Soon", em parceria com Duke Ellington, e das versões para o inglês da italiana "Arrivederci Roma" e da francesa "Et Maintenant", entre outras. Em 18 de abril, Caymmi gravou "O Vento", com Dino Sete Cordas e Meira, pela RCA Victor.

Naquele mesmo ano, Caymmi e Stella tornaram a se mudar. O proprietário do apartamento da Bartolomeu Mitre pedira o imóvel de volta. Mudaram-se para a rua Dias Ferreira, 15/201, no finalzinho do Leblon, um prédio que mais tarde seria demolido. Stella, para dar conta da casa, das crianças e das camisas engomadas de Dorival, tinha três empregadas: Filó, Genoveva e Tita. O baiano aproveitou e comprou, em 11 de outu-

Nos estúdios da Vera Cruz: Caymmi entre o autor Abílio Pereira de Almeida, o diretor-geral do recém-inaugurado estúdio Alberto Cavalcanti (de óculos) e Maurício Barroso, em 1950.

bro, um piano Lux. À prestação, que ninguém é de ferro. O baiano, que nunca tocou piano, fazia questão de ter o instrumento em casa para os estudos dos filhos e canjas dos amigos.

Numa outra crônica, Antônio Maria — que tinha no baiano um dos temas mais constantes dos seus artigos — menciona poeticamente a passagem de Caymmi pelo apartamento da Dias Ferreira:

> "Hoje o Leblon é seu país. Ir à cidade se parece com as viagens e pede despedidas e arrumações. Há um homem na varanda de um primeiro andar da Dias Ferreira. Ali espera a música chegar, sem a sofreguidão de marcar pontos no trimestre autoral. Ali imagina e compõe seus sambas... ali, reage contra as gravações e prefere que seu repertório seja inédito a sujeitá-

-lo ao comercialismo de discos, que tocam, tocam até banalizar a música. Isto pode não render, mas é muito bonito."

Nessa mesma época, Caymmi entrou numa fria. Estava fazendo um show na boate Monte Carlo, uma casa noturna de Carlos Machado, e a atração internacional era a cantora americana Carmen Brown. A cantora se apaixonou perdidamente pelo baiano. Uma noite, Carlos Machado entrou desesperado no camarim do compositor repetindo: "Caymmi, só você!". Miss Brown havia tomado um porre homérico e tinha de subir ao palco para sua apresentação. "Fui lá ajudar. Mas bastava eu chegar 'oh, minha amiga' e ela me agarrava. Imagine o que é cantar 'Babalu' de porre! E Carmen cantou. Ela me adorava. Uma vez, passou uma noite sentada no meio-fio da Dias Ferreira, vestida de *soirée*, pra me ver na janela. Amanheceu o dia e ela lá. Essa me deu trabalho!" — diverte-se o compositor.

Mas nem sempre ele conseguiu esconder suas estripulias de Stella. Uma mulher mais afoita telefonou para Stella, quando ainda viviam no Leblon. O diálogo foi hilário e Jorge Amado e tantos outros amigos de Caymmi divertiam-se em contar o caso. A dita senhora, sem o menor constrangimento, propôs comprar Caymmi, depois de se revelar apaixonadíssima pelo marido de Stella. Ainda acrescentou que o queria pelo preço que fosse, já que era rica. "Pode levá-lo de graça" — respondeu a despachada Stella, para espanto da madame. E acrescentou: "Desde que todo o direito autoral fique para mim e para os filhos, não tem nenhum problema. Ele pode ir hoje mesmo". Quem pensa que ele aceitou o arranjo? Ficou foi vexado durante meses com a mulher e entrou para o anedotário de Stella, ao qual os amigos não se cansavam de recorrer para mexer com o baiano.

Colecionador de amizades: Caymmi exibe orgulhoso seu violão autografado. Pouco depois, o instrumento seria roubado.

## 29.
## PINHO FERIDO

"Tenho apenas duas mãos/ e o sentimento do mundo"
("Sentimento do mundo", Carlos Drummond de Andrade)

O processo pelo qual gradativamente os bairros da Zona Sul do Rio de Janeiro, sobretudo Copacabana, foram absorvendo a função de entretenimento noturno que antes cabia à Cinelândia, Lapa e Praça Tiradentes já estava praticamente concluído na chegada da década de 50. Mas não se tratava de uma mudança meramente geográfica. A proliferação de boates, *night clubs*, bem no clima dos clubes de jazz norte-americanos, marcou o fim dos anos 40 e começo dos anos 50, assinalando a tendência de uma maior proximidade do artista com o público — uma classe média em formação devido à industrialização crescente do país —, que busca um ambiente que lhe dê, sobretudo, a sensação de intimidade.

O tipo de música que esse novo ambiente de entretenimento pedia era muito diferente da que se fazia no Brasil até então. Inicialmente esse fenômeno se restringiu a centros urbanos como Rio e São Paulo, mas pouco a pouco foi se deslocando para outras cidades brasileiras. A alta classe média emergente desejava uma música urbana, sofisticada e íntima. Uma música que combinasse ambiente chique e aconchegante com whisky *on the rocks* e cozinha internacional. Não era um público que se satisfizesse em frequentar a Praça Tiradentes e os teatros de revista. A orquestra foi substituída pelo quarteto, ou simplesmente um piano ou um violão. O que não impediu que o baião de Luiz Gonzaga se tornasse uma febre nacional.

A despeito disso, começa um processo de evolução que vai desembocar na moderna música brasileira — que muitos entendem como música popular brasileira. A primeira fase desta evolução é chamada pelos pesquisadores de pré-bossa-novismo. É o auge do samba-canção, fortemente influenciado pela onda de bolero que invadiu o Brasil também nos anos 50.

"Eu me adaptei" — explica com simplicidade Dorival Caymmi, que nesse período compõe a maioria dos sambas-canção que os pesquisadores costumam classificar de fase urbana do compositor, para diferenciar

Toda uma orquestra: com seu violão, Caymmi sempre se destacou por ser um compositor que interpretava suas próprias canções, prescindindo de outros instrumentos para acompanhá-lo. Aqui, Dorival mostra sua música ao ator francês Michel Simon, de passagem pelo Brasil em 1952.

das canções praieiras, que aliás não deixou de compor. São muitos os compositores e músicos considerados precursores da bossa nova, entre eles o grande violonista Laurindo de Almeida. Dorival, um dos primeiros compositores a serem gravados por João Gilberto — inventor da batida de violão que é um dos traços característicos do movimento —, costuma ser apontado como um dos seus precursores. As composições que fará nos anos 50 apresentam muitos elementos da bossa nova. Mas são os acordes dissonantes, marca do compositor, que mais o aproximarão do novo gênero.

Caymmi continuava viajando com seu violão pelo país. Mário Cravo resumiu muito bem o papel do compositor: "Ele está ligado umbilicalmente ao processo de difusão do cancioneiro popular brasileiro. Dorival faz parte ainda dessa autonomia perdida, em que não se precisava de conjunto musical, de orquestra, nem de rádio. É o homem e o instrumento que o acompanha, e que ele domina. Ele é o autor, ele é o intérprete, torna a expressão mais única, não há intermediário". E completa: "Eu acho que o artista, de um modo geral, realiza as angústias da maioria, as insatisfações, os anseios e os prazeres. Eu tenho a impressão que a cultura, a criatividade, é como o efeito dos círculos quando você joga uma pedra numa superfície líquida, parada. Você provoca um elemento e ele vai se desdobrando para a periferia. Ela é um módulo, é uma onda que se propaga em todos os sentidos. Os artistas são profissionais, são pedras atiradas na água, que é a vida. E eles criam círculos que se intercruzam e tocam uns nos outros, no espaço e no tempo".

Em julho de 1950, estava em temporada na Rádio do Comércio, em Pernambuco, anunciado como *O Cantor das Lendas Baianas*. Já no Rio, ele estreou no dia 8 de agosto, na boate Acapulco, na avenida Nossa Senhora de Copacabana, 128. Um anúncio em *O Jornal* aclamou o show como "uma sensacional estreia do *Cantor dos Mares do Norte*". Choviam adjetivos. Com seus sambas-canção, Caymmi se torna um "filé mignon" para as casas noturnas, que ficavam sempre cheias para os seus espetáculos. "Eu apelidei Caymmi de *Tesão de Boate*" — diverte-se Stella, tentando disfarçar o orgulho. "As mulheres arrastavam os maridos para o meu show, que tinham que ir mesmo a contragosto" — acrescenta Caymmi. Em outubro, ele já estava cantando na boate Flair, na avenida Atlântica, 290. Enquanto isso, nas eleições de 3 de outubro, o país escolhia Getúlio Vargas para presidente da República, que seria empossado em 31 de janeiro do ano seguinte. Vargas retornava agora ao poder pela força das urnas.

* * *

Caymmi começou o ano pedindo rescisão de contrato à Rádio Nacional, em 4 de janeiro. Oito dias depois assinava com a Rádio Tupi, estreando no dia 20. Conta o compositor que conseguiu obrigar a editora de música Mangione a lhe prestar contas do contrato de edição e da administração de suas obras. A Mangione jamais lhe prestara conta das vendagens de partituras suas para piano e orquestra, ou da utilização de músicas suas em filmes, ou mesmo pagou a parte que cabia ao compositor pela cessão de suas obras para os catálogos da firma norte-americana Robbins Music Corporation e da firma argentina Ediciones Internacionales Fermata. Em 24 de julho, o *Diário da Noite* publicou toda a história. Caymmi entrou em acordo com a editora e permaneceu na casa.

O baiano, no entanto, sempre pôde contar com seu amigo Carlinhos Guinle, um homem de negócios sagaz, que mesmo de longe procurava orientá-lo. Quando a Vitale quis editar as músicas de Caymmi, Guinle lhe deu conselhos. Um exemplo disso é a carta que o empresário enviou de Nice, na Côte d'Azur, na França, em 27 de maio, para o amigo:

> "... Eu sei que o negócio do Vitale talvez seja melhor na volta, mas te peço para separar todos os contratos e obrigações tuas para mostrar a um advogado, até melhor, se quiseres depois de ter os contratos em mão telefona ao Celso Rocha Miranda, meu sócio, ele sempre está ao par de tudo (é como irmão) e ele poderá mostrar aos advogados para darem um simples parecer no caso, isto já é meio caminho andado e não te obriga a nada."

E finaliza perguntando ao amigo: "Você gostou do nosso samba 'Você Não Sabe Amar'? Que tal a gravação, fez sucesso?".

Carlinhos Guinle se referia à gravação feita ainda em 1950 pelo cantor carioca Francisco Carlos — que viria a ser eleito em 1953 o melhor cantor do ano, numa eleição entre os ouvintes da Rádio Nacional, o que não era pouca coisa. Seu *slogan* era *O Cantor Namorado do Brasil*. A canção "Você Não Sabe Amar", que, além de Caymmi e Guinle, contava também com a parceria de Hugo Lima, foi gravada pelo cantor, na RCA Victor, num 78 rpm. A gravação não chegou a fracassar, mas não alcançou o sucesso desejado por Guinle. Sucesso mesmo a dupla teve com "Não Tem Solução" em 1952, com Dick Farney numa interpretação magistral do samba-canção, um dos mais bonitos e românticos de Caymmi, gravado em 1951 pela Sinter, mas na gaveta desde o fim dos anos 40. Aliás, em outro trecho de sua carta, Guinle perguntava se Caymmi já havia gravado a canção, que, à maneira da época, contava com uma introdução que preparava o clima de desabafo da letra:

> Aconteceu um novo amor
> Que não podia acontecer
> Não era hora de amar
> Agora o que vou fazer

"Sábado em Copacabana": a parceria de Dorival e Carlinhos Guinle vinha dando certo em várias canções. Aqui os amigos se distraem em reunião social no Rio de Janeiro, ao lado da atriz Evelyn Keyes e do amigo e empresário Alberto Lee (à direita na foto). A estrela norte-americana foi a última pessoa a assinar o violão de Caymmi, antes do roubo.

Não tem solução
Este novo amor
Um amor a mais
Me tirou a paz
E eu que esperava
Nunca mais amar
Não sei o que faço
Com esse amor demais

Dick Farney gravou ainda, em 1950, "Lembrança do Passado", de Dorival Caymmi e Guinle, pela mesma Sinter, que depois passou a se chamar "Nesta Rua Tão Deserta". "'Lembrança do Passado' foi um título decidido às pressas, por telefone. 'Nesta Rua Tão Deserta' ficou melhor. Foi ideia de Carlinhos" — explica Dorival. Lúcio Alves volta a beber nas águas do baiano, gravando com sucesso "Sábado em Copacabana", pela Continental, no ano seguinte. Outra parceria com Carlinhos Guinle, o samba-canção é um retrato da Copacabana dos anos 50, exaltando seu romantismo e seus bares à meia-luz, no dizer dos seus autores, "um bom lugar para se amar". São cantores popularíssimos na época. Guinle comemorava o sucesso passeando em seu iate, "pelos mares das canções de Caymmi" — conforme noticiou a revista *O Cruzeiro*, em 21 de abril —, com Evelyn Keyes, atriz americana, heroína do filme *Que Espere o Céu*, que causou furor pelo seu comportamento avançado para a época. Foi ela a última pessoa a autografar o violão do compositor. O autógrafo de Evelyn no estimado violão se juntou aos de Yves Montand, Michel Simon, Aaron Copland, Tito Schipa, Jean-Louis Barrault e Booker Pittman. Em 1952, ainda foram lançados dois outros sucessos de Dorival Caymmi: "Nem Eu", gravado pelo próprio baiano, pela Odeon, e "E Eu Sem Maria", em parceria com Alcir Pires Vermelho, interpretada pelo cantor e compositor gaúcho Alcides Gerardi, pela mesma gravadora.

Foi em Copacabana, no entanto, em plena avenida Atlântica, em 5 de abril, que Caymmi teve roubado seu precioso violão, que àquela altura estava repleto de assinaturas de amigos e celebridades nacionais e internacionais. "Sem o meu violão eu não sou eu mesmo", declarou pesaroso, em entrevista para *O Globo*, publicada em 12 de maio, na qual é relatado o furto:

> "Saindo da televisão, no Rio, o cantor, em companhia de Ary Barroso, entrou no auto de Antônio Maria, e todos se to-

NUM CERTO DIA DO ANO DE 1943 OS COMPANHEIROS DA "RADIO TUPY" ME DERAM UM VIOLÃO "DI GIORGIO"

ANTES DO ROUBO (ASSINATURAS)

ROUBADO E RECUPERADO EM 1953.

Assinaturas do violão.

- Durval Caymmi
- Zezinho
- Dermival Costalima
- Evaldo Ruy -
- Paulo Tapajoz
- Crola
- Garôto -
- Silvio Peixôto
- Ligia Adão de S. Peixôto
- Aparecida do Sul Graciano
- Clovis Graciano
- Isabel Mendonça
- Silvio Caldas
- Carlos Guinle
- Procopio
- Armando Balloni
- Tito Schipa
- Jean Sablon
- Manezinho Araujo
- José Junqueira
- Lourdes Junqueira
- Monteiro Lobato -
- Aaron Copland
- Boris Kóchno
- Rui Dias de Oliveira
- Gilda Costa Villaboim
- S. Justi
- Natalie Phillipart
- Silvia Autuori
- Leonidas Autuori
- Fernando Lôbo
- Claudio Mancinni
- Ovidio Grottera
- Raul Guastini
- Arací de Almeida
- Theophilo de Barros
- Lourdes Barros
- Tereza J. Ayres
- A. Góes (Pedro Aurelio de Góes Monteiro)
- Prof. Houssay
- Marinho( pedro Marinho)
- Deodoro Alvares Soares (Meu tio) —
- Duarte de Moraes
- João Gondim
- Jorge Loffler
- Enrico Bianco
- Tereza Bandeira de Melo

- Manoel Pancinha Barcellos
- Frederico Chateaubriand
- Leão G. de Oliveira
- Dlorges Caminha
- Lucia Delor
- Millôr Fernandes
- Stella Maris
- Cristina Maristany
- Assis Chateaubriand
- Almirante
- Roger Pigaut
- M.me Rodolfo Tourinho
- Junqueira Ayres
- Carlos Frias
- Murilo Gondim
- Paulo de Barros
- Katherine Dunham
- Yves Montand
- Merci!- Simone Signoret
- Emil Farah
- Lila Jorge Amado —
- Samuel Wainer
- Noel Nutels
- Inge de Beausac
- Jorge Amado
- Anna Stella Schic
- Rubem Braga
- Candido Portinari
- Pablo Neruda
- Delia
- Flavio de Carvalho
- Di Cavalcanti
- Noemia
- Gastão Formenti
- Angelo Mendes de Moraes
- Mello Moraes
- Eurico Dutra
- Cathiquet
- Paulo Netto
- Inah Amado

- Evelin Keyes
- ~~XXXXXXXXXXXXXX~~
- Jorge Veiga
- Floriano Faissal
- Bororó
- M.R.O.(Mariosinho de Oliveira.
- Jean Louis Barrault

ESSA IDÉIA DO PRESENTE DEVE TER SIDO DE FERNANDO LÔBO, SILVIA E LEONIDAS. SUPONHO.

Portador de lembranças: Caymmi fez uma lista com todas as assinaturas recolhidas em seu violão ao longo de mais de dez anos (1943-1953) — desgraçadamente o tampo do instrumento foi raspado antes do baiano conseguir recuperá-lo.

caram para o Bar Siroco. Lá chegados, Caymmi raciocinou da seguinte maneira: 'Se entro com o violão, hão de querer que eu cante... Vou deixá-lo, portanto'. E deixou o 'pinho' no auto do amigo. Quando saíram, pouco depois, o fato já estava consumado."

Caymmi fez vários apelos nos jornais — que tratavam o instrumento como uma peça de museu — para que devolvessem seu violão. Locutores amigos de diversas emissoras fizeram coro em busca do instrumento. Mas nada do violão aparecer. Finalmente, um fã de Almirante — um verdadeiro anjo da guarda — ligou para a Rádio Tupi avisando ao radialista ter comprado o violão por 380 cruzeiros. Ele se chamava Aristeu e morava em Caxias. Quando Caymmi lá chegou, acompanhado de Antônio Maria e Luiz Jatobá, verificou estarrecido que as assinaturas haviam sido raspadas. Deve ter sido a primeira providência do ladrão, que passara até recibo para o tal do Aristeu. O compositor, desprevenido, teve de apelar para os amigos para deixar um dinheiro nas mãos do comprador. Foi um duro golpe para o artista, que ainda teve de ouvir críticas como as da jornalista Isa Silveira Leal, na revista *Radar*, de 21 de setembro, repetindo a mesma cantilena. "Não é no ambiente artificial de uma boate que se criam coisas como 'É Doce Morrer no Mar'" — ensinava Dona Isa. Criticava frases — que considerava frias — como "não tem solução" e "convém a nós" e pedia: "Caymmi, por favor, não se transforme! Continue aquele mesmo poeta que já estávamos acostumados a admirar". Não era fácil. Sem se deixar abater pelo triste episódio do roubo, o compositor voltou a colecionar assinaturas em seu violão, e o primeiro a deixar seu nome no famoso instrumento foi Chatô.

Caymmi, nesse mesmo ano, passeava em Ipanema no carro de Antônio Maria e apontou para o cronista a casa de Vinicius, que apresentava um certo movimento de festa. Maria insistiu em ser apresentado ao poeta e, apesar de não estar vestido apropriadamente, pois Vinicius estava recebendo colegas do Itamaraty, Caymmi fez com gosto a vontade do amigo. E foi assim que o poeta e o cronista se conheceram e iniciaram uma amizade das mais belas. Graças a Caymmi, que tinha enorme prazer em compartilhar seus amigos. Vinicius confirmou: "Conheci o Maria através de Caymmi, lá em minha casa, exatamente em 51, depois que cheguei do Corpo Diplomático, em Los Angeles. Eu tinha trazido trinta caixas de whisky e os amigos estavam lá para tomar o *scotch*. Caymmi levou Antônio Maria. E desde que o conheci me amarrei nele".

# 30.
# A INSPIRAÇÃO DA NOITE

"Com pérolas de vento, escassas sílabas/ se faz o que perdura"
("Dos poetas", Luís Filipe de Castro Mendes)

O ano de 1951 trouxe uma grande novidade. Foi inaugurada a primeira emissora carioca de televisão, a Tupi, de Assis Chateaubriand. A estreia, em 20 de janeiro, com uma série de programas, contou com um show escrito por Antônio Maria, chamado *A Tupi e a Televisão*, com a participação de Dorival Caymmi, Aracy de Almeida, Jorge Veiga, Dircinha e Linda Batista, Mazzaropi, Alvarenga e Ranchinho, José Vasconcelos e Almirante. "Fui chamado pelo departamento jurídico da rádio, portanto, Armando Oliveira. Meu contrato foi reformado acrescentando 'e também televisão', e reformado o preço também, que não foi expressivo, porque eu ia continuar no rádio e na televisão Tupi" — explica o compositor. Caymmi — assim como vários colegas da Tupi — tratou de comprar um televisor importado na Casa Waldeck, no centro, antes mesmo de a emissora inaugurar. Ele se lembra quando o locutor Osvaldo Luís o anunciou na noite de estreia da TV no Rio de Janeiro: "Agora, com vocês, *O Moço Caymmi*, conhecido astro já do nosso *cast*, e que é agora também artista da nossa Televisão Tupi". Mas o baiano não permaneceria muito tempo na Tupi, televisão e rádio. Na época, ele recebia 12 mil cruzeiros de salário, registrado em carteira.

A essa altura a família Caymmi havia se mudado para longe — ao menos um pouco — do mar. Foram morar na casa número 1 da rua Professor Saldanha, 125. Era uma rua sem saída no Jardim Botânico. Nana tem boas lembranças de lá: "Eu adorava as festas juninas que os moradores organizavam, com uma fogueira enorme no meio da rua". Foi ali que receberam a notícia do nascimento de Paloma, filha caçula de Zélia e Jorge Amado, que viviam em Praga, na Tchecoslováquia. Stella, na mesma época, perdeu a mãe, Zulmira.

O artista não deixava de visitar a Bahia acompanhado de toda a família. Soube que havia lá um Hotel Dorival Caymmi. Quando o dono o encontrou, insistiu que ele e a família se hospedassem em seu hotel. Isso aconteceu em 1952. "Aquela fachada, com Dorival Caymmi com aque-

Vênus de Ébano: verdadeiro ícone do *show business* da época, a cantora Josephine Baker ensaia um de seus trejeitos característicos, em visita aos estúdios da TV Tupi. À direita, o jovem ator Luiz Gustavo.

las letras enormes. Mas era um motel, um puteiro" — conta Dinahir, que havia viajado com o irmão para Salvador, acompanhada de João, seu marido, e o filho, Durvalzinho. "Quando chegamos lá" — continua Dinahir — "estou vendo aqueles rapazinhos mulatinhos assustados correndo para cá e para lá. Mas como só tinha eu, João, Dorival e Stella, Durvalzinho, Dori... Nana ficou com as tias. Foi João e Stella que notaram o negócio. De noite, João levantou para ir ao banheiro, quando chegou lá estava uma mulher nua, com a porta aberta, sentada assim — num sabe? —, chupando manga. Mas eles nos trataram muito bem".

* * *

O baiano não tinha receio de fazer declarações polêmicas nos jornais. Em uma entrevista dada à revista *Comício*, de 22 de agosto de 1952, perguntado sobre qual seria a sua música preferida, ele solta a bomba: "Acho que os outros cantores cantam mal a minha música. Isso imediatamente diminuiu o meu entusiasmo por elas". Para quem foi gravado por luminares da música brasileira — de Carmen Miranda a Dick Farney, passando por Francisco Alves e Orlando Silva — era uma declaração e tanto. E o músico não mudou sua crítica. Décadas mais tarde, e depois de incontáveis gravações de outros intérpretes, Caymmi manteve sua opinião, e não se absteve de repeti-la quando foram lançados CDs, em que sua obra é revista por uma variada gama de artistas, em 1994. Para ele existe uma exceção: João Gilberto. Só.

Caymmi voltou a protagonizar um grande espetáculo em 1952, na famosa casa noturna de Carlos Machado, Casablanca, na Urca. *Cousas e Graças da Bahia* era o título do show assinado por Paulo Soledade e Fernando Lobo. "Os dois descobriram uma cantora que cantava num *dancing*. Foi a cantora revelação do meu show. Sabe quem era? Ângela Maria" — revela o cantor. O espetáculo girava em torno do universo caymmiano, com baianas, pescadores e cenários relatados nas canções. Foi um sucesso enorme, com casa cheia todas as noites. "Quem desenhou o cardápio fui eu. Fiz desenhos de baianas, uma capa mais chamativa. Ângela Maria cantava seu número com aquela voz bonita, vestida de baiana, mas sem turbante, sem o torço na cabeça. Ângela Maria começou a aparecer, a gravar disco" — continua Caymmi. Além de Caymmi e Ângela, o show contava com o conjunto vocal As Três Marias — na sua penúltima formação, com Hedinar Martins (irmã de Herivelto), Nilza de Oliveira e Carmen Déa — e o violonista Bola Sete, que em 1959 se mudaria para os EUA. Para se ter uma ideia do sucesso da casa de Carlos Machado, dono também da boate Monte Carlo, na Gávea, além do show do baiano, que entrava à 1 hora da manhã, havia ainda, à meia-noite, o de Jack Searle e Carrols Ballet, e o do pianista e maestro Roberto Inglez, às 2 da manhã. Como se vê, a noite carioca era de altíssima qualidade e bastante diversificada. E nela Copacabana reinava sozinha. Ninguém melhor que Antônio Maria — que escreveu: "É moda ser amigo de Dorival Caymmi" —, grande boêmio, para descrever Copacabana *by night* nos anos 50:

> "Na Sorrento, um delírio de aipos e pizzas napolitanas. Artistas do rádio e do teatro falam em voz alta, de mesa para mesa, confraternizando mais do que devem. Ao lado, um cinema sem grande importância. Depois a Furna da Onça, o velho

Na boate Casablanca: Bola Sete acompanha a grande Aracy de Almeida. Na plateia, Stanislaw Ponte Preta (com a maraca), Paulo Mendes Campos (de costas), Tati (ex-mulher de Vinicius de Moraes), Caymmi, Lígia Moraes (irmã de Vinicius). Ao fundo, a atriz Tônia Carrero e o diretor Adolfo Celi.

> Alpino, o bar de toldo verde, o Bambu e as esquinas do Vogue. Entrando à direita, come-se um delicioso frango, no Vogue e, na saída, é fácil ver-se um frequentador da Tasca, em mangas de camisa, saindo, tranquilamente, para urinar na calçada. Mais dois passos e o néon da Taberna, novo e sossegado restaurante, onde os garçons são muito educados e exibem, demoradamente, os rótulos dos vinhos, para comprovar a procedência do que servem. Na rua, de cinco em cinco minutos, o ronco do automóvel inglês de José Souza Costa. Depois, você vai seguindo pela avenida Atlântica e encontra o Lido, sombra de um velho fastígio, bocejando e sozinho. Seguem-se o Ok, o Bife de Ouro, Maxim's, Alvear, Bolero (briga fácil, polícia na porta, mulher desgrenhada tomando cuba libre), Cairo, Posto 5, French Can-Can, Alcazar, Marrocos..."

"O roteiro Copacabana" — título de uma crônica na Pernoite, sua famosa coluna publicada na revista *Manchete* — descrito pelo jornalista prosseguia por muitos outros aspectos do bairro, sem deixar de mencionar seus hotéis e boates para todos os gostos (Perroquet, Bambu, Siroco, Mocambo, La Conga e Meia-Noite).

Marcelo Machado, outro grande boêmio, cuja amizade com Sylvio Caldas e Dorival Caymmi atravessou quase seis décadas, assistiu a *Cousas e Graças da Bahia* e relata um episódio desagradável envolvendo Ary Barroso:

> "Era um show maravilhoso. E Caymmi, um sucesso enorme. Ele se acompanhava de uma maneira brilhante. Eu nunca vi no mundo um cantor cantar e se acompanhar como Dorival fez na vida, acorde, harmonia, tudo uma maravilha. Uma poesia simples, pura, e de uma profundidade incrível. Mas estreou no show Ângela Maria, naquela época uma garotinha que só tinha um agudo muito bonito. O Ary Barroso estava sentado numa cadeira atrás da minha com umas pessoas, aí começou a gritar histérico 'Ângela Maria!', achando aquilo uma beleza e não falando bem do Caymmi. Ary era muito vaidoso. O show era do Caymmi, maravilhoso, e ele falava 'essa é que é uma cantora'. Quando acabou o show, fui lá e disse: 'Oh, Ary, deixa dessa frescura, batendo palmas para uma menina que só tem agudo por enquanto e não bate palmas para o Caymmi, grande

A estreia da jovem Sapoti: na Casablanca, Caymmi ocupa o centro do palco em coreografia ao lado da cantora Ângela Maria, que então iniciava sua carreira, no espetáculo *Cousas e Graças da Bahia*, em 1952.

compositor, esse gênio!'. Aí houve uma discussão e ele ficou cinco anos sem falar comigo."

Indiscutivelmente Ângela Maria é uma grande cantora. Exageros de amigo passional à parte, Machado coloca em evidência no seu relato um aspecto óbvio, mas nem sempre lembrado devidamente: o cantor de voz privilegiada Dorival Caymmi se equiparou ao compositor Dorival Caymmi. Esse é um fato inegável, que dava uma condição privilegiada ao baiano, em detrimento de outros compositores que dependiam dos "canários", ou seja, dos intérpretes, para ouvirem suas canções gravadas, e muitos jamais pisaram num palco, para gozar de suas luzes. Caymmi é um artista completo — compõe, escreve, canta e toca — e tirou o máximo proveito disso. E brilha.

Amigos de samba e boemia: o radialista, jornalista, cronista, poeta e compositor pernambucano Antônio Maria, o *Samba em Pessoa* Aracy de Almeida e Dorival Caymmi na Casablanca, em 1952, em fotografia com dedicatórias.

A década de 50 foi pródiga para o baiano. Shows não faltavam. Além de se apresentar em clubes, nos corriqueiros chás dançantes: "No Country Clube do Rio de Janeiro, que era muito chique, nem todo mundo cantava lá. Eu tive o privilégio" — disse o compositor, que se apresentava em festas particulares, frequentando a alta sociedade do Rio. O leitor, para ter a dimensão correta do que significavam essas ocasiões, não pode esquecer que o Rio de Janeiro era a Capital Federal. Os destinos da cidade e do país muitas vezes eram decididos em festas como as que Dorival Caymmi animava com seu violão, e não em ambientes formais como seria de supor. O Rio era um grande salão e vivia uma década próspera. O baiano sabia perfeitamente disso e não fazia feio, ao contrário, primava pela elegância, não só no vestir — *smoking* e *summer jacket* nos trinques —, mas em tudo o mais. E esbanjava simpatia e cultura. Isso explica o seu sucesso nas altas rodas. Seu amor pelas artes plásticas, por exemplo, o aproximou de pessoas tão díspares como o compositor Heitor dos Prazeres, com quem dividiu uma tela, e Dom João de Orleans e Bragança.

Em 22 de agosto daquele ano, a revista *Comício* publicou que "Dorival Caymmi pinta muito, mas é acometido de desânimos e destrói os seus quadros, quando os amigos não tomam a precaução de furtá-los". Este fato foi confirmado pelo compositor em entrevista a Paulo Mendes Campos para a revista da SBACEM, em setembro de 1968. Voltando a Dom João, Stella recorda: "Eu estava dormindo e Caymmi chegou me chamando para conhecer um amigo. Levantei e dei de cara com um rapaz fino, bonito, no meio da minha sala. Quase morri de vergonha quando soube que era o príncipe Dom João. E eu de camisola".

Dois amigos eram-lhe muito caros: Jorge Amado e Carlinhos Guinle. Sem falar em Fernando Lobo, companheiro de todas as horas. O primeiro voltara a residir com a família no Rio de Janeiro vindo da Europa. O salvo-conduto fora dado, relembra Caymmi, pelo sargento Gregório, homem forte na época. Carlinhos Guinle, amante de jazz, dava reuniões em sua casa com a presença garantida de Dorival Caymmi, Jacques Klein, Hugo Lima, entre outros amigos. Segundo o jornalista Brício de Abreu, o milionário foi o primeiro a popularizar as *jam sessions* em terras cariocas. Música e bebida rolavam à vontade. "Não há nada de mais puro e espontâneo em nosso tempo do que o jazz. Amo no jazz a improvisação, o virtuosismo instrumentista e a criação. O maior é Jelly Roll Morton. Vou até Fats Waller e Louis Armstrong" — revelou para Paulo Mendes Campos.

Dorival Caymmi conta que, certa vez, Carlinhos Guinle recebeu quatro MGs da Europa. Estavam estacionados na rua Catumbi — onde morava outro grande amigo de ambos, o empresário Alberto Lee —, quando Carlinhos, com as chaves na mão, olhou para Caymmi e disse: "Um daqueles carros é seu, vá escolher". "Mas, eu não dirijo" — o baiano ainda tentou argumentar, em vão. "Então, eu fui, experimentei o carro. Entrei num que estava na rua e perguntei: 'Como é que se mexe nisso aqui?'. Cheguei a andar um pedacinho, mexendo no carro, eu que nunca tive vocação pra dirigir" — relembra Caymmi. Ele pensou em chegar até Copacabana, mas teve medo do trânsito. Um dos amigos o levou até o Noa Noa, para que Stella o visse. Dias depois, estavam ele, Cid Perry de Almeida, paraquedista amigo do peito, num passeio a bordo do *Laffitte*,

Os mares de Caymmi: no barco do amigo Carlinhos Guinle,
em plena Baía de Guanabara, Dorival, que nunca aprendeu a nadar,
dava livre curso à sua paixão pelo mar e a navegação.

barco de Carlinhos Guinle, num belo dia de sol. "Olha, vou dar aquele carro para o Cid" — disse Caymmi para Carlinhos. E para Cid: "Ficaste dono de um automóvel lindo, MG". Imagine, leitor, a cara de incredulidade de Cid.

A vida de Caymmi não se limitava ao Rio de Janeiro. Continuava viajando e se apresentando em outras capitais, inclusive Salvador, onde esteve em maio, quando visitou amigos no jornal *Estado da Bahia*, sendo aclamado como *Embaixador da Música Folclórica Baiana*. Afora sua vida profissional agitada, seu cotidiano era simples. Stella o descreveu assim numa entrevista:

> "Dorival não tem preferência nem por pratos. Simples, amolda-se facilmente aos costumes da casa. Ao levantar-se, toma um copo de água em jejum e gosta de olhar os meninos de manhã. Levanta cedo e deita-se tarde. Depois que os filhos vão para a escola, faz um pouco de pintura. Não gosta de fazer visitas. Adora a praia, mas não entra na água, por achar o mar aqui no Rio muito frio. Não gosta de café. Arruma tudo quanto usa. Não tem interesse em comercializar sua pintura, nem fazer exposição de suas obras. Caymmi não tem vaidade. Ninguém percebe quando ele está compondo. É um desajustado no meio em que vive, pois não gosta do rádio do Rio; adora São Paulo."

## 31.
## UM BOA-PRAÇA

"Depois na Praça Caymmi/ sentir preguiça no corpo"
("Tarde em Itapuã", Toquinho e Vinicius de Moraes)

Depois do carnaval de 1953, Dorival Caymmi se apresentou em grande estilo para o presidente da República, Getúlio Vargas, e selecionada assistência, na residência do ministro da Educação Ernesto Simões Filho, em Petrópolis, no dia 21 de março, num almoço à moda baiana. Vargas pareceu gostar, pois pediu que o compositor repetisse várias canções suas.

Mas Dorival não podia imaginar a alegria que estava por vir da sua terra. Em 25 de maio de 1953, todos os jornais baianos publicaram que o vereador Osório Villas-Boas havia apresentado, no dia anterior, "o projeto de lei à Câmara Municipal, denominando Praça Dorival Caymmi ao largo onde se situa a igreja matriz de Itapuã". Dias antes, o jornal *Estado da Bahia* perguntava a opinião de personalidades importantes da cidade sobre o projeto. Otávio Mangabeira (ex-governador da Bahia), Augusto Publio (presidente da Assembleia Legislativa), Osvaldo Gordilho (prefeito de Salvador), Queiroz Muniz (presidente da Câmara dos Vereadores), Dorival Passos (secretário da Educação), Jorge Calmon (jornalista e deputado), Mário Cravo e Carybé foram unânimes na aprovação da homenagem. "Caymmi é um artista cheio do espírito de sua terra" — afirmou, na ocasião, Mário Cravo. "Caymmi não merece somente um nome numa rua; merece estátua na praça pública" — declarou Carybé. Empolgado estava Odorico Tavares — pessoa de confiança de Chatô e outro grande amigo do baiano famoso —, que se apressou em telegrafar ao amigo: "Vereador Osório Villas-Boas apresentou projeto denominando praça igreja Itapuã praça Dorival Caymmi grande movimento da imprensa enviarei recortes abraços".

O compositor mal podia acreditar. Não tinha sequer completado quinze anos de carreira, o que aconteceria em 24 de junho próximo. Entretanto, tinha consciência de que nenhum outro compositor havia divulgado sua terra como ele. Não esperava, contudo, que fosse homenageado tão cedo, quando tantos só o foram depois de mortos, se tanto. "Nada

A BAHIA AO SEU CANTOR

LENI CALDERA cantou algumas das mais belas músicas de D. Caymmi.

DÓRIS MONTEIRO, da Tupi, veio trazer o seu abraço ao trovador da Bahia.

ODETE AMARAL interpretou algumas das mais belas músicas de seu repertório.

CAYMMI exaltou os encantos de Abaeté, que fica ali perto.

CARLOS GUINLE FILHO, amigo de Caymmi, veio prestar sua homenagem.

O AUTOR do projeto dando o nome de Caymmi àquela praça compareceu à festa.

A ESPÔSA de Caymmi cantou em dueto com o marido pela primeira vez em público.

O TRIO NAGÔ abafou espetacularmente na festa de Itapoã.

# UMA PRAÇA CHAMADA CAYMMI

**Os moradores de Salvador deixam sua cidade vazia, por algumas horas, para se comprimirem em Itapoã e homenagear Dorival Caymmi, cujo nome fôra dado à Praça da Matriz — Sob a lua-cheia realizou-se uma das mais belas festas já presenciadas na capital baiana — Presença de artistas da Tupi na homenagem-monstro — Dorival Caymmi já era "uma grande praça" e com esta se tornou mais uma...**



Texto de ODORICO TAVARES

Fotos de INDALÉCIO WANDERLEY

EM QUATRO séculos de vida da capital baiana, nenhum projeto foi apresentado à sua Câmara de Vereadores que causasse tanta satisfação como êsse dando o nome de Dorival Caymmi à Praça da Matriz de Itapoã. Quando se pensava que uma ou outra restrição surgisse, sobretudo porque se tratava de pessoa viva, eis que um verdadeiro e espontâneo movimento de opinião consagrou unânimemente o projeto do vereador Osório Vilas Boas, antes mesmo que êle fôsse votado. Ministros de Estado, políticos, o Prefeito da capital, os próprios vereadores prestaram seus depoimentos à imprensa e todos acentuaram a justiça da medida: em tôda a história da cidade nenhum ser humano ou nenhuma instituição fizera tanto pela Bahia do que Dorival Caymmi com suas canções. Os mares da Bahia, as praias da Bahia, os coqueirais da Bahia, as ruas antigas da Bahia, as comidas baianas, as morenas baianas, os costumes baianos, tudo que a Bahia tem foi exaltado nos ritmos e nos versos dêste compositor maravilhoso que canta como ninguém.

"Já estava em tempo de a Bahia reconhecer a grandeza do seu cantor" foi a opinião geral. E para que esta praça fôsse inaugurada com grandes solenidades, o projeto foi aprovado com caráter de urgência e o Prefeito da capital, num gesto de galanteria, tão característico dos baianos, fêz questão de sancioná-lo com a presença de Caymmi. E desde logo se formou uma comissão composta de duzentas pessoas, desde o Prefeito, o Presidente da Assembléia, senadores, Ministro da Educação, deputados federais e estaduais, vereadores, funcionários, comerciários, gráficos, radialistas, jornalistas, pescadores de Itapoã para que as placas fôssem inauguradas, com uma grande festa. E os homens de Itapoã e todos os habitantes de belo logarejo onde Caymmi foi buscar inspiração para canções tão belas se mobilizaram para a grande festa.

"Que se faça no sábado, 27 de junho" — advertiram os pescadores. Que seja nesta noite, numa serenata, como a maneira antiga do moço que aqui vinha com seus companheiros, com seus violões, cantar suas bonitas modinhas. A noite dêste sábado será de lua cheia, não choverá".

E se marcou a festa. E Caymmi foi mandado buscar no Rio para receber a grande homenagem que jamais nenhum baiano recebeu idêntica. Não era êle um grande político, nem nenhum empreendedor famoso. Não dera à sua terra nenhuma estrada, nenhuma ponte, nenhum dêstes melhoramentos que sòmente os poderosos do dinheiro ou da administração podem dar. Nada disso. Apenas dera à terra a grandeza e a eternidade de suas canções.

Que bela é a Praça da Matriz de Itapoã, com sua igrejinha, um só coqueiro no meio, suas casinhas de fachadas de várias e vistosas côres, com o mar em frente! E no dia da festa, os pescadores vieram para ajudar os homens da Prefeitura a decorar a praça, com seu coreto, com seu cruzeiro cheio de flores, bandeirolas de papel colorido por tôda parte. Do Rio e de São Paulo, vieram os companheiros e os amigos de Caymmi: foram hóspedes da cidade, já que a Prefeitura e a Câmara dos Vereadores fizeram questão de enaltecer o grande filho da Bahia. A Rádio Tupi

(CONCLUI NA PÁGINA 70)





Da Bahia para seu cantor: em 1953, Salvador homenageou o filho ilustre criando a Praça Dorival Caymmi. O amigo Odorico Tavares noticiou para *O Cruzeiro*, em 8 de agosto, a festa que reuniu cerca de 10 mil pessoas.

me deve a Bahia; eu é que sou eternamente grato à minha terra" — declarou em entrevista ao *Estado da Bahia*.

O projeto, aprovado por unanimidade pela Câmara, foi sancionado pelo prefeito em 16 de junho. A partir daí, tudo transcorreu vertiginosamente. Quando Caymmi deu por si, já estava escutando o discurso de Antônio Maria na solenidade de inauguração da praça que levaria seu nome. Entre tantos discursos que fizeram naquela noite de 27 de junho, faço questão de transcrever um trecho do discurso de Maria, feito em nome dos amigos do baiano, publicado posteriormente na revista *Manchete*, em 18 de julho:

> "... Vós que aqui viestes [os pescadores], sois dignos de todas as ternuras. Não viestes para ouvir os políticos e, deles, arrancar promessas. Não viestes para exibir vossa pobreza, na face anemiada de vossos filhos ou na humildade de vossas roupas. Viestes para ouvir e exaltar Dorival Caymmi, que nada promete, a não ser, enquanto vivo, dizer em canções, que a Bahia é bonita, que o seu povo é o suave, o crente, o bem-humorado, o heroico e festeiro povo de todas as doçuras baianas. Andai pelo mundo em fora e, em toda parte, numa confissão de mulher ou de poeta, haverá sempre um grande desejo de conhecer o Bonfim, de contemplar o silêncio feiticeiro da Lagoa do Abaeté, de sentir a exuberante autenticidade do casario baiano, com o azulejo de suas fachadas e o jacarandá sisudo dos seus balcões..."

Presentes à solenidade estavam parentes e amigos da vida inteira, além de todas as autoridades importantes da Bahia. Foi um grande acontecimento. "Estava o meu pai, vivo, que foi no mesmo automóvel com Stella para assistir num coreto armado ali na Praça de Itapuã. Nos limites com a praia, foi posta uma orquestra enorme. Uma festa bonita" — descreve Caymmi, que chegou ao local desfilando em carro aberto. Zezinho, claro, não poderia faltar. Odorico Tavares não perderia a ocasião por nada deste mundo. Carlinhos Guinle pegou um avião para prestigiar o amigo. Nesse dia, Rubem Braga escreveu para o *Diário da Bahia* uma crônica sobre o homenageado:

> "... Vou fazer uma viagem para assistir à inauguração de uma placa. Vou, porque sou amigo velho e admirador grande

Amigos na praça: o pintor e marinheiro José Pancetti — cujas marinhas inspiradas no mar da Bahia são a paixão do compositor baiano — e o jornalista Odorico Tavares se encontram em Itapuã, na Praça Caymmi.

desse homem que vai ser emplacado, e se chama Dorival Caymmi. Conheci-o, muito magro e tímido, logo que chegou ao Rio — foi na rua Álvaro Alvim uma noite, ele estava com um violão debaixo do braço. A cidade de Salvador resolveu dar seu nome a uma praça em Itapuã, perto da lagoa escura, uma praça com as morenas de Itapuã, os coqueiros de Itapuã. Vejam que ainda há justiça no Brasil. E vou lá, não posso deixar de ir ver Caymmi virando praça. Como se ele não tivesse sido sempre, e não continuasse a ser, uma boa, uma grande praça."

Um convite foi publicado nos jornais: "A Federação das Colônias de Pescadores da Bahia, pela sua Diretoria abaixo firmada, tem a satisfação de convidar os pescadores, destacadamente das colônias Z-6, de Itapuã, e Z-35, da Boca do Rio, para tomarem parte na homenagem que será prestada, amanhã, 27, ao festejado cantor baiano, Dorival Caymmi, na inauguração da praça do seu nome em Itapuã, prova do nosso reconhecimento pelo muito que tem feito, cantando o nome da Bahia, terra do seu berço, por todo o país, elevando-o cada vez mais alto". Assinavam o convite Mário Paraguassu (presidente), Arnaldo Marcelino Pereira (secretário) e Atalídio Caldeira da Costa (tesoureiro).

Após os discursos, aconteceu um grande show com mais de dez artistas contratados de várias rádios. Entre eles, Dóris Monteiro e Ademilde Fonseca, da Rádio Tupi. Caymmi — que declarou ali: "Não desejo ser outra coisa senão baiano" — encerrou a noite cantando emocionado "Saudade de Itapoã", nada mais apropriado para a ocasião. Mas o público presente teve a oportunidade rara — única, para falar a verdade — de assistir a um dueto de Caymmi com Stella Maris. Nem a lua cheia deixou de comparecer para tornar tudo perfeito. Nos dias que se seguiram todos os jornais noticiavam a solenidade. Um deles comentava: "O mais sério foi o discurso de Osório Villas-Boas, vereador, padrinho da praça e dono de uma popularidade enorme entre os pescadores de Itapuã. Falou que a Bahia orgulhava-se de Ruy, Castro Alves e Caymmi, porque Ruy doutrinou, Castro Alves versejou e Caymmi cantou". Outro, alardeava: "Uma apoteose a inauguração da 'Praça Caymmi': todas as classes sociais na expressiva homenagem. Mais de 10 mil baianos consagraram Dorival Caymmi como seu inolvidável cantor". Publicaram trechos de seu discurso emocionado:

> "Que fiz eu? Por que esta homenagem que me presta um povo que é o mais legítimo patrimônio, que é a grandeza de tudo que pode cantar este pobre trovador esmagado pelo seu gesto generoso?"

E termina:

> "E amanhã, quando tiver de desaparecer, deixarei aos meus filhos este tesouro sem igual: a história desta noite maravilhosa de lua cheia, quando o povo generoso de minha terra veio homenagear o seu mais humilde cantor. E eles saberão o

quanto vale a grandeza do coração baiano. Meus irmãos da Bahia: muito obrigado!"

Vários outros amigos vieram prestigiá-lo no evento: Reynaldo Paes Leme, da Rádio Nacional, Theófilo de Barros Filho, o locutor Carlos Frias, o diretor da Rádio Tupi Murilo Gondim, o fotógrafo Indalécio Wanderley, o compositor Levi Caldeira, Osvaldo Luís (da Associação Brasileira de Rádio), entre outros. Caravanas vieram do Rio de Janeiro, de São Paulo e do interior para a festa. Não pensem que a festa acabou aí. Não na Bahia. Houve, no dia 28, um grande almoço em homenagem ao baiano ilustre, no Hotel da Bahia, na boate Xangô, além da entrega de uma placa comemorativa, no Iate Clube, na festa de São Pedro, que acontecia anualmente nas suas dependências.

A verdade é que Caymmi chegou com antecedência à Bahia. Desembarcara em Salvador no dia 1° de junho, pois inúmeros compromissos profissionais o aguardavam. No sábado, dia 6, o compositor estreava na boate do Hotel da Bahia, com um tratamento pomposo: *O Cantor Supremo dos Mares da Bahia*. Definitivamente, não economizaram adjetivos. No dia seguinte, se apresentava na Rádio Sociedade da Bahia, ao lado de Dalva de Oliveira, que se despedia da sua temporada na rádio. Caymmi era a atração que inaugurava o novo transmissor da emissora. O *Diário de Notícias*, no dia seguinte, publicava: "Três mil pessoas aclamaram Caymmi e Dalva de Oliveira, ontem no auditório do Instituto Normal, em temporada na Rádio Sociedade da Bahia". Ele ainda teve fôlego para fazer o show de inauguração da nova sede do Banco da Bahia, no dia 2 de julho.

Antes disso, em abril, ao chegar ao hotel, recebeu o alarmante recado: "Sua senhora telefonou do Rio perguntando pelo senhor e pela sua saúde. Consta por lá que o senhor morreu de colapso cardíaco. O rádio deu". O barulho foi tanto que *O Jornal* publicou um desmentido na sua edição de 18 de abril de 1953: "O conhecido compositor e cantor Dorival Caymmi está gozando perfeita saúde. Assim, não têm fundamento as versões que circularam no Rio, segundo as quais o criador de 'Marina' teria falecido".

O assunto virou material para seu artigo no *Flan*, revista semanal do jornal *Última Hora*, fundado em 1951, onde passou a ter uma coluna a convite do amigo Samuel Wainer — sua carreira jornalística durou menos de um ano. "No jornalismo, o que eu mais aprecio, em princípio, é a crônica" — revela o compositor. Caymmi escreveu, em 16 de junho, a história da sua morte com muito humor para o suplemento, com o título "Desculpe, São Pedro":

> "Passei imediatamente um telegrama: 'Estou bem, estou vivo. Não morri etc.'. Fui a Itapuã, em seguida, para continuar a reportagem [da revista *O Cruzeiro*]. Às sete da noite, quando voltei para o hotel, um telefonema do Rio me esperava. Era Stella. Chorava, nervosa. Não acreditava que era eu quem estava falando. Tranquilizei-a. Falei com Dori, Nana e Danilo. A situação lá em casa era de pânico. Hoje é que estou sabendo. Todos os parentes e amigos, aqui, receberam telegramas angustiosos de minha Stella, coitada. Calma, minha filha. Como é que se assusta uma mãe de família e uma família toda, sem necessidade. Que horror! São Pedro, meu nego, desculpe os que acordaram o senhor uma hora dessas na sua santa tranquilidade para enganar que eu já ia."

Logo em seguida, o baiano retornou ao Rio de Janeiro e prosseguiu com o seu trabalho jornalístico no *Flan*. Na ocasião, escreveu a crônica "O direito de achar": "O negócio de achar é assim: o que acha sem compromisso; o que acha que não, com timidez; e o que acha no duro". Noutra, relembra que no tempo em que estava começando a carreira, "a crítica de rádio era de baixar a ripa, não endeusava ninguém, não ganhava para isso". E prosseguia, em tom de denúncia:

> "Hoje, o comércio da música atingiu o máximo. Comercialmente se fazem todos os negócios com música, vendendo-se qualquer 'abacaxi'. Não saiu bem da primeira vez, muda-se a embalagem, o rótulo, e pronto, sai de novo. Aquele velho golpe de compositor do tipo 'borocochô', de forçar por todos os meios a colocação do seu 'bagulho' no outro lado do disco onde já está uma canção de sucesso garantido, no momento, é uma verdadeira indústria. O falso compositor está sempre nas revistas; retrato é mato: com cachimbo, sem cachimbo, escrevendo música (eu hein), com a princesa disso ou a rainha daquilo, fala da sua 'carreira' como se fosse um Ary Barroso. Os entrevistadores também são figuras novas: nada sabem de Noel Rosa (a não ser essa porção de mentiras que se contam por aí, do vate da Vila), do Custódio, do Ary e muitos outros impor-

## Dorival Caymmi

Escreve Para FLAN

# Velha Amizade

Nada como uma boa amizade Mais vale um amigo na praça... etc. e uma porção de coisas que a gente diz sôb c amigos e amizades são chavões que muita gente usa e que eu também uso.

Velho cultivador de amizades, tenho visto muita coisa bonita e também muita coisa feia entre amigos.

O velho Candinho, pai de Stella, meu compadre, era um crente de amizades; apesar de estar sempre de pé atrás como bom mineiro, só falava de amizades e delas sempre se valeu com sucesso. Eu achava isso lindo no velho sogro que Deus já levou. Eu também tenho meus amigos; não tenho a sorte do velho Candinho, tenho algumas pessoas de minhas relações que gostam de mim assim como eu gosto delas. São poucas, é verdade. No tempo em que era mais dado, mais "sem compromisso", os amigos eram muitos; depois senti necessidade de fazer uns cortes. Houve um ano aí em que eu pensei até em fechar as inscrições. Mas... tudo isso é bobagem, os cabelos brancos enainam a gente a distinguir o bom do ruim.

Os amigos da gente, hoje em dia devem ser guardados com carinho Não há dinheiro que pague o papozinho de consôlo que se bate com o amigo que a gente tem guardadinho para essas horas de doenças do espírito.

* * *

Em 1939, com um ano de Rio, eu já tinha meus amigos. Sempre gostei de jornal e no meio de imprensa fiz meus primeiros amigos do peito; no rádio já tinha Almirante. Vivia no Dom Casmurro e em "Diretrizes" escrevi uma seção de discos Escrevi com Jorge, a canção "E' doce morrer no mar" tirada do seu "Mar Morto", escrevi uma canção de parceria com Jorge e Carlos Lacerda, bonita, aliás, conheci e admirei Bluma e Samuel Wainer.

Quando fiquei noivo de Stella, Jorge Amado promoveu em seu apartamento, na Urca, um vatapá e uma frigideira, pratos da nossa Bahia, e lá estavam os chamados amigos: — Samuel Wainer e sua espôsa baiana Bluma, Remy Fonseca, Emil Farah, Teófilo de Barros, que eu levei para estudar o cenário do filme "Mar Morto" com o autor do romance, Carlos Lacerda e Ziloca.

Que é que adiantou essa amizade tôda?

Tenho aqui defronte de mim uns retratinhos, pequenininhos, de máquina barata, que mostram as nossas caras mais moças, mais bonitas, todo mundo abraçado, que beleza!... Todo mundo amigo.

A 30 de abril de 1940 eu e Stella nos casâmos. Os padrinhos foram — Jorge Amado e Samuel Wainer — Bluma e Matilde. Samuel chegou atrasado. Estava na oficina. No seu jornal. Sua alma. Sua vida. Seu jornal.

tantes da música popular. Comigo, o negócio gira em torno da Bahia:

— Caymmi, você é da Bahia mesmo?

— Sou.

— Ah! Quantas músicas você já compôs?

— Não sei. Não lembro agora...

Caymmi cronista: mesmo quando fazia shows fora do Rio, Dorival enviava sua crônica para o jornal, como prova o bilhete para Stella. "Velha Amizade" saiu no suplemento Flan do *Última Hora*, onde Caymmi manteve uma coluna a convite de Samuel Wainer.

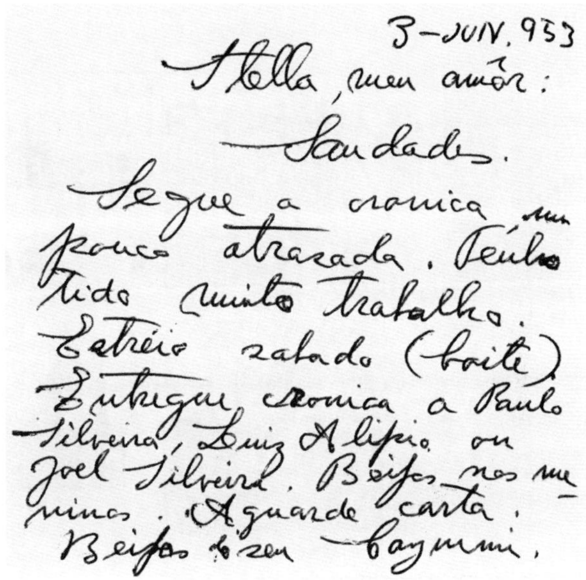

3-JUN. 953
Stella, meu amôr:
Saudades.
Segue a cronica um pouco atrazada. Tenho tido muito trabalho. Estréio sabado (boite). Entregue cronica a Paulo Silveira, Luiz Alipio ou Joel Silveira. Beijos nos meninos. Aguarde carta. Beijos do seu — Caymmi.

— Ah! Na sua opinião qual a melhor das nossas cantoras?

— Ah!

'Ah!' e fico por aí, nessa entrevista que às vezes ainda é mais relâmpago do que o exemplo acima."

O cronista Dorival Caymmi prosseguiu com suas críticas, que então se voltam para a figura do compositor novo, com um humor cáustico:

"O compositor novo é uma figura que está sempre em todas as estações de 'rádio', todos os teatros de revista e peruando as 'boites'. Converse com ele:

— Como é que vai a música?

— Vai bem. Estou com várias músicas gravadas. Tenho um samba-rumba com a Emilinha, um bolero com o Nelson, um beguine com Lúcio Alves, uma guarânia com Nora Ney, algumas guarachas com o Ruy Rey, fora umas versões.

— Ah!...

— Taí. Tenho também uma letra no seu estilo que você bem podia musicar.

— Ah!...

Um passeio por Salvador: em 1953, Caymmi volta à cidade para uma série de shows e aproveita para visitar as escadarias do Bonfim, o Largo de São Francisco e a Lagoa do Abaeté junto com os amigos Heron Alencar (à esquerda, na foto do Abaeté), Darwin Brandão (à direita, na mesma foto) e, sentados na escadaria, o escritor José Condé e o genial Millôr Fernandes — que então brilhava na revista *O Cruzeiro* com sua coluna Pif-Paf.

> Aí está a história. O bom moço vai por aí sem se dar por achado, defendendo o pão e o 'sucesso' no peito, 'enchendo' o Braguinha da Continental, o Ernesto da Victor, o Martins da Odeon, e outros que tais.
>
> Não é formidável?"

Pelo menos para esses compositores, foi melhor Caymmi não ter tido tempo para continuar com sua coluna. "Quando eu tive uma carteira de jornalista foi Samuel Wainer que me deu, pela *Última Hora*" — relembra ainda.

Vale a pena reproduzir ainda um trecho de outra crônica sua em que revela algumas manias:

> "Não canto em serenatas e nem em beira de rio. Em beira de rio toda vez que cantei fiquei rouco, e as vezes que, por força das circunstâncias, tive de cantar ao sereno fui contemplado com uma gripe daquelas de dores no corpo todo, febre e frio."

Casablanca apresenta: cartaz de *Acontece Que Eu Sou Baiano* — o show contou com a participação do conterrâneo João Gilberto, vestido de pescador, integrando o grupo Quitandinha Serenaders.

# 32.
# PROCESSO INTERIOR

"É quando o sol vai quebrando/ lá pro fim do mundo pra noite chegar"
("João Valentão", Dorival Caymmi)

Uma das razões para a sua falta de tempo foi a nova temporada na boate Casablanca. Dessa vez, protagonizou o show *Acontece Que Eu Sou Baiano*, de Antônio Maria e Paulo Soledade, que repetiu o sucesso do ano anterior. No elenco, Ângela Maria, Terezinha Austregésilo, Lord Chevalier, João Gilberto, em início de carreira, integrando o conjunto Quitandinha Serenaders, entre outros. "Ele participava vestido de pescador, o figurino do show" — recorda o compositor. Caymmi lançou o samba-canção "João Valentão", pela Odeon — o lado A do 78 rpm era "Tão Só", outra parceria com Carlinhos Guinle, gravada no mesmo período por Jacques Klein —, um grande sucesso seu, que levara nove anos para terminar, o que só fez alimentar a sua fama de preguiçoso. Ele havia começado o samba-canção em 1936, no veraneio em Itapuã, na Bahia. Quando veio para o Rio de Janeiro, Caymmi tinha parte dele pronto. Mas só foi terminá-lo em 1945. É o compositor quem conta:

> "Eu levei realmente nove anos para fazer 'João Valentão'. Apareceu a personagem: uma pessoa querida, um pescador — eu nunca soube o nome dele —, com apelido de Carapeba, nome de peixe. Era aquele núcleo de Itapuã. Quando eu fiz 'João Valentão', fiz primeiro 'João Carapeba'. Aí fiz uma cena teatral de brincadeira comigo mesmo: cai o Carapeba assim do céu, lá de cima. Ploc! Ele era musculoso, não era um galã, era o pai do Aurelino, que era pescador, com quem eu me dava por causa da idade. Carapeba era um ídolo pra mim. Aí baixou: 'João Valentão é brigão, pra dar bofetão'..."

Uma outra experiência ajudou Caymmi a ir completando o perfil de João Valentão — ele que tinha uma vasta galeria de personagens em sua obra:

Cenário de época: ao lado, Dorival "namora" Ângela Maria, sob a vigilância de Lord Chevalier, no espetáculo *Acontece Que Eu Sou Baiano*, na boate Casablanca. Abaixo, em foto de camarim, Caymmi e a cantora Isaurinha Garcia, que apelidara o compositor de *Príncipe Indiano*.

> "Eu vi uma vez ele sair do barco e me convidando para sair às 5 da manhã e voltar às 5 da tarde. Eu falei assim: 'Ah! Não dá. Passar o dia todo lá fora!'. Eu tinha medo de perder o dia com os amigos de veraneio. No fim do dia ele me disse: 'Dorival, você disse que ia lá às 5 da manhã e não foi, pra gente sair pra pescar, você disse que ia'. 'Ih! Ele tá arretado comigo!' Então, os meninos: 'Que homem desbocado!'. Aí, fiz o tipo que estava dentro de mim, passei pra ele um pouco de mim, botei aquela figura: 'João Valentão é brigão, pra dar bofetão não presta atenção e nem pensa na vida, a todos João intimida, faz coisa que até Deus duvida, mas tem seu momento na vida', fazendo essas frases espontaneamente. Aí para e: 'É quando o sol vai quebrando lá pro fim do mundo pra noite chegar...'."

O baiano, então, passa a descrever o ambiente inspirador que o circundava ao compor o samba:

> "Mas isso eu estou debaixo de muita estrela, aquele areal todo, aquela fresca da noite, aquelas meninas, aquela coisa toda, aquele cheiro. E aí: 'É quando se ouve mais forte o ronco das ondas na beira do mar, é quando o cansaço da lida da vida...'. Aí vem a repetição: 'É quando o cansaço da lida da vida obriga João se sentar. É quando a morena se encolhe, se chega pro lado querendo agradar. Se a noite é de lua, a vontade é contar mentiras, é se espreguiçar, deitar na areia da praia, que acaba onde a vista não pode alcançar'. Quando eu fiz 'deitar na areia da praia'... Deitar na areia da praia é muito gostoso, não é? Aí parei."

Caymmi prossegue o seu relato — um dos mais bonitos e poéticos entre mais de cem entrevistas — oferecendo-nos o segredo da qualidade de suas canções:

> "Depois dessa parada é que eu fui descobrir que esses anos todos não são anos de pesquisas, são de achados. Eu pensava: 'O que pode acontecer a ele? O que é que pode ser?'. Via uma coisa e não dava. Eu dizia: 'Esquece'. Aí, um ano, um ano e meio... Aliás, no candomblé tem um orixá, que toda religião deve ter um similar, chamado Tempo. Tempo é um negócio as-

sim de alto mistério, tempo pra mim é... o tempo não precisa de relógio, não precisa de medida nem nada. Se você pudesse acompanhar o sol, teria um elemento constante: o tempo. Então, tem um orixá no candomblé chamado Tempo, porque ele rege exatamente esse tempo que significa tudo de que a gente depende. Começa assim: a paz, a ação, o tempo é ligeireza, o tempo é repouso, o tempo é pra dar preguiça. O tempo não é pra passar só. O passar nele é natural. Mas o tempo em si é o tempo quase que indescritível. É o tempo. Então, você vê que eu digo: 'Tem tempo pra fazer'. Aí eu mesmo me tachei de preguiçoso e achei uma fórmula bonita de não me chatear. Quer dizer: 'Eu sou preguiçoso assumido, eu tenho uma preguiça extraordinária'. Todos os adereços em torno da palavra preguiça eu uso e abuso."

O compositor finaliza, então, a história de João Valentão, digna de *As mil e uma noites*:

"Um belo dia, eu vinha da Mayrink Veiga, no bonde do Grajaú, com Aracy de Almeida, que estava de bom humor, e saltou na Barão de São Francisco. E tinha o Paulo Gracindo, que morava também no Grajaú. O ônibus vazio, a gente mais para a cozinha do ônibus, ela me achou, talvez, com cara de bobo: 'Caymmi, eu estou falando com você um negócio e você não está ouvindo'. Eu tinha achado: 'E assim adormece esse homem, que nunca precisa dormir pra sonhar, porque não há sonho mais lindo do que sua terra, não há'. Depois, veio um contestador: 'Por que não diz sua vida?'. Eu fiquei entre vida e terra muito tempo, na dúvida. Aí achei que terra abrangia melhor, encorpava melhor, adocicava melhor a coisa, o pé na terra. E aí eu elogiava essa terra toda. Pois bem, isso durou nove anos, tempo que não se sentiu. Tempo não é pra fazer sofrer. Não precisa armar um esquema para trabalhar em cima dele. Tudo nasce espontaneamente. No meu caso, forçado, em geral, não faço. Estimulado, provocado, não sei fazer."

* * *

A Rádio Nacional resolvera concentrar sua programação nas radionovelas — que faziam um enorme sucesso no período, sucesso comparado ao das telenovelas de hoje —, diminuindo seu elenco ligado à música, que era enorme. Com tantos artistas à disposição, a Tupi interessou-se em contratá-los. Houve até um boato de que Chatô havia feito um acordo com Victor Costa, da Rádio Nacional, para a transferência do pessoal para a Tupi. Para esse fim, ameaçaram diminuir o salário dos seus contratados. Caymmi não gostou da manobra. É ele quem esclarece: "Esfriei um pouco com eles todos. Me retirei da Tupi, deixei terminar o prazo, e me desliguei até de amizades mais chegadas, da Tupi e da Rádio Nacional. Mantive uma boa amizade com Haroldo Barbosa. Porque Haroldo Barbosa foi um dos que resistiram, recebeu um telegrama dos colegas da Rádio Nacional chamando-o de traidor, porque ele não quis entrar com o grupo da Nacional que veio para a Tupi".

Stella se apavorou, pois o salário fixo da rádio dava segurança à família. Mas ela não precisava se preocupar. "O que aconteceu foi surpreendente! Entrou logo um emissário da Record me dizendo que Dr. Paulo Machado de Carvalho me queria na emissora. Fui para a Record com uma base boa, parece que eu fui ganhando 100 mil cruzeiros naquela época. Fui de 30 para 100 mil cruzeiros, fazendo rádio e televisão" — relata o compositor. A TV Record foi inaugurada no dia 27 de setembro de 1953, dia dos santos Cosme e Damião. Caymmi estreou na emissora no dia 3 de fevereiro, uma quarta-feira. Na Rádio Record, era Blota Jú-

Dorival, TV e violão: as apresentações de Caymmi nas recém-inauguradas emissoras de televisão brasileiras foram muito elogiadas. Seu violão o fazia prescindir da orquestra, e se comentava que os morenos, no que diz respeito à aparência, "eram barbaramente beneficiados" na tela.

nior quem dirigia o programa de Caymmi. Ao contrário do que pensavam, não seria a primeira vez que o compositor se apresentava na Rádio Record. No princípio de sua carreira, havia sido levado à emissora por Almirante e Carmen Miranda, na época de lançamento de "O Que É Que a Baiana Tem?", em 1939, onde se apresentou com a cantora.

Com isso, Caymmi já podia se permitir pequenos luxos. Contratou Lúcio Pires do Couto como seu secretário durante o dia, que também o acompanhava aos shows, ajudando-o no camarim, recebendo as pessoas, vestindo-o. E Stella herdou, de Fernando Lobo, Alda Vanny, que seria seu braço direito por décadas na administração do seu lar e no cuidado dos seus filhos. "A casa na Professor Saldanha tinha dois andares. Em cima ficavam os quartos. Mas não ficamos lá por muito tempo, logo mudamos para o Noa Noa" — recorda Alda, que batizou mais tarde Denise, a segunda filha de Nana, e teve seu filho Alberto batizado por Stella e Dorival. Noa Noa é o nome do edifício da avenida Nossa Senhora de Copacabana, 1.227/401. Era um apartamento de três quartos, no bairro predileto de sua mulher, ao lado da Galeria Alaska, para onde a família se mudou em 19 de setembro de 1953.

Caymmi conseguiu um financiamento do IAPC (Instituto de Aposentadorias e Pensão dos Comerciários). Foi a bordo do barco de Carlinhos Guinle, num passeio com amigos, entre eles o aviador e paraquedista Cid Perry de Almeida, que a ideia surgiu, em meio a um bate-papo agradável. Almeida estava surpreso por Caymmi não ter ainda casa própria, fato que deixava Stella insegura. "Você não tem um desconto no seu salário na Tupi que te dá direito a um financiamento pelo IAPC?" — perguntou o aviador. "Eu fui me informar. Stella me ajudou muito nisso. Um dia, eu estava no aeroporto indo para São Paulo e ouvi me chamarem: 'Primo!'" — relata o compositor. Era Silvio Peixoto, casado com a prima de Caymmi, que se aproximou com um amigo: nada mais nada menos que Henrique La Roque de Almeida, o presidente do IAPC. "Mas que sorte a minha. Ia mesmo procurá-lo!" — exclamou, explicando a coincidência. "Vá lá que nós resolvemos tudo" — garantiu atencioso La Roque de Almeida. E de fato, em poucos dias, Caymmi estava com a carta de aprovação do financiamento. Mas as preocupações não terminaram aí. Caymmi tinha de levantar 110 mil para a entrada, de um total de 650 mil cruzeiros. Mais uma vez a boa estrela do compositor brilhou. Carlinhos, ao ver sua aflição, se ofereceu para emprestar — ou melhor, praticamente obrigou o amigo a aceitar — 100 mil cruzeiros. "Me pague quando puder" — disse o empresário. "Apesar de ele ser um amigo do

Elegância anos 50: Claude Bernie (o cantor Cláudio Miranda), Dorival Caymmi, Paulo Gracindo, Dalva de Oliveira, acompanhada de seu namorado argentino Tito, Hedinar Martins (irmã de Herivelto e integrante do conjunto As Três Marias) e o radialista Manoel Barcelos, na Casablanca.

peito e rico, eu e Stella tínhamos a preocupação de pagar o empréstimo o mais rápido possível" — conta Dorival, que não se esqueceu dos ensinamentos do seu pai. E continua: "Stella todo mês ia ao escritório de Carlinhos levar o pagamento. Pagamos tudo. Fomos os dois levar a última parcela, 30 mil cruzeiros, na casa dele, muito agradecidos".

Semanalmente, Caymmi e o cantor Carlos Galhardo viajavam para São Paulo para suas apresentações na Record. O contrato era de um ano, com sua participação patrocinada pelos charutos e cigarrilhas Sumatra, da Suerdieck Bahia, fabricado no estado natal do compositor pela empresa alemã. A televisão, nos primeiros tempos, era feita na base do experimentalismo, ou, melhor dizendo, do amadorismo completo. Seus profissionais vinham do rádio. Tudo era ao vivo. Ainda não havia o videoteipe. "Eu tinha de fazer um visual bonito e entrar com meu violão, que era minha facilidade, ou com a orquestra da casa, tudo montado, tudo iluminado, e fazer a minha parte. Eu era um recurso bom, porque tinha uma cenografia típica, com um cenário praiano atrás e uns figurantes na frente, fazendo pescadores, aquele negócio da Bahia" — recorda Caymmi. Os maestros Milton Calazans e César Guerra-Peixe costumavam reger as orquestras que o acompanhavam. Todos aprendiam juntos a lidar com esse novo e extraordinário veículo de comunicação.

Suas apresentações na televisão foram elogiadas pela imprensa. No jornal *Folha Carioca*, Almeida Rego o exalta por ser um dos poucos artistas que podiam prescindir de orquestra ou qualquer outro acompanhamento. "A sua orquestra vem dependurada ao pescoço. É o seu violão" — afirma o jornalista, em sua coluna Ondas Radiofônicas. Acrescenta que o cantor e compositor tem "uma dose acentuada de sangue ameríndio, como todo caboclo nordestino, mas isso não prejudica seu aspecto em nada, uma vez que, é sabido, os morenos são barbaramente beneficiados pela televisão".

Foi uma época de trabalho árduo. Além da Record, Caymmi continuava fazendo temporadas em casas noturnas, como a boate Hugo, em São Paulo, e a Monte Carlo e a Flag, no Rio de Janeiro. Numa entrevista lhe perguntaram se ele, ao cantar em boates, em detrimento das rádios, não estaria se distanciando do povo, crítica que vinha sofrendo. Sua resposta foi bastante prática: "Outra 'invencionice'. Como profissional, encaro as coisas sob um prisma econômico: quem me quiser, que pague o que julgo valer. Se o rádio me oferece um bom contrato, eu aceito. Se é da boate que vem a oferta, aceito. Isto é tudo".

Ao pé do ouvido: Ary Barroso conta um "causo" para Caymmi, sob o olhar divertido do barman austríaco (cuja missão era guardar o whisky do baiano), na boate Casablanca, a famosa casa noturna de Carlos Machado, na Urca.

## 33.
## QUANDO UM NÃO QUER...

"Eu havia de pedir desculpas sobre a esperança"
(*Livro de pré-coisas*, Manoel de Barros)

Em 1954, Dorival Caymmi festejou seus 40 anos. Menos de um mês depois, Antônio Maria publicou uma entrevista polêmica na *Revista da Semana*, em 22 de maio, com Ary Barroso, que atingiu em cheio o baiano. Perguntado quais os dois maiores compositores do Brasil em todos os tempos, Ary apontava Eduardo Souto e Ernesto Nazareth — já numa entrevista a Paulo Mendes Campos no mesmo período, disse que era Ataulfo Alves. Maria não se conformou e questionou: "E Dorival Caymmi?". Foi a deixa para Ary torpedear Caymmi: "Veio ruim da Bahia e melhorou no caminho. Em 'O Que É Que a Baiana Tem?' há muito do meu 'No Tabuleiro da Baiana'. Há outra música que chega a ter uma frase inteira do meu 'Onde o Sol Doira as Espigas'. Mas melhorou muito. Em muitas vezes, chegou a ser genial".

Fico imaginando a cara de espanto de Antônio Maria, admirador confesso do baiano, ao escutar a resposta do compositor mineiro. Ary devia estar de muito mau humor, pois em janeiro a Câmara dos Vereadores de Ubá, em Minas Gerais, onde nasceu, havia recusado o projeto de homenageá-lo dando o seu nome a um logradouro público. Queixou-se ao amigo Fernando Lobo, que se apressou em registrar em crônica, na revista *Manchete*, a mágoa do amigo, fazendo ver nas entrelinhas a ingratidão do povo por aquela atitude. Mas isso é outra história. Ary se deu conta do erro que cometera com Caymmi, e se apressou em enviar de São Paulo uma carta de desculpas — datilografada e assinada —, que começava bem ao seu estilo:

> "Meu caro Dorival Caymmi,
>
> Se você fosse um João qualquer. Se você não fosse baiano. Se você não me conhecesse há tantos anos. Se você fosse burro. Se você fosse homem de titicas. Se você não estivesse acostumado a essas ondas periódicas que se levantam no nosso desajustado ambiente — admitiria ficasse você magoado com

o que saiu na *Revista da Semana* pela pena do nosso Antônio Maria..."

Ary continua seu rocambolesco preâmbulo para, em seguida, "dar o sentido exato" das suas palavras publicadas na entrevista:

> "Eu disse que você chegou ao Rio numa época em que o estilo do samba era o dueto em torno de assuntos da Bahia. Influenciado, como é muito natural, por esse estilo, você faz 'O Que É Que a Baiana Tem?'. Não há aí nenhuma restrição ao seu valor como compositor. Eu que meto o pau nesses sambas melosos da época atual dei para fazer coisa parecida porque não posso e nem devo ficar parado. 'Onde o Sol Doira as Espigas' foi uma sequência de um sem-número de sambas que constituíram um outro capítulo da minha vida de compositor, sambas que Carlos [Lacerda] denominou *heroicos*. Seguindo esse sistema, você compôs alguns sambas *heroicos*. Não quer dizer que você tenha copiado nada de 'Onde o Sol Doira as Espigas'. Quanto ao final da resposta da tal entrevista, acredito que você não tenha nenhuma restrição a fazer. Sinceramente o considero genial. Não vamos pôr fogo na fogueira. Não desejo estremecer relação de velha amizade que muito prezo e que muito me envaidece. Eram as explicações que eu devia ao amigo."

Ary Barroso, quando menciona "sambas heroicos", está se referindo ao samba-exaltação. Mas, à guisa de esclarecimento, é importante saber que o samba "Onde o Sol Doira as Espigas" não foi gravado até os anos 90. Se tocou no rádio duas vezes foi muito. Isso em 1944. Caymmi teria de ser um dos privilegiados que o escutaram numa dessas duas vezes em que o mineiro Moraes Neto a interpretou. O samba foi censurado na época porque sua letra pintava os horrores da guerra com tintas muito fortes. Temiam que desanimasse a população, no momento em que tropas brasileiras estavam sendo enviadas à Europa. Mais tarde, Ary modificou a letra da primeira parte da música — a mais pesada —, mas ainda assim ela não foi gravada, pois não cabia numa face de um disco de 78 rpm. Aliás, se Moraes Neto não tivesse guardado a partitura de "Onde o Sol Doira as Espigas", o samba quedaria no mais completo esquecimento. Ele só a gravou, em 1991, pelo selo Revivendo, do produtor e pesquisador Leon Barg. Ficou ainda uma pergunta no ar: qual samba de

Violão cubista: Caymmi flagrado na década de 50 pelo traço de Augusto Rodrigues, seu amigo dos tempos do Edifício Souza — o compositor baiano nunca tomou muito conhecimento das intrigas à sua volta.

Caymmi seria plágio daquele? Não mencioná-lo comprovou, a meu ver, a inconsequência — e inconsistência — da entrevista. "Pode ser pura sacanagem de Antônio Maria envolvendo Caymmi e Ary, ele se divertia com essas coisas" — sugeriu Sérgio Cabral.

Mas o baiano deixou o episódio barato. "Nunca tomei conhecimento do que falam mal de mim" — explica. Ele tinha um profundo apreço pela genialidade de Ary Barroso, um dos nossos maiores compositores e de quem é admirador confesso. Tanto que, mais tarde, gravariam um LP juntos. Para ajudar, havia o parentesco — longínquo, mas suficiente — entre as esposas de ambos, Stella Tostes Caymmi e Yvone Arantes Barroso. Os dois sempre mencionavam a coincidência de terem casado com primas.

Bem fez Dorival em não dar maior importância ao episódio da entrevista. Ele sempre foi de paz e tinha coisas mais importantes a fazer.

Aliás, foi no ano de 1954 que o compositor lançou o seu primeiro *long-play* — um dos seus discos mais importantes —, *Canções Praieiras*, com "Saudade de Itapoã", "É Doce Morrer no Mar", "Noite de Temporal", "Promessa de Pescador", "O Mar", "O Vento", "O Bem do Mar" e "Quem Vem Pra Beira do Mar" — as duas últimas inéditas. Esse LP (de dez polegadas, onde cabiam oito canções) demonstrou a unidade das canções praieiras, dando uma dimensão da grandeza do compositor. Sobre o LP, escreveu Lúcio Rangel, na *Revista da Música Popular*, em janeiro de 1955:

> "Caymmi, o extraordinário compositor e intérprete, está inteiramente sem artifícios neste disco [...] Dificilmente encontraremos no mundo inteiro, tal reunião de compositor e intérprete. Caymmi realiza o milagre, deixando o ouvinte sem saber qual o maior. E quando ele próprio se acompanha ao violão, como em todas as faixas desse LP, o resultado é perfeito."

Gravou também um disco de 78 rpm com "Quem Vem Pra Beira do Mar" — gravada por Aracy de Almeida no mesmo ano — e "Pescaria (Canoeiro)". O LP e o 78 foram lançados pela Odeon. Além de Aracy, Jacques Klein e os cantores Elizeth Cardoso, Marlene, Ivon Curi e Stellinha Egg gravaram Caymmi naquele ano.

O compositor teve ainda de enfrentar um episódio difícil. Jacques Klein havia acabado de gravar "E Eu Sem Maria", pela Sinter, quando foi surpreendido com uma ação judicial contra a gravadora movida por Alcir Pires Vermelho, o parceiro de Caymmi no samba-canção. No disco em que Klein interpreta unicamente canções do baiano, o nome de Vermelho fora esquecido. Este e Oswaldo Santiago correram para o jornal e atacaram Caymmi, sem tentar esclarecer primeiro os fatos com o compositor baiano. "Teve uma declaração do Alcir Vermelho: 'Possivelmente processarei Dorival Caymmi por apropriação indébita'. Quer dizer, uma nota violenta no jornal *O Globo*" — recorda o compositor. E completa, demonstrando o quanto o episódio lhe doeu: "Eu precisava roubar algum autor? Eu? Estava na cara que eu não precisaria roubar".

Melhor seria se tivessem deixado o caso nas mãos dos advogados da UBC e da gravadora Sinter, para, antes de mais nada, averiguarem o que realmente acontecera. Com as devidas explicações a amizade entre eles estaria a salvo. Entretanto, os antecedentes da história agravaram ainda mais a atitude de Vermelho e Santiago.

Caymmi lembra que, dois anos antes, visando ao fortalecimento da UBC, Oswaldo Santiago pedira ao baiano e a Alcir Pires Vermelho que editassem suas músicas pela editora da sociedade. Vermelho retrucou que naquele momento não seria possível fazê-lo, a não ser que o baiano lhe desse uma parceria. Caymmi — que não necessita de parceiros e tem total independência para compor — conta que, para colaborar com a editora, deu a ele a parceria de "E Eu Sem Maria", samba-canção de sua autoria. Diante disso, o ataque que ele sofreu de Oswaldo Santiago e Alcir Pires Vermelho não foi apenas precipitado, mas profundamente injusto. Afinal, Dorival era realmente o único compositor do samba-canção. O que não significa que a Sinter, ou Caymmi, ou Klein, tivessem omitido o nome de Vermelho por má-fé. Foi um simples erro. Se a música foi registrada em nome de ambos, o que vale é o registro. Dorival explica que o pianista já conhecia o samba-canção, de ouvi-lo cantar em shows e em casa de Carlinhos Guinle. Klein presumiu que fosse unicamente de Caymmi. Por conta disso, quando o gravou não se preocupou em checar. Não houve malícia de Klein, mas falta de informação. E muita precipitação por parte de Santiago e Vermelho. Além disso, a canção havia sido gravada dois anos antes, por Alcides Gerardi, num 78 rpm da Odeon, onde não faltaram os devidos créditos a Alcir Pires Vermelho. Não houve por parte dos dois nenhum movimento para esclarecer os fatos, quer com Caymmi, quer com Klein. Além de Santiago e Vermelho denunciarem Caymmi no jornal, ameaçando o compositor com uma queixa de apropriação indébita, Vermelho processou a Sinter.

O litígio se arrastou por dois anos, até que Alberto Pitigliani, diretor-presidente da Sinter, pagou 417 mil cruzeiros de indenização a Vermelho, por direitos autorais e não citação de seu nome na canção. "Quando, por direito, na divisão da renda do LP o compositor Alcir Pires Vermelho teria que receber mil e tantos cruzeiros", escreveu Luiz Alípio de Barros, em sua coluna Ronda da Cidade, no jornal *Última Hora* (14/7/1956), com o título "Caymmi: móvel sem culpa de um processo de 417 mil". Dorival Caymmi ainda correu o risco de ser acionado pela Sinter, e só não o foi por consideração de Pitigliani: "Como pode a Sinter processar um amigo e um grande compositor como Caymmi?" — disse ao repórter da *Última Hora*.

A partir desse episódio, Caymmi se retirou da UBC — e foi para a SBACEM —, cortou relações com os dois compositores, a quem considerava amigos, e nunca mais cantou "E Eu Sem Maria", nem a pedidos. "Quando pediam eu explicava: 'Eu evito cantar esta música. Por enquanto estou chocado com os acontecimentos'" — revela. Tudo para não lembrar da história cada vez que entoasse a canção.

* * *

Seu pai Durval e a mulher, Ursulina, sofreram um acidente de automóvel, que deixou Dorival preocupadíssimo. Apesar de precisarem permanecer alguns dias no hospital, as consequências não foram graves. Mas o ano seria marcado por um fato que causou comoção nacional. Em 25 de agosto de 1954, Getúlio Vargas cometeu suicídio. O país não vinha bem. A inflação subia a olhos vistos, causando enorme insatisfação na classe média. Os militares estavam descontentes, principalmente a Aeronáutica, e se recusavam a apoiar o Governo. Carlos Lacerda — velho amigo de Caymmi — tinha se tornado líder da oposição. Dono do jornal carioca *Tribuna da Imprensa*, ele incomodava Vargas com seus ataques virulentos a ele e a seu governo. O caldo entornou quando Lacerda sofreu o atentado da rua Tonelero, que lhe valeu um tiro no pé e causou a morte de seu acompanhante, o major Rubens Vaz, da Aeronáutica. Foi um escândalo de proporções jamais vistas. As investigações apontavam para o Catete e revelavam o "mar de lama" em que se encontrava o Governo. A cada dia, a situação tornava-se insustentável. Tudo levava a crer que o mandante do crime fosse o chefe de segurança do presidente, que teria contratado um pistoleiro para fazer o "serviço". Conspirações pipocavam nas três armas. Acuado, Vargas chegou ao ato extremo: matou-se. O povo vivia esses fatos com preocupação. Dorival temia pelo amigo Carlos Lacerda. A verdade é que Vargas, mesmo depois de morto — com mais força ainda! — continuou influenciando as regras do jogo político nacional. Com seu suicídio, de vilão passou a vítima, e seus adversários levaram a pior. O povo saiu às ruas ensandecido, clamando por justiça. Lacerda precisou se esconder. Ninguém esqueceria aquele ano.

## 34.
## PERDAS IRREPARÁVEIS

"Porque perdidos são meus ais/ e foste para nunca mais"
("Canção em Modo Menor", Tom Jobim e Vinicius de Moraes)

Caymmi não esqueceria o ano de 1955 por razões bem diferentes. O compositor sofreria duas grandes perdas. Nesse ano, morreram Carlinhos Guinle e Carmen Miranda. Carlos Guinle Filho morreu prematuramente, aos 36 anos, em Roma, ao lado da sua quinta mulher, Irene, em dezembro, de complicações renais. "Meu irmão sofria desde criança de problemas renais graves. Quando ele tinha 8 anos, mamãe foi avisada pelos médicos, na Europa, que ele não chegaria aos 14. Carlinhos jamais se cuidou" — explica Jorge Guinle. O parceiro de Caymmi foi enterrado no Brasil. O baiano chegou a vê-lo, já doente, em outubro, às vésperas da viagem do empresário a Roma. Carmen Miranda morreu meses antes de Guinle. Ela voltara ao Brasil em dezembro do ano anterior — após catorze anos de ausência, traumatizada talvez com os maus-tratos recebidos na última vez que estivera aqui —, numa tentativa de superar um esgotamento nervoso. Desde que partira, trabalhara sem descanso. Sua irmã, a cantora Aurora Miranda, fora buscá-la. Desta vez viera de avião e, na escala em São Paulo, teve a alegria de reencontrar-se com seu querido amigo Almirante. Hospedou-se no Copacabana Palace, onde permanecia encerrada a maior parte do tempo. O que não a impediu de dar uma coletiva à imprensa na Associação Brasileira de Imprensa (ABI), assim que os médicos a liberaram, quando mostrou a brejeirice de sempre. Emocionava-se com as demonstrações de carinho, indo às lágrimas com facilidade. Estava com os nervos à flor da pele. A imprensa até certo ponto procurava poupá-la, o que não impediu toda sorte de especulações sobre sua saúde. Não saiu muito. Muito católica, foi a uma missa campal no Aterro de Santa Luzia, foi à boate Sacha's, no Leme, apresentou-se na TV Tupi, no programa de Al Neto, e visitou Ary Barroso, além de participar de uma recepção de um ministro de Estado. Em passagem pelo Golden Room do Copa, foi ovacionada em cena aberta durante o espetáculo *Fantasia e Fantasias*. Era o canto do cisne. Caymmi visitou Carmen no hotel. "Ela me recebeu deitada, apesar de estar vestida para sair. Eu vi na cabeceira da cama um vidro azul com pílulas. Achei mau sinal. Quando ela me viu, segurou meu braço com muita força, por muito tempo mesmo. No quarto estavam mais umas quatro pessoas. Uma delas era um médico, que eu conhecia, especialista em doenças hepáticas" — relembra o compositor. A *Pequena Notável* ficou quatro meses no Brasil e regressou aos Estados Unidos. A cantora faleceu no dia 5 agosto de 1955, aos 46 anos, vítima de um ataque cardíaco fulminante, em sua casa, em Beverly Hills, Los Angeles. Seu corpo, embalsamado, chegou ao Rio de Janeiro em 12 de agosto, e o caixão, coberto pela bandeira nacional, levado por um carro do Corpo de Bombeiros, foi acompanhado por uma multidão ainda maior do que a que dera o último adeus ao cantor Francisco Alves, em 1952. Houve quem estimasse em 500 mil pessoas. Outros, em 1 milhão. O país chorou Carmen. Quando o cortejo passou na porta do edifício de *A Noite*, onde ficava também a Rádio Nacional, na Praça Mauá, encontrou os amigos da cantora atônitos. Eles estavam na marquise do edifício, que mais tarde viria a ser demolida. O jornal, no dia seguinte, tentaria descrever o que aconteceu:

> "Quando o corpo passou pelo edifício de *A Noite*, Almirante começou um discurso em nome da emissora e do jornal, tão ligados à carreira de Carmen. Não pôde terminá-lo, prorrompendo em soluços. Ei-lo que chora, consolado por Dorival Caymmi, também em lágrimas."

A multidão, ensaiando um canto de despedida, cantava "Taí" em ritmo lento, grande sucesso da cantora: "Taí/ eu fiz tudo pra você gostar de mim/ oh, meu bem, não faz assim comigo não"... Uma época findava.

De fato. É o pesquisador e escritor Sérgio Cabral quem explica: "A partir da segunda metade da década de 50, ocorreu o fim do chamado rádio *broadcasting*, criado no tempo em que a competição entre as emissoras obrigava-as a contratar com exclusividade elencos fabulosos, com a participação de cantores, orquestras, pequenos conjuntos, atores, produtores, escritores, humoristas etc.". O baiano percebia as mudanças no mercado, desde o período em que a Rádio Nacional dispensara em massa seus artistas. Recebeu uma carta de sua irmã Dinah, preocupada com o baque da morte da *Pequena Notável*: "Querido irmão, você deve ter tomado um grande choque com a morte de Carmen, aqui nós ouvimos quando você falou no rádio, bastante emocionado". Caymmi mergulhou

Adeus, Carmen Miranda

SILÊNCIO

Na saída do entêrro, na Cinelândia, a Banda da Polícia Municipal deu os acordes iniciais do "Taí", a mais famosa criação de Carmen. Mas o povo que deveria cantar, em côro, a marchinha, ficou em silêncio. Era o silêncio respeitoso de tôda a uma cidade pela artista que, melhor do que ninguém, soube amá-la. Silêncio e lenços brancos e o choro sôlto e sentido de todos aquêles que viram, ouviram, conheceram a "Garôta Notável".

O VERMELHO, OS BALANGANDÃS E O TURBANTE

A família fêz a última vontade de Carmen Miranda: ser enterrada vestida de vermelho. Não o prêto tradicional e fúnebre, mas o vermelho vivo de um costume. E mais: com ela foram também seus balangandãs e seus turbantes, turbantes e balangandãs que a tornaram famosa em todo mundo, metida naquela baiana estilizada, cantando os sambas e as marchinhas de seus autôres preferidos, Ari, Caymmi, Assis Valente, Ismael Silva e tantos outros.

A CENA FINAL

Está no fim. O caixão vai ser depositado na cova. Em tôrno, todos os amigos. David Sebastian, cabelos brancos, chora copiosamente: desde que sua espôsa Carmen morreu êsse homem não a largou um só instante. Está abatido, rosto encovado. Ao seu lado, Russo do Pandeiro, o bom amigo, chora e assiste aos parentes da morta; ali também Aloisio Oliveira, o Aloisio do "Bando da Lua", companheiro que nunca abandonou Carmen. Choram todos. O povo, o espaço do cemitério tomado, sobe nos túmulos e nas árvores. Todos querem ver, pela última vez o rosto sereno de Carmen.

CAYMMI CONTEMPLA CARMEN PELA ULTIMA VEZ

...DAO SEGUE O CORPO DE CARMEN

OSCARITO DESPEDE-SE DA AMIGA

VICENTE CELESTINO, LOURDINHA BITTENCOURT, NELSON GONÇALVES E CESAR LADEIRA,

...AGEM

...MEN MIRANDA

...pacabana

MARCA REGISTRADA

Adeus: a *Revista da Música Popular* dedicou a edição de julho-agosto de 1955 à inesquecível Carmen Miranda — toda a cidade parou para chorar a morte da cantora, incluindo o grande amigo Dorival Caymmi.

no trabalho. Lançou naquele ano o LP *Sambas de Caymmi*, mais uma vez pela Odeon, muito bem dividido por sinal. O lado A vinha com os sambas-canção "Sábado em Copacabana" e "Não Tem Solução" — ambos em parceria com Carlinhos Guinle —, "Nunca Mais" e "Só Louco". No B, Caymmi atacava de sambas tipicamente baianos, com muito remelexo, como "Requebre que Eu Dou um Doce", "Vestido de Bolero", "A Vizinha do Lado", "Rosa Morena". Uma verdadeira joia. São Paulo havia se tornado o centro das atividades artísticas do baiano, que passava mais tempo lá do que no Rio. Em conversa com Stella — pois Dorival nada decidia sem a sua concordância — sugeriu mudarem-se com as crianças para a Terra da Garoa. Stella, cansada das longas ausências do marido, concordou. Além da TV e Rádio Record, onde se apresentava semanalmente, ele era requisitado para fazer apresentações em boates, clubes e festas. Enfim, uma mudança não lhe faria mal.

Antes disso, porém, em março de 1955, o compositor fez uma temporada na boate O Meninão — apelido de Álvaro Luiz Assumpção, dono do estabelecimento —, em São Paulo. O show, *365 Vezes Bahia*, não agradou a Antônio Maria, que, na sua coluna Mesa de Pista, em *O Globo*, onde sempre indicava os bons e maus espetáculos, assinalou: "Não gostamos. O novo show do Meninão, em São Paulo, é fraquíssimo. Salvam-se Caymmi, Déo Maia, Angelita e o pianista Simonetti". Maria não deixou de dar uma foto em destaque em sua coluna, sob o título "O abraço de hoje", em que Caymmi abraça Angelita Martinez, ex-mulher de Chucho Martinez Gil, cantor mexicano de quem herdou o nome. Não deixa de vir com um certa ironia a menção — Maria não dava ponto sem nó —, já que o baiano teve um caso com a vedete, um mulherão para ninguém botar defeito. Segundo o compositor, Angelita é quem teve um caso com ele. Explico. Num dos ensaios, ela virou-se para Meninão, num tom resoluto que não deixava dúvidas: "Hoje, o Caymmi é meu". E raptou o pobrezinho. É dura a vida de artista.

Decidida a mudança para São Paulo, havia diversas providências a serem tomadas. O casal alugou o apartamento em Copacabana — caso tivessem o dom da adivinhação não o teriam feito —, dispensaram as empregadas, organizaram a mudança. Matricularam os filhos — Nana tinha 14, Dori, 12, e Danilo, 7 anos — em bons colégios em São Paulo, onde, claro, alugaram um apartamento. Mudaram-se em 28 de abril de 1955, véspera do aniversário de Nana, antevéspera do de Caymmi. Mal chegou à cidade, Caymmi já estreou temporada junto com o violonista Paulinho Nogueira — cujo método para o instrumento se tornou um dos mais requisitados entre os estudantes — na boate Michel, de Jimmy Christie. A família passou a residir no apartamento 12, de três quartos, na rua Dr. Cesário Mota Júnior, 254, no centro, próximo à Santa Casa da Misericórdia. Danilo e Dori estudaram no Colégio Rio Branco. Danilo, com 7 anos, não se adaptou à escola, chegando a fugir, andando sozinho uma distância grande até chegar em casa. Quase matou seus pais de preocupação. Frequentavam a família Mesquita, principalmente Júlio e Carlos, do jornal *O Estado de S. Paulo*. A verdade é que Caymmi, antes mesmo de se mudar para São Paulo, não saía da cidade. Seus melhores amigos estavam lá: os pintores Di Cavalcanti, Cândido Portinari e Clóvis Graciano — cujos ateliês visitava com frequência —, Baby Pigna-

22-3-55

# mesa de pista

**Antonio Maria**

### ★ CENA DE "BOITE"

**Ele fazia questão de dizer que era ladrão; que outra coisa não fizera (em Londres, em Paris, em Roma) que não fôsse roubar. Ela, porem, não acreditava, ria muito, achando-o simplesmente encantador. De repente, ele levantou-se, dizendo que ia telefonar. Dez minutos após, aquela senhora recebia (das mãos de um "garçon") este bilhete: "A senhora foi muito bondosa em não acreditar no que eu lhe disse. Mas, faça o favor de verificar se não lhe estão faltando o colar, uma pulseira e a meia da perna esquerda".**

### ★ O ABRAÇO DE HOJE

*Caymmi e Angelita Martinez em uma das cenas de "365 vezes Baia". A esse "show" falta um pouco de dança e o texto podia ser substituido ou dispensado.*

### ★ A NOITE EM POUCAS LINHAS

*O Barão estava satisfeitissimo, porque o jornalista Assis Chateaubriand lhe dissera que não havia gostado da comida do "Sacha's" — Em São Paulo, as "Peters Sisters" são realmente fabulosas — A idéia da lojinha de doces de Silvia Autuori foi ampliada: vai funcionar um bar que se chama "Jirau" — Duas "normalistas" (apelidos dos carros da RP), na porta do Vogue, na noite de sexta-feira. Confusão, vai-não-vai... tudo porque um freguês da casa estacionara em local não permitido e negava-se a consertar o estacionamento — Ruth Amaral, vestida de vermelho, com o cabelo mais curto do Distrito Federal — Sucesso absoluto de Caymmi, no "Captain's Bar", cantando para uma casa cheia (senhoras perplexas). O cantor estava de terno azul e gravata verde — O pianista Simonetti, em São Paulo, é um caso serio — Confabulando a um canto, na "boite" do "Meninão", João Goulart e Doutel de Andrade — O "Copacabana" inaugura o seu jantar com música — Lucia Bosé e Dominguin arrumam as malas para vir ao Brasil — Frase do delegado Melo Morais (o melhor delegado de 53-54), antes de partir para São Paulo: "Acho que vou levar o violão" — Frase de Elaine Stewart, ouvindo Elizete Cardoso: "E' uma cantora da classe de Lena Horne e Edith Piaff" — Falar nisso, Elaine está abatidazinha — Adolfo Bloch ofereceu um jantar, no Vogue, a Oto Lara Rezende, novo diretor de "Manchete" — O Braga chegou ao Chile — E o Chile chegou ao Braga.*

### ★ ACONTECEU EM SÃO PAULO

**Eram cinco e quinze, no aeroporto de Congonhas, quando o tempo começou a ficar feio. Daí a pouco, os alto-falantes anunciavam que o campo estava impraticavel para decolagens. O avião da "Cruzeiro" (digamos) sairia às cinco e meia. Foi quando aquela senhora, aflitíssima, abordou o comadante "J", fazendo-lhe este apelo: "Eu lhe darei um cheque de 50 mil cruzeiros, se o senhor arrancar daqúi, com este avião, imediatamente!" O comandante argumentou que 50 mil cruzeiros era muito pouco, porque iria perder sua carta de piloto. A senhora, fazendo um gesto de quem vai tirar a pulseira (brilhantes), disse que daria tambem aquela joia. O comandante aconselhou-a, então, a tomar um taxi e vir correndo para o Rio, porque, naquela noite, nenhum avião levantaria vôo em São Paulo.** Ensinamento da historia: **As senhoras não devem confiar tanto no aeroporto de Congonhas.**

### ★ ANEDOTA DE BAR

*"Não sei quem" tinha um cachorro que, segundo diziam, jogava "buraco" muito bem. Alguem, que não acreditou muito na historia, foi saber do dono:*

*— Então, é verdade que o seu cachorro joga "buraco"?*

*E o dono, irritado:*

*— Que nada. Ainda ontem deu o rei da canastra.*

### ★ TRECHO DE CARTA

**Um maranhense, recem-chegado, escreveu ao pai, descrevendo uma "boite": "... e, para o senhor ter uma idéia do que foi, basta dizer que, do conto e duzentos que eu trouxe, só restam quinhentos".**

### ★ A FRASE NO AR

*Verso de Heitor dos Prazeres, reprisado, hoje, com terceiras intenções: "Meu amor por ti são flores, tudo flores naturais".*

### ★ NÃO GOSTAMOS

**O novo "show" do Meninão, em São Paulo, é fraquíssimo. Salvam-se Caymmi, Déo Maia, Angelita e o pianista Simonetti.**

O abraço de hoje: a coluna de Antônio Maria no *Última Hora* flagrava Caymmi e a atriz Angelita Martinez durante o espetáculo *365 Vezes Bahia*, na boate Meninão, em São Paulo.

tari, playboy, membro do Clube dos Cafajestes e industrial (não necessariamente nessa ordem), e tantos outros. "Ele, quando ia a São Paulo, demorava a voltar. Não queria sair mais de lá. A verdade é que São Paulo era uma grande plateia para Caymmi" — conta Stella. Porém, nada saiu conforme o planejado. As crianças sofreram com o frio e não se adaptaram às escolas. Assim, menos de oito meses depois estavam todos de volta ao Rio de Janeiro, no início de 1956. O retorno não foi tão fácil. O inquilino do Noa Noa, o apartamento deles em Copacabana, não quis sair — pior, levou alguns anos para Caymmi conseguir tirá-lo de lá. Uma verdadeira aporrinhação. Depois de tantos sacrifícios para comprar um apartamento e escapar do aluguel, lá estava o casal procurando outro para alugar. Alda, a antiga colaboradora, agora com o filho Alberto — afilhado de Stella e Dorival —, voltou a trabalhar com a família. Para não deixar Copacabana, o casal foi morar na rua Felipe de Oliveira, num amplo apartamento de três quartos. Mas, veja como são as coisas: se não fosse assim, leitor, minha mãe, Nana, não teria conhecido meu pai (e eu não estaria aqui para contar esta história). Os dois eram vizinhos. Deus escreve certo por linhas tortas...

# 35.
# MARACANGALHA

> "Lá sou amigo do rei/ Lá tenho a mulher que quero/
> Na cama que escolherei"
> ("Vou-me embora pra Pasárgada", Manuel Bandeira)

No dia 2 de janeiro de 1956, Dorival Caymmi era a grande atração do Club 36, na rua Rodolfo Dantas, em Copacabana. A nota publicada em 6 de janeiro, no jornal *Diário de Notícias*, comprova o sucesso do compositor: "No último dia 2 foi a estreia de Dorival Caymmi no Club 36, que esteve superlotado com a presença de seus incontáveis amigos e admiradores". O proprietário, o francês Paul François — na verdade, Paul Destribats —, instalou, logo depois da estreia, um aparelho de alta-fidelidade para garantir o melhor som para o artista. Em 5 de fevereiro o panorama era o mesmo. Bastava uma conferida no jornal *Correio da Manhã* daquele dia: "Não faz muito tempo, o Club 36 recebia algumas pessoas por noite. Agora, é dificílimo arranjar-se uma mesa, tal a afluência que se renova todas as noites. Motivo único, mas relevantíssimo: Dorival Caymmi". O "tesão de boate" atacava novamente.

"Fiz lá uma temporada de quatro meses, e depois renovei por mais quatro. Mais tarde, levei Maysa para cantar lá" — conta o compositor. Além do sucesso, o assédio de sempre: "Uma noite, entrou um grupo de estrangeiros, entre eles uma mulher muito bonita e chique. Ela não falava a minha língua, nem eu a dela. Ao final do show, ela não me deu chance de fuga, foi me empurrando na direção do carro, já armado na porta, e rumou para a avenida Niemeyer" — conta o travesso. Mas, em geral, voltava para casa direto do show, caso contrário a voz não daria conta do rojão até o fim da temporada. Nana, que completaria 15 anos dali a dois meses, acordava e esquentava a comida para o pai. Caymmi precisava trabalhar. As despesas se acumulavam: prestação do Noa Noa, aluguel do apartamento onde vivia, os colégios das crianças, os empregados, além de mandar dinheiro para o pai na Bahia, que andava doente. Em 2 de setembro, Seu Durval lhe escrevia: "Lamento sobremodo tais sacrifícios". E advertia: "Cuidado com essas noites perdidas". Bem que Caymmi preferia desacelerar. O que fazer? Era preciso garantir o pão. Stella e

Club 36: na nova sensação da noite carioca, os amigos inseparáveis Antônio Maria e Caymmi comemoram com o proprietário Paul Destribats (ou Paul François) o sucesso da temporada do baiano na casa.

Dorival preocupavam-se, ademais, em dar uma educação musical para os filhos. Dori, com 13 anos, e fazendo o ginásio no Colégio Anglo-Brasileiro, em Copacabana mesmo, tinha aula de harmonia com Paulo Silva, na Cinelândia, e de piano com a professora Nise Poggi Obino, em Botafogo — antes estudara piano com Lúcia Branco. Danilo estudava na praia de Botafogo, no Colégio Andrews. Alda os levava e buscava. Nana, mocinha, estudava no Colégio Melo e Souza, e já se virava bem sozinha. A filha conta um pouco da relação de Caymmi compositor com a rotina da casa: "Aprendi menina, quando via papai de olho parado, bestando, que não podia me aproximar. Mamãe logo advertia a gente que naquele momento ele estava compondo".

Caymmi descobria uma fã insuspeita em 19 de maio. Quem conta é Antônio Maria em sua coluna Mesa de Pista: "Edith Piaf passa os dias em seu apartamento de Copacabana, quase não saindo, a não ser quando o sol bota a cabeça de fora. Dizem que a maior parte do seu tempo ela o gasta ouvindo gravações de Dorival Caymmi. Quando encontra alguém, fala muito em *la voix du pêcheur* [a voz do pescador]".

Foi em 1956 que Caymmi lançou um dos seus maiores sucessos — senão o maior —, "Maracangalha". Entretanto, o público paulista que o viu na boate Michel, um ano antes, já conhecia o samba. Ele costumava experimentar a reação do público às suas novas composições "para ver se a música está no ponto". Nem precisava. "Maracangalha" estava predestinada ao sucesso. A história de "Maracangalha" consegue ser tão saborosa quanto a música. O samba foi feito na tarde do dia 29 de julho de 1955, sexta-feira, em São Paulo, enquanto pintava um autorretrato, em seu apartamento. De repente, veio à sua mente uma frase de Zezinho, seu amigo de infância em Salvador: "Eu vou pra Maracangalha". Dorival se lembra que "toda vez que eu dava a ideia dele vir ao Rio, ele desconversava. Isso me intrigava". Mas logo depois o amigo se abriu. Zezinho tinha uma amante em Itapajipe, Áurea, e com ela tinha quatro filhos. "Como é que você sustenta essa filharada?" — o compositor perguntou espantado. "Eu me viro" — respondeu Zezinho. Mas Dorival queria saber mais: "Como é que você faz para vê-la sem que Damiana desconfie?". "Eu forjo um telegrama pra mim mesmo e digo: 'Eu vou pra Maracangalha'. É lá que eu compro saco de encher açúcar pra embarcar, e ela não desconfia" — explicou Zezinho. "'Maracangalha' saiu por isso. Fiquei apaixonado pela sonoridade da palavra. Agradeço tanto a Zezinho" — comenta o compositor, revelando a fonte de sua inspiração. Invadido pelas lembranças, Caymmi, que nunca estivera em Maracangalha, começou a compor música e letra ao mesmo tempo, cantarolando:

Eu vou pra Maracangalha
Eu vou
Eu vou de liforme branco
Eu vou
Eu vou de chapéu de palha
Eu vou

Eu vou convidar Anália
Eu vou

Se Anália não quiser ir
Eu vou só
Eu vou só
Eu vou só
Se Anália não quiser ir
Eu vou só
Eu vou só
Eu vou só sem Anália
Mas eu vou

Dona Cenira, a vizinha, que escutava Caymmi da janela, não resistiu e quis saber com Stella o que ele estava cantando "tão bonitinho". Prontamente, ele explicou: "Estou fazendo uma música que fala de um sujeito que sai de casa feliz da vida para se divertir. Ele vai pra Maracangalha, vai convidar Anália...". O baiano estava terminando sua explicação, quando a vizinha sofregamente saiu-se com essa: "Ai, Seu Caymmi, por que o senhor não põe Cenira, em lugar de Anália?". Stella teve de prender o riso e Caymmi, muito sério, respondeu, em tom de desculpas: "Fica pra outra vez, Dona Cenira". Diferente de algumas canções suas, que levava anos para terminar, num intenso processo de lapidação, "Maracangalha" saiu de uma sentada, e foi lançada em 1956, pela Odeon, com arranjo de Radamés Gnattali. Caymmi gravou no lado B "Eu Fiz uma Viagem". Quando o compositor gravou o samba, em 22 de junho de 1956, Aloysio de Oliveira já estava à frente da gravadora, como seu diretor-artístico. Ele ficou empolgado quando o amigo lhe mostrou "Maracangalha": "Vamos gravar, Caymmi. A gente põe orquestra, cordas, regional, o Raul de Barros no trombone, uma zoeira. Ninguém vai entender". Oliveira viera dos EUA especialmente para assumir o cargo na Odeon. O que ele jamais soube foi que sua contratação contou com um belo empurrão de Caymmi, que relata o episódio:

> "O diretor da Odeon, um inglês — um cavalheiro baixinho, muito afável e gentil —, queria que eu fosse o diretor-artístico da gravadora. Lembro-me bem: o convite foi feito num chá das cinco, num estilo bem inglês, no escritório dele, na avenida Rio Branco. Sabe o que eu disse para ele? — 'O homem

8 PÁGINAS

# Diário de Notícias

ORGÃO DOS "DIARIOS ASSOCIADOS"

16.698 — Cidade do Salvador — Domingo, 30 de dezembro de 1956

# MARACANGALHA EM PRETO E BRANCO

## GLORIA DE UM NOME QUE STAVA CONDENADO À MORTE

musica de Caymmi realizou êste milagre — pequeno vilarejo transformou-se numa es- :ie de "Shagri-Lá" — De desconhecida de muitos bahianos a conhecida de todos brasileiros

Texto de José Nilton LEAL

Nem mesmo o mais antigo dos moradores de Maracangalha, antigo tropeiro hoje estabelecido na prosaica Vila, sabe por- desse nome. Ao certo mesmo, ninguem conhece a origem des- palavra tão estravagante e ao mesmo tempo ritmica e forte. rem alguns que, em outros tempos, haja aquele local sido zado para o pouso das tropas carregadeiras de cana, ou mel, aminho dos velhos engenhos que foram a riqueza da chamada ilização dos açucar" a época de ouro do Recôncavo bahiano. raimente, à boca da noite e ao levantar do sol, as cangalhas desamarradas ou amarradas aos lombos das mulas viagei- O amarrar a cangalha, teria, então, passado a ser um ponto eferência, intimamente ligado aquela região e mais tarde, por corruptela, tenha surgido o Maracangalha. Querem outros, obstante essa explicação muito aceitavel, que seja o nome de em indigena ou africana, de significação desconhecida.

O que importa, entretanto, é que Maracangalha está defini- mente inscrita na geografia da Bahia, cantada por Dorival ni, tão conhecida nacionalmente como a lagôa do Abaeté, a a de Itapoã, o largo da Conceição, e outros acidentes geográ- s sentimentais do cantor — poeta Caimi.

ARACANGALHA E "SHA-GRI-LA"

versos de Dorival Caymmi, ando a decisão firme de ir Maracangalha sejam quais n as consequências, com ia ou sem Anália, "de lifor- branco e chapéu de palha", raram ao Brasil a bucólica acangalha, como uma versão cla do "Shagri-La". Mara- alha, como um paraiso per- de gente simples e céu te limpo e bonito, de brisas scadas e onde a vida é mais Caymmi disse que ia para cangalha, e o Brasil todo repetiu, em ritmo bem marcado, o estribilho: "Eu vou pra Mara- cangalha, eu vou".

E de pensar que até bem pouco tempo êste nome estava ameaçado de desaparecer! Sim, o nome Maracangalha estava destinado a morrer de esquecimento. Explica-se: primitivamente, existia a Fazenda Maracangalha, onde foi instalado o Engenho Maracangalha. Em 1912, êste Engenho passou a ser Usina Cinco Rios. Sob esta influência, a Fazenda também tomou a denominação de Cinco Rios, ficando sòmente a estação da Leste Brasileiro com o nome de Maracangalha. Mas, até esta, cedeu à influência da Usina e de pouco tempo para cá, está escrita numa placa bem visivel a nova denominação da vila: Cinco Rios.

MARACANGALHA EM PRETO E BRANCO

Quem nos contou Maracangalha em preto e branco, foi o sr. Renato Novis, da Usina Cinco Rios, a quem procuramos para obter algum material para a presente reportagem. Pintou-nos um retrato conciso e estatistico: Maracangalha, vila localizada na Fazenda dêsse nome, existente no Municipio de São Sebastião do Passé, onde funcionava o Engenho Maracangalha, hoje Usina Cinco Rios, conhecida ainda como Usina Maracangalha. Usina de açúcar, a sua origem como engenho data dos tempos coloniais. Sua população de pouco mais de mil pessoas vive em função da fábrica e da lavoura de cana. Maracangalha dista cêrca de 12 quilômetros de Candeias, ou seja, da zona do petróleo.

E Maracangalha, que a tantos intriga, Maracangalha desconhecida até por muitos bahianos, é o que foi descrito. Apenas que a linguagem fria não conta como é aprazivel e bom é o local e "rica e dadivosa" é a terra. As canas produzidas por Maracangalha têm, por anos a fio, colaborado para o desenvolvimento economico da região, já tendo produzido, no passado, até barões.

MAIS UM HINO A MARACANGALHA

Uma coisa é certa: quem nasce em Maracangalha, ou mesmo por lá passou algum tempo, cria arraigado amor à terra, suas coisas e sua gente. E um exemplo é o Emilton Rosa, um maracangalhense de quatro costados, vigilante defensor dos interesses do local, que foi, aliás, um instigador desta nota. E de sua lavra esta poesia que publicamos junto à reportagem, aumentando para dois o grupo dos que tecem lôas a Maracangalha, intitulada "Roteiro de Maracangalha":

"Pontos cardeais do vale dos Cinco Rios: Candeias, Mataripe, São Francisco do Conde, Pouco Ponto e Cabeceiras do Passé, com as matas do Tombador.  
Lugar de ponta de trilho  
Onde passa o trem de S. Amaro  
Usina grande  
Onde as máquinas apitam:  
Bahia, Chique-Chique  
Brasil e Portugal.

Lugar de cana caiana  
Carro de boi marruá  
Vem o boi "Passarinho"  
e o boi Tatá.

N. S. da Guia  
e a Virgem Maria  
na igreja de lá.

Nas feiras de melancia  
Poetas cantando "côco"  
taboleiros de Arcanja  
Mucinha e sinhá Justa  
Xangó da Villa e farinha  
e os "negos" capoeiristas  
Satú, Dorné e Popó  
carreiros bons de boiar  
ôa boi "Passarinho"  
ôa boi Tatá.

Sanhassú, mando-tôlo  
juriti da roça  
de banana e mandioca  
rola fôgo-pagou  
e caboclo linha  
tudo faz lembrar

Ôa boi "Passarinho"  
Ôa boi Tatá".

UMA REGIAO DE NOMES EXÓTICOS

Vale a pena, pelo curioso que representa, relacionar-se a palavra Maracangalha, com os nomes de outras fazendas circunjacentes: Cassaracongo, Quibacá e Cabaxi. Realmente, a zona tem uma tremenda predileção por nomes estrambólicos e dificeis de serem gravados. Um mapa que nos foi exibido, deu-nos a impressão de Africa, de um retalho da Costa do Ouro.

O motivo proveitado pelo pintor Caribé, a fábrica de açúcar, a Usina Cinco Rios, para êste desenho é, realmente, o ponto nevrálgico de Maracangalha. Tudo depende e gira em tôrno de açúcar e de cana. Talvez por isso a vida na vila agora imortalizada por Caymmi seja tão doce como sua música sugere



Pasárgada nordestina: tamanho foi o sucesso de "Maracangalha", que o *Diário de Notícias*, de Salvador, deu uma página sobre a minúscula cidade baiana que se tornara conhecida no Brasil inteiro. A matéria foi ilustrada com desenho de Carybé.

que o senhor quer não sou eu. O homem que o senhor precisa vive nos Estados Unidos e se chama Aloysio de Oliveira'. Para a minha surpresa, coisa que muita gente não acredita, o carro dele, do diretor da Odeon, emparelhou com o meu táxi na rua do Russel, no Flamengo, e ele me falou: 'Olha, achei o homem.

Ele vem pra assumir a Odeon'. Ele tinha ido aos Estados Unidos buscar o Aloysio. Dias depois, ele era o diretor-artístico da Odeon."

Caymmi, com esse gesto, fez mais do que prestigiar um amigo. Sem imaginar, ele estava colocando à frente de uma das maiores gravadoras do país um homem com faro suficiente para lançar a bossa nova, dois anos mais tarde. Mas estou me adiantando. Enquanto esses acontecimentos estavam sendo urdidos pelo tempo — velho amigo do compositor baiano —, Dorival curtia o sucesso estrondoso de "Maracangalha". Até o nosso poeta Carlos Drummond de Andrade não resistiu à música de Caymmi e cita sua "Maracangalha", no poema "Ao Sol da Praia", publicado em 1956 na coluna do poeta: "Já não vou a Maracangalha/ Anália: para um pouco e lê-me/ O melhor é ficar na praia de Ipanema, Leblon e Leme" — a poesia está no livro *Versiprosa*, de 1967. Para o poeta, Maracangalha era aqui, no paraíso carioca. Na *Revista do Rádio* de 12 de janeiro daquele ano, "Maracangalha" — a capa trazia uma caricatura de Lan — estava em primeiro lugar entre os discos mais vendidos. Rendeu-lhe um bom dinheiro e excelentes críticas. Lamartine Babo em entrevista ao jornal *O Globo*, em 4 de fevereiro, previu que "esse moço de talento enorme, maior que a praça que tem o seu nome na Bahia, fará sucesso no carnaval com 'Maracangalha'". Fernando Lobo atestou, em sua coluna Astros e Estrelas do Rádio: "Ora, que as coisas sempre acontecem como o poeta Vinicius de Moraes disse em verso: 'De repente, não mais que de repente'. Este Brasil inteiro está inteiramente sacudido por uma música chamada 'Maracangalha'". Para, em seguida, fazer piada: "Quem sabe do repertório de Dorival Caymmi, sabe bem que esta música, que lhe deu 250 mil cruzeiros num trimestre, de direito autoral, é sem dúvida a pior música que ele compôs. A pior, não! A música menos boa!". Pura galhofa de Fernando, que reconhecia no samba um dos melhores de Caymmi.

Um samba "sacudido", como Dorival gosta de descrever seus sambas mais ritmados. O crítico Osvaldo Miranda, no jornal *Última Hora* de 18 de outubro, concorda: "De repente a cidade é sacudida por um samba bom, um samba brasileiro que ganha fácil o assobio das ruas, a repetição nos programas de calouros, a consagração imediata". Sem querer desafiar os puristas, ouso comparar — não sou a primeira, é verdade — sua letra ao poema "Vou-me embora pra Pasárgada", de Manuel Bandeira ("Vou-me embora pra Pasárgada/ Lá sou amigo do rei"), quan-

Amigo para toda a vida: José Rodrigues de Oliveira, o Zezinho, mesmo a distância, não deixou de acompanhar a carreira de Dorival. É dele a frase "Eu vou pra Maracangalha", que Caymmi ouviu, gostou e transformou num dos maiores sucessos da MPB de todos os tempos.

do exalta um lugar idealizado, onde os conflitos não existem mais. Um refúgio paradisíaco. Ou como disse o jornalista José Nilton Leal, no *Diário de Notícias* de 30 de setembro de 1956, "uma versão cabocla de 'Shangri-lá'".

Repetiu-se com o samba o fenômeno "balangandãs", de 1939, época do sucesso de "O Que É Que a Baiana Tem?". Dessa vez, todos queriam saber onde era Maracangalha. Um sem-número de publicações escreveu a respeito da cidadezinha, cujo povo custava a acreditar na súbita notoriedade. Se você, leitor, a conhecesse, compreenderia o espanto. O nome da cidade é uma corruptela de "amarrar a cangalha". Cangalha é uma armação de madeira ou de ferro onde se equilibra a carga dos burros. O povo de lá — não mais de mil almas, na época — não gostava do nome. O argumento era bom: lugar de amarrar cangalha é burro. Antes que eu me esqueça: o jornal *Diário de Notícias*, na edição de 30 de dezembro, fez uma extensa reportagem sobre o assunto do momento, com a cidade desenhada pelo pintor Carybé, amigo-irmão do compositor. Acontece que a região, localizada no Recôncavo Baiano, tinha sua economia ligada à cana-de-açúcar, que era a carga levada pelas bestas. Daí o nome. No início, havia ali uma Fazenda Maracangalha, onde foi instalado um engenho com o mesmo nome, que, em 1912, passou a se chamar Usina Cinco Rios. Por fim, a região toda acabou conhecida como Cinco Rios. Até a música de Caymmi. Ser maracangalhense dali por diante virou motivo de orgulho. Curiosos eram os nomes das fazendas vizinhas: Cassarocongo, Quibacá e Cabaxi, que não tiveram a mesma sorte.

Caymmi trabalhou e trabalhou. No espaço de dois meses, o compositor participou de uma exposição coletiva de pintura. O II Salão do Rádio aconteceu na Câmara dos Vereadores do Distrito Federal, inaugurado em 23 de março, às 17 horas. Do *vernissage*, além do baiano, participaram Heitor dos Prazeres, João da Baiana, Benjamim Wright, Felício Dandréa Neto, Jorge Fernandes, Leônidas Autuori, Lígia Sarmento, Henrique Orciouli, Gastão Formenti, Lídia Bastiani, Fernando Lobo, Manezinho Araújo, Cahué Filho, Eugênio Figueiredo, Vítor Binot, Oscar Wright da Silva, René Cavê, Altivo Diniz, Iberê Gomes Grosso, Francisco Carlos, Iveta Ribeiro, M. Braga e Israel Sartini, todos artistas do rádio. *O Globo* de 28 de março publicou que o baiano expôs "três quadros, destacando-se umas bailarinas com toque de Paul Gauguin". Não era a primeira vez que Dorival participava de uma exposição. O pintor-compositor já havia exposto seus quadros em 1954, numa oportunidade semelhante: a I Exposição dos Pintores do Rádio *Do Microfone à Paleta*, promovida pela revista *Radiolândia*, patrocinada pela ABR (Associação Brasileira de Rádio), com praticamente os mesmos colegas de rádio e pincel. Naquela ocasião, o *vernissage* aconteceu na ABI, no centro do Rio. Caymmi participou com dez quadros, entre eles *Pescador*, *Bahia*, *Velha Beata*, *Baiana*, e o retrato do jornalista Rubem Braga, depois presenteado ao amigo. O baiano podia se dar ao luxo de ter Cândido Portinari como professor ocasional. "Eu e Candinho tínhamos uma certa identidade, que era das artes em geral. Era a música, a pintura, aquela coisa." A intimidade era tão certa que foi para Caymmi que Portinari apelou na tristeza da sua separação da mulher, alguns anos mais tarde. Na época, o baiano correu ao Leme para consolar o amigo. Sobre as aulas, o compositor conta: "Ele dizia: 'Depois que você fizer o motivo, fizer os volumes, você contorna com filetes. Olha o filete como funciona'. E mostrava. Eu, várias vezes, usei o filete, nos retratos, nas figuras".

Convidado de honra: Dorival Caymmi se apresenta na estreia do programa de Aurora Miranda, *Se a Lua Contasse!*, na Rádio Mayrink Veiga — o encontro marcava a volta da irmã de Carmen ao rádio e contou com a presença de vários artistas.

A pintura de Caymmi mereceu uma análise do pintor Clóvis Graciano no livro *Caymmi som imagem magia*, de Marília Barboza e Vera de Alencar:

> "O desenho e a pintura de Caymmi são quase de um profissional, embora ele não dê muita importância para isso. Tem grande facilidade para desenhar, transmitindo perfeitamente bem o que ele pensa e transformando em desenho o que ele quer com grande inspiração e técnica bem realizada. Mesmo que se ignorasse o nome de Caymmi como compositor e músico e só se conhecesse o pintor, mesmo assim ele estaria à altura de vários pintores que fazem sucesso. Caymmi não está preso a uma escola. Ele faz parte da arte contemporânea, que vem desde o impressionismo e vai até as formas mais avançadas. Ele é mais equilibrado e, como é um pintor que usa mais os temas da Bahia, sabe interpretá-los dentro dessa escola, dentro dessa maneira de pintar. Caymmi, para mim, está entre os pintores de renome do Brasil. Está muito bem colocado e não faz feio entre eles."

Dorival Caymmi retornou à Rádio Mayrink Veiga — onde também se encontrava Aloysio de Oliveira, produzindo o novo programa de Aurora Miranda *Se a Lua Contasse!* — e foi recebido por Luís Vassalo, que, em nome da Organização Victor Costa, ofereceu um bufê de pratos típicos da Bahia para comemorar sua contratação. Presentes na festa estavam Caribé da Rocha, Manoel Barcelos, Fernando Tude de Souza, Edu da Gaita. O programa, chamado *A Bahia de Caymmi*, com roteiro de Antônio Maria, era veiculado aos domingos, às 21 horas. Caymmi era a grande atração. O patrocinador era a Vulcan Material Plástico. Seu prestígio havia aumentado mais ainda com o sucesso estrondoso de "Maracangalha", o que lhe permitiu, com o dinheiro que ganhou de direitos autorais, comprar um terreno na estrada Rio-Petrópolis, no Jardim Primavera, onde construiu uma casa ampla. Lá, Stella — que, junto com seu irmão Zé Tostes, cuidou da obra — plantou tudo quanto era árvore frutífera, inclusive uma das frutas prediletas do marido, o jenipapo. Lá podiam ter cachorros à vontade — a cadela de Caymmi se chamava Lembrança. O nome do sítio? Maracangalha, é claro.

Em entrevista que deu à revista *Para Todos*, em 1º de novembro, o compositor mostrou ao repórter Silvio Guimarães um trecho de sua mais

*A Bahia de Caymmi*: material de divulgação do programa de Dorival na Rádio Mayrink Veiga em 1956 — a foto estampada é de 1953, trazendo a Igreja do Senhor do Bonfim ao fundo.

recente canção — um samba, baianíssimo, tão curto quanto sacudido —, que viria a se chamar "Adalgisa":

> Adalgisa mandou dizê [solo]
> Que a Bahia tá viva ainda lá
> Que a Bahia tá viva ainda lá [coro]
> Que a Bahia tá viva ainda lá
> Com a Graça de Deus inda lá [solo]
> Que nada mudou inda lá [solo]

Na mesma entrevista, o artista deu sua opinião sobre a desnacionalização da nossa música, assunto que estava na ordem do dia, provocando discussões calorosas: "A meu ver, os verdadeiros compositores de música popular, os que se conservam fiéis à melodia brasileira, aos sentimentos brasileiros — homens como Lamartine Babo, Ary Barroso, Pixinguinha, Ataulfo Alves etc., que mantêm a verdadeira tradição brasileira —, deviam iniciar uma campanha, através de mesas-redondas, debates, como vem fazendo Almirante, para que assim jovens compositores encontrem as referências capazes de encaminhá-los na criação da verdadeira música popular brasileira". Para finalizar, Dorival Caymmi fez um comentário que bem poderia ser repetido hoje, *ipsis litteris*: "Tenho a impressão de que os novos não têm o menor conhecimento da música brasileira em suas fontes originais, em sua pureza, vivem de cada moda que aparece". Quem o poderia negar? A preocupação com a influência estrangeira na música brasileira não era nova, mas nunca havia sido tão sentida quanto naquele momento. A revista *Radiolândia* chegou a fazer uma série de reportagens a respeito, em tom de campanha. Caymmi não estava só em suas críticas. Com ele estavam Dircinha Batista, Almirante, Pixinguinha, Sylvio Caldas, entre outros. O que não diriam eles se pudessem ouvir grande parte da música popular que se escuta hoje nas rádios e TVs? Pobres de nós.

* * *

Caymmi seguiu tocando a vida. Duas preocupações prosaicas — para quem pensa que a vida artística é só feita de luzes — ocupavam sua mente àquela altura: precisava emagrecer (estava com 90 quilos) e diminuir drasticamente a bebida. Caymmi ainda fumava. A razão principal era uma hipertensão que atingia tranquilamente a marca dos 22 (a máxima), o que deixava Stella apavorada. Mas havia outras. O abuso da bebida — uma saída perigosa para aturar o trabalho nas boates pelas madrugadas adentro — estava causando distúrbios em sua casa, afastando dele seus filhos e sua mulher. Logo ele que tinha um lema sagrado: "Sou Dorival Caymmi da porta da casa para a rua. Aqui em casa sou simplesmente pai e marido". Para quem estava acostumado à placidez do baiano, seria difícil reconhecê-lo em seus acessos de fúria. Não era um problema incomum no meio artístico. Caymmi, um homem solar, diurno, que gosta de acordar cedo, dormir cedo, de meditar, em função das suas obrigações profissionais, era obrigado a inverter seus horários, levar uma vida artificial, coisa que o fazia sofrer. A bebida o ajudava a suportar. Foi uma fase difícil para toda a família. Sofriam. E mais uma vez, Stella mostrou ser a companheira de todas as horas, sempre ao lado de Dorival. Ele conseguiu emagrecer quinze quilos. Fugiam, sempre que podiam, para Maracangalha.

# Parte IV (1956-1983)

< Encontro de duas águas: foi na década de 50, no Café Simpatia, na avenida Rio Branco, que Caymmi conheceu "um rapaz magro de roupa clara, sem gravata" — era Tom Jobim, que admirava intensamente a obra do baiano, com suas "imprevisíveis modulações".

## 36.
## SAUDADE FECUNDA

> "Deixei meu berço por destino incerto;/
> mas a paisagem guardo-a na pupila,/ guardo-a no coração"
> ("Paisagem nostálgica", Augusto de Lima)

"Cinquenta anos em cinco", prometia Juscelino Kubitschek em seu *slogan* de campanha. Eleito, tomou posse na Presidência da República, em 31 de janeiro de 1956 — substituindo Café Filho, que não completou o mandato devido a problemas cardíacos —, arrastando o Brasil numa maré de otimismo como há muito não se via. Desenvolvimento, modernização da economia e fortalecimento da indústria nacional estavam na ordem do dia. Acrescentou ao seu Plano de Metas a construção de uma nova capital do país, no Planalto Central, Brasília — um projeto audacioso do urbanista Lúcio Costa e do arquiteto Oscar Niemeyer —, construída em inacreditáveis três anos e dez meses e inaugurada em 21 de abril de 1960. A imprensa da época não falava em outra coisa e Caymmi deve ter se divertido com a charge publicada na revista *Careta* retratando o presidente cantando "Eu vou pra Maracangalha, eu vou...".

O otimismo virou euforia a partir de 1958, com a seleção brasileira de futebol vencendo a Copa do Mundo, apesar dos 13% de inflação. O brasileiro vibrou ainda com os dois títulos de simples da tenista Maria Esther Bueno, no Torneio de Wimbledon (1959-60), e com o pugilista Eder Jofre, campeão mundial na categoria peso-galo, em 1960. Mas nem só esporte e obras alimentaram a Era JK. Na cultura, a mudança dos ventos trouxe novidades, renovações e efervescências: *Orfeu Negro* — filme do francês Marcel Camus, com roteiro de Vinicius de Moraes —, premiado com a Palma de Ouro em Cannes e o Oscar de melhor filme estrangeiro; o Cinema Novo; a bossa nova; o Concretismo; o Grupo Oficina de Teatro; *Gabriela, cravo e canela*, novo romance de Jorge Amado, era recordista de vendas.

Caymmi tampouco podia se queixar. "Maracangalha", além de pegar no carnaval de 1957 — fato previsto por Lamartine Babo —, um feito e tanto, se for levado em consideração que o samba fora lançado no ano anterior, ainda lhe rendeu um comercial do Ron Merino, embora rum

Arranjo de mestre: partitura de Pixinguinha e Amâncio Cardoso para "Maracangalha" de Dorival Caymmi, feita para as Edições Euterpe em 1957.

esteja mais para rumba que para samba. Na propaganda, veiculada durante o carnaval, Caymmi aparecia numa rede, muito à vontade com seu violão, com o sugestivo *slogan*: "Eu vou pra Maracangalha... mas só com Ron Merino". Esse foi um dos muitos comerciais feitos pelo compositor ao longo da vida associando-o à rede. O curioso é que Caymmi não é de rede — quem adorava uma rede era Rubem Braga. Não que o compositor detestasse se balançar. Mas o que ele gosta mesmo é de cadeira de balanço, daquelas de palhinha, com espaldar alto. Do mesmo tipo daquela em que Pixinguinha costumava se sentar, com seu saxofone. Falando no mestre Pixinguinha, foi ele quem fez o arranjo de "Maracangalha" para o catálogo das Edições Euterpe.

Eleito pela *Revista do Rádio* o melhor cantor de TV do ano, ao lado de Linda Batista, a melhor cantora, Caymmi tinha fervorosos fãs na imprensa e fora dela. Mister Eco, na sua coluna Noite Vadia, da *Revista da Semana*, não se deu por satisfeito com o prêmio e, na edição de 12 de janeiro, reclamou do fato de Caymmi não ter sido eleito o melhor compositor de 1956, "por mistérios que fogem à prosaica espuma do nosso sabonete". Mas Mister Eco não precisava se preocupar, pois o melhor ainda estava por vir.

De volta aos Diários Associados desde o ano anterior, o baiano se apresentava, em 1957, na TV Tupi, Canal 6, todas as terças-feiras, às

*Dolce far niente*: Dorival posa para a propaganda do Ron Merino no carnaval de 1957 — a eterna associação de Caymmi à rede e à preguiça.

21h50, com grande sucesso. "A Mayrink havia perdido a força dos velhos tempos" — revela o compositor, explicando sua breve passagem pela Rádio Mayrink Veiga e seu retorno aos domínios de Chateaubriand, onde começara sua carreira. Foi na TV Tupi, em seu novo programa semanal, que Caymmi lançou "Saudade da Bahia", samba que, ao lado de "Maracangalha", proporcionou ao artista dois grandes sucessos nacionais seguidos, que o mantiveram em alta no período. O país inteiro cantou "Saudade da Bahia" como havia cantado sua Pasárgada baiana — músicas de concepções diferentes, ainda que sambas e ainda que brotados da fonte inesgotável de suas recordações.

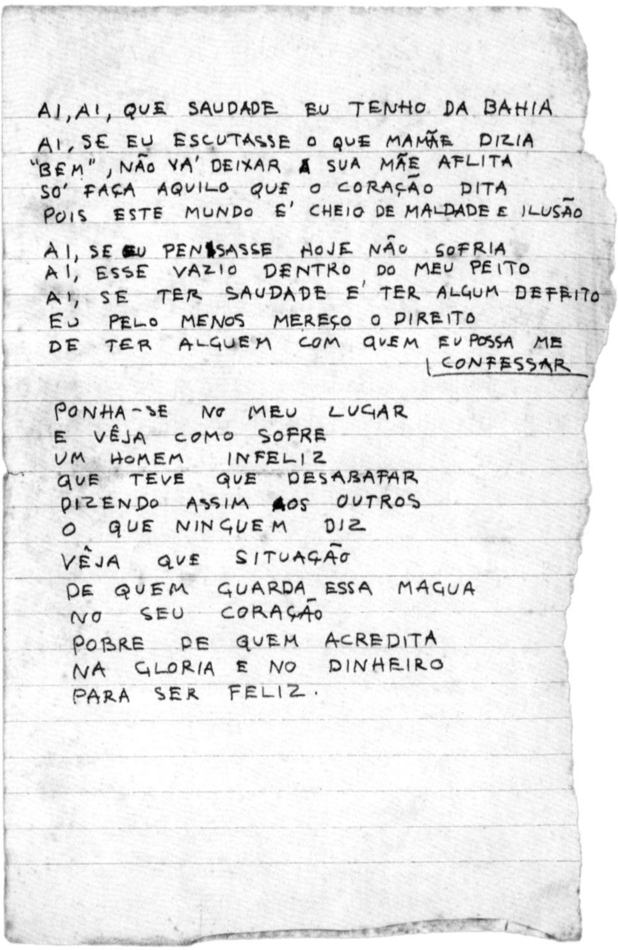

AI, AI, QUE SAUDADE EU TENHO DA BAHIA
AI, SE EU ESCUTASSE O QUE MAMÃE DIZIA
"BEM", NÃO VÁ DEIXAR A SUA MÃE AFLITA
SÓ FAÇA AQUILO QUE O CORAÇÃO DITA
POIS ESTE MUNDO É CHEIO DE MALDADE E ILUSÃO

AI, SE EU PENSASSE HOJE NÃO SOFRIA
AI, ESSE VAZIO DENTRO DO MEU PEITO
AI, SE TER SAUDADE É TER ALGUM DEFEITO
EU PELO MENOS MEREÇO O DIREITO
DE TER ALGUÉM COM QUEM EU POSSA ME CONFESSAR

PONHA-SE NO MEU LUGAR
E VÊJA COMO SOFRE
UM HOMEM INFELIZ
QUE TEVE QUE DESABAFAR
DIZENDO ASSIM AOS OUTROS
O QUE NINGUEM DIZ
VÊJA QUE SITUAÇÃO
DE QUEM GUARDA ESSA MAGUA
NO SEU CORAÇÃO
POBRE DE QUEM ACREDITA
NA GLORIA E NO DINHEIRO
PARA SER FELIZ.

Saudade diferente: manuscrito de "Saudade da Bahia", de 1958 — a primeira versão trazia diferenças com relação à letra definitiva, como: "Ai, *se eu pensasse* hoje não sofria" (que ficou: "se eu escutasse") e "Ai, *esse vazio* dentro do meu peito" (que ficou: "esta saudade"), entre outras alterações.

A história de "Saudade da Bahia" é mirabolante. O samba fora guardado a sete chaves por dez longos anos, pelo compositor (desde 1947!), que o compusera de uma tacada só, de cabeça (como era de seu estilo), numa tarde no Bar Bibi, do Leblon, se valendo de um papel de embrulho pedido no balcão, para não esquecer a letra. "Saudade da Bahia" nem sequer entrou no *Cancioneiro da Bahia*, editado naquele ano. Aloysio de Oliveira precisava de uma canção forte para ser lançada depois de "Maracangalha". Era o *drama* do sucesso, tão conhecido pelos que o alcançam: como mantê-lo? Não podiam deixar a peteca cair, argumentava o produtor com Caymmi. Quando este confidenciou ao amigo que não tinha nenhuma composição nova para oferecer, o diretor da

Odeon logo se lembrou de "Saudade da Bahia", que conhecia por seu convívio na casa do baiano. Ele resistiu o quanto pôde, mas não escapou das pressões do produtor, cujo bom gosto e faro para o sucesso eram infalíveis. O artista acabou por render-se gravando o samba em 26 de fevereiro daquele ano, num 78 rpm que trazia também a regravação de "Roda Pião", canção sobre motivo de folclore. Em maio, saiu o tão esperado disco de Caymmi — e não decepcionou. Pelo contrário...

* * *

Caymmi tinha suas razões para esconder "Saudade da Bahia". Sua melodia melancólica e sua letra confessional o desnudavam completamente. Talvez seja a música que mais o revele, daí sua resistência em mostrá-la. O fato de tê-la composto num estado de espírito — de melancolia — que sempre procurou evitar, contribuiu ainda mais para a sua decisão. Ele jamais se queixa. Tem uma disciplina interior férrea, cultivada desde os tempos da adolescência à luz de *Conservai a mocidade* — livro de cabeceira que àquela altura já havia decorado — evitando "os sentimentos marrons e negros", como indicava Dr. Victor Pauchet. Natural que se sentisse, então, envergonhado dos sentimentos — um tanto amargos — que expunha no samba, cuja força e razão do sucesso, além da integração perfeita de música e letra, se encontra na verdade e sinceridade da canção — arrisco-me a dizer. Não há quem não se identifique com "Saudade da Bahia", assim como não há — guardadas as devidas proporções — quem não se identifique com "Meus oito anos", de Casimiro de Abreu, poeta muito caro a Caymmi: "Oh! que saudades que eu tenho/ Da aurora da minha vida/ Da minha infância querida/ Que os anos não trazem mais!"... São sentimentos universais. Daí a grande empatia provocada pelos seus versos em "Saudade da Bahia":

> Ai, ai que saudade eu tenho da Bahia
> Ai, se eu escutasse o que mamãe dizia
> Bem, não vá deixar a sua mãe aflita
> A gente faz o que o coração dita
> Mas esse mundo é feito de maldade e ilusão
> Ai, se eu escutasse hoje não sofria
> Ai, esta saudade dentro do meu peito
> Ai, se ter saudade é ter algum defeito
> Eu, pelo menos, mereço o direito
> De ter alguém com quem eu possa me confessar

Ponha-se no meu lugar
E veja como sofre um homem infeliz
Que teve que desabafar
Dizendo a todo o mundo o que ninguém diz
Vejam que situação
E vejam como sofre um pobre coração
Pobre de quem acredita
Na glória e no dinheiro para ser feliz

Décadas mais tarde, num diálogo artístico que atravessa o tempo, o baiano iria homenagear Casimiro de Abreu compondo “Infância Querida”, uma marcha inédita. A canção foi feita especialmente para as come-

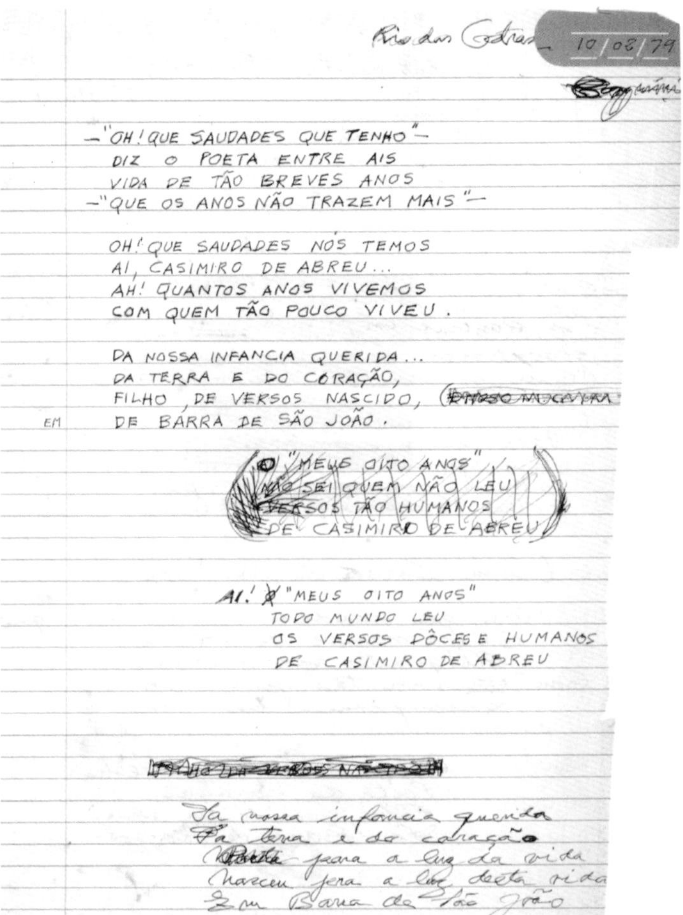
Rio das Ostras 10/08/79
Caymmi

—"OH! QUE SAUDADES QUE TENHO"—
DIZ O POETA ENTRE AIS
VIDA DE TÃO BREVES ANOS
—"QUE OS ANOS NÃO TRAZEM MAIS"—

OH! QUE SAUDADES NÓS TEMOS
AI, CASIMIRO DE ABREU...
AH! QUANTOS ANOS VIVEMOS
COM QUEM TÃO POUCO VIVEU.

DA NOSSA INFANCIA QUERIDA...
DA TERRA E DO CORAÇÃO,
FILHO, DE VERSOS NASCIDO,
EM DE BARRA DE SÃO JOÃO.

AI! "MEUS OITO ANOS"
TODO MUNDO LEU
OS VERSOS DÔCES E HUMANOS
DE CASIMIRO DE ABREU

Da nossa infancia querida
Da terra e do coração
Nasceu para a luz desta vida
Em Barra de São João

Saudade inédita: manuscrito com a letra da marcha “Infância Querida”, de Dorival Caymmi, composta no ano de 1979 em homenagem ao poeta Casimiro de Abreu.

morações em torno desse poeta extraordinário, na cidade de Barra de São João, no Rio de Janeiro, onde está a Casa de Casimiro de Abreu:

"Oh! Que saudades que tenho"
Disse o poeta entre ais
Vida de tão breves anos
"Que os anos não trazem mais"

Ai, "Meus oito anos"
Todo mundo leu
Os versos doces e humanos
Que Casimiro escreveu

Oh! Que saudade nós temos
Ai, Casimiro de Abreu
Ah, quantos anos vivemos
Com quem tão pouco viveu

Da nossa infância querida
Da terra e do coração
Nasce para a luz da vida
Em Barra de São João

Embaixadores da cultura: o jornalista dos *Diários Associados* Odorico Tavares e os cantores Dorival Caymmi e Dóris Monteiro posam na cidade de Guimarães, durante a viagem a Portugal, em 1957.

# 37.
# ALÉM-MAR

"Tem cada povo o seu fado/ Já talhado no livro da natureza"
(*Alguns poemas ibéricos*, Miguel Torga)

Numa tarde, quando visitava os escritórios dos Diários Associados, na avenida Venezuela, no Rio, Dorival foi surpreendido por um convite à queima-roupa: "Seu Caymmi, o senhor não gostaria de dar um passeio na Europa?" — disparou Assis Chateaubriand. "Dr. Assis, agora mesmo" — respondeu o compositor sem piscar. "Então o senhor vai a Portugal, vai dar um passeio, vai cantar, vai mostrar àquelas portuguesas, mostrar àquele povo lá, o que o senhor faz" — continuou Chatô. No elevador, os dois sozinhos, o papo prosseguia, com Caymmi atento às instruções de Chatô: "O senhor vai acompanhado, como o senhor sabe, dos seus amigos e vai também a nossa amiga Dóris Monteiro". Dorival, que junto com o amigo Haroldo Barbosa, quando ambos estavam na Rádio Nacional, já apreciava a jovem cantora, principalmente seu senso rítmico e segurança, apressou-se em dizer: "Ah! Vou tratá-la com o maior carinho, a maior consideração". Ao que o poderoso dono dos Diários Associados retrucou com uma risadinha maliciosa: "Em termos, Seu Caymmi, em termos...".

O compositor recorda que a viagem foi uma invenção de Chatô, que lhe deu 40 mil cruzeiros para suas despesas pessoais. Ele estava enviando uma comissão a Portugal para representá-lo na cerimônia de doutoramento de Edgar Santos, reitor da Universidade da Bahia, pela Universidade de Coimbra. Da comissão faziam parte o jornalista Odorico Tavares — diretor dos Diários Associados, em Salvador, e homem de confiança de Chateaubriand —; Antônio Carlos Magalhães (futuro prefeito, governador da Bahia e senador da República), iniciando carreira jornalística na época e assistente de Tavares; José Medeiros, fotógrafo da revista *O Cruzeiro*; além de Dóris Monteiro, que viajou acompanhada de sua mãe, e Caymmi. O prefeito de Salvador, Hélio Machado, resolveu unir-se à comitiva, tornando oficial a missão. A imprensa (parte dela pertencente a Chateaubriand) considerava a viagem muito importante para a música popular brasileira. Caymmi e Dóris tinham a missão de representá-la no

Louros lusitanos: na cidade do Porto, a bela Dóris Monteiro e o elegante Caymmi recebem homenagens na Câmara Municipal, em 1957.

Velho Mundo. Odorico Tavares, o chefe dessa simpática e informal missão artística — arquitetada pessoalmente por Chatô —, embora pernambucano de Timbaúba, exercia enorme influência intelectual nos meios cultos da Bahia, como reconhece Caymmi:

"Além de representar os Diários Associados, o que era uma responsabilidade e tanto, ele ia representando a Universidade da Bahia, a intelectualidade e o jornalismo baiano, como grande intelectual, poeta e jornalista que era. Sem ser baiano, ele acabou sendo um daqueles baianos mais firmes e seguros."

Segundo o compositor, os anos 50 foram anos de muita agitação cultural na Bahia, de muita gente talentosa, sobretudo nas artes plásticas, uma das grandes paixões de Odorico Tavares. "Ele procurou levar para a Bahia novidades, esse modernismo sadio, bonito, influência não só do seu talento pessoal. Vejo ali influência de Jorge Amado e vejo, sobretudo, a influência progressista, moderna, artística e jornalística de Assis Chateaubriand" — conclui Caymmi. Sobre uma das vezes em que esteve hospedado na casa de Tavares, o compositor escreveu para o *Flan*:

> "Odorico me levou para a sua casa. Para a intimidade dos seus Picassos, seus Rouaults, seus Portinaris, seus Pancettis, suas fotografias e para a intimidade do seu coração. Me levou para a galeria Oxumarê, para Carlos Eduardo, para o enorme Carybé e para o gigantesco Mário Cravo."

Desde o início de abril, o compositor já estava de sobreaviso para embarcar para Portugal, o que afinal aconteceu em 30 de abril, dia em que completava 43 anos. Os amigos organizaram um rega-bofe de despedida, no Country Club. Era sua primeira viagem à Europa. Saiu da comemoração presenteado com um conjunto de malas. À propósito dessa noite, Antônio Maria escreveu em sua coluna Mesa de Pista, de 2 de maio: "Caymmi esteve inspiradíssimo. Até a volta, Doriva. Que a Europa te faça o bem que todos nós desejamos". Depois de Portugal, o compositor tinha planos de conhecer um pouco mais a Europa, ir a Paris, mas seu propósito maior era uma visita especial à Itália, para um mergulho em suas raízes.

O desembarque do *Constellation* da Panair, em Lisboa, em 4 de maio, não poderia ter sido melhor. Foram recebidos pelo escritor Álvaro Lins, o embaixador do Brasil na época, e sua esposa, Heloísa. Na comitiva de boas-vindas aos recém-chegados, no aeroporto, estavam o escritor Nuno Simões, o jornalista Norberto Lopes, diretor do *Diário de Lisboa*, além de representantes de emissoras de rádio locais.

Mas nem tudo funcionou bem. Caymmi precisou driblar seus companheiros em algumas ocasiões, ao longo da viagem, em busca de privacidade. Sempre com a máxima elegância, é claro. Porém, nem sempre foi

Bodas do fado e do samba: o escritor e embaixador Álvaro Lins (de costas, junto à "noiva") celebra o "casamento" da cantora portuguesa Amália Rodrigues com Dorival Caymmi; Odorico Tavares, o "padrinho" (à direita), traz as flores. Em primeiro plano à esquerda, o prefeito Hélio Machado.

vitorioso no seu intento. Uma vez foi terrível: "Eles atrapalharam um encontro para o qual só eu tinha sido convidado" — segreda o artista, num misto de graça e contrariedade. *O Cantor das Graças da Bahia* fora convidado para jantar *tête-à-tête* com a fadista Amália Rodrigues, em casa dela, e, quando deu por si, estavam todos lá: Odorico Tavares — que interceptou o convite no hotel e foi o responsável pela operação que invadiu a casa da cantora —, Álvaro Lins, o prefeito Hélio Machado e Medeiros, o fotógrafo de *O Cruzeiro*, que, junto com Tavares, tornou o encontro público para todo o Brasil. Imagine se eles iam perder esse furo! "De brincadeira, inventaram o casamento do fado com o samba. Eu me casei com Amália e o padre era o Álvaro Lins" — completa Caymmi suas recordações sobre a noitada emocionante, com direito a cantorias, lágrimas, acepipes regados pelo mais fino vinho, mas muito diferente do que prometera.

O que ele também não previu foram os efeitos da reportagem em casa, principalmente do tal casamento de mentirinha, que deixou Stella uma fera, à espera de explicações — apesar da resposta bem-humorada ao repórter que lhe perguntou nessa mesma época se sentia ciúmes do marido: "Já tive muito. Hoje em dia não tenho mais tempo para isto". Caymmi garante que já estava em seus planos comprar em Lisboa uma belíssima corrente de ouro dos célebres artesãos portugueses da rua Aurora para presentear a esposa. É bem verdade que a lembrança veio muito a calhar quando chegou a hora de explicar sua história com a famosa fadista. "Eu não tinha problemas sobre que presentes levar, uma preocupação constante para Odorico e Antônio Carlos. Eu já tinha saído do Rio com tudo planejado e aproveitei para andar a pé e conhecer Lisboa" — explica Caymmi.

A agenda em Lisboa era extensa. Incluía cumprimentos oficiais ao presidente da Câmara Municipal da cidade, coronel Salvação Barreto; almoços vários; visitas aos museus e monumentos da capital; corrida de touros em Campo Pequeno; passeio a Queluz e a Sintra; visita a Almada e almoço no Convento dos Capuchos; visitas ao Cabo da Roca, Estoril, Guincho e Cascais, além de ida a Fátima, só para citar alguns compromissos. No Castelo de São Jorge, compareceram ao banquete oferecido pela Câmara Municipal de Lisboa, juntamente com ministros de Estado, embaixadores, outras autoridades e membros da sociedade lisboeta, entre os mais de trezentos convidados. A apresentação de Caymmi e Dóris Monteiro, após o jantar, foi aplaudidíssima. Os cantores ainda se apresentaram na televisão e fizeram um show para mais de 5 mil pessoas, no Pavilhão de Desporto. A imprensa portuguesa ficou encantada com o compositor, como se pode verificar no trecho a seguir, publicado no *Diário de Lisboa*, em 6 de maio de 1957:

> "O destino levou-nos, uma noite dessas, a um restaurante típico, onde se canta o fado. A assistência e o ambiente eram, nessa noite, invulgares, por ali se realizar uma festa em favor dos pobres de Sintra, organizada por Dona Maria Teresa de Noronha, a fadista fidalga. [...] A certa altura, alguém descobriu, entre os assistentes, Dorival Caymmi, o grande compositor brasileiro, excepcional intérprete das suas canções. Houve palmas, pedidos para que cantasse, e Dorival, de uma simpatia aliciante, fez-nos a vontade. Ouvimos sempre as canções do Brasil. Mas nunca tínhamos ouvido voz que tão bem as inter-

De bem com as rosas: Caymmi e Odorico Tavares param o carro na beira da estrada de Caldas da Rainha, em Portugal, para admirar as flores. A beleza do roseiral inspirou o baiano a compor "... Das Rosas".

prete e tão bem as transmita à nossa alma. [...] É como se o Brasil tivesse vindo até nós, na ternura e no encantamento das suas canções."

Sobre a cidade, Caymmi declarou: "Lisboa, sob muitos aspectos, lembra a minha velha cidade natal... A maneira de tratar os visitantes é também a mesma da Bahia: cordial, afável, simples". De Lisboa, foram para a cidade do Porto, onde mais uma vez Caymmi e Dóris Monteiro se apresentaram numa cerimônia discreta, só para convidados, na Câmara Municipal. Seguiram de carro para Coimbra, com Odorico evocando emocionado, a todo instante, Eça de Queiroz e citando de cor trechos dos seus romances. O compositor teve o desejo de conhecer a praia de Nazaré — o mar, sempre ele — quando passaram por Caldas da Rainha. Caymmi é quem conta: "Estive em Nazaré por questão minha. Aquela distração de praia, vendo os pescadores. As viúvas de pescadores sentam assim de preto em roda, amamentam crianças, comem ali e se recolhem à noite. Mas esperam. É o tipo da mulher de pescador. Por vezes, elas pedem ajuda. Tanto que eu tenho uma fotografia dando umas moedas a umas senhoras e não sabia que podia parecer que eu estava dando esmola, mas o Medeiros fotografou". A verdade é que Medeiros não dava folga. Ossos do ofício, afinal o fotógrafo tinha de cobrir a viagem para *O Cruzeiro*. O ilustre baiano fazia questão de usar seu boné — outra das suas manias — preto, típico dos pescadores da região, recém-adquirido no caminho. Se não compôs uma canção praieira inspirado nas cenas de Nazaré, a profusão de rosas nas encostas da estrada que passava por Caldas de Rainha produziu nele um grande impacto, que o levaria a criar parte de "... Das Rosas", música só completada na primeira metade dos anos 60.

Finalmente em Coimbra. Dorival se recorda da beleza da formalidade da cerimônia de doutoramento *honoris causa* do Dr. Edgar Santos, do coro medieval, da tradicional capa negra dos estudantes — que fizeram questão de homenageá-lo depois —, que também vestiu. O compositor dançou no tradicional baile da queima de fitas. Sua viagem ia, pouco a pouco, se tornando inesquecível. Os estudantes, festivos e boêmios, o celebraram muito. Conheceu pessoalmente o grande poeta Miguel Torga, um dos preferidos de Odorico Tavares. De volta a Lisboa, o grupo se dividiu e Caymmi, com o diretor dos Diários Associados e seu assistente, além de Medeiros e sua máquina fotográfica na cola, seguiu, em 20 de maio, uma segunda-feira, para uma próxima etapa da viagem, exclusivamente a passeio. Destino: Paris.

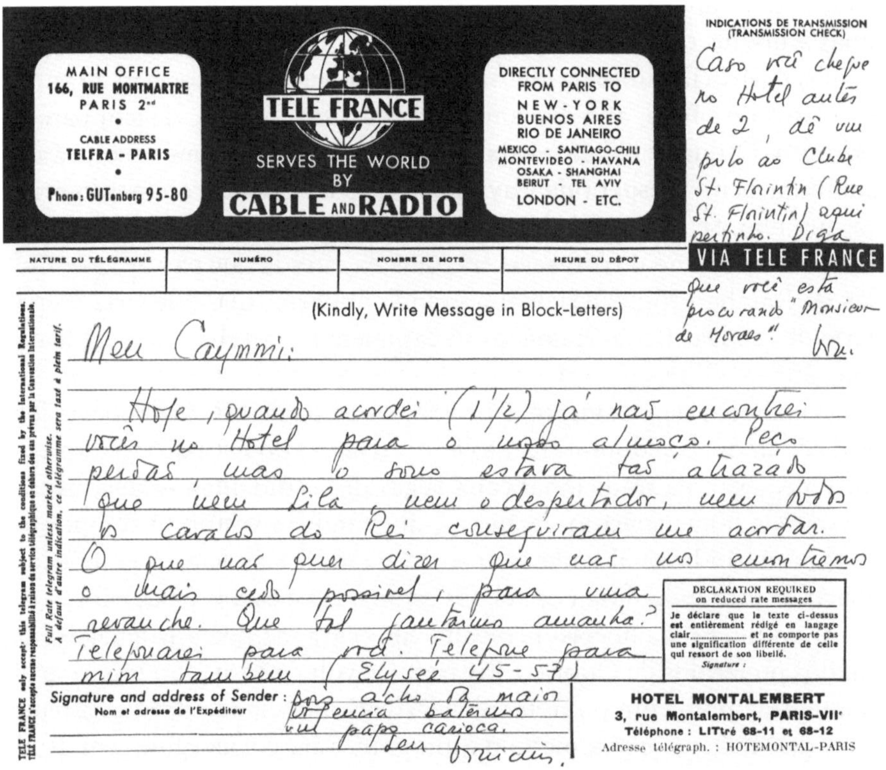

MAIN OFFICE
166, RUE MONTMARTRE
PARIS 2e
CABLE ADDRESS
TELFRA - PARIS
Phone: GUTenberg 95-80

TELE FRANCE
SERVES THE WORLD BY
CABLE AND RADIO

DIRECTLY CONNECTED FROM PARIS TO
NEW-YORK
BUENOS AIRES
RIO DE JANEIRO
MEXICO - SANTIAGO-CHILI
MONTEVIDEO - HAVANA
OSAKA - SHANGHAI
BEIRUT - TEL AVIV
LONDON - ETC.

INDICATIONS DE TRANSMISSION
(TRANSMISSION CHECK)

Caso você chegue no Hotel antes de 2, dê um pulo ao Clube St. Florentin (Rue St. Florentin) aqui pertinho. Diga que você está procurando "Monsieur de Moraes"! Vin.

VIA TELE FRANCE

| NATURE DU TÉLÉGRAMME | NUMÉRO | NOMBRE DE MOTS | HEURE DU DÉPOT |
|---|---|---|---|
| | | | |

(Kindly, Write Message in Block-Letters)

Meu Caymmi:

Hoje, quando acordei (1 1/2) já não encontrei vocês no Hotel para o nosso almoço. Peço perdão, mas o sono estava tão atrazado que nem Lila, nem o despertador, nem todos os cavalos do Rei conseguiram me acordar. O que não quer dizer que não nos encontremos o mais cedo possível, para uma revanche. Que tal jantarmos amanhã? Telefonarei para você. Telefone para mim também (Elysée 45-57)

Signature and address of Sender: Pois acho da maior urgência batermos um papo carioca. Seu Vinicius.
Nom et adresse de l'Expéditeur

DECLARATION REQUIRED on reduced rate messages
Je déclare que le texte ci-dessus est entièrement rédigé en langage clair.................. et ne comporte pas une signification différente de celle qui ressort de son libellé.
Signature :

HOTEL MONTALEMBERT
3, rue Montalembert, PARIS-VIIe
Téléphone : LITtré 68-11 et 68-12
Adresse télégraph. : HOTEMONTAL-PARIS

Encontros e desencontros com Vinicius de Moraes em Paris:
um irresistível bilhete de desculpas do amigo a Dorival — "Meu Caymmi:
hoje, quando acordei (1 1/2) já não encontrei vocês no hotel para o nosso
almoço. Peço perdão, mas o sono estava tão atrasado que nem Lila, nem o
despertador, nem todos os cavalos do Rei conseguiram me acordar [...]
acho da maior urgência batermos um papo carioca. Seu, Vinicius".

## 38.
## VOLTA ÀS RAÍZES

"Eu, como mulato, me sinto em primeiro lugar sestroso."
(Dorival Caymmi)

"Mas até aqui?" — exclamou um Odorico Tavares espantadíssimo ao constatar que no desembarque em Paris, em pleno aeroporto, já havia um mensageiro à espera de Caymmi. Tratava-se de um convite especialíssimo. Era um convite de Vinicius de Moraes que os aguardava no Elephant Blanc, um dos seus restaurantes favoritos. Naquele ano de 1957, o poeta, diplomata de carreira, que vivia desde 1953 na França, período em que foi segundo-secretário da embaixada do Brasil e fez parte da delegação do Brasil junto à Unesco, estava encerrando suas atividades naquele país. A despeito dessas credenciais, Vinicius quase provoca um "incidente diplomático" — de propósito, muito provavelmente — com a "comitiva de Chatô" no aeroporto. Samuel Wainer, inimigo mortal do dono dos Diários Associados, acompanhado de sua mulher, a jornalista Danuza Leão, fazia parte também do festivo grupo do Elephant Blanc. "Eu tinha mil razões para estar com Samuel" — conta o compositor, cuja opção profissional, depois de música e pintura, é claro, bem poderia ter sido seguir carreira no Itamaraty. Com maestria, o baiano driblou o constrangimento de Odorico Tavares, facilitando sua saída estratégica direto rumo ao hotel, recusando educadamente o convite para acompanhá-los — o que lhe renderia muitos aborrecimentos com o patrão — ao restaurante, onde Caymmi permaneceu com o grupo até às quatro da manhã, à exceção justamente de Wainer e Danuza, que estavam se retirando quando Caymmi chegou. Fora muito barulho por nada, afinal.

Quem apresentou a *Cidade-Luz* a um Caymmi encantado não foi Vinicius, de quem o baiano se desencontrou diversas vezes em sua curta temporada por ali, mas o pintor Cícero Dias. Um verdadeiro luxo. Em encontros, quase diários, além dos obrigatórios pontos turísticos, passearam pelas ruas de Paris, conversando sobre a paixão que tinham em comum, a pintura. Dias aproveitou para levá-lo a diversas exposições. Mostrou também o hotel Saint Michel, onde Jorge Amado vivera com Zélia Gattai em seu período de exílio, na rue de Cujàs, 19 — "Era um hotel muito pífio, com uma única privada por andar, e um só banheiro para todos os hóspedes tomarem banho, no tempo máximo de cinco minutos" — descreveu Zélia, que viveu com o escritor em Paris no difícil período do pós-guerra. Dias e Caymmi aproveitaram o melhor que puderam um do outro, já que o pintor vivia em Paris e, mesmo no Brasil, com a agenda atribulada de ambos, dificilmente teriam outra vez a chance de conviver com tanta liberdade.

Paris proporcionou outro encontro inesquecível. Acompanhado de Odorico Tavares e Antônio Carlos Magalhães, Dorival teve a surpresa de fã ao constatar que, na mesa ao lado da sua, num restaurante onde foram tomar uma sopa de cebola, estavam Sir Laurence Olivier e Vivien Leigh, para espanto dos três. "Ela era uma deusa!" — descreve empolgado Caymmi. Uma história e tanto para contar aos amigos na volta ao Rio, mas, infelizmente, sem fotos que a registrasse. Medeiros, na certa, achou que uma simples sopa de cebola não daria um bom caldo para as reportagens de Tavares. Ledo engano.

Quem não participou das celebrações em torno de Caymmi, na sua curta mas intensa passagem por Paris, foi Paul François, dono do Club 36 no Rio de Janeiro, e que escreveu logo depois para Caymmi consternado com o desencontro: "Todo mundo se encontrou com você, fora eu!! Uma turma de egoístas!". François se referia à turma de Vinicius, que, segundo ele, monopolizou o baiano sem que ele fosse avisado de sua chegada. Ele planejava apresentar Caymmi a Felix Maronani, empresário de Amália Rodrigues, que Caymmi não chegou a conhecer, interessado em organizar uma agenda para o compositor até outubro. François concluíra que sua estada de apenas uma semana em terras francesas fora devido à falta de dinheiro e argumentava em tom de queixa amiga, em um português razoável: "Você podia ficar aqui alguns meses sem ser preocupado de dinheiro. Havia solução para tudo, cama, comida e algumas gotinhas de cognac". Stella, se soubesse dos planos de Paul François, teria um troço. E propunha: "Lembra bem, Dorival, que, no ano que vem, nós devemos nos organizar melhor". O que ambos não imaginavam é que se passariam quase três décadas para que o baiano voltasse a pisar na França, fato que só se repetiria em 1984. Em entrevistas a jornais brasileiros, o compositor ressaltou a necessidade de difusão da música brasileira na Europa.

Caymmi, acompanhado de Odorico Tavares e Antônio Carlos Magalhães, embarcou de trem para a Itália, em busca de suas raízes. O grupo chegou a Roma em 26 de maio e no dia seguinte partiu para Veneza.

Paris é uma festa: na mesa do Club Tagada, o industrial Silveirinha (primo de Mario Reis) entre a filha e a esposa (à esquerda); Cícero Dias e a mulher (na cabeceira); o proprietário da casa, Gaby, e Dorival Caymmi — o pintor Cícero Dias, que vivia em Paris, ciceroneou Caymmi em suas andanças pela cidade, em 1957.

Nos dois dias em que visitou a cidade, o baiano passeou de gôndola, fez a clássica fotografia na Praça São Marcos, foi ao Palácio dos Doges, andou pelas ruas em meio às suas reminiscências. Recuava nos séculos visitando os museus, absorvendo tudo com seu instinto de pintor — que recusava rótulos estéticos: "Sou apenas um pintor amador despretensioso", fez questão de declarar numa entrevista à *Revista do Rádio* em 31 de agosto de 1957. Caymmi não cantou em Veneza. Como ele mesmo fez questão de dizer: "Veneza canta para a gente". E, levando saudades, chegou a Florença, em 29 de maio, onde não resistiu: "Saí sozinho no intuito de me perder pelas ruas de Firenze". Deixou Odorico e Antônio Carlos em meio às compras de presentes e encomendas de parentes e amigos da Bahia e procurou aproveitar o máximo a cidade. No fim do dia, ao dar com uma barbearia, decidiu cortar o cabelo. Abordou o italiano com um singelo "signore" e muita mímica. Foi uma realização: "Fiz tudo isso e de repente me senti tão familiarizado como se soubesse a língua, fosse italiano e tivesse vivido ali a vida inteira". Infelizmente, o tempo era curto e o dinheiro também. No dia seguinte, voltaram a Roma, onde passaram três dias, para depois regressarem ao Brasil, via Lisboa, no dia 4 de junho. Na *Cidade Eterna*, houve um episódio pitoresco envolvendo Odorico Tavares, que Caymmi, amante dos pequenos detalhes, diverte-se muito ao contar. Tavares, colecionador de obras de arte, precisava comprar um tipo especial de prego para pendurar seus quadros e fingiu se surpreender quando, antes mesmo de abrir a boca, o balconista disse "Prego". "Como ele adivinhou?" — perguntou brincando para Caymmi e Antônio Carlos, que o acompanhavam.

* * *

Na volta ao Brasil, em 2 de junho, Dorival Caymmi pôde constatar por si mesmo o êxito de "Saudade da Bahia", sucesso absoluto em todo o país. O disco era recorde de vendas em São Paulo. Só naquele ano, o samba fora gravado oito vezes — entre seus intérpretes estavam a cantora Nora Ney e Altamiro Carrilho. No ano seguinte, foi a vez do violonista Bola Sete gravá-la, havendo mais três gravações. Mas nada podia ser comparado à carta saborosíssima de Zezinho, seu amigo de infância, datada de 16 de julho de 1957:

> "A *Manchete* publicou a sua entrevista. Eu li e não comprei, porque a Damiana havia de fazer um esporro medonho, porque de vez em quando surgem pequenas reminiscências aporrinhadas que me deixam de colhões espichados, com certeza! Soube que você está um legítimo maroto — usa tamancos em casa, calças de veludo vermelho, camisa esporte e boina roxa — autêntico traje luso, será verdade?... A sua melhor composição foi sem dúvida alguma, para mim (sem modéstia), conhecedor de arte e sentimento acurado, 'Saudade da Bahia'. Você foi no âmago da turma, uma verdadeira merda de porreta, continue lançando coisas como esta, porque a sua imortalidade é inevitável, acredite."

Reiniciou, em julho, seus programas na TV Tupi. Num dos raros momentos de lazer após a sua volta, Caymmi foi, com Carybé, à badalada *Mostra de Vão Gogo*, exposição do genial Millôr Fernandes, inau-

Fontana di Trevi: Dorival Caymmi, com o então jornalista Antônio Carlos Magalhães e Odorico Tavares, em Roma, na primavera de 1957 — depois da estadia em Paris, o compositor baiano visitou o país de seu bisavô Enrico.

gurada no início de setembro, na sede provisória do MAM, no Palácio da Cultura, na rua da Imprensa, 16, onde encontraram vários amigos, entre eles a atriz Tônia Carrero, acompanhada do diretor italiano Adolfo Celi, seu segundo marido.

Carybé — na verdade Hector Júlio Páride Bernabó, pintor nascido na Argentina (a mãe era brasileira) e radicado no Brasil — conheceu Caymmi quando, de passagem pelo Rio em 1938, um amigo o convidou para ouvir um nortista de talento. "Lá estava ele, mulato, forte, bonito, com uma voz esplêndida e dono das poesias e músicas que cantava com tanto dengo e simpatia que o público delirava" — contou o pintor, que se radicou definitivamente na Bahia nos anos 50, apaixonado pela sua luz, que ele dizia não haver igual. Tinham muito em comum: o amor à Bahia, à pintura, o gosto pela safadeza. Como Dorival fez com os pincéis, Carybé contou que chegou a arriscar uns solfejos quando conheceu pessoalmente o compositor: "Um dia, na casa de Clóvis Graciano, tive a ousadia de cantar 'Noite de Temporal'. Sendo ele um rapaz muito educado e de coração morno, fingiu que eu tinha muito boa voz e eu quase morri de vergonha". A trinca Dorival, Jorge e Carybé se tornou tão forte, para eles e para os amigos mais chegados, que, pouco a pouco, se tornou símbolo da Bahia, a ponto de não se poder pensar em um sem os outros dois quando se fala da Boa Terra. São patrimônios baianos e brasileiros, temperados no mais fino dendê. É de se lamentar quando alguns insistem em considerar Carybé um pintor regional, no sentido pejorativo do termo, diminuindo o valor desse artista imenso. Afinal, nada mais regional que Dorival Caymmi (e não menos universal!), não é mesmo? Explica Nancy Bernabó, esposa do pintor:

> "É difícil classificar Carybé porque se ele tem telas impressionistas, também as tem expressionistas. Era muito original. Um grande desenhista e escultor também. Mas o que mais gostava de fazer era mural, porque todo mundo vê. Isso, sem mencionar as pesquisas sobre o candomblé. A verdade é que ele e Pierre Verger viram coisas na Bahia que ninguém viu. Carybé fez muito pela Bahia. Recebeu vários convites para ficar em Nova York, mas não quis, para o meu desespero, que pensava no futuro das crianças. A Bahia, para Carybé, era uma fixação."

O compositor lançou, na esteira do sucesso de "Maracangalha" e "Saudade da Bahia", o LP *Eu Vou Pra Maracangalha*, no qual, além dos dois sambas, gravou pela primeira vez "Acontece Que Eu Sou Baiano" — até então só havia a gravação dos Anjos do Inferno, de 1944 — e "Vatapá", entre outras regravações. A capa é uma caricatura do baiano feita pelo grande desenhista Lan.

Aproveitou uma ida a São Paulo e adquiriu na cidade de Marília, por 12 cruzeiros, a famosa maleta amarela — "era muito feia, com a cor do Requeijão Mococa", explica o baiano —, onde guardava tudo que é bugiganga que se pode imaginar: mimos de amigos, canetas, canivete, anéis, relógios, chaves, medida do Senhor do Bonfim. O Requeijão Mo-

Pondo a conversa em dia: Dorival, Stella, Vera e Radamés Gnattali tomam um chope no Lucas, no Posto 6, no Rio de Janeiro.

coca tinha um tom amarelo meio indefinido e feio. Caymmi adora maletas e bolsas. "As pessoas constroem verdadeiras fantasias sobre o conteúdo da minha maleta. Tem quem pense que eu carrego rios de dinheiro aqui dentro" — diverte-se o compositor. A maleta suscitaria dali em diante várias reportagens e até programa de televisão dedicado a ela.

Quando estava no Rio, Caymmi era assíduo frequentador do botequim que ficava na esquina das ruas Francisco Sá e Bulhões de Carvalho, em Copacabana. Nada podia ser mais carioca que o Bar dos Caixotes. Caymmi explica: "O bar não tinha nome. Como não tinha onde sentar, as pessoas se acomodavam nuns caixotes que tinha por ali. Alguém um dia deu o nome de Bar dos Caixotes e pegou". Não só o compositor, mas Radamés Gnattali, Antônio Maria, Paulo Mendes Campos, Luiz Jatobá, Fernando Lobo, Lúcio Rangel estavam sempre por ali. Uma lista de frequentadores capaz de fazer inveja a qualquer relações públicas da mais fina casa noturna. O dono, conhecido como Careca, era um português que trabalhara antes no Bon Marché, restaurante que ficava na esquina da rua Siqueira Campos com Nossa Senhora de Copacabana, e arrastou toda essa rapaziada para o seu bar. "O Careca fiava a despesa e ainda perguntava ao cliente, quando era do peito, tipo Rubem Braga: '*Tás* com cara de quem está duro. Queres levar algum?', e passava o dinheiro. Ele nunca levou porrete de ninguém. O sujeito sempre voltava e pagava. Foi na época em que surgiu o Mansion House, o primeiro whisky nacional que dominou o mercado" — relata saudoso o baiano, consciente de que essa época passou.

Teve uma oportunidade rara. No dia 27 de novembro, uma terça-feira, Dorival Caymmi compareceu a um almoço para Louis Armstrong, em temporada no Brasil, oferecido por Juscelino Kubitschek, no Palácio das Laranjeiras. Para cumprimentar o famoso jazzista americano, lá estava a nata da música brasileira: Ary Barroso, Lamartine Babo, Braguinha, Pixinguinha, Humberto Teixeira, Ataulfo Alves, Herivelto Martins, Fernando Lobo e Sivuca.

Em dezembro, Caymmi levou Stella e os filhos Nana, Dori e Danilo — então, com 17, 15 e 10 anos, respectivamente — a Salvador para passarem as férias escolares. Hospedado no Hotel da Bahia, revelou ao repórter do *Diário de Notícias* que seu último LP, *Caymmi e o Mar*, recém-lançado pela Odeon, com suas canções praieiras, se chamaria inicialmente *O Homem e o Mar*, mas mudou o título por achá-lo pretensioso, por causa da sua semelhança com *O velho e o mar*, famoso livro de Hemingway. Com arranjos de Leo Peracchi, gravou *História de Pescadores*, constituído de cinco canções inéditas ("Canção da Partida", "Adeus da Esposa", "Temporal", "Cantiga da Noiva" e "Velório"), que Aloysio de Oliveira insistiria em chamar de *Suíte de Pescadores*, título que o compositor não gosta pela mesma razão, era pretensioso demais. *História de Pescadores* — verdadeira obra-prima — vem como história narrada. O compositor veste a pele de um velho pescador que conta a vida dos pescadores com a participação das cantoras Sylvia Telles, Lenita Bruno, Odaléa Sodré Fernandes e Consuelo Sierra. O belo texto de apresentação é assinado por Fernando Lobo. Sobre Caymmi escreveu: "Cumpriu o destino que o mar lhe impôs e seguiu rumos e terras, sem deixar nem se esconder de seu mar amigo". Para quem imagina que a foto da capa, feita por Otto Stupakoff, traz Caymmi em alguma praia de Salvador, saiba que o mar que o baiano está contemplando com ar meditativo é o mar da avenida Niemeyer, no Leblon. Passou as festas de final de ano com a família, e fez duas apresentações na boate do Hotel da Bahia — anunciado pomposamente como *O Cantor Supremo dos Mares da Bahia* —, nos dias 11 e 12 de janeiro de 1958. Apresentou-se num jantar oficial em homenagem ao embaixador inglês, Sir Geoffrey Harrison, em que Antônio

Gênios da raça: em novembro de 1958, Dorival Caymmi foi a um almoço de homenagem a Louis Armstrong, em temporada no Brasil, oferecido por Juscelino Kubitschek no Palácio das Laranjeiras.

Balbino, o governador da Bahia, presenteou Lady Harrison com uma "rica pulseira de balangandãs". Os balangandãs rendiam.

Enquanto o artista estava cumprindo sua agenda profissional na Bahia, o compositor e parceiro Antônio Almeida, com o apoio da UBC, estava tomando severas providências contra a gravação de "Engole Ele, Paletó", composição de J. Audi, pelo Trio de Ouro, sucesso na época. O samba carnavalesco era plágio deslavado de "O Que É Que Eu Dou?", de Caymmi e Almeida, gravado por Jorge Veiga em 1947. No fim do mês de janeiro, o baiano recebeu um telegrama pedindo uma procuração sua para dar início à busca e apreensão do disco. Edigar de Alencar, em seu livro *O carnaval carioca através da música*, quando menciona "Engole Ele, Paletó" e seu autor J. Audi, assinala o samba como sendo de autoria discutida.

O ano começava mal. Ainda na Bahia, Caymmi soubera que Almirante, seu velho amigo, havia sofrido um derrame e perdera a fala. Menos de um mês depois, no dia 10 de fevereiro, o baiano, já de volta ao Rio de Janeiro, perdeu José Pancetti, outro amigo queridíssimo. O pintor, que sofria de câncer no estômago, morreu prematuramente, aos 56 anos. O maior colecionador dos quadros de Pancetti era Odorico Tavares, outro grande amigo do pintor, que presenteara Dorival com uma belíssima marinha.

Além de Pancetti, Caymmi perdeu o amigo Assis Valente e o país ficou sem um dos seus maiores compositores, no dia 10 de março daquele ano. Dias depois, o *Correio da Manhã* (16 de março de 1958) publicou a seguinte história, envolvendo Assis e Dorival, que confirmou ter sido exatamente como foi noticiada:

> "Assis Valente gravou, às vésperas do suicídio, o samba 'Lamento', sua última composição. Como alguém insinuasse que lembrava certa música de Caymmi, Assis fez questão de procurar Caymmi solicitando uma opinião que lhe deixasse a consciência em paz. Caymmi ouviu a música e não achou nada semelhante. Assis Valente gravou a música e horas depois se despediu da vida."

Era comum na imprensa da época noticiar que o compositor havia gravado quando na verdade era sua música que havia sido gravada por um cantor ou cantora. No caso da nota acima, não foi Assis Valente quem interpretou "Lamento", mas Jairo Aguiar. A música de Caymmi pivô da preocupação de plágio — que não se confirmou — era "Saudade da Bahia".

Mas o ano não foi só de perdas; 1958 foi também o ano dos grandes encontros. Em agosto, foram lançados juntos o romance *Gabriela, cravo e canela*, de Jorge Amado — que até o final do ano venderia 50 mil exemplares, uma façanha e tanto, tornando-se o acontecimento literário do ano —, e o LP *Canto de Amor à Bahia e Quatro Acalantos de "Gabriela, Cravo e Canela"*, de Jorge Amado com ilustração musical de Dorival Caymmi. O LP saiu pela gravadora Festa, de Irineu Garcia. Na capa, a foto de Pierre Verger, etnólogo francês, definido décadas mais tarde por Jorge Amado como "personagem múltiplo, cientista, professor universitário, ensaísta, fotógrafo, aristocrata, repórter, feiticeiro da linha de Ifá, Fatumbi na África, Ojuobá na Bahia". Mais uma vez o texto da contracapa, assinado por Caymmi, saiu na verdade da simbiose costumeira: mais de Jorge que de Caymmi. A preguiça do compositor certamente obrigava Jorge a tomar a frente de tudo. O lançamento no Rio, concorridíssimo, com ambos autografando juntos, foi na Livraria São José, pres-

*Canto de Amor à Bahia*: Jorge Amado e Caymmi se reuniram na realização deste disco, lançado em 1958 — a foto da capa é de Pierre Verger.

tigiado por Gilberto Freyre, Di Cavalcanti, Manuel Bandeira, Marques Rebelo, Oscar Niemeyer, além do cineasta francês Marcel Camus, entre muitos amigos e personalidades.

O inquieto Aloysio de Oliveira, por sua vez, não sossegou enquanto não promoveu o encontro musical do ano, que resultou no disco *Ary Caymmi — Dorival Barroso — Um Interpreta o Outro*, lançado em outubro pela Odeon. O projeto foi inteiramente concebido por Oliveira. A verdade é que os dois artistas nem sequer se encontraram no estúdio — segundo Caymmi, por causa da concorrida agenda de Ary — ao gravarem o disco, entre junho e julho de 1958, apesar de o produtor escrever na contracapa: "Infelizmente, o disco não grava a luz para que pudéssemos oferecer a você essa memorável cena". Exageros do marketing. "Deixei eles correrem com o negócio. Se houvesse interesse do Aloysio em juntar os dois no estúdio, eu toparia, mas estavam todos muito ocupados" — lembra o baiano. Para Caymmi o encontro de ambos em disco teria sido completo caso tivessem gravado ao menos uma música juntos. E completa: "Talvez eu cantasse 'Tu', de que eu gosto tanto, com Ary ao piano".

A capa é hilária, com Ary de chapéu de palha, descalço, calças arregaçadas e uma vara de pescar na mão — o pescador improvisado —, e Caymmi agachado, ao lado, vestido com a camisa do Flamengo (de cujo time Ary era torcedor doente), com pinta de jogador. A foto, de Francisco Pereira, foi feita nas pedras da praia do Russel, no Flamengo, com o belo cenário da Baía de Guanabara e o Pão de Açúcar ao fundo.

Outra ideia genial de Oliveira foi cruzar os nomes dos dois artistas no título de modo a resolver o dilema de quem viria primeiro. "Sendo Ary um veterano, eu não via o menor problema do nome dele vir primeiro. Mas Aloysio teve essa ideia inspirado num cartaz que viu nos Estados Unidos" — explica o compositor baiano. O produtor advertiu o ouvinte na contracapa: "Você também poderá observar uma ligeira dose de humor entre os dois, quando Ary injeta algumas passagens *barroseanas* e vice-versa". Ary — ao piano — gravou "Lá Vem a Baiana", "Maracangalha", "João Valentão", "Marina", "Dora" e "Nem Eu". Caymmi, por sua vez, cantou "Risque", "Por Causa Desta Cabocla", "Na Baixa do Sapateiro", "Maria", "Inquietação", "Tu". Uma mostra dessa passagem *barroseana* acontece, por exemplo, no final de "Dora", com citação de "Dorinha, Meu Amor", de José Francisco Freitas. Em "Tu", é a vez de Caymmi, quando a letra fala em mar ("a grandeza do mar"), injetar um trecho de "O Mar", de sua autoria.

Só temos de louvar a iniciativa de Oliveira, que permitiu a rara oportunidade de ouvir Caymmi interpretar outro compositor. Se ainda restassem dúvidas sobre o baiano ser um grande cantor, o LP vinha derrubá-las de vez. As interpretações que ele dá a "Inquietação", "Tu" e "Maria" são eternas. Mas o violonista Dorival Caymmi não fica atrás. A ponto de Didi (Oswaldo Cruz Vidal), produtor musical e violonista, na primeira vez em que escutou o LP, pensar que o baiano estivesse acompanhado do violão de Dino Sete Cordas. "Sempre fui conhecido como *Caymmi e Seu Violão*" — explica o compositor, orgulhoso com a comparação. E revelou ao extasiado Didi que seu violão estava afinado do modo tradicional. Não havia nenhum segredo, só talento.

A propósito de Ary Barroso, Dorival tem uma história com ele que quase acabou na polícia. Ele mesmo é quem conta:

> "Cheguei de madrugada, na esquina da Belfort Roxo com Barata, perto da minha rua, Felipe de Oliveira, cheirando a per-

fume de mulher e temia Stella me flagrar. Vi aberto o Bar Grego, em que nunca tinha entrado, suspeito. Queria lavar as mãos, a cara, ver se tinha mancha de batom. E vi Ary Barroso, de porre, no colo de uma piranha, com mais quatro na mesa. O *crooner* da orquestra da boate do Hotel Plaza, preocupado com Ary, que não podia dirigir naquele estado, me pediu ajuda. Fomos arranjar um táxi para tirá-lo dali. Levei-o e o entreguei a Ivone, no Leme, onde é hoje a Ladeira Ary Barroso."

Enquanto Caymmi estava resolvendo o que fazer com Ary, pediu um conhaque. Não viu quando Stella — avisada por uma rede de informações informal — chegou com Darci, irmão de Alda, que trabalhava para eles, e sem lhe conceder sequer o benefício da dúvida, deu-lhe uma porrada. "Ganhei aquele sopapo" — confirma Caymmi daquele jeito manso-sonso. Para agravar ainda mais a situação, a garrafa de conhaque voou e acertou uma das *moças*. Estava armada a confusão. Um policial, que estava na casa e conhecia a mulher de Caymmi, apressou-se em aconselhar: "Dona Stella, sai do flagrante. A senhora feriu a moça". A casa era suspeitíssima e Stella tratou de sair dali rapidamente. E Caymmi, por sua vez, tratou de levar Ary embora para Ivone e se preparar para a difícil volta para casa.

Com toda essa confusão, nem deu tempo de o baiano convidar Ary para assistir a um musical em sua homenagem. *Peguei um Ita no Norte* foi uma tentativa bem-intencionada de realizar uma comédia musical com base no universo de Caymmi e aproveitar sua maré de sucesso. A peça foi idealizada por Maurílio Castro e coreografada por Nina Virchinina. As músicas, claro, eram todas de Caymmi. Os arranjos eram de Leo Peracchi e a direção musical de Carlos Monteiro. Até Paulo Francis, na *Revista de Espetáculo*, apostava na peça: "A tentativa de Maurílio pode vir a ser uma revolução de gosto e mentalidade na Praça Tiradentes", prevendo uma *Broadway Carioca*. A despeito de todas as expectativas, o musical foi um verdadeiro fracasso. O roteiro ainda contou com a revisão criteriosa de Haroldo Barbosa, mas não havia como salvar algo tão ruim. Estreou dia 25 de abril de 1958, no Teatro Recreio, para sair de cartaz poucos dias depois. Sem saber o que tinha acontecido, Caymmi telefonou para o teatro na intenção de levar uns amigos para ver o espetáculo. "O Ita naufragou!" — foi a resposta debochada que o compositor, espantado, escutou da bilheteira.

"P.S. — Caymmi também acha": a contracapa do histórico LP *Chega de Saudade*, de João Gilberto, lançado em 1959, com o texto de Tom Jobim — bossa nova com o aval de Dorival.

# 39.
# TRÊS SAUDADES

"Quem canta, seus males espanta."
(*Dom Quixote*, Cervantes)

Dorival Caymmi estava no auge do sucesso. Disso ninguém podia duvidar. A década de 1950 lhe fora pródiga. Compôs muito — considerando-se seu ritmo de ourives, é claro — e ao longo de dez anos teve praticamente todas as suas canções consagradas pelo público, unindo sucesso à qualidade inegável de suas composições. Mais. Como adiantei alguns capítulos atrás, além das canções praieiras e seus sambas de inspiração tipicamente baiana — que por si só representam uma página de ouro na música brasileira —, teve fôlego e engenho para lançar-se numa fase que os pesquisadores cunharam de "urbana", em que compôs sambas-canção com ricas e complexas harmonias, que lançaram as bases da chamada moderna música brasileira. Jamais se permitiu fazer uma música de qualidade inferior. Se o fez, fez questão de esquecer. Jogou no lixo da memória e não mostrou a ninguém. "Saudade de Itapoã", "A Lenda do Abaeté", "Saudade" (em parceria com Fernando Lobo), "Nunca Mais", "E Eu Sem Maria" (com Alcir Pires Vermelho), "Não Tem Solução" (com Carlinhos Guinle), "Nem Eu", "Sábado em Copacabana" (com Carlinhos Guinle), "João Valentão", "Quem Vem Pra Beira do Mar", "Maracangalha", "Só Louco" e "Saudade da Bahia" embalaram toda uma geração, aí incluída a futura geração de músicos que Caymmi assistiria nascer.

Essa enumeração, o leitor irá notar, não está aqui por acaso. De "Saudade de Itapoã" a "Saudade da Bahia" temos um ciclo de dez anos, iniciado e encerrado com saudade. Não é curioso? E eis que, da ânsia de renovação de uma geração que vinha surgindo, da sua urgência do novo, e em total consonância com o ciclo vital de que a cultura faz parte, nasce um grito manso, mas não menos poderoso, que dizia "Chega de Saudade"! Não porque tudo estivesse ruim, ou porque a geração anterior estivesse em decadência. Mas quando tudo parece estar pronto, paradoxalmente, é chegada a hora de renovar. É natural que novas gerações rejeitem modelos acabados, fechados, asfixiantes. E, neste caso, essa renovação viria primordialmente de outro baiano, criador da bossa nova. Com a palavra, Jairo Severiano:

> "A bossa nova se caracteriza pelo canto intimista, a letra sintética, despojada, o emprego de acordes alterados e, sobretudo, um extraordinário jogo rítmico entre o violão, a bateria e a voz do cantor. Responsável por este jogo rítmico, João Gilberto assumia assim de imediato um papel destacado do trio — completado pelo compositor Tom Jobim e o poeta Vinicius de Moraes — que, criando a bossa nova, alteraria de forma irreversível o curso de nossa música popular. Apenas com Tom e Vinicius teríamos certamente uma música moderna, sofisticada, renovadora, mas que não seria o que se chamou de bossa nova."

Tom Jobim, em seu *songbook*, em depoimento a Almir Chediak afirmou, em outras palavras, a mesma coisa que Severiano:

> "Não fosse João Gilberto a bossa nova jamais teria existido. Nos anos 50 vinham acontecendo grandes mudanças na música popular brasileira: harmonia, letra, melodia etc... Mas João foi a espoleta, o estopim que detonou a bossa nova."

A bossa nova surgiu no momento em que Dorival Caymmi encerrou o ciclo do seu papel inovador na música popular. E, como muito bem assinalou Antonio Risério, "com Caymmi, a inovação nunca teve um caráter traumático (como aconteceu com João Gilberto...)". Aquele foi o momento em que Caymmi, e com ele toda uma geração que até ali dominara os cânones da música brasileira, passou o bastão para uma nova geração que trazia uma nova forma de compor, de cantar, de tocar. Para quase toda essa geração anterior, foi sem dúvida um momento traumático. Com "Chega de Saudade" tudo mudava inexoravelmente. O samba fora gravado pela primeira vez, em abril de 1958, por Elizeth Cardoso, no LP *Canção do Amor Demais*, pelo selo Festa, todo dedicado ao repertório de Tom e Vinicius. Nele, "Chega de Saudade" e "Outra Vez" vêm com o decisivo e genial acompanhamento de João Gilberto ao violão, mas ainda cantado em estilo "operístico", fruto da influência da escola italiana por aqui. Não haveria mais volta, como o tempo se encarregaria de demonstrar. O samba, gravado pelo próprio João Gilberto, em 10 de julho de 1958, num 78 rotações (com "Bim-Bom", de sua autoria, no lado B), apontou uma direção para uma geração ávida de novos rumos e novas sonoridades, inaugurando oficialmente o movimento.

Dorival Caymmi lembra o dia em que passou na Odeon e Aloysio de Oliveira o chamou. "Ouve isso aqui" — disse ao baiano, botando *Chega de Saudade*, que ainda não fora lançado, no toca-disco. "Aloysio olhava para a minha cara esperando que eu adivinhasse quem era o cantor" — relembra o compositor. E continua: "Eu não consegui reconhecer aquela voz, mas achei o camarada um fenômeno". Era João Gilberto, o Joãozinho do grupo Garotos da Lua, que ele conhecia e apresentara a Aloysio, mas nunca escutara antes num número solo. "Aloysio, você descobriu uma mina de ouro!" — exclamou Caymmi. Sobre o disco *Canção do Amor Demais*, analisou: "O João naquele disco está fazendo de boca um som de trombone misturado à orquestra. Ninguém percebeu que ele fazia aquela picardia. Se sente o ritmo, a modificação do ritmo. Foi um ponto de partida".

Não era problema para Caymmi absorver aquela novidade — o que não significa que fosse compor bossa nova —, como foi para muitos, presos ao formato tradicional do samba. Muitas das suas canções apresentavam dissonâncias, acordes alterados, harmonias modernas comuns àquele gênero. Não são poucos os que o apontam como um dos precursores da bossa nova. "Quem faz 'Só Louco', já faz bossa nova" — o próprio Caymmi reconhece. Amante do jazz, desde a adolescência na Bahia, empolgou-se com a modernidade da proposta estética, muito influenciada pelas novas harmonias do *cool jazz* e do *bebop*. Tom Jobim tanto sabia disso que não se fez de rogado em acrescentar um "Caymmi também acha" no *post scriptum* da sua apresentação do jovem baiano ("João Gilberto é um baiano bossa-nova de 27 anos. Em pouquíssimo tempo influenciou toda uma geração..."), na contracapa do LP *Chega de Saudade*, lançado em março de 1959 — depois do sucesso do seu segundo 78 rpm, que trazia "Desafinado", de Tom e Newton Mendonça, e "Hô-Ba-La-Lá", de sua autoria. Ficava claro o apadrinhamento de Dorival Caymmi, que literalmente assinava embaixo as palavras de Jobim, responsável pelos arranjos do disco. Se a bossa nova rejeitava os padrões estéticos da geração imediatamente anterior, não radicalizava. Prova disso é o próprio João Gilberto gravar, em seu primeiro LP, "Rosa Morena", de Caymmi; "Morena Boca de Ouro" e "É Luxo Só", de Ary Barroso (esta última em parceira com Luiz Peixoto); e "Aos Pés da Cruz", de Marino Pinto e Zé Gonçalves, sinalizando a fonte que o abasteceu desde Juazeiro, na Bahia.

Sem falar na sua admiração por Assis Valente, que ficaria evidente logo a seguir. Não era um rompimento, mas a exploração de novas possibilidades do samba. "Rosa Morena" é uma prova disso. Sobre ela, João Gilberto teceu palavras reveladoras, em entrevista ao jornalista Tárik de Souza (*Veja*, 12 de maio de 1971):

> "Uma das músicas que despertaram, que me mostraram que podia tentar uma coisa diferente foi 'Rosa Morena', do Caymmi. Senti que aquele prolongamento de som que os cantores davam prejudicava o balanço natural da música. Encurtando o som das frases, a letra cabia certa dentro dos compassos e ficava flutuando. Eu podia mexer com toda a estrutura da música, sem precisar alterar nada. Outra coisa com que eu não concordava eram as mudanças que os cantores faziam em algumas palavras, fazendo o acento do ritmo cair em cima delas para criar um balanço maior. Eu acho que as palavras devem ser pronunciadas da forma mais natural possível, como se estivesse conversando. Qualquer mudança acaba alterando o que o letrista quis dizer com seus versos. Outra vantagem dessa preocupação é que, às vezes, você pode adiantar um pouco a frase e fazer às vezes com que caibam duas ou mais num compasso fixo. Com isso, pode-se criar uma rima de ritmo. Uma frase musical rima com a outra sem que a música seja artificialmente alterada."

"João Gilberto é um sujeito ardiloso" — resumiu Caymmi, comentando a entrevista, décadas depois. E completou: "Sem querer ser sabichão, que eu não sou, mas são aquelas esperas, 'Rosa' [canta], ele deixa a zona vazia para botar o molho. Dá para fazer vinte rotações de bunda nesse pedaço vazio. E João Gilberto é um ourives do espaço vazio, que obriga todo mundo a querer encher o tempo, essas bobagens. Ele não brinca com isso. O espaço vazio ele deixa para você. Para você construir, sentir, gozar. Ele deve ter achado a ourivesaria do negócio. Ele está atento, é perigosíssimo. O João não tem ouvidos, ele tem outros aparelhos. É um mistério".

Até 1964, João Gilberto voltaria a cantar Caymmi, gravando "Doralice" (parceria com Antônio Almeida) — lançada no Brasil, pela Odeon (1960), e nos Estados Unidos, pela Verve (1964), no disco *Getz/Gilberto*, com o saxofonista Stan Getz —, "Samba da Minha Terra" e "Saudade

*Una creazione di João Gilberto*: partitura da versão italiana da composição de Dorival, revisitada pelo violão de João Gilberto. Sobre essa canção, João diria: "Uma das músicas que despertaram, que me mostraram que podia tentar uma coisa diferente, foi 'Rosa Morena', do Caymmi".

da Bahia". Não é difícil entender por que Caymmi prefere as interpretações de João Gilberto às suas. Na interpretação de João, ele vê o mesmo apuro que ele próprio tem ao compor. Vale a pena reproduzir o que Caymmi pensa a respeito:

> "Já o João Gilberto é o homem das criações totais. O que eu posso dizer é que gostaria de ter gravado minhas músicas como ele cantou. Aquela maneira à meia-voz, quase como um instrumento. Fazia um trombone afinadíssimo. É um tipo de canto sem artifícios. Imagine que uma vez ele chegou a me te-

lefonar para perguntar se estava certa a sua interpretação de 'Saudade da Bahia'."

O que muita gente não sabe é que se João tinha amplas afinidades com Caymmi, não o tinha menos com sua mulher Stella, a quem adorava. Com ela, tinha rara intimidade, em se tratando de João Gilberto, que cultiva até hoje um estilo bicho do mato, ou eremita, se preferirem. "Ele me procurava para fazer confidências. Eu o incentivava bastante. Às vezes me ligava às três da madrugada. E dizia: 'Canta, Stella, eu gosto muito da sua voz, é um crime você não cantar'" — relembra a mulher de Caymmi, que pode se orgulhar de ter recebido um elogio desse calibre. Certa madrugada, tiveram o seguinte diálogo:

— Stella, eu tenho um show no Tijuca Tênis Clube, mas eu não vou — falou mansinho João Gilberto.

— João, você assinou um contrato com eles? — perguntou Stella, paciente.

— Assinei — respondeu o baiano.

— Eles vão te pagar? — perguntou Stella, estrategicamente levando João para onde ela queria chegar.

— Vão — disse João.

— Então, João, você tem de ir, meu filho. Você assinou contrato, eles vão te pagar, você não pode fazer uma coisa dessas, João. Não tá certo — admoestou Stella.

— Você acha mesmo, Stella? — ainda questionou o cantor.

— Acho — respondeu Stella com autoridade. E quem a conhece sabe da sua força.

Enfim, João foi convencido a fazer o show. Melhor para o Tijuca Tênis Clube e seu público. E ponto para Stella. Há pouco tempo, ao perguntar a João Gilberto qual a sua cantora preferida no mundo, ele não titubeou: "Stella Maris. Ela canta lindo, lindo. Eu já disse isso para ela. Na época, eu implorava para Stella voltar a cantar".

É preciso falar de Tom Jobim para completar a tríade central da bossa nova e sua relação com Caymmi. O compositor Marino Pinto, à época presidente do Conselho Deliberativo da SBACEM, foi quem apresentou Jobim ao baiano, que havia se transferido para aquela sociedade, e costumava participar, sempre que podia, das suas sessões. Foi na informalidade do Café Simpatia, na avenida Rio Branco, que Caymmi conheceu "um rapaz magro de roupa clara, sem gravata" com quem viria a conviver na Odeon, onde Jobim ocupou o cargo de diretor-artístico, entre 1956 e 1958, ajudando Aloysio de Oliveira. O baiano pôde tomar contato com o talento do compositor carioca — antes de conhecê-lo pessoalmente — quando assistiu, levado por Paul François, dono do Club 36, a *Orfeu da Conceição*, peça de Vinicius de Moraes musicada por Jobim, encenada no Teatro Municipal. Saiu impressionadíssimo. Quando iniciaram as conversações para levar *Orfeu* ao cinema — que se chamaria *Orfeu do Carnaval* no Brasil, e *Orfeu Noir* no resto do mundo —, Caymmi foi procurado por Marcel Camus e Sacha Gordine, respectivamente diretor e produtor do filme. Eles queriam uma trilha musical inteiramente nova para a versão cinematográfica e convidaram o compositor para fazer uma canção inédita para a abertura do filme. "Eu respondi que já tinha uma música muito boa. Disse claramente que as canções da peça eram as certas" — lembra Dorival. Para Jairo Severiano, o interesse não era só musical. Pretendiam faturar com a edição das músicas. O compositor tem outra versão: "Talvez por acharem melhor usar meu nome que o do Tom, que ainda era pouco conhecido. Eu recusei, é claro, mas nunca contei para o Tom". Bem fez o baiano que não se meteu em time vencedor. No final das contas, "A Felicidade" (Tom e Vinicius) e "Manhã de Carnaval" (Antônio Maria e Luís Bonfá) foram as canções que mais se destacaram na trilha e ganharam o mundo. A afinidade que sentiam um pelo outro era explicada pela música que faziam. Musicalmente, Jobim tinha motivos de sobra para a atração que sentia pela obra do baiano: "Caymmi passou a empregar notas de sexta e sétima maiores nos acordes menores, imprevisíveis modulações de meio-tom, coisas que ninguém usava na época".

Sobre esse período e a importância de Caymmi, Chico Buarque de Holanda analisa: "Por ser um movimento revolucionário, a bossa nova recusou muita coisa. Recusou Noel, Ataulfo Alves, os grandes da música brasileira. E não podia recusar Caymmi. E quando Caymmi gravou com Tom, pronto, ficou evidente o porquê. E em *Chega de Saudade*, naquele prefácio em que Tom escreve 'Caymmi também acha', é um pedido do aval de Caymmi para o que estava sendo feito ali".

Enquanto isso, a bossa nova se alastrava, sobretudo nos meios urbanos, mais precisamente no Rio de Janeiro, em reuniões musicais em casas da Zona Sul carioca, com jovens talentos como Carlinhos Lyra, Ronaldo Bôscoli, Roberto Menescal, Nara Leão, entre outros. Sem falar em Johnny Alf, João Donato e Newton Mendonça, que já podiam ser ouvidos na noite do Rio. Eram jovens fartos da dramaticidade dos sambas-canção reinantes e do bolero, seu primo-irmão, desembarcado por aqui em meados da década de 40. Não se identificavam com a estética do sentimentalismo rasgado, o culto à fossa em letras como "afogue as saudades nos copos de um bar", de "Risque", clássico de Ary Barroso, menos ainda com as desventuras de amor descritas em "Ninguém Me Ama", sucesso de Antônio Maria e Fernando Lobo. Queriam algo mais leve, e o baião de Luiz Gonzaga e Humberto Teixeira, que reinava na época, com sua incrível vitalidade, não satisfazia às aspirações de uma juventude sofisticada e urbana. Talvez se encontre aí — afora os experimentalismos de João Gilberto — a explicação, ou uma parte dela ao menos, da incorporação de Dorival Caymmi ao movimento. Apesar de colecionar clássicos do samba-canção, seu espírito alegre e brejeiro não o deixava compor nada excessivamente derramado. Mesmo em letras como "Nunca mais vou querer os seus beijos" ("Nunca Mais") ou "Só louco amou como eu amei" ("Só Louco"), preserva uma boa dose de autocrítica e não chega a exigir a total embriaguez do desesperado amante. Mesmo assim ele não era unanimidade: "Aprendi violão tocando as músicas dele, mas não escutava nada de Caymmi em rádio ou em disco, porque eu só queria ouvir coisas novas. Confesso que tinha um certo preconceito em relação a ele, mas quando conheci os sambas-canção, por intermédio de Lúcio Alves e Dick Farney, descobri suas harmonias modernas e fiquei louco" — contou Roberto Menescal, em depoimento para o *Jornal do Brasil* (24/4/1994). É essa onipresença de Caymmi que sobrevive aos gêneros que vão surgindo — que vamos acompanhar daqui por diante —, impregnando-os com sua obra coesa, enxuta, original, de extraordinário valor, que vai dando a real dimensão da importância do compositor, um dos principais fios condutores da música popular brasileira do século XX. Quem há de negar?

* * *

"Maracangalha" não cessava de surpreender Dorival Caymmi. O cantor Cauby Peixoto, o mais popular do país na época pré-bossa nova, gravou nos Estados Unidos a versão da música para o inglês. Com o nome de "I Go", gravada por Coby Dijon — pseudônimo de Cauby nas terras do Tio Sam — pelo selo Epic, da Columbia, em 1958, "Maracangalha" virou um calipso incrementado, com a letra bem modificada, de autoria de Rudolph Percoco: "If you go to California, I go/ or down to Copacabana, I go/ if you go to Trinidad, I go/ I go anywhere you go, I go". Na partitura publicada pela Ludlow Music Inc. de Nova York, a versão vem assinada por Rudolph Percoco e pelo próprio Cauby, chama-

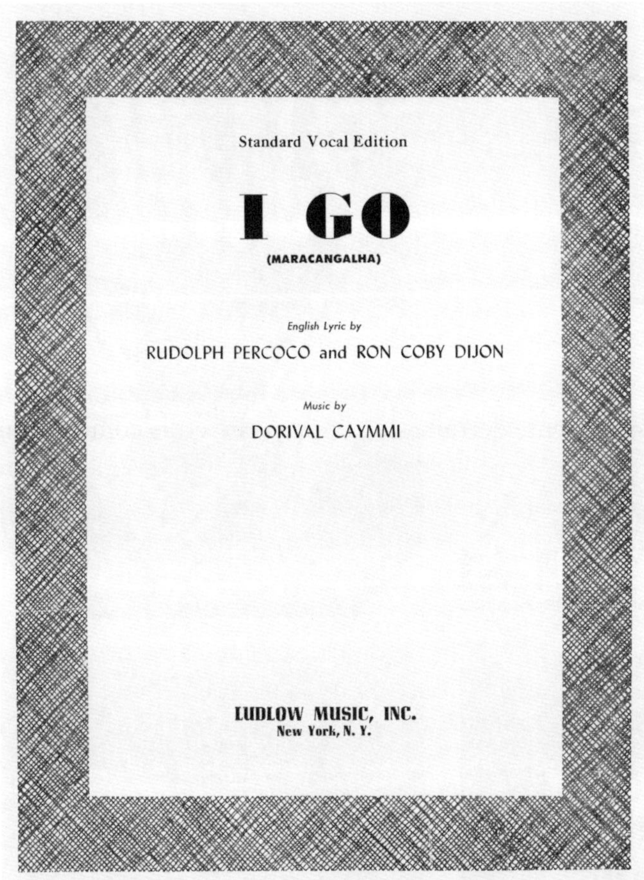


"I Go": partitura de "Maracangalha", de Caymmi, na versão para o inglês — Ron Coby Dijon, coautor da versão, é o nosso Cauby Peixoto.

do Ron Coby Dijon — uma junção dos dois nomes artísticos adotados pelo cantor na América, Ron Coby e Coby Dijon. Rodrigo Faour, biógrafo do cantor, informou que a versão foi feita apenas por Rudolph Percoco. Como o leitor pode notar, a letra não é lá muito inventiva! "Gravei na época em que o calipso estourou. Eu estava morando lá há um ano e pouco. Cantei 'Maracangalha' para o diretor e o produtor da gravadora e eles a acharam ótima. A música chegou ao 12° lugar na parada de sucessos e tocava todo dia. Eu tinha um programa que levava o meu nome em inglês, *Programa Ron Coby*. Eu cantava em inglês, com aquela gritaria de fãs. Eu tinha um jeitinho pra dança e dançava o calipso. Gravei em Nova York e em Los Angeles. Mas 'Maracangalha' eu gravei em Nova York" — relembra Cauby, primo do cantor e compositor Ciro Montei-

Samba von Dorival Caymmi: "Maracangalha" fez carreira de sucesso no exterior, chegando a ter duas versões para o alemão — "Mara Cangalla" e "Chico aus Portorico" —, além de gravações em francês, inglês e outras línguas.

ro, que apelidara Dorival Caymmi de *Algodão*, devido à sua precoce cabeleira branca.

A carreira de "Marancagalha" não parou por aí. O samba teve versões em várias línguas: espanhol, alemão (com o engraçado nome "Chico aus Portorico"), francês (chamada "Eh Oh — Le Chapeau de Paille"), entre outras. Aproveitando a boa maré, o artista se desvinculou definitivamente da Rádio Tupi, passando a atuar de forma independente, desejo acalentado há tempos. Apesar de Caymmi só ter boas palavras para descrever Assis Chateaubriand, seu filho Dori revela que nem tudo eram flores: "Assis Chateaubriand achava que não tinha nada melhor no Brasil do que papai, mas pagava melhor a outros cantores que a ele. Não justificava esse amor todo e não pagar, sendo o cara dono de uma rede de jornais e de rádio no Brasil. E tinha o esquema: 'Traz o cara para cantar na festa'". Como se vê, a ideia de que o artista é muito bom mas não merece ganhar dinheiro é mais comum do que se imagina entre aqueles que comandam a estrutura comercial do negócio.

Alberto Lee, empresário *habitué* das colunas sociais, herdou o grupo de amigos do saudoso Carlinhos Guinle e suas maravilhosas sessões de jazz, que abrigou prodigamente em sua casa. Apesar da agenda cheia, Caymmi, muito amigo de Lee, dava um jeito de aparecer com seu violão. Jacques Klein — que encontrava o piano sempre afinado esperando por ele — e Jorginho Guinle eram presenças certas. Eram noites memoráveis. Naquele ano, voltou a fazer o Club 36, mas não aguentou por muito tempo. Conforme noticiou o *Diário de Notícias* (10/9/1958), Dorival "desertou das noites do Club 36, sábado último. Consta que o baiano não viu a cor dos caraminguás, preferindo, por isso, não aumentar a conta dos atrasados, que já teriam ultrapassado a casa dos 100 mil cruzeiros". A noite tinha dessas coisas.

Acalanto: Dorival e Nana Caymmi no intervalo das gravações no estúdio da Odeon, em 1960 — Aloysio de Oliveira convidara Nana para dividir com o pai uma das faixas do LP *Eu Não Tenho Onde Morar*, justamente "Acalanto", que o baiano havia composto para ela no início dos anos 40.

## 40.
## NOVA GERAÇÃO

"Estamos na vida para viver"
(João Gilberto Aponte Caymmi)

Com a inauguração de Brasília, o município do Rio de Janeiro passa a fazer parte da Federação como Estado da Guanabara. Velho amigo de Dorival Caymmi, desde os primeiros tempos no Rio, Carlos Lacerda foi eleito governador e empossado em 5 de dezembro de 1960. Juscelino Kubitschek, por sua vez, preparava-se para passar o cargo a Jânio Quadros, eleito em 3 de outubro e empossado em 31 de janeiro do ano seguinte. Novos desenhos políticos estavam se delineando e mudariam a face do país.

Demonstrando fôlego, Dorival lançou dois LPs, *Caymmi e Seu Violão* e *Eu Não Tenho Onde Morar*, entre 1959 e 1960, ambos com o selo Odeon e direção artística de Aloysio de Oliveira. *Caymmi e seu Violão* é considerado uma obra-prima. Sem nenhum acompanhamento, exceto do seu violão, fica provado em definitivo o gênio do compositor, músico e intérprete. Mas não foi fácil convencer a gravadora a fazê-lo dessa forma. "Briguei muito para fazer um disco só de canto e violão, as fábricas não deixavam. Diziam: 'Canto e violão puro fica muito vazio'" — recorda o baiano. Para o leitor ver quantas e quantas vezes o talento fica à mercê de decisões ditadas pelos modismos e medíocres padronizações!

Desta vez, a novidade ficou a cargo de uma voz feminina que chamava a atenção pelo talento, juventude e afinação (não é por ser minha mãe, bem entendido!), que dividia a faixa "Acalanto" com Caymmi. A jovem cantora estreante era Nana Caymmi, a filha de Dorival e Stella.

Era da esposa de Caymmi a voz que os ouvintes da Rádio Tupi escutavam todas as noites cantando "Acalanto", com o marido, no encerramento da programação das Emissoras Associadas. A gravação reunindo o casal jamais saíra em disco. Nada mais natural que Oliveira quisesse realizar a façanha. A missão não era fácil, porém. Ele sabia que Stella tinha um não na ponta da língua — acompanhado de alguns sonoros e divertidos palavrões — para quem se atrevesse a convidá-la a cantar em público ou estúdio. Ela é uma fera! A verdade é que o tempo não diminuíra sua timidez. Havia ainda uma certa necessidade, que procurava disfarçar, em se manter distante do mundo profissional do marido. Uma espécie de autodefesa, que Caymmi jamais questionou. Além disso, seu senso crítico não a permitia cantar depois de mais de duas décadas fumando dois maços de cigarro por dia, mesmo com os amigos (como João Gilberto) garantindo que sua voz permanecia impecável. É claro que numa ocasião festiva, entre parentes e amigos, jamais se recusava a cantar. Se tivesse uma cervejinha então — que ela adorava —, nem se fala. A despeito de todos os senões, Aloysio de Oliveira conseguiu convencê-la.

Chegado o dia da gravação, tudo pronto, orquestra a postos, Dorival ao violão, Stella se apavorou e desistiu. Foi em meio a esse impasse que o produtor achou o "ovo de Colombo": convidar Nana, a filha do compositor, que ouvia cantar com os irmãos, sempre que visitava o apartamento do casal na rua Felipe de Oliveira, 48/201, em Copacabana, para substituir a mãe no dueto com Caymmi. Dori, o filho do meio, avançara nos estudos de violão e costumava acompanhar a irmã, ambos fascinados com a bossa nova. Os irmãos já vinham se apresentando juntos com o pai em alguns programas de TV, como o de Bibi Ferreira, mas ainda sem intuito profissional. Nana, na época com 18 anos, se apressou em agarrar a oportunidade e enfrentou com valentia a orquestra do maestro Gaya. O acaso esteve do lado dela, como estivera com seu pai 22 anos antes, quando foi convidado para substituir de última hora, com "O Que É Que a Baiana Tem?", a composição de Ary Barroso "Na Baixa do Sapateiro", no filme *Banana da Terra*. "Acalanto" foi comercializada primeiro em 78 rotações, com o samba "Rosa Morena" e, logo depois, incorporada ao novo LP de Caymmi, *Eu Não Tenho Onde Morar*.

A imprensa noticiou a estreia amplamente. Era uma novidade e tanto a filha de Caymmi estrear como cantora. Além disso, Nana contava com dois padrinhos de alto gabarito, Aloysio de Oliveira e o maestro Lindolfo Gaya. Este último previu para ela uma carreira brilhante e não se enganou. Ary Vasconcelos, estudioso da música popular brasileira, escreveu na época: "Nana nada fica a dever às outras". Contratada instantaneamente pela TV Tupi, em 26 de abril de 1960, Nana participou do programa *Sucessos Musicais*, em 3 de maio, produzido por Fernando Confalonieri. Sempre acompanhada pelo irmão Dori ao violão — o que tranquilizava Dona Stella e afastava os gaviões da sua menina —, Nana, pouco tempo depois, estreou seu próprio programa, *A Canção de Nana*, produzido por Eduardo Sidney, que ia ao ar toda quarta-feira, às 20 horas. O *Diário de Notícias* (11/9/1960) a considerava "a última grande

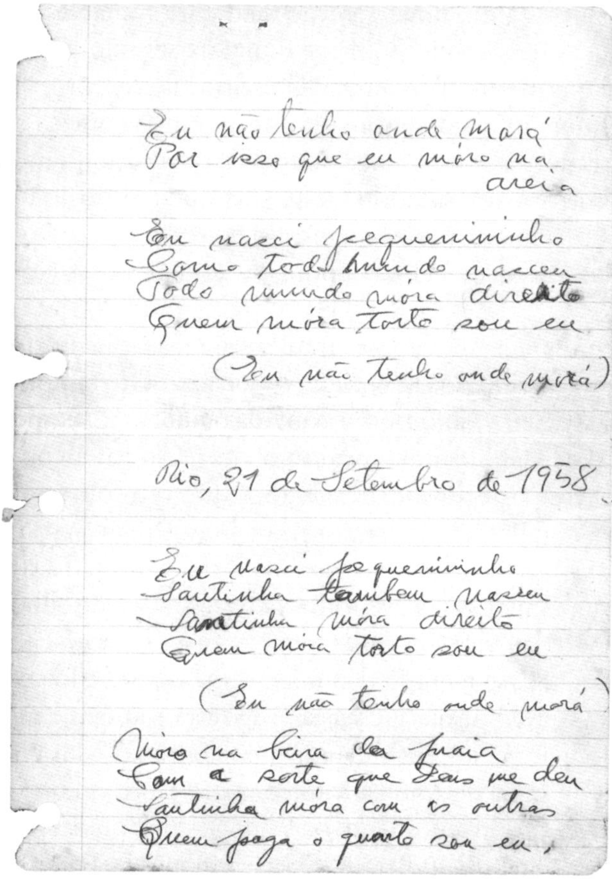

Eu não tenho onde morá
Por isso que eu móro na
areia

Eu nasci pequeninho
Como todo mundo nasceu
Todo mundo móra direito
Quem móra torto sou eu

(Eu não tenho onde morá)

Rio, 21 de Setembro de 1958

Eu nasci pequeninho
Santinha tambem nasceu
Santinha móra direito
Quem móra torto sou eu

(Eu não tenho onde morá)

Móro na beira da praia
Com a sorte que Deus me deu
Santinha móra com os outros
Quem paga o quarto sou eu,

Na areia: o manuscrito da letra de "Eu Não Tenho Onde Morar", de 21 de setembro de 1958 — Caymmi reafirma uma vez mais a genial simplicidade de seu imaginário praieiro.

obra do velho baiano". A cantora lançou, no mesmo ano, seu primeiro disco solo, um 78 pela Odeon, com "Adeus", belo samba-canção do pai, e "Nossos Beijos", de Hianto de Almeida e Macedo Neto.

Era muito comum nos anos de consolidação da TV no Brasil, quando a programação era essencialmente musical, os programas serem encabeçados por um cantor ou compositor. Repetia-se no novo veículo o que acontecera com o rádio: uma fase preponderantemente musical, seguida por outra que se concentrava na dramaturgia. "O artista do rádio perdeu muito a popularidade nessa época" — explica Dori Caymmi, que, jovem ainda, viu esse processo bem de perto.

Apesar de a bossa nova não ter virado as costas a Dorival Caymmi — muito pelo contrário, como se viu até aqui — o artista evidentemente sentiu o baque das mudanças. Uma nova geração veio para tomar o lugar de outra na preferência musical do público. E um artista não passa por isso sem traumas. Nem mesmo Caymmi. "O artista, de repente, já não tem o prestígio que tinha numa determinada época. Então começa a se sentir um pouco frustrado. Teve esse lance muito claro na vida do papai e da mamãe. Ele começa a se recuperar desse susto quando o João [Gilberto] começa a gravar, começa a cantar a música dele" — revela Dori, seu filho do meio, que sofreu na pele o choque de gerações musicais em conflito.

Dori ainda novo, com apenas 17 anos, circulava na noite, na ânsia de ouvir, tocar e saber das novidades. Já era louco por jazz. Ouvia também muito Ravel e Debussy. Seu violão foi fruto do autodidatismo, como acontecera antes com o pai. Meninozinho, pegava o violão do pai escondido, até que ganhou dele seu primeiro instrumento. Conviveu com figuras importantes, como Baden Powell, Luizinho Eça e João Donato, Tom Jobim e o próprio João Gilberto. O pai, só para confirmar o ditado de que "santo de casa não faz milagre", não botou fé na vocação do filho — ao menos essa é a versão de Dori. Foi preciso que Tom e Luizinho Eça reclamassem com Caymmi: "Esse menino tem talento, está gravando comigo, é um profissional" — disse Tom. "Caymmi, você está traumatizando o seu filho. O menino é bom" — Eça chamou sua atenção. "Mas ele não respeitava. Mamãe viu mais do que ele" — comenta Dori. E continua: "Eu notava claramente o ressentimento nos amigos dele. Fui uma vez atacado violentamente por Rubem Braga: 'Você é um merda. Seu pai é que é bom!'. O Tom quis bater nele e eu interferi, porque o Braga estava bêbado. E isso não acontecia só comigo, não. Com Edu [Lobo] também". Caymmi, ao lembrar deste período, comenta: "Eu nunca tive interferência na vida pública de meus filhos, que sempre fizeram suas carreiras com seus impulsos. Eu sempre tive consideração por eles. Mas eu não podia fazer diferente do que a um amigo. Seria uma paternidade exagerada, uma preferência".

Talvez a entrada dos filhos na vida artística prenunciasse a sua saída — o que estava longe de ser verdade —, e isso devia ser algo difícil de digerir, para quem há bem pouco tempo estava no auge. É provável que Caymmi não estivesse preparado para isso e se preocupasse. Afinal, tinha apenas 46 anos e uma aposentadoria não passava pela sua cabeça. Esse conflito bem pode explicar, ao menos em parte, o abuso da bebida nessa fase e suas consequências na saúde do compositor, sentidas alguns anos depois. Sem falar nos conflitos em casa, que se agravaram. "Nana sofreu muito. Ela era muito independente, andava de bicicleta antes de aprender, pulava antes de saber pular, nadava antes da saber nadar. Eles batiam de frente. Esse negócio fez mal a ela. Aí vêm os casamentos errados, o meu e o dela. Nós erramos em sair de casa cedo" — confessa Dori.

Enquanto os filhos trilhavam seus próprios caminhos, Caymmi seguia o seu. Assim, em agosto, estava em Montevidéu, Uruguai, para uma série de sete audições para a Rádio Montecarlo e Saeta TV, patrocinado pela Tienda San Francisco, *el máximo nombre para la elegancia masculina*, garantia a propaganda. É tratado pela imprensa local como *el grande astro del Nordeste brasileño*. Logo em seguida, na edição de 27 e 28 de novembro do *Diário de Notícias*, de Salvador, foi comentada a inauguração da TV Itapoan — grafada assim mesmo. Na programação inaugural da TV se apresentaram Dorival Caymmi, João Gilberto, Hebe Camargo e Gilvan Chaves. Caymmi confirma: "Odorico me chamou para participar. Presentes eu me lembro que estavam artistas das Emissoras Associadas, do Rio e de São Paulo, como Hebe Camargo, Antônio Maria, que fazia produção de televisão e rádio no Rio de Janeiro para a Tupi, e mais umas seis pessoas representativas da Televisão Tupi de São Paulo. Foi um avião de São Paulo e um do Rio, a mando de Chateaubriand, para inaugurar a TV Itapoan, que era da cadeia de televisão dele". E acrescenta: "Eu li o discurso da inauguração, Odorico leu um com o título 'Por que Itapoan'. E cita meu nome ali, a razão do nome Itapoan, porque eu fiz 'Itapoã' [a canção]. É porque eles não entendem hoje, a memória é fraca. Não vai aí vaidade, vai a informação".

Em 5 de dezembro de 1961, às 18 horas, Caymmi atravessou emocionado a nave da Igreja Santa Margarida Maria, na Lagoa, Zona Sul do Rio de Janeiro, para entregar sua filha Nana — num belo vestido Dior — em casamento ao médico venezuelano Gilberto José Aponte Paoli. A igreja estava repleta de parentes e amigos de Stella e Dorival, além de Dona Aída Paoli e Evelia Hurtado, mãe e prima do noivo, e outros familiares vindos especialmente da Venezuela para a cerimônia. Por conta dos idiomas diferentes, dona Aída e Alda, responsável pelo bem-estar dos hóspedes venezuelanos, protagonizaram uma cena hilária, em que a sogra de Nana dizia que tinha "hambre" (fome) e Alda teimava em escutar "hombre".

A decisão de casar não fora fácil para Nana. O casamento significava não só abandonar uma carreira promissora, mas mudar-se para outro país. "No início, Dorival parecia não se importar de a filha ir para tão longe, mas depois que ela se foi, ficou amuado, triste mesmo. Ele sentia

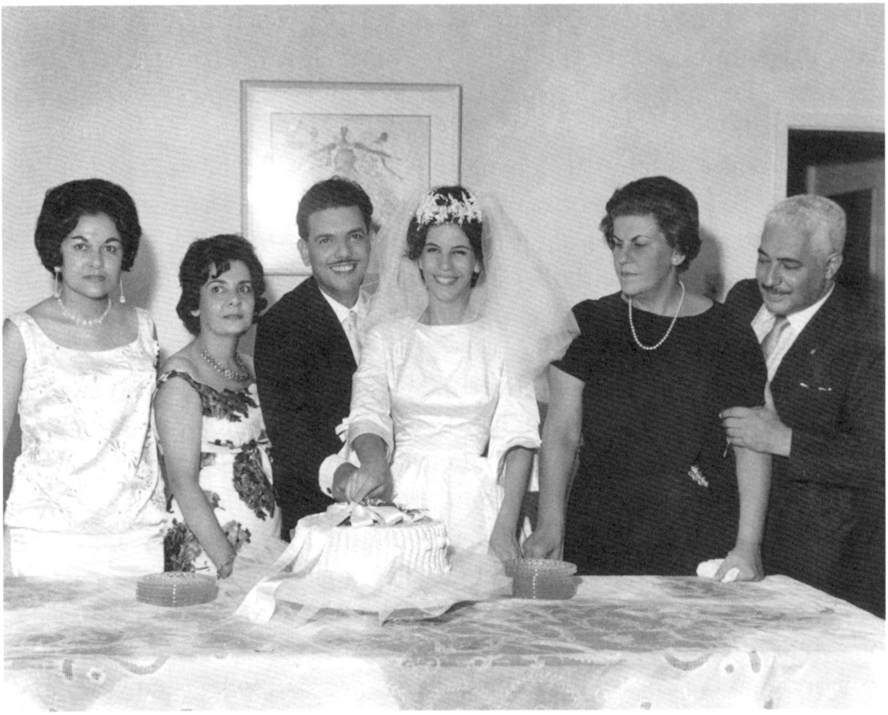

Casamento de Nana: da esquerda para a direita, a prima do noivo Evelia Hurtado, a mãe Aída Paoli, o noivo e a noiva, e o casal Stella e Dorival — em 1961, Nana Caymmi se casava no Rio de Janeiro com o médico venezuelano Gilberto José Aponte Paoli.

muito a falta de Nana" — recorda Stella. Os noivos passaram a lua de mel em Salvador e de lá seguiram direto para a Venezuela.

O romance de Nana e Gilberto havia começado devagarinho, com uma inocente paquera de janela, na rua Felipe de Oliveira, em Copacabana, ainda em 1958. A janela da moça dava para a janela do apartamento dos estudantes venezuelanos que faziam faculdade no Brasil. Atraído pela filha de Dorival, Gilberto decidiu estrategicamente conquistar a sogra. Não demorou muito para que o jovem fizesse parte da família. E o namoro teve início. Quando estava fazendo o último ano da Faculdade Nacional de Medicina, o rapaz pediu Nana — que já estava ensaiando seus primeiros passos como cantora — em casamento. Na época, se uma moça tivesse que escolher entre a carreira e o casamento, este último muito provavelmente saía ganhando. Com Nana não foi diferente.

# 41.
# VISITA MUSICAL

"É, só tinha de ser com você/ Havia de ser pra você"
("Só Tinha de Ser Com Você", Tom Jobim e Aloysio de Oliveira)

A televisão estava totalmente incorporada ao cotidiano profissional de Caymmi e dos artistas da época. Ao longo de 1962, além da agenda de shows pelo Brasil afora, o artista se apresentou nos programas *Um Instante Maestro*, *Noites Cariocas*, *Cara ou Coroa*, *O Riso é o Limite* e *Noite de Gala*, da TV Rio; *Serenata*, *Ari aos Domingos* e *Cassio Muniz Show*, da Tupi; *Canta Brasil*, *Brasil 62* e *Scala D'Oro* da Excelsior. Seus cachês na televisão variavam entre 25 e 45 mil cruzeiros. Recebia por show o cachê médio de 80 mil cruzeiros. Aproveitou e comprou um novo violão, da marca Di Giorgio, pagando por ele 30 mil cruzeiros. Apesar da agenda cheia, Dorival precisou pedir 100 mil cruzeiros adiantados na Odeon, em 19 de junho, para segurar as despesas. O casamento de Nana causara um rombo no seu orçamento.

O Brasil vinha passando por tribulações: a surpreendente renúncia de Jânio Quadros, em 25 de agosto do ano anterior — não é à toa que o brasileiro cisma com esse mês! —, e a reação contrária dos militares à posse do vice João Goulart deixaram o país num impasse, que só foi resolvido depois que a emenda instituindo o regime parlamentarista foi aprovada pelo Congresso em 2 de setembro. Cinco dias depois, Goulart tomava posse na Presidência da República e Tancredo Neves ocupava o cargo de primeiro-ministro. Ainda assim, a calma na República era apenas aparente.

Na área musical, a grande novidade vinha da Inglaterra e pouco a pouco contagiava milhões de jovens pelo mundo afora. Os Beatles lançavam seu primeiro disco — com "Love Me Do" e "P.S. I Love You" —, levando as fãs à loucura, gerando clones em cada canto do planeta e influenciando gerações de músicos. Em setembro, o baiano foi eleito membro do Conselho Deliberativo da SBACEM.

Na vida de Caymmi a novidade era outra. Ele e Stella iam se tornar avós. Nana estava grávida. Peço licença ao leitor para contar o meu nascimento. Foi uma angústia para eles não poder acompanhar de perto a

AUMENTA A FAMÍLIA DE DORIVAL CAYMMI...

CONFORME a REVISTA DO RADIO já noticiara, Dorival Caymmi e espôsa já são avós. No dia 3 de outubro do ano passado, na cidade de Caracas, (Venezuela) nascia Stella Teresa, filha de D. Dinahir Caymmi de Aponte e do Dr. Gilberto Aponte Paoli. D. Dinahir é Nana, a filha de Dorival Caymmi, que durante algum tempo destacou-se como cantora.

Dois meses depois, no dia 1.º de dezembro, na Basílica de Santa Teresa, ainda em Caracas, Stella Teresa foi batizada, tendo como padrinhos de batismo Elias Tirado e Aida Paoli de Tirado, irmã e cunhado do Dr. Gilberto. Os padrinhos de confirmação foram Maura Marrano e Danilo Tostes Caymmi, êste último irmão de Nana. O nome da menina foi escolhido como homenagem à espôsa de Caymmi, que na vida artística fôra conhecida como Stella Maris.

No dia seguinte ao batizado, Nana e sua filha vieram ao Brasil para visitar a família, aqui permanecendo durante dois meses, para matar as saudades de todos e em seguida regressaram a Caracas. Antes do embarque, entretanto, Nana prometeu aos seus pais que, sendo possível, todos os anos virá passar os meses de férias no Brasil e também trazer seu marido.

Foi durante a permanência de Nana e sua filhinha no Rio, às vesperas de seu embarque, que tivemos a oportunidade de fazer com ela uma pequena entrevista, ilustrada pelas fotos da família feliz. Nana contou à RR.:

— Conheci Gilberto, aqui mesmo no Rio. Ele estava estudando Medicina, na Faculdade Nacional (na Praia Vermelha) onde mais tarde veio a se formar. Durante sua permanência no Rio, morava na rua Felipe de Oliveira, num prédio que ficava bem defronte ao nosso. Conhecemo-nos de uma janela para outra. Descobrindo afinidades, passamos ao namôro, depois ao noivado e casamento.

Nana é u'a mãe muito orgulhosa de sua filha e conta-nos que a menina no Rio desenvolveu muito e já está com seis quilos de pêso. Diz que ela parece muito com o pai, com seus cabelos e olhos castanhos. Para finalizar informa:

— Meu marido é medico obstetra e embora tenha muito bom conceito em Caracas, onde tem ótima clínica, não se sentiu com coragem de cuidar do nascimento de nossa primeira filha. Preferiu convocar os serviços de um de seus colegas e se situar apenas na posição aflita de um futuro e nervoso pai.

Tisteza do cantor e compositor Caymmi é que sua netinha so poderá ficar em seus braços algumas poucas semanas em cada ano. Nana e espôso moram muito longe, lá na Venezuela.

Nana Caymmi, a filhinha e o nôvo e embevecido vovó. O brotinho olha firme e decidida para o fotógrafo, vejam só! E tem olhos lindos. A mamãe diz que ela é parecida com o papai

VOVÔ CAYMMI TODO BÔBO: SUA NETINHA CHEGOU

Os Caymmis (Dorival e Stella) são todos cuidados com o brotinho da família. O vovó esta preparando um acalanto para a pequena Stella. A menina trouxe novas inspirações a Caymmi.

Vovô Caymmi: a *Revista do Rádio* de 30 de março de 1963 mostrava, recém-chegada ao Brasil, Stella Teresa Aponte Caymmi — a primeira neta de Dorival, filha de Nana e Gilberto, havia nascido em Caracas, na Venezuela.

gravidez da filha, nem estar ao seu lado na hora do parto, já que Stella morria de medo de avião. Por fim, tiveram de se contentar em saber por telefone que Nana dera à luz uma menina, chamada Stella Teresa Aponte Caymmi — na Venezuela, diferente do Brasil, o sobrenome do pai vem primeiro —, no dia 3 de outubro, em Caracas. Meu nome era uma dupla homenagem a minha avó e a Santa Teresinha do Menino Jesus. Mamãe mais tarde confessou que a música "Stella By Starlight", composta por Ned Washington e Victor Young em 1946, pesou também na escolha do nome. Meus avós só foram me conhecer quando desembarquei no Rio de Janeiro, em 2 de dezembro de 1962, já com quase dois meses. "Esta aqui me deu o título de avô" — ele costuma dizer quando me apresenta. Era uma ironia do destino a primeira neta de Caymmi, um dos representantes maiores do samba, nascer na terra da salsa e do merengue. "Do destino ninguém foge" — costuma dizer Alceu Carneiro, um amigo da família. Caymmi se animou e compôs um novo acalanto chamado "Canção da Primeira Netinha", que permanece inédita até hoje — só foi divulgada em 1994. A letra é singela:

Dorme netinha
Stella Teresinha
Dorme netinha
Minha estrangeirinha
Toda estrela brilha
Toda flor perfuma
É que nasceu uma
Niña, minha
Niña, minha

Stella e Caymmi decidiram viajar comigo para a casa de Alfredo Viana Filho — homônimo de Pixinguinha —, grande médico amigo do casal, casado com Evinha Viana, em Pedro do Rio. Eu estava anêmica e minha avó, cuidadosa como sempre, achou que uma mudança de ares e leite de cabra fresco fariam em mim maravilhas. E fizeram. A anemia se foi. Numa das paredes da casa deles o baiano pintou um belo painel de presente para o amigo. Era uma amizade antiga. Danilo aos 7 anos tivera uma crise abdominal. Foi Viana quem diagnosticou de imediato a apendicite de que o menino sofria, salvando-o. A admiração foi crescendo junto com a amizade. Além disso, quando Caymmi precisou parar de beber contou com o acompanhamento médico e amigo de Viana.

Em meio às novidades familiares, o compositor baiano soube que, em 21 de novembro, João Gilberto e Tom Jobim brilharam no Carnegie Hall, em Nova York, no famoso show da bossa nova, junto com Luís Bonfá, Carlos Lyra, Oscar Castro Neves, Sérgio Mendes e outros. O espetáculo deixou bastante a desejar na organização — fato contado em prosa e verso na imprensa brasileira —, mas saber que nomes como Peggy Lee, Miles Davis, Dizzy Gillespie, presentes na plateia, ouviram João Gilberto cantar "Samba da Minha Terra" (além de "Corcovado" e "Desafinado") deixaria qualquer compositor orgulhoso. Era a segunda vez que um cantor brasileiro, que ganharia projeção internacional, estreava em Nova York cantando Dorival Caymmi. A primeira havia sido Carmen Miranda, em 1939, cantando "O Que É Que a Baiana Tem?", na

Caymmi e a bossa nova: Zelinda (esposa de Alberto Lee), Jorge Amado, Dorival, Fernando Lobo e Zélia Gattai à mesa da boate Au Bon Gourmet, em 1962, na plateia de *Um Encontro* — no reflexo à direita, vemos Tom Jobim e Vinicius de Moraes no palco do histórico show que reuniu também João Gilberto, Os Cariocas, Otávio Bailly e Milton Banana.

Broadway. Ambas as canções exaltavam a terra de Caymmi, um tremendo pé-quente.

Em 25 de janeiro de 1963, Caymmi e Stella puderam mudar para o apartamento 401 do edifício Noa Noa, na avenida Nossa Senhora de Copacabana, 1.227, ao lado da Galeria Alaska. Um pouco antes do casamento de Nana, o inquilino decidira finalmente sair do apartamento que fora alugado em 1956, por ocasião da mudança da família para São Paulo. Finalmente, voltavam ao ponto de que mais gostavam — depois de uma pequena reforma —, perto dos restaurantes Lucas e Alcazar, para "tomar um chope gostoso". E Dorival revela: "Gosto de Copacabana por razões viscerais, não há como me desligar desse bairro".

Dorival Caymmi causou furor quando desfilou na boate Sacha's doze quilos mais magro, numa noite de janeiro de 1963. A quem perguntasse como fizera para emagrecer, respondia com muito charme: "Tomei

*Novocaymmi*". E deu uma canja ao microfone, acompanhado por Alberto Lee ao piano, com o próprio Sacha na plateia.

Antônio Maria, em crônica no *Diário da Noite* (25 de abri de 1963), compartilhou com o leitor a sua convivência com a família Caymmi com saudade:

> "No Leblon, a casa de Dorival Caymmi era minha também. Stella era minha irmã, e de Nana, Dori e Danilo eu gostava como meus filhos. Não tinha hora para chegar. Chegava quando estava com saudade. Saía quando saía, quase de manhã. Abria a geladeira, tirava o feijão do almoço e pedia a Stella que esquentasse. Às vezes, desejávamos que o jantar fosse bacalhau. Nosso dinheiro era pouco, mas sempre foi um só. Comprávamos o melhor bacalhau do Leblon. Fazia-se o bacalhau, ao entardecer, em casa de Caymmi, na rua Dias Ferreira, terminal dos ônibus e lotações. Pois bem, havia gente no Vidigal que sentia o cheiro do cozinhado. Carlinhos Guinle podia ser rico como fosse, mas por dentro era tão pobre como nós. Gostou, de repente, de Caymmi e Stella. E chegava sem ser esperado, trazendo cada vinho! Tirava da adega do Dr. Carlos. Devíamos fazer silêncio para as crianças. Mas silêncio por quê? E o canto se erguia com cheiro de vinho, com cheiro de gente, com gosto de amor. Vai, Stella! Faz a terceira voz. Eu fico na primeira. Faz ré, Caymmi. Vai! *Meus companheiros também vão voltar e a Deus do céu vamos agradecer*. A casa de Caymmi não é mais no Leblon e eu não posso mais comer bacalhau. Nem feijão dormido."

*O Globo* noticiava, em 1° de abril — e não era nenhuma mentira —, afagos em torno de Ary Barroso: "Um cozido sábado, na residência de Luiz Jatobá, foi a homenagem que a velha-guarda e a bossa nova prestaram a Ary Barroso pelo seu regresso ao meio artístico, do qual esteve afastado por longo tempo por motivo de saúde". Caymmi compareceu para cumprimentar o amigo, encontrando-se com Silveira Sampaio, Haroldo Barbosa, Sérgio Porto, Fernando Lobo, Jacinto de Thormes, entre outros. Infelizmente, Ary não se recuperaria e faleceria menos de um ano depois, em 9 de fevereiro.

Carlos Lacerda, em 22 de abril de 1963, adquiriu para o Estado da Guanabara o Arquivo Almirante, que era o maior acervo sobre música

Time para ninguém botar defeito: Vinicius de Moraes, Jorge Amado, João Gilberto, Dorival Caymmi, Aloysio de Oliveira, Tom Jobim e Milton Banana, diante da boate Au Bon Gourmet, em agosto de 1962.

UM

popular brasileira que havia no país. O governador atendeu ao pedido do amigo Dorival Caymmi, feito um ano antes no Au Bon Gourmet, quando comemoravam seus aniversários — ambos nasceram no mesmo dia, mês e ano. "Eu pedi que ele salvasse o Arquivo Almirante. Ele estava doente, tinha saído da Rádio Nacional e seus arquivos estavam se estragando. Estava tudo abandonado. O Lacerda, então, mandou um rapaz tomar nota e, mais tarde, criou o Museu da Imagem e do Som" — conta o compositor. Em 3 de setembro de 1965, seria inaugurado o Museu da Imagem e do Som (MIS), que passaria a abrigar o arquivo.

*Caymmi Visita Tom e Leva Seus Filhos Nana, Dori e Danilo* era um disco que certamente deveria figurar entre as joias do MIS. Lançado em outubro de 1964 pela Elenco, o disco foi idealizado pelo gênio de Aloysio de Oliveira. O produtor saíra da Odeon em 1960, tivera uma breve passagem pela Philips em 61 e, por fim, em 62, abriu sua própria gravadora com Flávio Ramos — que se retiraria da sociedade não muito tempo depois —, onde poderia criar com a liberdade que as companhias não lhe davam. O LP contava ainda com três músicos de primeiríssima qualidade e com a marca da bossa nova: os bateristas Dom Um Romão e Edison Machado, além do baixista Sérgio Barroso. Duas faixas inéditas se tornaram clássicos: "Só Tinha de Ser Com Você", de Tom, e "... Das Rosas", de Caymmi. "E no 'Saudade da Bahia' fizemos um improviso, com Tom em contracanto" — relata o baiano. Sem medo de errar, trata-se da versão definitiva do samba. Aloysio voltou a insistir com Stella para participar do disco. "Só canto com Dori" — foi a exigência da matriarca da família. E assim foi feito, Stella gravou uma bela e comovente interpretação de "Canção da Noiva" ("Cantiga de Noiva"), acompanhada somente pelo filho ao violão.

"... Das Rosas" havia sido completada há pouco. A parte em ritmo de valsa estava pronta desde 1957, quando da viagem de Caymmi a Portugal — lapidada no sítio do casal amigo Evinha e Alfredo Viana, no interior do Rio —, e, no ano anterior, teve a ideia de juntá-la a um samba que fizera inspirado em Rosa, a empregada de seu pai, na Bahia. Costumava dizer brincando para a empregada: "Nada como ser Rosa na vida", até se dar conta de que isso dava samba. "Emendei uma coisa na outra e acabou dando certo" — confessou em entrevista à *Veja* (15 de maio de 1972). Para não cair num dilema esquizofrênico, não chamou a canção nem de "Valsa das Rosas", nem de "Samba das Rosas", somente "... Das Rosas". Daí a necessidade das reticências no título. Boas notícias chegaram dos Estados Unidos: João Gilberto regravara "Doralice", em

Reunião de compositores da SBACEM: sentados, da esquerda para a direita, Mário Rossi, Pernambuco, duas pessoas não identificadas, a mulher de Donga, Donga e Vicente Mangione. De pé na primeira fila, o jornalista Braga Filho, Eratóstenes Frazão, pessoa não identificada, Risadinha, Dorival Caymmi abraçado a Pixinguinha, Gadé e mais três pessoas não identificadas. De pé na segunda fila, mais três pessoas não identificadas, Nilton Teixeira e o também baterista Walfrido Silva.

seu disco com Stan Getz, que lhe rendeu dois Grammy, como cantor e violonista. O LP *Caymmi Visita Tom* foi o estímulo que faltava para Danilo se aprofundar na flauta. Começou a estudar com o professor Lenir Siqueira no dia 13 de agosto, com 15 anos. Mais tarde, se matricularia na Pró-Arte, para estudar com Odette Ernest Dias (flauta) e Felícia Wang (teoria musical).

Em 24 de junho de 1963, Caymmi completou 25 anos de carreira, fato que passou despercebido pela imprensa e comemorado sem alarde pelo compositor. Em setembro, foi à Livraria São José prestigiar a tarde de autógrafos de Almirante, que lançava seu livro *No Tempo de Noel Rosa*, encontrando lá amigos de longa data, como Braguinha, Herivelto Martins, Walfrido Silva, Lúcio Rangel, Haroldo Lobo, entre outros. O compositor comprou um novo piano.

Descontração: Tom Jobim, Dori, Dorival, Danilo, Sérgio Barroso e o idealizador do projeto Aloysio de Oliveira (de costas), no estúdio para a gravação do LP *Caymmi Visita Tom e Leva Seus Filhos Nana, Dori e Danilo*, de 1964 — Stella Maris gravou a "Canção da Noiva" acompanhada pelo filho Dori ao violão.

Caymmi sofreu um baque terrível com a morte de Zezinho, seu amigo de infância, aos 49 anos. Toda essa tristeza foi amenizada com o nascimento da sua segunda neta, filha de Nana e Gilberto. Para alegria dos avós, a cantora havia decidido dar à luz no Brasil. Ela desembarcou com Stella Teresa em 29 de setembro, que comemorou seu primeiro aniversário no Brasil. Denise Maria, sua segunda filha, nasceu em 12 de novembro, em Botafogo, na Clínica Samaritano. Brasileiríssima, portanto. Mas os avós não puderam curtir muito a netinha, pois Nana regressou à Venezuela, pouco tempo depois, para mostrar a menina a Gilberto. Antes, porém, a cantora ainda teve fôlego para se apresentar com o pai e Dori na TV Rio, no programa *Vip Show*. Caymmi recebeu 60 mil cruzeiros e cada um dos filhos recebeu 40 mil de cachê, um bom dinheiro.

Compadres de longa data: Dorival Caymmi visita o casal amigo Zélia Gattai e Jorge Amado na casa do Rio Vermelho, em Salvador.

Em 1964, Jango foi destituído da Presidência da República por um golpe militar, apoiado por uma considerável parcela da sociedade. O general Humberto Castelo Branco assumiu o cargo em 11 de abril, eleito pelo Congresso.

No fim do mês, Caymmi completou 50 anos e ganhou do pai Durval o anel de ouro que o acompanhara a vida toda, com suas iniciais, DC. Foi um sinal. No Dia de Finados, o pai do compositor falecia, aos 86 anos, em Salvador, do coração. Coincidência ou não, nessa época Dorival decidiu parar de fumar.

Pouco tempo depois, o baiano viu o filho Dori assumir a direção musical de um espetáculo que passou para a história da música popular. *Opinião*, um show politizado, estreava no Teatro de Arena, em 10 de dezembro, no Super Shopping Center, na rua Siqueira Campos, em Copacabana. No palco, Nara Leão, Zé Keti e João do Vale. Os músicos eram Alberto Hekel Tavares, flauta, João Jorge Vargas, bateria, e Roberto Nascimento, violão. O texto era de Oduvaldo Viana Filho, Paulo Pontes, Armando Costa e Augusto Boal, que também dirigia o show. Até agosto do ano seguinte, 100 mil pessoas assistiriam ao *Opinião*.

Os festivais de música que marcaram a década de 60, além de revelarem uma magnífica geração de músicos, compositores e arranjadores, sem precedentes desde a chamada Época de Ouro (1929-1945), se tornaram um canal alternativo para a manifestação do descontentamento da juventude com o regime militar, que ainda não tinha atinado para o caráter subversivo do que parecia, à primeira vista, um divertimento sem maiores consequências. Eles têm início em abril de 1965, com o I Festival de Música Popular Brasileira, na TV Excelsior, de São Paulo, vencido por "Arrastão", de Edu Lobo — que Dorival conhecia desde pequeno, filho do seu amigo Fernando Lobo — e Vinicius de Moraes, e que projetou nacionalmente Elis Regina, iniciando sua carreira de cantora. A cantora gaúcha — que gravou "João Valentão" naquele mesmo ano —, ao lado do cantor Jair Rodrigues, comandou o programa de sucesso *O Fino da Bossa*, da TV Record, que resolvera investir fortemente em programação musical. No mesmo período é iniciada a febre da Jovem Guarda, com Roberto Carlos, Erasmo Carlos e Wanderléa liderando o movimento, através do programa homônimo na mesma emissora. Era o *iê-iê-iê*, nossa versão tupiniquim do *rock'n roll*, que arrastava uma multidão de adolescentes ao auditório do Teatro Record. Pesquisadores reconhecem a influência da Jovem Guarda no uso posterior de instrumentos elétricos, como a guitarra e os teclados, por exemplo, em outros gêneros da música brasileira e seu caráter precursor do rock nacional.

Aloysio de Oliveira aproveitou a presença de Nana no Brasil e convenceu-a a gravar o seu primeiro LP, pelo selo Elenco. Chamado simplesmente *Nana* — para fugir da sombra do nome do pai —, com arranjos de Oscar Castro Neves, o disco, lançado em 1965, veio com um repertório de altíssima qualidade, que incluía "Derradeira Primavera" (Tom e Vinicius), "Razão de Viver" (Eumir Deodato e Paulo Sérgio Valle), "Morrer de Amor" (Oscar Castro Neves e Luvercy Fiorini), além de músicas do pai. Gravou ainda "Velho Pescador", do irmão Dori em parceria com Nelson Motta.

A mente de Aloysio de Oliveira não parava. Mais uma vez o produtor reuniu grandes artistas. Dessa vez, não ainda em disco, mas no palco do Zum Zum, boate de Paulo Soledade localizada na rua Barata Ribeiro, 90, em Copacabana. Caymmi, Vinicius, as baianinhas do Quarteto em Cy — Cyva, Cynara, Cylene e Cybele — e o conjunto de Oscar Castro

No Zum Zum: Vinicius e Caymmi entre as meninas do Quarteto em Cy, Aloysio de Oliveira (de camisa clara) e Oscar Castro Neves (à direita, com o violão), na porta da boate Zum Zum, no Rio de Janeiro.

Neves, que fez os arranjos, tornaram o verão de 1964 mais musical, ficando cinco meses em cartaz. Entre o final do ano seguinte e o início de 1966 voltariam àquele palco para uma nova temporada. O conjunto era formado por Ico Castro Neves, baixo, irmão gêmeo de Oscar, Alfeu, bateria, e Hugo Marota, vibrafone. O figurino era de Gisela Machado, mulher de Carlos Machado, *O Rei da Noite*.

O diálogo improvisado de Vinicius com Caymmi, no meio do espetáculo, era uma atração a mais na casa lotada. O público invariavelmente rolava de rir com a dupla. Eis um trechinho:

Dose dupla: com casa lotada todos os dias, os dois mestres da MPB deram um show em que as canções se combinavam com diálogos e brincadeiras — a atmosfera do espetáculo seria reproduzida nas gravações do disco *Vinicius/Caymmi no Zum Zum*, lançado pela Elenco em 1965.

"Vinicius: Mas, meu Caymmi, hoje quando eu acordei tive uma cãibra na batata da perna, sabe?

Caymmi: Isto dói!

Vinicius: Você conhece?

Caymmi: Conheço.

Vinicius: Eu tenho impressão que é talvez excesso de...

Caymmi mais que depressa completa: De gelo! (A plateia explode na gargalhada e aplaude).

Vinicius concorda: Gelo faz um mal terrível!"

Vale a pena reproduzir um outro trecho:

"Vinicius: Meu Caymmi, se você fosse mulher, você não me escapava...

Caymmi: Ah, meu poeta!"

Aloysio, inicialmente, pensara num show de Caymmi com as "baianinhas" e o som bossa nova do conjunto de Oscar Castro Neves, no Zum Zum. Vinicius, recém-chegado da Europa, aderiu ao projeto já em andamento, que foi reestruturado para receber o poeta. "Vinicius, na época, estava sendo meio perseguido pelo Itamaraty porque ele estava fazendo o show e o pessoal queria que ele pedisse demissão, como de fato ele fez" — lembra Cyva. Vinicius se vingava do Itamaraty no palco. Pegava no pé do embaixador Manoel Pio Corrêa, na época ministro interino das Relações Exteriores, contando para Caymmi a história dos pintinhos amarelos comprados por ele na feira, que piavam desesperadamente. A plateia se esbaldava com esse molho a mais. O sucesso era enorme, como lembra a cantora: "Era casa lotada todos os dias. Era só um dia de folga, segunda-feira. As pessoas ficavam enlouquecidas. Até Manuel Bandeira foi ver esse show. Na realidade, se a gente quisesse ficar o ano inteiro, podia ficar. Mas Vinicius não podia beber muito, já estava naquela fase de ter que se internar pra desintoxicar". Caymmi, por sua vez, já começava a sentir os malefícios da gota, que se caracteriza por uma inflamação dolorosa das articulações das mãos e pés. A taxa de ácido úrico, que não é devidamente eliminado do organismo, se eleva. Ele, para disfarçar, combinava com o garçom para lhe servir, no lugar de whisky, guaraná. Era preciso aguentar o tranco, sem perder o glamour.

No entanto, apesar do sucesso, quase que o show no Zum Zum vai por água abaixo. "Vinicius mantinha uma mesa no Zum Zum para seus convidados todas as noites. Paulinho Soledade se recusou a arcar com a despesa e decidiu descontar do cachê do Vinicius. Ele não gostou e resolveu sair do show. Paulinho ficou desesperado e me pediu que falasse com ele. Apelei então para que ele não fizesse uma coisa dessas, que ele iria prejudicar os outros, que um sucesso assim não acontecia de um dia para o outro. Vinicius aí desistiu de abandonar o show. No dia seguinte Paulinho Soledade chegou lá em casa com uma braçada de rosas e jogou uma a uma em cima de mim, feliz da vida" — conta a orgulhosa Stella. Quem poderia imaginar que Stella dava para a carreira diplomática?

## 42.
## O REI DA CALIFÓRNIA

"Pra seu Dorival não tem tempo ruim."
(Rosa, empregada de Stella e Dorival Caymmi)

O compositor descansava com Stella em Maracangalha, seu sítio na estrada Rio-Petrópolis, quando, em 28 de março de 1965, um domingo, Danilo chegou de repente acompanhado de Aloysio de Oliveira e Ray Gilbert — que verteu para o inglês "... Das Rosas" ("And Roses and Roses"), além de célebres canções de Tom Jobim, como "The Girl from Ipanema". Gilbert surpreendeu o baiano convidando-o para se apresentar nos Estados Unidos, no programa *Andy Williams Show*, pela NBC. Não era pouca coisa. A emissora era a segunda na preferência do público americano. O programa era transmitido, em cores, para seiscentas estações, o chamado *coast to coast*, com uma audiência de 16 milhões de espectadores. Williams estava fazendo sucesso por lá com a gravação de "And Roses and Roses", e resolvera mandar buscar seu autor para cantarem juntos no programa a bela composição:

Roses, roses, roses
I thank all the roses
That bloom in the spring
Love is a wonderful thing:
The rest of my life
I will bring
Her roses and roses and roses of love
Roses of love

Roses, roses, roses
I thank you for saying
What I couldn't say
Oh, what a wonderful way
To tell her "I love you" each day
With roses and roses and roses of love

Caymmi não teve muito tempo para se preparar. Embarcou no dia 6 de abril, uma terça-feira, lamentando apenas não passar suas bodas de prata ao lado de Stella, no dia 30. Viajou acompanhado de Oliveira e Ray Gilbert. Antes, porém, ainda retornou com Vinicius para uma curta temporada no Zum Zum, nos dias 1°, 2 e 3 de abril. Repetiram o sucesso do verão anterior e a imprensa repercutiu com entusiasmo sua viagem aos EUA.

Em Los Angeles, o compositor ficou hospedado na casa de Gilbert e Janis Paige, atriz e mulher do letrista americano, em Rising Glen Rd., 1.700. Mas o baiano gostava mesmo era de ficar na casa de Tom e Teresa, no número 8.986 da Norma Place. Tom — que optou por viver nos EUA para melhor controlar seu repertório e cuidar da versão da sua obra para o inglês — sempre reservava um garrafa de Chivas Regal para regar

"And Roses And Roses": a versão para o inglês de "... Das Rosas", feita por Ray Gilbert, foi um sucesso nos Estados Unidos na interpretação de Andy Williams — Caymmi se hospedou na residência de Gilbert quando de sua estada em Los Angeles, mas o que gostava mesmo era de frequentar a casa de Tom Jobim.

*Andy Williams Show*: nos estúdios da NBC em Los Angeles, Caymmi e Andy Williams cantaram "And Roses And Roses" no programa do cantor norte-americano, em 15 de abril de 1965 — Tom (à direita) foi o anjo da guarda do baiano na sua temporada nos Estados Unidos.

seu papo com Caymmi. Com sua famosa capacidade de adaptação, o baiano atendia o telefone na maior sem-cerimônia: "Dorival Caymmi, *O Rei da Califórnia*", título dado por Jobim. Ele se defendia com o inglês que aprendera na adolescência para passar no concurso público na Bahia. Quebrava o galho. Recebeu um cartão de João Gilberto, Heloisa (Miúcha) — casados na época — e Sérgio Buarque de Holanda, pai da cantora, convidando o amigo para visitá-los em Nova York. No cartão, uma panorâmica da cidade, com o Empire State rodeado de três bonequinhos desenhados, representando cada um deles. "Vir aos Estados Unidos sem vir a Nova York (Viva Fidel) é ir a Roma e não ver o Papa. Venha logo" — escreveu Sérgio. Já João Gilberto escreveu, com a economia de sempre: "Não posso te escrever, mas quero que tudo seja bom para você. Um abraço". Miúcha adianta: "Espero que você se encante com o cartão e venha conhecer Nova York e encontrar nós todos. Tudo de bom". Estava nos planos de Dorival visitá-los, mas antes tinha de cumprir seus compromissos profissionais.

Só foi conhecer Andy Williams no dia do programa. Sérgio Cabral, em sua biografia de Tom Jobim, relata a grande amizade entre Tom e o cantor americano. Diz ainda que Tom "foi uma espécie de padrinho de Dorival Caymmi, quando este compareceu ao programa de TV, paparicando-o até o início da gravação", que aconteceu em 15 de abril, uma quinta-feira, no estúdio da NBC. O resultado iria ao ar em maio. Juntos, Caymmi ao violão, cantaram "... Das Rosas" — Williams em inglês, claro —, acompanhados do violonista Lulu (Aluísio Antunes Ferreira), do Bando da Lua, e do baterista Dom Um Romão. "Tom, João Donato, Lulu fizeram um corozinho para nós" — completa Caymmi. No programa, o compositor apareceu muito à vontade ao lado de Andy Williams, revirando os olhos, sestroso, e vestido com uma camiseta listrada, uma das suas marcas registradas. Era como se estivesse num programa de televisão do Brasil. A mesma naturalidade.

Quem estava em Los Angeles nessa mesma época era o escritor João Ubaldo, que ainda não conhecia Caymmi pessoalmente. "Eu estava morando em Los Angeles. Era estudante, estava fazendo universidade. E era muito amigo de Glauber. Glauber estava no México esperando um avião cair para poder viajar para os Estados Unidos, porque ele gostava de viajar na probabilidade. Ou seja, se caísse um avião antes do dele, era pouco provável que caísse outro com ele dentro. Nessa época ele inventou isso" — comenta, rindo, Ubaldo. E continua: "Tom morava longíssimo e eu não podia ter carro em Los Angeles, que Glauber chamava 'Los Longeles'. Lá tudo fica a quarenta minutos de carro. Não me lembro da primeira vez em que estive com Caymmi. Eu acho que teve um rega-bofe na casa do Ray Gilbert e eu imitei Caymmi cantando 'Ninguém Me Ama'. Ele me nomeou imitador oficial dele". E Caymmi completa: "Eu gostei dele de saída. Imagine quem me apresentou? Foi Tom".

A passagem de Dorival Caymmi por Los Angeles teve episódios engraçados. Certa vez, Ubaldo, que para quem não sabe é formado em Direito, foi convocado por Tom no meio da noite. "Tem dois *marcianos* na minha sala" — explicou apavorado ao amigo. Tom e Caymmi estavam fazendo um sonzinho na sala, um violão discreto, e a vizinha, não conversou, chamou a polícia, que não tardou a chegar. Eram os tais *marcianos*. Eram dez e pouco da noite. Mas, no fim das contas, João Ubaldo, que confessa não entender nada de Direito, não precisou socorrer os amigos. Os guardas viram que não se tratava de nenhuma baderna, reconheceram o maestro e deixaram barato, pedindo apenas para fecharem as janelas. Foi num desses sonzinhos que Caymmi fez com Tom uma introdução para o "Samba do Avião", sucesso do compositor carioca, que repetia a saudação que Stella usava em suas cartas ao marido — nessa época ela frequentava um centro espírita em Niterói — que divertia muito Tom: "Salve Deus e Thiago e Humaitá". Eles nunca tinham composto juntos e resolveram experimentar. "Ele estava fazendo a música no piano e, enquanto tocava o tema inicial, Teresa gritou da cozinha: 'Caymmi, você não acha que dá pra fazer duas canções daí?'. Eu concordei" — recorda o baiano. Ambos se inspiraram na sensação que sentiam quando o avião descia no Aeroporto do Galeão (hoje Aeroporto Antônio Carlos Jobim), no Rio de Janeiro. "A primeira parte da letra da introdução é minha, a segunda é toda de Tom" — explica Caymmi, que colaborou na melodia. Pouco conhecida, a introdução pode ser ouvida na interpretação de Tom e Danilo Caymmi. Ambos gravaram juntos o samba no álbum duplo do compositor feito com a Banda Nova — era um projeto que incluía a biografia de Tom assinada por Sérgio Cabral —, que a empresa baiana Odebrecht patrocinou, em 1987, mas que não foi comercializado. Em 1995, os discos foram reunidos no CD *Tom Jobim Inédito*. Eis a introdução do "Samba do Avião", única parceria de Caymmi e Tom:

Epa Rei
Aroeira
Beira de mar
Canoa
Salve Deus e Thiago e Humaitá[6]

Eta costão de pedra
Dos "home" brabo do mar
Ê Xangô
Vê se me ajuda a chegar

Aloysio de Oliveira aproveitou a boa maré em torno do autor de "And Roses And Roses" nos Estados Unidos e produziu o disco *Caymmi (Kai-ee-me) and The Girls From Bahia*, pela Warner Bros. *The Girls From Bahia* eram as meninas do Quarteto em Cy — Cyva estava casada, na

[6] A letra desta primeira estrofe é de Caymmi.

época, com Oliveira. Elas colocaram a voz no Rio de Janeiro. Os arranjos e a regência ficaram a cargo de Bill Hitchcock. Foi Aloysio quem chamou o arranjador, que conhecia desde a década de 40 por intermédio de Dick Farney. Ele comenta em seu livro que se tratava de "um arranjador americano habilidoso e muito organizado, que se identificara com a música brasileira desde uma viagem ao Rio como músico da orquestra de Eddy Duchin, e que passou a fazer parte do nosso time". Hitchcock estava mais do que familiarizado com a nossa música, já que havia feito os arranjos dos discos americanos de Sylvia Telles. O baterista foi Dom Um Romão. Caymmi conta que fez o disco em apenas dois dias de gravação. Aproveitou e se filiou à ASCAP (American Society of Composers, Authors and Publishers), a sociedade de direito autoral de que Tom Jobim era membro desde o ano anterior. Jobim, no mesmo período, também estava em estúdio gravando *The Wonderful World of Antônio Carlos Jobim*, com arranjos de Nelson Riddle.

Terminada a gravação, Dorival seguiu para Nova York, onde passou o aniversário de casamento e o seu próprio. Estava triste, com saudade de Stella e dos filhos, quando foi surpreendido com uma *big* festa. Trouxeram até Tom e Teresa de Los Angeles. Caymmi ganhou ainda uma placa comemorativa dos "25 Years" dos amigos. No Brasil, Stella também estava jururu quando sua casa foi invadida pelos amigos que a levaram ao Zum Zum. Fizeram uma mesa animada com Vinicius de Moraes, Paulo Soledade, Dr. James D'Ávila — colega de Gilberto, marido de Nana —, o baterista João Palma, Nana e outros amigos. Depois do jantar, o grupo esticou no Beco das Garrafas para assistir ao show de Francis Hime e Dori Caymmi. Ao ouvir "Minha", belíssima canção de Hime, Stella caiu em prantos. "Tomei um porre!" — confessa Stella, sem falsos pudores. Ainda teve uma preocupação a mais. Teresa, mulher de Tom, ligou para Stella contando das dores que Caymmi vinha sentindo, apesar de tentar esconder — o que era bem dele —, deixando-a apreensiva.

O compositor foi à Disneylândia passear, em 14 de julho, quando esteve com o próprio Walt Disney, que não via há décadas. Chegou em 28 de julho a Washington, onde passou dois dias, hospedado na embaixada, para acertar uma agenda de trabalho naquela cidade. No dia 30, chegava a Nova York. De lá, retornou a Washington, onde ficou hóspede de Juracy Magalhães, embaixador do Brasil. Em 2 de agosto, às 20 horas, fez um show no Brazilian American Cultural Institute, patrocinado pela embaixada brasileira. O ingresso era muito barato. O público em geral pagava US$ 2,50 e os sócios só desembolsavam US$ 1,25. O *press-*

Disneylândia: o jornalista João Luís Albuquerque, Dorival Caymmi, Aloysio de Oliveira, Walt Disney, Norma Benguel, Vinicius de Moraes e Tom Jobim em visita aos estúdios da Disney, em 1965.

-*release* tentava estabelecer diferenças entre o "Caymmi moderno, Caymmi das boates, com seu estilo sentimental no ritmo do samba-canção" e o "Caymmi conhecido pelas *Beach Songs*". Não sei se o público americano entendeu a sutileza.

Ao voltar a Los Angeles, o compositor ainda foi filmado para o documentário *Bahia: Sister City*, com 60 minutos de duração, para a NBC, produzido pela KNXT, em que ele era anunciado como "a mais autêntica expressão da Bahia tradicional". O roteiro era de Brad Wright e a direção de Brad Aronson. Em 30 de agosto, às 21 horas, foi reprisado o programa de Andy Williams com a participação do compositor.

* * *

O artista baiano retornou ao Brasil com o bolso fortalecido. Ele e Stella decidiram então comprar uma cobertura na rua Bulhões de Carvalho, 547, distante dois quarteirões do apartamento anterior. Efetuaram a compra em 10 de novembro, fato que anotou na folhinha do Sagrado

Coração de Jesus. Em 5 de dezembro, o casal sofreu um duro golpe. Nana, grávida de dois meses, acompanhada de Stella e Denise, com 3 e 2 anos respectivamente, chegou ao Brasil e anunciou sua separação. A reação de Caymmi foi a pior possível, não aceitando a decisão da filha. Achava que Nana devia voltar para a Venezuela e para o marido. Foi uma guerra no lar dos Caymmi. Nana estava decidida a não voltar. Caymmi deixou de falar com a filha.

Os compromissos profissionais abriram uma clareira no caos familiar. Em dezembro, ele, Vinicius, o Quarteto em Cy e o conjunto de Oscar Castro Neves retornaram com o mesmo show do início do ano no Zum Zum, para uma longa temporada, que entrou por 1966 adentro. Atacado da gota, Caymmi sentia muitas dores. Foi um período difícil. Mas o sucesso foi ainda maior que o da temporada anterior.

O show foi lançado em disco com o título *Vinicius/Caymmi no Zum Zum*. Na contracapa, Aloysio de Oliveira escreveu que o show "teve tal repercussão nos nossos meios artísticos" que eles não puderam "arriscar uma gravação ao vivo". E completa: "A intenção foi oferecer a vocês os mínimos detalhes dessa apresentação numa gravação em estúdio para ser possível observar sem sacrifício de qualidade de som (o que pode acontecer numa gravação ao vivo), toda a beleza que este show proporcionou. Fizemos questão, no entanto, de reproduzir no estúdio o show na sua íntegra, e exatamente como foi interpretado para que vocês possam ter a sensação de um show em sua verdadeira continuidade". Cyva explica: "Ele não queria gravar direto na boate para não se perder com o ruído do ambiente, de copos, essas coisas todas". A gravação foi no estúdio Rio Som. A capa do disco, muito bonita, foi feita por Eddie Moyna. A Elenco se destacava também pelas capas belas e modernas.

Viu seu filho mais velho, Dori, casar com Ana Beatriz Ferreira Palma, em 12 de fevereiro de 1966, na Igreja Nossa Senhora da Paz, em Ipanema. Caymmi teve muito trabalho em consolar Stella, que tem uma enorme afinidade com Dori. Vinicius, nessa noite no Zum Zum, brinca com o casamento do rapaz no show com Caymmi, que não interrompeu sua temporada. Danilo, que havia completado o científico e ganhara dos pais uma viagem à Europa, chegou oito dias antes do casamento, no navio *Federico C.* — viajara no *Provence* em 1º de janeiro. Voltou empolgado e feliz com o que viu.

Em 17 de junho, nasceu seu primeiro neto homem na Clínica Santa Lúcia, em Botafogo. O nome não poderia ser mais musical: João Gilberto. Logo em seguida ao parto, Nana é convidada por seu irmão Dori a

Sarau familiar: Dori toca o piano, Danilo prepara a flauta, Nana entretém as pequenas Stella Teresa (a seu lado) e Denise Maria (no colo). Atrás, Stella ouve os filhos, enquanto Dorival, no sofá, observa a câmera — a carreira individual dos filhos de Caymmi já começava a decolar.

defender "Saveiros", composição dele com Nelson Motta, no I Festival Internacional da Canção — dividido em fases nacional e internacional —, na TV Rio. "Eu contrariei Nelson Motta, que queria botar uma cantora mais conhecida" — recorda Dori. A canção — que recebeu uma das maiores, senão a maior vaia da história dos festivais — tirou o primeiro lugar na fase nacional, com Nana Caymmi levando o prêmio de melhor intérprete, e o segundo na fase internacional, vencida pela representante da Alemanha Ocidental "Frag den Wind", de Helmut Zacharias e Carl J. Schäuble. Não eram só os filhos de Caymmi que brilhavam nos festivais. No Festival da Record, em São Paulo, Caymmi viu, entre setembro e outubro daquele ano, o empate entre "A Banda", de Chico Buarque, e "Disparada", de Théo de Barros e Geraldo Vandré. Théo de Barros era filho de Theófilo de Barros Filho e Lourdes Patriota, do Quarteto Tupã, amigos de Caymmi desde os seus primeiros tempos na Rádio Tupi, no Rio de Janeiro. As novas gerações estavam mostrando a cara e, o mais importante, o talento.

Tom enviou-lhe uma carta, em 7 de novembro, em que deixava entrever, apesar do humor, a preocupação com o surgimento dessa nova safra musical. Tom passava pelo mesmo processo que Caymmi quando surgira a bossa nova:

> "Quanto à vitória de Dori eu já sabia, pois minha sogra mandou o festival inteiro [recortes] para cá. Filho de peixe, peixinho é. Aqui na Califórnia todo brasileiro conta uma piada que é assim: Perguntaram a Caymmi o que ele achava dos 'Saveiros de Dori'. Caymmi respondeu: Eu vou mesmo é de jangada! [...] Estou afinando o violão para começar a fazer aquela música, 'O Caso da Moça dos Olhos Apertados', é uma composição de uma profundidade e sutileza inenarráveis, meu caro Dorival. Chegarei a tempo no Rio de armar a parceria com vc. (que gravará cantando) e venceremos juntos o Festival deixando os garotos desesperados. E sairemos juntos no carnaval (porque a música também pegará no carnaval) com os braços levantados, como convém a homens probos como nós, e os críticos atônitos escreverão: quando se poderia pensar que um assunto esgotado, como 'O Caso da Moça dos Olhos Apertados', poderia se transformar em fenômeno nacional etc. etc. E nós no calor insuportável da avenida Rio Branco, calção largo e Brahma morna, o confete pelo chão [...] beijo-lhe respeitosamente a batina e tomo providências. Seu inacreditável Glasper.
>
> P.S.: Vou manipular os entreábulos."

Na carta seguinte, manda um recado: "P.S.: Diga a Dori que eu mando tudo para ele e que as vaias fazem parte da Glória (escreve a partitura de 'Na glória'...). Eles só vaiam os grandes... Muitos três (trêis) pontinhos... ... ... Hum beijo Klaus".

Variados eram os nomes que Tom usava nas cartas; além de Glasper, assinava Klaus, Tonico, Willião Cordeiro. Ele se divertia. Quanto aos "entreábulos", se o leitor for ao dicionário para descobrir seu significado, perderá seu tempo. Era uma brincadeira de Tom. Ele gostava muito de dicionários e quando estava entretido com eles em sua casa em Los Angeles, Caymmi chegou e abordou o amigo jocosamente: "Manuseando os incunábulos, hein?". "Quando eu disse isso, Tom morreu de rir e inventou os entreábulos" — recorda Caymmi.

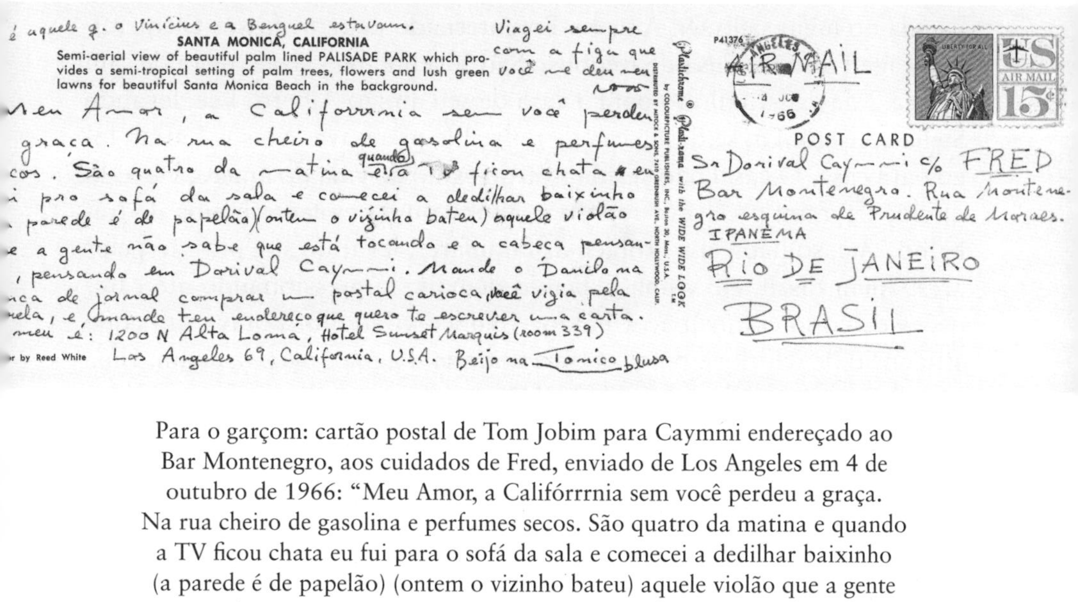

é aquele q. o Vinicius e a Benguel estavam.

Viagei sempre com a figa que você me deu

**SANTA MONICA, CALIFORNIA**

Semi-aerial view of beautiful palm lined PALISADE PARK which provides a semi-tropical setting of palm trees, flowers and lush green lawns for beautiful Santa Monica Beach in the background.

Meu Amor, a Califórrrnia sem você perdeu a graça. Na rua cheiro de gasolina e perfumes secos. São quatro da matina quando era TV ficou chata eu fui pro sofá da sala e comecei a dedilhar baixinho (a parede é de papelão) (ontem o vizinho bateu) aquele violão que a gente não sabe que está tocando e a cabeça pensando, pensando em Dorival Caymmi. Mande o Danilo na banca de jornal comprar um postal carioca, você vigia pela janela, e mande teu endereço que quero te escrever uma carta. O meu é: 1200 N Alta Loma, Hotel Sunset Marquis (room 339) Los Angeles 69, California, U.S.A. Beijo na blusa Tonico

P41376

AIR MAIL

POST CARD

Sr Dorival Caymmi c/o FRED
Bar Montenegro. Rua Montenegro esquina de Prudente de Moraes.
IPANEMA
RIO DE JANEIRO
BRASIL

Para o garçom: cartão postal de Tom Jobim para Caymmi endereçado ao Bar Montenegro, aos cuidados de Fred, enviado de Los Angeles em 4 de outubro de 1966: “Meu Amor, a Califórrrnia sem você perdeu a graça. Na rua cheiro de gasolina e perfumes secos. São quatro da matina e quando a TV ficou chata eu fui para o sofá da sala e comecei a dedilhar baixinho (a parede é de papelão) (ontem o vizinho bateu) aquele violão que a gente não sabe que está tocando e a cabeça pensando, pensando em Dorival Caymmi. Mande o Danilo na banca de jornal comprar um postal carioca, você vigia pela janela, e mande teu endereço que quero te escrever uma carta. O meu é: 1200 N Alta Loma, Hotel Sunset Marquis (room 339), Los Angeles 69, California, USA. O hotel é aquele que o Vinicius e a Benguel estavam. Viajei sempre com a figa que você me deu. Beijo na blusa, Tonico.”

Sem o endereço novo de Dorival, Tom passou a mandar as cartas ao amigo para o Bar Montenegro, assinalando “rua Montenegro [hoje rua Vinicius de Moraes] esquina de Prudente de Moraes”. O incrível era que a correspondência chegava direitinho às mãos do baiano. “Era o escritório deles. Muitos escreviam crônicas ali, como o Carlinhos Oliveira" — revela Tônia Carrero. Tom tinha um senso de humor especialíssimo, como se pode ver pela canção "O Caso da Moça dos Olhos Apertados", que, naturalmente, jamais existiu. Logo depois da volta de Caymmi dos EUA, escreveu jocosamente: "Meu amor, a Califórnia sem você perdeu a graça..." e terminava com "um beijo na blusa". Manifestava sempre sua preocupação com a gota de Dorival, enviando-lhe por amigos comuns os medicamentos que ele lhe pedia, sempre lembrando-o da necessidade de consultar um médico antes de tomá-los.

Tom nem desconfiava que sua carta chegaria num momento crítico. Caymmi, em 20 de julho, sofreu uma grave crise hipertensiva e caiu da cadeira de balanço onde estava sentado, deslocando a mandíbula, recolocada no lugar pelo Dr. Angelo. Foi internado pelo professor Clementino Fraga Filho na Casa de Repouso São Vicente, na Gávea, de onde saiu no dia 2 de agosto direto para a casa de seu amigo Alberto Lee, levando Stella consigo. Lá, se desligaria de tudo. Ele precisava. Mas voltaram logo para casa. O casal não se adaptou ao estilo de vida do amigo. De todo modo, Caymmi precisava repousar. Vinha numa violenta batida de trabalho, que, somada aos problemas familiares, levaram sua pressão pelos ares. Além disso, ele vinha bebendo demais, impressionando até campeões de copo como João Ubaldo: "Nunca vi aquilo. Botava um copo alto cheio de whisky e pingava uma gotinha d'água às vezes, assim. Uma coisa horrorosa. Olha que eu bebia! Sempre fui um bebedor famoso. Mas Caymmi ganhava". Estava ainda na São Vicente, quando chegou uma carta de Jorge Amado muito preocupado com a saúde do amigo e sugerindo que ele fosse convalescer em Salvador. Mas, naquele momento, não era conveniente uma viagem. Foi a partir desse susto, em que correu risco de vida, que Caymmi não só deixaria de beber como passaria a ter hábitos mais saudáveis, como caminhadas diárias e mudanças na alimentação. Stella, para estimulá-lo, fez o mesmo.

Em novembro, já com a pressão sob controle, gravou o seu depoimento para o MIS. Mas ainda sofria muitas dores com a gota. Foi a partir daí que começou a colecionar bengalas — que guarda em dois cestões de vime em sua sala de estar —, muitas presenteadas por amigos, vindas dos lugares mais longínquos. Jorge Amado, por sua vez, não desistiu da ideia de trazer o casal para a Bahia e correu diligente atrás de informações sobre o vestibular para Danilo fazer — fato que o casal alegava como impeditivo para a ida da família para Salvador.

# 43.
# UM SHOW DE POESIA

> "E havia um sossego, uma tristeza, um perdão,
> uma paciência e uma tímida esperança."
> ("Madrugada", *O verão e as mulheres*, Rubem Braga)

Stella e Caymmi decidiram tirar umas férias em Salvador, atendendo à sugestão de Jorge Amado — que mais parecia uma ordem. Mas nem tudo foi descanso. O compositor foi a atração principal dos festejos da inauguração do Teatro Castro Alves em 10 de março de 1967. A Bahia o recebia como sempre: de braços abertos. No programa do espetáculo, Jorge Amado escreveu sobre o amigo:

> "Sua obra de compositor é das mais importantes do Brasil, sua canção lírica e dramática transpôs as fronteiras e as limitações de nosso subdesenvolvimento para se fazer uma afirmação universal de nossa cultura, de nossa originalidade. Sua influência sobre toda a música moderna brasileira é mais do que evidente, e não só nos termos da chamada música popular: em sua incomensurável riqueza vêm todos beber e aprender. Um baiano cheio de ternura, de amor ao povo e à vida, cordial e simples, glorioso e modesto, feito de picardia e dengue, um brasileiro de sucesso mundial, Dorival Caymmi."

Mas Caymmi não estava bem e, em julho, voltou a se internar na Clínica São Vicente. Pela rigorosa dieta receitada em 13 de julho, quando voltou para casa, o leitor poderá avaliar o seu estado:

> "Manhã: 1 fruta, 1 xícara de café com leite, 2 ovos quentes, 1 fatia de ricota.
>
> Almoço: 2 ovos quentes e 1 fatia de ricota.
>
> Lanche: 1 fruta e 1 xícara de café.
>
> Jantar: 60 gramas de carne grelhada com duas qualidades de verduras cozidas ou em salada."

Baianas: em 1967, Dorival Caymmi e o elenco do espetáculo que marcou os festejos de inauguração do Teatro Castro Alves, em Salvador.

Caymmi podia levar uma vida normal se tomasse os devidos cuidados com a saúde. Por falar em precauções, em 19 de julho, enfrentando a burocracia, registrou sua arma. Para quem não sabe, este doce baiano é louco por armas (e relógios, canetas etc.) e adora dar uns tiros, apesar de ter uma índole sem uma gota de violência. Sua arma era um revólver Colt, calibre 32, nº 497171, cano 1 com 30 mm. É bem verdade que a arma era útil em Maracangalha, situada em plena Baixada Fluminense, que não era perigosíssima como agora, mas também não era um mar de rosas.

Em outubro, aconteceu o III Festival de MPB da TV Record. Dois filhos de Dorival Caymmi participaram do festival. Dori entrou com "O Cantador", em parceria com Nelson Motta. Nana interpretou "Bom Dia", uma parceria dela com Gilberto Gil — a cantora estava vivendo com o baiano desde o ano anterior. Venceu a canção "Ponteio", de Edu Lobo e Capinan. Foi um festival de altíssimo nível, em que participaram Gilberto Gil, com "Domingo no Parque", Chico Buarque com "Roda

# Teatro Castro Alves

Espetáculos comemorativos de inauguração

## DORIVAL CAYMMI

Dia 10 de março de 1967
Salvador
Bahia

ıt: J. Oswald
ɾENSA OFICIAL DA BAHIA

ɀinha quando passa
ı o seu vestido grená
o mundo diz que é boa
como a vizinha não há
mexe com as cadeiras pra cá
mexe com as cadeiras pra lá
mexe com o juízo do homem que vai trabalhar.
ım bocado de gente na mesma situação
ɔ mundo gosta dela na mesma doce ilusão.
izinha quando passa
não liga pra ninguém
o mundo fica louco
seu vizinho também

*R I N A*

*'na, morena Marina*
*se pintou*
*na você faça tudo*
*faça um favor*
*pinte êste rosto que eu gosto*
*eu gosto*
*ue é só meu*
*na, você é bonita com o que Deus lhe deu.*
*aborreci*
*zanguei*
*ão posso falar*
*ando eu me zango, Marina*
*sei perdoar*
*á desculpei muita coisa*
*não arranja outro igual*

EU NÃO TENHO ONDE MORAR

Eu não tenho onde morar
É por isso que eu mora na areia
Eu nasci pequenino
Como todo mundo nasceu
Todo mundo mora direito
Quem mora torto sou eu
Vivo na beira da praia
Com a sorte que Deus me deu
Maria mora com as outras
Quem paga o quarto sou eu.

A C A L A N T O

**É tão tarde**
**A manhã já vem**
**Todos dormem**
**A noite também**
**Só eu velo**
**Por você, meu bem**
**Dorme anjo,**
**O boi pega neném**
**Deixam de cantar**
**Lá no céu**
**Os anjinhos foram se deitar**
**Mamãezinha precisa descançar**
**Dorme anjo**
**Papai vai lhe ninar**
**Boi, boi, boi,**
**Pega essa menina**
**Boi de cara prêta**
**Que tem mêdo de careta**
**Boi, boi, boi,**

Acontece que eu sou baiano
Acontece que ela não é
Acontece que eu sou baiano
Acontece que ela não é
Mas tem um requebrado pro lado
Minha Nossa Senhora, meu Senhor São José
Tem um requebrado pro lado
Minha Nossa Senhora, ninguém sabe o que é
Há tanta mulher no mundo.
Só não casa quem não quer
Porque é que eu vim de longe
Pra gostar dessa mulher
Por que é que vim de longe
Pra gostar dessa mulher
Essa que tem um requebrado pro lado
Minha Nossa Senhora, ninguém sabe o que é
Tem um requebrado do lado
Minha Nossa Senhora, ninguém sabe
Já plantei na minha porta
Um pezinho de quiné
Já chamei um pai de santo
Pra benzer essa mulher
Essa que tem um requebrado pro lado
Minha Nossa Senhora, ninguém sabe o que é
Tem um requebrado pro lado
Minha Nossa Senhora, ninguém sabe o que é.

*D O R A*

*Dora, rainha do frêvo*
*E do maracatu*
*Dora, rainha cafuza*
*De um maracatu*
*Te conheci no Recife dos rios*
*Cortados de pontes*
*Dos bairros das fontes coloniais*
*Dora, chamei*
*O Dora, O Dora*
*Eu vim à cidade*
*Pra ver meu bem passar*
*O Dora, agora*

ROSA MORENA

**Rosa morena**
**Onde vais morena Rosa**
**Com essa rosa no cabelo**
**E êsse andar de môça prosa**
**Morena, morena Rosa**
**Rosa morena o samba tá esperando**
**Esperando pra te ver**
**Deixa de parte essa coisa de dengosa**
**Anda Rosa**
**Vem me ver**
**Deixa de lado essa pôse**
**Vem pro samba**
**Vem sambar**
**Que o pessoal tá cansado de esperar.**
**Ó Rosa**
**Que o pessoal tá cansado de esperar.**

SÃO SALVADOR

São Salvador
Baia de São Salvador
A terra do nosso Senhor
Pedaço de terra que é meu.
São Salvador
Baia de São Salvador
A terra do branco mulato
A terra do prêto doutor.
São Salvador
Baia de São Salvador
A terra de nosso Senhor
Do nosso Senhor do Bonfim

*Um vestido de veludo pra você usar*
*Um vestido de bolero, lero lero lerò*
*Já mandei comprar*
*Se o casaco fôr vermelho*
*Todo mundo vai usar*
*Sáia verde; azul e branco*
*Todo mundo vai usar*
*Apesar desta mistura*
*Todo mundo vai gostar*
*É que debaixo do bolero lero lero lero*
*Tem você, iáiá.*

O QUE É QUE A BAIANA TEM

O que é que a baiana tem
Que é que a baiana tem
Tem tôrso de sêda tem
Tem brincos de ouro tem
Correntes de ouro tem
Tem pano da costa tem
Tem bata rendada tem
Pulseira de ouro tem
Tem saia engomada tem
Sandália enfeitada, tem
Tem graça como ninguém
Como ela requebra bem
Quando você se requebrar
Cáia por cima de mim
Cáia por cima de mim
Cáia por cima de mim
O que é que a baiana tem
Que é que a baiana tem
Só vai no Bonfim quem tem

*Dorival Caymmi é um mestre, um óbá, um grande da Bahia, voz do povo baiano, seu cantor e seu poeta. Sua obra de compositor é das mais importantes do Brasil, sua canção lírica e dramática transpôs as fronteiras e as limitações de nosso sub-desenvolvimento para se fazer uma afirmação universal de nossa cultura, de nossa originalidade. Sua influência sôbre tôda a música moderna brasileira é mais do que evidente, e não só nos têrmos da chamada música popular: em sua incomensurável riqueza vêm todos beber e aprender. Um baiano cheio de ternura, de amor ao povo e à vida, cordial e simples, glorioso e modesto, feito de picardia e dengue, um brasileiro de sucesso mundial. Dorival Caymmi.*

*JORGE AMADO*

**DORIVAL CAYMMI cantará algumas de suas canções**

**ACONTECE QUE EU SOU BAIANO**
**ROSA MORENA**
**SAUDADES DA BAHIA**
**... DAS ROSAS...**
**ACALANTO**
**HISTÓRIA DE PESCADORES**
**ADALGISA**
**CANÇÃO DA NOIVA**
**EU NÃO TENHO ONDE MORAR**
**O VENTO**
**O "BEM" DO MAR**
**VESTIDO DE BOLERO**
**QUEM VEM PRA BEIRA DO MAR**
**A LENDA DO ABAETÉ**
**PROMESSA DE PESCADOR**
**NOITE DE TEMPORAL**
**CANOEIRO**
**A JANGADA VOLTOU SÓ**
**2 DE FEVEREIRO**
**É DOCE MORRER NO MAR**
**COQUEIRO DE ITAPOÃ**
**O MAR**
**O DENGO QUE A NÊGA TEM**
**DORA**
**O QUE É QUE A BAIANA TEM?**
**A VIZINHA DO LADO**
**ADEUS**
**SÃO SALVADOR**
**MARINA**
**ADEUS BELÉM DO PARA'**
**JOÃO VALENTÃO**

Atração principal: frente e verso do programa do show de Caymmi no Teatro Castro Alves, em Salvador, em 10 de março de 1967 — o texto, como de costume, era do grande amigo Jorge Amado.

Viva" e Caetano Veloso concorrendo com "Alegria, Alegria". Todas se tornaram clássicos da moderna música brasileira. O festival também gerou muitas controvérsias com o uso de guitarras na concorrente "Alegria, Alegria", que, a despeito da sanha dos nacionalistas, foi classificada. Gilberto Gil, em depoimento ao jornalista Carlos Rennó, para o livro *Todas as letras*, contou que compôs "Domingo no Parque" no Hotel Danúbio, em São Paulo:

> "Nana dormia ao meu lado. Nós tínhamos vindo da casa do pintor Clóvis Graciano — amigo de Caymmi —, onde eu tinha rememorado muito a Bahia. Eu estava impregnado disso e por isso saiu 'Domingo no Parque': por causa de Caymmi, da filha dele, dos quadros na parede. Umas 2 da manhã fomos para o hotel e eu fiquei com aquilo na cabeça: 'Vou fazer uma música *à la* Caymmi, fazer de novo um Caymmi, Caymmi hoje!'. Peguei papel e violão e trabalhei a noite toda. Já era dia quando eu terminei. De manhã, gravei."

Dorival Caymmi podia não estar no festival, mas sua influência o percorria de ponta a ponta, seja pelos seus filhos, seja pelos baianos, assumidamente influenciados por ele. Há quem diga que o Tropicalismo, movimento que eclodiu nesse período, tinha muita influência de Caymmi. Não se podia negar que o mestre baiano impregnara a música popular brasileira. A partir da canção de Caetano, "Tropicália" — batizada assim pela sua afinidade com a obra homônima do artista plástico Hélio Oiticica —, foi iniciado um novo movimento na música popular, meio-anárquico-meio-rebelde-meio-gozador, que ninguém conseguia definir claramente.

Nelson Motta, primeiro divulgador do movimento, fez uma tentativa de descrição em sua coluna Roda Viva, no jornal carioca *Última Hora*: "Assumir completamente tudo o que a vida dos trópicos pode dar, sem preconceitos de ordem estética, sem cogitar de cafonice ou mau gosto, apenas vivendo a tropicalidade e o novo universo que ela encerra, ainda desconhecido".

Musicalmente, a proposta pretendia alargar o horizonte da canção popular para além da bossa nova e das músicas de cunho político e receber sem preconceitos a influência estrangeira. A imprensa adotou o Tropicalismo. Carlos Calado conta em seu livro *Tropicália* que Oiticica "não gostou de ver sua obra associada a algo que estava se transformando ra-

Vinicius, Dorival e Tom: os amigos se encontram em julho de 1967 — estreitos laços uniam Caymmi à mais famosa dupla de compositores da bossa nova.

pidamente em um mero modismo". Modismo ou não, o movimento influenciou muita gente.

Infelizmente, jamais saberemos como o Tropicalismo teria se desenvolvido posteriormente, pois teve pouquíssima duração, interrompido em 1968 pela prisão e posterior exílio de Caetano e Gil, líderes do movimento. Caymmi, convidado a opinar sobre o uso de guitarras elétricas na música popular, em entrevista ao jornal *A Tarde* (10 de fevereiro de 1968), da Bahia, elogiou o seu emprego, "embora em suas canções prefira ainda os instrumentos ao natural, porque são mais adaptáveis ao seu tipo de voz". Sobre Caetano e Gil, disse: "Individualmente o Gilberto Gil é Gilberto Gil, Caetano Veloso é Caetano Veloso. Podiam tanto ter nascido em Fortaleza ou no Rio Grande do Sul, no Amapá, no Amazonas, em Santa Catarina, eles seriam o que são: talentosos, e iam encontrar linguagem para dizer o que eles sempre disseram". Caymmi não resistiu à beleza de "Aquele Abraço", de Gil, feita em 1969, elegendo o samba como um dos seus prediletos.

Foi no bar ao lado da TV Record que Dorival Caymmi conheceu Chico Buarque, através de Ciro Monteiro. "Caymmi, olha lá o compositor de 'A Banda'". Ciro falou apontando o jovem compositor. Caymmi se impressionara na época com o talento do rapaz. Chico se lembra: "Foi no boteco ao lado da TV Record, na rua da Consolação. Ficava ali o pessoal que gostava de biritar. E Caymmi biritava legal. Vinicius também parava lá". Mas surpresa mesmo Chico teve quando ambos se cruzaram num saguão de aeroporto, talvez no Santos Dumont: "Foi a primeira vez que falei com ele. Ele fez um cumprimento cantarolando 'Olê Olá'. Aquilo me deixou bobo. Ele sempre foi muito carinhoso comigo. Eu sou um aprendiz de Dorival Caymmi".

Mais tarde a relação se aprofundou. Miúcha, irmã de Chico, estava casada com João Gilberto e frequentava muito a casa dos pais em São Paulo. João, volta e meia, falava e expressava enorme admiração por Caymmi. "João falava muito de Dorival Caymmi, que ele adora. E a gente resolveu fazer uma surpresa. João e Miúcha iam muito lá em casa. E convidamos Caymmi. Ele foi lá para ver o João e João não foi. Deu um treco na cabeça dele. Caymmi não esquentou, passou a noite tocando o violão e cantando com meus pais. A gente sem graça, e ele numa boa", lembra Chico.

Para Chico, a ida de Caymmi à casa de sua família era um resgate. No lar dos Buarque de Holanda se ouvia muita música brasileira. "A gente ouvia Caymmi, Noel Rosa, Ismael Silva, Mario Reis. Mas era muito Caymmi na vitrola. Eu tinha uma babá, que depois virou cozinheira, que tinha um rádio e eu escutava muito Dorival Caymmi. As canções de Caymmi estão no fundo de minha memória. Parece que nasci sabendo" — rememora Chico. Além disso, Miúcha já tocava violão e seu repertório era recheado de canções do compositor baiano. "Eu e minhas irmãs cantávamos. Eu gostava de cantar 'João Valentão', que foi a primeira música que eu cantei de Caymmi. Eu cantava 'O Mar', 'História de Pescadores'. 'Saudade de Itapoã' era ótimo para o coro todo cantar junto" — conta o compositor de "Carolina".

* * *

Os protestos políticos estavam na ordem do dia. Dorival, que passava por uma fase extremamente difícil, não tinha condições de se envolver em política. Sua saúde — o compositor sofria de gota e hipertensão — não estava nada boa. Além disso, a separação de Nana e a situação dos netos preocupavam muito ele e Stella. Deixou o protesto para os mais jovens. Foi em meio a esse caos pessoal que Caymmi soube da decretação do AI-5 (Ato Institucional nº 5), em 13 de dezembro de 1968, pelos militares, recrudescendo o regime militar. Foi ainda com enorme aflição que Stella soube que sua filha participara, ao lado de Gil, Caetano e outros artistas, da Passeata dos 100 mil contra o regime. Temiam pela segurança de Nana. E se ela fosse presa, exilada ou coisa pior, como tantos outros? O casal perdeu a pouca tranquilidade que tinha.

No meio de tudo isso, Cynara e Cybele gravavam "Anjo da Noite", uma canção de Danilo e Dorival, em LP, pela CBS. O compositor, assistindo ao filho compor em casa, pediu para participar da canção. "Foi a primeira música que eu fiz. Eu estava na cozinha e tinha feito a melodia. Ele gostou e pediu para fazer a letra, que é maravilhosa" — relata Danilo. Assim, nasceu a primeira parceria dos dois. O filho caçula passou a compor com regularidade daí em diante, deixando o pai orgulhoso pela qualidade do seu trabalho. Na época, Danilo namorava Vera Naila Davet, que estudava psicologia. Com "Andança", em parceria com Edmundo Souto e Paulinho Tapajós, o caçula de Caymmi se projetou no meio musical como compositor. Uma das músicas preferidas do público no III FIC, na TV Globo, a canção levou o terceiro lugar, defendida por Beth Carvalho e os Golden Boys. Em primeiro ganhou "Sabiá", de Tom e Chico, interpretada por Cynara e Cybele. Em segundo "Caminhando (Pra Não Dizer Que Não Falei de Flores)", de Geraldo Vandré. Quando o festival aconteceu, em setembro, Caymmi e Stella estavam na Bahia. Ficaram sabendo do sucesso do filho pelos jornais e por Dicéa Silva Lima Ferraz, uma grande amiga do casal, que escrevera contando tudo:

> "Danilo foi o homem que vocês esperavam dele e as vaias me acreditem não foram para 'Andança', que já tinha sido ovacionadíssima e era até uma das favoritas. Pessoalmente, eu daria a Danilo o segundo lugar. 'Sabiá' é lindo..."

# 44. DE VOLTA ÀS ORIGENS

"Adalgisa mandou dizê/ que a Bahia tá viva ainda lá"
("Adalgisa", Dorival Caymmi)

Os amigos baianos — aí incluídos o quase baiano Odorico Tavares, além de Jorge Amado, Wilson Lins, Antônio Celestino — estavam empenhados em trazer Caymmi de volta para a Bahia. A ideia era antiga. À época da inauguração da Praça Dorival Caymmi, em 1953, o compositor, em almoço com Odorico Tavares e Lafaiete Coutinho — seu antigo professor de Matemática no Colégio Olímpio Cruz —, ouviu a sugestão pela primeira vez. O tempo foi passando e a agenda de Caymmi impedindo-o de retornar à sua terra, a não ser para shows e férias com a família de vez em quando. Mas em 1968, o governador Luiz Viana Filho comprou a ideia e a Câmara dos Vereadores, sob a presidência de Honorato Viana, aprovou a doação de uma casa ao compositor, em 9 de março. Wilson Lins, em seu discurso na Câmara, foi contundente:

> "Já nos envergonha bastante o fato de os ossos de Castro Alves terem levado mais de meio século sem túmulo. Não esperemos que Caymmi morra para lhe darmos a última morada, mas tratemos de lhe dar agora a casa onde ele viva sentindo-se cada vez mais orgulhoso de ter nascido entre nós."

Caymmi escolheu uma casa na Pedra da Sereia, no bairro do Rio Vermelho, que fora construída em 1934. O imóvel pertencia a Delzuita Cavalcante Karr e João Karr y Corona. O governo do estado pagou pela casa 50 mil cruzeiros novos. A doação foi completada no ano seguinte, em 16 de abril de 1969, presenciada por Mirabeau Sampaio, Jorge Amado, Antônio Celestino, James Amado, entre outros amigos de Dorival. Infelizmente, ele não pôde mudar-se logo para a sua nova casa, pois, além de necessitar de obras, havia ainda um inquilino vivendo nela. "Foi preciso reconstruir a casa" — revela Stella, que não ficou muito satisfeita com a escolha de Dorival. Como todo artista, o compositor só teve olhos para a beleza da construção e para a varanda debruçada sobre o mar. A bem da verdade, o lado prático do casal estava todo concentrado em Stella. Enquanto esperava a liberação do imóvel, o casal hospedou-se num apartamento cedido pelo amigo Carlos Coqueijo Costa, na avenida Manoel Dias da Silva, no bairro da Pituba. Caymmi tentou pagar um aluguel ao amigo. "Ele disse: 'Não, em vez de você pagar o aluguel a mim, dá esse dinheiro para ajudar a Nana com os filhos'. Esse era Coqueijo" — conta o compositor. Ele pôde rever amigos como Genaro de Carvalho e a mulher Nair, ambos artistas plásticos, Jenner Augusto, Hansen Bahia e conversar sobre artes, um de seus assuntos prediletos.

João Ubaldo, nessa época, estava sempre com o compositor: "Chegamos a tentar uma parceriazinha que começava assim [canta]: 'O telegrama chegou/ quem mandou foi sua mãe'" — e mudando de tom, continua — "Eu acho que ele é um dos grandes poetas da nossa língua, um poeta especial porque compositor". E acrescenta com ar maroto: "Eu me lembro que Caymmi gostava de bulir com as moças. Mas bulir inocentemente. Eu me lembro de uma frase que ele dizia muito. A moça passava, toda gostosa, toda rebolativa, e ele dizia: 'Hum, esse orgulho mata, hein?!'" — diverte-se o escritor.

Em 4 de agosto de 1968, Dorival e Stella embarcaram com Vinicius de Moraes no navio *Eugenio C.* com destino a Buenos Aires. Junto com Baden Powell e o Quarteto em Cy, fizeram o espetáculo *Sabor y Color de Brasil*, produzido por Aloysio de Oliveira, no Gran Teatro Opera, no dia 13. O evento fazia parte de uma ofensiva de marketing do Instituto Brasileiro do Café contra o café colombiano. O IBC atacava com música brasileira, patrocinando shows de artistas nacionais. Caymmi vira nessa viagem uma oportunidade de levar Stella com ele. A mulher jamais o acompanhava por ter pavor de avião. Vinicius compartilhava do mesmo sentimento e decidiram ir de navio.

Durante a viagem, Stella ficou incomodada com o assédio das argentinas sobre o seu marido, e divertia-se em espantá-las ao inventar esdrúxulas preferências sexuais do marido. As portenhas fugiam horrorizadas. Vinicius se divertia. No dia do espetáculo, foi preciso organizar uma segunda sessão, tal foi a procura do público, que engarrafou a rua do teatro, a mais importante casa de espetáculos da capital, com 1.600 lugares. No palco, deu um branco, coisa rara em Caymmi, quando cantou "... Das Rosas". Mas susto ele teve logo em seguida. "E o pior é que vimos, de repente, parte do público subindo ao palco. Era o time do Santos, com Pelé e tudo. Foi uma loucura" — recorda o compositor. Voltaram ao Rio uma semana depois, a bordo do navio *Augustus*.

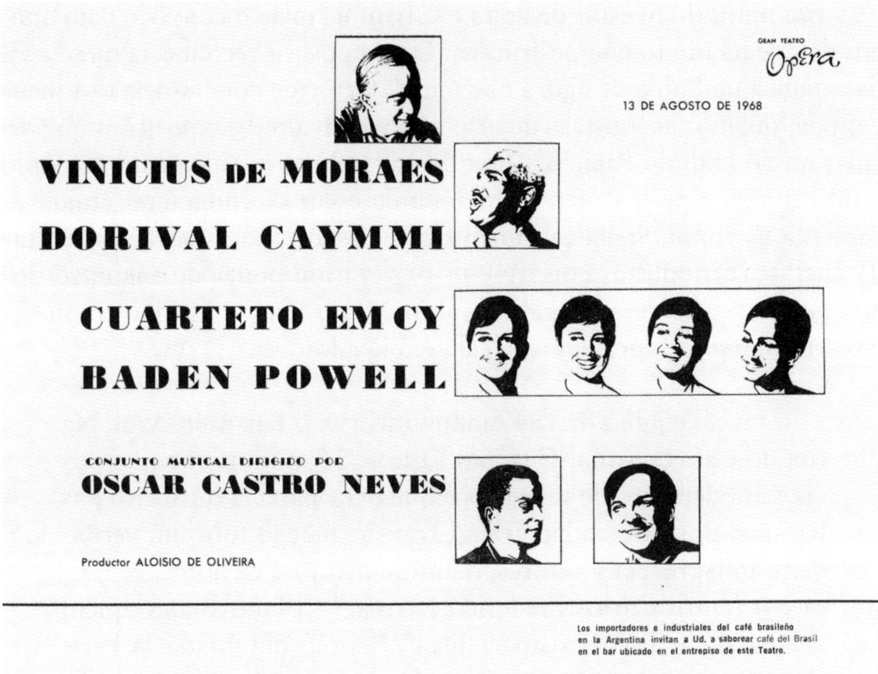


Craques: programa do show *Sabor y Color de Brasil*, que reuniu Vinicius de Moraes, Caymmi, Quarteto em Cy, Baden Powell e o conjunto de Oscar Castro Neves no Gran Teatro Opera, em Buenos Aires — a certa altura, o palco foi invadido pelo grande time de futebol do Santos, que assistia ao espetáculo.

Mas Caymmi não estava bem. Na noite de 28 de agosto, Stella teve de chamar às pressas o Prontocor 5 de Julho. Foi então diagnosticada uma crise hipertensiva. No dia seguinte, às 11 horas, o compositor foi novamente internado pelos médicos Clementino Fraga Filho e Nicolau Jorge Nader na Clínica São Vicente, onde ficou até 16 de setembro para curar-se de uma estafa. Stella ficou ao lado do marido durante todo o tratamento, praticamente morando na clínica.

Jorge Amado, incansável, voltava a insistir: "Vem pra cá, vem pra Bahia, fica aqui conosco, aí você morre de canseira". Foi o que fizeram. Em dezembro retornaram à terra de Caymmi, novamente ao apartamento emprestado pelo casal amigo Carlos e Aidil Coqueijo Costa, na Pituba. Danilo ficara no Rio cursando a Faculdade de Arquitetura. O caçula não queria deixar Vera, sua namorada, para viver em Salvador.

Era muito bom estar de volta e Caymmi curtia o convívio com amigos de que há muito não desfrutava. O compositor reconhecia que "a vida artística na Bahia de agora não é mais parecida com aquela dos meus tempos, quando as mostras de arte não passavam de exposições na Circular ou no Hall do Palácio". Frequentava muito o Anjo Azul. "O Anjo Azul era uma espécie de bar fechado, uma boate de clima intelectual" — comenta Caymmi. Stella certamente não descreveria o local assim. Mas de fato — entre outras coisas! — o bar era um ponto de encontro dos artistas baianos, liderados pelo escultor Mário Cravo. Ele não era novo. No seu folheto de apresentação está explicado:

> "A 2 de julho de 1949 inaugurava-se o Bar Anjo Azul. Na rua do Cabeça, atual Gustavo Santos, 34, num porão que servia para depósito de sementes e que mais parecia o paraíso das baratas, dos ratos e lacraus. A transformação fora um verdadeiro milagre. Seus autores, o antiquário José de Souza Pedreira e o pintor Carlos Frederico Bastos. [...] Houve logo quem chamasse de 'boite existencialista'. Pessoas habituadas a Paris classificaram-no de 'cave'. De tudo isso o baiano afeiçoado ao Anjo Azul achou graça, pois, para ele, o local estava inteiramente na linha do pitoresco de que a cidade é tão rica. Por sinal o local até que era bem baiano, com seu cheiro de pecado acumulado durante quatro séculos, sua atmosfera sombria, seu vento encanado e sua decoração de sabor barroco. Das atrações do Anjo Azul, sem dúvida a mais interessante é seu material artístico: fragmentos de talha dourada de igrejas desaparecidas, pinturas murais de Carlos Bastos, um trabalho em tiras de ferro do escultor Mário Cravo."

O lugar era frequentado pela fina flor da intelectualidade baiana, principalmente pelos artistas plásticos, fato que por si só justificava a presença constante de Caymmi no local. "Bom lugar para conversar, para se encontrar, uma reunião de artistas. Tudo quanto é intelectual, visitante, ia lá: 'Olha, não deixa de ir no Anjo Azul', diziam" — relembra Caymmi. O nome se justificava por um mural em que estava representado "o *Anjo Azul*, no centro do painel, o manto escarlate tocado de ventania, a cabeça coroada, rodeado de clarins e arcanjos que baixaram à terra para tomar parte no cerimonial". Perto do balcão, havia um painel em que o apresentador carregara nas tintas ao descrevê-lo:

Anjo Azul: de passagem pela Bahia, Dorival Caymmi é flagrado na famosa casa noturna de Salvador, em 1952 — a decoração exótica do local atraía principalmente intelectuais e artistas.

"A realidade que explode, com força pictórica fora do comum, é a tenebrosa realidade das vicissitudes da carne, de seus imperativos e de seus desmandos. Corpos que se esmagam, corpos que se atritam, rostos espantados e alarmados, ou entristecidos, com o resultado de tanta luxúria. Poucas vezes terá a pintura na Bahia atingido a mesma densidade."

Quem não estava gostando dessa *densidade* toda era Stella, que não se habituava por nada com o machismo baiano. Certa vez, num jantar no Palácio de Ondina, do governo do estado, não se conformou com o fato de as mulheres, após a refeição, se reunirem num salão para tomar um simples café ou um singelo refresco, enquanto os homens se reuniam em outro para fumar e beber bebida de verdade. A mineira, com seu jeito despachado, feriu o protocolo ao declarar em alto e bom som o seu desagrado. Ronaldo Xavier de Lima, marido de Martha Rocha, não conversou: aproximou-se dela e ofereceu-lhe um charuto. A mulher de Caymmi, sem o menor constrangimento, aceitou e, a partir dali, os homens se misturaram às mulheres. Quem mais se divertia com os ataques de Stella era seu padrinho Jorge Amado. Certa vez, a senhora Dorival Caymmi causou um alvoroço nos meios culturais baianos quando afirmou, para quem quisesse ouvir, que se pretendiam homenagear seu marido que o fizessem em vida, que ela não estava disposta a ficar descerrando fita para nenhuma homenagem depois que ele se fosse. Foi um deus-nos-acuda!

Em 1969, o compositor foi contratado para compor a trilha sonora do filme *Capitães da Areia*. A película, baseada no romance de Jorge Amado, dirigida por Hall Bartlett, em preto-e-branco, foi falada em inglês e rodada na Bahia. Conhecendo a dificuldade do marido em compor por encomenda, Stella apelou para o amigo Lev Smarchewski, pintor e arquiteto: "Tire este filho da p. daqui que ele precisa compor". Lev não fez por menos e encerrou o amigo em seu saveiro *Santa Cruz*, que estava transformando em uma escuna, no porto dos Estanheiros, no arrabalde de Itapajipe. Caymmi se sentiu "o marinheiro". Tinha direito até a seu quarto de hora à frente do leme. "Fui mordido pelo bicho da navegação" — confessa. Lev recorda que certa tarde, em meio a uma chuvinha redinha, o amigo se empolgou: "Eu gosto mesmo é de tempestade no mar". "Eu e Aleixo morremos de rir" — conta Lev. Aleixo era outro amante da navegação que estava trabalhando na construção do barco. Caymmi comia por lá mesmo. "Arlindo e Flor, que trabalhavam para Lev, faziam um feijão de guerra, um feijão de pouco tempero, mas muito gostoso" — relembra.

Caymmi e Stella, durante todo o tempo em que viveram na Bahia, se envolveram a fundo com o candomblé. Frequentavam o Gantois e o Axé Ôpô Afonjá, junto com os irmãos de "esteira" Jorge Amado e Carybé. Eram os mais importantes candomblés da Bahia além do Alakêto e do Ôgunjá. O Gantois era dirigido por Mãe Menininha e o Ôpô Afonjá por Mãe Ondina, mães de santo muito respeitadas. Menininha era a mãe de santo do casal, que cumpria religiosamente os seus ritos — chamados obrigações —, o que muitas vezes envolvia pernoitar no candomblé e ficar incomunicável por alguns dias. As contas de santo do compositor foram lavadas — ritual da seita — pessoalmente por Mãe Menininha, o que era considerado uma grande honra. Caymmi recebeu o título de obá de Xangô do Axé Ôpô Afonjá, um dos doze ministros de Xangô. Seu título completo era obá Ónikôyi. Jorge Amado e Carybé já eram obás há mais tempo. São quatro os orixás do compositor: Xangô, Oxalá, Oxum e Yemanjá. Mas Xangô vinha na frente, dominando. Sobre Mãe Menininha Caymmi lembra: "Ela me conquistou no dia em que cheguei lá e ela disse: 'O senhor está vendo aquela árvore ali? Fiquei horas, esquecida, conversando com ela'. Existe algo mais repousante que ouvir isto?".

Havia uma preocupação da intelectualidade baiana em conservar as práticas religiosas das nações africanas que vieram ao Brasil, e, particularmente, à Bahia. Todos unidos na preservação de elementos fundamentais da cultura baiana. Segundo Edison Carneiro, em seu livro *Candomblés da Bahia*, "o candomblé incorpora, funde e resume as várias religiões do negro africano e sobrevivências religiosas dos indígenas brasileiros, com muita coisa do catolicismo popular e do espiritismo". Para Caymmi, representava o retorno às raízes mais profundas da sua infância e da sua terra, em que reconhecia uma das fontes mais puras da sua inspiração. Seu orixá é Xangô — segundo essa prática religiosa existe um orixá que é o dono da cabeça do crente —, "representação das tempestades e dos raios, do trovão e das descargas elétricas, é um orixá fálico". Orixá é a "personificação e divinização das forças da natureza, que pode ser traduzida por santo". A insígnia de Xangô é um machado com asas ou, segundo alguns, machado com duas lâminas. Jorge Amado e Carybé são filhos de Oxóssi, orixá da caça. Novamente, Edison Carneiro nos esclarece: "Os deuses e os mortos se misturam com os vivos, ouvem suas queixas, aconselham, concedem graças, resolvem as suas desavenças e dão remédio para as suas dores e consolo para os seus infortúnios. O mundo celeste não está distante, nem superior, e o crente pode conversar diretamente com os deuses e aproveitar da sua beneficência".

Depois de se apresentar no belo espetáculo *Bahia Ontem e Hoje*, com Cynara, Cybele e o MPB-4, no Teatro Castro Alves (TCA), Caymmi retorna ao Rio. Lá, ele e Stella passam por uma dura prova. O neto João Gilberto, filho de Nana, de apenas 2 anos e meio, precisara operar com emergência o intestino, no dia 30 de janeiro de 1969, no Hospital Jesus. Seu estado era gravíssimo e ele sobreviveu por um milagre, nas mãos do Dr. Rui Archer. Para piorar, a presença do casal era necessária na Bahia para resolver questões relativas à casa. Jorge Amado, aflitíssimo, enviou várias cartas para o casal pedindo que regressassem imediatamente, pois a transação não estava de todo resolvida. O que Jorge não sabia era que Gilberto, o pai dos netos de Caymmi, viera da Venezuela disposto a levar as crianças de volta com ele. A situação de Nana era bastante delicada, pois devido ao seu relacionamento com Gilberto Gil estava ameaçada de flagrante de adultério, apesar de estar separada há mais de três anos. O episódio foi muito desgastante para toda a família.

Em maio, chega uma carta de Jorge Amado com boas novas:

> "Voltando ao assunto da novela da casa, devo informar que os cheques — um de 40 milhões e outro de 10 milhões — não tinham fundos, o governo havia tranquilamente lançado mão do dinheiro. Houve um momento de pânico, mas a coisa por fim se resolveu. [...] O trabalho na casa de vocês marcha em ordem. Já paguei duas vezes ao João dos Prazeres."

Foi ainda naquele ano que Jorge Amado, esse dedicado amigo, iniciou o romance *Tenda dos milagres*. Em *Navegação de cabotagem*, seu livro de memórias, o escritor admite que seu personagem "Pedro Arcanjo é a soma de muita gente misturada: o escritor Manoel Querino, o babalaô Martiniano Eliseu do Bonfim, Miguel Santana Obá Aré, o poeta Artur Sales, o compositor Dorival Caymmi e o alufá Licutã — e eu próprio, é claro. De todos eles Arcanjo incorpora um traço". Outro que homenageou Caymmi foi o cantor Sylvio Caldas, gravando várias composições do baiano em seu LP pela CBS. O ano ainda reservou uma notícia que o encheu de orgulho. Danilo venceu o Festival de Juiz de Fora, com "Casaco Marrom (Bye, Bye, Ceci)", em parceria com Renato Correia e Gutemberg Guarabira, gravada com sucesso pela cantora Evinha, na Odeon. Danilo revela que nem tudo foram flores em seu começo de carreira: "Foi muito legal, mas tinha muita cobrança. Chegava no festival e me perguntavam 'Que horas seu pai fez essa música para você?'. Tinha esse tipo de pergunta. Ser filho de uma celebridade é uma coisa muito difícil".

## 45.
## PEDRA DA SEREIA

"Minha sereia é a moça bonita/ Nas ondas do mar aonde ela habita"
("Rainha do Mar", Dorival Caymmi)

Em agosto, o presidente Costa e Silva sofreu um derrame cerebral, sendo substituído por uma junta militar formada pelo general Lira Tavares, almirante Augusto Rademaker e o marechal do ar Márcio de Sousa Melo. Em 22 de outubro, o Congresso — depois de um recesso de dez meses — elegeu o general Emílio Garrastazu Médici para a Presidência da República.

Stella e Dorival Caymmi entraram o ano de 1970 estreando endereço novo: Pedra da Sereia, 459-A, Rio Vermelho. O compositor dormia embalado pelo vaivém das ondas do mar, um canto doce de sereia. "Na Bahia, recebemos a visita de Baby Pignatari, com duas senhoras da sociedade. A casa ainda não estava pronta. Baby prometeu dar o piso da sala e deu" — recorda Stella. Sobre o amigo, Caymmi diverte-se em contar as histórias: "Baby Pignatari morava numa mansão no Morumbi, em São Paulo, onde reunia com frequência uma turma grande. O Rebolo ia de motocicleta e curava o porre na viagem. Às vezes se arrependia, queria voltar e não dava, porque ele perdia o porre na viagem". Na sala da Pedra da Sereia — como passou a ser chamada a casa do compositor —, providenciado o whisky, Baby, muito à vontade, sem se incomodar com as madames que o acompanhavam, resolveu elogiar a amiga, à sua moda, é claro: "Stella é cafajeste, ela é das nossas, é legal, com ela não tem essas putarias, não". Stella lembra o fato: "Eu quase morri. Tive de engolir o riso".

Outra amiga que frequentava a Pedra da Sereia era Maria Célia Carvalho. Muito jovem ainda, estudando Direito, se apegou de tal maneira ao casal que já era considerada filha. Ela e Stella estavam sempre juntas. Isso tranquilizou muito seus pais, fazendeiros em Ibicaraí, interior da Bahia, que não podiam estar com a filha na sua adaptação à cidade grande. Durante todo o período em que Stella e Caymmi ficaram em Salvador, puderam contar com Celinha, como era chamada, para o que desse e viesse. E a amizade dura até hoje.

Avarandado: Dorival Caymmi em sua casa na Pedra da Sereia, em Salvador, onde dormia ao som das ondas do mar.

As crianças de Nana — Stella Teresa, Denise Maria e João Gilberto — estavam vivendo com os avós na Bahia. Foram matriculados no Colégio Tomás de Aquino. Uma lição de História do Brasil da neta mais velha virou anedota entre os amigos de Caymmi. Arguida sobre quem descobriu o Brasil, eu, com 7 anos, respondi seriamente: "Quem descobriu o Brasil foi Jorge Amado". Era o nome que eu mais ouvia em casa, achei natural responder assim. Foi a graça do ano. Os amigos de meu avô em coro concordaram comigo.

Uma grande polêmica foi deflagrada por Stella, inadvertidamente, em agosto. Quando o acadêmico Walter da Silveira estava em seu leito de morte, confidenciou a Jorge Amado que gostaria que Dorival Caymmi o sucedesse em sua cadeira na Academia Baiana de Letras. Silveira era amigo do compositor desde o tempo da sua passagem pelo jornal *O Imparcial*, na década de 30. O professor Antônio de Barros, em visita ao casal, pôs-se a explicar as normas para o ingresso. Dorival conta que quando o professor adiantou que alguns não votariam nele, ela acusou a Academia de racista e por pouco não botou o acadêmico para correr. Stella teria interpretado mal a exigência de que o marido pedisse votos aos acadêmicos. Celinha, que esteve com o casal no mesmo dia do incidente, comenta: "Não houve mal-entendido algum. Foi racismo sim e Stella respondeu à altura da ofensa".

O fato caiu feito uma bomba nos meios intelectuais baianos. Todos os jornais deram destaque ao caso, enfatizando o racismo da Academia. Em uma das reportagens, aparecia Stella apontando os netos e dizendo: "É esta a Academia de Caymmi". Um verdadeiro prato de caruru para a imprensa, que tratava o caso como complô. Uma quadrinha circulava pela cidade: "Para entrar na Academia/ Como diz o professor/ Um livro antes valia/ Hoje o que vale é a cor". Foi preciso que o governador em pessoa, Luiz Viana Filho, fosse à casa de Caymmi prestar solidariedade, para acalmar os ânimos. No final, Caymmi — que já não estava inclinado a se candidatar desde o início — desistiu da Academia.

Visita ao passado: Dorival na esquina da antiga rua do Bângala, hoje rua Luiz Gama, onde nasceu em 1914.

Saudade: o casal Caymmi ao lado de Fernando Lobo, parceiro e grande amigo de Dorival desde os velhos tempos de dureza no Rio de Janeiro.

Por outro lado, a casa, que era para ser um refúgio para o autor, virou ponto turístico. Ônibus e mais ônibus repletos de turistas paravam na porta para conhecerem o compositor de "Você Já Foi à Bahia?". Adeus, sossego. A volta à Bahia não estava sendo como Dorival Caymmi imaginara.

Mas nem tudo estava perdido. O melhor acontecimento do ano foi proporcionado por Marcus Pereira, apresentado a Caymmi pelo amigo Daltro, em Salvador. Foi ele quem livrou o compositor do sofrimento da gota, mal de que sofria desde 1961. Marcus Pereira garantiu a Dorival que havia sido curado com o uso de Retrangor, um remédio comumente usado em doentes cardíacos, mas que se mostrara eficaz no tratamento da gota. Caymmi ficou curado em poucas semanas. Graças a Deus.

Livre das dores, Caymmi pintou como nunca naquele ano. Dessa vez, por encomenda do Banco Halles, preparou doze telas para o calendário do ano seguinte. Buscou inspiração em seus sambas e personagens e transportou-os para as telas. Novidades vieram alegrar o baiano. Ganhou, naquele ano, um presente de seu querido Vinicius de Moraes. Ele e Toquinho gravaram "Tarde em Itapoã" — feita no próprio bairro de

Itapuã, no final da década de 60, quando o poeta viveu em Salvador —, cuja letra homenageia a famosa preguiça do compositor baiano e a praça que leva seu nome:

> Depois na Praça Caymmi
> Sentir preguiça no corpo
> E numa esteira de vime,
> Beber uma água de coco
> É bom passar uma tarde em Itapoã

Em 1º de setembro de 1971, Caymmi virou marca industrial, registrado no Departamento de Propriedade Industrial, na Praça Mauá, no Rio de Janeiro. Ele pessoalmente cuidou de tudo. Em sua agenda, anotou no dia 23 de outubro: "Fiz uma canção: 'Dona Chica — Francisca Santos das Flores'". Essa canção, depois chamada simplesmente "Francisca Santos das Flores", um fado, um ritmo que nunca antes experimentara, ele fizera a partir do motivo infantil "Atirei o Pau no Gato". Era o compositor em pleno exercício da sua liberdade criativa. Infelizmente, em-

Caymmi Ltda.: capa do *Álbum nº 1*, com partituras de músicas, publicado pela Caymmi Editora Musical — o logotipo da empresa foi desenhado pelo próprio compositor, inspirado no símbolo de Xangô, seu orixá.

pecilhos existiam. Na agenda, escreveu também: "Tenho de dar letras para a censura". Porém, na maioria das vezes, as letras de Caymmi eram liberadas.

A amizade do compositor com João Ubaldo — um frequentador assíduo da Pedra da Sereia — vingou de tal maneira que Caymmi criou um rebuliço no Banco Econômico da Bahia só para ajudar o escritor, que ele sabia estar numa dureza de fazer gosto. O Banco Econômico estava para inaugurar uma agência em Belo Horizonte e convidou Caymmi para fazer a publicidade. Era para o baiano dizer duas ou três frases e estaria concluído o trabalho. Ubaldo é quem conta:

> "Era uma frase que não tinha mais do que duas linhas o que ele tinha que falar. Mas aí Caymmi olhou as duas linhas e disse assim: 'Quem escreveu isso aqui?'. O cara disse: 'Ah, foi um redator lá da agência que escreveu. É só o senhor dizer assim, é fácil decorar, não tem problema nenhum'. Ele fez: 'Só leio se for o João Ubaldo que escrever'. Aí os caras, putos, foram me procurar para perguntar quanto eu cobrava. E eu com uma vergonha! Mas os caras, com medo que Caymmi se aborrecesse, me ofereceram uma grana estapafúrdia. Por duas linhas! Eu me lembro que o cara chegou a levar o talão de cheques: 'Olha, vou lhe pagar logo'. Aí eu olhei e disse: 'O que é para escrever?'. Ele disse: 'Isso aqui'. Aí eu disse: 'Mas já está escrito'. Aí ele disse: 'Mas Caymmi disse que só lê se for você que escrever'. Aí eu peguei a máquina e copiei aquilo, eu acho que botei uma vírgula a mais, se tanto, ou uma palavra a mais. Aí Caymmi conferiu e telefonou pra mim: 'Você é que escreveu?'. Eu fiz: 'Foi'. E ele fez: 'Ah! Tem qualidade literária! Agora eu leio'."

Outra amizade que amadureceu mesmo a distância foi a de Caymmi com o pintor Cícero Dias. Estava um fim de tarde bebericando no Antonio's — reduto frequentadíssimo por intelectuais e artistas, dirigido com grande competência por Manolo, um espanhol completamente acariocado —, na Bartolomeu Mitre, Leblon, quando recebeu um bilhete sem assinatura, já não se lembra de quem, com um recado delicioso: "De Paris, Cícero Dias mandou te dizer que comprou 'um Dorival Caymmi lindo'. Vai ficar ao lado de um Picasso". Por essa Caymmi não esperava.

## 46.
## A ESTRELA MAIS LINDA

"Vento que dá na vela,/ Vela que leva o barco"
("O Vento", Dorival Caymmi)

Dinah Caymmi, irmã de Dorival, faleceu em 16 de janeiro de 1972. Um câncer levou-a prematuramente aos 55 anos. Dulcíssima e discreta, Dinah, que nunca se casou, seguiu os passos do pai e fez carreira no funcionalismo público baiano. Para se ter uma ideia da índole dessa irmã de Dorival, basta contar um episódio curioso. Quando trabalhava na Secretaria da Fazenda, soube que um certo Hotel Dorival Caymmi devia impostos. Evidentemente o hotel não pertencia ao seu irmão. Mas com receio de ver o nome do irmão envolvido em dívidas, resolveu pagar do próprio bolso. Eu a conheci. Era uma mulher especial. Muito católica. Seu temperamento era tão diferente do temperamento da cunhada que talvez por isso mesmo tenham se dado tão bem. Sentimos muito a sua morte.

Em 19 de janeiro, em sua agenda, Caymmi anotou: "Vieram turistas aos montes". O problema estava ficando sério. "De manhã à noite, a toda hora, os ônibus cheios de turistas vinham tirar a privacidade de Stella e Caymmi. Não havia descanso para ele" — Celinha comenta. Mas o compositor teve de voltar ao Rio para tocar para frente um projeto antigo. Entre março e julho, esteve envolvido com a abertura da Caymmi Editora Musical. Para a publicação do primeiro álbum com o repertório da nova editora, sua sociedade, a SBACEM (Sociedade Brasileira de Autores, Compositores e Escritores de Música), deu uma ajuda de custo. Aldo Taranto fez as transcrições das músicas. O endereço da firma era rua Buenos Aires, 58/5° andar, no centro do Rio de Janeiro. Ele estava animado com este projeto, disposto a compor mais e cuidar da sua obra. Pensava no futuro dos filhos, que além disso poderiam editar suas músicas na sua editora.

O baiano lançou neste ano o seu novo LP, *Caymmi*, pela Odeon. Foram lançadas várias músicas inéditas — "Morena do Mar", "Santa Clara Clareou", "Canto de Nanã", "Dona Chica...", "Itapoã", "Canto de Obá" (esta última com letra de Jorge Amado) —, mas nada comparado com "Oração de Mãe Menininha", um sucesso imediato. A canção era uma homenagem à ialorixá do compositor, mãe de santo em linguagem nagô. "Eu estava em Maracangalha, na sala, sentado numa poltrona, o cachorro por ali, vendo Stella molhando as plantas, debaixo de uma mangueira, quando me ocorreu a música" — revela. Fez a música em uma hora, das duas às três da tarde do dia 8 de setembro de 1972. Muitos se confundiram na maneira de grafar a canção. Caymmi se apressou em esclarecer: "É para usar o 'de', como se diz na linguagem popular 'Oração *de* Santo Antônio', 'Oração *de* Santa Teresinha'...".

Stella deu, nessa ocasião, ao marido, um cágado, e anunciou para divertimento geral: "O nome dele é Dorival!". A fama de preguiçoso àquela altura já era sua marca registrada. Rubem Braga popularizou uma piada, que correu o Rio de Janeiro, que garantia existirem três velocidades: lento, muito lento e Dorival Caymmi. Anos antes, numa crônica para o rádio, Antônio Maria contribuíra com mais uma história para o folclore em torno da preguiça de Caymmi. Quem lembrou foi Zélia Gattai: "A crônica foi lida por Luiz Jatobá, com música ao fundo e tudo a que tinha direito. O tema era engraçado: *Caymmi escapou do dia do trabalho*". O baiano nasceu na véspera do dia do trabalho e a turma não perdoava, inventando essas histórias. A fama de preguiçoso, porém, não o impediu de ir a Brasília receber uma honrosa homenagem do Ministério do Trabalho. Em cerimônia oficial, em 17 de abril, no Palácio Itamaraty, Dorival Caymmi foi agraciado com a Ordem de Rio Branco, em Grau de Oficial, com vários amigos presentes, entre eles Carlos Coqueijo Costa. No dia seguinte, foi ao Palácio da Justiça visitar Coqueijo, que era ministro do Superior Tribunal do Trabalho.

Falando em preguiça, o compositor Arrigo Barnabé escreveu em fevereiro de 2001 uma carta à revista *Bravo!* na qual contestava com veemência a fama de preguiçoso de Caymmi:

> "... Tudo isso é só para falar de trabalhos que não se deixam corromper pelo tempo. E na área da canção popular, nada me parece tão incorruptível quanto a obra de Dorival Caymmi. Na sua atemporalidade — essa qualidade inerente também ao folclore —, somos confrontados com soluções engenhosamente simples, certamente resultado de uma qualidade rara nos dias de hoje: a paciência! Às vezes erroneamente confundida com a preguiça. A paciência do bom baiano. A naturalidade da espera. A coerência. Quando a indústria sofregamente procura no-

vos veios auríferos através de uma banalização do folclore, é saudável percebermos a ausência de pressa que existe no movimento, no pensamento, no gesto *composicional* de Dorival Caymmi."

No LP *Caymmi*, gravou também "Vou Ver Juliana" e "Eu Cheguei Lá", que tem uma história engraçada. Caymmi estava compondo "Vou Ver Juliana", quando entrou um sujeito na sua casa querendo briga. "Ele queria brigar comigo por causa de um muro. Mas o camarada ficou por lá, conversou e se esqueceu de brigar. Muito tempo depois, eu estava brincando de cantar e fiquei com um temazinho na cabeça que saiu assim: 'Eu cheguei lá/ mas me esqueci/ do que ia dizer/ do que ia falar/ Eu cheguei lá'" — conta Caymmi. Até vizinho rabugento pode render uma boa música. Caymmi é completamente enraizado no cotidiano. Ele encontra a beleza onde menos se espera.

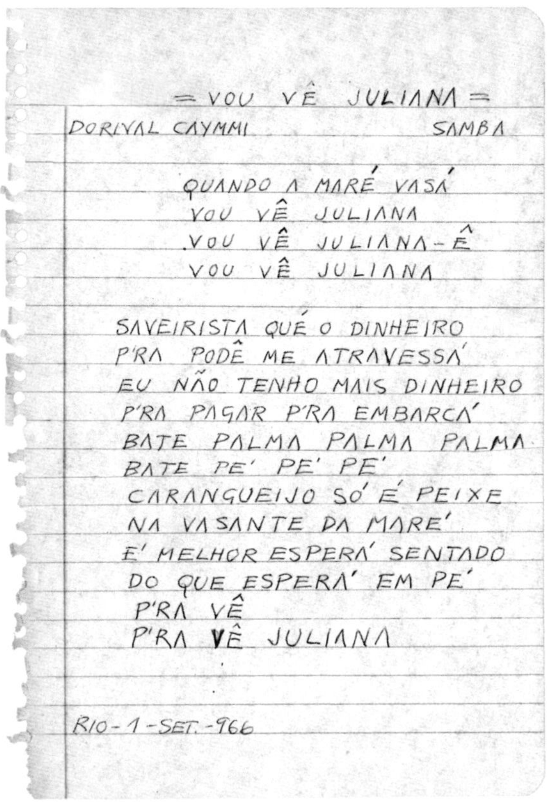

= VOU VÊ JULIANA =
DORIVAL CAYMMI SAMBA

QUANDO A MARÉ VASÁ
VOU VÊ JULIANA
VOU VÊ JULIANA-Ê
VOU VÊ JULIANA

SAVEIRISTA QUÉ O DINHEIRO
P'RA PODÊ ME ATRAVESSÁ
EU NÃO TENHO MAIS DINHEIRO
P'RA PAGAR P'RA EMBARCÁ
BATE PALMA PALMA PALMA
BATE PÉ PÉ PÉ
CARANGUEIJO SÓ É PEIXE
NA VASANTE DA MARÉ
É MELHOR ESPERÁ SENTADO
DO QUE ESPERÁ EM PÉ
P'RA VÊ
P'RA VÊ JULIANA

RIO-1-SET.-966

Melhor esperar sentado: manuscrito de Caymmi com a letra de "Vou Ver Juliana" — a temática praieira mais uma vez aparece em suas canções.

O pianista Luiz Carlos Vinhas — que foi integrante do Bossa Três, o primeiro conjunto instrumental da bossa nova — convidou Dorival Caymmi para fazer uma temporada de duas semanas no Flag, casa de shows de José Hugo Celidônio, no Rio. O compositor estreou em 2 de maio. Cada noite, uma festa, uma confraternização. “Recebi Simonal, Caetano, Gal, Dedé e outros, com Guilherme Araújo” — escreveu na agenda no dia 11. “Hoje o show tava bom, gente paca! Chico, Marieta, Carlinhos [de Oliveira]” — acrescentou no dia seguinte. No domingo, dia 14, escreveu: “Show no Flag ótimo. Ruy Guerra, Leila Diniz, Milton Nascimento, Bráulio Pedroso. Leila Diniz é encantadora. Nunca a tinha visto. Tarso de Castro foi também”. Pela plateia, o leitor pode avaliar o acontecimento que foi ter Caymmi se apresentando novamente na noite do Rio. Dias depois escreveu: “Bira trouxe as letras censuradas”. Bira,

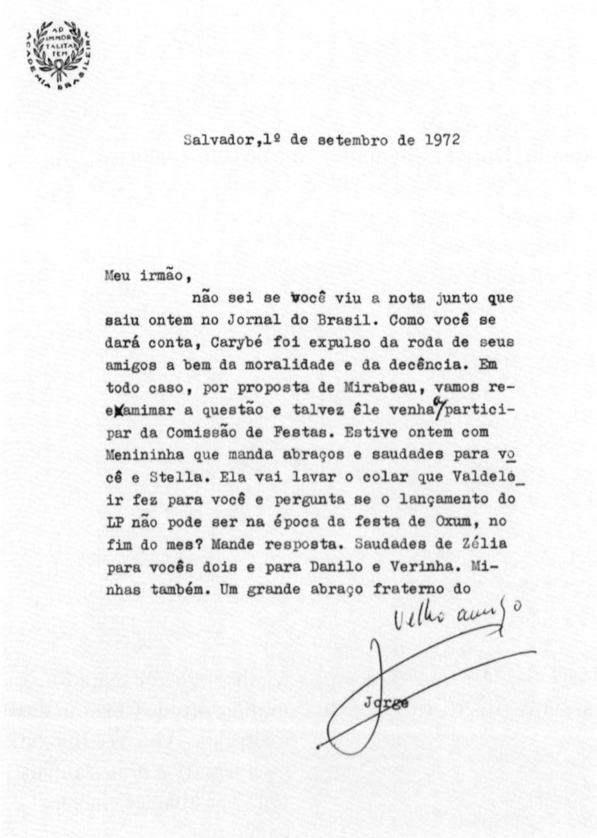

Salvador,1º de setembro de 1972

Meu irmão,

não sei se você viu a nota junto que saiu ontem no Jornal do Brasil. Como você se dará conta, Carybé foi expulso da roda de seus amigos a bem da moralidade e da decência. Em todo caso, por proposta de Mirabeau, vamos reexaminar a questão e talvez êle venha a participar da Comissão de Festas. Estive ontem com Menininha que manda abraços e saudades para você e Stella. Ela vai lavar o colar que Valdeloir fez para você e pergunta se o lançamento do LP não pode ser na época da festa de Oxum, no fim do mes? Mande resposta. Saudades de Zélia para vocês dois e para Danilo e Verinha. Minhas também. Um grande abraço fraterno do

Velho amigo

Jorge

Festa de Oxum: carta de Jorge Amado com o timbre da Academia Brasileira de Letras — o escritor sugere que o lançamento do LP *Caymmi*, em que o compositor gravou “Oração de Mãe Menininha”, seja feito junto com as comemorações dos 50 anos da ialorixá.

No Gantois: Jorge Amado, Dorival Caymmi e Carybé com a ialorixá Mãe Menininha, em Salvador — o candomblé foi um dos principais elementos que aproximava os três amigos.

apelido de Ubirajara, funcionário da SBACEM, prestava pequenos serviços ao compositor. Um deles era levar as músicas do baiano para serem avaliadas pela censura. Caymmi garante que não mexeram em nada, mantendo as letras originais. "Elas tinham que passar pela censura antes de ser editadas" — explica. Seu registro na Censura Federal era o de número 9.750, feito em 25 de maio de 1972.

"Oração de Mãe Menininha" foi um sucesso. Logo em seguida, a canção foi gravada por Maria Bethânia e Gal Costa. Mãe Menininha estava completando 50 anos e a Bahia estava em festa. Jorge Amado se lembra da primeira vez que ouviu a canção: "Caymmi cantou no telefone. Eu fui a primeira pessoa a ouvir, depois de Stella". Mas houve quem dissesse que o compositor estava se aproveitando da figura da ialorixá, quando é inegável que a canção contribuiu para sua popularização por todo o Brasil. "Eu ouvi um comentário dentro do candomblé de que

Caymmi usou o nome de Mãe Menininha para ficar rico. Ele amava Mãe Menininha. Ele nunca fez uma música para mim, e fez para ela de coração. Um gesto espontâneo. Mas não entenderam, não" — conta Stella, desolada. E prossegue: "Dentro do próprio candomblé o Caymmi não tinha mérito, só ouviam a gravação de Gal e Bethânia".

Stella externava, de certa forma, a frustração de Caymmi com a gravação que as baianas fizeram na mesma época que a dele. Ele preferia que as cantoras tivessem esperado um pouco mais para gravar. Além disso, ele ficou contrariado com o andamento mais lento com que Gal e Bethânia gravaram a toada, e mais ainda com os erros na letra, justamente na saudação ao orixá Oxum, que é "Ora iê-iê ô", e não "Ora Êêêêô", como cantaram. A pressa é inimiga da perfeição, diz a sabedoria popular.

Nada, porém, atrapalhou o brilho do lançamento do disco na Bahia, que trazia na capa uma pintura do compositor. O governador Antônio Carlos Magalhães fez questão de que o povo participasse da festa, com show na Praça Municipal. O compositor recebeu, no dia 4, das mãos de Antônio Carlos, a Ordem do Mérito da Bahia, no Palácio do Governo. Acompanhando Dorival estavam Stella, Nana e Dori, que cantaram na cerimônia. A festa, que durou três dias, ainda se estendeu no Gantois, com a presença na roça — Caymmi não gosta do termo terreiro — da famosa mãe de santo, que presenteou o obá de Xangô com as contas de santo (colar) feitas pelo artista plástico Waldeloir Rego. Um grande show encerrou as comemorações no Teatro Castro Alves, dirigido por Hermínio Bello de Carvalho, com a participação de vários artistas, entre eles Eliana Pittman, João Nogueira, Nana Caymmi, Golden Boys, Trio Esperança, Stellinha Egg e maestro Lindolfo Gaya, Roberto Ribeiro, Evinha e Clementina de Jesus. Caymmi, contente, escreveu em sua agenda: "O show de Hermínio Bello de Carvalho foi demais! Clementina dominou tudo!". Em seguida, Caymmi voltou ao Rio — e depois São Paulo — para promover o disco. No Rio, lançou seu disco em 19 de dezembro, na Casa de Rui Barbosa, em Botafogo.

Apesar de todas essas festas, Caymmi permanecia brigado com Nana. Havia sete anos que não se falavam. Stella não sabia mais o que fazer para unir a família. Repentinamente voltaram a se falar no programa de Flávio Cavalcanti, em homenagem a Chateaubriand. Caymmi se dirigiu à filha no ensaio como se nada tivesse acontecido. Nana jamais questionou o pai, simplesmente procurou aceitar o fato com naturalidade, apesar da mágoa. No final do programa, Nana, Dorival e Roberto Carlos cantaram juntos "Acalanto". Participaram também do programa Vinicius de Moraes, Elizeth Cardoso, Elis Regina, César Camargo Mariano, Marisa Gata Mansa e Maysa.

"Samba da Minha Terra" foi regravado, com sucesso, em 1973, pelo conjunto Novos Baianos, uma nova geração de músicos e cantores baianos que incorporaram Caymmi ao seu repertório via João Gilberto, que orientou o grupo no seu início de carreira. Os Novos Baianos eram um conjunto formado por Paulinho Boca de Cantor, Pepeu Gomes, Moraes Moreira, Baby Consuelo (hoje Baby do Brasil), Luís Galvão, Jorginho Gomes, Dadi, Baixinho e Bolacha. Mais parecia um time de futebol. Quando vieram para o Rio viveram em comunidade num sítio, onde costumavam compor e jogar futebol. Portanto, não foi à toa que o segundo LP do grupo se chamou *Novos Baianos F. C.* (Futebol Clube). Eram integrantes legítimos do chamado *desbunde*, cuja sede informal era o Posto 9, em Ipanema, no famoso Píer — feito para transportar a tubulação do emissário submarino em construção no bairro. Scarlet Moon de Chevalier — irmã de Roniquito, um dos homens mais inteligentes e charmosos que eu conheci, já falecido —, em seu livro *Areias escaldantes*, acrescenta: "Quando ganhou fama, o *point* também ficou conhecido como Dunas do Barato ou Dunas da Gal, por causa da bela Gal Costa. [...] Naquelas areias as antenas estavam voltadas para a paz e o amor. Tudo era muito intenso e a 'rapeize' estava a fim de escancarar as portas e janelas da percepção. Negozinho desbundou geral". A mãe de Baby Consuelo, quando a filha foi para a Bahia, foi atrás de Caymmi pedir que o baiano tomasse conta dela. Como se alguém pudesse segurar Baby!

Danilo Caymmi, aos 24 anos, dividiu um LP pela Odeon com Toninho Horta, Beto Guedes e Novelli, em que cantou composições suas. Nana e Dori prosseguiam suas carreiras e se apresentavam com regularidade na Argentina e no Uruguai, campo aberto por Vinicius de Moraes, que realizava naqueles países temporadas anuais. Caymmi comprou uma casa em Rio das Ostras, na Região dos Lagos, no estado do Rio de Janeiro. O balneário era rico em areia monazítica, indicada para o tratamento do reumatismo de Stella. Além disso, dois de seus cunhados — José e João — tinham casa de veraneio na mesma cidade havia tempos, e ali Stella poderia fazer o que mais gosta: pescar.

* * *

Caymmi, novamente apertado com a falta de repertório inédito para um novo trabalho, gravou o disco mais equivocado de sua carreira, *Caymmi Também É de Rancho*. "Aquilo foi uma besteira do Aloysio de

Oliveira. Caymmi, com sua boa índole e, certamente, obrigado a cumprir o contrato, aceitou gravar esse disco" — opina o pesquisador Jairo Severiano. De fato, era o último disco do contrato de Caymmi com a Odeon. Oliveira, então, decidiu gravar sucessos do compositor em ritmo de marcha-rancho. Foi um fiasco. "O disco não é bonito" — reconhece o compositor. Para compensar o ano, ganhou o Troféu Golfinho de Ouro e 5 mil cruzeiros do Museu da Imagem e do Som, em cerimônia no Teatro João Caetano.

No início de fevereiro de 1974, Caymmi foi à Bahia contratado para fazer duas apresentações no Palácio de Ondina. "Antônio Carlos mandou me buscar" — lembra Caymmi. No dia 4, em um coquetel informal, com todos em traje esporte, Caymmi cantou para uma pequena comitiva em torno do presidente Médici. No dia seguinte, reuniu-se a Marisa Gata Mansa e Benito de Paula, em um show para um grande número de autoridades. Na agenda desse dia, anotou: "Cantei (desde ontem) muito a 'Oração de Mãe Menininha' e explicando tudo com detalhes. Muitas perguntas. Soube depois que todos eles foram ver a velha senhora". Houve quem criticasse Caymmi por cantar para Médici, chefe do regime militar. Chico Buarque sai em sua defesa: "Eu não misturo essas coisas. Isso não faz a menor diferença. Nunca fez. Musicalmente eu convivi com quem? Com Tom. O Tom é um tipo Caymmi. Eles tinham vários amigos comunistas, sem serem comunistas. Tom até se divertia. Quando o Dico Vanderley, por exemplo, aparecia, Tom me dizia: 'Ele vai me chamar de burguês!'. Ele gostava de ser cobrado. Curtia".

De volta ao Rio, Dorival foi à Galeria Intercontinental — rua Maria Quitéria, 42, Ipanema —, no dia 8, levado pelo velho amigo Marcelo Machado, para assinar o contrato em que se comprometia a fazer, pela primeira vez, uma exposição individual de suas telas. Marcaram o *vernissage* para o dia 18 de março. O pintor empenhou-se e fez 24 telas, entre marinhas, retratos e outras, representando as festas de largo da Bahia. Reclamava do telefone que não o deixava pintar em paz. Mas ao cabo de dezenove dias o pintor entregou sua safra à galeria. Enquanto Médici passava a Presidência a Ernesto Geisel, no dia 15 de março, Caymmi estava dando nome aos seus quadros. Os amigos Sylvio Caldas e Alberto Lee foram ao seu encontro e acabaram por ajudá-lo a pendurá-los. No dia da inauguração, a badalação foi até a meia-noite, com a presença maciça da imprensa e de amigos queridos como Aloysio de Oliveira, Fred Chateaubriand, Carlos Eduardo Dolabela, Costinha e Ziraldo. Vendeu catorze telas.

Em entrevista a Paulo Mendes Campos para a edição dos *Cadernos da Música Popular Brasileira*, encartados na revista da SBACEM, em 1968, o compositor falou de sua pintura:

> "Bem, eu acompanhei toda essa querela entre o abstracionismo e o figurativismo. Mas não cheguei a uma posição definitiva. Sou um lírico em pintura. Gosto da harmonia das cores. Por outro lado, não posso me desprender da forma. Meu ideal seria uma pintura que correspondesse em cores às harmonias de uma fuga de Bach."

Caymmi experimentou a sensação inteiramente nova de ver sua pintura submetida à crítica especializada. Em *O Globo* (25 de março de 1974), José Roberto Teixeira Leite analisou: "Pintura de amador, aparentada, curiosamente, pela cor, à de José de Dome, e às vezes (como no *Retrato de Rubem Braga*) lembrando, de muito longe, Pancetti". Rubem Braga, por sua vez, fez um tremendo elogio ao amigo: "Tenho vários retratos meus, um deles desenhado com muito capricho, também em várias sessões, por Cândido Portinari. Mas o meu jeito de ser, meio triste e meio bobo, está mesmo naquele retrato feito pelo pintor Dorival Caymmi". Sobre sua pintura, Millôr Fernandes escreveu: "Pintor de domingo, seus quadros são um dia de descanso". O pintor não tinha do que reclamar.

Mas as badalações em torno do pintor não pararam por aí. Ricardo Cravo Albin, a pedido da galeria, fez duas conferências sobre Caymmi e sua música. O baiano mesmo escreveu: "Cheguei depois de começada (não tenho jeito pra isso). Tinha uma vitrola tocando com discos para ilustrar. Ricardo Cravo Albin 'tacou' uma conferência. De músico, de poeta popular, de poeta mesmo, me botou nos 'cornos da lua'".

Comemorou seus 60 anos modestamente em Rio das Ostras. De diferente, só mesmo a equipe do *Jornal Nacional*, da TV Globo, que foi até lá registrar o aniversário. Lá estavam Stella, Dori e Danilo. No mês seguinte, Caymmi voltou ao noticiário da TV Globo, no mesmo *Jornal Nacional*, por uma razão curiosa.

Irajá, o cachorro de Danilo, havia fugido. Eu, que na época tinha 12 anos, tinha ido passear com ele na rua Bulhões de Carvalho e o *poodle* fugiu. Dorival, muito apegado ao animal, andou procurando-o pelas imediações, perguntando aos porteiros, sem sucesso. Qual não foi a surpresa do baiano ao assistir o *Jornal Hoje*, da TV Globo, e dar de cara com Mário Lago declarando ter encontrado o *poodle* negro "achado na praia desde domingo, tristinho". Era o Irajá. Felicidade geral na casa de Dorival. Lago se recorda:

> "Eu o encontrei na praia e me pareceu bem tratado. Não adiantava chamar para comer. Ele ficou sem comer por dois dias. Na Globo, eu falei do cachorro. Apareceu um monte de gente se dizendo dono. Quando Caymmi apareceu e falou 'Ó, Mário Lago!', o cachorro veio em disparada para Caymmi. Eu, nessa época, não sabia que Caymmi pintava e ele me perguntou o que eu queria ganhar. Eu disse que queria uns desenhos dos Orixás de Carybé. Ele me deu."

Teve novas surpresas. Quando João Gilberto, seu neto, completou 8 anos, em 17 de junho, Caymmi foi apresentado, na festinha do menino, a Ana Terra, mulher de Danilo, que era excelente letrista de canções. Meses depois, soube que seria avô outra vez.

Em 21 de setembro, os artistas da família Caymmi — Dorival, Nana, Dori e Danilo — se reuniram no palco do Palácio das Convenções do Anhembi, em São Paulo, para o show de abertura da Feira da Bahia. O espetáculo foi dirigido por Guilherme Araújo, e os músicos que os acompanhavam eram Novelli (baixo), Tenório Júnior (piano) e João Palma (bateria). Sob uma bela manhã de primavera, Caymmi correu o comércio atrás de uma camisa branca, sugerida por Araújo. À noite, a casa estava lotada, com gente saindo pelo ladrão. Dias depois, já no Rio, Rubem Braga avisou a Caymmi que a bengala que comprara para ele na África do Sul e fora esquecida num hotel em Johannesburgo, estava no Aeroporto do Galeão. Até chegar às mãos do baiano ainda demorou. Braga encarregou Danuza Leão de ir buscar a famosa bengala, que, depois de muita burocracia, a entregou a Marina Colasanti e a Afonso Romano de Sant'Anna, que, por fim, a entregaram ao compositor. Valeu a pena incomodar tanta gente importante, a bengala era linda. Na Bahia, para onde foi pouco tempo depois, esteve com Carybé e começou a pintar o retrato do amigo. Esteve ainda com Pierre Verger, que jogou búzios para ele e garantiu que estava tudo bem e que Stella, que não vinha passando bem, não tinha nada grave. Uma situação no mínimo curiosa: um antropólogo francês jogando búzios — uma prática do candomblé — para um mulato baiano. Coisas que só acontecem na Bahia!

Naquele ano, foi lançado, em Israel, um disco inteiramente dedicado à obra de Caymmi, com artistas israelenses, que teve excelente reper-

"The Sea": o LP lançado em Israel com as canções de Dorival Caymmi — as gravações, realizadas em 1974, contaram com grandes nomes da música no país, como Doron Salomon, Michal Tal e Matti Caspi.

cussão. Doron Salomon, maestro e arranjador atualmente à frente da Vogtland Filarmônica, na Alemanha, gravou o disco *O Mar* (*The Sea*) — *Songs by Dorival Caymmi*, com a participação de cantores famosos como Michal Tal, Matti Caspi — atualmente um dos compositores de maior sucesso em Israel —, Anna Maria Fernandez, The Dudaim Duo e Nitza Shaul, mulher de Salomon. A maior parte do LP foi dedicada às canções praieiras. Salomon, especializado em jazz e música brasileira, fazia parte do Platina Jazz Quartet e acompanhou Astrud Gilberto em sua turnê pela Europa. Esteve recentemente no Brasil quando regeu as orquestras Sinfônica Brasileira e a Petrobras Pró-Música. Sobre o trabalho em cima das obras do compositor baiano, afirmou: "Originalmente fizemos um concerto em fevereiro de 1974 que foi produzido e gravado para a Kol Israel [A Voz de Israel], a rádio estatal. Por causa do grande sucesso do concerto decidimos partir para a gravação na Hed Arzi". A Hed Arzi é a maior gravadora do país. As canções de Caymmi foram vertidas para o hebraico por Jacob Shabtai, poeta e escritor importante. Os arranjos foram feitos por Roman Kunzman, também muito conceituado em seu país. "As canções que mais se popularizaram em Israel foram 'Pescaria (Canoeiro)', 'O Mar' e 'Maracangalha'" — garante Salomon.

Estreia: no show com Gal Costa em 1976, Caymmi cantaria pela primeira vez uma de suas mais belas composições — "Sargaço Mar".

## 47. CANÇÃO DEFINITIVA

"Doida canção/ Que não fui eu que fiz"
("Sargaço Mar", Dorival Caymmi)

Em maio de 1975, Caymmi voltou às paradas de sucesso com "Modinha de Gabriela", um samba interpretado por Gal Costa. A música havia sido encomendada para a abertura da novela *Gabriela*, baseada no romance *Gabriela, cravo e canela*, de Jorge Amado, adaptado por Walter George Durst. "Modinha de Gabriela", música e letra, foi composta no apartamento de Copacabana, de uma única sentada, na tarde de 12 de março. Um marco na teledramaturgia brasileira, *Gabriela* foi protagonizada pela atriz Sônia Braga, com Paulo Gracindo, Armando Bógus e José Wilker no elenco.

A trilha sonora trazia ainda mais duas canções de Caymmi: "Horas", inédita, interpretada pelo Quarteto em Cy, e "Adeus", por Walker. Dori Caymmi, além de participar dos arranjos, também entrou com duas canções na novela: "Porto", com o MPB-4, e "Alegre Menina", composta sobre poema de Jorge Amado, interpretada por Djavan, em início de carreira. "Horas" também foi feita na casa de praia do compositor, em 25 de março. A novela, que estreou em 14 de abril, fez enorme sucesso, apesar dos problemas que Walter George Durst e Walter Avancini, seu diretor, tiveram que enfrentar com a censura.

Dorival Caymmi, diferente de muitos compositores de sua geração, foi incorporado sem dificuldade às novas mídias e suas inovações. A carreira do compositor acontece paralela às grandes mudanças tecnológicas no mercado musical. Muitas composições suas fizeram parte de trilhas de novela, apesar de sua resistência em fazer música por encomenda. Em "Modinha de Gabriela", se o leitor observar bem a letra, verá que ele procura não fechar a personalidade da protagonista num estereótipo. Ao contrário, ele descreve a liberdade de espírito da personagem e deixa o mais por conta do ouvinte. "Cada um imagina Gabriela do seu jeito, e eu quis deixar a pessoa livre para imaginar do jeito que quiser" — segreda Caymmi.

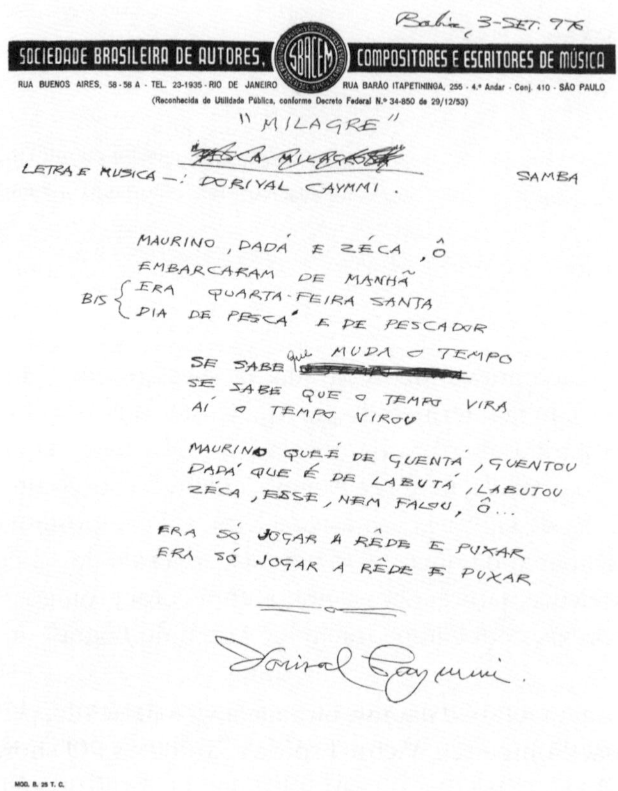

Bahia, 3-SET. 76

SOCIEDADE BRASILEIRA DE AUTORES, COMPOSITORES E ESCRITORES DE MÚSICA

RUA BUENOS AIRES, 58-58 A - TEL. 23-1935 - RIO DE JANEIRO — RUA BARÃO ITAPETININGA, 255 - 4.º Andar - Conj. 410 - SÃO PAULO

(Reconhecida de Utilidade Pública, conforme Decreto Federal N.º 34-850 de 29/12/53)

"MILAGRE"

~~PESCA MILAGROSA~~

LETRA E MÚSICA —: DORIVAL CAYMMI. — SAMBA

MAURINO, DADÁ E ZÉCA, Ô
EMBARCARAM DE MANHÃ
BIS { ERA QUARTA-FEIRA SANTA
DIA DE PESCA E DE PESCADOR

SE SABE que MUDA O TEMPO
SE SABE QUE O TEMPO VIRA
AÍ O TEMPO VIROU

MAURINO QUE É DE GUENTÁ, GUENTOU
DADÁ QUE É DE LABUTÁ, LABUTOU
ZÉCA, ESSE, NEM FALOU, Ô...

ERA SÓ JOGAR A RÊDE E PUXAR
ERA SÓ JOGAR A RÊDE E PUXAR

Dorival Caymmi.

MOD. B. 25 T. C.

"Milagre": no papel timbrado da SBACEM, o manuscrito de Caymmi com a letra do samba que originalmente se chamava "Pesca Milagrosa".

"Tô fazendo uma música com cara de 'Pesca Milagrosa'" — Caymmi anotou no dia 12 de julho na sua agenda. Em Rio das Ostras, nos dias que se seguem, ele continua trabalhando a música nova. O samba, depois chamado "Milagre", típica canção praieira, foi gravado por Nana e Dorival, no disco da cantora, pela RCA, dois anos depois.

Em 1º de agosto, por unanimidade, Caymmi foi eleito Conselheiro Permanente do Conselho Deliberativo da SBACEM, ocupando a vaga aberta com o falecimento de Paquito, o compositor Francisco da Silva Farrea Júnior, autor de grandes sucessos carnavalescos como "Daqui Não Saio" e "Tomara Que Chova" — ambas em parceria com Romeu Gentil. Continuava atuando em defesa do direito autoral no Brasil.

Caymmi foi avô duas vezes em 1975. Nasceu João Victor, primeiro filho de Dori e Ana Beatriz, em 1º de outubro, na Casa de Saúde São José. Pouco mais de um mês depois, em 13 de novembro, nasceu a primeira filha de Danilo e Ana Terra, Juliana, na Maternidade Santa Maria. Paulinho Jobim foi quem levou Juliana, com os pais, para casa no dia seguinte, na ladeira do Tambá, no Vidigal.

Em dezembro, participou do especial de Natal de Roberto Carlos, na TV Globo, que foi ao ar no dia 31. Caymmi e Stella romperam o ano com Nana e os netos em Rio das Ostras. No ano de 1976 que iniciava, o compositor quase não parou no Rio de Janeiro. Na contabilidade, a Bahia ganhou longe. Caymmi, entre idas e vindas, passou lá 156 dias. Em Rio das Ostras, mais 54 dias. O restante do tempo passou entre o Rio, São Paulo e outros estados em que se apresentou.

Em janeiro e fevereiro dedicou-se inteiramente aos ensaios para o show que o reuniria a Gal Costa no palco do Teatro João Caetano, no Rio, com direção geral de Guilherme Araújo, autor da ideia. "Na verdade é a primeira vez que a gente tem um convívio mais intenso. Seu jeito brincalhão, irônico, quase infantil me encanta. Caymmi é uma criatura fascinante" — revelou Gal. A direção musical do espetáculo foi de João Donato, que participava também ao piano. Além de Donato, acompanhavam Gal e Caymmi: Chiquito Braga, guitarra, Fernando Leporace, baixo, Enéas Costa — filho de Coqueijo, amigo de Dorival — na bateria, Danilo Caymmi e Claudio Queiroz, flautas, Bira da Silva e Ilton Vaz, percussão, Carlos Santana, trompete, e Victor Espírito Santo, sax. O show estreou em 11 de fevereiro, com casa cheia. Stella, Nana e Ana Terra assistiram com os sogros de Danilo, comandante Borba e Ilma, e a amiga Vera de Ogum. A temporada seguiu até 15 de fevereiro. Por causa do sucesso, fizeram mais quatro espetáculos entre 25 e 27 do mesmo mês. Em abril, viajaram com o show para a Bahia, no Teatro Castro Alves, e São Paulo, no Anhembi, na XI Feira da Bondade. O figurino, camisa de cetim branco com detalhes de lamê prateado, foi criticado pela imprensa: "A desgraça do figurino é de autoria desconhecida. Mais parecia integrante de um conjunto de rock-lamê. Caymmi, no entanto, está acima do bem e do mal". Bem ao estilo morde-e-assopra.

No show, Caymmi cantava pela primeira vez "Sargaço Mar", uma belíssima canção praieira, considerada seu testamento musical. Tanto a melodia quanto a letra eram impactantes:

Quando se for
Esse fim de som
Doida canção
Que não fui eu que fiz

Verde luz, verde cor
De arrebentação
Sargaço mar, sargaço ar
Deusa do amor, deusa do mar
Vou me atirar, beber o mar
Alucinado, desesperar
Querer morrer para viver
Com Yemanjá

Yemanjá, Odoiá
Yemanjá, Odoiá
Yemanjá, Odoiá

"Sargaço Mar" chamou a atenção imediata de Caetano Veloso. "Eu sou louco por 'Sargaço'" — admite. Caetano lembra que assistiu a todos os shows de Caymmi e Gal no Teatro João Caetano, e que uma noite se sentaram na Praça Tiradentes, defronte ao teatro, e conversaram longamente sobre a música. "Mas ele fala de uma maneira tão bonita que a gente não pode reproduzir. E misteriosa também. Ele não dá uma explicação, ele dá uma história" — conta Caetano, que considera a canção "ao mesmo tempo, impressionista e primitiva. É um grande testamento de um artista maduro. É um autorretrato". Canta um trecho da canção: "Quando se for/ esse fim de som,/ doida canção/ que não fui eu que fiz", e comenta: "Ao contrário de muitos poetas modernos que abriram mão do conceito de inspiração, Caymmi assumiu da maneira mais absoluta, na própria carne dele, a ideia de inspiração. Ele é uma pessoa cujas canções são sempre inspiradas. E ele tem consciência de que é assim que elas nascem. Ou seja, não foi ele quem fez nenhuma. As canções aconteceram a ele". Ele estende sua análise ao cancioneiro de Caymmi, demonstrando uma compreensão rara do compositor:

> "Eu acho que a obra de Caymmi apresenta um nível de elaboração muito elevado. A complexidade da construção das canções é muito grande. E a censura seletiva da mente dele em relação ao que deve e ao que não deve constar na canção é sobre-humana, é brutal. Mas tudo isso ele faz questão que aconteça. Ele não toma a dianteira como um sujeito que quer, volitivo. Não é uma coisa pensada friamente, como uma realização de uma vontade determinada. É o deixar aparecer, deixar acon-

Gal e Dorival: programa do show de 1976, com direção musical de João Donato — o espetáculo estreou no Teatro João Caetano, no Rio de Janeiro, e teve também temporada em Salvador e São Paulo.

tecer e ser extremamente responsável com relação ao que acontece. Então, ele espera, mas só aceita o que vem na cabeça dele que seja aprovável para aquela canção. Então, as canções são todas delicadamente elaboradas como joias. Cada uma é joia. Por outro lado, elas são uma coisa que Arnaldo Antunes descreveu, melhor do que ninguém: 'não parece coisa feita por gente'. E eu completaria: parecem coisas que ou são produtos brutos, direto da terra, da natureza, ou são elaborações de deuses. Verdadeiramente feita por gente, não parece, não. A canção parece já existir. Esse é o fundamento da canção popular. A pessoa que vai ouvir não deve, a partir da posição de Caymmi, fazer esforço. Deve receber a canção como se já a contivesse em si mesmo."

Caetano vê ainda um parentesco entre "Sargaço Mar" e "Canção da Noiva". Caymmi concorda com a observação e confessa: "Eu nunca conversei com Caetano do jeito que eu quero". Caetano devolveu: "Eu queria imensamente conversar com ele porque quando eu era criança, eu achava Caymmi o melhor de todos. Quando eu era adolescente, eu achava Caymmi o melhor de todos. Quando eu fiquei adulto, eu achava Caymmi o melhor de todos. E hoje eu acho Caymmi o melhor de todos".

O velho compositor revelou-se apaixonado pela frase "O sol nas bancas de revista/ me enche de alegria e preguiça", de "Alegria, Alegria". O que não o impediu de negar a liberação de "Sargaço Mar" para o disco de Bethânia que Caetano estava produzindo na época. O mestre queria gravá-la primeiro. Na introdução de "Sargaço Mar", se o leitor observar bem, Dorival Caymmi mostra "o que pode ser o sibilar": "Quando *s*e for/ e*ss*e fim de *s*om". "Você usa uma sonoridade que o próprio vocábulo ajuda, aí são formas. O prazer de criar, a invenção, essa criatividade, essa coisa, você tem que procurar no âmago, no ventre da sua invenção" — explica poeticamente Dorival, revelando ainda que esta música é um *estudo* sobre a natureza do som.

Gal lançou, ainda em 1976, o disco *Gal Canta Caymmi*, pela Philips, com arranjos de João Donato e Perinho Albuquerque. Além do show com Gal, Caymmi compôs um *jingle* para uma nova marca de cigarro da Philip Morris Brasileira, o Nacional Magnus. Ele próprio, com seu violão, protagonizaria a peça publicitária. Passou seu aniversário sozinho. Estava no estúdio com Tavito e Paulo Sérgio Valle gravando a música. Na volta para casa, choveu muito e a família que o esperava em casa de Nana, na Gávea, para comemorar, ficou sem o aniversariante. A cidade inundou em vários pontos e Caymmi não quis arriscar sair novamente. A letra de "Boa Terra, Boa Gente", título da canção, é bem ufanista, mencionando os tipos brasileiros de cada região:

Boa terra, boa gente
Que coisa gostosa que dá
Boa terra, boa gente
Que coisa gostosa que dá

Gaúcho, mineiro, paulista
Baiano, nortista de lá...
Mistura Amazonas com frevo
E o samba do Rio, que dá...

Tempera com loiras, morenas
Mulatas e dá pra provar
E veja se algum jeito
De botar defeito, não há...

Boa terra, boa gente
Que coisa gostosa que dá
Boa terra, boa gente
Que coisa gostosa que dá

Não sei,
Mas eu gosto de mar
Com coqueiro, sargaço e areal
De campos, montanhas e rios
Enfeites da terra natal
E gosto de coisas assim
Que têm jeito e calor nacional
Dos troços, das troças, das bossas
Da graça de ser natural

Em junho, o casal voltou a Salvador. Decidiram vender a casa da Bahia e comprar um apartamento. Era mais fácil administrar um apartamento a distância do que uma casa. Stella vinha sofrendo de reumatismo e já não aguentava, com a mesma energia de antes, a viagem Rio-Bahia. Não era mole fazer trinta horas de ônibus. Além disso, a tão sonhada tranquilidade que Caymmi almejava não foi obtida na Pedra da Sereia. Os ônibus de turistas continuavam a aparecer sem cerimônia. Às vezes, dois ou três de uma vez só. Chegavam e queriam ver o compositor de qualquer maneira. Uma chatice.

No mesmo dia em que o neto João Gilberto fazia 10 anos, 17 de junho, o casal participou de uma importante cerimônia no candomblé do Axé Ôpô Afonjá, que tornou Stella de Oxóssi a ialorixá (mãe de santo) da casa. Tomaram parte os obás da casa, entre eles Caymmi. Presidiu a cerimônia o Mestre Agenor, vindo especialmente do Rio. Dias antes, Carybé, Caymmi, Camafeu de Oxóssi e Bruno fizeram uma obrigação e passaram a noite no candomblé.

Dessa vez, Carybé estava sendo homenageado na Bahia. O argentino, merecidamente, foi elevado, em 5 de julho, a Cavaleiro da Ordem do Mérito da Bahia, no Palácio da Aclamação, com a presença dos amigos.

O pintor lançou na ocasião seu livro *As sete portas da Bahia*, pela Record. Nesse meio tempo, Stella e Dorival conseguiram vender a casa da Pedra da Sereia. Sobre a casa, analisa a amiga Celinha: "Caymmi podia escolher o que quisesse. Tinha carta branca. Acabou por escolher uma casa necessitando de uma reforma completa. Os custos da reforma e da manutenção da casa eram um absurdo. Não foi uma boa ideia". Compraram o apartamento 102 da avenida Otávio Mangabeira, número 13, no bairro de Amaralina, para onde se mudaram em 30 de setembro. O apartamento era no segundo andar, e da janela Caymmi — um janeleiro confesso —, feliz, descortinava o mar imenso e livre. O mar da Bahia.

Em novembro, o compositor já estava curtindo outra praia. Estava em Rio das Ostras quando assistiu pela primeira vez ao comercial do cigarro Nacional, cuja campanha publicitária o ocupara praticamente todo aquele ano. Ainda viu duas músicas suas entrarem na trilha de duas produções da TV Globo. "Retirantes", antiga parceria com Jorge Amado ("Vida de nego é difícil/ é difícil como quê"), na novela *Escrava Isaura* — um sucesso internacional da emissora — e "História pro Sinhozinho", na série infantil *Sítio do Pica-Pau Amarelo*, baseada na obra de Monteiro Lobato. Antes do ano terminar, Caymmi batizou sua neta Juliana ao lado da madrinha, a amiga Vera de Ogum.

# 48.
# REMINISCÊNCIAS

"O que lembro, tenho"
(*Grande sertão: veredas*, João Guimarães Rosa)

De férias em Rio das Ostras, recebeu a visita de vários amigos, entre eles Sérgio Cabral, Paulo Mendes Campos, Geraldinho Carneiro, Quaglia, Cesar Thedim. E ainda reviu Teresoca, filha de Chateaubriand, com quem não tinha contato havia anos. No misto de ateliê e escritório que Stella mandou construir para ele ao lado da casa, dedicava-se a entalhar peças de madeira. Antes, porém, no dia 3 de janeiro de 1977, acordou de madrugada sentindo um zumbido no ouvido direito e sinais de surdez. Já era o indício de uma deficiência auditiva que o vinha acometendo, confirmada depois pelo Dr. Ermiro Lima.

Nada que o impedisse de cantar. Tanto que, em 28 de julho, Dorival gravou com Nana a faixa "Milagre", no novo disco da filha, na RCA Victor. Dori fez o arranjo. Pai e filha não gravavam juntos desde o disco *Caymmi Visita Tom*, em 1964. Foi um acontecimento na família. Em 10 de agosto, Caymmi almoçou com o aniversariante Jorge Amado, na companhia de Zélia e família, Glauber Rocha, Calasans Neto e Auta Rosa, Carlos Bastos. Jorge, que estava na editora Record, de Alfredo Machado, levou Caymmi e seu *Cancioneiro da Bahia* para a mesma editora. Um pouco antes do almoço, Dorival Caymmi assinou o contrato para uma nova edição do livro.

Stella, depois de um acidente no elevador do prédio onde morava, passou a ter fobia de elevador. Assim, ela e Dorival decidiram vender a cobertura em Copacabana e alugaram um apartamento no prédio onde viviam Nana e os filhos. Em 24 de agosto, já estavam na Praça Santos Dumont, 62/301, na Gávea. Dias depois Dorival estava trabalhando com Bilinho, filho de Billy Blanco, para a edição atualizada do *Cancioneiro*.

Gravar "... Das Rosas" ("And Roses and Roses") no disco *O Som Brasileiro de Sarah Vaughan*, pela RCA Victor, foi uma experiência que deixou Caymmi "encantado da vida", como ele mesmo afirmou. Aconteceu na noite de 5 de novembro de 1977, um sábado. A orquestração foi de Edson Frederico e a direção artística de Aloysio de Oliveira. Parti-

Juntos de novo: Dorival e Nana na gravação de "Milagre", para o disco da filha, em 28 de julho de 1977 — os dois não gravavam juntos desde 1964.

cipou da gravação um time de primeira: Hélio Delmiro (guitarra), Wilson das Neves (bateria), José Roberto Bertrami (piano), Chico Batera e Ariovaldo (percussão), e Cláudio Bertrami (baixo acústico). Sarah e o compositor baiano se entenderam às mil maravilhas.

No mesmo mês, Stella e Dorival compraram, a menos de um quarteirão de distância da antiga cobertura, um apartamento de primeiro andar na rua Souza Lima, em Copacabana, onde vivem até hoje. Foi um ano de transações imobiliárias. Além do apartamento de Copa, venderam a casa de Rio das Ostras, que ficava à beira do rio, e compraram outra no Bosque, bairro mais perto do mar. O casal entraria o novo ano em clima de mudanças.

As temporadas em Rio das Ostras fazem o baiano recordar seus veraneios em Itapuã, na década de 30. Lembra o episódio de uma menina que sumiu deixando toda a comunidade em polvorosa. Como já assinalei, foi dessas reminiscências que nasceu "A Mãe d'Água e a Menina". Em entrevista à *Gazeta de Vitória* (30/11/1978), desabafou: "Hoje, se eu quisesse fazer uma música calcada em uma motivação da Bahia, certamente não encontraria razão. Porque nós vivemos asfixiados por um sistema antirrespiratório, o negócio é a grande pressa do homem, é a grande luta pela vida, é a poluição, é a violência, é o crime, tudo isto não dá condição para que se sonhe. Nós precisamos de lazer e sonho".

Outra fonte deu frutos. Mais um neto para Caymmi. Gabriel, segundo filho de Danilo e Ana Terra, nasceu em 22 de julho de 1978. Stella e Caymmi tinham agora seis netos, três meninas e três meninos. Nessa mesma época, Caymmi recebeu uma homenagem especial. Caetano, em "Terra", uma nova canção, citou um trecho de "Você Já Foi à Bahia?". A música, lançada no álbum *Muito*, do compositor, foi um dos sucessos daquele ano.

Pouco antes, Adolfo Bloch, dono da Bloch Editora, recém-chegado de Israel, procurou Caymmi. O empresário desejava levá-lo para se apresentar no país. Disse ao compositor que ele era muito querido em Israel. Pedro Bloch fez coro. O baiano se interessou. Almoçaram juntos em junho para ver as possibilidades. Mas nada ficou decidido.

Ele foi à SBACEM em 14 de agosto e encontrou Adelino Moreira, Newton Teixeira, Raul Sampaio e Geraldo Gomes. Lá, sondado por Adelino Moreira, se recusou a concorrer à vice-presidência nas próximas eleições da casa em outubro. Dá para imaginar Caymmi atrás de uma mesa tomando decisões administrativas? Pois é, não dá. A verdade era que Caymmi estava mais a fim de desburocratizar sua vida. Para tanto, assinou os papéis que dissolviam a firma Dorival Caymmi. Sobre o encerramento, explica: "Comercialmente eu não tinha meios de manter a firma. Além disso, eu precisava de um número de músicas editadas por mês e só o meu repertório não dava vazão. Com a vida que eu levava, não dava tempo de correr atrás de compositor".

Barra de São João, cidade vizinha a Rio das Ostras, estava em festa na tarde de 17 de fevereiro de 1979. Lá nasceu o poeta Casimiro de Abreu e se encontra a sua casa, tornada museu. Caymmi participou, com uma tela, da exposição organizada no local e cantando "Infância Querida", marchinha que fez especialmente para a ocasião. Houve um desfile de lanchas, com o compositor à frente do cortejo festivo. Tudo devidamente registrado pelo *Fantástico*, da TV Globo.

Caymmi só saía de Rio das Ostras para cumprir sua agenda de trabalho ou para obrigações religiosas. Para o ateliê, ao lado da casa, levou seus pincéis, livros e revistas. Caymmi batizou seu estúdio de *88*, em homenagem à mulata Adele de Fátima, que fez a propaganda das Sardinhas 88, sambando um miudinho de fazer qualquer um babar. Quando ela

Caymmi e a diva: com Sarah Vaughan, Aloysio de Oliveira e técnicos na gravação de "... Das Rosas", para o disco *O Som Brasileiro de Sarah Vaughan* — o baiano ficou "encantado da vida" com a grande cantora.

aparecia na TV, Caymmi saía do sério. Nem adiantava Stella xingá-lo de velho senil. O apelido do ateliê pegou.

Em junho foi à Bahia com Stella. Lá, no dia 14, participaram da festa de Oxóssi no Axé Ôpô Afonjá com Jorge Amado, Zélia Gattai e Seu Agenor, que veio especialmente do Rio para a cerimônia, entre outros. Caymmi deitou na Casa de Xangô, na roça, por três noites para fazer seu bori, um dos rituais do candomblé. Recorrendo mais uma vez a Edison Carneiro, o bori tem um sentido penitencial, é uma "cerimônia em que se sacrificam animais para o *dono* da cabeça da pessoa (dar de comer à cabeça)". No início de julho, já estavam de volta ao Rio de Janeiro.

O país comemorou as boas novas no céu político: em 13 de outubro, o presidente Geisel revogava o AI-5. Dois dias depois, o Congresso Nacional elegeu o general João Batista Figueiredo, que tomaria posse no ano seguinte e sancionaria a Lei de Anistia. O país podia respirar outra vez. Os exilados começaram a retornar ao país.

A Bahia assistiu ao *Caymmi em Concerto*, um dos shows mais importantes da carreira do compositor. Foram três apresentações no Teatro Castro Alves, em Salvador, de 30 de novembro a 2 de dezembro. No roteiro impresso, um desenho feito por Caymmi, com texto de Jorge Amado. O diretor do espetáculo, produzido pela Funarte e pela Secretaria de Cultura da Bahia, foi Hermínio Bello de Carvalho.

O show trazia Caymmi sozinho no palco com seu violão, desfilando suas canções praieiras, seus sambas-canção e seus "postais da Bahia", denominação feliz dada por Hermínio aos sambas que descrevem a terra natal do compositor. Caymmi estava na plenitude do artista. Quem o assistiu pôde constatar a perfeição da obra acabada — com uma "taxa de originalidade altíssima", como disse certa vez o pesquisador e jornalista Carlos Rennó. Ele estava no ápice: um artífice do som e da imagem singela produzida pela oralidade de seu povo, presente na autenticidade de suas letras e na originalidade de sua elaboração musical. Ali — e ninguém ousaria duvidar — estava um artista que nutria um respeito profundo pelo tesouro da cultura e dos costumes do seu povo. E que se nutriu dele até o fim.

Dorival teve a surpresa de ouvir naquele ano a versão pop que Gilberto Gil fez de "Marina", muito tocada nas rádios. Foi diplomático quando perguntado sobre a gravação de Gil: "Hoje, cada um imagina uma Marina diferente".

O compositor baiano, a partir da metade da década de 70, começou a diminuir progressivamente suas atividades artísticas. Não era para menos. Em 1978 completava 40 anos de carreira. Não por coincidência as homenagens a Caymmi começaram a acontecer na proporção inversa da diminuição das suas aparições públicas. Sua audição do ouvido esquerdo, infelizmente, estava bastante comprometida. Caymmi tem certeza de que a deficiência foi provocada pela despressurização de um avião, numa viagem ao Nordeste. Sua voz já dava alguns indícios de cansaço, o que não o impediu, nas décadas seguintes, de participar de espetáculos inclusive no exterior. No entanto, passou a se refugiar com Stella em Rio das Ostras, por longuíssimas temporadas. Lá encontrou paz e sossego. Cada vez mais, os pesquisadores e críticos reconheciam nele uma viga-mestra do que há de mais autêntico e importante na música popular brasileira e sua influência modernizadora, garantindo um lugar de destaque no panteão dos grandes compositores do país. Não é pouco.

* * *

De braços abertos: Caymmi saúda o público no show dirigido por Hermínio Bello de Carvalho, no Teatro Castro Alves, em Salvador, em 1979.

O ano de 1980 foi atípico na vida de Caymmi. Contrariando seus hábitos, o compositor fez duas viagens ao exterior. Para ele é muito, leitor! Foi a Martinica e a Angola. O culpado da ida de Dorival a Angola foi Chico Buarque de Holanda. Caymmi recorda: "Ele escreveu assim para mim: 'Chico Buarque de Angola', quando nós íamos para Angola. Ele foi lá em casa me convencer de ir pra Angola e eu fui. Ainda fui de Danilo em punho. E fomos saudar os orixás da Costa d'África em direção à Bahia". Chico estava à frente do Projeto Kalunga, que levou mais de trinta artistas ao país africano. Uma das suas motivações, além da persuasão de Chico, foi pisar no solo das suas raízes ancestrais.

Chico Buarque conta como se tornou responsável pela viagem que levou tantos artistas brasileiros para se apresentarem em Angola:

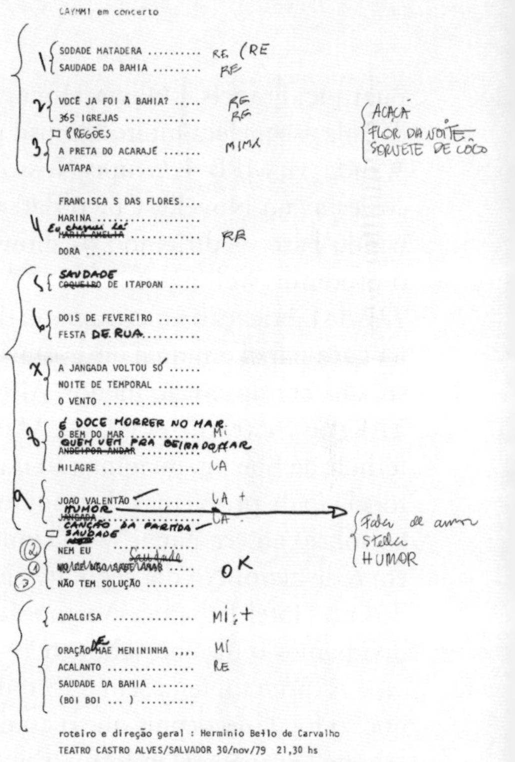
CAYMMI em concerto

SODADE MATADERA .......... RE
SAUDADE DA BAHIA ......... RE

VOCÊ JA FOI À BAHIA? ..... RE
365 IGREJAS .............. RE
PREGÕES
A PRETA DO ACARAJÉ .......
VATAPA ...................

ACAÇÁ
FLOR DA NOITE
SORVETE DE CÔCO

FRANCISCA S DAS FLORES....
MARINA ...................
Eu cheguei lá
~~MARIA AMELIA~~ ............. RE
DORA .....................

SAUDADE
~~COQUEIRO~~ DE ITAPOAN ......

DOIS DE FEVEREIRO ........
FESTA DE RUA..........

A JANGADA VOLTOU SÓ ......
NOITE DE TEMPORAL ........
O VENTO ..................

É DOCE MORRER NO MAR
O BEM DO MAR ............ MI
QUEM VEM PRA BEIRA DO MAR
~~ANDEI POR ANDAR~~ ..........
MILAGRE ................. LA

JOAO VALENTÃO ........... LA +
HUMOR
~~JANGADA~~ .................. LA
CANÇÃO DA PARTIDA
SAUDADE
NEM EU ...............
Saudade
NÃO TEM SOLUÇÃO ........ OK

Falar de amor
Stella
HUMOR

ADALGISA .............. MI +

ORAÇÃO DE MAE MENININHA ,,,, MI
ACALANTO .............. RE
SAUDADE DA BAHIA ........
(BOI BOI ... ) ..........

roteiro e direção geral : Herminio Bello de Carvalho
TEATRO CASTRO ALVES/SALVADOR 30/nov/79 21,30 hs

*Caymmi em Concerto*: cartaz, com um desenho de Dorival, do espetáculo apresentado em 1979, e o roteiro de um dos shows mais importantes da carreira do baiano — a gravação do evento seria anos mais tarde lançada em LP, e depois CD, pela Funarte.

"Eles conheciam o Brasil e a nossa música de forma apaixonada. O primeiro contato comigo foi feito através de Ruy Guerra, que é moçambicano. O pessoal da embaixada de Angola pediu para que eu organizasse a viagem, o Projeto Kalunga. Me procuraram para ver se eu conseguia levar outros artistas. Eu não sei organizar nada, apelei para Fernando Faro. Um dos nomes que eles mais falavam era Caymmi, que era um mito, que eles veneravam. Eu convenci Dorival via Danilo: 'Danilo, ajuda a gente'. Achei que era difícil e ele topou. E foi todo mundo de graça."

Entre os artistas que foram para Angola estavam Clara Nunes, Elba Ramalho, Dona Ivone Lara, Djavan, Miúcha, João do Vale, Cristina

Buarque, Francis e Olivia Hime, Bahia, Geraldinho Azevedo, Martinho da Vila — que era muito famoso por lá —, Quinteto Violado, Edu Lobo, Wanda Sá, MPB-4, Grupo Nosso Samba, João Nogueira. Entre os músicos estavam Novelli, Chico Batera, Paulo Sauer. Além deles, foram Fernando Faro — dirigindo os shows —, Ruy Guerra, diretor de cinema, e o produtor Wellington Lima. "A trupe podia escolher viajar de Boeing 727 de fabricação americana ou de YAK, de fabricação russa. Eu perguntei para papai em qual ele gostaria de ir e ele fez a opção pelo avião russo, que era um avião menor. Aí papai fez uma brincadeira ao notar que YAK, ao contrário, era 'kay'. Mas nem assim ele desistiu. A maioria preferiu ir de Boeing, imaginando que era mais seguro, mas o voo de Boeing foi cheio de problemas. E o nosso voo de YAK foi bem tranquilo. O único sóbrio ali era papai" — Danilo diverte-se ao contar. O embarque foi em 6 de maio. No dia seguinte chegaram em Luanda e ficaram hospedados no Hotel Panamá. A situação do país era devastadora. "Eu e papai dividíamos o mesmo sabonete" — revela Danilo.

A turnê foi feita sem o reconhecimento oficial do governo brasileiro, que só foi dá-lo depois que o numeroso grupo chegou lá. O primeiro passeio de Dorival e Danilo foi visitar o Museu de Antropologia. Na sexta-feira, 9 de maio, embarcaram para a ilha de Mussulo, onde almoçaram e tomaram banho de mar. Edu, Novelli, Francis já foram se jogando na água antes mesmo de o barco atracar na ilha. Aí o barqueiro avisou: "Tem muito tubarão por aqui" — a debandada foi geral.

Na ilha, Caymmi foi recepcionado por crianças que cantaram e dançaram ao seu redor. O engraçado foi quando o baiano pediu um copo d'água para a moça que estava servindo o almoço. Ela foi até a beira da praia e trouxe um copo de água do mar. Caymmi achou graça. Será que ela pensou que ele era um peixe?

O grupo se apresentou na Praça dos Touros no sábado, 10, e, no dia seguinte, repetiu o show no Teatro Karl Marx, em Luanda. "A reação do público não podia ser melhor: correspondeu muito, fez muita festa. Muita gente descalça, sem camisa, misturada com gente com arma, soldados. E invariavelmente o show era encerrado com *História de Pescadores*, com todos no palco cantando. O *grand finale* era Caymmi. Quando Caymmi subia ao palco era uma beleza. Ele era um grande sucesso. E o pessoal conhecia as canções dele. Era muito bonito" — relata Chico Buarque.

Como onde está Chico não pode faltar uma peladinha de futebol, organizaram um partida entre o grupo brasileiro e o time de uma fábrica local. Pegaram um avião para Benguela — uma hora de voo — e, na mes-

Morena de Angola: Dorival Caymmi, Clara Nunes e Jaguar voltando da grande excursão de artistas brasileiros ao país africano em 1980 — o baiano parece não ter se abalado com a guerra civil que assolava a ex-colônia portuguesa.

ma noite, foram ao morro da Catumbela, onde assistiram a uma apresentação de cantos e danças típicos. Foi a partir desta visita que Chico compôs “Morena de Angola”, a pedido de Clara Nunes. “Fiz o samba contando a história toda” — explica o compositor.

Mas nem tudo foi festa. Havia perigo real. Às 22 horas era o toque de recolher. Danilo Caymmi contou que viveu momentos difíceis na cidade de Lobito: “Depois do toque de recolher quem saía às ruas corria um risco muito grande. Eu, Elba e Novelli fomos com André Mingas, grande compositor angolano, buscar um violão na casa dele. E saímos de lá um pouco depois das dez da noite. Aí pararam a gente na barreira, com canos de arma para dentro do carro. Uma barra”. Havia uma guerra civil, em que a UNITA e o MPLA (Movimento Popular pela Libertação de Angola) lutavam pelo poder no país. “Em Benguela, seu avô correu risco de ser capturado, pois ele estava perto da linha de tiro. As pessoas que viajaram com a gente tinham consciência disso. Acho que só Dorival não sabia" — Chico conta, rindo. E continua: "Quando fui convidar Caymmi, falei de música, dos orixás e passei rapidamente pela guerra". Chico apressa-se em esclarecer: "Claro que ele foi cercado de toda segurança, tratado com o maior carinho". Danilo confirma: "Papai não estava sabendo que a gente estava num ambiente de guerra. Em Lobito, onde fizemos um dos shows, era uma zona perigosa. Estava todo mundo cabreiro. E papai não estava nem aí. Estava curtindo tudo", diz rindo.

Eu duvido muito que ele não soubesse o que estava acontecendo à sua volta. Mas, Caymmi vive na frequência que quer, vê o que deseja ver, escuta o que está a fim de escutar. Ainda mais na África, terra de seus ancestrais. Estava mais do que protegido. Estava em casa. E o baiano sabe se defender mais que todos. Imagine que ele fez amizade com um tupamaro, da guerrilha uruguaia, que trabalhava na cozinha do hotel. Todos tinham sido avisados para tomar cuidado e não tomar água da torneira no hotel. O problema era que a água mineral era um produto escasso. Mas o tupamaro não deixava faltar água para Dorival Caymmi, que fez um estoque e ainda forneceu para o filho. Danilo lembra ainda: "O nosso segurança bebia às pampas. E como todo mundo lá era camarada, eu apelidei o cara de camarada Goró". Falando em bebida, Chico Buarque se divertiu muito com um episódio envolvendo o caçula de Caymmi: "Danilo era a única pessoa que gostava do whisky fabricado em Angola. Chamava-se SBEL, Sociedade de Bebidas Espirituosas de Lobito, era a pior bebida do mundo e dava uma ressaca fenomenal. Se ao menos não chamassem a bebida de whisky, a gente até tomava. Danilo trouxe duas caixas de SBEL para o Brasil". O que Chico não sabia era que Danilo tinha um razoável estoque de água mineral no quarto e SBEL, garante o caçula de Dorival, com água era outra coisa!

Todos se apresentaram no Parque de Jogos Estrela Club, em 14 e 15 de maio. Retornaram a Luanda no dia seguinte e, à noite, Caymmi, Ruy Guerra e Chico se reuniram com escritores, poetas e cineastas angolanos. Mesmo depois de reconhecida a viagem pelo governo brasileiro, Chico e Danilo contam que a embaixada brasileira pouco participou da programação. Artistas angolanos e brasileiros fizeram um grande show de confraternização na Praça dos Touros, finalizando a turnê brasileira nas terras dos irmãos africanos com grande emoção.

* * *

"Morre Vinicius. Deus chamou o Poeta" — escreveu Caymmi na sua agenda, em 9 de julho. Na mesma agenda, em 18 de julho, o compositor registrou o "fim da TV Tupi do Rio. Sai do ar, em definitivo. Transmissor lacrado às 12h30 por decisão do governo, dados os desmandos e irregularidades do superintendente. Mais seis estaduais também". No fim do ano morreria Almirante. Fim de uma era.

Na madrugada de 24 de julho, Dorival Caymmi viajou para a Martinica, com conexão na Venezuela. Tomou um chá de cadeira no aeroporto de Maiquetía. Chegou a Fort-de-France à noite. Nem pensou em descansar. Sua amiga, a diplomata Annick Thébia-Melsan, que fora com Jean-Paul Césaire buscá-lo, carregou-o para uma confraternização de boas-vindas em casa de sua irmã, que atravessou a madrugada inteira. No dia seguinte, encontrou-se com o grande poeta e deputado Aimé Césaire. Nas palavras de Annick, "Césaire é a maior personalidade da vida cultural do mundo negro". Amiga do poeta, foi ela quem sugeriu fazerem o Festival Internacional de Fort-de-France, que acontecia anualmente, dedicado inteiramente ao Brasil, com o tema da consciência negra. Césaire gostou da ideia e a incumbiu de realizá-la junto com seu filho, Jean-Paul Césaire.

Para Annick, aquilo não era problema. Ela já estivera no Brasil para completar seu estudo sobre Portinari para a Sorbonne, em 1974, quando conheceu Jorge Amado, Antônio Callado, entre outras importantes personalidades brasileiras. Mais tarde, no período de 1983 a 1987, ela chefiaria, em Brasília, o setor de Cooperação Cultural, Científica e Técnica entre o Brasil e a França da embaixada francesa, quando mergulharia na cultura brasileira e ampliaria seus laços afetivos e culturais no país.

Caymmi era o carro-chefe de um grupo que incluía Gilberto Gil, Martinho da Vila, Dona Ivone Lara, Elba Ramalho, Olga de Alaketu, e os conjuntos Viva a Bahia e Samba Som 7. "Tive a felicidade de organizar o encontro entre Césaire e Caymmi. Dorival, para mim, é uma figura de valor universal, uma encruzilhada completamente arraigada na cultura popular brasileira. O encontro foi na Prefeitura, às 11 horas da manhã. Foi bonito. Eles se abraçaram. Cada um entendeu a verdade do outro, um mais popular, outro mais erudito, mas o encontro de duas inspirações convergentes" — relembra Annick.

O baiano realizou dois concertos, um no Teatro Municipal de Fort-de-France e outro na Sala Carbet, da Place de la Savane, onde se encontra a estátua decapitada de Josephine — Annick contou na ocasião a

Caymmi que já haviam recolocado três novas estátuas no local, mas o povo, que a odeia, não a deixa com cabeça por muito tempo. Caymmi voltou ao Rio em 1º de agosto.

O domingo do Dia dos Pais caiu no aniversário de 68 anos de Jorge Amado, em 10 de agosto. Caymmi bem que tentou falar por telefone com o escritor, mas só conseguiu deixar um recado de felicitações. No clã dos Caymmi festejou-se a data com um grande almoço. Nana e o compositor Claudio Nucci, que viviam juntos desde o ano anterior, Danilo, agora casado com Simone Malaguti, e todos os netos reuniram-se em torno do velho Dorival. Simone e Danilo se conheceram em plena temporada da *Turma do Funil* — nome do show e do conjunto improvisado formado por Danilo Caymmi, Miúcha, Cristina Buarque, Francis e Olivia Hime, Novelli e Nelson Ângelo — no Teatro Ipanema, em 18 de junho do ano anterior.

Agosto foi um mês de bons encontros, frio e muita chuva. Baden se apresentava no Teatro Clara Nunes. "Sensacional" — garante Caymmi. Carybé expunha suas telas na Galeria Bonino. Alice e Julieta Soares, as primas de Dorival que viviam no Rio Grande do Sul, vieram vê-lo. Alice Soares é uma artista plástica conceituada, demonstrando que a pintura é uma das marcas da família.

## 49. ROMA NEGRA

> "Dorival é um monge chinês/ Nascido na Roma Negra Salvador"
> ("Buda Nagô", Gilberto Gil)

Em janeiro de 1981, Stella e Dorival trocaram Rio das Ostras pela Bahia. Danilo acompanhou os pais. Lá, cumpriram suas obrigações religiosas. Danilo e o pai dormiram no Axé Ôpô Afonjá e Stella foi ao encontro de sua mãe de santo Aidyl Rego da Silveira, no bairro da Poeira. Dia 9 de fevereiro, chegaram Nana, Claudio Nucci e Stella Teresa. A Bahia estava em festa. Carybé fazia 70 anos. No dia 10, era a vez de Mãe Menininha fazer 87 anos. E Caymmi, junto com Carybé, Jorge Amado e Zélia, foi cumprimentar e tomar a bênção da famosa ialorixá, mãe de santo desde 1922. Para a comemoração ser perfeita, Carybé e Caymmi foram ao aeroporto receber o amigo Rubem Braga. O compositor soube que Sérgio Mendes pretendia juntar-se a eles. A Bahia é assim.

Caymmi retomou a pintura do retrato de Carybé, começado e não terminado, no ateliê do amigo, onde passava várias tardes. Ao constatar que começara a pintá-lo em 1974, ficou com a cara no chão. Celestino — crítico de arte e banqueiro — e Carybé caíram na pele dele. Demorado assim, nem "João Valentão". Numa dessas sessões no ateliê de Carybé, encontrou Pierre Verger e passaram a tarde cantando canções francesas. O pior é que Caymmi voltou ao Rio dia 18 de março sem terminar o retrato do amigo, que ficou mesmo inacabado. O mesmo aconteceu como o retrato de Almirante. Como o leitor pode ver, o tempo de Caymmi não é muito diferente seja em pintura, seja em música.

A parceria com Jorge Amado em "Cantiga de Cego", interpretada pelo próprio Dorival, fez parte da trilha sonora da novela *Terras do Sem Fim*, da TV Globo, adaptação de Walter George Durst do romance do escritor. Mantinham firme a tradição de ter música de Caymmi quando se tratava de novela inspirada em obra de Jorge Amado. A novela entrou no ar em 16 de novembro. Uma surpresa boa: João Gilberto, Caetano e Gilberto Gil, três baianos de peso, gravaram "Milagre", de Caymmi, em LP da WEA. Ficou lindo.

Outro que foi se refugiar em Rio das Ostras foi Joel Barcelos, ator do Cinema Novo e produtor cultural. Barcelos não fez por menos: foi viver na vila dos pescadores, na beira do rio. Caymmi e ele batiam longos papos. Até que Barcelos resolveu apresentá-lo a Gianni Amico, cineasta italiano interessado em levar o compositor para Roma. A ideia de Amico era fazer uma noite baiana naquela cidade. Conheceram-se na manhã de 11 de março no Hotel Caesar Park, onde o italiano estava hospedado. O baiano voltou no mesmo dia para Rio das Ostras. Mas o encontro ainda renderia frutos.

Na Casa de Casimiro de Abreu, em Barra de São João, foi inaugurada em 8 de março a exposição *De Pancetti a Caymmi*, com vários pintores. Caymmi participou com uma tela. Ele sentiu saudades de Paco, como ele costumava chamar Pancetti. Voltou à Bahia exclusivamente para cumprir seus assentamentos de santo — obrigações rituais — no Axé Ôpô Afonjá, onde dormiu de 28 a 30 de junho. Conforme ensina o etnólogo Edison Carneiro, assentar o santo significa "preparar o corpo do iniciando para servir de moradia ao orixá". Caymmi não se demora na Bahia.

Tom Jobim ligou para Caymmi em Rio das Ostras, em 2 de agosto, para fazerem em parceria o tema musical de *Gabriela*, filme de Bruno Barreto baseado no romance de Jorge Amado. Caymmi não se sentia em condições de pegar o trabalho, apesar da enorme tentação de compor com o seu "Tonzinho". Logo se descobriu o porquê do desânimo de Caymmi. Em 24 de agosto, ele se sentiu mal durante a noite. Stella chamou imediatamente o Dr. Alberto Lemos, que, ao constatar uma dose alta de glicose no paciente, em torno de 600, medicou-o com insulina. O diagnóstico era claro: diabete.

De volta ao Rio de Janeiro, no dia seguinte, foi submetido a uma bateria de exames. Francisco Arduíno, seu endocrinologista, confirmou: era diabete. Caymmi teve de se submeter a uma dieta rigorosa. Pedro Henrique de Paiva, o clínico do compositor, garantiu, para alívio da família, que ele poderia levar uma vida normal. Foi o que fez. Mas Stella encarregou-se de diminuir as atividades do marido. E quando Stella decide alguma coisa... Mas ele sabia reconhecer a dedicação da mulher. No último dia do ano escreveu em sua agenda: "Obrigado Stella! Obrigado Senhor!" — nessa ordem.

Antes um pouco, Caymmi foi homenageado na Academia Brasileira de Letras (ABL), em 15 de outubro, quando recebeu o título de Personalidade da União Brasileira de Escritores (UBE) de 1982. Ao seu lado, a amiga Dicéa Ferraz, que o acompanhou, Kalma Murtinho e Fayga Ostrower. Recebeu outras homenagens. Tom compôs "Gabriela" para o filme de Bruno Barreto e nela colocou como música incidental o tema de Caymmi. De amigo para amigo. Em "Nação", belo samba composto por João Bosco, Aldir Blanc e Paulo Emílio, Caymmi mereceu uma bela menção: "Dorival Caymmi falou pra Oxum,/ com Silas tô em boa companhia,/ o céu abraça a terra,/ deságua o Rio na Bahia", sucesso na voz da querida Clara Nunes, além da gravação de João.

Stella foi internada na Clínica Samaritano para fazer uma operação na bexiga, em maio de 1983. Mas susto quem deu mesmo foi Dorival, com tremores nas pernas, nos braços e nas mãos. Era sempre assim quando Stella passava mal, além do fato de ter horror a hospitais e doenças. De qualquer forma, os médicos decidiram mudar os remédios do compositor. O mar não estava para peixe. No mês seguinte, Danilo caiu de um barranco em Poço Fundo, no interior do Rio de Janeiro, e precisou operar o pé esquerdo em Petrópolis mesmo. Tudo correu bem e Danilo do hospital foi direto para a casa dos pais. Não foi fácil conciliar a rotina da casa com dois recém-operados. Foi um período difícil para os Caymmi.

No final daquele mês, Dorival viajou especialmente à Bahia para cumprir novas obrigações no Axé Ôpô Afonjá. Lá, dormiu vários dias e fez um bori, encontrando o escritor Antônio Olinto e sua mulher Zora. Dali se hospedou na casa da mãe de santo de Stella, Aidyl Rego da Silveira, na rua da Poeira, 57.

Aidyl e sua filha Alice trataram Caymmi como um rei. Carybé não fazia por menos. À disposição do amigo, levava-o para tudo quanto é canto. No aniversário de Zélia Gattai, houve um grande almoço e o compositor pôde rever vários amigos, entre eles James Amado, apelidado de Tenente, e o pintor e escultor Mirabeau. Àquela altura, o apartamento de Dorival fora vendido. Stella cada vez tinha menos saúde para enfrentar a cansativa viagem de ônibus. E o medo de avião permanecia igual. Além disso, estava caro manter o apartamento fechado em Salvador. Assim, mais por gosto de Stella — uma capricorniana prática — do que pelo de Dorival, venderam o apartamento. Há quem considere ingratidão o baiano ter vendido a casa e depois o apartamento. A verdade, porém, é que o casal fez de tudo para prestigiar a Bahia, mas a vida deles, os filhos e os netos, estavam mesmo no Rio de Janeiro. Mário Cravo tem uma visão esclarecedora sobre este ponto de Caymmi viver ou não viver na Bahia: "Quando você amadurece, cozinha, amadurece o prato, a comida, e a come e se farta comendo dela, acabou. Você não precisa mais dela. Você é ela. Quando os artistas amadurecem nesse útero, eles não precisam mais do útero. O criador, se é criador, continua sendo. Ele tem que se projetar através dos próprios apetites, que são gerados circunstancialmente, não planejados, não programados".

* * *

Duas gerações de baianos no mesmo palco. Moraes Moreira se juntou a Caymmi para salvar uma escola. Foi em agosto. Seus netos, Juliana e Gabriel — ou simplesmente Ju e Gabi —, estudavam na Escola Municipal Júlio de Castilho, na Gávea. Ana Terra, ex-mulher de Danilo, pediu ao avô dos filhos e a Moraes que fizessem um show juntos para angariar fundos para a escola, que passava por imensas dificuldades. O show aconteceu no palco do Teatro Clara Nunes. Foi um acarajé só.

Do acarajé para a pizza. Finalmente, o projeto de Gianni Amico tornou-se realidade. Com Nana, Caymmi desembarcou no Aeroporto Leonardo da Vinci, em Roma, em 25 de agosto de 1983, feliz da vida. Nana emocionada pisava em solo italiano pela primeira vez. Pai e filha foram juntos participar do Festival Bahia de Todos os Santos, na Piazza Navona e Circo Massimo, com João Gilberto, Naná Vasconcelos, Caetano, Gil, Gal, Tom Zé, Batatinha, Moraes Moreira, entre outros. O Festival, que aconteceu de 23 a 30 de agosto, foi patrocinado pela Prefeitura de Roma, com apoio total de Renato Nicolini, secretário de Cultura da cidade. Uma tremenda festa baiana na capital italiana, assistida por cerca de 50 mil pessoas. Teve até trio elétrico. Gianni Amico, o produtor do festival, levou-os direto ao Circo Massimo, onde os shows aconteceriam. Nunca o Brasil teve uma divulgação cultural desse porte na Europa. Roma, por uma semana, transformou-se na Bahia, como escreveu a jornalista Teresa de Santis, na primeira página de *Il Manifesto*: "por romano que tu sejas, hoje pareces da Bahia".

Preocupado, Caymmi escreveu na agenda, em 27 de agosto, dia de sua apresentação: "À tarde, um ensaio mal alinhavado com Gal e conjunto, sem nenhuma margem de tempo. À noite, espetáculo. Cheguei no 'Circo' em cima da minha entrada, foi como Deus quis. Afinal não foi mal". No dia seguinte fez seu show com Nana. No dia anterior mal dera para ensaiar oito números no estúdio que reservaram para esse fim. "Cantei com conjunto e coro a perigo. Com violão foi mole. Nana ensaiada com o conjunto foi muito bem. Ótimo" — escreveu em 28 de agosto, um domingo. Sua preocupação era exagerada. O jornal *Il Mes-*

A Bahia em Roma: com Nana, Caymmi fez vibrar o Circo Massimo, na capital italiana — o show fazia parte do Festival Bahia de Todos os Santos, um grandioso evento assistido por cerca de 50 mil pessoas.

*saggero* colocou-o nas alturas: "É o poeta da simplicidade, é o poeta do povo e do mar".

Deu no *JB*: "Todo vestido de branco, ele enfrentou e conquistou sozinho um público de 5 mil romanos, principalmente na primeira parte de seu concerto, que durou quarenta minutos, quando só teve como bom e fiel companheiro o seu tradicional violão". Caymmi abriu sua apresentação, visivelmente emocionado, com "A Jangada Voltou Só", seguida de "O Vento". A partir daí, sentiu-se como na Bahia. Foi muito aplaudido e precisou voltar ao palco quatro vezes.

Na segunda-feira conseguiram uma audiência especial, graças à insistência de Nana. Sua Santidade, o papa João Paulo II, recebeu-os e abençoou-os em plena Praça São Pedro. Com eles, Gal, Guto Burgos, Moraes Moreira, com os filhos Ciça e Davi, Lúcia Veríssimo, Guilherme Araújo, Batatinha, e outros. "Ele veio direto na minha direção. Eu estava com as mãos estendidas para ele com medalhinhas para benzer para eu levar para a família. Eu fiquei sem fala e, enquanto ele se dirigia a mim, falando comigo, eu vi que papai alisava carinhosamente as costas do Papa e me disse, admirado, assim que ele se afastou: 'Ele está de colete!'" — recorda Nana. O colete à prova de balas ainda era uma consequência do atentado sofrido naquela praça dois anos antes. À noite, um coquetel foi oferecido no Palazzo Pamphili, a Embaixada do Brasil, para todo o grupo brasileiro. Naná Vasconcelos insistiu em convidar Caymmi e Na-

Malícia e graça: mesmo chegando em cima da hora e sem tempo para ensaiar, Caymmi e Gal Costa fizeram valer a sensualidade brasileira no show do Festival Bahia de Todos os Santos, na Itália.

Quem vai a Roma: na Praça São Pedro, a comitiva baiana encontra-se com o papa João Paulo II — da esquerda para a direita, Lucia Rocha (mãe de Glauber), Guto Burgos (irmão de Gal), Lúcia Veríssimo, Gal Costa, Guilherme Araújo, Dorival, Nana, Batatinha, Moraes Moreira e seus filhos Davi e Ciça.

na para ficarem mais alguns dias em Roma. Aceitaram. Os cineastas Paulo César Saraceni, Leon Hirszman e Amico filmaram tudo. O documentário chamou-se *Bahia de Todos os Sambas*. Filmaram Caetano perguntando a Caymmi sobre o gestual de baiana de Carmen Miranda. "E aí era muito bonito porque ele fazia assim, lentamente, um pouco dos movimentos, e dizendo como a Carmen Miranda transformou numa coisa muito mais elétrica" — lembra Caetano.

De volta ao Brasil, uma surpresa. Caymmi ganhou o Prêmio Shell, pelo conjunto da obra. A alegria foi redobrada. Na categoria Música Erudita foi agraciado Radamés Gnattali, seu grande companheiro de rádio e gravações, desde o início da carreira do compositor. Nos anos anteriores foram homenageados Pixinguinha e Villa-Lobos, Tom Jobim e Francisco Mignone. Caymmi não podia estar mais satisfeito. Tudo foi entregue em um grande espetáculo do homenageado no Teatro Municipal do Rio, em 14 de dezembro, dirigido por Hermínio Bello de Carvalho, com

Em boa companhia: Caymmi se apresenta durante a cerimônia de entrega do Prêmio Shell, em 1983, que conquistou pelo conjunto de sua obra — na categoria Música Erudita ganhou seu grande amigo Radamés Gnattali, os dois se juntando a nomes ilustres da música brasileira, como Pixinguinha, Villa-Lobos, Tom Jobim e Francisco Mignone, premiados nos anos anteriores.

a participação dos filhos e da violonista Rosinha de Valença. Stella, orgulhosíssima, comandava um camarote com os netos, noras e amigos. Ela que, dois meses antes, precisou passar pela segunda cirurgia no mesmo ano, já se encontrava recuperada. Foi a melhor forma de encerrar aquele ano difícil.

* * *

O país, desde o ano anterior, mobilizava-se para que fosse aprovada a emenda das Diretas Já, que permitiria a votação direta para presidente da República. A sociedade perdeu. A emenda não foi aprovada.

Dorival, que tem sorte com rosas, flagrou Rosa, sua empregada, conversando com Stella, na cozinha de Rio das Ostras: "Pra Seu Dorival não tem tempo ruim". Captou-lhe a essência mais que muitos supostos entendidos em Caymmi. "Nada como ser Rosa na vida" — pensou ele. O baiano não resistiu e anotou a frase em sua agenda. Caymmi é um curtidor de frases.

Quando o Mercado Modelo, um dos pontos turísticos mais famosos em Salvador, ardia em chamas em 10 de janeiro de 1984, Caymmi estava no Rio Grande do Sul. Lá, no dia anterior, o compositor, empresariado por Roberto Santana, fizera dois shows no Shopping Center Iguatemi. Santana agendara-o para fazer uma série de shows nos shoppings — espalhados por vários estados — do empresário Newton Rique.

Danilo Caymmi participou de sua primeira excursão internacional integrando a Banda Nova que acompanhava Tom Jobim. Simone, mulher de Danilo, integrava o conjunto vocal da banda. Estrearam em Viena, na Áustria. Tom Jobim, desde os anos 70, adotara musicalmente o filho de Dorival Caymmi. Foi ele quem convenceu o flautista a soltar a voz, a descobrir o *timbre Caymmi* que guardava no peito. Danilo fizera um disco independente mas, como muitos na MPB, cantava em falsete. Ao perceber que teria de cantar para as mais exigentes plateias europeias, o jovem resolveu fazer aulas de canto. Já imaginou cantar "A Felicidade" depois do sucesso de Agostinho dos Santos na Europa? Não era brincadeira. Então procurou Heloísa Madeira, excelente cantora lírica e professora, responsável pela apuração da voz de muitos cantores que estão hoje atuando no mercado. Foi ela quem fez Danilo encontrar o seu verdadeiro timbre, de barítono, marca dos Caymmi. Nem Nana escapou do canto grave e cálido do pai.

# Parte V (1984-1998)

< Entre o mar e as montanhas: no Arpoador, Rio de Janeiro, Dorival Caymmi acena para a cidade que o acolheu — assim como a Bahia, a paisagem carioca é motivo constante de inspiração.

## 50.
## MELODIA QUE NÃO CONTA TEMPO

> "Os netos colherão os frutos de tuas árvores"
> (*Éclogas*, Virgílio)

Comemorar. Esta era a palavra de ordem de 1984. Estava aberta a temporada das homenagens. Afinal, Caymmi completaria 70 anos. As instituições culturais, a iniciativa privada, a imprensa, todos se mobilizaram para celebrar a vida desse baiano. Sobre ele, João Gilberto disse a Caetano: "Ele é o gênio da raça. É o maior homem do Brasil". João Gilberto, outro gênio, falou, tá falado. Era preciso, então, comemorar.

Newton Rique saiu na frente. O empresário contratou o baiano para fazer um grande show no Shopping Center Iguatemi de Salvador, na véspera do seu aniversário — que caiu numa segunda —, e organizou uma série de homenagens em torno do compositor. Stella não podia deixar de estar presente em data tão especial. Ela fez um sacrifício: apesar de sentir ainda os efeitos das duas últimas cirurgias, foi de ônibus para a Bahia e participou da intensa programação em torno de seu marido.

Alguém lembrou — Caymmi não sabe quem foi — que o escultor Bruno Giorgi havia feito um busto do compositor, em São Paulo. O baiano acredita que a obra seja de fins dos anos 50 ou princípio dos anos 60. Entre as homenagens, mandaram fazer uma réplica da escultura, toda de bronze, para ser colocada na Praça Dorival Caymmi que seria inaugurada no Iguatemi. Rique levou uma verdadeira comitiva de amigos e familiares do compositor baiano para os festejos — muitos vindos do Rio de Janeiro —, que incluíram um grande jantar supervisionado por Regina Rique, mulher do empresário, no Hotel Quatro Rodas, em Itapuã. Onde mais? Para completar uma festa que já nasceu bonita, foi organizada uma mostra com as telas de Caymmi, no Museu de Arte da Bahia. A ideia surgiu do seu diretor Luiz Jasmim. Vários amigos cederam seus quadros para a exposição: Jorge Amado, Mirabeau Sampaio, o próprio Jasmim. Caymmi assistia a tudo feliz.

Em 27 de abril, em plena sexta-feira, o busto de Dorival Caymmi foi descerrado na praça que leva o seu nome no Shopping Iguatemi, às 19 horas. O público do shopping "parou" para assistir à solenidade, nem tão solene assim. Com Caymmi tudo acaba na informalidade cativante que o caracteriza. Stella, após o discurso de Newton Rique, descerrou a escultura sob uma chuva de aplausos. Foi dada a largada para os festejos. Além dos familiares, estavam lá o prefeito Manoel Carlos, Rubem Braga, Alfredo Machado, Augusto César Vannucci, Carybé, Jorge Amado, Zélia Gattai, Dias Gomes, Tati Moreno, Lucinha Mascarenhas, Maria Célia Carvalho, Edivaldo Pacote, Martha Rocha, Ronaldo Bastos, Ana Maria Tornaghi, entre outros amigos e admiradores. Todos queriam prestar homenagem ao mestre. A Associação dos Lojistas do shopping distribuiu gratuitamente 10 mil compactos duplos com gravações da obra do compositor cantada por Gal, Caetano, Marília Medalha, Quarteto em Cy e o próprio Caymmi. Para dar uma ideia da magnitude do evento, já

Eterno: busto do compositor baiano feito em bronze, modelado pelo escultor Bruno Giorgi nos anos 50, que foi inaugurado em Salvador em 1984, durante as comemorações do chamado *Festival Caymmi*.

Você já foi à Bahia?: em Salvador, Stella esquece a timidez e sobe ao palco, no Shopping Iguatemi, para comemorar com o marido e os filhos os 70 anos de Dorival Caymmi, em abril de 1984.

chamado nos jornais como *Festival Caymmi*, o jantar no sábado reuniu toda a intelectualidade baiana para cumprimentar o amigo. Ao grupo que havia estado na inauguração do busto juntaram-se Mirabeau Sampaio, Calasans Neto e Auta Rosa, Carlos Bastos, Floriano Teixeira, o reitor da UFBa Germano Tabacoff, Luísa e James Amado, Luz e Walter Queiroz, Marcos e Maria do Carmo Vilaça.

O show aconteceu no estacionamento do Iguatemi, no dia 29 de abril, aniversário de Nana. Era um domingo. Stella, contrariando sua habitual timidez, subiu ao palco empolgada e cantou com Caymmi e os filhos, para uma plateia de milhares de pessoas que lotavam o local. A multidão, a uma certa altura, gritava: "Diretas já, Caymmi quer votar". O homenageado abriu o espetáculo cantando "Você Já Foi à Bahia?", além de interpretar outros dos seus maiores sucessos. Caymmi levou um banho de água de cheiro em pleno palco, por baianas vestidas a caráter. Recebeu ainda o Troféu Destaque do Turismo da Bahia — a verdade é

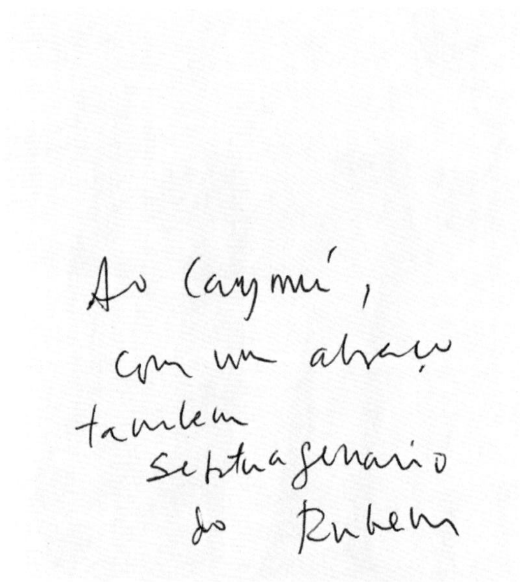


Septuagenários: o grande escritor e amigo Rubem Braga também esteve presente nos festejos de 70 anos de Dorival Caymmi.

que Caymmi contribuiu mais para o turismo da Bahia que qualquer campanha publicitária — e a Medalha do Mérito Castro Alves, do Conselho de Educação do Estado. Jorge Amado, representando a Academia Brasileira de Letras, chamou Carybé para entregarem juntos a Medalha Machado de Assis ao irmão querido. Presentes ainda Camafeu de Oxóssi, Batatinha, Edil Pacheco, além dos Filhos de Gandhi e Os Independentes do Samba. O show foi apresentado por Miele e Ney Galvão. Apesar da chuva que caía, o público não arredou pé e prestigiou o show até o fim.

A Funarte decidiu lançar um LP duplo, *Setenta Anos — Caymmi*, com a íntegra do concerto que Caymmi fizera no TCA em 1979. Um disco que nasceu clássico. Ainda para a Funarte, Dorival Caymmi fez um álbum com dez desenhos a nanquim representando suas canções. Mérito de Hermínio Bello de Carvalho, que pediu ao mestre "que voltasse à intimidade dos pincéis". O álbum foi impresso em número restrito, com prefácio de Carybé, que, entre belas coisas ditas, arguiu:

> "Antes de tudo, Dorival é músico. Muito bem. Ou é poeta? Ou é a Bahia? Ou o pintor? Ou o dono do dengo? Ou o cantor? Que diabo ele é afinal? O homem é um complexo, um polo de música e poesia, com muito tempero, azeite e pimenta e um coração bom e grande como a viração que emprenha as

velas dos saveiros, fuça em saia de moça e em redes com sinhás na madorna. É a Bahia em todas as suas facetas."

Hermínio Bello de Carvalho, em seu texto introdutório, explicou: "Este álbum é um comentário pictórico das figuras e episódios que povoam o universo de Caymmi". Da sua galeria de personagens femininas, Caymmi desenha *Marina*, *Rosa Morena* e *Dora*. De masculinos, somente *João Valentão*. Além disso, temos *A Preta do Acarajé*, *A Rainha do Mar* e *Vatapá*, entre outros. Hermínio completa, ao fim do texto: "Essa interpretação pictórica que Caymmi faz em torno de seu Romanceiro se

Na intimidade dos pincéis: em seu ateliê em Rio das Ostras, Caymmi prepara material para o álbum e a exposição da Funarte comemorativos de seus 70 anos.

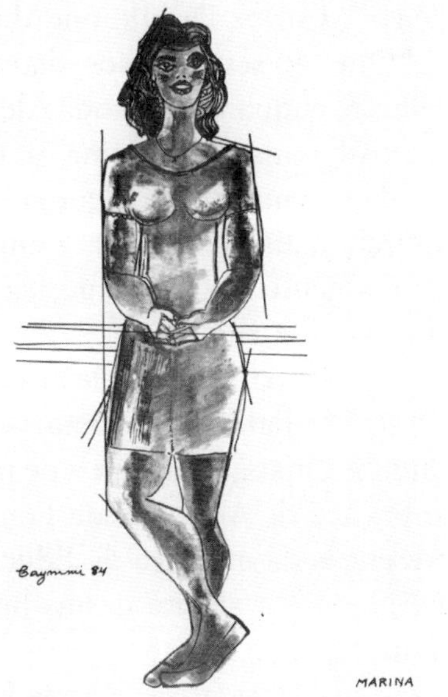

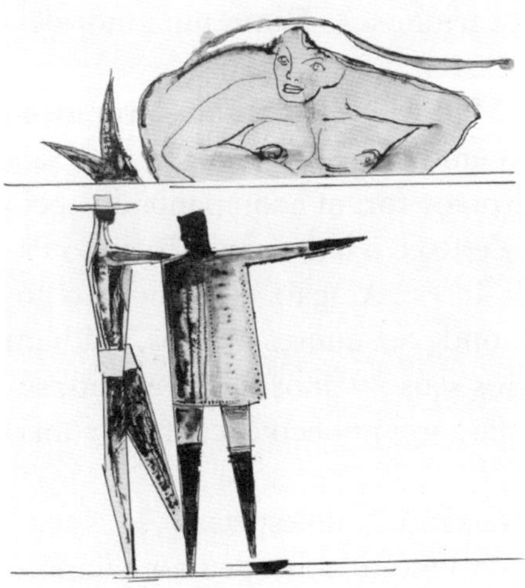

Caymmi por Caymmi: o compositor assina o álbum de 1984, com desenhos retratando suas próprias canções (outros desenhos do álbum estão dispostos ao longo deste volume, junto com as respectivas letras das músicas) — os trabalhos foram expostos na Galeria Rodrigo Mello Franco de Andrade, da Funarte, no Rio de Janeiro.

enriquecerá com a audição de sua obra — uma das mais ricas e vastas que compõem o acervo musical brasileiro". Carlos Drummond de Andrade saúda os 70 anos do compositor: "Que são setenta anos, diante da melodia que não conta tempo, não envelhece, enquanto as modas de cantar se sucedem e quase nada de música existe mais do que uma estação? Não há dia seguinte para o cancioneiro de Caymmi. A flor que o vento joga no colo da morena de Itapuã não murchou ainda. Murchará um dia? Não creio. O que está na voz de Caymmi a gente guarda como faz com as coisas de estimação. E ao ouvi-la em casa, na rua, no ar, é sempre a emoção de um bom encontro. Incorporou-se ao patrimônio de arte e coração do Brasil. Ninguém o apaga ou destrói". Palavra de poeta.

A exposição dos desenhos de Caymmi foi inaugurada em 9 de maio, às 17 horas, na Galeria Rodrigo Mello Franco de Andrade, da Funarte, no centro do Rio de Janeiro, com as presenças da ministra da Educação e Cultura, Esther de Figueiredo Ferraz, Nana e a autora destas linhas, além de muitos amigos e admiradores. Durante as comemorações, o compositor não deixou de declarar seu amor e sua gratidão ao Rio de Janeiro, a terra que o acolheu: "A Bahia para mim é minha origem, minha memória, mas é no Rio que eu passo a existir. Aqui foi que eu me destaquei, fui reconhecido, ganhei apelidos carinhosos. Tenho um amor desmedido pelo Rio. Devo ao Rio minha carreira".

A Funarte, dirigida na época por Maria Luiza Librandi, promoveu ainda o show de Nana, Dori e Danilo em homenagem ao pai, na Sala Guiomar Novaes, em São Paulo. Os irmãos foram acompanhados pelo pianista Laércio de Freitas, o baixista Ze Ró e o baterista Joãozinho Paraíba (do Trio Mocotó), e dirigidos por Teresa Aragão. Caymmi não podia faltar e lançou, na Terra da Garoa, onde fez muitos amigos, o álbum de gravuras e o LP em comemoração aos seus 70 anos. Não resistiu, subiu ao palco e deu uma senhora canja para um público encantado com o talento e o vigor do velho baiano.

Entre tantas homenagens, uma teve sabor todo especial. A Câmara dos Vereadores do Município do Rio de Janeiro concedeu ao baiano o título de Cidadão Honorário. Enfim, reconheciam a porção carioca do compositor. O autor da resolução, o vereador Luiz Henrique Lima, entrou com o projeto em 19 de junho, aprovado por Oscar Maurício de Lima Azedo, então presidente da Câmara, no dia 26 do mesmo mês — a decisão foi publicada no *Diário da Câmara Municipal* (29/6/1984). Carioca de coração, sem deixar de ser baiano, Caymmi se sentiu honrado com o título mais que merecido.

Uma distinção para poucos: Danilo observa enquanto o pai agradece a comenda *Ordre des Arts et des Lettres*, no Palais Royal, em Paris — ao lado de Dorival Caymmi, o ministro francês Jack Lang e a diplomata Annick Thébia-Melsan.

Como se não bastassem as comemorações no Brasil, Caymmi foi celebrado também na França. Viajou com Danilo e Nana. Lá se apresentaram no Festival de Nice, em 22 de julho. Participavam do evento João Bosco, Caetano, Milton, Gil, entre outros. A seguir, a honra maior. O compositor foi condecorado no Palais Royal, por Jack Lang, ministro da Cultura da França, com a comenda *Ordre des Arts et des Lettres*. Uma distinção para poucos. Annick Thébia-Melsan, que desde 1983 chefiava o setor de Cooperação Cultural da Embaixada da França no Brasil, estava lá para prestigiar a homenagem ao amigo, que, aliás, estava lhe devendo terminar o samba apimentado iniciado na Martinica, que se chama "Annicka da Martinica". "Que eu, modéstia à parte, acho que destronaria 'Chiquita Bacana'. Ele é genial e preguiçoso e a música nunca saiu" — explica a diplomata, responsável em grande parte pela comenda. Ela descreve como foi:

"Era a primeira vez que Dorival Caymmi cantava na França e achei que isso não podia passar despercebido. Ele que era o pai espiritual desse pessoal todo. Achei que a cultura francesa deveria dar a ele um atendimento especial. Jack Lang topou — e de uma maneira especial, completamente excepcional, porque demandaria normalmente uma burocracia, pois é um evento anual, com todos recebendo a comenda juntos. Improvisamos uma belíssima recepção no Palais Royal, sede do Ministério da Cultura. Estavam lá: Pierre Barouh, grande músico francês, que traduziu Vinicius; Claude Nougaro, grande músico; Chico Buarque e a primeira-dama, Danielle Mitterrand. Dorival Caymmi foi condecorado no grau de comendador, o grau máximo. Outros como Chico, Caetano, Paulinho da Viola e João Bosco receberam o grau de *Chevaliers des Arts e des Lettres*".

A formalidade da cerimônia, realizada em 3 de agosto, obrigava Caymmi a usar paletó, traje que ele não havia levado, já que estavam em pleno verão. Apelou-se para o famoso jeitinho brasileiro. "Quem resolveu o problema foi Remy Kolpa Kopoul, jornalista do jornal *Libération*, muito amigo dos brasileiros, que emprestou gentilmente seu paletó" — revela-nos Annick. Presentes estavam, além dos citados pela diplomata, Pierre Verger, Robert Durin, chefe do departamento da América Latina do Quai D'Orsay, Vera Pedrosa, adido cultural do Brasil em Paris, e Violeta Gervaiseau, irmã do governador Miguel Arraes. Sobre Caymmi, foi publicado no jornal francês *Le Monde*: "Dorival Caymmi é o pai da música brasileira moderna".

De volta ao Brasil, o leitor pensa que as homenagens acabaram? Que nada. Dorival Caymmi, em 10 de agosto, já estava em Brasília, na mui digna companhia da nossa grande dama do teatro, Fernanda Montenegro — a quem ele adora e no que é completamente correspondido —, para receber o título de Comendador da Ordem do Mérito Judiciário do Trabalho. Fernanda também foi agraciada com a mesma comenda. Caymmi hospedou-se em casa de Annick, presente à cerimônia, que comentou: "De todos os que receberam a comenda, eram cerca de seiscentos, ele foi o mais aplaudido".

No final do ano voltou a Salvador para receber nova honraria. A partir de 7 de agosto, tornou-se doutor *honoris causa* pela Universidade Federal da Bahia. São poucos os que têm a possibilidade de regozijar-se do reconhecimento em vida. Caymmi tem consciência disso e ninguém

Comendador Caymmi: no dia 10 de agosto de 1984, Dorival e a amiga Fernanda Montenegro recebiam, das mãos do presidente Figueiredo e do amigo Carlos Coqueijo, então ministro, o título de Comendador da Ordem do Mérito Judiciário do Trabalho.

mais humilde e grato que ele. Podem ter certeza, a música lhe casa tão bem, surge tão espontaneamente, que ele se sente um eterno devedor. "Eu não mereço" — costuma dizer o mestre. Depois de tanta comemoração, o baiano manemolente precisaria de pelo menos um ano para se refazer.

Mas não houve jeito. Em janeiro de 1985, Dorival Caymmi estava recebendo mais uma homenagem. Seu nome foi dado à avenida de pista dupla que liga Itapuã ao aeroporto, numa primeira etapa do Projeto Orla, do governador João Durval, com direito a trio elétrico e tudo o mais. Milhares de baianos compareceram à inauguração da avenida Dorival Caymmi. Stella, dessa vez, não pôde ir, mas Danilo, a nora Simone e os netos Stella, Denise e João Gilberto acompanharam Dorival à solenida-

Avenida Dorival Caymmi: em janeiro de 1985, o baiano recebia mais uma homenagem: seu nome foi dado à avenida de pista dupla que liga Itapuã ao aeroporto de Salvador.

de. No final, foram todos confraternizar na Casa da Gamboa, restaurante de tradição onde saborearam uma gostosa moqueca. Carybé — que o tratava carinhosamente de *Bode Velho* — e Nancy, Jorge e Zélia, Rubem Braga foram alguns dos amigos que prestigiaram o compositor. Enquanto isso, Tancredo Neves, em 15 de janeiro, era eleito presidente da República, pelo Congresso Nacional. Mas o mineiro não chegou a tomar posse. Falecido em 21 de abril, o vice-presidente José Sarney assumiu a Presidência do país.

Não foi só isso. Caymmi ainda teve de trabalhar como nunca num novo e importante projeto. A Fundação Emílio Odebrecht decidira patrocinar a caixa *Caymmi som imagem magia* — que continha um LP duplo e a biografia do ilustre baiano — para dar de brinde aos clientes da empresa no final do ano. Envolvidos no trabalho, a museóloga e escritora Vera de Alencar, a escritora Marília Barboza, Radamés Gnattali, Jairo Severiano, o projetista gráfico Salvador Monteiro e o fotógrafo

Claus Meyer. A produção artística do disco foi do próprio Dorival com Aluísio Didier, chamado por Radamés Gnattali para participar do projeto. Além das canções do baiano, há uma surpresa no álbum. Gnattali, além dos arranjos, compôs especialmente para esse projeto uma peça rapsódica sobre músicas do baiano, chamada "Caymmiana", um passeio pelo universo do compositor que dá à obra de Caymmi um tratamento de música erudita. Com sensibilidade, desenvolve e valoriza possibilidades latentes da obra de Caymmi ainda pouco exploradas por nossos compositores. Ainda entraram no disco depoimentos de Tom Jobim, Jorge Amado, Carybé e Caetano Veloso, além das inéditas "Sargaço Mar" e "A Mãe d'Água e a Menina", entre outras. O compositor, um amante das artes plásticas, tomou-se de amores pelo projeto gráfico de Salvador Monteiro.

A propósito da faixa "Sargaço Mar", embora Radamés tenha feito um arranjo para a canção praieira, Caymmi preferiu, dado o próprio espírito da canção, se acompanhar ao violão. "Então, resolvido fazer voz e violão, ainda assim não saiu como eu queria" — comenta o baiano. Uma pena, pois o único desejo do compositor — e que não havia deixado ninguém gravar antes dele, apesar dos apelos de Bethânia e de Nana —, era registrar "Sargaço Mar" tal como a concebera. A gravação está belíssima, mas Caymmi costuma ser muito rigoroso consigo mesmo.

* * *

Buscando valorizar o artista baiano, nasceu em Salvador o Projeto Troféu Caymmi. Patrocinado pela Copene Petroquímica do Nordeste e produzido pela Prisma Produções, o projeto buscava revelar novos valores e possibilitar sua entrada no difícil mercado do disco. Todo ano seria lançado um LP, com os premiados em oito categorias, entre elas as de melhor composição e melhor intérprete. Caymmi cedeu seu nome para o troféu, apoiando-o integralmente. O Troféu Caymmi propiciou o aparecimento de jovens artistas baianos e não baianos, alguns alcançando até projeção nacional, como Margareth Menezes e Jussara Silveira, além de fortalecer o independente mercado baiano de música.

Na primeira edição do prêmio, Dorival participou com Nana do espetáculo principal, que aconteceu em 7 de março de 1985, no Hotel da Bahia, no Salão Vitória. Stella seguiu para a Bahia de ônibus e assistiu ao show ao lado de uma grande amiga da família, a dançarina e coreógrafa Lucinha Mascarenhas, e seus filhos Beto e Lucas Santana, que seguiria mais tarde a carreira de músico e compositor. Ambos são filhos do pro-

Biografia musical: Dorival ao lado do pesquisador Jairo Severiano e de Marília Barboza, autora, com Vera de Alencar, do livro *Caymmi som imagem magia*. À direita, Caymmi e Radamés Gnattali: Radamés fez os arranjos para o álbum do projeto, e ainda compôs "Caymmiana", uma releitura erudita do universo musical do baiano.

dutor musical e empresário Roberto Santana. Beto, o caçula, é afilhado de Caymmi. "Roberto produziu um show de Caymmi na Reitoria da Universidade da Bahia, em 1968. Eu estava grávida e ia assistir aos ensaios, com um barrigão imenso. Caymmi se aproximou de mim, pôs a mão na minha barriga e disse: 'Você deixa eu batizar seu filho?'. Eu fiquei abestalhada porque eu fui ninada e criada ouvindo Caymmi. Foi uma honra. Acabei virando a comadre da família inteira" — conta Lucinha. Perguntado sobre o tipo de música que se fazia então no Brasil, Dorival alertou, em entrevista ao jornal *A Tarde* (março de 1985): "O brasileiro, na música, hoje, não tem preocupação com a graça do povo, com as fontes antigas. Ele tem a preocupação de ser um intelectual". Sábias e atuais palavras.

A Rede Globo de Televisão voltou a visitar o universo baiano de Jorge Amado, lançando a minissérie *Tenda dos Milagres*, uma adaptação

de Aguinaldo Silva e Regina Braga do livro homônimo do escritor, protagonizada por Nelson Xavier. O leitor deve estar pensando: Dorival Caymmi não poderia faltar. Se pensou, pensou bem. De fato, em 12 de junho, Caymmi começou a compor "Afoxé" para a trilha sonora da série. No dia 16, a música estava pronta. Caymmi é assim. Surpreendente. Pode demorar muito ou pode compor de uma tacada só. Seus filhos também participaram do disco. Paulo César Pinheiro foi o parceiro de Dori em "Flor da Bahia", interpretada por Nana, e também de Danilo em "Oiá", interpretada pelo caçula de Caymmi e Stella. A trilha caprichadíssima de Guto Graça Mello contou com "Milagres do Povo", de Caetano, e "É d'Oxum", de Vevé Calazans e Gerônimo, uma das prediletas de Nana, entre outras.

No último trimestre do ano, Dorival Caymmi voltaria aos estúdios da Odeon para gravar com os filhos o disco *Caymmi's Grandes Amigos*, lançado no ano seguinte. Confesso que não gosto muito desse título. Apesar de não participar das gravações, Stella acompanhou o marido seguidas vezes à gravadora. Ela adorou ver a família reunida em um trabalho comum. É a matriarca mineira sempre zelando pelos seus — e ai de nós se não fosse assim. Seu marido ainda participou, em 15 de novembro, do especial de Tom Jobim para a TV Bandeirantes. A gravação foi na linda casa de Tom, aos pés do Cristo Redentor, no Jardim Botânico.

Em 22 de novembro, Dori Caymmi viajou a Los Angeles, para trabalhar com Sérgio Mendes. A partir dessa data, ele começa a dividir-se entre o Rio e Los Angeles, até optar por viver nos Estados Unidos definitivamente. Alguns anos depois, Dori se separa de Ana Beatriz, que fica com a guarda do filho João Victor.

No final do ano, a Escola de Samba Estação Primeira de Mangueira — a escola de Dorival — já ensaiava a pleno vapor o enredo do carnaval de 1986. O tema era Dorival Caymmi, que ficou honradíssimo. Comprometeu-se a desfilar na Marquês de Sapucaí, além de comparecer a vários ensaios. Marcelo Machado foi um dos responsáveis pela interrupção da manemolência do baiano. "Naquela época eu era o assessor do presidente da Mangueira, o Djalma dos Santos. Aí eu disse: 'Esse ano tem de fazer o Dorival Caymmi'. E foi feito" — conta Machado. Num dos ensaios na quadra da escola, recebeu o título de Cidadão Carioca da Câmara dos Vereadores da cidade. Haja coração!

O enredo vencedor na Mangueira foi "Caymmi Mostra ao Mundo o Que a Bahia e a Mangueira Têm", de Ivo Meireles, Paulinho e Lula. Caymmi desfilou com as netas Denise e Juliana, além da ex-nora Ana

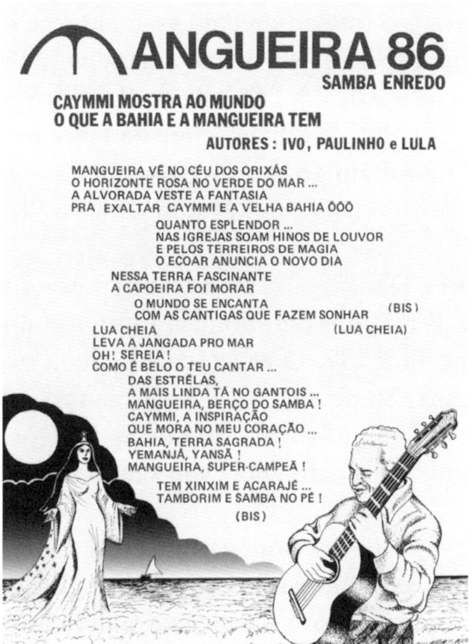

Onde o Rio é mais baiano: Caymmi com as netas Juliana (no alto, à esquerda) e Denise (abaixo, à direita), no desfile da Mangueira, campeã do carnaval de 1986 com o enredo *Caymmi Mostra ao Mundo o Que a Bahia e a Mangueira Têm.*

Terra, das amigas Sônia Canal, Vera de Alencar e Georgia, filha de Marília Barboza. Stella preferiu assistir pela televisão com Stella Teresa e amigos. Em sua agenda, Dorival escreveu: "Nunca vi coisa tão linda. O Sambódromo é uma glória! É a beleza! A emoção é indescritível". Se, ao desfilar a primeira vez, ele se sentiu assim, nem dá para imaginar sua reação quando soube na quinta-feira que a sua querida Mangueira havia sido a grande vencedora do carnaval carioca de 1986. Êta pé-quente! Lá se foi Caymmi experimentar a emoção redobrada de desfilar e vencer.

* * *

No dia 10 de maio de 1986, a família passou por um grande susto. Stella foi internada no CTI do Prontocor da Lagoa. Não chegou a ser um enfarte, mas era uma angina do peito. Nana ficou no hospital enquanto Dori e Stella Teresa ficaram com Dorival, que sofre de hipertensão. No dia seguinte Caymmi foi visitá-la. No final tudo correu bem, Stella superou a crise e voltou para casa, para alívio de todos.

O tempo passava e chegava a vez dos netos. No dia 12 de outubro, dia de Nossa Senhora Aparecida, Denise, neta de Dorival e Stella, filha de Nana — com 23 anos incompletos —, foi pedida em casamento pelo economista Carlos Henrique de Meneses Silva. Marcaram a data para 25 de maio de 1987. Caymmi terminou de musicar a "Balada do Rei das Sereias", de Manuel Bandeira, para o projeto de Olivia Hime de fazer um disco com poemas musicados do saudoso amigo do compositor.

* * *

O show de Dorival, Nana, Dori e Danilo — o baiano não gosta do rótulo *Família Caymmi* — no Scala II foi considerado pela imprensa do Rio o acontecimento musical do ano de 1987. O espetáculo estreou no dia do aniversário de 44 anos de Dori, 26 de agosto. Em cartaz todo o mês de setembro, o encontro lançou o álbum *Caymmi's Grandes Amigos*. O público ainda pôde se deliciar com "Severo do Pão", um samba inédito, cheio da picardia baiana.

No palco, além da música, ficava visível o modo como se dá a convivência entre os temperamentos dos Caymmi. Nana, com sua franqueza quase agressiva, é capaz de dizer no palco e fora dele coisas inacreditáveis, surpreendendo os mais experientes jornalistas. Dori é mais contido que a irmã, mas não fica nada a dever quando resolve dizer o que pensa. Costuma ser implacável. Danilo é mais introvertido, herdou a discrição da família do pai, enquanto os irmãos são extrovertidos e desbocados

Música nas veias: Stella, Dori, Dorival, Danilo e Nana reunidos em estúdio para a gravação do disco *Caymmi's Grandes Amigos*, depois do sucesso do show em família no Scala II, no Rio de Janeiro — o espetáculo foi considerado pela crítica o acontecimento musical do ano de 1987.

como os Tostes, família da mãe. Somando-se a isso o vaidoso Dorival — sim, caro leitor, ele é vaidoso! —, a festa ficava completa. Nana entrega: "A única hora em que a família se dá bem é quando canta". Mas, leitor, acredite, há muito de exagero nessa declaração. Não brigamos nem mais nem menos que outras famílias. Apenas corre muito do sangue italiano e baiano, além do mineiro, em nossas veias.

Mas Nana tem razão. Não há quem possa negar a união dessa família no palco e o amor que nutrem pela música. Fora os "barracos" que acontecem quando uma família de músicos temperamentais se reúne para um trabalho em comum, eles gostam muito de trabalhar juntos, de dividir o mesmo palco. E é sempre comovente ver os cuidados com que os três filhos cercam o pai quando Dorival entra no palco. Nana sempre está disposta a se sacrificar ao cantar no tom dos irmãos e do pai, para

Quatro gerações: Stella, Nana, Denise e Marina — o nome da primeira bisneta de Dorival foi uma homenagem à celebre canção do compositor baiano.

protegê-lo. Além disso, algumas mudanças foram introduzidas nas apresentações de Dorival Caymmi. No Scala II, Danilo convidou o violonista Muri Costa — também maestro e arranjador — para acompanhar o pai no espetáculo. Queria poupá-lo. Dorival e Muri se deram tão bem que o músico passou a acompanhá-lo em todas as suas apresentações dali para a frente. Ricardo Costa, baterista, e Novelli, contrabaixista, se somaram a Muri na cozinha do espetáculo, além, é claro, de Danilo na flauta e Dori ao violão, também responsável por todos os arranjos. "Era uma parada obrigatória para os músicos do Free Jazz Festival. Todos estiveram lá e adoraram" — comenta Danilo, orgulhoso. Um show inesquecível. Quem não foi assisti-lo pôde, no ano seguinte, conferir o show no disco gravado ao vivo pela EMI-Odeon.

O show foi apresentado também ao público paulista, em temporada de três semanas no Palace, em dezembro. A imprensa celebrou e afagou o velho Dorival com alegria. Os amigos de Caymmi compareceram em peso, alguns do tempo do Clubinho e das suas temporadas na noite de São Paulo, nos anos 50. Entrevistado por Carlos Rennó sobre o espetáculo, declarou: "É fácil, porque temos uma constante que nos habitua a

A vida passa mais quieta: Caymmi e Marina, filha de sua neta Denise e de Carlos Henrique, em 1988.

estar equilibrados em termos de canto. Os meninos têm vocação musical, tanto do meu lado como do lado de Stella. Tiraram da melhor fonte a melhor água. São competentes". E acrescenta: "Vejo coisas lindas no canto de minha filha. Vejo talento excepcional em Dori. E vejo espontaneidade e bom gosto em Danilo".

Na esfera familiar o melhor acontecimento, no entanto, foi outro. Nasceu a primeira bisneta de Caymmi e Stella, filha de Denise e Carlos Henrique de Meneses. A menina nasceu no mesmo dia em que havia nascido, 25 anos antes, a primeira neta, Stella Teresa, em 3 de outubro — sempre digo a minha sobrinha que ela foi meu presente de aniversário. Denise, para homenagear o avô, deu à menina o nome de uma das suas personagens mais famosas, Marina. Feliz, Dorival comentou: "À medida que nascem os netos e bisnetos, a vida passa mais quieta".

Antes um pouco, em 1º de junho, o Caymmi artista deu lugar ao Caymmi fã. Foi com Ana Terra, uma interlocutora atenta principalmente em assuntos de poesia, à noite de autógrafos de *O Pelicano*, da poetisa Adélia Prado, de quem leu todos os livros e pela qual nutre a mais profunda admiração. Em sua agenda, escreveu: "Formidável conhecer Adé-

Amante da poesia: Caymmi e Ana Terra na noite de autógrafos do livro *O pelicano*, de Adélia Prado, em 1987 — o compositor sempre admirou a obra da poetisa mineira.

lia Prado pessoalmente". Testemunha desse encontro, Ana comenta: "Os dois ficaram emocionadíssimos um com o outro. Caymmi tem paixão por Adélia Prado. Ela é muito feminina, mística e mineira. Conversávamos sobre seus livros e fui notando que a poesia dela — e a figura dela também — tinha despertado nele algo muito especial, pela forte presença do universo feminino, onde ele transita com facilidade. No seu imaginário, Adélia une dois universos: a poesia — e a religião — e a terra — a casa, o cotidiano". Em 20 de julho, o compositor é homenageado com a Medalha Mérito Santos Dumont, na Base Aérea do Galeão, no Rio.

## 51.
## ENTRE MONTANHAS

"Mudam de céu, não de alma,/ os que correm além do mar"
(*Epístolas*, Horácio)

Dorival Caymmi foi convidado a integrar o Conselho do Prêmio Sharp de Música, lançado em 1988, por José Maurício Machline. O compositor apoiou a iniciativa de imediato. Além do baiano, Luiz Gonzaga, Júlio Medaglia e Mário Henrique Simonsen — economista e profundo conhecedor de música erudita — foram alguns dos que aceitaram fazer parte do Conselho. Foi Caymmi quem contatou Tom Jobim e Chico Buarque, a pedido de Machline, para apresentar-lhes o prêmio. O Sharp revelou novos valores, fortaleceu quem já vinha batalhando na área musical há tempos sem obter reconhecimento, celebrou nossas estrelas e homenageou os grandes da nossa música. Além de tudo, ampliou o espaço da música na imprensa. Na sua primeira edição, que contemplava os melhores do ano anterior, o Prêmio Sharp foi dedicado à obra musical de Vinicius de Moraes, em noite de gala no Teatro do Hotel Nacional. Dorival teve de quebra uma alegria a mais ao ver seu filho Dori eleito o melhor arranjador do ano de 1987.

É bom que se diga que o Conselho não votava. Todo ano eram escolhidos músicos, críticos, pesquisadores, pessoas ligadas profissionalmente à música para fazerem parte do júri. A partir daí, o Sharp passou a ser uma festa anual, sempre com um show com os melhores da música brasileira, apoiada por todos os segmentos da área como músicos, intérpretes, compositores, arranjadores, produtores de disco — profissionais que passaram a ter uma noite especial para confraternizarem em grande estilo.

Outra novidade veio trazer uma grata surpresa ao lar dos Caymmi. Stella e Dorival receberam uma carta endereçada "aos pequerienses ausentes", escrita por Júlio Cezar Vanni, um historiador interessado na imigração italiana que se fixou na região onde nasceu Stella. Pequeri fica encravada na Serra da Mantiqueira, na Zona da Mata mineira, com população em torno de 4 mil habitantes. Marcelino Dias Tostes, irmão do bisavô de Stella, foi um dos fundadores do Arraial São Pedro do Piquiri

— nome original da localidade —, em 1870. Na época, a economia girava em torno das fazendas de café.

A cidadezinha, uma das mais culturais da região, promovia anualmente o Festival de Música de Pequeri (Fempeq), sempre com boas atrações da MPB. Na carta do historiador, Stella foi convidada a visitar a cidade, onde tem parentes, e Caymmi foi chamado para ser homenageado durante o Festival. O padrinho de Stella, Tio Lulu, ainda era vivo, e bem vivo. Pois bem, Tio Lulu e Nemésia, sua mulher, hospedaram o casal em sua casa.

Na sua terceira versão, o festival distribuiu 200 mil cruzados em prêmios e brindou seu público com dois shows, um de Moraes Moreira e outro de Belchior. No ano seguinte, por intermédio de Caymmi — em fase de enamoramento pela pequena cidade —, Elba Ramalho e Dominguinhos participaram do evento. Entretanto havia um fato que entristecia, e muito, o casal. A cidade, que se chamara no passado São Pedro de Pequeri, passou a ser simplesmente Pequeri. "Eu vou pedir de joelhos aí que volte o São Pedro. Pôxa, tiraram o santo dessa terra sagrada!" — re-

Recordações: Caymmi e sua neta Stella trabalham na varanda da casa de Pequeri, na Serra da Mantiqueira, em Minas Gerais — o compositor identifica fotos e personagens para sua biografia.

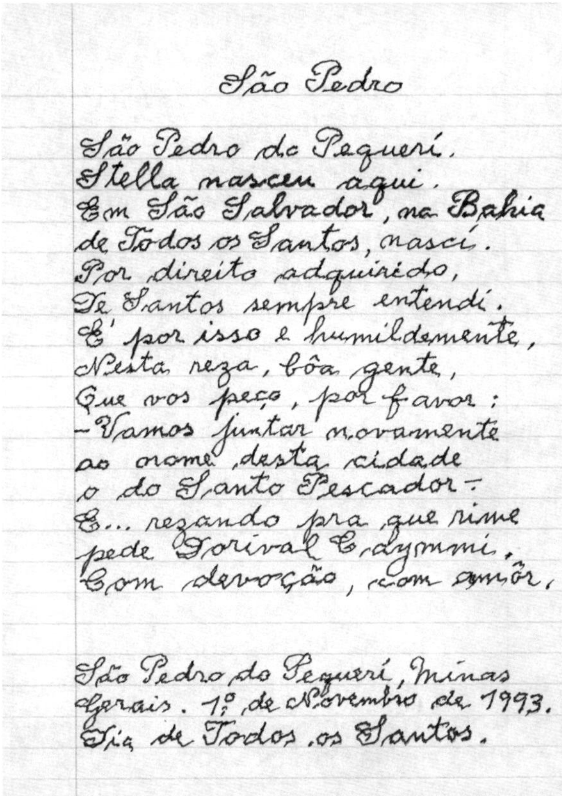
São Pedro

São Pedro do Pequerí.
Stella nasceu aqui.
Em São Salvador, na Bahia
de Todos os Santos, nasci.
Por direito adquirido,
De Santos sempre entendí.
E' por isso e humildemente,
Nesta reza, bôa gente,
Que vos peço, por favor:
- Vamos juntar novamente
ao nome desta cidade
o do Santo Pescador -
E... rezando pra que rime
pede Dorival Caymmi,
Com devoção, com amôr,

São Pedro do Pequerí, Minas
Gerais. 1º de Novembro de 1993.
Dia de Todos os Santos.

"Por direito adquirido/ De santos sempre entendi": bem-humorado, Dorival Caymmi usa o dom da palavra para pedir ao povo de Pequeri que o município retome seu nome original, *São Pedro* do Pequeri — foi nessa cidade que nasceu Stella, sua mulher.

clamou Dorival, indignado. E continua em tom de campanha: "Precisamos sacramentar a terra novamente. Stella foi batizada na Igreja de São Pedro". O baiano até poesia fez, em 1993, para pedir o retorno do santo ao nome da cidade de sua mulher.

Encantaram-se com Pequeri, uma cidadezinha rodeada de montanhas, passarinhos e tranquilidade. Cansados da insegurança da cidade grande, sobretudo para os mais velhos, decidiram construir uma casa na cidadezinha para passarem longas temporadas. Enquanto era construída por Said Salomão, engenheiro que virou amigo, ficaram mais de oito meses vivendo no Hotel Montese, um casarão do século XIX que pertence a Dona Lurdinha, orgulhosa em hospedar o visitante tão ilustre. O arranjo foi perfeito, pois o hotel era próximo da casa em construção e ao lado da casa dos primos de Stella, Desirée, Jair, Denise e Monira. Quem conhece a hospitalidade mineira pode avaliar como o casal estava sendo bem tratado. Puderam reencontrar velhos amigos, entre eles Emil Farhat, escritor e publicitário, pai do jornalista Tárik de Souza, que tinha uma chácara em Bicas, uma cidade próxima. Caymmi conhecera Farhat logo que chegara ao Rio, em 1938, entre os amigos jornalistas frequentadores da Galeria Cruzeiro, no centro. Dividiram lembranças.

O ano de 1989 trouxe ao país muitas esperanças. A população estava exaurida com a alta da inflação. Foi feita uma nova tentativa de reforma no governo Sarney, com a mudança da moeda para Cruzado Novo. Além disso, naquele ano haveria a primeira eleição direta para presidente da República depois do regime militar. Fernando Collor foi o escolhido para inaugurar esse novo período da história política da nação brasileira.

Em 1989, Dorival Caymmi completou 75 anos e foi o homenageado do ano pelo Prêmio Sharp, dedicado à sua obra, em 31 de maio. Dessa vez, a festa aconteceu no Hotel Copacabana Palace. O homenageado foi ao evento envergando, como nos velhos tempos, um elegante *smoking*, acompanhado de Denise e Stella, as duas filhas de Nana. Stella — a avó —, em geral, foge dessas ocasiões, para não se emocionar demais e causar danos ao coração. A alegria na noite foi dupla, pois Nana ganhou o prêmio de melhor cantora do ano de 1988, na categoria MPB. Ela não pôde receber pessoalmente seu troféu, pois estava com espetáculo em São Paulo. Também foram premiados Nelson Gonçalves, como melhor cantor, e Milton Nascimento, pelo melhor disco. "É", de Gonzaguinha, foi eleita a melhor música.

Em 27 de julho, Caymmi se concedeu um duplo deleite em torno de dois nomes de mulher: Fernanda e Adélia. Ele, que raramente sai de casa, a não ser para cumprir sua cada vez mais rara agenda profissional, foi assistir a Fernanda Montenegro — sua atriz amada — em *Dona Doida*, baseada em obra de sua querida Adélia Prado, no Teatro Delfim, no Rio. Outra boa nova foi o afago que Caetano Veloso lhe fez, em seu disco recém-lançado *Cores e Nomes*, gravando "Saudade de Itapoã", do seu mestre. Mas não parou por aí: anos mais tarde Caetano reverenciou-o em "Itapuã" (*Circuladô*, 1991), de sua autoria: "Itapuã, quando tu me faltas, tuas palmas altas mandam um vento a mim, assim: Caymmi".

Stella não imaginava o quanto seu coração era forte. Quando chegaram ao Rio, vindos de uma temporada em Pequeri, em 17 de dezembro, encontraram Dori e Danilo esperando por eles. Era uma situação muito delicada. Meu irmão, João Gilberto, com 23 anos, sofrera um acidente de motocicleta gravíssimo na avenida Niemeyer e estava entre a vida e a morte, na Clínica São Vicente, na Gávea. O jovem estava em coma devido ao traumatismo craniano, além de ter sofrido várias fraturas. Ele comprara a moto contra a vontade da mãe, com o produto do seu trabalho. João fizera uma participação no disco de Nana, em 1987, cantando um antigo sucesso de Cassiano e Paulo Zdanowski, "A Lua e Eu". A partir daí, passou a se apresentar com a mãe em seus shows, sendo bem acolhido pelo público e pela crítica.

João não tinha plano de saúde e as posses de Nana e de seus pais não poderiam pagar os 23 médicos e as despesas hospitalares. Reconhecendo os serviços prestados à cultura brasileira pelo compositor, José Aparecido, ex-ministro da Cultura e na época governador do Distrito Federal, apelou para o presidente José Sarney. O presidente mobilizou a antiga Legião Brasileira de Assistência (LBA), que se encarregou das despesas hospitalares. Os artistas se uniram para fazer vários shows beneficentes para ajudar a cobrir as despesas com a equipe médica. Scala II, People, Teatro João Caetano foram algumas das casas que colocaram à disposição os seus espaços para os shows. Incontáveis foram os amigos que acorreram ao hospital, solidários. Os médicos da equipe dirigida pelo Dr. Pedro Henrique de Paiva foram incansáveis nos seus esforços para salvar a vida do filho de Nana. E uma nova tragédia aconteceu. Pedro Gil, filho de Gilberto Gil e Sandra, um músico com uma carreira brilhante pela frente, sofreu, menos de um mês depois, um acidente de carro na Lagoa, ainda mais grave que o de João Gilberto. Foi um verão triste. Infelizmente, Pedro não sobreviveu. Eu tive a felicidade de ser a primeira a ver meu irmão sair do coma, em fevereiro de 1990. E isso não tem preço.

João voltou para casa em 4 de março. Ainda de cadeira de rodas, mas bem. Além dessa alegria, outra estava a caminho. Dia 17 de março, Stella e Caymmi ganharam mais uma netinha: Alice, filha de Danilo e Simone, nasceu na Clínica São Vicente. No mesmo dia, a família Caymmi e toda a população veem com assombro os efeitos do Plano Collor em suas contas correntes. Zélia Cardoso de Mello anunciou para os brasileiros estupefatos o bloqueio das contas bancárias com saldo acima de 50 mil cruzeiros e a criação de uma nova moeda. Foi um choque.

Dorival e Stella, ao se assegurarem de que o neto passava bem, voltaram a se refugiar em Minas. Nana recusou todas as propostas de trabalho durante o ano de 1990 para cuidar de João. Era mãe 24 horas. Limitava-se a receber em casa os amigo mais íntimos, entre eles Marco Aurélio Braga, engenheiro e letrista, um verdadeiro irmão.

* * *

Tenho certeza de que as 6.500 pessoas que lotaram o Riocentro, na abertura do I Rio Show Festival, em 24 de maio, sentiram-se privilegiadas naquela noite. O festival, organizado pela Maior Prazer Brasil, proporcionou um encontro raro. Jamais Dorival Caymmi e Tom Jobim haviam pisado juntos o mesmo palco, apesar de há quase três décadas terem dividido um disco, pela Elenco, de Aloysio de Oliveira — um clássico da MPB. "Quem sou eu para dirigir Caymmi e Tom Jobim?" — fez questão de dizer Nelson Motta, diretor do festival, que preferiu curtir o espetáculo. Caymmi sempre gosta de dizer que veio ensaiado da Bahia. Tom Jobim foi nas mesmas águas sábias do baiano, o "verdadeiro *mulato inzoneiro*", segundo o *Pasquim*.

Antes do show, ambos trocaram afetos. "A grande beleza da nossa amizade é que ela é esporádica" — comentou risonho Jobim, que disse ser o copista do baiano. Caymmi retrucou: "E eu estou tentando roubar 'Garota de Ipanema'". Não preciso nem dizer que foi um acontecimento. Não sei quem curtiu mais o espetáculo, o público ou os artistas, duas estrelas máximas da nossa música. Os ensaios para passar o som foram em clima de descontração. Tom, ao piano, cantava uma versão impublicável e debochada de "Querida", um fox que foi tema da novela *O Dono do Mundo*, da TV Globo, em meio aos risos gerais. Caymmi demonstrava ter muito fôlego ainda, liberado para cantar pelo acompanhamento seguro do violão de Muri Costa.

Nessa grande noite, juntaram-se a eles no palco Nana, Danilo, Simone e Paulinho Jobim, num espetáculo inesquecível. Presente também a Banda Nova, que sempre acompanhava Tom em suas apresentações. Somente Dori não pôde vir, impedido por compromissos assumidos nos Estados Unidos. Ele havia casado havia pouco com a paulista Helena Ciampolini Leal, produtora de moda.

Danilo abriu o show com "Andança". Em seguida, entraram Dorival, Nana e Simone. Caymmi foi aplaudido de pé demoradamente. O público ouviu do cancioneiro do baiano as belas "Você Já Foi à Bahia?", "Dora", "É Doce Morrer no Mar", entre outras. O momento mais emocionante foi quando Caymmi cantou "... Das Rosas", acompanhado por Tom ao piano. Em "Maracangalha", os dois apareceram envergando dois chapéus de palha. Impossível descrever o que se seguiu. Foi só o amor e admiração que um tem pelo outro, em convergência com a música, e que estenderam para a prole e, por que não, para o público. A noite foi memorável e o público especialíssimo. Na plateia, a nata da MPB. Paulinho da Viola, Caetano, Elba Ramalho, Wagner Tiso, além de atrizes como

Encontro de gerações: Dorival Caymmi, Emilinha Borba, Braguinha e Vadeco (do Bando da Lua) confraternizam com Roberto Carlos, Elba Ramalho, integrantes da Blitz e outros, em festa na Socinpro (Sociedade de Compositores, Intérpretes e Produtores de Disco).

Patrícia Pillar e Beth Mendes, foram conferir aquela apresentação única. Sérgio Cabral estava em êxtase por ouvir "Saia do Caminho", de Custódio Mesquita e Evaldo Rui, com sua "cantora predileta", Nana Caymmi, acompanhada ao piano por Jobim. "Isso dá de dez a zero no Rock in Rio" — repetia, referindo-se ao festival de rock que acontecera em 1985, próximo dali.

Ao longo de nove noites, houve grandes encontros no palco do Riocentro. Uma das noites reuniu Paulinho da Viola, Jorge Benjor e Gilberto Gil. Outra teve Flávio Venturini, Guilherme Arantes e Beto Guedes, entre outros.

O show de Dorival e Tom, considerado histórico pela imprensa, foi repetido em razão de problemas técnicos da gravação ao vivo da estreia — a ideia inicial era lançar os encontros em disco. Melhor para as 8 mil pessoas que lotaram o anfiteatro para ver o encontro mais festejado do evento. Houve momentos inusitados como o do garçom Alexandre Souza, que não resistiu, pulou no palco e sambou o miudinho com Caymmi. Ao final do espetáculo, Caymmi tomou a bênção de Tom Jobim, beijando-lhe a mão. Foi uma apoteose. Segundo se ouviu na plateia, o show exorcizou de vez os fantasmas do atentado à bomba do Riocentro, de triste lembrança, ocorrido em 1981.

Caymmi recebeu nova homenagem. Foi lançado o disco *Paulo Moura e Ociladocê Interpretam Dorival Caymmi*. Houve quem criticasse os arranjos excessivamente jazzísticos das músicas. O crítico de música João Máximo defendeu a simplicidade das canções do mestre e sua "brasilidade que, se tem muito da negritude miscigenada da Bahia, tem muito pouco com a americanidade do jazz". Mas também fez elogios: "Excelente saxofonista e clarinetista, Paulo Moura visita o universo caymmiano com competência e liberdade".

Houve ainda outra homenagem para lá de especial. Gilberto Gil compôs uma canção para Dorival, "Buda Nagô", na qual conseguiu dar uma dimensão especial ao seu temperamento e importância. Sua letra é simples e sintética, como seu mestre faria: "Dorival é um Buda Nagô/ filho da casa real da inspiração/ como príncipe, principiou/ a nova idade da canção". O compositor quis, fazendo um paralelo com a figura do Buda, descrever "a iluminação de um homem comum e a 'desnecessidade' da visão sacralizante de um espaço especialmente ungido para obtê-la". Para ele, Dorival é um Buda mundano, que tem sua carga de renúncias. Gil aproveitou e chamou Nana Caymmi para interpretar com ele "Buda Nagô", num encontro lindo. Em depoimento a Carlos Rennó, Gil explica como nasceu a música:

> "A música, sem a letra — e sem nada pensado para ela —, nasceu em Roma, no hotel, depois de um show da família Marley (mãe, mulher e filhos), do qual eu havia participado. Na volta ao Brasil, eu já sabia que seria para Caymmi. Fui listando experimentalmente: 'Dorival é isto, Dorival é aquilo' etc.; algumas coisas ficaram, outras não. Até que me ocorreu: 'Dorival é ímpar' — e eu me tranquilizei: ali estava um começo, sem dúvida; pois em seguida veio 'Dorival é par' e, de par em par, todo o texto de contrastes."

## 52.
## PLATEIA ESTRANGEIRA

"Vim de longe léguas cantando eu vim"
("Andança", Danilo Caymmi, Edmundo Souto e Paulinho Tapajós)

Com tanta vitalidade demonstrada no palco do Riocentro, Caymmi não pôde escapar — nem resistir! — ao convite do produtor Mazzola para apresentar-se com os filhos, em julho, no 25° Festival Internacional de Jazz de Montreux, na Suíça. Houve quem dissesse que a motivação de Caymmi para aceitar o convite foi o fato de o compositor ser um apaixonado por relógios e canivetes suíços. Não estaria muito longe da verdade. Nem tão perto. Naquele ano, o festival homenageava o músico americano Quincy Jones, que levou os artistas da sua gravadora Qwest Records, entre eles o próprio Dori Caymmi, que lançava na época seu álbum nos EUA *Brasilian Serenata*.

Impedido pela exigência de exclusividade da sua gravadora, Dori, infelizmente, não pôde cantar na apresentação do pai e dos irmãos. Tinha apenas a permissão para acompanhá-los ao violão. Helvius Vilela, piano, Novelli, baixo, e Ricardo Costa, bateria, completavam a banda que os acompanhava. Dorival, Nana e Danilo se apresentaram na noite brasileira do festival, em que cantaram também Milton Nascimento, Dori Caymmi e Chico Buarque. Não foi fácil acalmar as quase 3 mil pessoas que estavam na plateia, com muitos brasileiros presentes, muitas vezes preferindo cantar e dançar do que propriamente ouvir. A noite brasileira beirava a histeria. Mas, pouco a pouco, o público foi sendo embalado pela voz grave de Dorival, com a impactante "Sargaço Mar". No fim da apresentação, o público batia palmas animado ao som de "Maracangalha". O leão estava domado.

Chico, aliás, provocou uma declaração de amor do mestre baiano nos bastidores do festival. Caymmi conta: "Francisco Buarque de Holanda é uma preciosidade de época. Eu me curvei, na Suíça, para pedir um autógrafo. É um talento, de uma criatividade absurda. Ele não bota uma frescura, uma firula falsa. Ele fala numa linguagem da verdade, impregnada de poesia, da popular à mais refinada da nossa língua. Ele é um que diz aquela coisa do trivial de uma família como ninguém disse na canção popular: 'Todo dia ela diz que é pra eu me cuidar, essas coisas que diz toda mulher'. Pronto, pra mim já chegou". Eu estava lá, dou testemunho e dou fé. Chico, autor de "Cotidiano", música citada por Caymmi, comenta: "Ele faz essas coisas para me encabular".

Na Suíça, sem o assédio dos fãs, podia se encontrar o alegre grupo brasileiro, entre chopes e refrigerantes, formado por Dorival, Milton Nascimento, Danilo, Dori, Nana, o jornalista Arthur Xexéo, Ricardo Costa, a autora destas linhas — que desde 1991 fazia parte da equipe de Nana —, além do produtor Alexandre Raine e da empresária Regina Oreiro. O grupo apelidou o bar de *Baixo Montreux*, uma alusão ao Baixo Leblon, templo da boemia nos anos 70 e 80. Era um papo difícil de acontecer no Brasil. Era preciso aproveitar. A apresentação dos Caymmi foi gravada ao vivo e lançada logo depois pela Polygram.

Depois de Montreux, Paris. Foram todos de trem. Contaram com a hospitalidade de Eveline Added, amiga de Dorival. Da sua varanda, Caymmi podia curtir sua preguiça, não precisando sair da poltrona para ver a Torre Eiffel. Reviu a amiga Annick Thébia-Melsan e Paloma Amado, filha de Jorge, que vivia em Paris com o arquiteto Pedro Costa, seu marido, e as filhas Mariana e Cecília. Como boa brasileira, foi para a cozinha e regalou a família Caymmi com um cozido soberbo, sem faltar um ingrediente do acepipe. De lá, telefonaram para Jorge, que conta o episódio e muitos outros no seu maravilhoso livro de memórias *Navegação de cabotagem*.

* * *

Desde 1990, o brasileiro convivia com uma nova moeda. Mais uma. Dessa vez o padrão monetário passou a ser o Cruzeiro. Outra mudança importante para a população brasileira foi o impedimento, pelo Congresso Nacional, do presidente Fernando Collor de Mello. Em seu lugar, assumiu o vice Itamar Franco.

O clã Caymmi — desfalcado de Dori, que tampouco participou do disco com suas músicas — voltou a subir ao palco em 12 de março de 1992, para uma curta temporada de lançamento do disco gravado ao vivo no Festival de Montreux. Dessa vez, a família se apresentou no Imperator, no Méier. Dorival, Danilo e Nana desfilaram para o público 31 músicas do repertório dos três, acompanhados de Luizão Paiva, ao piano, Cláudio Guimarães, na guitarra, Novelli, no baixo, Muri Costa, ao violão, e Ricardo Costa, na bateria. Compondo uma plateia para ninguém botar defeito, estavam Braguinha, Millôr Fernandes, Antônio Callado e Fernando Sabino, entre outros. O disco arrancou muitos elogios da crítica, chegando nas lojas em abril.

Havia boas razões para Dori estar ausente. O filho do meio de Dorival havia sido indicado para o Grammy, o mais importante prêmio de música dos Estados Unidos, na categoria World Music, com o disco *Brasilian Serenata*. No disco, Dori gravou dois sucessos do pai: "Você Já Foi à Bahia?" e "Pescaria (Canoeiro)". Milton Nascimento, com o disco *Txai*, Gipsy Kings, Salif Keita e Mickey Hart também concorriam. Para Dori, estar entre os cinco selecionados, considerando o número de lançamentos anuais despejados no mercado, já era um gol. A cerimônia de premiação havia acontecido em 25 de fevereiro, mas Dori não pôde encaixar em sua agenda — mais concorrida depois da indicação para o prêmio — o show da família no Imperator.

Enquanto isso, outra minissérie baseada em romance de Jorge Amado estava namorando Dorival Caymmi para compor a trilha sonora. Era *Tereza Batista*. Danilo fora incumbido de conseguir que o pai fizesse a composição em tempo hábil. Combinaram que Dorival escreveria a letra e Danilo faria a música a partir dela. "Mas, pai, tem de ser rápido" — explicou aflito. O leitor pode imaginar a cara de Danilo quando o pai candidamente respondeu: "Tá bom, meu filho, vou reler o livro". Ele ficou de cabelo em pé. Não havia tempo. Como se sabe, em televisão os prazos são sempre para ontem. Danilo explicou direitinho para o pai o problema. Caymmi estava no apartamento de Copacabana e seu exemplar do romance estava em Rio das Ostras. Ele não se apertou. É divertida a saída encontrada pelo compositor, com anos de praia:

> "Mas aí procurei na cabeça, dei umas voltas, já com um cartão-postal na mão, e pensei assim: Tereza Batista? O que é que ela fazia mesmo? Essas mulheres do Jorge Amado... Tieta do Agreste, essas mulheres, como é que eu faço? Eu tenho que fazer essa música. O Danilo quer pra amanhã! Então saiu com aquela fórmula, quase que inconsciente: 'Para saber de Tereza, meu bem, pergunte primeiro a mim, tudo que eu sei de Tereza, meu bem, conto tintim por tintim'... [cantando]. Não havia essa música, essa música não é minha. 'Gosto de tudo que é fruta, cheiro de tudo que é flor, mato molhado por fora e por dentro, graça, carinho e amor'... E fui fazendo uma fantasia em cima de Tereza Batista. Como o postal não deu mais, encerrei dizendo: 'Oi, quer sabe de uma coisa?... Para saber de Tereza, só

mesmo o Nosso Senhor'. Saí pela tangente! E entreguei a música pronta, na medida do postal. Escrevi a letra no postal. Aí a fera telefonou e disse assim: 'Como é, já fez? Achou o livro?'. Eu digo: 'Oh!, Danilo, você já acabou de falar? Agora falo eu: está pronta aqui no postal manjado, com aquele retrato velho de seu pai atrás. Quer buscar agora ou quer que eu leve?'. E ele: 'Mentira! Tá pronto?'."

Danilo mal podia crer que fosse mesmo verdade. Foi correndo buscar e começou a compor o samba "Vamos Falar de Tereza". "E, para minha surpresa, não tirou uma palavra, o que é muito normal se fazer" — comenta o pai orgulhoso. Quando Danilo cantou, Dorival se empolgou. "Aí eu comecei a gostar de cara" — comenta e continua:

> "Esse negócio de mulher molhada no capim é lindo! Aquele cheiro de mato. 'Mato molhado por fora, por dentro, graça, carinho e amor... Oi, quer saber de uma coisa? Para dizer com franqueza de um ditado que dizia que beleza não põe mesa, eu não sou o inventor. Para falar de beleza, para saber de Tereza, só mesmo o Nosso Senhor.' Olha, o cara botou a música direitinho dentro da coisa, deu o molho necessário, balançou aquilo, deu um sacolejo e foi me tirar do meu sossego. Me obrigou a sair. Me tirar da toca é difícil. Agora, ele mandou eu sair da toca e ir pra lá: 'Vem aqui pra Laranjeiras ou Cosme Velho. Está tudo armado'. Aquelas horas complicadas: nove horas da manhã. Então eu fui porque o patrão chamou. Aí tinha uns amigos dele e tal, ele de microfone e com a cara fechada. Quando ele cantou, eu fiquei acompanhando. Já aprendi logo tudo ali. Meio-dia e meia estava pronto."

É isso aí. Dorival Caymmi antes da modernidade já era moderno. Tirou de letra e surpreendeu a rapaziada do estúdio. E falou de Tereza Batista, sem nada dizer. Só mesmo Caymmi. Malandro toda a vida. Com *o mato molhado* e tudo o mais, a minissérie estreou em 7 de abril de 1992, adaptada por Vicente Sesso, com a atriz Patrícia França no papel principal. Como bem disse o crítico Antônio Carlos Miguel, Mariozinho Rocha, responsável pela trilha sonora, não quis arriscar e tratou de escalar especialistas. Lançado pela Som Livre, o disco não se limitou a ter Dorival, incluindo ainda Dori Caymmi, com "Aparição" e "Rio Amazo-

Mensageiro: o postal que Dorival Caymmi usava para mandar bilhetes a amigos e familiares. Foi no verso de um desses cartões que o compositor escreveu a letra de "Vamos Falar de Tereza".

nas", Nana interpretando "Deixa Ficar", de Roger Henri e Vera Cordovil, além de Danilo assinando três faixas em parceria com Dudu Falcão: "A Vida Vai Mudar", "Verso de Bolero" e "Pra Ficar no Ponto". Para o produtor, falou em Bahia ele saca da manga a dinastia Caymmi. Quem podia criticar?

Uma segunda versão do Rio Show Festival, dessa vez com uma edição paulista, SP Show Festival, uniu Dorival, Nana, Danilo e Dori a Fagner, em 1º de agosto, no Rio, e a Gilberto Gil, em São Paulo. No show do Rio, Fagner pôde realizar o sonho de trabalhar com Dori. Nana cantou com o amigo "Mucuripe", sua preferida entre as canções do autor, feita em parceria com Belchior. O encerramento do show em São Paulo, no Anhembi, por sua vez, foi emocionante, com todos cantando juntos "Saudade da Bahia".

Caymmi foi bisavô pela segunda vez. Nasceu, em 24 de abril, Carolina Caymmi de Meneses, filha de Denise e Carlos Henrique, em Niterói. O avô e o tio João Gilberto foram os padrinhos e Nana, a avó, madrinha. Festa no clã. Outro acontecimento importante foi a inauguração do ateliê de Dorival, que Stella mandara construir para ele no centro do quintal de sua casa em Pequeri. Foi no dia 19 de julho, às 4 da tarde, com direito a muito guaraná — que Caymmi adora — e bolo. Presentes Desirée, Denise, Marina e Stella avó. O ateliê, rodeado de janelas, uma delas dando para um riozinho, algum tempo depois recebeu um nome oficial: *Arca*. "Mas canta-se muito em torno dessa arca. *Arca* sem Noé, só tem os bichos!" — comenta Dorival. O Noé é você, Caymmi!

Dorival Caymmi largou sua *Arca* para ir à Bahia. Jorge Amado comemorava seus 80 anos, em 10 de agosto, recebendo uma série de homenagens. A mais importante delas — ou melhor, a mais animada — aconteceu no Pelourinho. Em frente à Fundação Casa de Jorge Amado foi colocado um palco por onde passaram Gilberto Gil, Maria Bethânia, Gal Costa, Caetano Veloso, além de Caymmi, Nana, Dori e Danilo, diante da multidão que aplaudia muito. Toda a velha guarda baiana, amiga de Caymmi, estava lá.

No final do ano, Dorival ganhou o Prêmio Cultura, do Ministério da Cultura. Além dele, receberam a homenagem o escritor Dias Gomes e o antropólogo Darcy Ribeiro, entre outros. Como ele não podia se ausentar do Rio de Janeiro para ir a Brasília receber o prêmio, a museóloga Ada Camargo, uma amiga querida, e eu fomos juntas recebê-lo em seu lugar.

* * *

A *Folha de S. Paulo* (6 de janeiro de 1993) publicou uma entrevista com Caymmi com um título polêmico: "O axé music é uma farsa". De fato, em certo momento da entrevista, ao ser perguntado sobre o que pensava do axé music, o compositor disparou: "É uma farsa. Tudo de matéria plástica. Fui eu quem usou a expressão axé pela primeira vez. Tem um sentido religioso profundo. Agora a usam para qualquer coisa". Considerações de valor à parte, Caymmi estava menos chateado com a qualidade da música que com o uso pouco respeitoso do termo religioso, ainda por cima associado a uma palavra em inglês, *music*, com intenção puramente mercadológica. Para ele, foi uma profanação. Não preciso dizer que a declaração caiu feito uma bomba na Bahia. E quem se atreveria a contradizer as palavras do mestre, do alto dos seus 78 anos de idade?

Mas ele tinha ainda um argumento forte: "Se fizessem a 'amém music', não teria lógica". Jairo Severiano nos socorre com a definição de axé music: "É o resultado do encontro das músicas dos blocos de trio elétrico com as dos blocos afros de Salvador".

Caymmi não calculou o efeito de suas palavras — e quem pode? Percebeu tarde demais pela avalanche de jornalistas atrás de mais declarações polêmicas. Sua crítica no contexto da entrevista se referia ao termo usado, não à música. Mas se alguém lhe perguntar sua opinião sobre axé music, a música, ele não se fará de rogado. Não considera o gênero música baiana autêntica, mas música caribenha adaptada aos trios elétricos e suas guitarras. Como polêmica não é sua praia, Caymmi se voltou para um acontecimento mais encantador e não deu tanta importância ao fato. Ele e Stella casaram mais uma neta. Daquela vez era Juliana, filha de Danilo e Ana Terra, quem subia ao altar da Igreja Presbiteriana, com Ivan Farias — que, por uma dessas coincidências da vida, é um dos herdeiros da loja A Guitarra de Prata, no centro do Rio, onde Caymmi costumava comprar seus violões —, em 6 de fevereiro.

Em seguida, Dorival, Danilo e Nana viajaram para uma turnê em Portugal, onde o baiano não pisava fazia 36 anos. Eu participei da turnê, como assistente de produção. Os shows aconteceram no Teatro Coliseu, na cidade do Porto, no dia 19, e no Teatro São Luís, em Lisboa, em 26 e 27 de fevereiro. A produção era da Propalco, do lado português, e da MPB, do lado brasileiro. No palco, os músicos eram praticamente os mesmos que vinham acompanhando os shows da família. Apenas Luiz Alves substituíra Novelli no contrabaixo e Daniel Jobim, neto de Tom, acompanhava Danilo ao piano. Na plateia, o presidente Mário Soares e senhora, o famoso comediante Raul Solnado, entre muitas personalidades portuguesas importantes que foram assistir ao espetáculo. A imprensa foi calorosa com os artistas e elogiou muito a apresentação. O evento foi possível graças ao patrocínio da Embratur e ao empenho do embaixador José Aparecido, que recepcionou o grupo todo o tempo. Tenho boas recordações de José Zambujal e de Reinaldo Delgado, da Propalco, que tudo fizeram para que nos sentíssemos em casa. Caymmi saboreou cada momento passado em terras lusas.

Majestade: Caymmi no palco do Teatro São Luís, em Lisboa, em 1993, com Muri Costa ao violão — na plateia, o presidente Mário Soares.

## 53.
## JANGADAS EM PERIGO

> "Contra fel, moléstia, crime/ use Dorival Caymmi"
> ("Paratodos", Chico Buarque de Holanda)

Na volta ao Brasil, boas novas. Para os fãs de Dorival Caymmi, que já encontravam dificuldade em achar agulhas de vitrola para ouvir os LPs do compositor, ou ainda aqueles cujos discos já estavam arranhados de tanto tocar, fora seus novos fãs que buscavam em vão seus discos mais antigos, as notícias naquele ano foram alvissareiras. A EMI lançou, em maio, na série 2 em 1, *Caymmi e Seu Violão* e *Eu Não Tenho Onde Morar*, de 1959 e 1960, respectivamente. Na época, o *JB* publicou: "A prova dos noves da modernidade deste baiano está condensada na série 2 em 1, que em apenas três semanas já vendeu 2.500 cópias". Para uma coletânea, era um número muito bom.

Mas os fãs de Caymmi ainda tiveram novas surpresas em maio. O antropólogo Antonio Risério publicou o livro *Caymmi: uma utopia de lugar*, na série Debates, da Editora Perspectiva, com patrocínio da Copene. O livro trazia ainda o ensaio "Escrita sobre *O Mar*", uma análise de Risério, em parceria com o músico Tuzé de Abreu, da canção "O Mar". A partir da ideia de que Caymmi "se planta num microcosmo pré-industrial", sem deixar de ser moderno, o autor demonstrou que a Bahia de Caymmi é uma Bahia idealizada, sem "estetizar mundos insólitos". Ao contrário. Para Risério, sua obra "fala de realidades familiares", com uma poesia em que coexistem o arcaico e o moderno.

Na sua análise, o antropólogo talvez devesse ter desconfiado que Dorival Caymmi não fizera as divisões de sua obra como está no *Cancioneiro da Bahia* — em praieiras, sobre motivos folclóricos etc. — nem tampouco escrevera os comentários que acompanhavam as canções ali reunidas. É claro que o compositor participou ativamente da edição do livro com suas músicas, mas nesses dois aspectos o dedo foi mesmo de Jorge Amado. Assim, algumas conclusões de Risério carecem de fundamento, apesar de o autor não poder ser responsabilizado por isso. Por outro lado, acertou em cheio ao descrever Caymmi como "avesso da pungência, do melodramático, da retórica rebarbativa". Observou com agu-

Colhendo frutos: em homenagem na sede da SBAT, promovida por Daniel Rocha em 27 de setembro de 1993, Caymmi posa ao lado do quadro de Dimitri Ismailovitch, de 1939, em que é retratado (embaixo à esquerda, na obra) junto de Joracy Camargo, Procópio Ferreira, Catulo da Paixão Cearense, Gastão Pereira da Silva e Silvio Peixoto.

deza que "'malandro' e 'otário' inexistem no vocabulário caymmiano". E concluiu: "Caymmi contraria a ideologia da malandragem" sem cair no "conto estadonovista da celebração do trabalho". E fez um gol de placa ao comparar a descrição da Bahia de Caymmi com a de Ary Barroso: "Ary, à maneira do Denis Brean de 'Bahia com H', ou do Herivelto Martins de 'A Bahia Te Espera', fala do ponto de vista de quem visita a Bahia. Caymmi, ao contrário, é um emissor de mensagens baianas".

Mas houve quem criticasse a abordagem de Antonio Risério. Entre os que o fizeram, está o jornalista e crítico de música Luís Antônio Giron — considerado por Caymmi entre os que mais entenderam sua música. Na opinião de Giron, "o livro incorre em dois pecadilhos: o narcisismo baiano e a teoria da poesia concreta". E resumiu seu pensamento no título do seu artigo para a *Folha de S. Paulo* (12/4/1993): "O ensaio peca pelo *baianocentrismo*".

Feliz com o estudo de Risério, Caymmi fez questão de prestigiar o conterrâneo e compareceu ao lançamento, com a família, na Livraria Marcabru, no Rio de Janeiro. O evento contou com três excelentes músicos tocando sucessos do compositor: Cláudio Guimarães, guitarra, Raul Mascarenhas, saxofone, e Ricardo do Canto, baixo.

Em junho, o ator Joel Barcelos levou Dorival Caymmi à Praça 15, no Rio de Janeiro, para receber a jangada que chegaria do Ceará. Não era uma jangada qualquer, nem uma viagem de passeio. Era uma jangada em uma viagem-denúncia sobre os problemas da pesca artesanal. A ida de Caymmi surpreendeu a esposa, que havia afirmado, no ano anterior, em entrevista à revista *Veja*, para ninguém ter dúvida: "O mundo pode acabar que Dorival não sai de casa". E nem foi preciso tanto, a simples ameaça ao trabalho do pescador de jangada, um dos seus mais caros personagens, fez o compositor das canções praieiras sair de casa com espírito cívico. Ele se juntou às mais de duzentas pessoas que foram recepcionar o jangadeiro.

No final do ano, a TV Bandeirantes realizou um especial sobre Chico Buarque, dirigido por Roberto de Oliveira, e presenteou o público com um encontro do compositor de "A Banda" com o compositor de "O Mar". Foi um momento feliz da TV e da música brasileira. Ambos de calça branca e camisa com listas brancas e vermelhas horizontais, à marinheira, muito à vontade num cenário puxado à Bahia, na praia do Vidigal, colada ao Leblon, com direito a coqueiro, um banquinho, um violão, e o oceano como fundo. Chico e Caymmi cantaram juntos as canções do baiano "Maricotinha" e "A Vizinha do Lado". Nesta última, alteraram a letra, dizendo, no lugar de *vizinho*, ora *Caymmi*, quando era Chico quem cantava, ora *Chiquinho*, quando cantava Caymmi ("A vizinha quando passa/ que não liga pra ninguém/ todo mundo fica louco/ e o seu vizinho também"). Uma diversão só. O especial foi ao ar, no dia 24 de dezembro, às 21h30. Um belo e brasileiro presente de Natal.

* * *

Paulinho Jobim foi buscar Dorival Caymmi em casa para levá-lo ao estúdio na rua Maria Angélica, para uma tarefa especial. Tom o esperava. Era 23 de fevereiro de 1994. Um verão tórrido, que o forte ar-condicionado não deixava sentir. No estúdio estava acontecendo a gravação

Paratodos: na praia do Vidigal, no Rio, Caymmi participa das gravações do especial de Chico Buarque para a TV Bandeirantes, em 1993.

de *Antônio Brasileiro*, novo CD de Jobim, pela Globo/Columbia. Tom e Caymmi, que não gravavam desde 1964, cantaram juntos "Maricotinha", samba inédito em disco do baiano. Tom ainda gravou, com a Banda Nova, "Maracangalha", num arranjo de Mário Adnet. O disco recebeu o título *Antônio Brasileiro* numa assimilação espontânea de uma homenagem que Chico Buarque de Holanda fez a ele em "Paratodos": "Meu maestro soberano é Antônio Brasileiro!", optando por chamá-lo assim, em vez do consagrado Tom Jobim, já que o maestro se chama Antônio Carlos Brasileiro de Almeida Jobim. Mas não foi só Tom o homenageado. Chico quis reverenciar, em "Paratodos", a melhor linhagem da música brasileira. E entre os agraciados estava Dorival Caymmi. A receita de Chico é simples: "Contra fel, moléstia, crime, use Dorival Caymmi". Ele mesmo explica por quê: "Caymmi faz bem, é um antídoto para tudo isso. Dorival Caymmi, o grande antídoto para as mazelas, para essas coisas que a gente vê quando abre o jornal. O Brasil é Dorival Caymmi. 'Paratodos' foi uma música que eu escrevi com muito orgulho de pertencer a essa família da música". Chico fazia 50 anos — ele é de 1944

— e resolveu comemorar criando esse panteão de grandes influências, entre elas Tom Jobim, Jackson do Pandeiro e Dorival Caymmi. Chico completa:

> "É difícil até inserir Caymmi na MPB. Ele está num escaninho à parte. É difícil classificar. Imagino o impacto que ele deva ter causado quando chegou ao Rio. Ele fazia coisas que ninguém fazia. Não vejo de onde aquilo vem. Mais ou menos o que Noel fez com a letra, ele fez com a música. A forma como estão juntas a música e a letra. A sabedoria da canção. Você encontra um caminho para chegar em Noel. Você não encontra caminho para chegar em Caymmi. Ele é um autor inaugural. A música dele, e como ele casa música e letra, com tanta maestria, é sem igual na MPB."

Em fevereiro, Stella acompanhou Caymmi a Conservatória, no interior do Rio de Janeiro, onde receberia uma singela homenagem dos seresteiros da cidade, através do amigo e joalheiro Armando Príncipe. Príncipe foi o responsável pela ida de Stella ao evento, fato raro de acontecer. Stella temia se emocionar. O coração podia não aguentar. O costume em Conservatória é dar nome de serestas às casas dos seus moradores e a outras construções. Grupos de seresteiros passeiam pela cidade, parando em frente às casas, cantando as músicas que cada uma homenageia, atraindo turistas para a região. É muito romântico. Duas canções de Caymmi, "Beijos pela Noite" — parceria com Jorge Amado e Carlos Lacerda — e "Canção Antiga", foram homenageadas pelo Hotel Rochedo, ganhando placas comemorativas em suas instalações. Caymmi cantou em frente ao hotel, enquanto descerravam as placas. Depois a seresta entrou noite adentro. Stella e Dorival voltaram no tempo.

Uma nova geração do clã dos Caymmi despontava. No show da mãe, Ana Terra, Juliana Caymmi estreou como cantora no Rio Jazz Club, no Hotel Méridien, no Leme. Os avós estavam na plateia corujando a neta. Ainda acompanharam a premiação do Sharp, quando Nana foi eleita melhor cantora e Dori melhor arranjador de 1993. A casa de Dona Stella estava em festa. Mas a festa estava apenas começando.

Figura de proa: o *Jornal do Brasil* reuniu um time de primeira para entrevistar Caymmi para um caderno especial dedicado ao compositor — Tom Jobim, Sérgio Cabral, João Ubaldo Ribeiro, José Lewgoy, Almir Chediak, Albino Pinheiro, Jaguar, Alceu Valença, Stella Caymmi e Ivo Meireles.

## 54.
## FESTEJOS DE REI

"Com o perdão da palavra,/ quero cair na vida"
("Terra de Santa Cruz", Adélia Prado)

Caymmi completava 80 anos. Dessa vez, a data foi comemorada no Rio de Janeiro, e não faltaram festas e homenagens ao baiano. Desde o ano anterior muitas surpresas estavam sendo preparadas para os fãs e admiradores de Caymmi. A maior delas, sem dúvida alguma, foi organizada por Almir Chediak, através da sua editora e gravadora Lumiar. Caymmi teve sua obra editada em *songbook*, em livro e em CD. O livro foi publicado em dois volumes, com textos de Sérgio Cabral e Tárik de Souza, uma saborosa entrevista que o baiano concedeu ao próprio Chediak, além do prefácio inspirador de Tom Jobim, com início *à la* "Águas de Março":

> "Dorival é gênio universal.
> É universal, é gênio baiano, é carioca, é pedra noventa, é pedra sem jaça, canção praieira, é gênio do Brasil e do mundo..."

Chediak encontrou-se dezenas de vezes com Caymmi para que o trabalho fosse feito sem preguiça alguma. Não queria cansar demais o compositor. Mas o velho baiano surpreendeu. Chegou a viajar com o violonista e editor para buscar o material iconográfico que estava guardado, na época, em Rio das Ostras, no *Ateliê 88*. "Chediak é um sonhador prático e gosta de transformar sonho em realidade" — elogia Caymmi. No *songbook* estão as partituras e letras de 99 músicas conhecidas do baiano. O leitor certamente achará a obra pequena. Eu diria que é uma obra enxuta, com 99 obras-primas — o leitor sabe agora que esse número cresceu com este livro, mas à época eram 99 as canções conhecidas do autor. Tenho uma teoria para explicar o fato. Estou convicta de que Caymmi optou por viver mais e criar menos. Ou melhor, viver mais que criar. Ele é um homem sensual, no sentido pleno, de quem deseja absorver tudo pelos sentidos, sem perder nenhuma fração do que a vida pode lhe dar.

E, de fato — quem me acompanhou nesta *viagem* até aqui pode notar —, ele não abriu mão de nada. Se sua criação é fruto da contemplação, também é da vivência das coisas, da sua gente, da sua terra, do seu redor. Caymmi viveu intensamente.

A maior parte das canções contidas naqueles volumes foram gravadas em quatro CDs por mais de sessenta cantores e compositores da MPB. Além de seus filhos, nomes como Tom Jobim, Chico Buarque, Hermeto Pascoal, João Bosco, Edu Lobo, Ney Matogrosso, Emílio Santiago, Claudio Nucci, Fátima Guedes, Peri Ribeiro, Beth Carvalho, Quarteto em Cy, Cristóvão Bastos, Ivan Lins, Tim Maia, Jane Duboc, Cássia Eller, entre muitos outros, interpretaram as canções do mestre. O que não o impediu de declarar aos jornais — sem cerimônia e sem vaidade — que preferia ele próprio interpretando suas canções. "O cantor deve conservar o que o autor fez, o andamento, o ritmo, o como dizer a letra, cantar a melodia" — explica o compositor. Outra crítica que costuma fazer — a propósito dos discos de uma maneira geral — é na verdade uma grande dica de quem sabe das coisas: "Os cantores, buscando o próprio conforto, insistem em cantar todas as músicas no mesmo tom. Tem de variar. Senão o disco fica parecendo disco de uma música só. Chato".

É natural que os artistas tenham necessidade de criar novas versões das canções, principalmente as mais antigas. Não raro, novos arranjos e novas interpretações tornam uma regravação melhor que a original. Mas também é verdade que um *songbook*, em disco e em livro, deveria ser um documento fidedigno da obra do compositor retratado. Infelizmente, não foi o que aconteceu com os discos. Se daqui a cem anos alguém quiser se inteirar da obra de Caymmi ouvindo as gravações do *songbook*, em algumas músicas terá uma impressão equivocada. Uma pena. Nesse caso será melhor recorrer às reedições de LPs do próprio Caymmi. O que não é tão complicado depois do lançamento pela EMI, em dezembro de 2000, de uma caixa com sete CDs, contendo doze LPs originais do artista, além de um CD com outros intérpretes, organizada pelo pesquisador e produtor Carlos Sion, chamada *Caymmi Amor e Mar*. O título é do próprio Caymmi, que por conta da distribuição da caixa no mercado norte-americano recebeu uma crítica do *New York Times*, extremamente elogiosa, ressaltando a importância do compositor na música brasileira. Mas estou me adiantando.

O autor de "Marina" estava muito contente com os *songbooks* e aceitou sem pestanejar o convite de Chediak para interpretar "Tu" no CD lançado com o *songbook* de Ary Barroso, feito ainda naquele ano.

Quando perguntei por que ele havia escolhido "Tu", ele me respondeu: "Porque é uma canção de que eu gosto. Eu gosto de 'Tu' desde que ela saiu. Eu ouvi pelo rádio. Isso na Bahia dos anos 30". Sobre a gravação ele comenta: "Tem um lugar que eu adianto um pouco e não gostei do que fiz, mas deixei". O violonista que o acompanhou foi Maurício Carrilho. Também compositor e arranjador, Carrilho foi integrante da Camerata Carioca, junto com Radamés Gnattali e Joel do Nascimento, e tocou com importantes nomes da música popular brasileira. Caymmi ainda escreveu o prefácio para o *songbook* com as partituras das composições de Ary Barroso.

O lançamento dos CDs com as obras do baiano foi no Jazzmania, em 20 de dezembro de 1993, e o dos *songbooks* no People, em 25 de abril de 1994, em meio a familiares, amigos e artistas. As duas casas noturnas eram muito badaladas na época. Empolgado com o projeto, Caymmi fez a convocação para a festa de próprio punho no convite do People: "Não aceito desculpas; conto com você no lançamento deste *songbook*. Você vai gostar. Vamos nessa?". A maioria não titubeou e atendeu à convocação do mestre. E não se arrependeu. Braguinha, Caetano, Sivuca, Zé Ramalho, Beth Carvalho, Claudio Nucci, Sérgio Ricardo, Baby do Brasil, Moraes Moreira, Jards Macalé, Selma Reis, Zélia Duncan, Os Cariocas, Hélio Delmiro, foram prestigiar o artista. Foi ainda a última vez que Caymmi viu Aloysio de Oliveira, antes do falecimento do produtor — uma amizade que começara havia 56 anos, o mesmo tempo de carreira do compositor baiano. Foi uma noite de belos encontros.

No espaço reduzido do People, os convidados se acotovelavam para ver e aplaudir o compositor. Foram várias as canjas, comandadas pelo produtor Almir Chediak. A mais emocionante, porém, foi a que reuniu Dorival, Stella e Nana Caymmi cantando juntos "Acalanto" e "João Valentão", numa oportunidade única. Caetano não emocionou menos a plateia quando junto com Dorival, inspirado e feliz como nunca, cantou "Saudade da Bahia", "Saudade de Itapoã" e "Acontece Que Eu Sou Baiano". Tímido, Caetano se desculpou pelo violão irregular. "Fico envergonhadíssimo" — disse o baiano. Um fã mais arrojado gritou: "Tudo é festa, Caetano". E foi mesmo.

O *Jornal do Brasil* reuniu um time de primeira no Hotel Sofitel Rio Palace, na avenida Atlântica, para entrevistar Dorival Caymmi para um caderno especialmente dedicado ao compositor. Tom Jobim, Albino Pinheiro, Sérgio Cabral, José Lewgoy, João Ubaldo, Jaguar, Alceu Valença, Almir Chediak, Ivo Meireles, capitaneados pelos jornalistas Tárik de

Souza e Edmundo Barreiros, transformaram a entrevista em um bate-papo memorável. João Ubaldo não resistiu e entregou a falta de intimidade do amigo com o mar: "Você não é homem de pescaria, de navegação. Não sabe nadar". Caymmi confessou sem receio, em meio aos risos dos amigos: "Sou uma pedra. Pescar também não sei. Mas isso não me preocupa. Para a vida ficar mais bonita, você tem é que achar coisas do mar até fora do mar. Isto é que importa".

Outro grande encontro, também organizado pelo *JB*, reuniu Caymmi, Gil e Caetano, no Copacabana Palace, no fim de tarde de 13 de abril. À beira da piscina, recostados apropriadamente em espreguiçadeiras, o papo não podia ser mais baiano: "Com ele tive meu primeiro encontro com uma música que era o retrato de uma cidade. Antes ela era uma coisa abstrata, etérea, e essa visceralidade, quem me trouxe foi a música de Caymmi" — revelou Gil. Curioso por saber se Caymmi passara pelas mesmas dificuldades que ele no Rio, Caetano perguntou: "Já tinha aquela história de que baiano só é homem até o meio-dia?". Em meio aos risos provocados pelo comentário, o velho baiano contou: "Isso já tinha

Conversa memorável: Caymmi e Tom Jobim no Rio Palace, durante a entrevista para o *Jornal do Brasil*, em 1994 — a matéria era uma homenagem aos 80 anos do compositor baiano.

Trio elétrico: Caymmi, Caetano e Gil no Copacabana Palace, no Rio — a alegria de um encontro marcado por lembranças da Bahia.

lá na Bahia mesmo. Não sei quem inventou". A *Folha de S. Paulo* também dedicou ao baiano seu caderno *Mais!* de 17 de abril. Nele, Luís Antônio Giron, num artigo sobre a obra do compositor, explicou: "A harmonia ambígua, a melodia delicada com aparência de improviso, os ritmos elásticos, todos esses elementos se integraram à sua prática musical. Ele consolidou a linha evolutiva e a linha de produção da MPB. Sem Caymmi, ela teria seguido outro curso. Sabe-se lá qual". Não podia estar mais certo. Com a palavra, Dorival Caymmi: "Sempre procurei trazer para a minha música os ruídos da Bahia. Por isso, meu violão tem toque de berimbau e escapa dos acordes perfeitos, quadrados. Meus dedos procuram um som harmônico diferente, esquisito".

É interessante observar que, ao tornar sua terra e seus costumes um tema recorrente em sua obra, Caymmi criou (sem intenção de ganhar o mercado) uma vinculação entre as duas, a cidade e a obra. Baiano que é baiano, ao menos os que gostam de música, conhece as músicas de Dorival. Ele está ligado visceralmente à sua terra e não houve quem a can-

Pausa para um lanche: Caymmi na festa da boate People, parte das comemorações dos seus 80 anos, que reuniu artistas, parentes e amigos, entre eles o amigo do peito Marcelo Machado.

tasse, em música e letra, com mais propriedade do que ele, e isto está na memória do povo. Quando se canta a Bahia, acaba-se cantando Caymmi.

Na época, querendo também homenagear meu avô e já tendo iniciado desde 1991 minhas pesquisas para este livro, fiz uma palestra sobre ele no Celtec — o braço tecnológico do Centro Educacional da Lagoa (CEL) —, apoiada por Júlio Lopes, diretor-presidente, e Laura Coutinho, diretora de tecnologia. Ambos colocaram à minha disposição a equipe técnica da empresa. Em duas semanas, fizemos um multimídia, uma novidade na época, de dez minutos, sobre Caymmi. Gilberto Gil atendeu carinhosamente ao meu pedido para fazer a locução do multimídia e tivemos uma noite de muita alegria para mais de quinhentas pessoas que compareceram ao evento, na Lagoa.

Sem tanto alarde, uma preciosidade foi lançada no mercado pela Polygram. A gravação ao vivo do show de Caymmi, em 1979, no Teatro Castro Alves, foi remasterizada em CD. Mais uma homenagem em CD foi lançada pela Columbia, produzido por Danilo Caymmi e Regina Oreiro. No disco, cantaram Tom Jobim, Caetano, Gil, Adriana Calcanhotto, Elba Ramalho, Maria Bethânia, Rita Lee, Daniela Mercury, Djavan, Gal Costa, além do próprio Danilo em dueto com a mulher, Simone Caymmi, lançando a inédita "Beijos pela Noite", parceria de Caymmi com Jorge Amado e Carlos Lacerda. Um elenco para ninguém botar defeito. Oficialmente, a Empresa de Correios e Telégrafos (ECT) comemorou o aniversário do compositor lançando um selo celebrando a canção "O Mar" — escolhida por Caymmi, a pedido da empresa, como a mais representativa da sua obra —, já que não pode figurar em selo nenhuma homenagem a pessoa viva. Para fechar as comemorações de aniversário, no dia 30 de abril, ele teve uma festa na boate People, reunindo ali familiares, amigos — entre eles Marcelo Machado — e artistas queridos, como Caetano, Ronaldo Bastos, Emílio Santiago e até a cantora Dionne Warwick, que estava de passagem pelo Brasil. A TV Globo dedicou ao baiano o musical *Som Brasil*, dirigido por Roberto Talma e gravado ao vivo em Belo Horizonte.

Não posso deixar de mencionar a homenagem que a cidade natal de Stella prestou a Dorival Caymmi. Ele foi tema do samba-enredo da Agora Vai, a pequena escola de samba de Pequeri, no carnaval de 1994. Com o título "Caymmi e Stella — de Salvador a Pequeri", a música foi composta por Dayse, Helena e Raulzinho. Na escola desfilaram Simone, Danilo, Denise, Carlos Henrique, João Gilberto, Cristiane e toda a parentada de Stella, eu inclusive. Lá o carnaval conserva o sabor e a inocência de outrora. Caymmi e Stella, no palanque, emocionaram-se com o carinho da cidade.

Em meio às festas em torno do compositor de "Modinha de Gabriela", outra festa arrebatava a nação. A seleção brasileira vencia mais uma Copa do Mundo, nos Estados Unidos, levando os brasileiros ao delírio. Ainda bem. Em julho, outro sacolejo na população. Mais um plano econômico, o Plano Real, de autoria da equipe do ministro da Fazenda, Fernando Henrique Cardoso, foi lançado. Um real, nova moeda brasileira, passou a valer um dólar. O sucesso do Plano Real levou o candidato Fernando Henrique Cardoso a ser eleito presidente da República, em primeiro turno, naquele ano.

Não deixavam Caymmi descansar. Tiraram o baiano de casa para que a privilegiada plateia carioca assistisse, no Metropolitan, na Barra, ao seu show, em curtíssima temporada, de 22 a 25 de setembro, com os filhos e grande orquestra, regida pelo maestro Chiquinho de Moraes, com

Caymmi 80 anos: temporada da família Caymmi no Metropolitan, no Rio de Janeiro — Dorival, sua bisneta Marina, Stella, Nana, o maestro Chiquinho de Moraes e orquestra.

apresentação de Miele. Dori Caymmi contava empolgado ao pai a indicação para o Grammy do solo de Herbie Hancock, um dos maiores pianistas de jazz da atualidade, em "Aquarela do Brasil". A faixa estava em *Kicking Cans* (*Chutando Lata*), CD de Dori gravado nos Estados Unidos, pela Qwest Records, no ano anterior. Mostrou ainda sua versão para "Sargaço Mar" no seu novo CD, *If Ever*, pela mesma companhia. A curta temporada correu festiva. No último dia, com a plateia repleta de amigos, Stella, netos e bisnetas se uniram ao pai e filhos para cantar os parabéns e cortar o bolo com oitenta velinhas. Dorival ganhou ainda um especial da TV Bandeirantes. Com menos estardalhaço, recebeu da Marinha a Medalha Mérito Tamandaré, em dezembro, no Comando do 1º Distrito Naval. Caymmi praticamente aniversariou o ano inteiro. Nem rei festeja tanto um aniversário.

Ainda testemunhei a emoção do meu avô ao assistir, no Teatro Delfim, no Humaitá, a um show das crianças flautistas da Pró-Arte, interpretando apenas obras suas, incluindo um cenário baiano, canto e dança. Não faltou nada. As responsáveis pela direção musical do espetáculo foram as professoras Claudia Ernest Dias e Tina Pereira, que a cada ano trabalham um compositor importante da nossa música com as crianças. *Roda Pião* é o título do filme, dirigido por Tetê Amarante, que registrou o espetáculo, e contém o depoimento de Caymmi. O compositor fez questão de prestigiar o evento para incentivar as crianças. Ele sabe que iniciativas como essa permitem a sobrevivência da verdadeira música popular brasileira, que devia fazer parte do currículo escolar. Era o sonho do grande Villa-Lobos!

Em dezembro, uma notícia terrível abalou Dorival Caymmi e entristeceu todo o país. No dia de Nossa Senhora da Conceição, dia 8, morreu Tom Jobim, em Nova York, para onde tinha viajado para tratar de um tumor na bexiga. O baiano não teve condições emocionais de comparecer nem ao velório, nem ao enterro. Foi representado por Nana e Danilo, ambos inconsoláveis. Dori chorou sentidamente em Los Angeles. Era uma perda inestimável. "Não me dou nem o direito de sentir saudades, porque guardo a fantasia de que Tom não morreu" — Dorival declarou com simplicidade. Não que isso significasse uma fuga, era apenas uma atitude espontânea do baiano de encarar a saída de cena do amigo e companheiro de tantas lembranças. "A nossa relação era um caso de amor" — acrescenta. Na sua memória Tom está até hoje mais vivo do que nunca, e, para Caymmi, é o que importa. "Tom não faleceu, está aqui entre nós" — garante o compositor. Chegou a sonhar com o amigo algumas vezes. Antes de viajar para fazer o tratamento em Nova York, Tom ligou para Caymmi para pedir sua bênção. No fim da conversa, Tom citou um trecho de "Promessa de Pescador": "Tome conta de meu filho que eu também já fui do mar". E viajou.

Descanso: após as intensas comemorações dos seus 80 anos, Caymmi vive um momento de paz em seu apartamento de Copacabana.

## 55.
## TODO O TEMPO DO MUNDO

> "O pescador tem dois amor/ Um bem na terra, um bem no mar"
> ("O Bem do Mar", Dorival Caymmi)

Os anos seguintes foram de calmaria, o que para Dorival Caymmi é como o paraíso terrestre. Tirando alguns raros compromissos profissionais que decidia aceitar para não perder o hábito, ele alternava sua vida com Stella entre o Rio de Janeiro e Pequeri. Uma dessas exceções aconteceu em agosto de 1995, quando foi à Bahia apresentar-se com os filhos no Teatro Castro Alves, para dois shows fechados em comemoração aos 50 anos das Organizações Odebrecht. Dorival, Nana, Dori e Danilo dividiram o palco com a cantora Daniela Mercury e a banda-mirim do Ilê Ayê, num show que foi considerado pela imprensa como um armistício do compositor com a nova música baiana. No final do espetáculo todos cantaram juntos a "Oração de Mãe Menininha". Na plateia, seus irmãos inseparáveis Jorge Amado e Carybé, com suas famílias, que invadiram o camarim para cumprimentar o compositor e todo o clã. A confraternização prosseguiu no restaurante Casa da Gamboa. Uma festa. Caymmi recebeu ainda, em cerimônia na Prefeitura de Salvador, das mãos da prefeita Lídice da Mata, a Medalha 2 de Julho, na presença de Carybé, Jorge Amado, Zélia Gattai, Stella de Oxóssi, além dos seus filhos e netos que o acompanharam à Bahia.

Falando em clã, em 19 de agosto a família ganhou mais um membro. Nasceu Dora Caymmi Farias, a terceira bisneta de Dorival, filha de Juliana e Ivan. A neta de Danilo nasceu com os olhos da cor do mar de Itapuã, de um azul cristalino.

Ainda em 1995, Simone Caymmi gravou o CD *Simplesmente Caymmi*, pela CID, em que interpretou suas canções preferidas de Dorival, Dori e seu marido, Danilo. O disco foi produzido por Roberto Menescal e teve arranjos de Luis Avellar. "Eu resolvi dar um enfoque jobiniano a essas canções, já que minha formação musical vem do período em que integrei a Banda Nova, que acompanhou Tom por dez anos" — explica Simone. Entre as canções que gravou do sogro estão "O Bem do Mar", "Nem Eu" e "Marina".

Irmandade: os três grandes amigos Carybé, Caymmi e Jorge Amado comemoram a Medalha 2 de Julho, recebida pelo compositor das mãos da prefeita de Salvador, Lídice da Mata, em 1995.

Numa oportunidade rara, Caymmi pisou o palco do Canecão, no Rio, e do Palace, em São Paulo, para participar das duas noites dedicadas a Dori no Heineken Concerts, em 11 e 13 de abril de 1996, respectivamente, numa produção de Alexandre Raine. A ele se juntaram Gal Costa, o contrabaixista americano Abraham Laboriel e Josee Koning, cantora holandesa para quem Dori produziu o CD *Tribute to Antônio Carlos Jobim*. Caymmi roubou o show. Vestido com uma camisa florida em estilo praiano, e mesmo sem a voz de antigamente, deu o seu recado com competência, talento, chegando a ensaiar com picardia alguns passos de samba com Gal. Nana Caymmi, presente na plateia, brindou o público com uma bela canja. Os músicos não podiam ser melhores: Teco Cardoso, sopros, Ricardo Silveira, guitarra, Cristóvão Bastos, piano, Claudio Slon, bateria, além de Muri Costa, no violão, acompanhando Dorival, que estava com a corda toda. Raine pediu desculpas ao compositor por ter interrompido seu descanso em Pequeri. "Não, Alexandre, hoje é um dia feliz e felicidade é pra gente viver" — ensinou o mestre,

De pai para filho: Dorival Caymmi participa dos shows de Dori no Canecão, no Rio de Janeiro, e no Palace, em São Paulo, em abril de 1996 — Nana apareceu para uma canja.

que ainda teve fôlego para uma noitada de cantorias, entre os filhos e amigos, na suíte do hotel, em São Paulo. Felicidade não cansa.

* * *

Um comentário espontâneo atrapalhou a aposentadoria do compositor em Pequeri. Em entrevista a Antônio Carlos Miguel, para *O Globo*, Caymmi fez uma declaração de amor ao Rio, terra que o acolheu e o tornou famoso, como ele costuma dizer. O título "Itapuã Nunca Mais" ajudou a pôr mais lenha na fogueira. A entrevista foi publicada na primeira página do Segundo Caderno, em 27 de abril. No dia seguinte, na mesma primeira página, Antônio Carlos Magalhães, em entrevista a Jorge Bastos Moreno, torpedeou Caymmi: "Não há baiano pela metade". Magalhães acreditava com isso estar defendendo a "preservação da baianidade". O político tentou, no fim da entrevista, no melhor estilo morde-e-assopra, suavizar a crítica citando um samba de Caymmi: "É dengo, é dengo, é dengo que o nego tem".

Caymmi não disse nada de mais que acendesse tamanha polêmica. "Sou baiano autêntico, mas não me adapto à Bahia de hoje" — comentou. E continuou expondo suas razões: "Pode ser que alguém se ofenda com isso, mas atualmente não há condição de dizer que sou apenas baiano. Constituí família, meus descendentes estão aqui. Esta formação influiu e agora posso dizer que sou carioca também". Uma declaração, o leitor há de convir, bastante razoável. ACM resolveu pegar a deixa e se *ofender*. Ele já devia saber que quem polemiza com Caymmi acaba polemizando sozinho. Foi o que aconteceu.

Outros artistas, porém, saíram em defesa de Caymmi. "A Bahia tem que saber dividir seus artistas e criadores com o Rio" — rebateu com veemência Gilberto Gil. João Ubaldo foi mais além, ao comentar a falta de identificação com a Bahia: "Isso também acontece comigo, mesmo não tendo a idade dele. Os amigos vão embora, as ruas mudam, é natural que a pessoa se sinta desenraizada". E lembrou: "O Glauber Rocha, por exemplo, foi um dos que saíram pelo mundo cedo". Moraes Moreira concordou: "Eu vim em 1969, porque não tinha a menor possibilidade de fazer carreira em Salvador. Imagine então Caymmi, na década de 30!". E finalizou: "Onde estivermos, seremos sempre baianos".

Em agosto, Caymmi participou de um modo muito especial do CD que comemorava os 50 anos de Aldir Blanc. O CD foi produzido por Marco Aurélio Braga — falecido prematuramente em 1999 —, letrista, boêmio, engenheiro de sucesso e dono da pequena gravadora Alma. Marco Aurélio era um dos melhores amigos de Nana. Ele convenceu Caymmi a gravar no CD um depoimento sobre Aldir, onde, entre muitos elogios, o chamou de *Ourives do Palavreado*.

No finzinho de 1996, o velho compositor ainda teve energia para ser garoto-propaganda do plano de previdência do Banco Itaú. Foi considerado pela DM9, agência de publicidade que fez a campanha, "o ideal dos brasileiros quando chegam à aposentadoria". Adivinhe, leitor, o cenário? Acertou quem pensou: mar ao fundo, uma rede, e Caymmi deitado nela, feliz como um nababo. A imagem do paraíso.

Foi no Copacabana Palace, tão caro a Caymmi, de tantas lembranças, o badalado lançamento em CD do álbum gravado por ele em 1985, destinado na época a uma distribuição restrita aos clientes das Organizações Odebrecht. O disco, chamado simplesmente *Caymmi Inédito*, foi comercializado em CD duplo, pela gravadora Universal Music. Infelizmente, a capa do CD não fez jus à qualidade do álbum original. Mais parece um xerox de papelaria.

Rio das Ostras: em 1997, Dorival e Danilo se apresentam na festa da cidade que foi escolhida para os veraneios da família desde os anos 70 — ao final do show, Stella e os netos Denise e Gabriel (filho de Danilo) subiram ao palco.

A festa de lançamento, em 23 de abril de 1997, apresentou um encanto a mais: uma apresentação curta de Dorival com os filhos Nana e Dori. No palco, Caymmi benzeu-se e saudou São Jorge — era dia dele — e Pixinguinha (Alfredo da Rocha Viana Filho), que faria naquele dia 100 anos se estivesse vivo. Coincidência ou não, eram 23 faixas gravadas nos CDs. O Copacabana Palace, por uma noite, virou São Salvador, Bahia. Tinha acarajé, garçonetes vestidas de baianas, Dorival e Caetano circulando pelos salões. A festa prosseguiu noite adentro, com Caymmi feliz autografando o disco para amigos como Tônia Carrero, Dóris Monteiro, Elza Soares, Hermínio Bello de Carvalho, Emílio Santiago. Uma noite de grandes reencontros, sem dúvida.

Em maio do ano seguinte, *Caymmi Inédito* ganhou o Prêmio Sharp de Melhor Disco de 1997. Meus avós estavam em Minas e eu — acompanhada de meu grande amigo João Carlos Mendonça — fui encarrega-

Clã musical: Dori, Stella, Danilo, Nana e Dorival —
a família Caymmi reunida em casa, um momento raro.

da de receber o prêmio em seu lugar, no Teatro Municipal. Mais tarde, em 29 de setembro, Dorival Caymmi pôde comparecer ao Museu da Imagem e do Som e deixar a marca das suas mãos no *Muro da Fama* daquela instituição, na época presidida por Jorge Roberto Martins. Caiu um pé d'água daqueles no momento da cerimônia, o que não impediu a homenagem.

Em 27 de julho, no Cine Estação Botafogo, no Rio, aconteceu a pré-estreia do filme *Bahia de Todos os Sambas*, de Paulo César Saraceni e Leon Hirszman, o documentário do Festival Bahia de Todos os Santos, ocorrido em Roma, na última semana de agosto de 1983. Catorze anos depois, em meio a infindáveis peripécias, incluídos aí dificuldades financeiras, retenção do filme no laboratório francês, além da morte de Gianni Amico, roteirista do filme e um dos idealizadores do evento, o documentário foi finalmente terminado. O filme mostrava como Roma, por uma semana, se confundiu com a Bahia, assistindo a um desfile de artistas baianos como jamais a Europa vira.

Antes, porém, o canal Bravo Brasil, de televisão a cabo, exibiu, em 20 de dezembro de 1997, o especial *Dorival Caymmi*, dirigido por Aluísio Didier. O produtor anunciou que mais tarde o documentário sobre o compositor baiano seria transformado em longa-metragem com o título de *Um Certo Dorival Caymmi* (que estreou em circuito comercial no verão de 2000). Nele, Didier resgata preciosidades como um trecho da participação de Caymmi como ator no filme *Estrela da Manhã* (1948), e outra cantando "... Das Rosas" no programa de Andy Williams, na emissora de TV norte-americana NBC (1965), quando esteve nos Estados Unidos, além de um longo depoimento do compositor colhido no Museu do Açude, no Alto da Boa Vista. O documentário contou ainda com a participação de Dori Caymmi, interpretando ao violão músicas do pai. Os depoimentos de Dorival em *off* no filme são na verdade uma entrevista que o compositor deu ao jornalista João Máximo e a mim para uma série de sete programas para a Rádio Cultura, em 1994, nos 80 anos do artista. Infelizmente não recebemos créditos, provavelmente um cochilo do diretor.

Da participação de Dori no documentário nasceu, pela EMI, o CD *Tome Conta de Meu Filho, Que Eu Também Já Fui do Mar*, frase retirada de "Promessa de Pescador", com as músicas do filme, lançado por Dori numa curta temporada no Mistura Fina, na Lagoa, no Rio de Janeiro. Na estreia, em 6 de maio de 1997, Caymmi pai — que estava na plateia comigo, Denise e Carlos Henrique — não resistiu e subiu ao palco para cantar com o filho, seguido de Nana e Danilo, transformando a casa noturna em um sarau familiar. No dia seguinte, Dorival voltou ao palco do Mistura para receber um presente especial das mãos de Roberto Giannini, diretor da empresa Giannini: um violão. Não um violão qualquer. Um violão clássico, modelo C-5, feito à mão, de jacarandá maciço, com tampos de pinho dos alpes europeus, escala feita em ébano da África e braços de cedro-rosa do Pará, cordas de nylon de alta tensão, e tarraxas holandesas. Já imaginou?

O presente tinha sua razão de ser. Giorgio Giannini, presidente da fábrica de violões, soube pelos jornais que o violão da marca Giannini que pertencera ao pai do compositor, Durval, fora roubado em Rio das Ostras. O roubo ocorreu em janeiro. A casa vazia, em pleno veraneio, chamou a atenção dos ladrões que invadiram o seu ateliê e, não encontrando nada de valor, resolveram, para não *perder a viagem*, levar o violão. Dorival ficou muito abatido com a perda. "Fiquei comovido" — afirmou Giannini, que, então, decidiu presentear o compositor com o violão

Enlaces: à esquerda, Danilo e Simone, segunda esposa do caçula de Dorival Caymmi; à direita, Dori com Helena, no dia de seu segundo casamento, em Los Angeles.

mais sofisticado da empresa. Entretanto, graças aos jornalistas César Tartaglia e Tânia Neves, da coluna Pessoas, do jornal *O Globo*, que noticiaram o ocorrido — repetindo o empenho das rádios em 1953 quando o violão de Caymmi repleto de assinaturas famosas foi roubado do carro de Antônio Maria —, o violão foi devolvido meses depois. Danilo estava se apresentando em Cabo Frio, quando foi procurado por um músico local que comprara o violão, lera a coluna e suspeitara que o instrumento era o mesmo que fora roubado do pai do cantor. E de fato era. Como disse o bardo, *bom é o que bem acaba.*

* * *

Caymmi recebeu um duro golpe. Morreu seu irmão, seu amigo, seu conterrâneo de afetos, Carybé. No dia 20 de outubro de 1997, Carybé passou mal na roça do Axé Ôpô Afonjá e já chegou morto no Hospital Roberto Santos. A Bahia perdeu um dos seus maiores amantes. Carybé pincelou a Bahia com maestria, entendeu como poucos a Boa Terra e a retratou esplendidamente do seu ateliê, no seu sobrado do Rio Vermelho.

Irmã querida: Caymmi posa para um retrato com a família de sua irmã Dinahir — em pé, o filho de Dinahir, Durval, e a nora Teresinha; sentados, Dinahir, Dorival, Stella e o marido de Dinahir, João.

Um belo casamento: Dorival e Stella namoram no sofá da casa em Copacabana — a união entre os dois já dura mais de 60 anos.

A grande família: quase todos reunidos na festa de 87 anos do patriarca, em 30 de abril de 2001. Da esquerda para a direita: Denise, Nana, Carlos Henrique, Stella Teresa, Dora, Juliana, Dorival, Aloisio, João Gilberto, João Victor, Stella, Dori, Alice, Carolina, Simone, Helena e Marina. Só faltaram Danilo, que estava em Los Angeles, e seu filho Gabriel. Pouco tempo depois nasceria João Cândido, filho de Juliana e Aloisio.

"Como eu já estou há quase sessenta anos no Rio, posso dizer que Carybé era muito mais baiano do que eu" — falou Caymmi quando recebeu a triste notícia. "É duro, porque eu, Jorge e Carybé sempre formamos uma irmandade" — desabafou. Mais um amigo que vai ocupar o lugar de sonho que Caymmi lhe reservou. Para ele, Carybé, assim como Tom, vive para sempre.

Em abril de 1998, Caymmi completou 84 anos de vida, 62 anos de casamento e 60 anos de Rio de Janeiro. Comemorou em família essa aritmética afetiva com um grande jantar. Ele e Stella estavam felizes em reunir Danilo, Simone, Alice e Gabriel; Juliana, Dora e Aloisio Garkauskas, atual marido da filha de Danilo, produtor musical; Nana, João, eu, Denise, Carlos Henrique, Carolina e Marina; João Victor, Durvalzinho e Tereza, sua mulher. Só faltavam Dori e Helena, que estavam em Los Angeles. Declarou mais uma vez o seu amor ao Rio de Janeiro. O mesmo Rio que o acolheu, lhe deu fama, amigos e família. A Bahia lhe deu o berço, a substância dos seus sonhos e das suas músicas, a alegria de ser baiano e de contaminar o mundo. A frase "Acontece que eu sou baiano" sintetiza esse sentimento.

*O Cantor das Graças da Bahia* começou uma nova canção. Terminar é outra história! Foi buscar inspiração em Denise, filha de Nana, minha irmã — uma Caymmi retada! —, para compor um samba mexidinho e muito divertido. Era o aniversário da neta, e Caymmi fez um samba para avisá-la que ele de qualquer jeito iria vê-la, mesmo que ela estivesse ocupada. "Minha ideia inicial era colocar no samba o 'Parabéns Pra Você'. Mas Stella não gostou. Eu estava procurando uma fórmula própria de aniversário feita por mim. Mas acabei deixando a música assim. O que está aí, está inteiro" — decidiu Dorival. "Curti muito as rimas que encontrei para 'Denise'" — conta. A letra diz assim:

Denise
Se estiver muito ocupada me avise
De qualquer jeito eu vou te ver, Denise
Eu não sou de cometer deslize
Prometer para não cumprir, Denise
Denise, Denise din din din din...

Em maio, meu avô me deu o prazer de uma visita. Era a primeira vez que vinha à minha casa, no bucólico bairro Peixoto, no coração verde de Copacabana. E olha que eu já tinha me mudado havia quase três anos! Não que eu estranhasse, claro. Almoçamos juntos e, auge da modernidade, fomos para o computador checar alguns dados para este livro. Ao abrirmos o arquivo de canções inéditas, fruto de minhas pesquisas, ele se deparou com músicas de que já nem se lembrava mais. Se as pessoas se espantam com o tempo que levou para completar "João Valentão", vão se surpreender ainda mais com o samba "Falou Com a Moça?", começado no fim dos anos 30 e terminado em 1999. Que tal, leitor? O jeito é não estranhar o *modus operandi* desse ourives da canção, que não tem pressa para viver, e curtir a picardia de "Falou Com a Moça?",

Ainda na ativa: Caymmi, em seu canto preferido da casa, com o famoso violão autografado — o baiano continua aumentando sua lista de composições.

que para Caymmi é a cara do amigo Haroldo Barbosa. "Quando eu cantei para Haroldo, ele morreu de rir" — recorda o baiano:

Se todo mundo procedesse
Como um moço que eu conheço
Meu Deus, que confusão!

Tendo uma moça do seu lado
Fica todo embaraçado
Ardendo de paixão!

Segue a moça se ela toma
Um automóvel, um trem ou avião
Mas se vê todo enrolado
Quando eu peço uma explicação[7]

Falou com a moça?
Não, não!
Cutucou a moça?
Não, não!
Mexeu com a moça?
Não, não!

Então como é que agora você diz
Que toda moça lhe namora?
E agora
Como é que é?

[7] Os dois últimos versos desta estrofe só foram terminados em 1999.

Brincando com o tempo: Dorival enquadra a câmera no arco de sua bengala.

## Epílogo
## SUAVE COTIDIANO

"Primeiro: não fale. Espere que te entendam."
(Dorival Caymmi, 13/7/1987)

O dia a dia de Dorival é bem simples. Não há grandes mudanças na sua rotina quer esteja em Copacabana, Pequeri ou Rio das Ostras. Costuma acordar por volta das 6 da manhã. Até antes. Fica na cama, esperando o movimento da casa começar para não acordar ninguém. Faz, em silêncio, a "Oração da Manhã" que conhece desde menino.

Depois da oração, medita e espera pelo café da manhã. Por causa da diabete, não costuma abusar na alimentação. Mas sempre que pode não dispensa uma balinha ou lascas de rapadura, pacientemente cortadas por Cristiane, que trabalha na casa há anos, e colocadas num vidro que fica em seu escritório. Disciplinado, não comete extravagâncias. Sabe se conter. É metódico. Gosta de se aproximar da janela a qualquer hora do dia — critica muito quem encosta móvel interditando o livre acesso a ela. Se está em Minas, onde tem passado longas temporadas, abre a janela de manhã e enche os pulmões com o ar puro da montanha. Se passa alguém, apressa-se em acenar e recebe um alegre "Bom dia, Seu Dorival", do primeiro passante do dia. Responde com alegria. É bom estar vivo.

É uma bonita caminhada desde o mar até a montanha. Um caminho de sabedoria. As músicas que canta para os montes de Minas só ele sabe. Costuma ler. A última vez que eu perguntei, tinha relido as obras completas de Machado de Assis. À sua maneira, é tão sábio quanto o Conselheiro Ayres. Ou mais, pois não se afastou das mulheres. Observa a vida que corre. Aceita cada um como é. Nada exige. Nada impõe. É a favor da liberdade total. Perguntem a Denise, Juliana, João Victor ou Gabriel. Só sabe o que lhe contam. Não faz da vida alheia um alimento da sua curiosidade. Invadir, jamais. Conversa com criança pequena como se fosse gente grande. Ele as respeita. Elas o amam. Não existe melhor ombro para chorar. Eu mesma já chorei ali muitas vezes e saí consolada. Deitei, mesmo depois de adulta, na sua barriga — quando ela era grande, era ainda melhor.

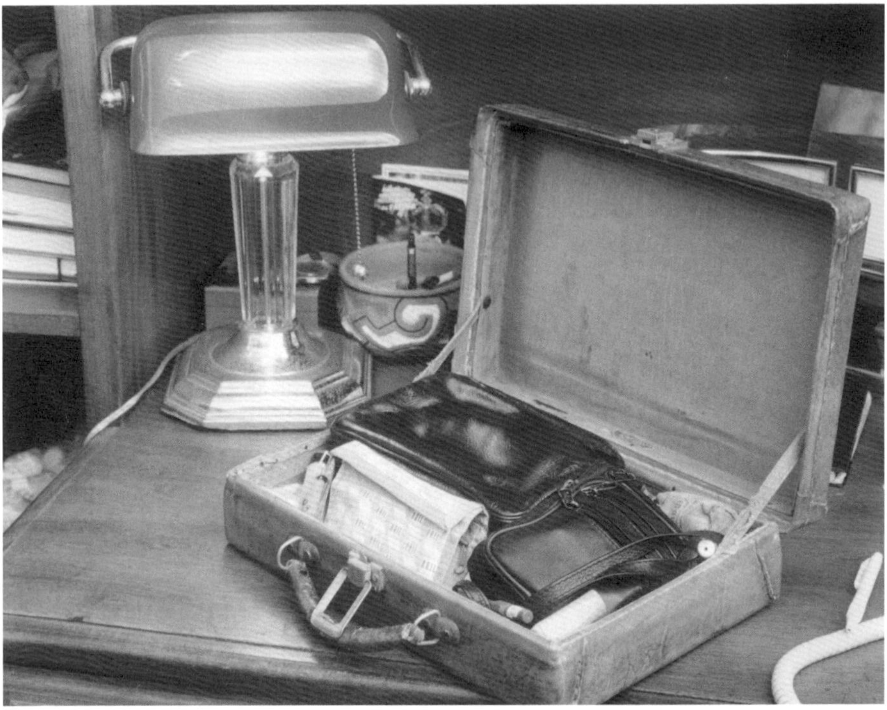

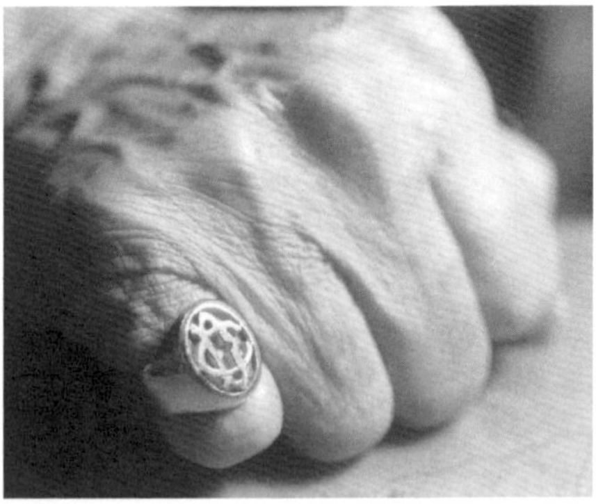

Universo pessoal: a misteriosa maleta "Mococa"; a bela coleção de bengalas, presentes de amigos como Rubem Braga, Jorge Amado e Carybé; o anel de ouro com as suas iniciais, herança do pai, Durval Caymmi; as agendas, na estante, onde anota seu dia a dia; o escritório, com o violão e a cadeira de balanço.

1984
1982

É um ser compreensivo. Jamais reclama. Tem um humor manso, para ser ouvido como quem escuta João Gilberto sussurrar ao violão, ou à mulher amada, como diria Vinicius. "Necessariamente, para viver feliz tem que ter o ingrediente mais sério: humor. Consulte Millôr Fernandes, que é o definitivo" — explica. Suas tiradas são inteligentíssimas. Outro dia disse: "Gostar é um fenômeno da hora". Enxuto. Não é à toa que lê, apaixonado, a poesia dos Manuéis, o Bandeira e o de Barros. Adélia Prado é poupada, para não acabar. A *Bíblia*, *Dom Quixote*, de Cervantes, e *Cândido, ou O Otimismo*, de Voltaire, ordenadamente dispostos na sua mesinha de cabeceira, são sempre revisitados, fertilizando sua imaginação. "Eu sou escravo de um personagem, eu sou escravo de Dom Quixote de la Mancha" — confidenciou-me certa vez. Como Millôr gosta de dicionários, ele gosta de enciclopédias. E as lê, de A a Z. Cultiva a memória. Faz palavras cruzadas. E descreve seu dia em agendas há quase quarenta anos (eu que o diga!). É um profundo admirador da tecnologia, mas não chegou ao computador. Tem preguiça. Deixa para os mais jovens. Seu ídolo é Thomas Alva Edison, o inventor da lâmpada incandescente e precursor do cinematógrafo.

Conversar com Caymmi é uma arte. E quando isso acontece exige sua total atenção. É detalhista. Cinematográfico. Pinta o cenário antes de desencadear a ação no imaginário do seu interlocutor. É plástico. É um homem informado. Sabe tudo o que está acontecendo, lê jornais, revistas e assiste à televisão. Mesmo que para ler tenha de usar, além dos óculos, duas lentes de aumento, por causa de uma catarata que não pode mais ser operada. Não desgruda de Stella. Quando cochila — ele sempre cochilou — na hora da novela, Stella repete: "Caymmi, vá se deitar". Não adianta nada, ele fica ali sentadinho, até ela ir junto. Sonha em reunir a família completa para um longo fim de semana. Infelizmente isso nem sempre é possível para as agendas dos filhos, netos e bisnetas. Gosta do movimento da mulher com as amigas e colaboradoras no zelo com a casa. Alda, Cristiane, Telma, Elaine, Sonia, Celena, Mara e Vandreia lembram-lhe as mulheres de saia de sua infância. Vive rodeado de mulheres. Ainda tem Maryara, que é sua amiga há anos, mas só se conhecem por telefone. Uma amiga virtual. Batem longos papos. A vida para ele não teria a menor graça sem a mulher.

Às vezes fica longos períodos em silêncio, com os olhos no longe. Tem uma vida interior impossível de ser comunicada. Ninguém o incomoda quando está quieto. Stella, que vive com ele há mais de 60 anos, instruiu a todos da casa que quando fosse assim não o interrompessem.

"Sem a ação contemplativa você não consegue reunir a capacidade de absorção. Você larga os olhos no espaço e a memória, aí, tem mais atividade" — ensina. Sobre a música, disse certa vez que "o artista não deve morrer de amor pela primeira coisa que faz". Quando escuta Bach, seu compositor favorito, atinge regiões impensáveis para a maioria de nós. Sobre a morte, costuma dizer que já está no lucro. Tem muita consciência de si. Quem se aproxima dele percebe que está diante de um homem realizado. Ele é irresistível.

Vê beleza onde as pessoas menos desconfiam. Interessa-se por pequenas coisas como a trajetória da formiga até o formigueiro carregando uma folha três vezes maior que o seu tamanho, ou com a visita do beija-flor, que costuma pousar em seus cabelos brancos. Você não sabia? Caymmi conversa com os pássaros.

*Stella Caymmi*

# ANEXOS

< Corrupião: o passarinho de Zélia Gattai e Jorge Amado, que vivia solto no apartamento do escritor no Rio de Janeiro, costumava pousar na cabeça de Dorival Caymmi.

Posfácio

# BENÇA, VÔ!

Toda biografia é também uma autobiografia, mesmo que não se tenha nenhum parentesco com o biografado. Esta foi uma lição que aprendi na minha passagem pela pós-graduação no Departamento de Letras da PUC-Rio, entre 2004 e 2010. Ainda que os elementos factuais sejam respeitados, a pesquisa minuciosa, as entrevistas abrangentes, as escolhas que o biógrafo faz são carregadas de subjetividade. Assim, resolvi me libertar da jornalista e pesquisadora, e me exprimir em primeira pessoa, sem reprimir meus afetos, e deixar a neta aparecer na escrita deste posfácio.

Como eu não gosto de sofrer e nem acho que você, leitor, gostaria, vamos passar rapidamente pelo fim. Meus avós, Stella e Dorival, morreram praticamente juntos: meu avô no dia 16 de agosto de 2008 e minha avó, onze dias depois, no dia 27, ambos no Rio de Janeiro. O mais bonito de tudo foi que um não soube da morte do outro, e eu agradeço muito a Deus por isso. Stella estava para receber alta e ligou pra ele: "Dorival, vou voltar sábado para casa!". Ela, que sofria de problemas cardíacos, já havia recebido alta uma vez, mas uma infecção a impediu de voltar. Nesse meio tempo, meu avô me confidenciou que, quando acordava, ainda meio zonzo de sono, buscava minha avó ao lado na cama com as mãos — dando-se conta só aí que ela estava hospitalizada. Nossa, isso me doeu.

Infelizmente, minha avó não voltou. Ela sofreu uma parada cardíaca na quinta-feira e não recobrou mais a consciência. A família decidiu não contar para Dorival a gravidade do seu estado. Mas ele não era bobo. Depois de quase quatro meses no hospital, ele pressentiu que dessa vez não haveria volta. E desistiu de lutar. Morreu uma semana depois. Caymmi sofria de um câncer desde 1999, quando retirou um rim e os médicos decidiram não fazer quimioterapia, optando por tratamentos menos invasivos.

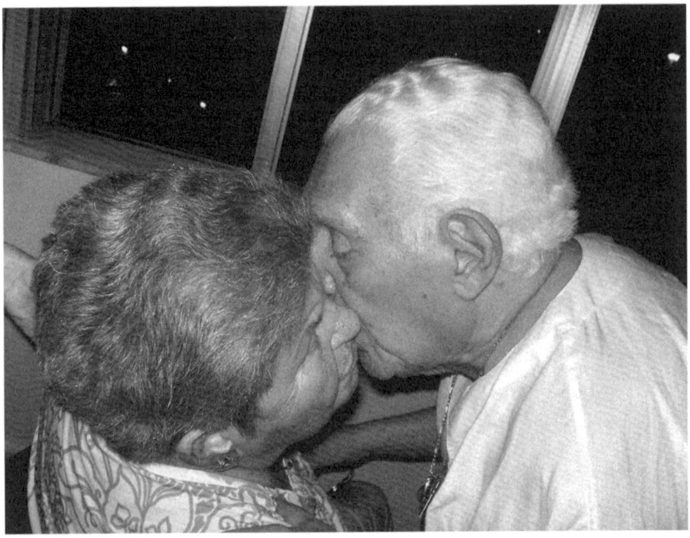

Sempre juntos: Stella e Dorival Caymmi se beijam no último réveillon que passaram juntos, em 2007-2008, no novo apartamento da rua Ronald de Carvalho com vista para os fogos de Copacabana.

O que me deixou boquiaberta foi que ele nunca quis saber o que tinha. Se deixava levar e não perguntava nada. Eu desconfiava que ele sabia e fingia não saber. Mas, numa tarde, no apartamento da Souza Lima, minha avó mencionou o tumor e ele assustadíssimo perguntou: "Que tumor?". Como ele estava bem surdo nessa época, eu disse: "Não, vovô. A gente está falando de fulano", disfarcei. E ele se tranquilizou. Fiquei impressionada ao descobrir que de fato ele não sabia que tinha câncer. Daí a razão de termos escondido sua doença do público e de eu a ter omitido na primeira edição deste livro.

O tratamento permitiu que ele ficasse entre nós por quase dez anos, período em que teve muitas alegrias. Lembro-me da animação dele no lançamento da sua biografia. Meu avô ficou muito, muito orgulhoso. Costumava me dizer: "Minha neta, você ainda colherá muitos frutos do seu trabalho". Duas semanas antes do lançamento, que aconteceu no dia 10 de dezembro de 2001, ele deu um susto na gente. Sentou-se à mesa da sala e desandou a treinar sua assinatura. Acontece que ele sofria de tremores nas mãos. Já imaginaram onde a fila iria parar se ele fosse autografar os livros? Costumava aproveitar os tremores a seu favor e escrevia como se fosse um eletrocardiograma. Minha avó e eu tivemos de dissuadi-lo com jeitinho. Foi engraçado.

Seus 90 anos em 2004 foram muito festejados. Ele ganhou de presente dos filhos, Nana, Dori e Danilo, um CD e um DVD com seu reper-

Dorival e Stella, na plateia, aplaudem o show dos filhos Nana, Dori e Danilo em homenagem aos 90 anos de Caymmi. O espetáculo foi realizado no Canecão, no Rio de Janeiro, em 30 de abril de 2004.

tório de sambas. Quando ele entrou no Canecão para assistir ao show que resultaria no DVD, foi aplaudido de pé por longos minutos. Ele não disfarçava a empolgação ao longo do espetáculo. Estava feliz.

Foi especialmente emocionante para nós dois o dia da minha defesa de mestrado, em 24 de março de 2006. Meus avós foram à PUC junto com Nana, minha mãe. A dissertação era sobre ele e analisava a relação estética da sua obra com a bossa nova, que distavam vinte anos — que se tornou meu segundo livro, *Caymmi e a bossa nova*. Provavelmente ele não entendeu muito a teoria alemã que utilizei na investigação, era pedir demais, mas captou o essencial.

Entretanto, nada se comparou a volta de Caymmi à Salvador, em 9 de agosto de 2006. Ele foi receber o Prêmio Nacional Jorge Amado de Literatura e Arte, do Governo da Bahia. Estava acompanhado do filho Danilo e dos netos Denise, João Victor, Juliana, Gabriel, Alice e eu. Fazia onze anos que ele não pisava em solo baiano. A cerimônia aconteceu no Teatro Castro Alves, onde tantas vezes ele se apresentou, no dia do aniversário do seu irmão de esteira, 10 de agosto. Muito comovido, re-

Caymmi recebe o Prêmio Nacional Jorge Amado de Literatura e Arte em Salvador, no Teatro Castro Alves, em 10 de agosto de 2006, com sua família. Da esquerda para a direita: Juliana, Denise, Dorival, Danilo, Alice, Stella, João Victor e Gabriel.

cebeu o prêmio da amiga Zélia Gattai, numa cerimônia que terminou com "Terra Brasilis", uma peça de Edino Krieger, que também estava presente para homenagear o amigo.

Caymmi fez questão de ir ao Senhor do Bonfim. Ficou longos minutos em oração diante do altar da igreja que sempre exaltou em seus sambas: "Bahia de São Salvador, a terra do Nosso Senhor, do Nosso Senhor do Bonfim" ("São Salvador"), "Quem vai ao Bonfim, minha nega, nunca mais quer voltar" ("Você Já Foi à Bahia"), "Quem não tem balangandãs não vai ao Bonfim" ("O Que É Que a Baiana Tem?"). Passeou pela parte antiga da cidade, voltando ao passado e contando casos antigos.

Hoje, passados cinco anos da sua partida, toda a família está se preparando para a comemoração do centenário de seu nascimento. Nana, Dori e Danilo lançaram *Caymmi*, um CD pela Som Livre, com músicas do compositor menos conhecidas do público. Eu lancei o livro *O que é que a baiana tem? Dorival Caymmi na Era do Rádio*, minha tese de doutorado, com muitos dos seus depoimentos sobre os bastidores da Era de Ouro da música popular brasileira. Quando o entrevistei para esta biografia, fiquei impressionada, acostumada com sua carreira tão bem sucedida, em saber das sérias dificuldades que enfrentou, a competição e a inveja que seu sucesso causou, entre outros fatores negativos do período. É leitor, nem tudo foram rosas. Ele nunca havia mencionado publicamente esse aspecto mais difícil da sua vida profissional e eu não achei justo guardar só para mim. Afinal, se ele me contou quando o entrevistei era porque gostaria que o público soubesse.

Uma das homenagens ao centenário de Caymmi que me é mais cara é a reedição desta biografia. Já se vão doze anos desde que a Editora 34 e eu a lançamos numa noite linda no Consulado de Portugal, no Rio de Janeiro. A fila do acarajé rivalizava com a minha, e para meu espanto, leitor, houve até briga nas duas filas! Rejane Guerra, minha amiga do peito, testemunha ocular, nega veementemente, dizendo que minha fila estava muito maior. Curiosidades à parte, esta reedição é um presente e uma homenagem à memória desse artista que tantas alegrias proporcionou — e proporciona — ao povo brasileiro, por meio de sua obra e do seu jeito tão nosso de ser. Decidi deixar o texto intacto e não reescrevê-lo no passado. É minha maneira de mantê-lo vivo entre nós. Gosto de lembrar das nossas entrevistas no cantinho da sua casa. Gostava muito quando ele me tratava de "minha neta" — o possessivo faz para mim uma enorme diferença. Gostava ainda mais quando ele me apresentava para alguém: "Essa aqui foi a que me deu o título de avô". Lindo. Não vou me envergonhar por assumir a netinha que sempre fui, sua "minha, niña, estrangeirinha" como ele escreveu na canção que fez para mim. Sou grata a Deus por ele ser meu avô. Bença, vô!

*Stella Caymmi*

Rio de Janeiro, fevereiro de 2014

Partitura de "Eu Quero Amar", samba inédito de Dorival Caymmi e Oswaldo Santiago, composto no início dos anos 40.

# MUSICOGRAFIA[1]

"Acaçá" (Dorival Caymmi), Dori Caymmi, EMI, 855577-2, CD *Tome Conta de Meu Filho, Que Eu Também Já Fui do Mar...*, 1996

"Acalanto" (Dorival Caymmi), Dorival Caymmi, Odeon, 14207, 78 rpm, 1957

"Acontece Que Eu Sou Baiano" (Dorival Caymmi), Anjos do Inferno, Continental, 15101-A, 78 rpm, 1944; Dorival Caymmi, Odeon, MOEB-3000, LP *Eu Vou Pra Maracangalha*, 1957

"Adalgisa" (Dorival Caymmi), Dorival Caymmi e Quarteto em Cy, Elenco, ME-23, LP *Vinicius/Caymmi no Zum Zum*, 1965

"Adeus" (Dorival Caymmi), Ivon Curi, Continental, 15950-B, 78 rpm, 1948; Dorival Caymmi, Odeon, MOFB-3150, LP *Eu Não Tenho Onde Morar*, 1960

"Adeus da Esposa (História de Pescadores II)" (Dorival Caymmi), Henrique Simonetti, Polydor, LPN-2001, LP *Páginas Brasileiras*, 1956; Dorival Caymmi, Odeon, MOFB-3011, LP *Caymmi e o Mar*, 1957

"Afoxé" (Dorival Caymmi), Dorival Caymmi, Som Livre, 403.6118, LP *Tenda dos Milagres* (trilha sonora da minissérie), 1985

"Amor Delicado" (Dorival Caymmi e João de Barro), Déo, Continental, 15583-B, 78 rpm, 1946[2]

"Anjo da Noite" (Dorival Caymmi e Danilo Caymmi), Cynara e Cybele, CBS, 37548, LP *Cynara e Cybele*, 1968

"Até as Pedras da Rua" (Dorival Caymmi e Oswaldo Santiago)[3]

"Bahia Também Dá, A" (Dorival Caymmi)[4]

"Balada do Rei das Sereias" (Dorival Caymmi e Manuel Bandeira), Olivia Hime e Dori Caymmi, Continental, 135.404.031, LP *Estrela da Vida Inteira*, 1987

[1] Incluídas a primeira gravação de cada música e a primeira gravação de Dorival Caymmi. A presente listagem soma 127 composições, incluindo as inéditas.

[2] Gravada unicamente por Déo. O refrão é citado no *Cancioneiro da Bahia* (edições de 1947 e 1978) como cantiga do folclore baiano, com o título "Iaiá Não Sabe". Não é citada no *Songbook* (1994). Publicada pela Editorial Mangione em 1946.

[3] Marcha inédita, publicada pela Mangione em 1941.

[4] Samba inédito que ganhou um concurso de marchas carnavalescas em 1936.

"Balaio Grande" (Dorival Caymmi e Oswaldo Santiago), Dorival Caymmi, Columbia, 55292-B, 78 rpm, 1941

"Beijos pela Noite" (Dorival Caymmi, Jorge Amado e Carlos Lacerda), Danilo Caymmi e Simone Caymmi, Sony, 850346/2-479477, CD *Dorival*, 1994

"Bem do Mar, O" (Dorival Caymmi), Dorival Caymmi, Odeon, LDS-3004, LP *Canções Praieiras*, 1954

"Boa Terra, Boa Gente" (Dorival Caymmi), Dorival Caymmi, Philip Morris Brasileira/ Som, compacto promocional *Dorival é Nacional*, 1976

"Cala Boca, Menino" (Dorival Caymmi), João Donato, Odeon, SMOFB-3725, LP *Quem é Quem*, 1973

"Caminhos do Mar" (Danilo Caymmi, Dudu Falcão e Dorival Caymmi), Gal Costa, Som Livre, CD *Porto dos Milagres* (trilha sonora da novela), 2001[5]

"Canção Antiga" (Dorival Caymmi), Nana Caymmi, EMI, 31C.064.422963, LP *Caymmi's Grandes Amigos*, 1986

"Canção Crepuscular" (Dorival Caymmi)[6]

"Canção da Partida (História de Pescadores I)" (Dorival Caymmi), Dorival Caymmi, Odeon, MOFB-3011, LP *Caymmi e o Mar*, 1957

"Canção da Primeira Netinha" (Dorival Caymmi), Miriam Meltzer e Phoenix Early Music Ensemble (Israel), NMC, 330210-2, CD *Wind and Sea*, 2003

"Cantiga" (Dorival Caymmi), Dorival Caymmi, RCA Victor, 80.0585-A, 78 rpm, 1948

"Cantiga de Cego" (Dorival Caymmi e Jorge Amado), Dorival Caymmi, Som Livre, 403.6246, LP *Terras do Sem Fim* (trilha sonora da novela), 1981

"Cantiga de Noiva (Canção da Noiva) (História de Pescadores IV)" (Dorival Caymmi), Dorival Caymmi, Odeon, MOFB-3011, LP *Caymmi e o Mar*, 1957

"Canto de Nanã" (Dorival Caymmi), Dorival Caymmi, Odeon, SMOAB-6007, LP *Caymmi*, 1972

"Canto de Obá" (Dorival Caymmi e Jorge Amado), Dorival Caymmi, Odeon, SMOAB-6007, LP *Caymmi*, 1972

"Cantor da Lua, O" (Dorival Caymmi)[7]

"Chora Coração" (Dorival Caymmi e Alípio Thiago)[8]

[5] Tema de abertura da novela *Porto dos Milagres*, da TV Globo, inspirada em *Mar morto*, romance de Jorge Amado.

[6] Canção inédita, lembrada por Dinahir Caymmi da Silva.

[7] Fox inédito, composto na adolescência. Conservou-se apenas a letra graças a Paulo Tapajós, que a registrou em seu caderno de repertório.

[8] Valsa inédita. Alípio Thiago, músico da orquestra da Rádio Comercial da Bahia, pediu a Caymmi que fizesse a letra de sua valsa, em Salvador, nos anos 30.

"... Das Rosas" (Dorival Caymmi), Dorival Caymmi, Elenco, ME-17, LP *Caymmi Visita Tom*, 1964

"Dengo, O" (Dorival Caymmi), Carmen Miranda, Odeon, 11976-A, 78 rpm, 1941; Dorival Caymmi, Odeon, MOFB-3150, LP *Eu Não Tenho Onde Morar*, 1960

"Desde Ontem" (Dorival Caymmi e Fernando Lobo), Nana Caymmi, Universal/Som Livre, CD *O Mar e o Tempo*, 2002

"Dois de Fevereiro" (Dorival Caymmi), Dorival Caymmi, Odeon, MOFB-3011, LP *Caymmi e o Mar*, 1957

"Dora" (Dorival Caymmi), Dorival Caymmi, Odeon, 12606-A, 78 rpm, 1945

"Doralice" (Dorival Caymmi e Antônio Almeida), Anjos do Inferno, RCA Victor, 80.0329-A, 78 rpm, 1945

"É Doce Morrer no Mar" (Dorival Caymmi e Jorge Amado), Dorival Caymmi, Columbia, 53304-A, 78 rpm, 1941

"E Eu sem Maria" (Dorival Caymmi e Alcir Pires Vermelho), Alcides Gerardi, Odeon, 13245-A, 78 rpm, 1952

"E o Que Me Importa se Eu Tiro o Domingo pra Sambar?" (Dorival Caymmi), Arranco de Varsóvia, Dubas, CD *Na Cadência do Samba*, 2005

"Eu Cheguei Lá" (Dorival Caymmi), MPB-4, Elenco, ME-64, LP *De Palavra em Palavra*, 1971; Dorival Caymmi, Odeon, SMOAB-6007, LP *Caymmi*, 1972

"Eu Fiz uma Viagem" (Dorival Caymmi), Dorival Caymmi, Odeon, 14075, 78 rpm, 1956

"Eu Não Tenho Onde Morar" (Dorival Caymmi), Dorival Caymmi, Odeon, 14583, 78 rpm, 1960

"Eu Quero Amar" (Dorival Caymmi e Oswaldo Santiago)[9]

"Falou com a Moça?" (Dorival Caymmi), Arranco de Varsóvia, Dubas, CD *Na Cadência do Samba*, 2005

"Festa de Rua" (Dorival Caymmi), Dorival Caymmi, RCA Victor, 80.0596-B, 78 rpm, 1949

"Francisca Santos das Flores" (Dona Chica)" (Dorival Caymmi), Dorival Caymmi, Odeon, SMOAB-6007, LP *Caymmi*, 1972

"Hino da Campanha de Prestes (Canção para Prestes)" (Dorival Caymmi e Jorge Amado)[10]

"História pro Sinhozinho (Tia Nastácia)" (Dorival Caymmi), Trio de Ouro, Odeon, 12573-B, 78 rpm, 1945; Dorival Caymmi, Odeon, 14207, 78 rpm, 1957

[9] Samba inédito. Não é citado no *Cancioneiro da Bahia* (edições de 1947 e 1978) nem no *Songbook* (1994). Composto entre 1940 e 1941.

[10] Realizado para a campanha de Luiz Carlos Prestes ao Senado em 1945.

"Horas" (Dorival Caymmi), Quarteto em Cy, Som Livre, 410.6004, LP *Gabriela* (trilha sonora da novela), 1975

"Infância Querida" (Dorival Caymmi)[11]

"Itapoã" (Dorival Caymmi), Dorival Caymmi, Odeon, SMOAB-6007, LP *Caymmi*, 1972

"Jangada Voltou Só, A" (Dorival Caymmi), Dorival Caymmi, Columbia, 55304-B, 78 rpm, 1941

"João Valentão" (Dorival Caymmi), Dorival Caymmi, Odeon, 13478-B, 78 rpm, 1953

"Lá Vem a Baiana" (Dorival Caymmi), Dorival Caymmi, RCA Victor, 80.0536-B, 78 rpm, 1947

"Lá Vem Formosa" (Dorival Caymmi e Alberto Ribeiro), Os Trovadores, Continental, 15244-A, 78 rpm, 1945[12]

"Lencinho" (Dorival Caymmi)[13]

"Lenda do Abaeté, A" (Dorival Caymmi), Dorival Caymmi, RCA Victor, 80.0576-A, 78 rpm, 1948

"Lucila" (Dorival Caymmi)[14]

"Mãe d'Água e a Menina, A" (Dorival Caymmi), Dorival Caymmi, Sargaço/Fundação Emílio Odebrecht, 001/2, LP *Caymmi*, 1985

"Mãe Stella" (Dorival Caymmi e Danilo Caymmi), Danilo Caymmi, EMI, 857482-2, CD *Mistura Brasileira*, 1997[15]

"Mar, O" (Dorival Caymmi), Dorival Caymmi, Columbia, 55247-A/B, 78 rpm, 1940

"Maracangalha" (Dorival Caymmi), Dorival Caymmi, Odeon, 14075, 78 rpm, 1956

"Maricotinha" (Dorival Caymmi), Tom Jobim e Dorival Caymmi, Globo/Columbia, 419.058, CD *Antônio Brasileiro*, 1994

"Marina" (Dorival Caymmi), Francisco Alves, Odeon, 12773-B, 78 rpm, 1947; Dorival Caymmi, RCA Victor, 80.0536-A, 78 rpm, 1947

"Melodia do Meu Bairro" (Dorival Caymmi), Paulo Tapajós, Collector's, 101.134, LP *Paulo Tapajós — Série Ídolos do Rádio*, 1988

"Milagre" (Dorival Caymmi), Nana Caymmi e Dorival Caymmi, RCA Victor, 103.0224, LP *Nana*, 1977

[11] Marcha inédita, composta em 1979 em homenagem a Casimiro de Abreu.

[12] Gravada unicamente pelos Trovadores. Não é citada no *Cancioneiro da Bahia* (1947 e 1978) nem no *Songbook* (1994).

[13] Marcha inédita, composta na adolescência. Conservou-se apenas a letra graças a Paulo Tapajós, que a registrou em seu caderno de repertório.

[14] Marcha inédita, 3º lugar no concurso vencido por "A Bahia Também Dá".

[15] Composta em 1994. Não é citada no *Songbook* (1994).

"Modinha de Gabriela" (Dorival Caymmi), Gal Costa, Som Livre, 410.6004, LP *Gabriela* (trilha sonora da novela), 1975

"Modinha para Tereza Batista" (Dorival Caymmi e Jorge Amado), Simone Caymmi, Som Livre, 407.0070, LP *Tereza Batista* (trilha sonora da novela), 1992

"Morena do Mar" (Dorival Caymmi), Nara Leão, Philips, P-765006-L, LP *Vento de Maio*, 1967; Dorival Caymmi, Odeon, SMOAB-6007, LP *Caymmi*, 1972

"Na Cancela" (Dorival Caymmi), Toquinho, Lumiar, LD 05/93, CD *Dorival Caymmi: Songbook*, 1993

"Na Manhã Seguinte (História de Pescadores VI)" (Dorival Caymmi), Dorival Caymmi, Odeon, MOFB-3011, LP *Caymmi e o Mar*, 1957

"Não Tem Solução" (Dorival Caymmi e Carlos Guinle), Dick Farney, Sinter, 0000003-A, 78 rpm, 1950; Dorival Caymmi, Odeon, 13288-A, 78 rpm, 1952

"Nem Eu" (Dorival Caymmi), Dorival Caymmi, Odeon, 13288-B, 78 rpm, 1952

"Nesta Rua Tão Deserta (Lembrança do Passado)" (Dorival Caymmi, Carlos Guinle e Hugo Lima), Dick Farney, Sinter, 0000003-B, 78 rpm, 1950; Dorival Caymmi e Hugo Lima (piano), Philips, P-632116-L, LP *Recordando Carlinhos Guinle*, 1962

"Ninguém Sabe" (Dorival Caymmi e Carlos Guinle)[16]

"No Cinema (Garota Bonita) (Iracema Morena)" (Dorival Caymmi)[17]

"No Sertão" (Dorival Caymmi)[18]

"Noite de Temporal" (Dorival Caymmi), Dorival Caymmi, Odeon, 11850-B, 78 rpm, 1940

"Nunca Mais" (Dorival Caymmi), Lúcio Alves, Continental, 16032-B, 78 rpm, 1949; Dorival Caymmi, Odeon, MODB-3028, LP *Sambas de Caymmi*, 1955

"Oração de Mãe Menininha" (Dorival Caymmi), Dorival Caymmi, Odeon, SMOAB-6007, LP *Caymmi*, 1972

"Peguei um Ita no Norte" (Dorival Caymmi), Dorival Caymmi, Odeon, 12606-B, 78 rpm, 1945

"Pescaria" (Canoeiro)" (Dorival Caymmi), Trio de Ouro, Odeon, 12458-A, 78 rpm, 1944; Dorival Caymmi, Odeon, 13707-B, 78 rpm, 1954

"Por Quê?" (Dorival Caymmi), Jean Sablon, Decca (USA), DL 5101, LP *Souvenir Album*, 1949[19]

[16] Música inédita.

[17] Fox inédito.

[18] Toada inédita, composta na juventude.

[19] Música inédita no Brasil.

"Preta do Acarajé, A" (Dorival Caymmi), Carmen Miranda e Dorival Caymmi, Odeon, 11710-B, 78 rpm, 1939; Dorival Caymmi, Odeon, SMOAB-6007, LP *Caymmi*, 1972

"Promessa de Pescador" (Dorival Caymmi), Dorival Caymmi, Odeon, 11760-B, 78 rpm, 1939

"Quando Eu Durmo" (Dorival Caymmi), Dori Caymmi e Danilo Caymmi, Som Livre, 2863-2, CD *Caymmi*, 2013

"Que É Que a Baiana Tem?, O" (Dorival Caymmi), Carmen Miranda e Dorival Caymmi, Odeon, 11710-A, 78 rpm, 1939; Dorival Caymmi, Odeon, MOFB-3150, LP *Eu Não Tenho Onde Morar*, 1960

"Que É Que Eu Dou?, O" (Dorival Caymmi e Antônio Almeida), Jorge Veiga, Continental, 15848-B, 78 rpm, 1947

"Quem Vem Pra Beira do Mar" (Dorival Caymmi), Aracy de Almeida, Continental, 16982-A, 78 rpm, 1954; Dorival Caymmi, Odeon, 13707-A, 78 rpm, 1954

"Rainha do Mar" (Dorival Caymmi), Dorival Caymmi, Odeon, 11760-A, 78 rpm, 1939

"Recordação... Saudade..." (Dorival Caymmi), Orlando Silva, Odeon, 12921-A, 78 rpm, 1949[20]

"Requebre que Eu Dou um Doce" (Dorival Caymmi), Anjos do Inferno, Columbia, 55303-B, 78 rpm, 1941; Dorival Caymmi, Odeon, MODB-3028, LP *Sambas de Caymmi*, 1955

"Retirantes" (Dorival Caymmi e Jorge Amado), Dorival Caymmi, Som Livre, 402.6045, compacto *Escrava Isaura* (trilha sonora da novela), 1976

"Roda Pião" (Dorival Caymmi), Carmen Miranda e Dorival Caymmi, Odeon, 11751-A, 78 rpm, 1939; Dorival Caymmi, Odeon, MOEB-3000, LP *Eu Vou Pra Maracangalha*, 1957

"Rosa Morena" (Dorival Caymmi), Anjos do Inferno, Columbia, 55380-B, 78 rpm, 1942; Dorival Caymmi, Odeon, MODB-3028, LP *Sambas de Caymmi*, 1955

"Sábado em Copacabana" (Dorival Caymmi e Carlos Guinle), Lúcio Alves, Continental, 16480-A, 78 rpm, 1951; Dorival Caymmi, Odeon, MODB-3028, LP *Sambas de Caymmi*, 1955

"Samba da Minha Terra" (Dorival Caymmi), Bando da Lua, Columbia, 55245-A, 78 rpm, 1940; Dorival Caymmi, Odeon, MOEB-3000, LP *Eu Vou Pra Maracangalha*, 1957

"Santa Clara Clareou" (Dorival Caymmi), Dorival Caymmi, Odeon, SMOAB-6007, LP *Caymmi*, 1972

[20] Gravada unicamente por Orlando Silva. Não é citada no *Cancioneiro da Bahia* (edições de 1947 e 1978) nem no *Songbook* (1994). Publicada pela Mangione em 1949.

"São João" (Dorival Caymmi)[21]

"São Salvador" (Dorival Caymmi), Dorival Caymmi, Odeon, 14583, 78 rpm, 1960

"Sargaço Mar" (Dorival Caymmi), Dorival Caymmi, Sargaço/Fundação Emílio Odebrecht, 001/2, LP *Caymmi*, 1985

"Saudade" (Dorival Caymmi e Fernando Lobo), Orlando Silva, Odeon, 12811-B, 78 rpm, 1947; Dorival Caymmi, Funarte, EE-84003, LP *Setenta Anos — Caymmi*, 1984

"Saudade da Bahia" (Dorival Caymmi), Dorival Caymmi, Odeon, 14198, 78 rpm, 1957

"Saudade de Itapoã (Coqueiro de Itapuã)" (Dorival Caymmi), Dorival Caymmi, RCA Victor, 80.0576-B, 78 rpm, 1948

"Segura Don Don" (Dorival Caymmi e Assis Chateaubriand)[22]

"Sem os Carinhos Teus" (Dorival Caymmi e Oswaldo Santiago)[23]

"Seu Defeito É Não Ter" (Dorival Caymmi e Oswaldo Santiago), Dircinha Batista, Odeon, 12084-A, 78 rpm, 1941[24]

"Severo do Pão" (Dorival Caymmi), Dorival Caymmi, EMI, 064.748.788, LP *Dori, Nana, Danilo e Dorival Caymmi*, 1987

"Só Louco" (Dorival Caymmi), Dorival Caymmi, Odeon, MODB-3028, LP *Sambas de Caymmi*, 1955

"Sodade Matadera" (Dorival Caymmi), Dorival Caymmi, RCA Victor, 80.0585-B, 78 rpm, 1948

"Tão Só" (Dorival Caymmi e Carlos Guinle), Dorival Caymmi, Odeon, 13478-A, 78 rpm, 1953

"Tem Dó" (Dorival Caymmi, Antônio Almeida, Alberto Ribeiro e João de Barro), Anjos do Inferno, Columbia, 55392-B, 78 rpm, 1943[25]

"Temporal (História de Pescadores III)" (Dorival Caymmi), Dorival Caymmi, Odeon, MOFB-3011, LP *Caymmi e o Mar*, 1957

"Trezentas e Sessenta e Cinco Igrejas" (Dorival Caymmi), Dorival Caymmi, Odeon, 12685-B, 78 rpm, 1946

[21] Marcha inédita, composta na adolescência. Conservou-se apenas a letra.

[22] Samba-de-roda inédito.

[23] Samba inédito. Publicado pela Mangione em 1941.

[24] Gravada unicamente por Dircinha Batista. Não é citada no *Cancioneiro da Bahia* (1947 e 1978) nem no *Songbook* (1994). Publicada pela Mangione em 1941.

[25] Gravada unicamente pelo conjunto Anjos do Inferno e por Zezinho (Imperial, IMP-30100, LP *Sambistas do Sereno*, 1968). Não é citada no *Cancioneiro da Bahia* (1947 e 1978) nem no *Songbook* (1994). Publicada pela Mangione em 1942. Caymmi utilizou o mesmo refrão em "Rainha do Mar".

"Um Beijo na Sombra" (Dorival Caymmi)[26]

"Valerá a Pena" (Dorival Caymmi e Carlos Guinle), Continental, Vera Lúcia, 17041-A, 78 rpm, 1955

"Vamos Falar de Tereza" (Dorival Caymmi e Danilo Caymmi), Dorival Caymmi e Danilo Caymmi, Som Livre, 407.0070, LP *Tereza Batista* (trilha sonora da novela), 1992

"Vamos Ver Como Dobra o Sino" (Dorival Caymmi)[27]

"Vatapá" (Dorival Caymmi), Anjos do Inferno, Columbia, 55380-A, 78 rpm, 1942; Dorival Caymmi, Odeon, MOEB-3000, LP *Eu Vou Pra Maracangalha*, 1957

"Velhas Histórias" (Dorival Caymmi e Danilo Caymmi), Danilo Caymmi, EMI, 31C.064.422963, LP *Caymmi's Grandes Amigos*, 1986[28]

"Velório (História de Pescadores V)" (Dorival Caymmi), Dorival Caymmi, Odeon, MOFB-3011, LP *Caymmi e o Mar*, 1957

"Vem ao Luar" (Dorival Caymmi)[29]

"Vento, O" (Dorival Caymmi), Dorival Caymmi, RCA Victor, 80.0596-A, 78 rpm, 1949

"Vestido de Bolero" (Dorival Caymmi), Anjos do Inferno, Continental, 15101-B, 78 rpm, 1944; Dorival Caymmi, Odeon, MODB-3028, LP *Sambas de Caymmi*, 1955

"Vizinha do Lado, A" (Dorival Caymmi), Dorival Caymmi, Odeon, 12685-A, 78 rpm, 1946

"Você Já Foi à Bahia?" (Dorival Caymmi), Anjos do Inferno, Columbia, 55303-A, 78 rpm, 1941; Dorival Caymmi, Funarte, EE-84003, LP *Setenta Anos — Caymmi*, 1984

"Você Não Sabe Amar" (Dorival Caymmi, Carlos Guinle e Hugo Lima), Francisco Carlos, RCA Victor, 80.0648-A, 78 rpm, 1950

"Vou Ver Juliana" (Dorival Caymmi), Quarteto em Cy, Elenco, ME-47, LP *Em Cy Maior*, 1968; Dorival Caymmi, Odeon, SMOAB-6007, LP *Caymmi*, 1972

[26] Marcha inédita, composta na adolescência. Conservou-se apenas a letra graças a Paulo Tapajós, que a registrou em seu caderno de repertório.

[27] Modinha inédita, apresentada no filme *Pureza* (1940), com Caymmi se acompanhando ao violão.

[28] A música não é citada no *Songbook* (1994).

[29] Modinha inédita, composta na juventude.

# DISCOGRAFIA

Odeon, 11710, 78 rpm, abr. 1939
"O Que É Que a Baiana Tem?" (Dorival Caymmi), com Carmen Miranda
"A Preta do Acarajé" (Dorival Caymmi), com Carmen Miranda

Odeon, 11751-A, 78 rpm, ago. 1939
"Roda Pião" (Dorival Caymmi), com Carmen Miranda

Odeon, 11760, 78 rpm, set. 1939
"Rainha do Mar" (Dorival Caymmi)
"Promessa de Pescador" (Dorival Caymmi)

Odeon, 11850, 78 rpm, maio 1940
"Navio Negreiro" (J. Piedade, Sá Róris e Alcir Pires Vermelho)
"Noite de Temporal" (Dorival Caymmi)

Columbia, 55247, 78 rpm, dez. 1940
"O Mar I" (Dorival Caymmi)
"O Mar II" (Dorival Caymmi)

Columbia, 55292, 78 rpm, ago. 1941
"Essa Nega Fulô" (Jorge de Lima e Oswaldo Santiago)
"Balaio Grande" (Dorival Caymmi e Oswaldo Santiago)

Columbia, 55304, 78 rpm, out. 1941
"É Doce Morrer no Mar" (Dorival Caymmi e Jorge Amado)
"A Jangada Voltou Só" (Dorival Caymmi)

Continental, 15021, 78 rpm, dez. 1943
"Essa Nega Fulô" (Jorge de Lima e Oswaldo Santiago)
"Balaio Grande" (Dorival Caymmi e Oswaldo Santiago)

Continental, 15025, 78 rpm, dez. 1943
"É Doce Morrer no Mar" (Dorival Caymmi e Jorge Amado)
"A Jangada Voltou Só" (Dorival Caymmi)

Continental, 15094, 78 rpm, dez. 1943
"O Mar I" (Dorival Caymmi)
"O Mar II" (Dorival Caymmi)

Odeon, 12606, 78 rpm, ago. 1945
"Dora" (Dorival Caymmi)
"Peguei um Ita no Norte" (Dorival Caymmi)

Odeon, 12685, 78 rpm, mar. 1946
"A Vizinha do Lado" (Dorival Caymmi)
"Trezentas e Sessenta e Cinco Igrejas" (Dorival Caymmi)

RCA Victor, 800536, 78 rpm, ago. 1947
"Marina" (Dorival Caymmi)
"Lá Vem a Baiana" (Dorival Caymmi)

RCA Victor, 800576, 78 rpm, abr. 1948
"A Lenda do Abaeté" (Dorival Caymmi)
"Saudade de Itapoã" (Dorival Caymmi)

RCA Victor, 800585, 78 rpm, 1948
"Cantiga" (Dorival Caymmi)
"Sodade Matadera" (Dorival Caymmi)

RCA Victor, 800596, 78 rpm, jul. 1949
"O Vento" (Dorival Caymmi)
"Festa de Rua" (Dorival Caymmi)

Odeon, 13288, 78 rpm, jul. 1952
"Não Tem Solução" (Dorival Caymmi e Carlos Guinle)
"Nem Eu" (Dorival Caymmi)

Odeon, 13478, 78 rpm, ago. 1953
"Tão Só" (Dorival Caymmi e Carlos Guinle)
"João Valentão" (Dorival Caymmi)

Odeon, 13707, 78 rpm, set. 1954
"Quem Vem Pra Beira do Mar" (Dorival Caymmi)
"Pescaria (Canoeiro)" (Dorival Caymmi)

Odeon, 13732, 78 rpm, nov. 1954
"A Jangada Voltou Só" (Dorival Caymmi)
"É Doce Morrer no Mar" (Dorival Caymmi e Jorge Amado)

Odeon, 13964, 78 rpm, jan. 1956
"Sábado em Copacabana" (Dorival Caymmi e Carlos Guinle)
"Só Louco" (Dorival Caymmi)

Odeon, 13987, 78 rpm, mar. 1956
"Saudade de Itapoã" (Dorival Caymmi)
"A Lenda do Abaeté" (Dorival Caymmi)

Odeon, 14075, 78 rpm, ago. 1956
"Maracangalha" (Dorival Caymmi)
"Eu Fiz uma Viagem" (Dorival Caymmi)

Odeon, 14198, 78 rpm, maio 1957
"Saudade da Bahia" (Dorival Caymmi)
"Roda Pião" (Dorival Caymmi)

Odeon, 14207, 78 rpm, jun. 1957
"Acalanto" (Dorival Caymmi)
"História pro Sinhozinho" (Dorival Caymmi)

Odeon, 14286, 78 rpm, dez. 1957
"Dois de Fevereiro" (Dorival Caymmi)
"Saudade de Itapoã" (Dorival Caymmi)

Odeon, 14583, 78 rpm, fev. 1960
"São Salvador" (Dorival Caymmi)
"Eu Não Tenho Onde Morar" (Dorival Caymmi)

Odeon, 14616, 78 rpm, maio 1960
"Rosa Morena" (Dorival Caymmi)
"Acalanto" (Dorival Caymmi), com Nana Caymmi

Philip Morris Brasileira/Som, s/n, compacto promocional *Dorival é Nacional*, 1976
"Boa Terra, Boa Gente" (Dorival Caymmi)

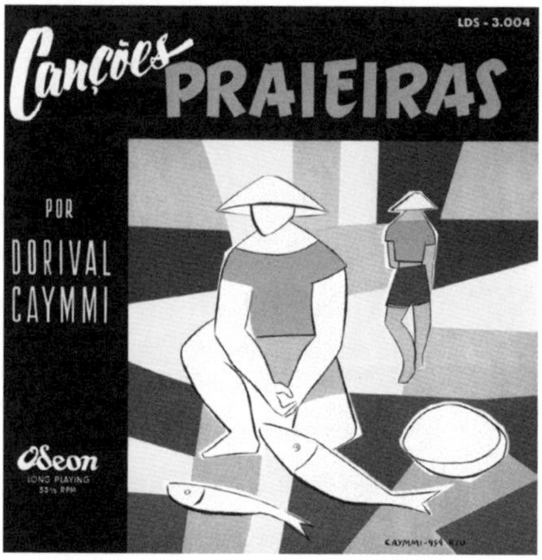


*Canções Praieiras*
(Odeon, LDS-3004, LP, 1954)

Lado A
1. "Quem Vem Pra Beira do Mar" (Dorival Caymmi)
2. "O Bem do Mar" (Dorival Caymmi)
3. "O Mar" (Dorival Caymmi)
4. "Pescaria (Canoeiro)" (Dorival Caymmi)

Lado B
5. "É Doce Morrer no Mar" (Dorival Caymmi e Jorge Amado)
6. "A Jangada Voltou Só" (Dorival Caymmi)
7. "A Lenda do Abaeté" (Dorival Caymmi)
8. "Saudade de Itapoã" (Dorival Caymmi)

*Sambas de Caymmi*
(Odeon, MODB-3028, LP, 1955)

Lado A
1. "Sábado em Copacabana" (Dorival Caymmi e Carlos Guinle)
2. "Não Tem Solução" (Dorival Caymmi e Carlos Guinle)
3. "Nunca Mais" (Dorival Caymmi)
4. "Só Louco" (Dorival Caymmi)

Lado B
5. "Requebre que Eu Dou um Doce" (Dorival Caymmi)
6. "Vestido de Bolero" (Dorival Caymmi)
7. "A Vizinha do Lado" (Dorival Caymmi)
8. "Rosa Morena" (Dorival Caymmi)

*Caymmi e o Mar*
(Odeon, MOFB-3011, LP, 1957)

Lado A
1. "História de Pescadores" (Dorival Caymmi):
   I. "Canção da Partida"
   II. "Adeus da Esposa"
   III. "Temporal"
   IV. "Cantiga de Noiva (Canção da Noiva"
   V. "Velório"
   VI. "Na Manhã Seguinte"
2. "Promessa de Pescador" (Dorival Caymmi)
3. "Dois de Fevereiro" (Dorival Caymmi)
4. "O Vento" (Dorival Caymmi)

Lado B
5. "Saudade de Itapoã" (Dorival Caymmi)
6. "Noite de Temporal" (Dorival Caymmi)
7. "Festa de Rua" (Dorival Caymmi)
8. "O Mar" (Dorival Caymmi)

*Eu Vou Pra Maracangalha*
(Odeon, MOEB-3000, LP, 1957)

Lado A
1. "Maracangalha" (Dorival Caymmi)
2. "Samba da Minha Terra" (Dorival Caymmi)
3. "Saudade da Bahia" (Dorival Caymmi)
4. "Acontece Que Eu Sou Baiano" (Dorival Caymmi)

Lado B
5. "Eu Fiz uma Viagem" (Dorival Caymmi)
6. "Vatapá" (Dorival Caymmi)
7. "Roda Pião" (Dorival Caymmi)
8. "Trezentas e Sessenta e Cinco Igrejas" (Dorival Caymmi)

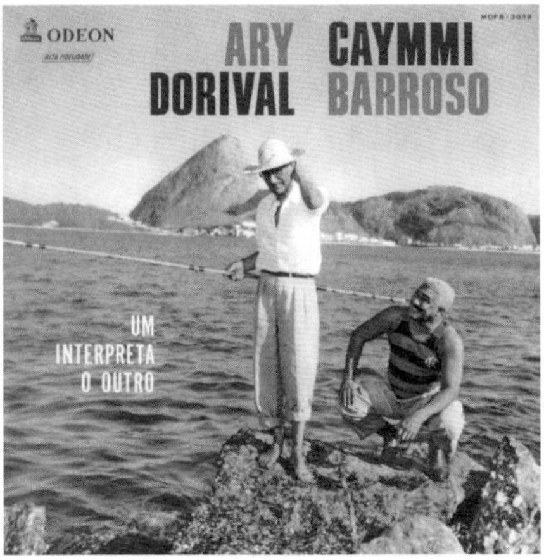


*Ary Caymmi — Dorival Barroso — Um Interpreta o Outro*
(Odeon, MOFB-3038, LP, 1958)

Lado A
1. "Lá vem a Baiana" (Dorival Caymmi)
2. "Risque" (Ary Barroso)
3. "Maracangalha" (Dorival Caymmi)
4. "Por Causa Desta Cabocla" (Ary Barroso e Luiz Peixoto)
5. "João Valentão" (Dorival Caymmi)
6. "Inquietação" (Ary Barroso)

Lado B
7. "Na Baixa do Sapateiro" (Ary Barroso)
8. "Marina" (Dorival Caymmi)
9. "Maria" (Ary Barroso e Luiz Peixoto)
10. "Dora" (Dorival Caymmi)
11. "Tu" (Ary Barroso)
12. "Nem Eu" (Dorival Caymmi)

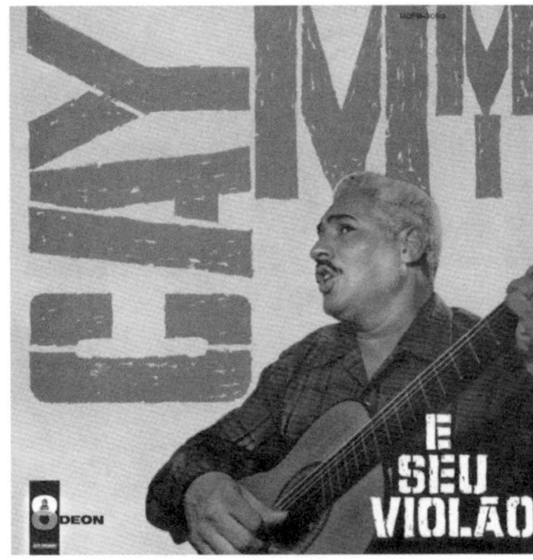


*Caymmi e seu Violão*
(Odeon, MOFB-3093, LP, 1959)

Lado A
1. "Pescaria (Canoeiro)" (Dorival Caymmi)
2. "A Jangada Voltou Só" (Dorival Caymmi)
3. "Dois de Fevereiro" (Dorival Caymmi)
4. "É Doce Morrer no Mar" (Dorival Caymmi e Jorge Amado)
5. "Saudade de Itapoã (Coqueiro de Itapoã)" (Dorival Caymmi)
6. "O Mar" (Dorival Caymmi)

Lado B
7. "O Vento" (Dorival Caymmi)
8. "O Bem do Mar" (Dorival Caymmi)
9. "Quem Vem Para a Beira do Mar" (Dorival Caymmi)
10. "A Lenda do Abaeté" (Dorival Caymmi)
11. "Promessa de Pescador" (Dorival Caymmi)
12. "Noite de Temporal" (Dorival Caymmi)

*Eu Não Tenho Onde Morar*
(Odeon, MOFB-3150, LP, 1960)

Lado A
1. "Eu Não Tenho Onde Morar" (Dorival Caymmi)
2. "Rosa Morena" (Dorival Caymmi)
3. "Acontece Que Eu Sou Baiano" (Dorival Caymmi)
4. "Acalanto" (Dorival Caymmi)
5. "Vestido de Bolero" (Dorival Caymmi)
6. "O Dengo (O Dengo Que a Nega Tem)" (Dorival Caymmi)

Lado B

7. "Dora" (Dorival Caymmi)
8. "O Que É Que a Baiana Tem?" (Dorival Caymmi)
9. "A Vizinha do Lado" (Dorival Caymmi)
10. "Adeus" (Dorival Caymmi)
11. "São Salvador" (Dorival Caymmi)
12. "Marina" (Dorival Caymmi)

*Caymmi Visita Tom e Leva Seus Filhos Nana, Dori e Danilo*
(Elenco, ME-17, LP, 1964)

Lado A
1. "... Das Rosas" (Dorival Caymmi)
2. "Só Tinha de Ser Com Você" (Tom Jobim e Aloysio de Oliveira)
3. "Inútil Paisagem" (Tom Jobim e Aloysio de Oliveira)
4. "Vai de Vez" (Roberto Menescal e Lula Freire)
5. "Cantiga de Noiva (Canção da Noiva) (História de Pescadores IV)" (Dorival Caymmi)

Lado B

6. "Saudade da Bahia" (Dorival Caymmi)
7. "Tristeza de Nós Dois" (Durval Ferreira, Bebeto e Maurício Einhorn)
8. "Berimbau" (Baden Powell e Vinicius de Moraes)
9. "Sem Você" (Tom Jobim e Vinicius de Moraes)

*Vinicius/Caymmi no Zum Zum com o Quarteto em Cy e o Conjunto Oscar Castro Neves*
(Elenco, ME-23, LP, 1965)

Lado A
1. "Bom Dia, Amigo" (Baden Powell e Vinicius de Moraes)
2. "Carta a Tom" (Vinicius de Moraes)
3. "Berimbau" (Baden Powell e Vinicius de Moraes)
4. "Tem Dó de Mim" (Carlos Lyra)
5. "Broto Maroto" (Carlos Lyra e Vinicius de Moraes)
6. "Minha Namorada" (Carlos Lyra e Vinicius de Moraes)
7. "Saudade da Bahia" (Dorival Caymmi)
8. "... Das Rosas" (Dorival Caymmi)

Lado B
9. "História de Pescadores" (Dorival Caymmi)
10. "Dia da Criação" (Vinicius de Moraes)
11. "Aruanda" (Carlos Lyra e Geraldo Vandré)
12. "Adalgisa" (Dorival Caymmi)
13. "Formosa" (Baden Powell e Vinicius de Moraes)
14. Final

*Caymmi (Kai-ee-me) and The Girls From Bahia*
(Warner, WB-1614, LP, 1965, EUA)
*Caymmi*
(Odeon, MOFB-364, LP, 1967, Brasil)

Lado A
1. "... And Roses and Roses" ("... Das Rosas") (Dorival Caymmi)
2. "Sábado em Copacabana" (Dorival Caymmi e Carlos Guinle)
3. "Berimbau" (Baden Powell e Vinicius de Moraes)
4. "Saudade da Bahia" (Dorival Caymmi)
5. "I Long for Itapuã" ("Saudade de Itapoã") (Dorival Caymmi)
6. "Maracangalha" (Dorival Caymmi)

Lado B
7. "March of the Fishermen" ("História de Pescadores") (Dorival Caymmi)
8. "I Live to Love" ("Morrer de Amor") (Oscar Castro Neves e L. Fiorini)
9. "The Storm" ("O Vento") (Dorival Caymmi)
10. "Amaralina Beach" ("Praia de Amaralina") (Carlos Castilho e Chico de Assis)
11. "Whistle To The Wind" ("Temporal") (Dorival Caymmi)
12. "Samba da Minha Terra" (Dorival Caymmi)

*Caymmi*
(Odeon, SMOAB-6007, LP, 1972)

Lado A
1. "Promessa de Pescador" (Dorival Caymmi)
2. "Morena do Mar" (Dorival Caymmi)
3. "Santa Clara Clareou" (Dorival Caymmi)
4. "Canto de Nanã" (Dorival Caymmi)
5. "Francisca Santos das Flores (Dona Chica)" (Dorival Caymmi)
6. "Oração de Mãe Menininha" (Dorival Caymmi)

Lado B
7. "Eu Cheguei Lá" (Dorival Caymmi)
8. "Sodade Matadera" (Dorival Caymmi)
9. "A Preta do Acarajé" (Dorival Caymmi)
10. "Rainha do Mar" (Dorival Caymmi)
11. "Vou Ver Juliana" (Dorival Caymmi)
12. "Itapoã" (Dorival Caymmi)
13. "Canto de Obá" (Dorival Caymmi e Jorge Amado)

*Caymmi Também É de Rancho*
(Odeon, SMOFB-3795, LP, 1973)

Lado A
1. "... Das Rosas" (Dorival Caymmi)
2. "Rosa Morena" (Dorival Caymmi)
3. "Canção da Partida (História de Pescadores I)" (Dorival Caymmi)
4. "Marina" (Dorival Caymmi)
5. "Pescaria (Canoeiro)" (Dorival Caymmi)
6. "Sábado em Copacabana" (Dorival Caymmi e Carlos Guinle)

Lado B
7. "Saudade de Itapoã" (Dorival Caymmi)
8. "Peguei um Ita no Norte" (Dorival Caymmi)
9. "Nem Eu" (Dorival Caymmi)
10. "O Bem do Mar" (Dorival Caymmi)
11. "Temporal (História de Pescadores III)" (Dorival Caymmi)
12. "Acalanto" (Dorival Caymmi)

*Setenta Anos — Caymmi*
(Funarte, EE-84003, LP, 1984, álbum duplo, gravado ao vivo no Teatro Castro Alves, Salvador, em 1979)

Disco 1
Lado A
1. "Sodade Matadera" (Dorival Caymmi)
2. "Saudade da Bahia" (Dorival Caymmi)
3. "Você Já Foi à Bahia?" (Dorival Caymmi)
4. "Trezentas e Sessenta e Cinco Igrejas" (Dorival Caymmi)
5. "Acaçá" (Dorival Caymmi)
6. "Flor da Noite" (folclore)
7. "Sorvete" (folclore)
8. "Iaiá" (folclore)
9. "A Preta do Acarajé" (Dorival Caymmi)
10. "Vatapá" (Dorival Caymmi)
11. "Saudade de Itapoã" (Dorival Caymmi)
12. "Dois de Fevereiro" (Dorival Caymmi)
13. "Festa de Rua" (Dorival Caymmi)

Lado B
14. "Saudade" (Dorival Caymmi e Fernando Lobo)
15. "Nem Eu" (Dorival Caymmi)
16. "Não Tem Solução" (Dorival Caymmi e Carlos Guinle)
17. "Francisca Santos das Flores (Dona Chica)" (Dorival Caymmi)
18. "Marina" (Dorival Caymmi)
19. "Eu Cheguei Lá" (Dorival Caymmi)
20. "Dora" (Dorival Caymmi)

Disco 2
Lado A
1. "A Jangada Voltou Só" (Dorival Caymmi)
2. "Noite de Temporal" (Dorival Caymmi)
3. "O Vento" (Dorival Caymmi)
4. "É Doce Morrer no Mar" (Dorival Caymmi e Jorge Amado)
5. "O Bem do Mar" (Dorival Caymmi)
6. "Quem Vem Pra Beira do Mar" (Dorival Caymmi)
7. "Milagre" (Dorival Caymmi)

Lado B
8. Tema sem nome
9. Tema incidental: "September Song" (Kurt Weill e Maxwell Anderson)
10. "Adalgisa" (Dorival Caymmi)
11. "Oração de Mãe Menininha" (Dorival Caymmi)
12. "Acalanto" (Dorival Caymmi)
13. "Canção da Partida (História de Pescadores I)" (Dorival Caymmi)

*Caymmi*
(Sargaço/Fundação Emílio Odebrecht, 001, LP, 1985, álbum duplo)

Disco 1
Lado A
1. Depoimento de Jorge Amado
2. "É Doce Morrer no Mar" (Dorival Caymmi e Jorge Amado)
3. "Festa de Rua" (Dorival Caymmi)
4. "A Preta do Acarajé" (Dorival Caymmi)
5. "Canção da Partida (História de Pescadores I)" (Dorival Caymmi)
6. "A Lenda do Abaeté" (Dorival Caymmi)
7. "O Que é Que a Baiana Tem?" (Dorival Caymmi)
8. Depoimento de Caetano Veloso

Lado B
9. Depoimento de Tom Jobim
10. "... Das Rosas" (Dorival Caymmi)
11. "Dora" (Dorival Caymmi)
12. "Eu Fiz uma Viagem" (Dorival Caymmi)
13. "Peguei um Ita no Norte" (Dorival Caymmi)
14. "Maracangalha" (Dorival Caymmi)
15. "Acalanto" (Dorival Caymmi)
16. Depoimento de Caribé

Disco 2
Lado A
1. "Caymmiana" (Radamés Gnattali sobre temas de Dorival Caymmi)
2. "Você Já foi à Bahia?" (Dorival Caymmi)
3. "Samba da Minha Terra" (Dorival Caymmi)
4. "Sargaço Mar" (Dorival Caymmi)

Lado B
5. "A Mãe D'Água e a Menina" (Dorival Caymmi)
6. "Pescaria (Canoeiro)" (Dorival Caymmi)
7. "Vatapá" (Dorival Caymmi)
8. "Marina" (Dorival Caymmi)
9. "Dois de Fevereiro" (Dorival Caymmi)
10. "Oração de Mãe Menininha" (Dorival Caymmi)

*Caymmi's Grandes Amigos — Nana, Dori e Danilo Caymmi* (EMI, 31C.064.422963, LP, 1986)

Lado A
1. "Canção da Partida (História de Pescadores I)" (Dorival Caymmi)
2. "João Valentão" (Dorival Caymmi)
3. "... Das Rosas" (Dorival Caymmi)
4. "Velhas Histórias" (Dorival Caymmi e Danilo Caymmi)
5. "A Vizinha do Lado" (Dorival Caymmi)
6. "Canção Antiga" (Dorival Caymmi)

Lado B
7. "Acalanto" (Dorival Caymmi)
8. "Requebre que Eu Dou um Doce" (Dorival Caymmi)
9. "Vestido de Bolero" (Dorival Caymmi)
10. "Dora" (Dorival Caymmi)
11. "O Mar" (Dorival Caymmi)
12. "Peguei um Ita no Norte" (Dorival Caymmi)

*Dori, Nana, Danilo e Dorival Caymmi* (EMI, 064.748788, LP, 1987, gravado ao vivo no Scala II, Rio de Janeiro)

Lado A
1. "Promessa de Pescador" (Dorival Caymmi)
2. "Meu Menino" (Ana Terra e Danilo Caymmi)
3. "Velho Piano" (Dori Caymmi e Paulo César Pinheiro)
4. "Só Louco" (Dorival Caymmi)
5. "Vatapá" (Dorival Caymmi)
6. "Andança" (Danilo Caymmi, Edmundo Souto e Paulinho Tapajós)
7. "João Valentão" (Dorival Caymmi)
8. "Acalanto" (Dorival Caymmi)

Lado B
9. "Quem Vem Pra Beira do Mar" (Dorival Caymmi)
10. "Nem Eu" (Dorival Caymmi)
11. "Marina" (Dorival Caymmi)
12. "Severo do Pão" (Dorival Caymmi)
13. "A Mãe d'Água e a Menina" (Dorival Caymmi)
14. "Adalgisa" (Dorival Caymmi)
15. "Canção da Partida (História de Pescadores I" (Dorival Caymmi)

*Família Caymmi em Montreux* (PolyGram, 510817/1, LP, 1992, gravado ao vivo no XXV Festival de Jazz de Montreux, na Suíça, em 1991)

Lado A
1. "Você Já Foi à Bahia?" (Dorival Caymmi)
2. "Samba do Avião" (Tom Jobim)
3. "Gabriela" (Tom Jobim)
4. "Brasil Nativo" (Danilo Caymmi e Paulo César Pinheiro)
5. "Andança" (Danilo Caymmi, Edmundo Souto e Paulinho Tapajós)
6. "Sargaço Mar" (Dorival Caymmi)
7. "A Lenda do Abaeté" (Dorival Caymmi)

Lado B
8. "Nem Eu" (Dorival Caymmi)
9. "Noite de Temporal" (Dorival Caymmi)
10. "Marina" (Dorival Caymmi)
11. "Razão de Viver" (Eumir Deodato e Paulo Sérgio Valle)
12. "Nesta Rua Tão Deserta" (Dorival Caymmi, Carlos Guinle e Hugo Lima)
13. "Sábado em Copacabana" (Dorival Caymmi e Carlos Guinle)
14. "Dois de Fevereiro" (Dorival Caymmi)
15. "Saveiros" (Dori Caymmi e Nelson Motta)
16. "Saudade da Bahia" (Dorival Caymmi)
17. "Maracangalha" (Dorival Caymmi)

# ÍNDICE ONOMÁSTICO


Alaketu, Olga de, 72, 471

# BIBLIOGRAFIA


AFONSO, Carlos Alberto. *ABC de Vinicius de Moraes*. Rio de Janeiro: Novo Quadro, 1991.

ALENCAR, Edgar de. *O carnaval carioca através da música*. Rio de Janeiro: Francisco Alves, 1978.

ALMIRANTE (Henrique Foreis Domingues). *No tempo de Noel Rosa*. 2ª ed. Rio de Janeiro: Francisco Alves, 1977.

AMADO, Jorge. *Bahia de Todos os Santos: guia de ruas e mistérios*. 39ª ed. Rio de Janeiro: Record, 1991.

_________. *Navegação de cabotagem: apontamentos para um livro de memórias que jamais escreverei*. Rio de Janeiro: Record, 1992.

AMADO, Jorge; CARYBÉ. *Bahia colorida*. Coleção Mercator, vol. 2. São Paulo: Gráficos Brunner, 1978.

ANDRADE, Carlos Drummond de. *A vida passada a limpo*. Rio de Janeiro: José Olympio, 1959.

_________. *Versiprosa*. Rio de Janeiro: José Olympio, 1967.

AUGUSTO, Alexandre. *Moreira da Silva: o último dos malandros*. Rio de Janeiro: Record, 1996.

BARBOSA, Marília; ALENCAR, Vera de. *Caymmi som imagem magia*. Rio de Janeiro: Fundação Emílio Odebrecht, 1985.

CABRAL, Sérgio. *No tempo de Almirante: uma história do rádio e da MPB*. Rio de Janeiro: Francisco Alves, 1990.

_________. *A MPB na Era do Rádio*. Coleção Polêmica. São Paulo: Moderna, 1996.

_________. *Antônio Carlos Jobim: uma biografia*. Rio de Janeiro: Lumiar, 1997.

_________. *No tempo de Ari Barroso*. Rio de Janeiro: Lumiar, s.d.

CALADO, Carlos. *Tropicália: a história de uma revolução musical*. São Paulo: Editora 34, 1997.

CALDEIRA, Jorge; CARVALHO, Flávio; MARCONDES, Cláudio; PAULA, Sérgio Goes de. *Viagem pela História do Brasil*. 2ª ed. São Paulo: Companhia das Letras, 1999.

CÂMARA CASCUDO, Luís da. *Dicionário do folclore brasileiro*. Rio de Janeiro: MEC/Instituto Nacional do Livro, 1954.

CARDOSO JÚNIOR, Abel. *Carmen Miranda: a cantora do Brasil*. São Paulo: edição do autor, 1978.

CARNEIRO, Edison. *Candomblés da Bahia*. Coleção Brasileira de Ouro. Rio de Janeiro: Edições de Ouro, 1967.

CASTELLO, José. *Vinicius de Morais, o poeta da paixão: uma biografia*. São Paulo: Companhia das Letras, 1994.

_________. *Na cobertura de Rubem Braga*. Rio de Janeiro: José Olympio, 1996.

CASTRO, Ruy. *Chega de saudade: a história e as histórias da bossa nova*. São Paulo: Companhia das Letras, 1990.

_________. *Ela é carioca: uma enciclopédia de Ipanema*. São Paulo: Companhia das Letras, 1999.

CAYMMI, Dorival. *Cancioneiro da Bahia*. São Paulo: Martins, 1947.

_________. *Cancioneiro da Bahia*. 5ª ed. Rio de Janeiro: Record, 1978.

CELESTINO, Antonio. *Gente da terra*. São Paulo: Martins, 1972.

CHEDIAK, Almir. *Tom Jobim: Songbook*. 5ª ed. Rio de Janeiro: Lumiar, 1990.

_________. *Dorival Caymmi: Songbook*. Rio de Janeiro: Lumiar, 1994.

CHEVALIER, Scarlet Moon de. *Areias escaldantes: inventário de uma praia*. Rio de Janeiro: Rocco, 1999.

DAPIEVE, Arthur *et al*. *O Globo 2000*. Edição Especial do Jornal *O Globo*. Rio de Janeiro: O Globo, 1999.

_________. *Brasil 500 anos de cultura*. Edição Especial do Jornal *O Globo*. Rio de Janeiro: O Globo, 1999.

DREYFUS, Dominique. *O violão vadio de Baden Powell*. São Paulo: Editora 34, 1999.

EFEGÊ, Jota. *Figuras e coisas da música popular. Vol. 1*. Rio de Janeiro: Funarte, 1978.

_________. *Figuras e coisas da música popular. Vol. 2*. Rio de Janeiro: Funarte, 1979.

_________. *Meninos, eu vi*. Rio de Janeiro: Funarte, 1985.

ENCICLOPÉDIA DA MÚSICA BRASILEIRA: POPULAR, ERUDITA E FOLCLÓRICA. 2ª ed. rev. e ampliada. São Paulo: Art Editora/Publifolha, 1998.

FERNANDES, Millôr. *Millôr definitivo: a bíblia do caos*. Porto Alegre: L&PM, 1994.

FUNDAÇÃO CULTURAL DO ESTADO DA BAHIA. *O Rio Vermelho e suas tradições: memórias de Licídio Lopes*. Salvador: FCEB, 1984.

GIL, Gilberto. *Todas as letras*. Carlos Rennó (org.). São Paulo: Companhia da Letras, 1996.

GONZAGA, Alice. *50 anos de Cinédia*. Rio de Janeiro: Record, 1987.

GUINLE, Jorge. *Um século de boa vida: Jorginho Guinle*. Rio de Janeiro: Globo, 1997.

JOBIM, Helena. *Antônio Carlos Jobim: um homem iluminado*. Rio de Janeiro: Nova Fronteira, 1996.

JORNAL DO SÉCULO. Edições de 1931 a 1981. Rio de Janeiro: Jornal do Brasil, nov./dez. 2000.

LOBO, Fernando. *À mesa do Vilariño*. Rio de Janeiro: Record, 1991.

LINS, Wilson. *Aprendizagem do absurdo, uma casa após a outra: memórias*. Salvador: Secretaria da Cultura e Turismo/Conselho Estadual de Cultura/EGBA, 1997.

MARIA, Antônio. *Pernoite: crônicas*. Hermínio Bello de Carvalho, Leonardo Castilho e Sônia Mota (orgs.). Rio de Janeiro: Martins Fontes/Funarte, 1989.

MENDONÇA, Ana Rita. *Carmen Miranda foi a Washington*. Rio de Janeiro: Record, 1999.

MONTEIRO, Martha Gil. *A pequena notável*. Rio de Janeiro: Record, 1989.

MOREIRA, Sonia Virgínia. *O rádio no Brasil*. Rio de Janeiro: Rio Fundo, 1991.

MURCE, Renato. *Bastidores do rádio: fragmentos do rádio de ontem e de hoje*. Rio de Janeiro: Imago, 1976.

OLIVEIRA, Aloysio de. *De banda pra lua*. Rio de Janeiro: Record, 1982.

RISÉRIO, Antonio. *Caymmi: uma utopia de lugar*. Série Debates. São Paulo: Perspectiva, 1993.

RUBIM, Rosane; CARNEIRO, Maried. *Jorge Amado, 80 anos de vida e obra: subsídios para pesquisa*. Salvador: Fundação Casa de Jorge Amado, 1992.

SAROLDI, Luiz Carlos; MOREIRA, Sonia Virgínia. *Rádio Nacional: o Brasil em sintonia*. Rio de Janeiro: Funarte, 1985.

SANTOS, Joaquim Ferreira dos. *Antônio Maria: noites de Copacabana*. Coleção Perfis do Rio. Rio de Janeiro: Relume Dumará/RioArte, 1996.

_________. *Feliz 1958: o ano que não devia terminar*. 2ª ed. Rio de Janeiro: Record, 1998.

SEVERIANO, Jairo. *Getúlio Vargas e a música popular*. Rio de Janeiro: Fundação Getúlio Vargas, 1983.

_________. *Yes, nós temos Braguinha*. Rio de Janeiro: Martins Fontes/Funarte, 1987.

SEVERIANO, Jairo; MELLO, Zuza Homem de. *A canção no tempo: 85 anos de músicas brasileiras. Vol. 1: 1901-1957*. São Paulo: Editora 34, 1997.

_________. *A canção no tempo: 85 anos de músicas brasileiras. Vol. 2: 1958-1985*. São Paulo: Editora 34, 1998.

SILVA, Hélio; CARNEIRO, Maria Cecília Ribas. *Os presidentes*. São Paulo: Grupo de Comunicação Três, 1983.

SILVEIRA, Francisco da. *Vocabulário tupi-guarani/português*. 6ª ed. São Paulo: Efeta, 1998.

SOUZA, Tárik de; CEZIMBRA, Marcia; CALLADO, Tessy. *Tons sobre Tom*. Rio de Janeiro: Revan, 1995.

SOUZA, Tárik de; ANDREATO, Elifas. *Rostos e gostos da música popular brasileira*. Porto Alegre: L&PM, 1979.

TAVARES, Odorico. *Bahia: imagens da terra e do povo*. 3ª ed. Coleção Prestígio. Rio de Janeiro: Edições de Ouro, s.d.

TORRES, Carlos. *Bahia cidade feitiço: guia turístico*. 6ª ed. Salvador: Abrajet, 1973.

WAINER, Samuel. *Minha razão de viver: memórias de um repórter*. 8ª ed. Augusto Nunes (org.). Rio de Janeiro: Record, 1987.

ARQUIVOS

Arquivo pessoal de Dorival Caymmi
Arquivo pessoal de Nana Caymmi
Arquivo pessoal de Stella Caymmi
Arquivo pessoal de Tárik de Souza
Arquivo pessoal de Abel Cardoso Junior
Arquivo pessoal de Antonio Sérgio Ribeiro
Arquivo pessoal de Millôr Fernandes
Arquivo pessoal de Paulo Tapajós
Empresas Bloch

JORNAIS

*A Manhã*, *A Noite*, *A Nota* (Rio de Janeiro), *A Pátria*, *A Tarde*, *Correio da Manhã*, *Diário da Bahia*, *Diário da Noite*, *Diário de Lisboa*, *Diário de Notícias*, *Diário de S. Paulo*, *Folha Carioca*, *Folha de S. Paulo*, *Gazeta de Alagoas*, *Gazeta de Vitória*, *Il Manifesto* (jornal italiano), *Il Messaggero*, *Jornal do Brasil*, *Jornal do Commercio* (Rio de Janeiro), *Le Monde*, *Libération* (jornal), *New York Times*, *O Corisco* (semanário de Salvador), *O Estado de S. Paulo*, *O Globo*, *O Imparcial* (Salvador), *O Jornal*, *O Maxixe*, *O Estado da Bahia*, *Pasquim*, *Pequeno* (Recife), *Tribuna da Imprensa*, *Última Hora*.

REVISTAS

*A Cena Muda*, *Bravo!*, *Cadernos da Música Popular Brasileira* (encartados na revista da SBACEM), *Careta*, *Comício*, *Diretrizes*, *Dom Casmurro*, *Flan* (revista do *Última Hora*), *Fon-Fon*, *Manchete*, *Noite Ilustrada*, *O Cruzeiro*, *O Mundo Ilustrado*, *O Observador Econômico*, *Para Todos*, *Radar*, *Radiolândia*, *Revista Carioca*, *Revista da Semana*, *Revista de Espetáculo*, *Revista da Música Popular*, *Revista do Rádio*, *Veja*.

# LISTA DE DEPOIMENTOS

Agradeço a todos os que gentilmente cederam seu tempo, não raro mais de uma vez, em longas entrevistas sobre Dorival Caymmi e tudo o que pudesse enriquecer esta biografia. Além dos depoimentos, muitos colaboraram com precioso material de pesquisa. A todos, meu imenso carinho. Em especial, a Carybé e Jorge Amado, que já não estão entre nós, mas onde estiverem, tenho certeza, estão felizes celebrando a conclusão deste trabalho. A eles, a minha saudade.

Alda Pereira Vanny
Alexandre Raine
Ana Terra
Annick Thébia-Melsan
Braguinha (João de Barro)
Caetano Veloso
Carybé
Cauby Peixoto
Chico Buarque de Holanda
Cyva (Quarteto em Cy)
Danilo Caymmi
Dinahir Caymmi da Silva
Dori Caymmi
Doron Salomon
Gilberto Gil
Graça Pierotti
Jairo Severiano
James Amado
João Gilberto[1]
João Ubaldo Ribeiro
Joel Silveira
Jorge Amado
Jorginho Guinle
Júlio Cezar Vanni
Lev Smarchewski
Lucinha Mascarenhas
Marcelo Machado
Maria Célia Carvalho
Mário Cravo
Mário Lago
Millôr Fernandes
Nana Caymmi
Nancy Bernabó
Paloma Amado
Sérgio Cabral
Simone Malaguti Caymmi
Stella Caymmi (Adelaide Tostes Caymmi)
Tônia Carrero
Ursulina Lopes Caymmi
Zélia Gattai

[1] João Gilberto, como sempre aprontando das suas, foi capaz de discorrer horas — em horas tardias, bem entendido — sobre minha avó Stella, cantou pra mim, me fez cantar pra ele, elogiou a família de A a Z, mas na hora de falar de meu avô simplesmente não conseguiu. A timidez venceu. Dora Jobim, neta de Tom, me contou que João confessou a ela não se sentir capaz de falar sobre Caymmi.

# AGRADECIMENTOS

A Jairo Severiano, meu anjo da guarda, pela sabedoria, generosidade, paciência e dedicação desinteressada.

A Tárik de Souza pelo convite para fazer esta biografia pela Editora 34 e empenho pessoal e incansável na sua publicação. Nunca vou poder agradecer o bastante a confiança que depositou no meu trabalho, o respeito e a simplicidade que nortearam o nosso relacionamento profissional. Foi uma aula.

A Abel Cardoso Júnior, que em seu refúgio de Sorocaba dedicou-se intensamente à análise do meu livro e a atenciosa colaboração de Antônio Sérgio Ribeiro.

A Dominique Dreyfus pelo carinho, metodologia e experiência.

A Rodrigo Faour e Silvio Júlio Ribeiro, imprescindíveis na atualização da discografia essencial de Dorival Caymmi, realizada em 1985 e cedida generosamente pelo seu autor, Jairo Severiano.

Não posso também deixar de mencionar o quanto me foram proveitosos os cursos dos quais participei ministrados por João Máximo, Ruy Castro e Jairo Severiano na Estação das Letras e na Escola de Música Antônio Adolfo, no Rio de Janeiro.

A Jayme Mesquita do Escritório de Advocacia José Thomaz Nabuco pela competência.

A Beatriz Bracher que soube compreender as breves, porém necessárias, interrupções no desenvolvimento do meu trabalho.

Ao Grupo Pão de Açúcar, cujo patrocínio foi decisivo para que este livro se tornasse realidade.

À disponibilidade infatigável e competente da jornalista Regina Paganotti, cujo trabalho foi de enorme utilidade, bem como a colaboração cuidadosa de Edna Dias Tikerpe, Soraia Gaspar Vieira e Sheila Patrocínio em diferentes fases deste livro.

À coragem e persistência de Elaine Lobo na ordenação do arquivo de Dorival Caymmi e seu auxílio inestimável na fase de reunião e adequação do material para este livro.

A Chico Buarque, meu carinho pela gentileza.

A Vinicius França.

A Monica Brunini e Regina Paganotti que melhoraram consideravelmente meus conhecimentos no uso do computador, sem esquecer Gaetano Signorini pelo socorro providencial quando o dito pifava.

À assessoria baiana de José Mauro Leone Correia, Elisa Galeffi e Gina Galeffi, José Enrique Barreiro, Hagamenon Brito e Nelson Cadena.

A Norma Tapajós por ter permitido generosamente que eu consultasse o arquivo de Paulo Tapajós, onde descobri canções inéditas de Dorival Caymmi, a partir de informações preciosas de Silvio Barsetti, a quem também agradeço de coração.

À Rádio Cultura de São Paulo e Maria Luiza Kfouri por me cederem o material da série *Caymmi por Ele Mesmo*, realizada a partir de entrevistas exclusivas concedidas a João Máximo e a mim, em 1994.

A Luiz Paulo Horta, Antônio Fernando Borges, Fernando Morais, José Carlos Monteiro, Bruno Tolentino e Ruy Castro pelos valiosos ensinamentos.

A Cecília Horta pelo conceito otimista e tranquilizador de pré-tarefa.

A Antônio José Correia Sampaio pela assessoria em planejamento.

A Danilo Rocha.

Ao ECAD (Escritório Central de Arrecadação e Distribuição); EMI Music; Irmãos Vitale S.A.; Mangione, Filhos e Cia Ltda.; SBACEM (Sociedade Brasileira de Compositores e Escritores de Música); UBC (União Brasileira de Compositores) pelo apoio.

Não posso deixar de citar aqueles que, cedendo generosamente um pouco do seu tempo, colaboraram de uma forma ou de outra com meu trabalho (em ordem alfabética):

Almir Chediak, Ana Maria Santos Peixoto, André Sefrin, Antônio Carlos Vidigal, Antônio Tostes, Barbara Heliodora, Christina Campos, Clóvis Marques, Dácio Malta, Elizabeth Nunes., Eny Moreira, Fernando Rabelo, Francisco Barreto, Guto Burgos, Helena Ciampolini Leal, Heloisa Rodrigues, Henrique Koifman, Ivone Tostes, Jorge Amorim, Júlio, Leon Barg e Lilian Barg, da Revivendo, Luiz Gravatá, Luiza, Marco Fonseca, Marisa Gandelman, Miúcha, Monica Ramos Martha, Myrna Herzog, Otávio Terceiro, Ricardo Cravo Albim, Sônia Ferreira (Quarteto em Cy), Sylvio Campello, Zé Milton.

E mais:

A Olavo de Carvalho e Roxane Andrade de Souza que me incentivaram a levar adiante este projeto quando ele era apenas um sonho distante, em 1991.

Ao empenho de José Aparecido de Oliveira e Jorge Amado para que meu livro se tornasse realidade, em 1993.

A Marco Aurélio Braga por ter sonhado em editar meu livro em 1997, a minha saudade.

A Rejane Bueno Guerra, Consuelo Waack Chevrand, Heloisa Madeira, Guilherme Motta, Edna Dias Tikerpe e Lilian Corrêa, que estiveram ao meu lado nos melhores e nos piores momentos.

A Victor Pecsen, Evelyn Dizitzer, Ricardo Valença, João Andrada e Ricardo Ferreira por me ajudarem a atravessar esse rio com saúde.

A Dom Rafael Llano Cifuentes, Frei Inocêncio, Frei Luiz Carlos Susin, Pe. Cleodon Amaral de Lima e a turma da Rede Paulo Sat pelo apoio espiritual.

A Marco Antônio Carneiro Hurtado, Eve Hurtado Carneiro e Geraldo (Leão) S. Carneiro, na Venezuela; Elsa Pastro El Tassa, na China; João Carlos Mendonça, em vários lugares do mundo; Cristina Vejmelka, na Alemanha; Maria Teresa Carvalho Salgado, no Chile; Mirna Herzog, em Israel, pela enorme força via internet.

A turma do estudo bíblico, da hidro, do terço, do Apostolado, da farra, e tantas outras, pela torcida.

Aos amigos que me ajudaram de tantas e diversas maneiras como só o amor permite fazer (em ordem alfabética):

Andrea Dutra, André Luiz Barros, Angélica Lopes, Arthur Xexéo, Biatriz Valverde Bloch, Branca Nobrega Pereira, Carlos Sobral, Cremilda Alves de Marins Souza, Cristiane de Oliveira, Daniela, Gabriel e Julia Camargo Favoretto, Didi (Oswaldo Cruz Vidal), Gizelda Molina, Hugo de Los Santos Rojas, Jacqueline Hecker, João Batista Pinto, João Carlos Favoretto e Ada Camargo, Kiko Horta, Laura Andrea Torres de Freitas, Leninha Carneiro do Nascimento, Lídia Martinho Gomes da Costa e família, Luciano Alves, Margarida Barros, Maria Elisa Ortemblad, Maria Freire Campello, Marlene Assis de Oliveira Rocha, Nur Khattab, Osvaldo Soares, Rita Luppi, Roberto Drummond, Sandra Teixeira, Sérgio Santeiro, Stella Lucia Marino Frota, Tânia Só Vieira, Vano R. Soares Cruz e Yves Bergougnoux.

À família Caymmi que enche o meu coração de amor e de orgulho e sem a qual esse livro não seria possível: Dorival e Stella; Nana, João Gilberto, Denise e Carlos Henrique, Marina e Carolina; Dori, Helena e João Victor; Danilo e Simone, Juliana e Aloisio, Dora e João Cândido, Gabriel e Alice; Dinahir e João, Durval e Teresinha; e Ursulina. Reservo um lugar especial nesses agradecimentos a minha avó Stella, cúmplice neste livro e nesta vida, e minha irmã Denise, que tem as palavras e a força na hora certa.

"Louvado seja Deus, ó Meu Pai!"[1]

*Stella Caymmi*

[1] "Pescaria (Canoeiro)" (Dorival Caymmi).

# CRÉDITOS

## IMAGENS

Arquivo Dorival Caymmi: 8, 10, 30a, 30b, 31a, 31b, 35a, 35b, 37, 47, 54, 56, 62, (Fernando Rabelo: pp. 63, 195, 550, 552, 554a, 554b, 554c, 555a, 555b), 65, 68, 70, 75, 80-1, 83, 86, 93, 104-5, 108, 123, (Bruno of Hollywood: p. 126), (Andrade/Arquivo Redação *A Noite*: p. 134), 143, 148, 150, 162, (Carlos: p. 165), 168, 170, 174, 178a, 178b, 179a, 179b, 197, 199, 202, (Vieira/*A Cena Muda*: p. 204), (Foto Reportagem: p. 207), 210a, 210b, 212, 213, 215, 219, 223, 226, 229, 234a, 234b, 235, 244, 248-9, 252, (Henri Oliveira Ballot: p. 258), 264, 266, 270, 272, 274, (Max Ottoni: p. 277), 279, 284, 286, (Tibor: p. 288), 289, 291a, 291b, (Luiz Carlos Barreto: p. 296), 306a, 306b, 310, 312, 314, 328, 333, 335, 340-1, (José Medeiros/*O Cruzeiro*: pp. 350, 352, 354, 356), 361, 363, 365, 367, (Janriel Gonczarowska/*Manchete*: p. 384), 390, 394, 396-7, 399, 400, 401, (Paulo Lorgus: pp. 403, 404, 413), 406, 409, (Esko Murto: p. 415), (Claudio Reis/Divulgação TCA: p. 420), 423a, 423b, 423c, 431, 436, (Agência Jornalística Image: p. 437), 438, (Gildo Lima: p. 445), (Lita Cerqueira: pp. 452, 478), (Ivan Klingen: pp. 462, 464), 466, (Vador Goulart: p. 469), (Mario Luiz Thompson: p. 477), (Thereza Eugênia: p. 479), 480, (Evandro Teixeira: pp. 482-3), (Helena Caymmi: pp. 486, 544), (Maria Sampaio: p. 487), (Loca Faria: pp. 489, 490, 503), (Arlete Soares: p. 493), (Agência Nacional: p. 495), 496, (José Eugênio: p. 498), (Claus Meyer: p. 499), (Antonio Ribeiro/Abril Imagens: p. 501a), 501c, (Cafi: pp. 504, 505), 506, (Simone Caymmi: p. 508), (Stella Caymmi: pp. 522, 540), 524, (Alexandre Sant'Anna/Abril Imagens: p. 526), (Olavo Rufino: pp. 528, 532, 533), 534, 536, 538, 541, 543, 547a, 547b, 548, (Zélia Gattai: p. 558), (Reprodução: pp. 36, 39, 49, 52a, 52b, 94, 96, 97, 101, 114a, 114b, [*A Noite Ilustrada*: p. 131], 136, 145, 146, 160, 164, 172, 175, 180, 181, 184, 206, 209, 225, 227, 228, 231, 237a, 237b, 239, 254, 256a, 256b, 261, 268, 281, [*O Cruzeiro*: p. 294], 300, 301, [*Última Hora*: p. 304, 325], 308, 317, [*Revista da Música Popular*: p. 323], [*Diário de Notícias*: p. 331], 337, 344, 345, 346, 348, 358, 369, 372, 377, 381, 382a, 382b, 382c, 382d, 387, [*Revista do Rádio*: p. 392], 408, 417a, 417b, 421a, 421b, 429, 439, 443, 444, 451, 454, 457, 467a, 467b, 491a, 491b, 491c, 491d, 501b, 509, 519, 566, 577a, 577b, 578a, 578b, 579a, 579b, 580a, 580b, 581a, 581b, 582a, 582b, 583, 584, 585a, 585b, 586).

Arquivo Millôr Fernandes: pp. 302a, 302b, 302c, 302d.

Claudio Andrade: p. 563.

Edson Ruiz/Agência *A Tarde*/Futura Press: p. 564.

Fotógrafo anônimo, *c.* 1870: pp. 22-3.

Instituto Moreira Salles/Acervo Tinhorão: pp. 12, 140, 157.

Rejane Guerra: p. 562.

MÚSICAS

*A Editora 34 agradece os responsáveis e as editoras abaixo pela cessão dos direitos de reprodução das letras citadas neste livro*:

Danilo Rocha: "Itapoã", "Adeus", "Por Quê?", "Sargaço Mar", "Sodade Matadera", "Acaçá", "Adalgisa", "Festa de Rua", "História pro Sinhozinho", "A Bahia Também Dá", "Na Cancela", "Lá Vem Formosa", "Lucila", "Boa Terra, Boa Gente"

Edições Euterpe Ltda.: "Acalanto", "Maracangalha", "Saudade da Bahia"

Editora Nossa Terra Ltda.: "Pescaria (Canoeiro)", "Lá Vem a Baiana"

Irmãos Vitale S.A. Indústria e Comércio: "Não Tem Solução", "A Lenda do Abaeté", "Noite de Temporal"

Luciana de Moraes (VM/Natasha): "Tarde em Itapuã" (Vinicius de Moraes e Toquinho)

Mangione, Filhos e Cia. Ltda.: "A Jangada Voltou Só", "A Preta do Acarajé", "Dora", "É Doce Morrer no Mar", "O Dengo", "O Que É Que a Baiana Tem?", "Vatapá", "Você Já Foi à Bahia?", "Trezentas e Sessenta e Cinco Igrejas", "O Mar", "O Vento", "Vestido de Bolero", "Acontece Que Eu Sou Baiano"

Marola Edições: "Paratodos" (Chico Buarque de Holanda)

Este livro foi composto em Sabon pela Bracher & Malta, com CTP e impressão da Bartira Gráfica e Editora em papel Alta Alvura 90 g/m² da Cia. Suzano de Papel e Celulose para a Editora 34, em março de 2014.